한류를
이해하는
33가지 코드

방탄소년단(BTS), '기생충' 그리고
'오징어 게임'을 넘어서

• 일러두기

1. 외래어 인명과 지명 등은 주로 국립국어원 외래어 표기법에 따라 표기했다.
2. 책은 『 』, 노래와 시, 영화, 연극, 뮤지컬, 드라마, TV 프로그램, 논문과 보고서, 법령, 등은 「 」, 신문과 잡지는 〈 〉로 구분하여 표기했다.

＊ 이 책에 수록된 자료 사진 등에서 출처가 잘못 기재되었거나 누락된 부분에 대해서는 추후 허락 게재에 따른 절차를 밟도록 하겠습니다.

한류를 이해하는 33가지 코드

초판 1쇄 발행일 ㅣ 2023년 6월 2일

지은이 ㅣ 박숙희
펴낸이 ㅣ 이원중

펴낸곳 ㅣ 지성사 **출판등록일** ㅣ 1993년 12월 9일 **등록번호** 제10–916호
주소 ㅣ (03458) 서울시 은평구 진흥로 68, 2층
전화 ㅣ (02) 335–5494 **팩스** ㅣ (02) 335–5496
홈페이지 ㅣ www.jisungsa.co.kr **이메일** ㅣ jisungsa@hanmail.net

ⓒ 박숙희, 2023

ISBN 978–89–7889–532–3 (03300)

이슈로 세상 읽기!

한류를
이해하는
33가지 코드

방탄소년단(BTS), '기생충' 그리고
'오징어 게임'을 넘어서

박숙희 지음

지성사

'스탕달 신드롬(Stendhal Syndrome)'이라는 말이 있다. 역사적으로 유명하거나 뛰어난 예술작품을 보고 순간적으로 숨이 가빠지며 실신, 혼란, 환각 상태까지 이르는 증상이라고 한다. '피렌체 신드롬(Firenze/Florence Syndrome)'으로도 불린다. 필자도 예전에 레오나르도, 미켈란젤로, 라파엘로, 보티첼리의 작품이 모여 있는 피렌체 여행 중에 휘청거렸던 적이 있다.

손가락 하나로 르네상스 미술, 고대 이집트 유물은 물론, 세상 돌아가는 것을 한눈에 볼 수 있는 디지털 시대. 뉴욕에서도 속속 한인들의 뉴스가 들려올 때 종종 어질어질해진다. BTS, 블랙핑크, 기생충, 미나리, 킹덤, 오징어 게임, 조성진, 임윤찬, 샌드라 오, 홍혜경, 김우경, 서희, 안주원, 이영진, 진은숙, 김은선, 데이비드 장, 코리 리, 아토믹스, 정관 스님…… "역사상 최초", "최초의 여성", "최초의 아시안", "최초의 한인", "최연소 우승자"…… 극동의 작은 한반도, 분단된 나라 대한민국의 자손들이 21세기에 불러일으키고 있는 '한류 신드롬(K-Wave Syndrome).' 이 거대한 한류의 물결, 한국 문화 르네상스를 세계 문화의 중심지 뉴욕에서 목격할 수 있는 건 행운이었다.

1996년 초 서른세 살에 영화를 보며 1년간 살아보겠다는 무모한 열정만으로 뉴욕에 왔다. 우디 앨런의 영화로 친숙했던 '다민족의 샐러드볼' 뉴욕은 '천국이라기보다는 낯선 도시'였다. 도로에서 현대차, 한적한 길에서 태권도장만 봐도 반가웠던 시절에 일상에서 부딪히는 언어장애, 문화장벽, 인종차별이 열정으로 가득 찼던 가슴을 싸늘하게 짓눌렀다. 이민 초기에 화병을 달지 않고 사는 한인이 몇 명이나 될까? 뉴욕은 '문화의 유토피아'였을 뿐이지, 새출발하는 이민자에게는 디스토피아로 빠질 우려가 도사린 위험한 도시이기도 했다.

세월은 쏜살처럼 달려갔다. 그동안 모국어로 글을 쓰며 '문화의 보물섬' 뉴욕이 숨 가쁠 정도로 제공하는 다양한 예술을 접해왔다. 운이 좋았다. 〈뉴욕중앙일보〉에서 문화담당 기자로 일하면서, 필자의 웹사이트 뉴욕컬처비트(www.NYCultureBeat.com)를 운영하며 뉴욕이 품어내는 수많은 엔도르핀과 비타민을 흡입할 수 있었다. 특히 한인 예술가들은 곳곳에서 놀라운 재능을 발휘했다. 한국에서 예전에 연예인들은 '딴따라'로 치부되었다. 오늘 그들은 K-팝을 비롯해 영화, 드라마, 클래식 음악, 오페라, 발레, 재즈, 문학, 미술, 뮤지컬, 연극, 게임, 웹툰 등등 K-문화라는 은하수에서 빛을 발하고 있다. 이제 K는 멋진 Korea를 의미하는 알파벳이 되었다. 마음 한 켠에 자리 잡았던 열등감은 어느새 한국인이라는 자긍심으로 바뀌었다.

19세기 말 미국인 윌리엄 E. 그리피스에게 조선은 '은자의 나라(Corea, the Hermit Nation)', 퍼시벌 로웰에겐 '고요한 아침의 나라(The Land of the Morning Calm)'였을지 모른다. 21세기 초 한국은 그 어느 나라보다도 역동적이며, 한인들은 빛나는 재능을 만방에 떨치고 있다. 역동적인 한국, 빛나는 한국인들(Dynamic Korea, Sparkling Koreans)!

한국의 아웃사이더이자 뉴욕의 인사이더로서 용솟음치는 한류를 접하며 때때로 황홀한 스탕달 신드롬에 빠졌다. 2019년 12월 31일 타임스퀘어의 신년 행사에서 BTS가 공연하며 2020년을 열었다. 그리고 2월 9일 아카데미상 시상식에서 봉준호 감독의 「기생충」이 4개 부문상을 휩쓸었다. TV로 시상식을 보면서 흥분했다. 한국 영화감독이 자본주의 사회를 비판한 영화 「기생충」이 세계인들을 매료시킨 것도 한국인으로서 자부심을 불타게 했지만, 시상식에서 봉 감독과 이미경 CJ 그룹 부회장의 소감도 감동적이었다. 한국인의 술 사랑, 비판 정신과 눈치와 재치가 담긴 뭉클한 장면이었다.

그러면 '한류(韓流, Hallyu, Korean Wave)'라는 용어는 누가 처음 사용했을까? 홍유선, 임대근 공저 논문 「용어 한류(韓流)의 유래 연구(A Study on the Derivation of Hallyu as a Term)」(2018)에 따르면, "경제 현상 용어 한류는 1997년 한국의 경제위기가 대만 경제에 영향을 끼친 현상을 한류(寒流)에 비유하여 유래했으며, 1997년 12월 12일 대만 〈중국시보(中國時報)〉에서 기원했다. 대중문화 용어 한류(韓流)는 대만 음반회사 군스창피엔(滾石唱片, Rock Records)의 야오펑췬(姚鳳群)이 한류(寒流)라는 발음에 착안하여 한국(韓國)과 조류(潮流)를 합성해 만들었다. 대중문화 용어로서의 한류는 1998년 12월 17일 대만의 신문 〈연합만보(聯合晚報)〉에서 처음 사용했다"고 주장한다. 중국어권에서 최초의 K-팝 밴드 H.O.T. 신드롬이 일어나고, 아이돌 댄스 그룹과 한국 드라마가 선풍적인 인기를 끌면서 한류도 아시아를 넘어 세계로 퍼져나갔다.

K-팝, K-영화, K-드라마, K-골프, K-클래식, K-발레, K-푸드, K-게임, K-뷰티, K-패션, K-사우나, K-방역……. 한류, 그 허리케인을 목격하면서 한국인은 어떻게 세계 문화를 제패했는가를 곰곰이 생각해보았다. 왜, 한인은 그토록 예술혼이 빼어났을까? 이 한류의 힘은 어디서 올까? 또한 한류에 앞서 특히 식료품점, 세탁업과 네일살롱 사업에서 성공을 거두어온 한인 이민자들의 비결은 무엇일까? 우리 민족에겐 무언가 특별한 것이 있을까? 한국인과 한국 문화를 이해하는 코드는 무엇인가?

이 질문들은 결국 한국인은 누구인가, 나는 누구인가를 돌아보는 화두였다. 우리 민족 고유의 한(恨)과 음주가무(飮酒歌舞)를 비롯해 빨리빨리, 눈치, 풍자와 해학, 저항정신, 한글, 백의민족, 전통놀이, 김치와 고추장, 비빔밥, 쇠젓가락, 보자기, 보따리, 보쌈, 그리고 유관순, 해녀와 박세리로 대표되는 강인한 여성……. 키워드(keyword)가 떠올랐다. 그 키워드는 한류를 해독하는 열쇠가 될 수 있을 것 같았다.

'국뽕(대한민국에 대한 환상에 도취되어 찬양만 하는 것)'에 빠지지 않기 위해 〈뉴욕타임스〉, 〈월스트리트저널〉, CNN, 〈롤링스톤지〉, 〈빌보드지〉 등 이곳 언론은 한류를 어떻게 평가하는지 점검해보았다. 그리고 BTS와 비틀스, 조선 르네상스의 세종대왕과 이탈리아 르네상스의 레오나르도 다 빈치, 판소리와 오페라, 싸이와 찰리 채플린, 팝 아티스트 앤디 워홀과 한국의 '먹방', 앤서니 보데인(Parts Unknown, CNN 음식 기행 프로그램 호스트)과 최불암 씨(「한국인의 밥상」, KBS), 「아메리칸 아이돌」과 「전국노래자랑」 등을 비교해보았다.

BTS, 「기생충」, 「오징어 게임」 외에도 한류에 공헌해온 수많은 한인에 주목하고 싶었다. 일찍이 비빔밥을 예찬했던 '비디오 아트의 대부' 백남준은 물론, 이소룡(브루스 리)과 무하마드 알리 그리고 조 바이든 대통령을 지도한 '미국 태권도의 아버지' 이준구 대사범, 토니상을 두 차례 수상한 브로드웨이 의상디자이너 윌라 김, '아시안 스탠드업 코미디의 대모' 마거릿 조, 〈타임〉지의 '세계에서 가장 영향력 있는 100인'에 두 번 오른 셰프 데이비드 장, 미국 주류 오페라 최초의 여성 음악감독 김은선(샌프란시스코 오페라), ABT 최초의 아시안 수석무용수 서희, 메트로폴리탄 오페라 역사상 최초의 아시안 남녀 주연 소프라노 홍혜경과 테너 김우경, 골든글로브상 최초의 아시안 여우주연상 수상자 샌드라 오, 브로드웨이 첫 진출 아시안 여성 희곡작가 이영진…… 또 예술계에서 재능을 발휘해온 입양 한인도 기록해야 할 것 같았다. 이와 함께 100여 년 전에 한국 문화의 아름다움과 잠재력을 발견한 노르베르트 베버 신부, 선교사 호머 헐버트, 스튜어트 컬린 큐레이터, 화가 엘리자베스 키스, 소설가 펄 벅 등 서양인들의 놀라운 통찰력을 되새기고 싶었다.

지금 한류라는 거대한 나무에 달린 풍성한 열매들은 옛날 옛적 우리 조상들이 뿌렸던 씨앗과 자양분으로 맺어진 셈이다. 우리의 그 뿌리 깊은 나무에 대해 생각해보고 이야기를 나누어보면 어떨까. 『한류를 이해하는 33가지 코드』가 예쁜 화보집을 대치할 수 있는 커피 테이블 북이 된다면 좋겠다. 도란도란 둘러앉아 한국의 역사와 문화, 지금의 한류에 대해 이야기하며 필자가 간과한 코드와 열매들을 지적해주시면 더 좋겠다. 이 책은 완료형이 아니라 진행형이 되고 싶다.

『한류를 이해하는 33가지 코드』가 한국의 한인은 물론, 세계 곳곳에서 살고 있는 한인과 2세, 3세, 그 후대에 한국인의 정체성, 잠재력, 그리고 자부심을 느끼게 해줄 수 있는 단서들을 제공해줄 것이라고 감히 기대해본다. 지난 27년간 뉴욕에서 살아온 필자도 이 글쓰기를 통해 한국에 대한 사랑과 자부심이 더욱더 커졌기 때문이다. 또한 자신의 뿌리를 찾고 싶어하는 세계의 입양 한인들과 그 가족을 비롯해, 한인과 결혼한 타민족, 그리고 BTS 팬(ARMY)과 더불어 한국 문화에 관심이 있는 이 세상 모든 사람이 한 번쯤 궁금했던 'KOREA'와 'KOREAN'에 대한 실마리를 찾을 수 있지 않을까. 그래서 영문으로 번역 중이다.

이 책은 코로나 팬데믹이라는 어둡고 긴 터널을 걸으며 매일매일 행복한 글쓰기의 결과물이다. 그 어둠 속에서 별처럼 총총 빛내주고, 영감을 준 수많은 한류의 주역과 조력자에게 책을 바친다. '뉴욕컬처비트' 독자 여러분의 따뜻한 격려와 성원 덕분에 칼럼 연재를 마칠 수 있었다. 그 칼럼들을 책으로 출간해주신 지성사의 이원중 대표님, 애써 편집해주신 출판사 직원 여러분께 감사드린다.

박숙희/ Sukie Park

차례

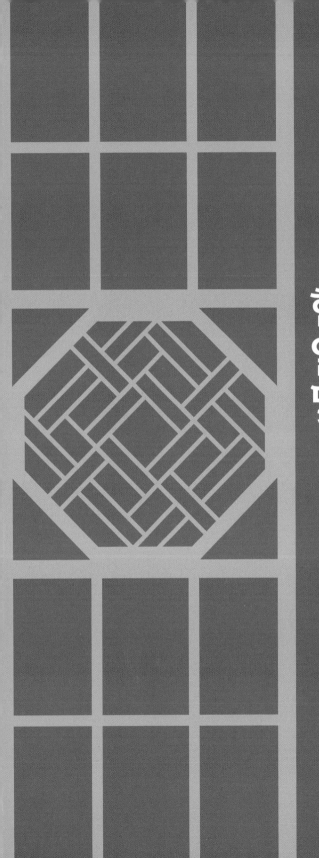

1부

한국인에 대해
알아야 할
몇 가지

비빔밥 정신

"한국에 비빔밥 정신이 있는 한 멀티미
디어 시대에 자신감을 가질 수 있다."

_백남준, 1967

"우리는 함께 비벼 먹으면서 개별적인
맛하고 조화된 맛을 함께 즐긴다. 음
악에서 독주와 교향곡의 차이 같은
것…… 비빔밥은 '맛의 교향곡'이다."

_이어령, 『디지로그』(생각의나무, 2006)

비빔밥(사진: Pixabay)

비빔밥 정신

싸이(Psy), 방탄소년단(BTS)과 K-팝, 봉준호 감독, 모모푸쿠 셰프 데이비드 장, 작곡
가 진은숙, 바이올리니스트 제니퍼 고, 클래식 코미디 듀오 이구데스만 & 주, 비언어
뮤지컬 '난타', 희곡작가 이영진, 설치작가 강익중, 그리고 '비디오 아트의 대부' 백남
준……. 세계 문화를 뒤흔든 이들의 공통점은? 백남준(1932~2006)이 일찍이 예견한
비빔밥 정신이 아닐까?

주식인 밥 위에 갖은 나물과 고기 등 색색의 다양한 식재료를 가지런히 배열하고
달걀을 얹어 고추장으로 비벼 먹는 이 비빔밥은 개방성과 융통성, 그리고 균형과 화

🎨 메트로폴리탄 미술관이 소장한 백남준 동판화 시리즈. 옛날 사진과 상징적 드로잉, 오방색과 한자, 오선지를 자유롭게 차용했다.(Nam June Paik, V-Idea, a priori, 1984, Etching and aquatint, 30.2×37.8cm)(사진 : The Metropolitan Museum of Art, New York)

합을 상징하는 한식이다. 특히 전주비빔밥은 오색(녹, 적, 황, 백, 흑색)과 오미(단맛, 짠맛, 고소한 맛, 매운맛, 쓴맛)로 멋과 맛이 조화를 이룬 음식이다. 비빔밥에는 심오한 철학이 담겨 있으며, 영화 「기생충」의 대사처럼 '상징적'이다.

백남준은 1967년 〈신동아〉에 「전자와 예술과 비빔밥(Electronics, Arts and Bibimbap)」이라는 제목의 글을 기고했다. 그에게 비디오 아트는 자신이 공부한 음악, 철학, 테크놀로지, TV 퍼포먼스, 조각, 한국 문화와 서양 문화, 그리고 아날로그와 디지털을 융합한(mix and match) 혼합 예술이었다.

그는 "비빔밥 정신이 바로 멀티미디어다. 한국인은 복잡한 상황을 적당히 말아서 잘 지탱하는 법을 안다. 그 복잡한 상황이 비빔밥이다. 비빔밥은 참여예술이다. 다른 요리와 다르게 손수 섞어 먹는 것이 특색이니까"라며 비빔밥 정신을 강조했다. 그의 부인 구보다 시게코 여사도 생전에 "남편은 비빔밥을 무척 좋아했다. 자신의 작품이 비빔밥과 유사하다고 말했다"고 회상했다.

비빔밥: 개방성, 융통성, 균형과 화합

서울에서 태어난 백남준은 십 대에 피아노와 작곡을 배웠다. 1949년 홍콩에 갔고, 한국전쟁 발발 후엔 일본으로 유학, 도쿄대학교에서 작곡과 음악사를 전공했다. 그의 석사학위 논문은 「아르놀트 쇤베르크 연구」였다. 1956년 서독으로 이주한 후엔 건축, 음악사, 철학을 공부했으며, 현대음악가 존 케이지(John Cage, 1912~1992)를 만나 플럭서스(Fluxus, 전위예술의 한 사조로서 여러 예술 매체의 융합이 특징) 그룹의 일원으로 활동하면서 '아시아에서 온 문화 테러리스트'로 불리기도 했다. 1964년 뉴욕에 정착한 백남준은 반(反)문화와 아방가르드 운동에 가담하게 된다.

뉴욕의 유명 갤러리 가고시안(Gagosian)은 2022년 5월 'Nam June Paik: Art in Process' 전시 보도자료에서 "백남준의 광범위한 소셜 네트워크와 국제적인 배경이 회화, 조각, 퍼포먼스, 음악, 전자 이미지를 통합하는 예술의 글로벌 콘셉트를 위한 토대를 마련했다. 오늘날 대중매체와 인공지능(AI)의 세계에서 점차 더 선견지명의 중요한 인물이 된 그는 인체와 기술적인 대응물 사이의 중첩, 교환 및 공생의 순간들을 발전시켰다"고 설명했다. 백남준은 그의 글로벌한 지식과 예술 장르를 '비빔밥처럼' 통합하는 예술의 지휘자이자 선구자였던 것이다.

백남준은 뉴욕 화가 강익중과 1994년 코네티컷주 챔피언의 휘트니 미술관 분관에서 2인전 'Multiple/ Dialogue: NAM JUNE PAIK & IK-JOONG KANG'을 열었다. 〈뉴욕타임스〉는 1994년 9월 이 전시 기사에서 큐레이터이자 휘트니 분관 디렉터 유지니 차이(현 브루클린 미술관 큐레이터)가 카탈로그에 "강익중 작가의 결과물과 스승(백남준)의 작품을 요리사가, 전시 중인 강 씨의 설치작 제목이기도 한 '모든 것을 더하고, 던지기(Throw Everything Together and Add)'를 하는 비빔밥에 비유했다"고 전했다.

'비디오 아트의 대부'는 2006년 1월 29일 세상을 떠났고, 2009년 과천 국립현대미술관에서는 백남준과 강익중 듀오전 「멀티플 다이얼로그 ∞」가 열렸다. 개천절(10월 3일)을 상징하는 1003개 TV 모니터로 제작한 백남준의 비디오탑 「다다익선(The More, The Better)」(1988)과 강익중의 그림 6만 2천 점으로 구성한 「삼라만상」이 비빔밥처럼 어우러진 전시였다.

비빔밥은 밥에 온갖 재료를 넣고 고추장으로 비비면 완성된다. 강익중의 비빔밥을 상징하는 듯한 제목의 모자이크 설치작 「모든 것을 더하고, 던지기(Throw Everything Together and Add)」(1984~1996)는 휘트니 미술관이 소장하고 있다. 한글과 달항아리, 세계 어린이들의 꿈 그림을 모은 모자이크 설치작을 제작해온 강익중은 2016년 9월 런던 축제 '토탈리 템스(Totally Thames)'에서 템스강에 실향민 고향 그림 500점을 모은 「집으로 가는 길(Floating Dreams)」을 전시하기도 했다.

할리우드 장르의 규칙을 깬 봉준호

봉준호 감독의 「기생충(Parasite)」은 할리우드의 전통인 장르영화의 규칙을 답습하지 않았다. 코미디, 드라마, 범죄, 스릴러, 공포물 등 기존 장르를 혼합·변주하고, 사회풍자까지 곁들인 영화다. 그리고 봉준호 자체가 하나의 '장르'가 되었다. 봉 감독은

2019년 칸영화제 기자회견에서 "나는 자신을 장르영화 감독이라고 생각한다. 항상 장르영화를 만들고, 나의 많은 영화가 장르의 관습을 깬다. 하지만 현실과 장르의 요소 사이를 오가면서 줄타기를 하는 것 같다"고 밝혔다.

비영어권 드라마 최초로 2022 에미상 감독상을 비롯해 남우주연상, 게스트여우상, 프로덕션디자인상, 시각효과상, 스턴트 연기상 6개 부문을 석권한 황동혁 감독의 넷플릭스 드라마 「오징어 게임(Squid Game)」 역시 비빔밥 정신이 녹아 있다. 이 드라마는 한국의 동네 놀이 오징어, 무궁화꽃이 피었습니다, 달고나 뽑기, 구슬치기, 줄다리기 등에 서바이벌 게임을 접목한 스릴러다.

미국의 재즈는 흑인 음악인 블루스와 래그타임(ragtime), 서아프리카 음악과 유럽의 군악이 혼합된 장르이며, 컨트리 음악은 아이리시 포크와 블루스가 만나 탄생했다. 케이팝(K-pop, Korean popular music)은 한국 가요에 뿌리를 두고 록, 힙합, 리듬앤블루스(R&B), 레게, 전자음악, 포크, 컨트리, 클래식, 가스펠 등이 혼합되었으며, K-팝의 춤역시 힙합, 스트리트 댄스, 재즈펑크 및 모던 댄스가 섞여 있다.

유튜브에는 한 K-팝 팬(hohoho hohohoho)이 'K-팝에 사용된 음악 장르 105개(105 Musical Genres Used in K-Pop)'를 편집한 비디오가 올라 있다. 이 비디오에는 K-팝 가수들의 노래 속에 나타난 장르로 클래식, 힙합, 레게, 재즈, 블루스, 하드록, 인디, 소울, 뉴웨이브, 디스코, 비밥, 발라드, 글램록, 스윙, 아카펠라, 바로크, 가야금, 트로트, 펑크팝, 컨트리, 폴카, 어쿠스틱, 보사노바, 살사, 탱고, 라틴 재즈, 오르간 뮤직, 이집트

'K-팝에 사용된 음악 장르 105개'에는 K-팝 가수들의 노래 속에 등장하는 105개의 음악 장르를 소개한다.(사진: 105 Musical Genres Used in K-Pop 유튜브 캡처)

음악, 플라멩코 등 105개의 세부 장르를 뽑아냈다.

글로벌 슈퍼스타 방탄소년단(BTS)도 예외는 아니다. 팝, 록, 랩, 힙합, 리듬앤블루스, 발라드, 펑크, 그리고 전자댄스음악(Electronic Dance Music, EDM) 등 다양한 장르를 흡수해왔다. 유튜버 알렉스 노엘은 'The Many Genres of BTS'에 방탄소년단의 노래에 나타난 장르를 20개 이상 소개했다.

클래식계의 악동 듀오 이구데스만 & 주(Igudesman & Joo)의 피아니스트 주형기는 러시아 출신 바이올리니스트 알렉세이 이구데스만과 클래식 음악에 슬랩스틱(slapstick) 코미디와 연극, 팝과 뮤지컬까지 혼합한 공연으로 인기를 끌었다. 그들의 새로운 퍼포먼스는 배우 로저 무어, 존 말코비치, 가수 빌리 조엘과 협연할 정도로 포용력이 있다. 이구데스만 & 주는 클래식의 관습을 깨고 새로운 장르를 개척한 셈이다. '클래식 뮤지컬 코미디의 제왕'이 된 이들은 2013년 새해맞이 전야제(New Year's Eve)에 뉴욕 필하모닉과 협연했다. 콘서트 전 주형기는 〈뉴욕컬처비트〉 필자와의 인터뷰에서 다음과 같이 밝혔다.

🎹 딱딱한 클래식 음악에 코미디를 도입한 이구데스만 & 주의 'Big Nightmare Music' 중에서(http://www.igudesmanandjoo.com)

"영국에서 자라며 국제학교에 다닌 한인으로서 확실히 더 광범위한 문화적인 이해력을 키워준 것 같다. 생각해보라. 피시앤칩스(Fish & Chips, 영국의 대표적인 생선튀김과 감자튀김 요리)와 김치를 한 식탁 위에 놓고 먹는 것을. 이렇게 이상한 혼합이 사물을 관습이나 전통 밖에서 보도록 영감을 준다."

_주형기, 이구데스만 & 주, 2013

현대 작곡가의 곡을 연주해온 코리안아메리칸 바이올리니스트 제니퍼 고는 2022년 제64회 그래미상 시상식에서 「나 홀로 함께(Alone Together)」로 최우수 클래식 기악 솔로(Best Classical Instrumental Solo)상을 수상했다.

이 작품은 제니퍼 고가 코로나 팬데믹 중 두 윤, 비자이 아이어, 타니아 론, 조지 루이스, 미시 마촐리, 엘렌 레이드, 왕 루, 캐서린 볼치, 니나 시카르, 레스터 세인트루이스, 라즈나 스와미나단, 다리안 도너번 토머스, 슈거 벤딜 등 저명한 작곡가와 신예 작곡가들로부터 받은 짧은 신작 39곡을 솔로로 연주해 디지털로 제작한 음반이다. 제니퍼 고 역시 비빔밥의 DNA를 발휘했다고 볼 수 있을 것이다. 〈뉴욕타임스〉는 이 음반에 대해 "위기의 시기에 경이로운 일"이며 작곡가 선별은 "주류 클래식 음악계에서 어떤 것보다 포괄적"이라고 평했다.

작곡가 진은숙도 자신의 음악이 어느 한 문화에 속한다고 생각하지 않는다. 벨라 바르토크, 이고르 스트라빈스키, 클로드 드뷔시, 안톤 베베른, 이안니스 크세나키스, 그리고 스승 죄르지 리게티 등 작곡가들의 영향을 받았으며, 전자음악과 인도네시아 전통 기악 합주곡인 가믈란(Gamelan)도 영감의 원천으로 꼽는다. 또한 중세 작곡가 기욤 드 마쇼와 요하네스 치코니아의 콘셉트를 사용하기도 한다. 이뿐만 아니라 실험 시(poetry), 팬터마임, 작가 사무엘 베케트, 조각가 울라푸르 엘리아손까지 두루 영감을 얻어 작곡해왔다.

한편, 2003년 오프브로드웨이(뉴욕 브로드웨이는 500석 이상의 대극장이며, 오프브로드웨이는 100~499석의 소극장, 오프오프브로드웨이는 99석 이하)의 뉴빅토리 시어터(New Victory Theater)에서 초연한 비언어 뮤지컬 「Nanta(난타亂打, Cookin)」는 주방이 무대다. 지배인이 조카를 주방에 데려와 요리사들에게 결혼식 피로연을 위해 저녁 6시까지 음식을 준비하라고 지시하면서 벌어지는 소동을 그린 작품이다. 「난타」의 제작자 송승환은 오프브로드웨이의 비언어 공연 「블루맨 그룹(Blue Man Group)」과 「스톰프(STOMP)」에서 영감을 받아 사물놀이, 마당놀이, 마술, 곡예, 코미디, 팬터마임, 관객 참여까지 혼합한 한국식 뮤지컬을 만들었다. 「난타」는 1997년 초연한 이래 2015년 관람객 수 1천만 명을 돌파하며 현재까지 서울과 제주에서 롱런하고 있다.

2018년 브로드웨이 헤이즈 시어터에 「스트레이트 화이트 맨(Straight White Men)」을 공연하며 브로드웨이 진출 아시안 여성작가 1호로 기록된 코리안아메리칸 이영진은 미국 연극계에서 가장 도발적이며, 실험적인 희곡작가로 꼽힌다. 그가 2011년 대본, 작사, 공동 작곡에 출연까지 했던 「우리는 죽을 거야(We're Gonna Die)」가 2020년 2월 오프브로드웨이 세컨드 스테이지에 재공연되었다. 이 작품은 연극+콘서트+모노드라마를 혼합한 공연이다. 극장 측은 "뮤지컬도 아니요, 연극도 아니요, 콘서트도 아니며, 죽음에 관한 것도 아니다"라고 홍보했다.

이영진은 2019년 예일대학교에서 주관하는 윈덤 캠벨상(Windham Campbell Prize)을 수상했다. 예일대학교 측은 "이영진은 지속적으로 위험을 무릅쓰고, 경계를 넓히는 극작술 연구가(dramaturg, 작품 진행 상황을 연출자와 함께 보면서 다른 방향으로 전개할 때 조언하는 역할)로 다양한 연극의 스타일, 형태와 주제를 탐구하는 진실로 독창적인 희곡작가이자 연극 제조자다"라고 소개했다.

이영진 대본, 작사, 공동 작곡, 주연의 「We're Gonna Die」(2011)(사진: Young Jean Lee Theater Company)

주간지 〈타임(TIME)〉의 '세계에서 가장 영향력 있는 인물 100인'에 2회(2010, 2012년) 선정된 모모푸쿠(Momofuku) 요리사 데이비드 장(장석호)은 한식을 고수하지 않았다. 그가 2004년 맨해튼 이스트빌리지에 첫 식당 모모푸쿠 누들바(Momofuku Noodle Bar)를 열었을 때 메뉴에 오른 음식은 일본 라면, 중국 북경오리에서 착안한 삼겹살 샌드위치 '포크번(Pork Bun)', 떡볶이 등이었다. 그의 메뉴에는 한·중·일 삼국이 융합되었다. 데이비드 장의 모모푸쿠 밀크 바(Momofuku Milk Bar)의 히트 메뉴는 페이스트리(Pastry) 셰프 크리스티나 토시가 개발한 컴포스트 쿠키(Compost Cookie)다. 트레이드마크로 등록된 컴포스트 쿠키에는 포테이토칩, 시리얼, 프레첼, 오트(귀리), 커피, 버터스카치가 들어간다. 장과 토시의 창의적인 '비빔밥' 궁합이 잘 맞은 셈이다.

모모푸쿠 식당에선 케첩 대신 쌈장이 나온다. 데이비드 장의 목표는 한식을 세계에 알리는 것이 아니었다. 국적과 무관하게 단지 "맛있는 미국 음식을 제공하는 것"이라고 밝혔다. 그동안 모모푸쿠의 메뉴는 진화해왔다. 2022년 7월 현재 데이비드 장은 뉴욕, LA, 워싱턴 DC, 라스베이거스, 토론토, 시드니까지 세계에 식당을 운영하고 있다.

한식의 해체: 구절판, 신선로, 부대찌개, 쌈, 삼합…

한식에서 섞는 것이 어디 비빔밥뿐이랴? 명절 때 남은 음식으로 끓이는 잡탕찌개가 있다. 잔치에 빠질 수 없는 잡채, 궁중요리 신선로(神仙爐)는 어떤가? 쇠고기, 돼지고기, 닭, 꿩, 해삼, 전복, 생선전, 버섯, 미나리, 달걀 등을 화통이 달린 냄비(신선로)에 넣고, 잣과 은행 등으로 장식한 후 육수를 부어 끓여 먹는 음식이다. 아름다운 신선로의 재료들은 탕 속으로 해체되며 융합한다.

부대찌개(Budae Jjigae/ Army Base Stew)도 빠질 수 없다. 한국전쟁 때 미군 부대에서 나온 햄, 소시지, 스팸, 베이크드 빈즈(베이컨, 양파, 토마토소스/케첩 등을 넣고 조리한 콩) 등에 김치, 두부, 라면까지 섞어 만든 찌개다. 작고한 셰프 겸 방송 호스트 앤서니 보데인(Anthony Bourdain)은 그의 요리책 『애피타이트(Appetites)』(2016)에서 부대찌개의 유래를 조리법과 함께 소개했다.

"한국군 찌개로 알려진 이 음식은 전해 내려오는 이야기에 따르면, 전쟁 중 미군 부대 PX에서 구해온 통조림 음식으로 만들었다. ……이건 궁극적인 기숙사 음식이다. 재료만 보면 끔찍할 것 같을지 모른다. 그러나 재료들은 신속하게 모여 맛있게 된다. 부대찌개는 전쟁통과 고난 속에서 탄생한 즉흥적이며, 향수를 불러일으키며, 감상적이면서도 변형적인 요리의 본질을 포착한다."

쌈 문화에도 우리 민족의 지혜, 포용성과 철학이 담겨 있다. 궁중요리 구절판(九折坂)은 찬합에 채소와 육류(당근, 오이, 버섯, 무, 숙주, 달걀, 쇠고기, 닭고기, 새우 등) 여덟 가지를 담고, 가운데의 밀전병에 싸서 겨자장이나 초간장에 찍어 먹는다. 구절판은 오방색(청·적·황·백·흑)과 오미(시고, 달고, 쓰고, 맵고, 짠맛)가 어우러질 뿐만 아니라 식물성과 동물성 재료로 영양의 균형을 맞춘 음식이다. 또한 아홉(9)은 충만함을 상징한다.

음식의 궁합을 맞추고, 맛과 영양을 살린 황금 트리오, 삼합은 어떤가? 삶은 돼지고기(수육), 홍어회와 김치의 홍탁삼합(洪濁三合)이 대표적이다.

한인들은 또한 음식의 배합을 즐긴다. 중국집에서 짜장면을 먹을까, 짬뽕을 먹을까 고민하는 것을 해결하기 위해 '짬짜면'이 나왔고, 영화 「기생충」에서는 인스턴트 짜파게티와 너구리를 섞어 조리한 '짜파구리(ramdong)'에 안심 채끝살을 고명으로 얹은 음식으로 계급 차이를 상징적으로 표현했다. 2020년 초 오스카 시상식을 앞두고 링컨센터의 「기생충」 상영관에서는 관람객에게 짜파게티와 너구리를 선물했다.

'무엇이든 통하는' 한국 문화

넷플릭스 흥행작 드라마 「오징어 게임(Squid Game)」은 서바이벌 게임쇼와 서스펜스 드라마가 결합되었다. 「오징어 게임」에는 한국인의 어릴 적 동네 놀이 '오징어'뿐만 아니라 숨바꼭질('무궁화꽃이 피었습니다'), 딱지, 구슬치기, 설탕 뽑기, 징검다리 건너기 등이 등장한다. 황동혁 감독은 한국인의 추억 놀이를 소재로 약육강식의 정글 논리가 지배하는 자본주의와 계급사회를 비판했다.

우리에겐 '비빔밥'이라는 정신이 있다. 비빔밥은 장르의 크로스오버(cross over), 퓨전(fusion)의 기술을 일찍이 가르쳐준 셈이다. 표준화, 획일화로 대표되는 모더니즘과 달리 다양성과 개성을 강조하는 포스트모더니즘의 미학이 비빔밥에 있다. 비빔밥은 밥 위에 놓인 각종 재료를 과감히 해체하고, 먹는 이가 고추장이나 소스로 직접 퍼포먼스하듯 비벼서 융합되며 시너지 효과를 내는 건강식이다. 일본에서는 예쁘게 나온 음식 섞는 것을 금기로 여긴다. 하지만 한국인은 자기 앞의 그릇 안에 담긴 다양한 식재료를 섞어 비비는 것이 자연스러운, 주체성 있는 민족이다.

비빔밥은 그릇 안에서 비빈다. 보쌈은 손바닥에 채소를 깔고 밥, 고기, 파무침, 쌈장 등 무엇이든 얹어 싸서 먹는다. 의생활에서 보자기는 무엇이든 쌀 수 있는 융통성 있는 가방으로 변모할 수 있으며, 보자기로 싼 뭉치 보따리는 주거지를 이동할 때 편리하다.

우리 민족은 의식주는 물론 영화, 드라마, K-팝까지 장르를 넘나들며 포용하는 습관이 몸에 배어 왔다. 그 '무엇이든 통한다(anything goes)'의 개방성, 융통성과 조화의 미학은 오늘날 한류의 '혈맥(血脈)'인 듯하다.

한때 '다인종의 용광로(melting pot)'로 불렸던 뉴욕은 각 민족의 개성을 존중하는 의미의 '샐러드 볼(salad bowl)'이 되었다. 이민자가 많은 캐나다는 '문화 모자이크(cultural mosaic)'라 부른다. 이제 뉴욕도 '비빔밥'과 '쌈'의 정신으로 융합하는 도시를 지향해야 할 것 같다.

#02 빨리빨리 문화

코로나19, 'K-방역'의 부상

2020년 2월 제92회 아카데미상 시상식에서 봉준호 감독이 「기생충」으로 작품상, 감독상, 각본상, 국제극영화상의 4개 부문을 휩쓸자 세계 한인들의 자부심은 하늘로 치솟고 있었다. 그런데 그즈음 한국은 대구 신천지교회를 중심으로 코로나19 확진자 수가 폭증하며 감염자 수가 중국에 이어 2위에 올랐다. 한인들의 불타던 긍지는 땅으로 추락하는 듯했다.

하지만 그것은 기우였다. 3월이 되자 외국의 언론들은 일제히 한국의 코로나19(COVID-19) 대응에 찬사를 보냈다. 이주혁 성형외과 의사가 페이스북에 올린 것처럼 "환자가 빠르게 늘어가는 것이 아니라, 환자를 빠르게 찾아내고 있는 것"임을 입증했다. 한국은 빨리 검사하고, 신속하고 투명하게 확진자의 동선을 공개했으며, 신속한 재난 문자 시스템을 가동했다.

저렴한 검사 비용에 혁신적인 '드라이브스루(drive-through)'와 '워크스루(walk-thru)' 진료소, 24시간 검사기관, 그리고 실시간 유전자 증폭 검사 시행으로 코로나19의 확산을 통제하며 한국은 방역 선진국으로 등극하게 된다.

'Korea, Wonderland?(한국, 참 이상한 나라?),' 해외문화홍보원 유튜브 캡처

누가 「기생충」의 영광이 '코로나 방역'의 영광으로 이어질 줄 예상했겠는가? 미국과 유럽의 선진국들이 '강 건너 불구경'하는 동안 한국은 발등에 떨어진 불을 '빛의 속도로 끄고 있었다. 위기를 기회로 만들 줄 아는 한국인들, 그 뒤에는 '빨리빨리' 정신이 있다.

2020년 3월 1일 AFP 통신은 "한국은 선진 보건 체계와 자유 언론이 있는 국가로, 이것이 통계수치의 신뢰도를 높이는 요인"이라고 평가했다. 이어 2일 〈월스트리트 저널(Wall Street Journal)〉은 "한국 정부는 신기술을 활용해 신용카드 사용 기록과 CCTV, 휴대전화 위치 추적, 교통카드, 출입국 기록 등을 토대로 확진자와 접촉자의 동선을 추적해 공개한다. 아시아 지역에서 가장 야심 찬 동선 추적 시스템"이라고 분석했다.

세계보건기구(WHO)는 2020년 3월 11일 코로나19를 '세계적 유행병(Pandemic)'으로 선언한다. 이후 세계 언론은 한국의 코로나 방역에 일제히 찬사를 보내기 시작했다. 영국의 BBC 뉴스는 3월 12일 "한국의 COVID-19 테스트의 정확성은 98퍼센트이며, 많은 이들을 검사할 수 있는 능력으로 코로나19 확산으로 고전하는 다른 나라의 롤 모델"이라고 평가했다. BBC는 한국인 특유의 '빨리빨리(ppalli ppalli)' 유전자로 대규모 검사가 이루어졌으며, WHO에 따르면 한국의 코로나바이러스로 인한 사망률이 전 세계 평균인 3.4퍼센트에 훨씬 못 미치는 0.7퍼센트에 불과하다고 전했다.

그해 3월 11일 미국 하원에서 긴급으로 열린 코로나19 청문회(House Oversight and Reform Committee Hearing on Coronavirus Response)는 '코리아 청문회'를 방불케 했다. 여야 의원들은 일제히 한국의 검사 속도를 치하했다. 한국에선 1월 20일, 미국에선 1월 21일 코로나19 첫 환자가 발생했다. 3월 10일까지 한국은 인구 100만 명당 4천 명을 검사했지만, 미국은 단 15명이라며 트럼프 행정부를 강력히 비판했다.

3월 26일에 코로나19 공조 방안 모색을 위한 G20 특별화상 정상회의(Video Conference)가 긴급으로 열렸다. 〈워싱턴포스트(The Washington Post)〉를 비롯해 미국의 ABC 뉴스, 폭스 뉴스 등은 AP의 기사에 문재인 대통령이 청와대 집무실에서 세계 정상들의 화상을 보고 있는 사진을 올렸다. 한국이 코로나19 방역의 '롤 모델'로 부상한 것을 공인하는 보도였다. 그해 4월 2일, 한국은 세계 121개국으로부터 코로나

'한국 코로나19 대처의 비결: 강경화 장관 BBC 인터뷰'(3월 15일)(Kang Kyung-Wha in The Andrew Marr Show, BBC News 유튜브 캡처)

19 검진 도움을 요청받았다.

코로나19 창궐은 한국으로 하여금 '위기'를 '기회'로 바꾸게 한 재해였다. 반전의 극적인 시나리오에 해피 엔딩으로 끝나는 재난 영화라고나 할까. 한국은 코로나 팬데믹을 3T(Test/검사, Trace/추적, Treat/치료)로 K-방역(K-quarantine)의 성공을 거두었다. 한국의 코로나19 방역은 국제사회의 모델이 되어 국제표준화기구(International Organization for Standardization, ISO)는 한국 주도로 감염병 대응 국제표준화를 전담할 조직을 신설했다.

'고요한 아침의 나라'에서 '빨리빨리' 민족으로

19세기 말 조선은 서양인에게 '은자의 나라(Hermit Nation)', '고요한 아침의 나라(The Land of Morning Calm)'로 보였다. 그 첫 서양인은 미국 필라델피아에서 태어나 남북전쟁에 참가했던 윌리엄 엘리엇 그리피스(William Elliot Griffis, 1843~1928)였다. 그리피스는 뉴저지 럿거스대학교 졸업 후 유럽을 거쳐 일본에 4년간 체류하면서 도쿄대학교의 물리학 교수를 지냈다.

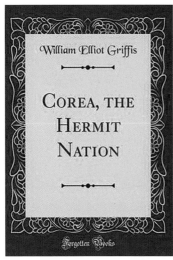

그리피스는 일본의 옆 나라 한국에 관심을 가지게 되었다. 특히 한국이 일본에 끼친 영향에 매혹되었다. 그는 한국을 방문하지 않았지만, 자료를 모아 1882년 『코리아: 은자의 나라(Corea: the Hermit Nation)』를 출간했다. 그리피스는 이 책 서문에서 한국을 '고요한 아침의 나라(The Land of Morning Calm)'로 표현했다. 나라 이름 '조선(朝鮮)'에서 '아침, 조(朝)'와 '신선하다, 선(鮮)'을 의미했을 가능성도 높다.

보스턴 출신으로 하버드대학교를 졸업한 천문학자 퍼시벌 로렌스 로웰(Percival Lawrence Lowell, 1855~1916)은 1883년 8월부터 11월까지 고종이 파견한 외교사절단(보빙사報聘使)의 외교 수행 비서(Foreign Secretary)를 맡았던 인물이다. 청나라로부터 독립적인 자주외교를 상징했던 조선의 외교사절단은 제물포항을 떠나 일본 요코하마에서 여행하던 로웰을 만나 배로 샌프란시스코 도착해 환대를 받았으며, 대륙을 횡단해 시카고, 워싱턴 DC를 거쳐 뉴욕에 도착했다.

1883년 5월 브루클린 브리지가 개통되었다. 개통식에 참석한 체스터 A. 아서 대통령은 9월 뉴욕 체류 중에 사모관대를 차려입은 조선의 외교사절단을 만나 큰절을 받았다. 사절단은 뉴욕의 병원, 우체국, 소방서, 전기회사를 탐방한 후 로웰의 고향 보스턴도 구경했다.

최초의 미국 사절단에는 유길준, 홍영식, 민영익, 서광범 등 개화파 인사 10인이 참가했다. 이 중 유길준은 미국에 남아 보스턴대학교에 입학하며 조선 최초의 미국 유학생이 되었다. 로웰은 고종의 초빙을 받아 그해 12월 조선을 처음 방문해 3개월 머문 후 1886년 『조선: 고요한 아침의 나라 (Chosön: The Land of the Morning Calm)』를 출간했다. 한국에 머물 때 그의 별명은 '노월(魯越)'이었다. 한편, 유길준은 1889년 정치체제의 구분과 정당의 조직, 조세와 화폐제도, 군대와 경찰, 교육과 학문, 종교와 의식주에 이르기까지, 미국의 문물과 제도를 집대성한 책 『서유견문』을 출간했다.

1883년 뉴욕에서 유길준을 비롯한 조선의 외교 사절단(보빙사)이 아서 대통령에게 큰절하는 모습이 실린 〈일러스트레이티드〉 신문

어느 날 유럽에서 한 여성 화가가 조선 땅을 밟았다. 스코틀랜드 출신 화가 엘리자베스 키스(Elizabeth Keith, 1887~1956)는 일제강점기의 한국에 체류하며 풍속화를 그렸다. 키스는 1915년 28세에 도쿄의 출판사 사장 J. W. 로버트슨(J. W. Robertson Scott)과 결혼한 언니 엘스펫(Elspet Keith Robertson Scott)의 초청으로 일본에 갔다. 단기 체류 예정이었던 키스는 아시아의 색채에 매료되어 영국행 배표를 팔아버린 후 눌러앉았다. 그리고 홋카이도 등지를 여행하며 그림을 그리고, 목판화도 배웠다.

1919년 3월 말 3·1운동의 여운이 가시지 않은 즈음 키스는 엘스펫과 한국을 방문했다. 키스는 30여 년간 한국에 머물렀던 제임스 게일(James Gale) 목사 등 선교사들의 소개로 왕실의 공주, 자작 김윤식 등 귀족에서 대금 연주자, 농사꾼, 주막의 풍경, 아낙네, 연 날리는 아이들 등 서민까지 두루 화폭에 담았다. 엘스펫은 3개월 후 일본으로 돌아갔지만, 한국에 반한 엘리자베스는 서울의 풍물에서부터 원산, 함흥, 평양, 금강산 등지를 여행하며 다양한 그림을 그렸다.

엘리자베스 키스는 한국에 체류하면서 일본 군국주의의 야만성을 목격했다. 나라를 빼앗긴 한국인에게 연민을 느꼈으며, 한국 문화와 사람들에 흠뻑 빠졌다. 엘리자베스는 1921년과 1934년 두 차례 한국에서 전시회를 열었으며 중국과 필리핀 등지도 여행하며 판화와 수채화 작업을 했다.

1946년 엘리자베스는 자신의 그림과 엘스펫의 글로 엮은 책 『OLD KOREA: The Land Of Morning Calm』을 출간했다. 엘리자베스가 그림과 설명을 하고, 엘스펫이 3·1운동에서 혼례식, 무당춤, 선비들, 한옥 구조 등을 주제로 글을 썼다. 키스 자매는 이방인으로서 한국과 일본을 객관적으로 볼 수 있었을 것이다. 이 책은 2006년 한국에서 송영달 교수의 번역본 『영국화가 엘리자베스 키스의 코리아 1920~1940』으로 출간되었다.

구한말에서 일제강점기까지만 해도 한국은 그저 '고요한 은자의 나라'였다. 일제강점기 당시 일본인들은 "조선인들이 느려터졌다"고 비난했다고 한다. 서양 문물이 들어오면서 한국인에 붙인 별명은 '코리안 타임(Korean Time)'이었다. 한국전쟁 때 주한

🏷️ 엘리자베스 키스의 그림과 엘스펫 키스 로버트슨 스콧의 글로 엮은 『OLD KOREA: The Land Of Morning Calm』 표지(왼쪽, 1946)/ 한옥 내부(Korean Domestic Interior)

미군이 한국인과 약속을 했는데, 약속 시간보다 늦게 나오는 한국인에게 붙인 별명이다. 사실 코리안 타임은 하루를 서양식의 24시간이 아니라 2시간 단위의 12간지(자시, 축시…… 해시)를 썼기 때문이라고 한다. 여하튼 서양인의 눈에 한국인은 게으른 민족으로 비쳤던 것이다.

그러나 1960년대 근대화의 물결 속에서 '코리안 타임'의 한국인은 눈코 뜰 새 없는 민족이 되었다. 아다지오(Adagio, 조용하고 느리게)의 리듬에서 알레그로(Allegro, 빠르고 밝게), 비바체(Vivace, 발랄하게 빨리) 그리고 프레스토(Presto, 극단적으로 빠르게)의 리듬으로 질주하게 된다.

'잘 살아보세'와 새마을운동

"속도가 중요한 시대에 '빨리빨리'는 한국의 경쟁력이다."

_앨빈 토플러

『제3의 물결』(1980)을 쓴 미래학자 앨빈 토플러(Alvin Toffler, 1928~2016)는 『부의 미래(Revolutionary Wealth: How it will be created and how it will change our lives)』(2006)에서 한국의 고속성장 비결을 '속도(speed)', 즉 '빨리빨리' 문화에서 찾았다. 이 책의 제10부 「지각변동」에서 '중국은 또다시 세계를 놀라게 할 것인가?'/ '일본이 넘어야 할 고비'/ '한반도의 시간과의 충돌'을 제목으로 한·중·일 세 나라의 상황을 진단했다.

토플러는 한국이 서양에서 100~230년에 걸쳐 이룩한 산업화(농업혁명-제1의 물결/ 산업혁명-제2의 물결/ 지식혁명-제3의 물결)를 30년 만에 압축한 것은 "한국인들이 변화에 따라 신속한 대응을 하지 않고는 못 배기는 국민성" 때문이었다고 분석했다. 하지만 토플러는 이에 비해 남북관계의 진전이 느린 점을 시간의 충돌로 진단했다.

잘 살아보세 잘 살아보세 우리도 한번 잘 살아보세
금수나 강산 어여쁜 나라 한마음으로 가꾸어 가면

알뜰한 살림 재미도 절로 부귀영화는 우리 것이다

잘 살아보세 잘 살아보세 우리도 한번 잘 살아보세 잘 살아보세

_「잘 살아보세」(한운사 작사, 김희조 작곡, 1962)

일제강점기가 끝나고 광복의 기쁨도 잠깐, 한국전쟁으로 한국인들은 봇짐을 싸서 피난 다녔고, 한반도는 폐허가 되었다. 한국전쟁의 영웅 더글러스 맥아더 장군은 "이 나라를 복구하는데 최소 100년이 걸릴 것이다"라고 예견했다. 미군정, 휴전으로 나라는 두 동강이 났고, 좁은 영토에서 4·19 혁명, 5·16 군사정변으로 이어진 한국은 가난하고, 혼란스러운 나라에 불과했다. 그러나 외국 원조에 의지하던 한국은 1962년 맨땅에서 경제개발 5개년 계획을 시작, 20년 만에 초고속 성장으로 '한강의 기적'을 이룬다.

맥아더 장군의 예측이 빗나간 것이다. 한국은 1962년 1인당 국민소득 87달러에서 1979년엔 1693달러로 20배, 국내총생산(GDP)은 23억 달러에서 640억 달러로 28배 성장했다. 1인당 국민소득은 1995년 1만 달러, 2006년 2만 달러, 2017년 3만 달러를 돌파하며 선진국에 진입했다. 국제통화기금(IMF)의 보고서에 따르면, 2021년 한국의 국내총생산(GDP)은 1조 8068만 달러로 세계 191개국 중 10위, 2022년엔 1조 734만 달러로 13위였다. 이는 2020년 2년 연속 10위에서 3단계 하락한 수치이다.

2023년 1월 〈US뉴스앤월드리포트〉지는 「세계에서 가장 강력한 국가들(The world's most powerful countries)」에서 한국을 미국, 중국, 러시아, 독일, 영국에 이어 세계에서 가장 강력한 국가 6위에 선정했다. 프랑스가 7위, 일본이 8위, 아랍에미레이트연합(UAE)이 9위, 이스라엘이 10위를 차지했다. 이 순위는 세계 1만 7천여 명에게 현대화한 국가 85개국을 대상으로 지도자, 경제적 영향력, 강력한 수출품, 정치적 영향력, 강력한 국제동맹, 강력한 군사력 등을 지표로 설문 조사한 결과다.

이처럼 우리가 이룬 '한강의 기적' 밑바탕에는 우리 민족의 근면성과 '빨리빨리' 정신이 깔려 있었다. 사실 경제개발 계획 이전부터 이미 빨리빨리 사고(思考)는 생활 속에 깊이 뿌리 박고 있었다. 사계절이 뚜렷한 농경사회에서는 못자리-모내기-제초-추수를 제때 해야 한다. 시기를 놓칠 수 없기에 1년을 사계절과 24절기로 나누어 '빨리

'빨리' 부지런히 일해야 먹고살 수 있었던 것이다.

1971년 박정희 대통령이 시작한 새마을운동은 '농촌도 잘 살아보자'는 근대화 정책이었다. 비록 쿠데타와 유신독재의 암흑기였지만, 농촌은 가난에서 벗어날 수 있었다. 또한 느긋했던 '코리안 타임'의 국민성을 근면, 자조, 협동으로 무장한 역동적인 국민으로 바꾸어놓았다. 새마을운동은 이후 중국의 덩샤오핑·후진타오 국가주석을 비롯해 인도, 필리핀, 인도네시아, 스리랑카, 미얀마, 페루, 콩고, 가나, 케냐, 남아프리카공화국 등이 벤치마킹하며 세계로 퍼져나갔다. 한국에선 2013년 새마을세계화재단을 설립해 개도국에 새마을운동을 확산시켜왔다. 잿더미에서 시작한 한국이 타국의 롤 모델이 된 것이다.

새마을운동 깃발(위)/ 1960년대 농촌에 붙였던 '우리도 한번 잘 살아보세' 표어(사진: 농촌진흥청)

8282 공화국

2018년 4월 27일 판문점 공동경비구역 남측 구역에 자리한 평화의 집에서 남북정상 회담이 열렸다. '평화, 새로운 시작'을 슬로건으로 문재인 대통령과 김정은 조선민주주의인민공화국 국무위원장이 만났다. 이 역사적인 만남 후 네티즌들은 통일이 되면 '평양냉면을 배달해 먹을 수 있겠다'는 기대감에 김칫국을 마셨다.

한국은 배달 서비스의 천국이다. 한강에서 돗자리 펴고 프라이드치킨을 배달 서비스로 소풍할 정도다. '배달의민족', '배달통', '요기요', '쿠팡이츠' 등 배달 중개 앱이 등장했고, 한국인은 언제 어디서나 저렴한 가격에 신속한 배달을 받고 있다. 택배(宅配) 서비스도 발달했다. 물품을 픽업해서 쾌속 배달해주는 한국의 택배는 아마존(Amazon)의 프라임 서비스가 부럽지 않은 저렴한 특급 서비스다. 한국인은 코로나19 위기에서도 택배 서비스와 정부에 대한 신뢰 덕분에 사재기 현상이 일어나지 않았다.

2018년 7월 영국의 BBC는 '한국의 멈출 수 없는 서두르는 취향'이라는 제목의 기사에서 한국의 서두르는 문화(Culture of Haste) '빨리빨리(ppalli ppalli)' 문화를 소개했다. 한국은 1960년대만 해도 인구의 72퍼센트가 농촌에 사는 느린 국가였다. "어떻게 벼를 심던 나라가 몇십 년 만에 급류를 타는 나라가 되었는지 경이롭다"고 평가했다. BBC는 1961년 박정희의 군사 독재정권 때 경제개발 5개년 계획을 시작해 삼성, 현대, LG로 대표되는 대기업들과 더불어 1987년까지 1년에 30~40퍼센트의 경제성장률로 '한강의 기적(Miracles on the Han River)'을 이루었다고 전했다.

BBC는 식당에서 주문하면 바로 나오는 음식 서비스를 비롯해 초고속 인터넷, 번개팅, 한 시간씩 릴레이로 이어지는 결혼식, 즉석라면(컵라면), 24시간 맥도날드 배달 서비스(McDelivery), 택배 서비스 등을 진풍경으로 언급했다. 이와 함께 "팁을 주지 않는 나라에 이런 서비스가 있다는 것이 경이롭다"고 전했다.

외국인들을 미치게 만드는 한국의 빨리빨리 문화(Talking about Korean 'Fast culture', KOREAN BROS 유튜브 캡처)

올림픽에서도 한인들이 속도가 관건인 양궁과 사격에 강한 것도 우연은 아니며, 쇼트트랙 스피드 스케이팅(short-track speed skating)에서 메달을 무려 48개를 석권해 왔다고 설명했다. 또한 2010년 뉴욕에서 열렸던 LG 모바일 월드컵(LG Mobile World Cup) 문자 경쟁 대회(text-messaging competition)에서 한국의 10대 엄지족(배영호. 하목민)이 1위를 차지한 것도 '빨리빨리 문화'의 한 예로 들었다.

외국인들이 한국에서 처음 배우는 단어가 '빨리빨리'라고 한다. 성미가 급하고, 기다리지 못하는 한국인의 습관을 외국인들은 어떻게 볼까? KBS-2TV 스펀지 프로그램에서 소개한 외국인들이 뽑은 한국인의 '빨리빨리 베스트 10'을 보자.

• 외국인들이 뽑은 한국인의 '빨리빨리 베스트 10'
1위. 자판기 커피 컵 나오는 곳에 손을 넣고 기다린다.
2위. 버스 정류장에서 버스와 추격전을 벌이곤 한다.
3위. 화장실에 들어가기 전 지퍼를 내린다.
4위. 삼겹살이 익기 전에 먹는다.
5위. 엘리베이터 문이 닫힐 때까지 '닫힘 버튼'을 누른다.
6위. 3분 컵라면이 익기 전에 뚜껑을 열고 먹는다.
7위. 영화관에서 스크롤이 올라가기 전에 나간다.
8위. 볼일을 보는 동시에 양치질을 한다.
9위. 3초 이상 열리지 않는 웹사이트는 닫아버린다.
10위. 상점에서 먹을 것을 살 때 계산하기 전에 다 먹어버린다.

2011년 리서치 회사 (주)지노스알앤씨는 '한국인의 급한 성질 베스트 10'을 조사했다.

• 한국인의 급한 성질 베스트 10
1위. 상대방이 통화 중인데 전화 안 받는다고 3번 이상 계속 전화하는 사람
2위. (현금인출기/마트/패스트푸드) 짧은 줄을 찾아 동분서주하는 사람

3위. 컵라면에 물 붓고 3분을 못 참아 계속 젓가락으로 뒤척이는 사람

4위. 커피 자판기 동작 완료 불이 꺼지기도 전에 컵을 꺼내는 사람

5위. 노래방에서 남의 노래 중간에 꺼버리는 사람

6위. 지하철 환승역, 빠른 이동 경로를 줄줄 외는 사람

7위. 수업 종이 울리기도 전에 가방부터 챙기는 학생

8위. 사탕을 처음에만 빨아 먹고 살짝 녹았다 싶으면 씹어 먹는 사람

9위. 전자레인지의 동작 버튼 누르고, 돌아가는 접시를 들여다보고 있는 사람

10위. 고기가 다 익었는지 쉴 새 없이 뒤집어 확인해보는 사람

한국의 속담과 줄임말: 효율성과 유머

스페인 언어권에서는 "마냐나, 마냐나(mañana, mañana)!"라는 말을 즐겨 쓴다. '내일로, 나중에(later)!'라는 뜻의 마냐나는 항상 느긋하며, 할 일을 뒤로 미루는 남미인의 게으르면서 낙천적인 기질을 보여주는 말이다. '빨리빨리'와는 정반대의 태도다. 우리는 일사천리(一瀉千里)로 진행되는 일에 쾌감을 느끼는 민족이다. 미국 TV는 프로그램 방영 도중에 CF가 속속 삽입되며, 흐름을 끊는다. 한국 시청자들은 이런 끊김을 용서할 수 없을 것이다. 사실 한국에선 오랫동안 중간광고 없이 TV 프로그램을 즐길 수 있었다. 공중파 TV에서 중간광고를 공식 허용한 것은 2021년 7월부터였다.

한국인이 비단 1960년대 경제개발 계획으로 성격이 급해졌거나, 빨리빨리가 지상의 목표가 된 것만은 아닌 듯하다. 그 뿌리는 더 깊을지도 모른다. 한인의 '빨리빨리' 성향과 조급한 성격을 보여주는 속담도 많다. "모로 가도 서울만 가면 된다", "매도 먼저 맞는 놈이 낫다", "쇠뿔은 단김에 빼라", "칼을 꺼냈으니 무라도 잘라라", "우물에 가 숭늉 찾는다", "내 코가 석 자다", "동에 번쩍, 서에 번쩍" "마파람에 게 눈 감추듯 한다", "발등에 불이 떨어졌다", "눈치가 빠르면, 절에 가서도 새우젓 얻어먹는다"……

빨리빨리 해야 하는 이유는 시간을 놓치면 큰 화를 당할 수도 있기 때문이 아닐까? 사계절이 뚜렷한 농경문화의 산실인 듯하다. 시간이 전부이고 핵심이다. "사또 떠난 뒤

김홍도, 「논갈이」(왼쪽)/ 「벼 타작」, 『단원 풍속도 화첩(檀園 風俗圖 畵帖)』, 보물 제527호, 국립중앙박물관 소장

에 나팔 분다", "소 잃고 외양간 고치기", "가까운 길 마다하고, 먼 길로 간다", "구더기 무서워서 장 못 담글까" 같은 속담에는 우리 조상의 지혜가 담겨 있다. 하면 된다!

줄임말은 한국인이 얼마나 언어의 효율성을 즐기고, 소통하기를 좋아하며, 유머가 있는지를 보여준다. 현대의 디지털 시대에 이르러 스마트폰으로 채팅, 텍스트(문자 메시지), SNS, 온라인 게임 등을 사용하면서 신조어, 특히 줄임말이 쏟아졌다. TV 프로그램 제목이 길면 줄이고, 단어의 초성만 떼어서 쓰는 줄임말도 인터넷에서 많이 쓰인다. 신조어 줄임말을 따라잡으려면 보통 사람들은 숨 가쁘게 가속도를 내야 한다. 인터넷과 스마트폰으로 한국어도 시시각각 진화하고 있다.

여친, 남친(여자 친구, 남자 친구)/ 엄빠(엄마 아빠)/ 쌤(선생님)/ 섐니(시어머니)/ 샵쥐(시아버지, #G)/ 즤집(저희집)/ 베프(베스트프렌드)/ 몸짱(몸매가 멋진 사람)/ 얼짱(얼굴이 멋진 사람)/ 엄친딸(엄마 친구 딸, 예쁘고, 공부와 운동 잘하고, 성격도 좋아 흠잡을 데가 없어서 자신과 비교 대상이 되는 여자)/ 우유남(우월한 유전자를 가진 남자)/ 기레기(기자+쓰레기, 사실과 무관하게 왜곡된 기사를 보도하는 기자)/ 돌싱(돌아온 싱글)/ 절친(절친한 친구, best friend)/ 품절남, 품절녀(인기가 많지만, 이미 결혼한 사람)/ 여사친, 남사친(사귀는 감정 없이 단순한 친구)/ 차도남, 차도녀(차가운 도시의 남자, 여자)…….

걍(그냥)/ 열공(열심히 공부하다)/ 안습(안구에 습기가 차다, 안타깝고 불쌍해서 눈물이 날 지경)/ 열폭(열등감 폭발)/ 수능(대학수학능력시험)/ 정모(정기 모임)/ 지못미(지켜주지 못해서 미안해)/ 갑분싸(갑자기 분위기가 싸해짐)/ 존버(끈질기게 버티기)/ 사바사(사람 by 사람, 사람에 따라 다르다)/ 법블레스유(법+bless you, 화가 많이 났지만, 법 때문에 참는다)/ 이생망(이번 생은 망했다)/ 혼코노(혼자 코인 노래방에 가는 것)/ 인싸-아싸(인사이더-아웃사이더)/ 일코노미(1인 가구 맞춤형 상품)/ 별다줄(별걸 다 줄인다)/ 솔까말(솔직히 까놓고 말해서)/ 발연기(연기를 아주 못한다)/ 불금(불타는 금요일, 신나게 놀자)/ 아만보(아는 만큼 보인다)/ 안물, 안궁(묻지 않았고, 궁금하지 않다)/ 출첵(출석 체크)/ 물냉, 비냉, 평냉(물냉면, 비빔냉면, 평양냉면)/ 치맥(치킨과 맥주)/ 법카(법인카드)/ 스벅(스타벅스)/ 개콘(개그 콘서트)…….

강추(강력하게 추천하다)/ 갑툭튀(갑자기 툭 튀어나오다)/ 개취(개인 취향)/ 깜놀(깜짝 놀라다)/ 근자감(근거 없는 자신감)/ 냉무(내용 없음)/ 당근(당연하다)/ 멘붕(멘탈 붕괴)/ 비추(추천하지 않음)/ 알바(아르바이트)/ 초딩(초등학생)/ 중딩(중학생)/ 고딩(고등학생)/ 자소서(자기소개서)/ 익게(익명 게시판)/ 엘베(엘리베이터)/ 게이(게시판 이용자)/ 배사(배경사진)/ 프사(프로필사진)/ 밀당(연인관계에서 밀고, 당기는 심리전)/ 반반무, 반반무마니(프라이드치킨 반 마리, 양념치킨 반 마리, 무 많이)/ 인강, 동강(인터넷 강의, 동영상 강의)/ 친추(친구 추천)/ 영고(영원한 고통)/ 마상(마음의 상처)/ 최애(최고로 좋아하는 것)/ 취존(취향 존중)/ 먹부심(먹는 것에 대해 느끼는 자부심)…….

생얼(맨얼굴)/ 아라(아이라인)/ 쌍수(쌍꺼풀 수술)/ 뿌염(뿌리염색)/ 패완얼(패션의 완성은 얼굴)/ 공구(공동 구매)/ 디카(디지털 카메라)/ 문상(문화상품권)/ 생파(생일파티)/ 비번(비밀번호)/ 셀카(스스로 찍는 사진)/ 폰카(핸드폰에 내장된 카메라)/ 맥날(맥도날드)/ 미드(미국 드라마)/ 신상(신상 정보, 신상품)…….

무민세대(무+Mean+세대, 무의미한 것에 눈을 돌려 그 안에서 즐거움을 찾는 세대)/ 내로남불(내가 하면 로맨스, 남이 하면 불륜, 이중잣대)/ 나일리지(나이+마일리지, 나이가 많아질수록 우대를 바라는 사람)/ 고답(고구마를 먹은 것처럼 답답함)/ 귀차니즘(귀찮게 느끼는 상황)/ 눈팅(눈으로 채팅하기)/ 낄끼빠빠(낄 때 끼고, 빠질 때 빠져라)/ 넘사벽(넘을 수 없는 4차원의 벽)/ 답정너(답은 정해져 있고, 대답만 하면 돼)/ 뽀샵(포토샵)/ 이태백(20대 태반이 백수)/ 득템(아이템을 얻다)/ 어그로(도발하다, aggravation)/ 무뇌충(뇌가없는 벌레 같은 사람)/ 복세편살(복잡한 세상 편하게 살자)······.

ㄱㅅ(감사하다)/ ㅇㅋ(오케이)/ ㅇㅇ(응)/ ㅊㅋ(축하하다)/ ㅋㅋ(키키, 쿡쿡 등 웃음소리)/ ㅎㅎ(하하, 히히 등 웃음 소리)······.

한편, TV 프로그램 제목도 줄임말이 쏟아졌다. '먹방(먹으면서 하는 방송, 아프리카 TV)' '알쓸신잡(알아두면 쓸데없는 신비한 잡학사전, tvN)' '미우새(미운 우리 새끼, SBS)' '불청(불타는 청춘, SBS)' '슈스케(슈퍼스타 K, tvN)'······. 하지만 '가싶남(가지고 싶은 남자, KBS-2TV)', '개밥남(개밥 주는 남자, 채널 A)' 등 방송사에서 시청자의 주목을 끌기 위해 줄임말로 홍보하는 것은 한글 파괴와 소통 부재로 비판받기도 했다.

브라질 출신 한인 세 자매 성공의 비결: 빨리빨리!

"가장 큰 한인 DNA라면 효율성이다. '빨리빨리!' 빠른 시간 안에 최대의 효과를 이루는 성향이다. 그것이 이민자들 성공의 비결이다. 난 지난 20년간 패션 사업을 했고, 주피라도 15년, 이아라는 20년 이상 영화계에 있었다. 한인들은 포커스를 잘하며, 더 잘하는 방법을 안다."

_주사라 리, 2012

브라질 상파울루에서 태어난 한인 세 자매 이아라 리, 주사라 리, 주피라 리는 1980

2012년 웨스트빌리지에서 왼쪽부터 주사라 리, 이아라 리, 주피라 리 자매(사진: Sukie Park/NYCulture Beat)

년대 후반 뉴욕으로 왔다. 장녀 이아라는 뉴욕대에서 영화를 전공한 후 영화감독이자 인권운동가로 활동하며 문화로 세계평화를 추구하는 네트워크 '저항의 문화(cultures of resistance)'를 설립한 후 아프리카, 중동 등지를 돌며 다큐멘터리를 제작했다. 둘째 주사라는 FIT에서 패션디자인을 전공한 후 자신의 브랜드 '주사라 리(Jussara Lee)'를 이끌고 있다. 막내 주피라는 파슨스 스쿨과 FIT에서 패션을 전공한 후 그리니치빌리지에 브라질 레스토랑 카사(Casa)를 운영한다.

1965년 한국에서 브라질로 이민한 세 자매의 부모는 상파울루에서 식당과 나이트클럽을 운영하며 세 딸을 키웠다. 이들은 한국어는 못해도 한국인의 DNA 중 하나인 '빨리빨리!' 정신으로 성공했다는 것에 자부심을 가지고 있다.

빨리빨리 정신: 힘인가, 독인가?

Nam June Paik, M200 / Video Wall, 1991, Television monitors, 백남준: 시간의 마에스트로(Nam June Paik: The Maestro of Time), 2019, 뉴욕한국문화원(사진: Korean Cultural Center New York)

"인생에는 '빨리 감기(fast-forward)'나 '뒤로 감기(rewind)' 버튼이 없기 때문에 미리 알 방법이 없다. 그래서 차근차근 가다가, 만일 실수를 하면 다른 실수로 고치려고 한다."

_백남준

이솝 우화 「토끼와 거북이」에 비유하자면, 한국인은 마치 거북에서 토끼로 돌연

변이 한 것 같다. 급속한 경제개발 속에서 한국인은 토끼가 되어야 했고, 속도는 질보다도 중요했다. 총알 택시, 번개팅, 음식 배달 서비스(배달의 민족, 로켓배송, 샛별배송), 폭탄주, 믹스 커피, 패스트 패션 등 한국인은 속도(speed) 지상주의를 달려왔다.

한국은 8282 공화국이다. 빨리빨리(8282) 정신은 한국을 경제 선진국, IT 강국, 코로나19 창궐 속에 의료 강국으로 올라서게 한 원동력이다. 국제전화 한국의 국가 번호가 82인 것도 필연 같다. 반도체 시장을 장악하며, 디지털 기술의 발달로 IT 강국으로 등극한 한국은 실리콘밸리보다 더 빠른 초고속 인터넷을 자부하고 있다. 효율성, 근면성, 빠른 의사결정, 빠른 실행으로 괄목할 만한 경제성장을 이루어왔다.

하지만 지칠 줄 모르는 빨리빨리 성향은 한국인에게 '힘(power)'이자 '독(poison)'일 수도 있다. 과정보다 결과와 실적에 치중하고, 정확성보다 적당주의와 조급함 때문에 사고도 겪어야 했다. 삼풍백화점, 성수대교 붕괴 사고, 세월호 침몰 사고, 갤럭시 노트7 폭발 사고, 이태원 참사 등 졸속주의, 빨리빨리 문화의 부작용은 교훈을 남긴다.

#03 눈치의 달인들

한인 2세 유니 홍과 눈치의 힘

눈치채다, 눈치를 주다, 눈치가 빠르다, 눈치가 없다, 눈치를 보다, 눈치가 보이다, 눈치를 살피다, 눈치가 다르다, 눈치껏 하다, 눈칫밥을 먹다, 눈치 싸움…….

눈치란 무엇인가? 눈치는 사전적 정의에 따르면 '남의 마음이나 뜻을 그때그때의 상황으로 미루어 얼른 알아차리는 힘'이다. 눈치는 조직사회에서 상황의 파악력, 통찰력, 감성, 직감, 판단력, 공감 능력을 의미한다. 영어로는 wits, sense, tact, hint, social cue, ability to read a situation 등으로 번역된다.

외국인들은 우리의 '눈치'를 눈치챌 수 있을까? 한인 2세에게도 우리 같은 눈치가 있을까?

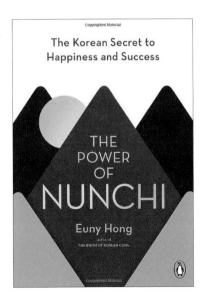

The Korean Secret to
Happiness and Success

THE
POWER
OF
NUNCHI

Euny Hong

🔖 한인 2세 작가 유니 홍의 『눈치의 힘』

한인 2세 언론인 출신 유니 홍(홍은이)은 2019년 한국의 눈치 문화를 분석한 『눈치의 힘: 한국인들의 행복과 성공으로 이끄는 비밀(The Power of Nunchi: The Korean Secret to Happiness and Success)』(펭귄출판사)을 출간했다. 그에 따르면, 눈치의 본래 의미는 '눈으로 측정하다(eye measure)'이다.

눈치는 타인의 생각과 느낌을 재빠르게 간파하고, 그에 적합하게 반응하는 미묘한 기술이다. 눈치는 감성 지능에서 오며, 상대의 몸짓이나 말투 등 무의식적 신호에서 마음을 읽는 능력이며, 주위 사람들

반응에서 알 수 있는 분위기 파악력이기도 하다. 눈치는 5천 년의 역사를 지닌 한국인의 초능력(superpower)으로 유니 홍은 "내가 배운 가장 중요한 단어일 것"이라고 밝혔다.

한국인은 "눈치가 좋다"라는 말 대신, "눈치가 빠르다"는 말을 쓴다. 그러므로 '느린 눈치'는 소용이 없다. 유니 홍은 일을 잘 못하는 직장 동료가 나보다 승진이 빠른 이유, 요가 클래스에서 그 여자가 특별히 인기 있는 이유는 아마도 눈치가 빠르기 때문일 것이라고 주장한다. 셜록 홈즈, 스티브 잡스, 고양이는 눈치가 빠르다. 한인 부모들은 어린 자녀들에게 "왜 눈치가 없니?"라며 종종 질책한다. 눈치야말로 여성이나 소수계 등 사회적 약자들의 비밀병기다. 눈치가 빠르면 직장 일도 더 잘하고, 더 즐기며, 더 오래 하고, 더 많은 월급을 받을 수 있다는 것. 말로 하기 전에 조용히 용의주도하게 들으면서, 정보를 수집하면서, 협상도 더 잘할 수 있다고 강조한다.

자신이 눈치의 힘에 대한 산 증인이라고 고백한 유니 홍은 1973년 뉴저지에서 태어났으며, 열두 살부터 부모를 따라 한국에 가서 공부하게 되었다. 그는 한국어도 모른 채 새로운 환경에 잘 적응하기 위해 말 없는 '눈치'에 의존했고, 눈치는 자신의 육감(sixth sense)이 되었다. 그때 그 경험에서 한국의 교육은 '눈치 교육'이라고 회고한다. 교실에서 학생들은 질문하지 않았으며, 교사들은 의도적으로 학생들에게 교재나 시험장소 등에 대해 애매하게 말해주었다. 이 때문에 학생들은 눈치로 파악하더라는 것. 자신이 1년 후 반에서 1등을 하고, 부반장으로 선출된 이유는 바로 연마된 눈치 덕분이라고 밝혔다.

유니 홍은 성공과 행복의 열쇠는 똑똑할 필요도, 부자일 필요도, 특권층일 필요도 없이 '빠른 눈치'에 있다고 결론 짓는다. 예일대학교 철학과를 졸업한 유니 홍은 파리의 TV 뉴스 채널 'France 24'에서 일한 후 〈파이낸셜타임스〉, 〈뉴욕타임스〉, 〈월스트리트저널〉, 〈워싱턴포스트〉 등에 기고해 왔으며, 2014년 『한국적 쿨의 탄생(The Birth of Korean Cool: How One Nation is Conquering the World Through Pop Culture)』을 출간했다.

눈치의 달인이 되는 비결, 처세술 책 홍수

영어권에서는 유니 홍의 저서가 눈치에 관한 첫 책이지만, 한국에선 이미 눈치에 관한 도서가 무궁무진하다. 자기 계발, 처세술에서 심리학, 자녀 교육, 수필, 소설, 동화, 언어학, 설화, 시집까지 다양한 분야에서 눈치를 제목으로, 또는 부제로 한 책들이 속속 나왔다. 눈치는 가정부터 학교, 직장까지 인간관계와 사회생활에서 필요한 기술이다. 특히 직장이라는 정글에서 눈치는 생존의 무기이기도 하다.

박근영의 『왜 나는 늘 눈치를 보는 걸까』(소울메이트, 2013)에서는 "눈치를 건강하게 활용하지 않으면 폐쇄성·변덕·자기소진·자기부재·불균형·착취·집착이라는 무서운 덫에 걸릴 수 있다"고 경고한다. 그리고 삶을 힘들게 하는 눈치증후군으로 #다른 이의 시선 때문에 보는 눈치, #남과 비교하느라고 보는 눈치, #의존심 때문에 보는 눈치, #관심을 끌려고 보는 눈치, #어느 편인지 알려고 보는 눈치, #세상이 험해서 보는 눈치, #남을 이용하려고 보는 눈치 등으로 나누고 있다.

김은성은 『더 센스(THE SENSE): 네가 힘든 건 눈치가 없어서야』(anotherbooks, 2019)에서 "건강하게 눈치를 살피는 사람이 곧 '센스 있는 사람'이며, 현명한 사람이 될 수 있

한국에서 출간된 눈치에 관한 책들 1

다. 타인을 배려하고 존중할 줄 아는 사람이 늘상 대화 공간에서 반짝이며 행복한 미소를 짓는다"고 강조한다.

한국에서는 '사회생활의 절반은 눈치'라고 한다. 허은아의 『눈치코치 직장 매너』(지식공작소, 2007)에서는 "근무시간에 병원이나 은행 다녀오려면 눈치 보여요", "회식 중간에 효과적으로 도망가는 비결 있나요?", "싼 밥 얻어먹고 비싼 커피 사야 하나요?", "음악 들으면서 일하면 찍히나요?", "인사는 볼 때마다 해야 하나요?" 등 취업 준비생들이 알아두어야 할 필수예절 270여 가지의 경우를 소개했다.

외국어 도서의 제목은 한국어 번역판에서 종종 '눈치'로 의역된다. 일본어로 출간된 심리학, 처세술 책은 원제 대신 눈치를 제목이나 부제에 넣는다. 한국에서 눈치는 화두이며, 눈치라는 단어는 마케팅에도 유리하기 때문일 것이다.

『마음을 잡는 심리학(心をつかむ心理學)』을 번역한 『눈치코치 심리학: 상대의 진심을 빨리 알아차리는 나만의 노하우』(시부야 쇼조 지음, 정은지 옮김, 바이북스, 2006)에서는 말투와 행동으로 상대의 마음을 읽는 법, 즉 눈치를 빨리 챌 수 있는 요령을 제시한다. "쉽게 승낙하는 사람이 나중에 쉽게 번복할 확률이 높다", "세 번 이상 고개를 끄덕이면 'NO'라는 사인이다", "헤어스타일이 자주 바뀌는 사람은 다른 사람들의 주목을 받고 싶어하기 때문이다", "패키지 투어를 좋아하는 사람은 정신적으로 지쳐 있다" 등을 예로 들고 있다.

『나는 왜 눈치를 보는가: 나를 발견하는 심리학』(가토 다이조 지음, 이인애 옮김, 고즈윈)의 원제는 『자신을 깨닫는 심리학(自分に氣づく心理學)』이다. 『선 긋기의 기술: 눈치 보지 않고 당당하게 거리 두기』(와키 교코 지음, 오민혜 옮김, 알에이치코리아RHK)의 원제는 『인간관계의 정리술(人間關係の整理術)』, 『이제부터 민폐 좀 끼치고 살겠습니다: 남 눈치 따위 보지 않고 나답게 사는 용기』(고코로야 진노스케 지음, 박재영 옮김, 걷는나무)의 원제는 『50세부터 인생의 대역전(50歲から人生を大逆轉)』이었다. 『공감장해(共感障害)』는 『눈치가 없어 고민입니다』(구로카와 이호코 지음, 김윤경 옮김 넥서스 BIZ)로, 『틀어박히는 힘(こもる力)』은 『눈치 보지 않고 진짜 나로 살아가기 위한 틀어박히는 힘』(이치무라 요시나리 지음, 편설란 옮김, 페이퍼로드)으로 출간되었다.

또한 캐티 케이와 클레어 시프만의 공저 『소녀들을 위한 자신감 코드(The Confidence

Code for Girls: Taking Risks, Messing Up, & Becoming Your Amazingly Imperfect, Totally Powerful Self)』는 『나는 왜 자꾸 눈치를 볼까?: 열네 살부터 시작하는 첫 자신감 수업』(하연희 옮김, 리듬문고)으로 번역되었으며, 미국인 심리학자 닐 라벤더와 알란 카바이올라가 쓴 『만족시키기 불가능한: 어떻게 완벽주의 동료, 통제적인 배우자와 기타 늘 비판적인 이들을 어떻게 다룰 것인가(Impossible to Please: How to Deal With Perfectionist Coworkers, Controlling Spouses, and Other Incredibly Critical People)』는 『눈치 보지 않을 권리: 사람은 못 바꿔도 관계는 달라질 수 있다』(최승희 옮김, 미래의창)로 번역되었다. 그리고 튀르키예 작가 아지즈 네신의 동화 『나도 아이였어(Ben De Cocuktum)』는 『왜들 그렇게 눈치가 없으세요?』(노석미 지음, 이난아 그림, 살림Friends)로 번역되어 나왔다.

눈치 안테나: 성공과 행복의 열쇠

"눈치가 빠르면 절에 가도 새우젓을 얻어먹는다", "눈치가 참새 방앗간 찾기", "의붓어미 눈치 보듯", "짐작 팔십 리", "눈치는 형사다", "빨리 알기는 칠월 귀뚜라미라", "눈치가 빠르기는 도갓집 강아지", "귀머거리 눈치 빠르다", "십 리 눈치꾸러기", "눈치가 발바닥", "눈치가 있으면 떡이나 얻어먹지", "눈치를 사 먹고 다닌다", "소경 눈치 보아 뭘 하나 점 잘 치면 됐지", "산지기 눈치 보니 도끼 빼앗기겠다", "앉을 자리 설 자리를 가리다", "남의 걸상에 끼여 앉다"…….

눈치에 관한 속담도 참 많다. 눈치는 왜 5천 년간 한국인에게 특이한 감각이 되었을까? 우리는 어떻게 이러한 직관력을 갖추게 되었을까?

우리 민족은 옛날부터 공자님의 도덕 지침 '삼강오륜(三綱五倫)'에 따라 아랫것은 윗님들의 눈치를 잘 봐야 했다. 강대국에 둘러싸인 약소국으로서 끊임없이 눈치 외교를 해야 했던 한반도의 역사도 병행된다. 상대의 의도와 기분을 간파하는 독심술, 눈치는 대인관계와 의사소통의 기술, 약자의 생존기술이기도 하다. 강자는 당당하고, 약자는 눈치를 보기 마련이다. 강자가 눈치를 챌 때는 상대에 대한 배려일 수 있으며, 약자가 눈치를 볼 때는 강자에 누를 끼치지 않으려는 마음가짐에서 비롯된다.

분위기를 파악하는 직관력, 눈치 안테나가 잘 작동하면 인간관계, 사회생활이 무난하다. 한편, 집단사회에서 튀면 안 된다. 한국 사회에선 눈치껏, 적당히 하는 '중용'을 중요하게 여기기 때문이다. 눈치 없이 소신대로 행동하면 집단에서 왕따 되기 쉽다. 이는 군대문화와 획일주의의 영향이기도 할 것이다.

물론 밀고 당기는 남녀관계에서도 눈치의 기술은 절실히 필요하다. 유행가, K-팝에도 눈치가 등장한다. 가수 폴 김은 「눈치」라는 제목의 노래에서 "또 눈치 보지 난/ 아무 말도 못 하고/ 들리지 않는 내 목소리/ 시간은 자꾸만 가고/ 아직 보고 있어 네 눈치……"라고 했다. 눈치는 우리 민족의 영원한 화두인 듯하다.

황경식 시인은 교사 시절 첫 수업에서 '삼(3)치를 부탁해'를 강조했다고 2016년 한 칼럼에 썼다. 삼치는 염치(廉恥, 순결한 삶을 위한 부끄러움), 재치(才致, 지적인 능력), 그리고 눈치다. 황 시인은 이 가운데 상대의 기분이나 의도에 맞춰 자신의 언행을 조절하고 공감하는 능력으로서의 눈치가 가장 중요하다고 강조했다. 그는 최소한 눈치만 있어도 세상을 살아가는 데 별 어려움이 없으며, 오늘날 한국 정치판에도 국민의 눈치를 살펴봐주기를 기대한다고 주문했다.

오스카상 시상식: 봉준호 감독의 눈치와 재치

2020년 2월 제92회 아카데미상 시상식은 외국어 영화사상 최초의 작품상을 휩쓴 한국 영화의 쾌거로만 기억될 만한 시간은 아니었다. 봉준호 감독과 「기생충(Parasite)」 의 4관왕 석권은 물론 통쾌했지만, 즉흥적으로 펼쳐진 훈훈한 감동의 드라마도 기억에 오래 남았다. 그것은 감독상 시상 무대에서였다. 그해 5월 칸영화제 심사위원장으로 임명된 감독 스파이크 리(Spike Lee)가 무대에 올라 "Bong! Joon! Ho!"를 호명했다.

「기생충」 팀 객석에서는 환호가 터졌다. 감독상까지 넘보지는 않았기 때문에 예상 밖의 수상이었다. 봉 감독은 흥분된 표정으로 무대에 올라가 오스카 트로피를 거머쥐었다. 그리고 야심작 「아이리시맨(The Irishman)」으로 함께 감독상 후보에 올랐다가 고배를 마신 거장 마틴 스코세이지(Martin Scorsese) 감독에게 헌사하는 소감을 밝혔다. 스코세이지는 스파이크 리의 뉴욕대학 영화과 선배다.

"어렸을 때 영화 공부를 하면서 가슴에 새겼던 말이 '가장 개인적인 것이 가장 창의적인 것이다'라는 말이었습니다. 그 말을 하셨던 분이 누구였냐면, 책에서 읽은 것이었지만……" 봉 감독은 이어 "그 말은…… That quote was from our Great Martin Scorsese!(그 인용구는 우리의 위대한 마틴 스코세이지의 말입니다)"라고 밝혔다. 스코세이지 감독은 눈시울을 붉혔고, 객석에선 "브라보!"와 함께 기립 박수가 쏟아졌다. 봉 감독은 "학교에서 마틴의 영화를 보며 공부했는데, 같이 후보에 오른 것만으로도 영광"이라고 이어 말했다. 딸 옆에 앉았던 스코세이지 감독은 자리에서 일어나 영화인들과 봉 감독에게 두 손 모아 감사의 뜻을 전했다.

1981년 「성난 황소(Raging Bull)」부터 아카데미 감독상 9회 후보에 올랐던 마틴 스코세이지는 「디파티드(The Departed)」(2007)로 단 한 번 오스카상을 품에 안았다. 로버트 드 니로, 알 파치노가 출연한 「아이리시맨」은 무려 10개 부문 후보에 올랐다가 그날 트로피를 하나도 건지지 못하는

봉준호 감독은 눈치와 재치로 제92회 아카데미 시상식을 감동의 무대로 연출했다. (ABC-TV 유튜브 캡처)

낭패를 겪고 있었다. 객석의 노장 스코세이지는 비록 수상에는 실패했지만, 봉준호 감독 덕분에 오스카의 주인공이 되어 마치 상패 없는 평생공로상을 받은 듯했다. 스코세이지는 오스카상 루저(loser)가 아니라 위너(winner)였다. 봉준호 감독의 따뜻한 소감 덕분이었다.

그 감동의 장면은 물론 시상식 각본에는 없었다. 후에 봉 감독은 인터뷰에서 "감독상에 호명되어 무대에 올라갔을 때 스코세이지 감독님과 딱 눈이 마주쳤다"고 밝혔다. 봉 감독은 스코세이지와 '눈'이 마주친 후 '빠른 눈치'로 거장을 배려하는 진심 어린 소감을 말했고, 아카데미 시상식을 감동의 시상식으로 깜짝 연출한 셈이다.

봉준호 감독에겐 '눈치'와 '재치'가 있었다. 사실 영화 「기생충」에서 김씨네 가족은 빠른 눈치로 박 사장네 집에 전원 취업하게 된다. 한국인의 특성 중 하나가 눈치 빠른 것이다. 눈치는 한국인의 육감, 슈퍼파워로 불린다. 이제 한국인을 '호모 눈치우스(Homo Nuncius)'라 불러도 좋으리.〔눈치우스는 라틴어로 메시지라는 뜻이며, 갈릴레오 갈릴레이는 천문학 책 『시데레우스 눈치우스(Sidereus Nuncius/ Starry Messenger)』(1610)를 썼다.〕

#04 저항의 민족

3·1운동에서 촛불혁명까지

한국인은 '레지스탕스 민족'이다. 역사적으로 주변 강대국들에 의해 끊임없는 침입을 당해오면서 우리는 생존하는 법을 터득해왔다. 우리 민족은 외세에 맞선 독립운동부터 독재와 부정부패에 항거하는 민주화운동까지 불의에 저항해왔다. 레지스탕스 정신은 우리의 DNA다. 우리 민족의 특기가 '국난 극복'이라는 말이 나올 정도다. 저항 정신은 비판 의식으로 이어진다.

2017년 3월 11일 제20차 촛불집회 "어둠은 빛을 이길 수 없다. 거짓은 참을 이길 수 없다. 진실은 침몰하지 않는다. 우리는 포기하지 않는다."('촛불 1주년: 박근혜 몰락 3분 비디오', OhmyTV 유튜브 캡처)

2016~2017년 촛불혁명

〈워싱턴포스트〉 대통령 탄핵하는 법 가르쳐주겠다

2017년 5월 19일 〈워싱턴포스트〉는 박근혜 대통령 탄핵(2017년 3월 10일) 2개월 후 「한국인들이 미국인들에게: 우리가 대통령을 탄핵하는 방법 가르쳐주겠다(South Koreans to Americans: We'll teach you how to impeach a president)」는 제목의 기사를 실었다.

이 신문은 "한국인들은 대통령을 탄핵하는 방법을 알고 있다. 국회의원 투표와 획기적인 법원의 판결과 함께 17주간의 평화로운 시위가 대규모 부패 스캔들 속에서 박근혜를 퇴진시켰다. 박근혜는 감옥으로 갔으며, 뇌물 및 강탈 등 18가지 혐의로 기소되어 재판을 받고 있다"라고 시작했다. 이어 "한국의 블로그엔 아버지의 망토를 차지했으며, 소통에 어려움이 있는 박근혜와 도널드 트럼프의 유사점과 두 나라 정치 체계의 차이점을 거론하는 댓글로 가득하다"고 전했다.

이와 함께 "한국은 30년 전에야 민주주의를 시작했지만, 미국은 오랫동안 스스로 민주주의의 모범으로 여겨온 나라임"을 강조했다. 그리고 한국 네티즌들이 탄핵에 대한 노하우를 미국에 수출할 가능성에 대해 토론했다며, 강신애 씨의 글 "우리가 대통령을 탄핵하는 방법과 피 한 방울 흘리지 않고 평화적으로 대통령을 제거하는 지식을 수출할 필요가 있다"를 인용했다.

〈파이낸셜타임스〉 한국 민주주의 위기에서 빛나다

영국의 〈파이낸셜타임스(Financial Times)〉는 박근혜 탄핵 이틀 후인 3월 12일 「한국의 민주주의 위기에서 빛나다(South Korea's democracy shines through in a crisis)」라는 제목의 기사를 실었다. 이 신문은 "지난해 말 충격적인 한국에서의 부패 스캔들이 세계를 뒤덮었을 때, 많은 한국인이 수치스러워했다. 이제 그들은 자부심을 느껴야 한다"고 평가했다.

그리고 "한국은 지난 50여 년간 눈에 띄게 발전하며 경제 분야의 선구자로 명성을 얻었다. 이제 한국은 그 지역의 지정학적 플레이어일 뿐만 아니라, 세계의 젊은 민주주의를 위한 정치적인 모델이 되기 직전에 서 있다. 다음 대통령에 많은 것이 달려 있다"고 전망했다.

〈뉴욕타임스〉 시위는 평화롭고, 축제 같다

〈뉴욕타임스〉는 11월 26일 자에서 "추운 날씨와 첫눈에도 불구하고, 조직위가 추정한 150여만 명의 군중이 모였으며, 시위는 평화롭고, 축제에 가까웠다"고 보도했다. 이어 "토요일 노점상들은 양초, 매트리스와 따끈한 간식거리를 팔았고, 거리의 상점들은 시위대에 무료 커피를 제공했다. 불교 승려들은 목탁을 두드리며 행진했다. 아이들과 함께 나온 엄마들, 패딩 조끼에 애견을 싸안고 나온 이들, 겨울 코트를 입고 몰려온 젊은 커플들은 확성기에서 요란하게 울리는 익숙한 가락에 따라 '박근혜 축출'을 촉구하는 노래를 따라 불렀다"고 전했다.

대한민국 국민, 2017 독일 인권상 수상

독일의 프리드리히 에버트재단(Friedrich-Ebert-Stiftung, FES)은 2017년 12월 한국 국민에게 인권상(Human Rights Prize)을 수여했다. 이 재단은 "역동적인 민주주의의 실현은 모든 국민이 보편적으로 보장된 인권을 전적으로 향유하는 것을 전제로 한다. 민주적 참여권의 평화적 행사와 특히 평화적 집회의 자유는 생동하는 민주주의의 필

2017년 한국의 촛불 시위를 다룬 〈워싱턴포스트〉, 〈뉴욕타임스〉, CNN 기사(왼쪽부터)

수적인 구성요소다. 본 재단에서는 대한민국 국민들의 촛불집회가 이 중요한 사실을 전 세계 시민들에게 각인시켜준 계기가 되었다"고 하면서 수상의 이유를 밝혔다.

저항의 역사

한국인은 저항의 민족이다. 반도국이라는 특성으로 말미암아 역사적으로 주변 강대국들에 의해 끊임없는 침입을 당했다. 고구려엔 당, 수, 연, 위, 한나라가 연이어 쳐들어왔고, 통일신라는 당나라의 공격을 받았다. 고려 때는 거란, 몽골, 홍건적에서 왜구까지 수시로 침략했으며, 조선시대엔 임진왜란, 정유재란, 병자호란까지 대규모의 전쟁과 혼란을 겪었다. 그러면서 한민족은 생존하는 법을 터득해왔다. 전쟁과 착취, 온갖 시련 속에서 끊임없이 저항해왔다.

우리는 외세에 맞선 구국운동, 주권을 회복하기 위한 민족해방운동, 독재와 부정부패에 항거하는 민주화운동까지 불의에 저항해온 '레지스탕스 민족'이다. 일제 강점기에는 한국과 일본에서뿐만 아니라 만주, 중국, 극동 러시아에 이르기까지 임시정부와 비밀결사운동에서부터 학생운동, 무장투쟁 그리고 문화운동까지 비폭력, 무력(의병, 독립군) 등 온갖 방법으로 저항했다. 3·1운동은 그 투지가 집결된 저항운동이었다.

외세뿐만 아니라 국내의 독재 타도와 부정부패 척결을 외치며 거리로 나갔다. 1960년 4·19혁명, 1980년 5·18광주민주화운동, 1987년 6월 민주항쟁 그리고 2016년 촛불혁명은 한국인의 민주화 열망과 저항 정신을 입증한 사회운동이었다. 독재, 부패, 무능의 대통령들을 감옥으로 보낸 그 투지와 불굴의 레지스탕스 정신은 우리의 DNA다.

3·1독립만세 운동

1919년 3월 17일 〈뉴욕타임스〉는 베이징발 기사로 3·1운동을 보도했다.

한국인들에 대한 일본의 잔인성을 고하다

"미국인 선교사들은 목격자로서 한국인들에게 가해진 야만적인 잔인성을 보고하고 있다. 한 목격자는 지난 10일간 벨기에의 독일인들 이야기 같은 행동을 보았다고 선언한다. 무방비의 여인과 어린이들이 다름 아닌 '조선 만세!(Hurrah for Korea!)'를 외쳤다는 이유만으로 군인들에 의해 맞고, 차이고, 칼에 찔릴 뿐만 아니라 총에 맞아 쓰러지고 있다. 선교사들에 따르면, 한국인들은 군사 폭정 하에서 좌초된 상태로 민간 정부가 없으며, 대표 없이 세금이 징수되고 있다는 사실을 평화적인 수단에 의해 세계에 알리기를 희망한다고 전했다. 많은 미국 선교사들이 전국에 걸쳐 테러 통치가 지속되고 있다고 증언하고 있다."

1916년 일제 강점기 조선총독이 데라우치 마사타케에서 하세가와 요시미치로 바뀌었다. 하세가와는 무단통치(헌병경찰통치)를 실시하며 토지조사 사업을 빙자로 농민들을 수탈하기 시작했다. 1919년 1월 18일 파리 강화회담에서 제1차 세계대전 후 처리를 논의하며 미국 대통령 우드로 윌슨이 제안한 '14개조 전후 처리 원칙' 중 "각 민족의 운명은 그 민족이 스스로 결정하게 한다(National aspirations must be respected; people may now be dominated and governed

Demonstration for independence in the Park. The Koreans are seen shouting "Mansei" with their hands up in the air. Not a single man is armed.

3·1운동. 공원에 모인 비무장 한국인들이 두 팔을 올려 '만세'라 외치고 있다.('March 1st Movement', 사진: 서던캘리포니아 대학 도서관University of Southern California Libraries)

only by their own consent.)"라는 민족자결주의(Principle of National Self-determination)가 알려지게 되었으며, 고종 황제의 갑작스러운 서거로 3·1운동의 도화선이 된다.

"우리는 조선이 독립한 나라이며, 조선인이 이 나라의 주인임을 선언하노라(吾等은 玆에 我 朝鮮의 獨立國임과 朝鮮人의 自主民임을 宣言하노라)."

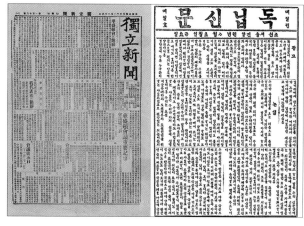

1896년 4월 7일 창간된 한국 최초의 민간 신문 〈독립신문〉(오른쪽)과 1919년 8월 21일 상하이에서 민족 사상의 고취와 민심의 통일을 위해 발간된 〈독립신문〉(왼쪽)

1919년 3월 1일 오후 2시 서울의 태화관에서 33인이 독립선언서를 낭독한 후 수십만 명의 군중이 "대한독립 만세"를 외치며 3·1운동이 시작되었다. 일제의 탄압 속에서도 비폭력 만세운동은 전국, 간도, 시베리아, 연해주, 미주 지역까지 퍼져나갔다. 2개월간 1491건의 시위에 200여만 명의 민중이 참가했다. 당시 인구는 2천여만 명이었다. 3·1운동 후 그해 12월 말까지 총 시위 건수는 3200여 건에 달했다. 사망자는 7907명 (실제 사망자 수는 10만여 명으로 추정), 부상자는 1만 5850명, 체포자는 4만 6천여 명, 1만여 명이 유죄판결을 받았다. 또한 가옥 715채, 교회 건물 47채, 학교 2개소가 불타거나 파괴되었다.

한민족의 독립을 위한 항일투쟁은 3·1운동 이후에도 계속되었다. 국내에선 농민운동, 노동운동, 학생운동이 지하로 뿌리내리며 전개되었고, 만주와 중국 대륙에서는 독립군의 무장투쟁이 지속되었다. 〈동아일보〉의 '일장기말살사건'(1936), '조선어학회 사건'(1942), '신사참배 거부운동' 등 비폭력, 문화적인 항일운동도 펼쳐졌다.

3·1운동이 바로 독립으로 이어지지는 않았다. 하지만 우리 민족에게 독립정신을 일깨우며, 독립국 건설의 주춧돌이 된 대한민국 임시정부를 수립했다는 데 큰 의의

가 있다. 조선총독부는 무단통치에서 교묘한 방식의 문화통치로 전환하기도 했다. 행정안전부 국가기록원에 따르면, 3·1운동은 국제사회에 한국인의 자유와 독립에의 열망과 의지를 각인시켰으며, 중국의 5·4운동을 비롯해 인도, 이집트, 인도차이나, 필리핀의 독립운동에 영향을 주었다.

엘리자베스 키스가 본 일제강점기 조선인

일제강점기 한국의 풍속화를 그린 스코틀랜드 출신 화가 엘리자베스 키스가 그림을 그리고 엘스펫이 글을 써서 출간한 책 『OLD KOREA: The Land Of Morning Calm』(1946)에서 엘스펫은 3·1운동으로 체포된 조선 독립운동가들과 일본 경찰의 모습을 이렇게 묘사했다.

엘리자베스 키스, 「훈장과 제자들」(1921, 왼쪽)/ 「장례식에서 돌아오는 길」(1922)

"한국인의 자질 중에 제일 뛰어난 것은 의젓한 몸가짐이다. 나는 어느 화창한 봄날 일본 경찰이 남자 죄수들을 끌고 가는 행렬을 보았는데, 죄수들은 흑갈색의 옷에다 조개 모양의 삐죽한 짚으로 된 모자를 쓰고 짚신을 신은 채, 줄줄이 엮여 끌려가고 있었다. 그 사람들은 6척(약 181센티미터) 또는 그 이상 되는 큰 키였는데, 그 앞에 가는 일본 사람은 총칼을 차고 보기 흉한 독일식 모자에 번쩍이는 제복을 입은 데다가 덩치도 왜소했다. 그들의 키는 한국 죄수들의 어깨에도 못 닿을 정도로 작았다. 죄수들은 오히려 당당한 모습으로 걸어가고 그들을 호송하는 일본 사람은 초라해 보였다."

_「영국화가 엘리자베스 키스의 코리아 1920~1940」(송영달 옮김, 책과함께, 2006)

간디, 네루, 저우언라이와 3·1운동

'무저항 비폭력'의 인도 독립운동 지도자 마하트마 간디(Mahatma Gandhi, 1869~1948)가 본격적으로 영국 저항운동을 한 것은 3·1운동 이후로 알려졌다. 1919년 3월 21일 영국은 인도의 식민지 정부에서 경찰에 반영(反英) 운동가를 무조건 체포, 구금할 수 있는 권한을 주는 악명높은 「롤럿법(Rowlatt Act)」을 제정했다. 간디는 '억압적인 롤럿법'에 대항해서 인도인들에게 사탸그라하 투쟁(Satyagraha, 비폭력 저항운동)을 할 것을 촉구했다. 3월 30일 영국 경찰은 델리에서 비무장으로 집회에 참가한 시민들을 향해 발포했고, 이에 격분한 인도인들이 폭동을 일으켰다.

간디는 4월 6일 힌두교 축제에서 군중에게 영국인들에게 상해를 입히거나 살해하는 대신 평화롭게 영국 상품을 불매하고, 영국산 의류를 불태우라면서 상호 비폭력을 강조했다. 인도 전역에서는 시위에 참가할 것이라고 발표했다. 식민지 정부는 간디에게 델리에 들어가는 것을 금지했지만, 이를 거부한 간디는 4월 9일 체포되기에 이른다. 4월 13일 잘리안왈라 바그(Jallianwala Bagh)에서 영국군의 발포로 비무장 시민 400여 명이 사망하고, 1천여 명이 부상당했다.

초대 인도 총리 자와할랄 네루(Jawaharlal Nehru, 1889~1964)도 3·1운동에 주목했다. 네루는 1930년부터 1933년까지 감옥에서 외동딸 인디라 간디(Indira Gandhi, 1917~1984)

에게 세계사 이야기를 담은 편지 총 196통을 보냈다. 1932년 12월 30일 자의 편지에는 3·1운동을 언급했다.

"조선—이 나라는 옛날 명칭으로 불리게 되었다. 상쾌한 아침이라는 뜻이다"라고 소개한 후 "오랫동안 독립을 위한 항쟁이 계속되어 여러 차례 폭발했다. 그중에서도 중요한 것은 1919년의 봉기였다. 조선 민족—특히 청년 남녀는 우세한 적에 항거하여 용감히 투쟁했다. 자유를 되찾기 위해 싸우는 조선 민족의 조직체가 정식으로 독립을 선언하고, 일본인에 반항했을 때, 그들은 수없이 죽어갔고, 수없이 일본 경찰에 구속되어 혹독한 고문을 당했다. 그들은 이상을 위해 희생하고 순국했다. 일본에 의한 조선 민족의 억압은 역사상 실로 쓰라린 암흑의 한 장면이었다. 조선에서 흔히 학생의 신분으로, 또는 학교를 갓 나온 젊은 여성과 소녀가 투쟁의 중요한 역할을 하고 있는 것을 듣는다면 너도 틀림없이 감동받을 것이다"라고 적었다. 네루의 옥중 서신은 『세계사 편력(Glimpses of World History)』(1934)으로 출간되었다.

중국 초대 총리 저우언라이(周恩來, 1898~1976)는 일본 메이지대학교 유학을 포기하고 귀국길에 조선에 들렀다. 1919년 7월 일본 시모노세키를 출발해 부산을 거쳐 경성(서울)을 찾은 그는 "일제에 강점당해 10년이 지난 조선이 어떻게 이러한 거족적 항일 독립운동을 해냈을까? 그 현장을 직접 봐야겠다"는 내용의 일기를 썼다.

5·18광주민주화운동

〈뉴욕타임스〉는 1980년 5월 22일 자에서 「시위대가 한국의 도시(광주)를 제압하다」를 제목으로 광주민주화운동을 1면에 사진과 함께 보도했다. 이 신문은 "수만 명의 시위대가 압수한 소총, 철근, 도끼, 쇠스랑, 경기관총까지 흔들며 최소한 32명의 사망자를 낸 반정부 시위 나흘째인 오늘 광주를 통제했다"고 전했다.

1961년 5월 16일 쿠데타로 정권을 잡은 박정희 시대는 1979년 10월 26일 암살로 막을 내렸다. 새로 취임한 대통령 최규하는 국민의 민주화 요구를 수용하겠다고 밝히며 '서울의 봄'을 예고했다. 하지만 2개월이 채 되지 않아 전두환의 신군부가 다시 쿠데타(12·12 군사반란)로 권력을 장악한다.

이듬해 봄의 5·18광주민주화운동은 깨어 있는 민중이 대규모로 저항한 사회운동이 었다. 광주민주화운동은 신군부와 관변 언론에 의해 '광주사태', '폭동'으로 보도되다가 제6공화국 출범 이후 '광주민주화운동'으로 정식 규정

서울에서 165마일 남쪽의 광주에서 시위대가 군대에서 약탈한 차량으로 행진하고 있다.(사진: 〈뉴욕타임스〉)

되었으며, '광주민중항쟁', '광주의거' 등으로도 불린다.

1980년 5월 13일부터 이틀간 서울, 부산, 대구, 광주 등 37개 대학에서 계엄령 철폐를 요구하는 시위가 벌어졌다. 15일엔 서울역에서 학생시위로 서울 시가지가 마비되었다. 17일 24시를 기해 신군부가 비상계엄을 전국으로 확대한 후 김대중, 김영삼, 김종필 등 정치인과 재야인사 수천 명을 감금하고, 군 병력으로 국회를 봉쇄했다.

5월 18일, 광주에 공수부대가 투입되고, 각 대학에 계엄군이 점령했다. 전남대학교 앞에서 열린 시위를 공수부대가 저지하자 광주역에 재집결해서 '김대중 석방', '전두환, 신현확 등 유신잔당 퇴진', '비상계엄 철폐'를 외치며 시위를 벌였다. 이날 오후 1시부터 금남로 등 시내 중심가에서 계엄군의 무차별 진압으로 학생과 중장년층, 10대 청소년까지 거리로 나서서 시위에 참가했다. 오후 4시 50분경, 계엄군의 장갑차가 시민들에게 포위되었고, 택시와 버스 운전사, 도시 빈민, 노동자, 농민까지 시위에 가세했다.

20일부터 시민들이 무기를 탈취하며 시민봉기는 무력항쟁으로 전환되었다. 이후 시민군과 계엄군의 총격전으로 사망자가 속출했다. 계엄군은 21일 전남대학교와 전남도청 앞에서 시민을 향해 집단 발포를 한 후 전남도청에서 철수했다.

시민군은 5월 21일부터 26일까지 일주일간 시민자치제를 실시했다. 신군부는 광주가 '치안 부재 상태'라고 발표했고, 27일 탱크와 헬리콥터를 동원한 무장 계엄군 2만 5천여 명이 무력 진압을 감행하면서 시민군이 연행되고 광주는 계엄군에게 넘어갔

다. 당시 신군부는 특수부대(공수특전단)를 동원해 진압하는 문제를 미국과 긴밀하게 조율한 것으로 알려졌다.

광주민중항쟁은 10일 만에 막을 내렸고, 그해 8월 전두환은 제11대 대통령으로 취임했다. 서울지방검찰청·국방부의 1995년 7월 18일 발표에 따르면, 확인된 사망자는 193명(군인 23명, 경찰 4명, 민간인 166명), 부상은 852명이다. 유네스코 인권기록유산 자료에 따르면, 시민 165명 사망, 76명 실종, 3383명 부상, 1476명 체포로 총 5100명이 연루되었다.

1995년 광복 50주년, 「5·18민주화운동 등에 관한 특별법」(제5029호)이 제정되어 전직 대통령 전두환과 노태우가 12·12 군사 반란 및 5·18광주민주화운동 유혈진압의 주범으로 재판을 받았다. 전두환은 반란수괴, 반란모의참여, 반란중요임무종사, 불법진퇴, 초병살해, 내란수괴, 내란모의참여, 내란중요임무종사, 내란목적살인, 특정범죄가중처벌법 위반(뇌물)으로 1심에서 사형 판결을 받았으며, 대법원은 2심에서 무기징역으로 감했다. 노태우는 징역 22년 6개월에서 징역 12년으로 감했다.

그러나 1997년 12월 외환위기(IMF)가 한창이던 때 김영삼 대통령은 김대중 대통령 당선자와 합의해 국민 대화합을 명분으로 한 특별사면으로 전·노 전 대통령을 석방했다. 이들의 옥살이는 단 8개월이었다.

2011년 유네스코(UNESCO)는 5·18광주민주화운동 관련 자료를 세계기록유산 (Human Rights Documentary Heritage 1980 Archives for the May 18th Democratic Uprising against Military Regime, in Gwangju)으로 등재했다. 관련 자료는 국가기록원, 광주광역시, 육군본부, 5·18기념재단, 국회도서관, 미국 국무부·국방부 등 국가기관이 생산한 5·18민주화운동 자료(국가기록원, 광주광역시 소장), 군사법기관재판자료, 김대중내란음모사건자료(육군본부 소장), 시민들이 생산한 성명서, 선언문, 취재수첩, 일기(광주광역시 소장), 흑백필름, 사진(광주광역시, 5·18기념재단 소장), 시민들의 기록과 증언(5·18기념재단 소장), 피해자들의 병원치료기록(광주광역시 소장), 국회의 5·18광주민주화운동 진상규명회의록(국회도서관 소장), 국가의 피해자 보상자료(광주광역시 소장), 미국의 5·18 관련 비밀해제 문서(미국 국무부, 국방부 소장) 등이다.

5·18광주민주화운동은 민중의 저항과 연대 의식으로 이후 군부독재 치하에서 지

속적으로 전개된 민주화운동의 원동력이 되었다. 한국의 사회운동은 1970년대의 지식인 중심의 반독재민주화운동에서 1980년대엔 민중운동으로 저변을 넓히는 계기가 된다. 5·18은 특히, 1987년 6월 민주항쟁의 기폭제가 되었다. 유네스코는 광주민주화운동이 한국뿐만 아니라 필리핀, 타이, 중국, 베트남 등 아시아 등지에서 일어난 여러 민주화운동에 영향을 끼쳤다고 평가했다.

시카고대학교의 브루스 커밍스(Bruce Cummings) 교수는 "5·18민주화운동은 한국이 독재와 미국의 통제에서 벗어나는 데 도움이 되었다"(2005, BBC)고 밝혔다. 미 웬트워스공대(Wentworth Institute of Technology)의 조지 카치아피카스(George Katsiaficas) 교수는 "광주민주화운동은 독재 통치에서 민주화로 가는 역사적인 과정이었으며, 그 에너지가 전 세계로 퍼져 가고 있다"(2000, 세미나)고 말했다. 하버드–엔칭연구소의 컨설턴트 에드워드 베이커(Edward Baker)는 "5·18민주화운동은 독재 통치와 미국에 대한 한국인의 입장을 변화시킨 전환점"(2005)이라고 평가했다.

교황 요한 바오로 2세(Pope John Paul II)는 1984년 5월 한국을 비롯해 파푸아뉴기니, 솔로몬 제도 및 태국으로 사도여행(Apostolic Journey to Korea, Papua New Guinea, Solomon Islands and Thailand)을 했다. 교황은 5월 4일 한국 방문 직후 광주 무등경기장(Municipal Stadium Mudung of Kwangju)으로 향했다. 그리고 '화해(Reconciliation)'를 주제로 미사를 열었다. 교황은 "최근의 참극으로 여러분이 받은 깊은 상처를 나는 너무나 잘 알고 있습니다. 단순히 인간적으로 말한다면, 특히 광주 시민들은 그 상처를 극복하기가 어려울 것입니다. 바로 그러기에 화해의 은총이 여러분들에게 내려질 것입니다"라고 말했다.

5·18기념재단은 광주민주화운동의 정신을 보존하기 위해 2000년부터 국내외 인권에 기여한 이들에게 광주인권상을 시상하고 있다.

6월 민주항쟁

"뻥소니 전술을 사용하는 수천 명의 잘 정비된 시위대가 지난밤부터 오늘까지 진압 경찰

과 거리에서 싸웠다. 이는 수
년간 서울에서 벌어졌던 최악
의 가두 폭력이었다. 수요일 밤
잠시 동안 시위대는 도심 거리
일부를 통제해 증원부대가 도
착하기 전 경찰은 버스로 퇴각
해야만 했다. 오늘 오후엔 최루
탄을 발사하는 헬멧을 쓴 경찰
들과 서울의 명동성당 광장에
서 물러나기를 거부하며 투석
하는 수백 명 학생들과의 접전

〈뉴욕타임스〉, "VIOLENT PROTESTS ROCK SOUTH
KOREA"(1987. 6. 11.)

이 계속되었다. 시위대는 성당 주변의 거리에 금속과 나무 바리케이드로 차단했다. 몇몇
시위 학생들은 광장에서 경찰과 충돌해서 부상당한 것으로 보도되었다."

_한국을 뒤흔드는 폭력 시위(VIOLENT PROTESTS ROCK SOUTH KOREA), 〈뉴욕타임즈〉(1987. 6. 11.)

5·18민주화운동의 정신을 이어받은 6월 항쟁은 두 청년(박종철, 이한열)의 죽음과 진
실을 규명하려는 언론에 의해 촉발되었다. 그리고 항쟁은 민주화의 결실을 맺게 된다.
1987년 1월 13일 자정경 하숙집에서 서울대학교 언어학과 3학년 박종철(1964~1987)
군이 수사관 6명에게 연행되었다. 서울 남영동 치안본부 대공수사단 조사실에서 대학
문화연구회 선배 박종운의 행방을 물었으나 대답하지 않았다. 이에 수사관들은 폭행,
전기고문, 물고문을 가했고, 14일 박종철 군이 사망했다.

"14일 연행되어 치안본부에서 조사를 받아오던 공안사건 관련 피의자 박종철(21, 서울대
언어학과 3년) 군이 이날 하오 경찰조사를 받던 중 숨졌다. 경찰은 박 군의 사인을 쇼크사
라고 검찰에 보고했다. 그러나 검찰은 박 군이 수사기관의 가혹행위로 인해 숨졌을 가능
성에 대해 수사 중이다."

_〈중앙일보〉, 신성호 기자, 「경찰에서 조사받던 대학생 '쇼크사'」

〈중앙일보〉 보도 다음 날인 1월 16일 강민창 치안본부장은 기자회견에서 "밤사이 술을 많이 마셔 갈증이 난다며 냉수를 몇 컵 마신 후 심문을 시작, 박종철 군의 친구의 소재를 묻던 중 책상을 '탁' 치니 갑자기 '억' 소리를 지르면서 쓰러져 중앙대부속병원으로 옮겼으나, 12시경에 사망하였다'고 발표했다. 이로써 '쇼크사(심장마비)'가 아니라 '고문치사'였음을 시인한 셈이다.

당시 중앙대 용산병원 전임강사 오연상 의사는 대공분실 조사실로 가서 물이 흥건한 채 팬티만 입고 침대에 누워 있던 박종철 군에게 심폐소생술을 실시하고, 강심제를 주사했는데 소생할 기미가 없어 30분 뒤 사망진단을 내렸다. 오연상 의사는 찾아온 기자(〈동아일보〉 윤상삼)에게 물고문을 증언했으며, 그날 저녁 용산 그레이스호텔(현재 신원빌딩)에 끌려가 24시간 동안 검찰 조사를 받았다. 다음 날 신길산업 간판을 단 신길동 대공분실에서 다시 조사를 받고, 일주일간 도피 생활을 했다. 이후 협박과 비난에 시달렸으며 경찰의 감시가 이어졌다.

16일 〈동아일보〉는 「대학생 경찰조사 받다 사망」(황열헌 기자)으로 대서특필했다. 박종철의 삼촌 박월길("종철이가 수십 군데 맞아서 피멍이 들어 있더라") 씨와 누나 은숙("철이가 경찰에 맞아 죽었다") 씨의 증언을 토대로 보도한 것이다.

19일 강민창 치안본부장은 다시 기자회견을 열어 "박종운 군의 소재를 묻는 심문에 답하지 않자 머리를 한 차례 잠시 집어넣고 내놓았으며, 계속 진술을 거부하자 다시 집어넣는 과정에서 급소인 목 부위가 욕조 턱에 눌려 질식 사망했다'고 번복함으로써 '가혹행위'로 인한 사망을 시인했다.

2월부터 '박종철 군 범국민 추도식'과 도심 시위가 열렸다. 4월 임기(7년) 말을 맞은 전두환 대통령은 특별담화(4·13 호헌조치)를 발표, 개헌논의 중지와 기존 헌법에 따른 권력 이양의 의지를 밝혔다. 4월 14일 천주교 김수환 추기경 등 각계 인사들이 호헌조치를 비판하는 시국 성명을 발표했다. 5월 18일 명동성당에서 열린 광주항쟁 7주년 미사에서 정의구현사제단 김승훈 신부가 경찰의 박종철 열사 고문치사 사건 축소·은폐를 폭로했다. 이후 민주화를 요구하는 시위가 시작되었다.

6월 9일 연세대 경영학과 2학년 이한열(1966~1987) 군이 학교 앞에서 '호헌철폐', '독재 타도!'를 외치며 시위 도중 전투경찰이 쏜 최루탄에 뒷머리를 맞아 쓰러졌다. 로

이터 사진기자 정태원 씨는 그를 부축하는 도서관학과 학생(이종창)의 모습을 포착했다. 이 한 장의 사진이 〈중앙일보〉 1면에 실리면서 6월 항쟁의 기폭제가 되었다.

일제강점기 1926년 순종의 인산일(因山日)에 일어났던 6·10만세운동의 그날 6월 10일, 노태우가 민정당의 제13대 대통령 후보로 선출되었다. 한편, 전두환 정권의 간선제 호헌 조치에 반발하여 전국에서 민주헌법쟁취국민운동본부의 주최로 대규모 시위가 일어났다. 6월 19일 전두환은 군 투입 준비 지시를 내렸지만, 미국의 반대로 유보되었다. 6월 26일 전국 37개 도시에서 동시다발로 국민평화대행진 시위가 벌어졌다. 노동자, 학생뿐만 아니라 농민, 회사원까지 참가하며, 학생 항쟁에서 시민 항쟁으로 변모했다.

6월 29일 대선 후보 노태우는 직선제 개헌, 김대중 사면복권 및 구속자 석방 등을 골자로 한 민주화 요구를 대폭 수용하는 시국 수습방안(6·29 선언)을 발표했다. 그해 10월 국민투표로 대통령 직선제 개헌이 통과되었지만, 김대중 통일민주당 고문과 김영삼 총재가 후보 출마를 놓고 분열을 일으켜 결국 노태우 후보의 당선으로 종지부를 찍었다. 전두환은 임기가 끝나자마자 여론이 두려워 강원도 설악산의 백담사에 들어가 생활했다.

1987년 6월 민주항쟁은 시민들의 힘으로 군사독재를 종식하고, 대통령 직선제로 개헌을 일구어낸 민주화운동이다. 한국 현대사에서 국민의 투표로 정부를 뽑는 민주공화정을 개막한 분수령이 되었다. 6월 민주항쟁을 기점으로 한국의 사회운동은 환경운동, 소비자운동, 여성운동, 인권운동으로 다양하게 전개된다.

1987년 7월 9일 이한열 군 장례식은 '민주국민장(民主國民葬)'으로 치러졌다. 당시 추모 인파는 서울 100만 명, 광주 50만 명 등 총 160만 명으로 알려졌다.

2008년 광우병 촛불시위

1987년 6월 민주항쟁이 박종철 물고문 치사 기사(〈중앙일보〉, 〈동아일보〉)와 이한열 최루탄 피격 사진(〈로이터-중앙일보〉)이 언론에 보도되면서 시위를 촉발한 반면,

2008년 4월 광우병 촛불시위는 MBC-TV 「PD 수첩」의 광우병 시리즈 특별취재 '미국산 쇠고기, 과연 광우병에서 안전한가?'가 기폭제가 되었다.

이명박 대통령은 2008년 4월 19일 조지 W. 부시 대통령과 정상회담 당시 30개월 령 이상의 특정 위험물질을 포함한 미국산 쇠고기를 수입하겠다고 약속하는 FTA 협 상(US-Korea Free Trade Agreement)을 타결했다. 4월 29일 MBC-TV 「PD수첩」에서 미국 산 쇠고기의 광우병(mad cow disease)의 위험성을 보도하면서 미국산 쇠고기 수입 반대 여론이 들끓게 된다. 5월 2일 이명박 탄핵을 위한 범국민운동본부 등의 집회가 열렸 으며, 가족 단위 참가에 가수 김장훈과 윤도현 등 연예인들을 초빙하는 '촛불 문화제' 를 타이틀로 시위가 열리기 시작했고, 6월 10일(1926년 6·10만세운동) 시위 때 절정을 이 루게 된다. 그러자 6월 18일 이명박 대통령은 대국민 사과성명을 냈다. 1500여 개의 시민단체가 참여한 광우병국민대책회의는 8월 15일 대학로에서 5500여 명이 참가한 100일 기념 촛불시위로 '미 쇠고기 촛불집회'를 종결했다.

그해 5월 2일부터 106일간 촛불시위는 총 2398회가 열렸고, 총참가자는 93만 2천 여 명에 달했다. 이 중 1476명이 입건되어 1258명이 기소되었다. 그리고 이명박 정부 는 쇠고기 추가 협상을 받아들여 가장 문제가 되었던 30개월령 이상 쇠고기 수입과 광우병에 민감한 부위의 수입을 철폐하게 된다.

저항의 문화

금지곡의 시대, 1970년대 저항의 문화

한국에서 금지곡은 대중가요의 역사와 함께 시작되었다. 일제강점기의 조선총독부 는 민족감정을 고취한다는 이유로 「아리랑」, 「봉선화」, 「눈물 젖은 두만강」 등을 금지 했다. 해방 후에는 월북작가들의 노래가 금지되었다. 1967년 음반에 관한 법률이 제 정되었고 사전 검열이 시작되었다.

기성세대의 의식을 거부하는 청년 문화는 저항의 문화다. 미국에서는 제2차 세계대 전 후 방황했던 '비트 세대(Beat Generation)', 1960~1970년대 베트남 전쟁 중엔 '히피족

(Hippies)'이 문화를 주도했다. 군사독재정권의 유신체제로 신음했던 1970년대 한국에서는 청년들이 주도한 대항의 문화(counterculture)가 풍미했다.

장발, 청바지와 미니스커트, 통기타, 생맥주와 음악다방으로 대표되었던 1970년대의 낭만적인 청년 문화는 군사정권의 단속과 검열로 인해 금지곡과 대마초 파동에 휩쓸렸다. 1975년 긴급조치 9호로 「아침이슬」, 「고래사냥」, 「물 좀 주소」, 「왜 불러」, 「그건 너」, 「미인」, 「거짓말이야」, 「행복의 나라로」 등 대중가요 223곡이 반체제, 풍자, 미풍양속 저해 등을 이유로 금지곡이 되었다. 김민기, 한대수, 이장희, 양희은, 송창식, 신중현 등 포크와 록의 선구자들은 노래를 잃었다. 예술가의 창작의 자유를 거세하면서 대중문화는 암흑기를 맞게 된다.

유신정권은 '건전한 국민생활과 사회기풍의 확립'을 명분으로 대중가요를 검열했다. 1975년 한국예술문화윤리위원회는 대중가요 심의 기준을 #국가안보와 총화에 악영향을 줄 수 있는 것 #외래 풍조의 무분별한 도입과 모방 #패배, 자학, 비탄 #선정적, 퇴폐적인 것 등으로 금지곡을 선정하며 창작의 자유를 억압했다.

김민기, 양희은, 송창식, 이장희, 김추자, 한대수 등 1970년대 대표 가수의 노래들이 유신정권에 의해 금지되었다.

…… 태양은 묘지 위에 붉게 떠오르고/ 한낮에 찌는 더위는 나의 시련일지라/ 나 이제 가노라 저 거친 광야에/ 서러움 모두 버리고 나 이제 가노라

_「아침 이슬」, 김민기(1971)

광주민주화운동과 민중미술

펜은 칼보다 강하고, 이미지는 글보다 강하다. 미술사에서 위대한 화가들은 현실에서 도피하지 않고, 진행형의 비극을 외면하지 않았다. 프란시스코 고야의 회화 「1808년 5월 3일의 학살(El tres de mayo de 1808)」(1814)은 프랑스가 스페인을 점령한 후 반란군이 봉기하자 프랑스군이 보복 조치로 마드리드의 양민을 학살한 사건을 극적으로 묘사했다. 파블로 피카소의 「게르니카(Guernica)」(1937)는 1937년 4월 스페인 내전 당시 프랑코 장군을 지원하는 나치 독일군이 바스크 지방의 게르니카를 연쇄 폭격해 인구의 3분의 1에 이르는 1600여 명이 사망한 참사를 담았다.

한국의 진보적인 미술가들은 1980년 5·18광주민주화운동 이후 역사와 현실에 대한 비판적 의식을 바탕으로, 민주화운동에 동참하는 미술운동에 참가하기 시작했다. 이로써 민중미술(Minjung Art)이 태어났다. 민중미술은 동학농민혁명에서부터 분단의 현실, 6·25전쟁, 4·19혁명, 5·18광주민주화운동 등 역사적 사건을 비롯해 통일 문제, 자본주의 사회의 모순, 노동 현장, 농민, 여성 인권 등을 주제로 표현했다.

하지만 전두환의 제5공화국에서는 민중미술이 탄압받았다. 1985년 7월 아랍문화회관에서 열린 「1985, 한국미술 20대의 힘」 전시작 36점이 경찰에 의해 강제 철거되고, 19명이 강제 연행되어 5명이 구속되었다.

1994년 국립현대미술관에서는 「민중미술 15년전」이 열렸다. 런던 테이트 모던(Tate Modern) 미술

홍성담, 「5월 횃불 행진」(목판 25.3×43cm, 1983, 서울시립미술관 소장)

관의 웹사이트에는 '민중미술(Minjung Art)'이 미술 용어로 해설되어 있다.

"민중미술은 평화로운 시위대 200여 명이 살해되었던 1980년 광주학살 이후 태동한 한국의 사회정치적 미술운동이다."

〈뉴욕타임스〉 2018년 3월, 유관순 사망 기사 보도

〈뉴욕타임스〉는 2018년 3월 28일 자에서 3·1운동의 영웅 유관순(1902~1920)의 사망 기사(Yu Gwan-sun, a Korean Independence Activist Who Defied Japanese Rule)를 실었다. 〈뉴욕타임스〉는 1851년 창간 이래 사망 기사(obituaries)는 대체로 백인 남성 중심으로 다루었다. 2018년 3월 8일 자부터 뒤늦게 균형을 잡기 위해 역사 속에서 기억해야 할 타민족 여성들을 발굴해 새로이 사망 기사를 실었다. 그리고 2018년 3월 28일 자에 유관순 열사의 삶을 전했다. 거의 100년 만에 서방에 알린 유관순 열사의 사망 소식이었다.

「일본 통치에 저항한 한국인 독립운동가, 유관순」, 〈뉴욕타임스〉

사망 기사는 "1919년 봄 한국의 독립을 지원하는 평화의 시위가 소집되었을 때 유관순이라는 이름의 16세 소녀는 자유에 대한 국민의 집단적 열망을 상징하는 얼굴이 되었다"라고 시작했다. 이어 "이화학당에 재학 중이던 유관순 열사의 3·1만세운동을 설명하며 서대문 형무소에 수감되어서도 3·1운동 1주년 기념일에 죄수들과 함께 대규모 시위를 조직했다"고 전했다. 이와 함께 "내 손톱이 빠져나가고, 내 귀와 코가 잘리고, 내 손과 다리가 부러져도 그 고통은 이길 수 있사오나, 나라를 잃어버린 그 고통만은 견딜 수가 없습니다. ……나라에 바칠 목숨이 오직 하나밖에 없는 것만이 이 소녀의 유일한 슬픔입니다"라는 내용의 옥중 일기를 인용했다.

이어 1902년 12월 16일 천안 인근의 기독교 가정에서 태어난 유관순 열사의 삶과 한일합방에 대해 설명한 후 2019년 100주년을 맞게 될 삼일절을 언급했다. 그리고 2015년 하토야마 유키오 전 일본 총리가 박물관이 된 서대문형무소를 방문해 "저는 오늘 이곳에서 고문당하고, 살해된 분들에게 진심으로 사과드리기 위해 왔습니다"라고 말했으며, 무릎을 꿇고 묵념을 했다고 전했다.

블랙리스트 감독: 봉준호(「기생충」)와 황동혁(「오징어 게임」)

칸영화제 황금종려상과 아카데미상 4관왕 「기생충」의 봉준호 감독과 에미상 6관왕 「오징어 게임」의 황동혁 감독의 공통점은? 이명박–박근혜 정권에서 블랙리스트에 올랐던 인물들이다. 봉준호 감독은 「살인의 추억」(2003), 「괴물」(2006)과 「설국열차」(2013) 3편으로, 황동혁 감독은 「도가니」(2011)로 정부로부터 낙인이 찍혔다. 2008년 청와대 국정원의 보고서 '문화 권력 균형화 전략'에는 「괴물」이 "반미 및 정부의 무능을 부각, 국민 의식 좌경화"라는 평가가 내려졌다. 한편, 2013년 국정원의 'CJ의 좌편향 문화사업 확장 및 인물 영입 여론' 제목의 BH 보고서에서 「도가니」는 "공무원과 경찰을 부패–무능한 비리집단으로 묘사, 국민에게 부정적 인식을 주입"이라는 이유였다. 또한 박찬욱 감독도 「공동경비구역/JSA」(2000)으로 블랙리스트 명단에 올랐다.

연세대학교 사회학과 출신 봉준호 감독과 서울대학교 신문학과를 졸업한 황동혁 감독은 우리 민족의 DNA인 저항 정신과 비판 의식의 피가 흐르는 연출가들이다. 「기생충」은 빈부격차로 인간성을 상실하게 되는 가족의 이야기로 자본주의를 비판한다. 「오징어 게임」 역시 사회 불평등의 문제를 돈과 생존이 걸린 놀이로 풍자하며 자본주의의 문제점을 제시했다. 두 작품의 주인공들은 사회적 약자들이다.

〈뉴욕타임스〉의 프랭크 브루니는 "「오징어 게임」의 인기가 나를 두렵게 하는 이유"에서 "이 비전은 많은 시청자, 특히 젊은 시청자들에게 매력적이다"라고 썼다. "이 비전은 개별 기관에 대한 자본주의의 소름 끼치고 암울한 관점을 시사한다. 그것은 우리의 행로를 멈추게 할 것이다. 그들 모두는 아니더라도, 적어도 어느 정도는. 가학적인 복권으로서의 삶과, 절망적인 고문실로서의 가난에 대한 이 초상화는 공명하고 있으며, 이것 또한 장점이 있다는 것을 의미한다. 그것은 영혼에 대한 총알이다"라고 평했다.

봉준호 감독은 영화 밖에서도 예리한 비판 정신을 잊지 않았다. 2019년 10월 〈뉴욕 매거진(New York Magazine)〉과의 인터뷰에서는 "한국 영화가 지난 20년 동안 세계 영화시장에 큰 영향을 끼쳤지만, 왜 한 번도 아카데미상 후보에 오르지 못한 것 같나?"는 질문에 대해 "오스카는 국제영화제가 아니라 로컬(지역) 시상식이다(The Oscars are not an international film festival. They're very local)"라고 용감하게 발언했다. 미국의 자민족 우월주의를 비판한 것이다. 2020년 1월 제77회 골든글로브상 최우수 외국어영화상을 수상한 후엔 "1인치 자막의 장벽을 뛰어넘으면 훨씬 더 많은 영화를 즐길 수 있습니다(Once you overcome the one inch tall barrier of subtitles, you will be introduced to so many more amazing films)"라고 소감을 밝혀 화제가 되었다. 자막 읽는 것에 게으른 미국 영화 관객들을 향한 쓴소리였다.

「미나리」로 2021 영국아카데미상(BAFTA)과 아카데미상 여우조연상을 거머쥔 베테랑 배우 윤여정 씨도 영화 밖에서 비판 의식을 잊지 않았다. 윤여정 씨는 2021년 4월 BAFTA상 수상자로 호명된 후 화상을 통해 "모든 상이 의미 있지만, 이번엔 특히 '고상한 척한다'고 알려진 영국인들에게 좋은 배우로 인정받아서 정말 기쁘고 영광입니다"

2021년 4월 아카데미상 여우조연상 수상 후 소감을 밝히는 윤여정 씨(사진: ABC-TV 유튜브 캡처)

라고 솔직한 소감을 밝혔다. 이에 로이터(Reuters) 통신과 영국 신문 〈인디펜던트(Independent)〉에서는 "윤여정의 농담 같은 수상 소감이 웃음을 끌어냈다"고 전했으며, 트위터에서도 "윤여정은 그말로 전체 시상식 시즌에서 우승했다"며 화제가 되었다.

이어진 아카데미상 시상식에서 윤여정 씨는 아시안 여배우 사상 두 번째로 여우 조연상을 수상했다. 그는 배우 브래드 피트로부터 수상자로 지명된 후 무대에 올라 "Mr. Brad Pitt, Finally. Nice to meet you. Where were you when we were filming in Tulsa. It's an honor to meet you.(일단 브래드 피트 선생님, 뵙게 되어 반갑습니다. 저희가 털사에서 촬영할 때 어디 계셨나요? 뵙게 되어 영광입니다)"라고 말해 아카데미 회원들의 폭소를 자아냈다.

윤여정 씨의 수상 소감에 대해 CNN은 "쇼의 인기를 독차지했다(Steal the show)", 영국의 〈가디언〉지는 "진정한 챔피언(What a champion)"이라고 평했다. 〈뉴욕타임스〉는 그의 소감에 대해 "무척 무미건조한 시상식에서 윤여정은 신의 선물이었다(In an awfully dry ceremony, Youn was a godsend)"고 찬사를 보냈다.

미씨USA 회원들 〈NYT〉에 세월호 참사, 박근혜 정권 비판 광고

해외의 한인도 저항 정신과 비판 의식이 날카롭다. 2014년 4월 15일 세월호 참사는 미국 내 한인들도 슬픔과 고통과 분노의 바다에 빠뜨렸다. 미국의 한인 여성 온라인 커뮤니티 미씨USA(MissyUSA.com)에서는 기금을 모았다. 열흘 만에 4천여 명이 참가해 16만 달러 넘게 조성했다.

그리고 그해 5월과 8월 〈뉴욕타임스〉에 박근혜 정부의 무능과 부패를 규탄하는 전면광고를 두 차례 냈다. "Bring the Truth to Light(진실을 밝혀라)", "South Korean govt Sank Sewol Ferry, but can not Sink the Truth!(한국 정부가 세월호를 침몰시켰지만, 진실을 침몰시킬 수는 없다!)"는 내용의 광고였다. 한인 여성들의 고국의 민주주의에 대한 열망, 저항과 비판 정신이 발휘된 것이다.

#05 한(恨)과 한국 영화 르네상스

"아리랑 아리랑 아라리요/ 아리랑 고개로 넘어간다/ 나를 버리고 가시는 임은/ 십 리도 못 가서 발병 난다

아리랑 아리랑 아라리요/ 아리랑 고개로 넘어간다/ 청천 하늘엔 별도 많고/ 우리네 가슴엔 한(恨)도 많다

아리랑 아리랑 아라리요/ 아리랑 고개로 넘어간다/ 저기 저 산이 백두산이라지/ 동지 섣달에도 꽃만 핀다."

한국인들만 이해하는 우리 고유의 정서와 병이 있다. 바로 '한(恨)'과 '화병(火病)'이다. 한민족은 단군조선 이래 5천 년 역사 속에서 산전수전(山戰水戰)을 다 겪었다. 그 고난의 삶을 살아오면서 가슴속에 한이 맺혔다. 역사적(외침, 내란, 식민지, 전쟁, 분단, 실향, 이산가족, 입양아 등), 정치적(독재, 부정부패, 자유 억압 등), 사회적(계급, 남존여비의 유교문화, 빈부격차 등), 개인적(입시, 군대, 취업, 이혼, 효도 등) 요인 등 다양한 원인에서 비롯되어 오랜 시간 가슴에 축적된 슬픔, 분노, 우울, 불안, 패배 의식이다. 즉, 약자의 감정이다.

이 한이 쌓이면 화병이 된다. 화병은 이민자들이 더 잘 걸리는 병일 것이다. 고국을 떠나 낯선 땅에 둥지를 틀고 제2의 삶을 시작하면서 늘 언어장벽, 문화장벽, 인종차별에 부딪힌다. 여기에 영주권, 임대료, 의료보험비 그리고 자식과의 세대 차까지 무한대의 스트레스를 짊어지고 산다. 1995년 미국정신의학회는 『정신장애 진단 및 통계 편람(Diagnostic and Statistical Manual of Mental Disorders)』에서 '화병(Hwabyeong)'을 한인 이민자들에게 나타나는 문화 관련 증후군으로 거론했다. 영어로는 'Somatization Disorder(스트레스성 신체화장애)'라고 한다.

🎞 1926년 나운규 감독, 각본, 주연, 제작의 「아리랑」은 우리 민족의 한을 그린 영화로 주제가 '아리랑'이 널리 퍼지게 된다.

「아리랑」은 우리 민족의 한이 짙게 밴 노래다. 「아리랑」은 사실 일제강점기에 춘사(春史) 나운규(1904~1937)가 스물두 살에 제작한 무성영화 「아리랑」(1926)의 주제였다. 독립운동가였던 나운규가 각본, 감독, 주연까지 겸한 작품이다. 영화는 '개와 고양이'라는 자막으로 시작된다. 서울에서 철학 공부를 하던 중 3·1운동에 가담했다가 일본 경찰의 모진 고문으로 미친 청년 김영진이 고향에 돌아온다. 영진은 일제의 앞잡이가 된 동네 악덕 지주의 머슴이 여동생을 범하려 하자 낫으로 찔러 죽이며 정신이 되돌아오지만, 경찰에 끌려간다는 내용이다.

나라 잃은 백성의 울분과 설움을 그린 「아리랑」은 1926년 10월 1일 단성사에서 개봉되었다. 총독부는 상영 첫날부터 전단지 1만 매에 불온한 가사가 있다며 압수하고 탄압했다. 하지만 개봉 후 주제가 「아리랑」은 방방곡곡으로 퍼지며 애국가처럼 불렸다. 영화 「아리랑」은 그 후로도 20년간 서울에서만 800여 회 재상영된 민족영화로 남았다. '한국 영화의 오손 웰스(Orson Welles)' 나운규는 1937년 잡지 〈삼천리〉와의 인터뷰에서 아리랑을 자신이 지었다고 밝혔다.

"내가 지었소이다. 내가 어린 소학생 때에 청진에서 회령까지 철도가 놓이기 시작했는데,

그때 남쪽에서 오는 노동자들이 철로 길을 닦으면서 '아리랑, 아리랑' 하고 구슬픈 노래를 부르더군요. 그것이 어쩐지 가슴을 울려서 길 가다가도 그 노랫소리가 들리면 걸음을 멈추고 한참 들었어요. 그리고는 애련하고 아름답게 넘어가는 그 멜로디를 혼자 외어 보았답니다……. 내가 예전에 듣던 그 멜로디를 생각해내어서 가사를 짓고, 곡보는 단성사 음악대에 부탁하여 만들었지요."

_ 아리랑 아카이브

「아리랑」은 우리 민족의 애환을 담은 대표곡이 되었다. 그 종류도 '정선 아리랑', '밀양 아리랑', '진도 아리랑' 등 약 60여 종에 약 3600곡이 전해지는 것으로 추정되고 있다. 2012년 「아리랑」은 유네스코 인류무형문화유산(Intangible Cultural Heritage of Humanity)으로 등재되었다. 하지만 영화 「아리랑」의 필름은 소실되었다. 「아리랑」 외에도 「풍운아」, 「사랑을 찾아서」, 「벙어리 삼룡이」, 「홍길동」, 「임자 없는 나룻배」, 「아리랑 2」, 「아리랑 3」 등 20여 편을 연출한 나운규는 35세에 폐결핵으로 세상을 떠났다. 1990년 한국영화감독협회에서는 나운규의 호를 딴 '춘사영화제'를 열고 있다.

한국 최초의 영화는 일제 치하 1919년 10월 27일 단성사에서 개봉된 김도산 감독의 「의리적 구토(義理的 仇討)」이다. 단성사 주인 박승필이 제작비 5천 원을 투자한 「의리적 구토」는 연극 사이에 삽입하는 영화, 활동사진 연쇄극(kinodrama)의 형태였다. 간악한 계모의 흉계에 맞서 싸우는 아들 송산의 이야기로 계모(김영덕이 여장으로 출연)는 일본, 송산은 조선을 상징한 것으로 보인다. 주제는 권선징악이지만, 조선인에게는 3·1운동의 민족정신을 이어받은 영화였을 것이다. 영화는 한강철교, 장충단, 청량리, 남대문 정차장, 뚝섬 등지에서 촬영했다.

트라우마의 나라, 드라마의 문화

우리 민족의 한은 영화보다 더 영화 같은 현실에서 증폭되었다. 한국전쟁으로 가족들은 생이별했다. 1983년 KBS-TV의 「이산가족을 찾습니다」 특별 생방송은 대한민국 안방 시청자들을 눈물의 바다 속으로 빠뜨렸다. 혈육이 재회하며 부둥켜안고 울부짖는 장면은 대본이 없는 휴먼 드라마, 극적인 리얼리티 쇼였다. 미국 TV의 「빅 브라더(Big Brother)」나 「서바이버(Survivor)」, 「아메리칸 아이돌(American Idol)」 같은 흥미 본위의 리얼리티 프로그램이 아니었다. 세계인들에게 전쟁의 아픔 그리고 상흔과 함께 평화의 메시지를 전하는 한국의 오리지널 TV 리얼리티 쇼였다.

KBS-TV의 '이산가족을 찾습니다' 프로그램 이후 여의도 KBS 사옥의 이산가족들(사진: 대한민국역사박물관, 전민조)

　그해 여름, 대학 신입생이었던 필자는 KBS에서 이산가족의 신청서를 정리하는 아르바이트를 했다. 삐뚤빼뚤 필체로 슬픔이 담긴 '입분이', '섭섭이'라는 이름도 보았다. 여의도 KBS 본관은 헤어진 가족을 애타게 찾는 벽보로 빼곡하게 메워졌다. 그해 6월부터 11월까지 138일간 10만 명이 넘는 이산가족 찾기 신청이 접수되었고, 5만 3536가구가 TV에 출연, 1만 189가구가 상봉했으며, 453시간 45분으로 최장 연속 생중계 기록을 세웠다. '이산가족 찾기' 생방송 녹화 테이프, PD 수첩, 이산가족 신청서, 사진 등 자료 2만 500여 건이 담긴 기록물은 2015년 유네스코 세계기록유산(UNESCO Memory of the World)에 등재되기에 이른다.

　2014년 4월 16일, 한국인들은 세월호가 가라앉는 모습을 망연자실하게 목격하고 있었다. 300여 명의 생명을 앗아간 이 사고는 한국인들에게 정신적 충격, 희생자들에 대한 슬픔, 정부와 책임자들에 대한 분노, 살아남은 자로서의 죄책감까지 겹쳐 깊은 트라우마로 남았다. 결국 세월호 참사는 박근혜-최순실 국정농단의 폭로로 이어졌고, 성난 시민들은 촛불시위로 대통령을 탄핵하는 민주혁명을 이루게 된다. 세월호 참사를 다룬 이승준 감독의 「부재의 기억(In the Absence)」은 한국 영화 최초로 아카데미상 다큐멘터리 후보(2020)에 오르기도 했다.

파란만장한 역사 속에서 우리는 고대 그리스 비극만큼이나 처절한 현실의 드라마를 체험한 민족이다. 트라우마가 많은 우리는 웬만한 드라마에 감동하지 않는다. 한국의 TV 시청자, 영화 관객의 기대 수준은 높다. 구태의연하고 진부한 드라마나 영화에는 만족하지 않는다. 이에 드라마, 시나리오 작가들은 더 자극적이고, 더 흥미진진하며, 반전과 스릴 넘치는 이야기를 발굴하고, 감독들은 더 빼어난 연출력을 발휘해야 했을 것이다. 박찬욱, 봉준호 감독의 잔혹 미학도 그 영향일 것이다. 오늘날 한국의 드라마와 영화가 한국 관객들의 눈높이를 겨냥하며 수준을 높였고, 결국 세계인들을 매료시키지 않았을까?

한국산 웹툰 영화-드라마로, 세계로

한국인이 스토리텔링의 강자라는 것은 웹툰(Webtoon/ Webcomic, 디지털 만화)에서도 입증된다. 웹툰을 기반으로 드라마, 영화, 게임, 애니메이션이 제작되었고, 흥행의 보증수표가 되었다. 안병기 감독의 「아파트」(2006)에서 강우석 감독의 「이끼」(2010)와 「전설의 주먹」(2013), 윤태호 감독의 「내부자들」(2015), 백종열 감독의 「신인류 전쟁: 부활남」(2022) 등 영화와 「미생」(2014), 「김비서가 왜 그럴까」(2018), 「이태원 클라쓰」(2020) 등이 드라마로도 제작되었다.

오랫동안 일본 '망가(まんが, manga, 만화)'가 점유했던 세계 만화 시장도 한국식 웹툰이 앞서갔다. 2004년 시작한 네이버 웹툰과 카카오 웹툰 등을 플랫폼으로 미국, 유럽, 동남아에서 한국 웹툰이 1위를 차지했다. 한국콘텐츠진흥원의 2021 콘텐츠산업 동향 분석에 따르면, 전체 수출의 1위는 게임(69.5%), 2위는 만화(39.7%), 3위가 음악(38.5%)이었다. 만화산업 백서에 따르면, 한국 웹툰 시장 규모는 2019년 1조 원을 돌파했으며, 글로벌 웹툰 시장을 합치면 7조 원 규모에 이른다. 2020년 해외 시장에 진출한 웹툰 플랫폼은 8개, 작품 수는 5500여 편이다. 코로나 팬데믹으로 웹툰의 매출이 증폭되었다. 한국이 바야흐로 웹툰 제국으로 부상한 것이다.

한국 영화 1: 7080 암흑기

영화는 사회의 거울이다. 일제강점기 하에서, 독재정권 하에서 영화인들의 표현의 자유는 억압되었고, 검열에 시달렸다. 그 어둡고 긴 터널을 지나 오늘날 시네마 르네상스의 환희를 누리고 있다. 어떻게 한국에서 그토록 뛰어난 시네아스트들(Cineastes)이 나왔을까? 지금 한국은 봉준호, 박찬욱, 홍상수, 이창동, 고 김기덕 감독을 보유한 영화 강국이지만, 한때 한국 영화는 포르노에 가까운 에로영화가 난무한 암흑의 늪에 빠져 있었다.

1970년대 유신체제에서 영화법은 우수영화에 외화 수입쿼터를 배정하게 된다. 이에 국책영화(「의사 안중근」, 「효녀 심청」, 「아라비아의 열풍」 등)가 쏟아져 나왔고, 한국 영화 제작은 수입권을 따기 위한 전략적 도구로 추락한다. 한국에서 1970~1980년대에 20대를 보낸 7080세대는 군부독재, 10월 유신, 통행금지, 미니스커트와 장발 단속, 교복 문화의 경직된 사회 속에서 포크송, 통기타와 맥주, 다방, 경양식집 등 낭만을 찾던 세대였다.

그렇다면 영화는? 「O양의 아파트」, 「내가 버린 여자」, 「아스팔트 위의 여자」, 「별들의 고향」, 「겨울여자」, 「영자의 전성시대」, 「꽃순이를 아시나요」, 「나는 77번 아가씨」, 「여자들만 사는 거리」 등 호스티스 영화가 풍미했다. 이장호, 김호선, 하길종 등 한국의 대표 감독들과 정윤희, 장미희, 유지인의 여배우 트로이카가 호스티스라는 기이한 장르와 함께 전성기를 누렸다.

작고한 배우 신성일 씨의 회고에 따르면, "당시의 검열을 피하려면 교수, 변호사, 의사 등 상류층의 비도덕성이나 버스 차장 등 하류층의 인권문제를 다루는 대신, 항의하지 않을 직업인 호스티스 영화가 대세가 됐다"는 것이다. 하지만 호스티스 영화의 저변에는 산업화 시대에 지방에서 서울로 올라온 젊은 여성들이 겪었던 노동과 성의 착취 구조도 깔려 있었다.

1980년대 제5공화국은 스포츠, 섹스, 영화(Sports, Sex, Screen)의 3S 정책으로 대중의 관심을 비정치적인 분야로 돌리며 대중의 우민화를 가속화했다. 1982년 통행금지가 37년 만에 해제되면서 성매매업소가 급증했고, 스포츠 일간지가 날개돋힌 듯이 팔렸다. 미국 신문에서 스포츠는 한 섹션으로 다루어질 뿐이었다.

그 시대에는 「애마부인」, 「어우동」, 「무릎과 무릎 사이」, 「매춘」, 「뽕」, 「빨간 앵두」, 「산딸기」, 「변강쇠」, 「앵무새 몸으로 울었다」, 「뻐꾸기도 밤에 우는가」, 「여자가 밤을 두려워하랴」, 「훔친 사과가 맛이 있다」, 「뼈와 살이 타는 밤」 등 '벗기기' 위주의 에로 영화가 쏟아져 나왔다.

당시 민주화운동에 앞장섰던 386세대(30대, 80년대 학번, 60년대 생)는 이문열(「사람의 아들」, 「익명의 섬」, 「구로 아리랑」)과 최인호(「적도의 꽃」, 「고래사냥」, 「깊고 푸른 밤」, 「겨울 나그네」) 두 작가의 소설을 각색한 문예영화로 갈등을 해소했다. 사회비판 시각의 이장호 감독과 감성의 로맨티스트 배창호 감독이 쌍벽을 이루었던 시대였다. 1980년대의 간판 배우 안성기는 냉소적인 지식인이나 나약한 소시민(「바람 불어 좋은 날」, 「난장이가 쏘아올린 작은 공」, 「꼬방동네 사람들」, 「안개 마을」(원작 「익명의 섬」), 「고래사냥」, 「기쁜 우리 젊은 날」, 「개그맨」, 「성공 시대」, 「안녕하세요 하나님」 등〕을 대표했다.

필자는 1986년 여성단체협의회의 매스컴 모니터 요원으로 잠시 일을 했다. 당시 이영희 공연윤리위원장은 자신이 삭제한 영화 장면들을 모아서 모니터 요원들에게 보여주었다. 여자 주인공이 바나나 먹는 장면, 도로 공사장에서 인부가 바닥에 구멍을 뚫는 장면조차 성적인 행위가 연상된다며 삭제했다. 이장호 감독은 이현세의 만화 「공포의 외인구단」을 영화화하는데, 제목을 「이장호의 외인구단」으로 바꾸어야 했다. '공포'가 혐오감을 준다는 이유로 심의에서 반려되었기 때문이다.

제5공화국은 '공포의 가위손'으로 영화인들의 창작 의욕을 위축시켰다. 1989년 도쿄국제영화제에 취재 갔다가 한 비디오숍에 들어갔더니 한국 영화들이 거의 포르노 섹션에 비치되어서 얼굴이 빨개질 정도였다. 오늘날 한국 영화가 칸, 베니스, 베를린, 아카데미를 휩쓰는 것은 실로 괄목상대할 변화다.

1990년경 대학원에서 영화를 공부하며, KBS-2 FM 라디오 「영화음악실」 작가로 일할 즈음이었다. 한 스포츠 신문에서 필자에게 원고 청탁이 왔는데 던져준 주제가 '에로티시즘과 영화'였고, 부담되어 거절한 적이 있다. 그 신문사에서 열었던 제1회 뉴미디어전 프로그램 위원회에 무보수로 참가하던 때라 보상의 뜻이었던 것 같다. 결국 그 칼럼은 〈월간 스크린〉 기자 출신으로 시나리오 작가였던 이종학 씨가 맛깔스럽게 썼던 것으로 기억한다. 그는 지금 추리소설 작가이자 재즈 전문가로 활동하고 있다.

이 틈새를 타서 홍콩영화가 한국의 영화계를 장악했다. 배우 성룡, 홍금보, 원표를 비롯해 주윤발, 장국영, 유덕화, 왕조현, 임청하 등이 출연하는 무협영화와 누아르(noir)의 인기가 하늘을 찌를 듯했다. 「영웅본색」(1986), 「천녀유혼」(1987), 「열혈남아」(1988), 「첩혈쌍웅」(1989), 「천장지구」(1990), 「소오강호」(1990), 「동방불패」(1992) 등이 한국 관객을 사로잡았다. '홍콩의 스티븐 스필버그' 서극 감독, 스타일리시한 범죄 액션의 귀재 오우삼, 그리고 멜랑콜리한 이미지의 왕가위가 이끈 홍콩 뉴웨이브 영화가 한국 극장가에서도 크게 히트했다. '한류(Korean Wave)' 이전에 '홍콩 웨이브(Hong Kong Wave)'를 체험했으니, 지금은 역전된 셈이다.

한국 영화 2: 뉴웨이브

1987년 6월 민주항쟁과 88' 서울올림픽을 치른 뒤 여러 규제가 풀리면서 한국 영화는 기나긴 어둠의 터널에서 빠져나왔다. 1987년 고 강수연(1966~2022)이 임권택 감독의 「씨받이」로 아시아 여배우 최초의 베니스영화제와 낭트영화제 여우주연상을 수상했다. 중국 배우 공리는 5년 후인 1992년 장예모 감독의 「귀주 이야기(The Story of Qiu Ju)」로 베니스 여우주연상을 받게 된다. 1989년 배용균 감독의 불교 영화 「달마가 동쪽으로 간 까닭은」이 로카르노영화제 황금표범상(대상)을 받으면서 영화계에 희망의 빛이 쏟아졌다. 효성대학교 미대 교수였던 배용균 감독이 홀로 제작, 감독, 각본, 촬영, 미술, 편집, 조명까지 맡고, 무명 배우를 캐스팅한 「달마가 동쪽으로 간 까닭은」은 한국 독립영화의 등대가 된다.

88' 서울올림픽을 계기로 할리우드 메이저 스튜디오에서 UIP(United International Pictures: MGM, UA, Universal, Paramount)를 통해 한국 영화관에 직접 배급을 시작했다. 첫 번째 영화는 마이클 더글러스와 글렌 클로즈가 주연한 로맨틱 스릴러 「위험한 정사(Fatal Attraction)」였다. '저항의 민족' 후예들이 이번에는 영화계에서 다시 일어섰다. 1993년 한국 정부는 스크린쿼터(screen quota, 국산 영화의 의무 상영일수)를 연간 146일에

서 40일로 축소한다고 발표했다. 극장주들은 이윤추구에 급급해 외국영화를 개봉할 것이기에, 영화인들에게 이는 생존권을 위협하는 사형선고와도 같았다. 1996년 영화법 개정으로 상영시간은 총 146일로 고정되었다.

1990년대 충무로에 새로운 물결이 시작되었다. 삼성, 현대, 대우, CJ, SKC, 두산, 롯데 등 대기업들이 막강한 자본과 조직력으로 영화산업에 진출했다. 1993년 스티븐 스필버그 감독의 「쥬라기 공원」이 개봉되었을 때 김영삼 대통령은 "영화 한 편의 흥행 수입이 자동차 150만 대를 수출하는 것과 맞먹는다"고 말했으며, 정부는 영상산업을 21세기 미래 첨단산업으로 규정했다. 1990년대 중반 필자는 고 강한섭 교수 (1958~2021), 김영진 〈시네21〉 기자(현 명지대 교수)와 함께 한국 영화산업에 관한 책에서 「대기업이 한국 영화산업에 미친 영향」 장에 기고했다.

이와 함께 영화인들의 억눌렸던 창작열이 활화산처럼 폭발하기 시작했다. 바야흐로 기획자/프로듀서 시대가 도래했다. 기존의 감독 중심 영화 제작에서 탈피하여 영화 마케팅으로 경력을 쌓은 젊은 영화 기획자들이 프로듀서로 등장하면서 제작과 투자가 분리되었다. 또한 한국영화아카데미 졸업생들이 원작 소설의 각색에서 벗어나 젊은 관객의 취향에 맞는 오리지널 시나리오로 속속 데뷔했다. 신씨네(신철&오정완)는 제1기 한국영화아카데미를 졸업한 김의석 감독의 「결혼 이야기」(1992)를 제작했다. 한국 영화 최초의 기획자 영화이자 최초의 로맨틱 코미디였으며 그해의 박스오피스(box office) 블록버스터였다. 영화 홍보의 귀재 심재명의 명필름(「접속」, 「JSA」), 강우석 감독의 시네마 서비스(「투캅스」, 「넘버3」), 사업가 출신 차승재의 우노필름/사이더스(「8월의 크리스마스」, 「비트」)는 한국 영화의 판도를 바꾼 제작사이다.

이제 한국 영화도 박스오피스에서 100만 관객을 돌파했다. 「장군의 아들 1, 2」로 흥행에 성공을 거둔 거장 임권택 감독은 1993년 영화 「서편제」로 처음으로 100만 관객 동원 기록을 세우며, 예술영화의 흥행 가능성을 열었다. 「서편제」는 한국 영화의 역사가 시작된 단성사에서 개봉했다. 그리고 한국의 전통예술인 판소리에 대한 관심을 촉발한 '국민 영화'가 된다. 「서편제」가 한국 전통음악 판소리와 유랑 예술가, 그리고 고유의 정서인 '한'을 다룬 것도 우연은 아닐 것이다.

1990년대에는 노장 임권택 감독과 장선우, 정지영, 박철수, 박광수, 장길수, 곽지균,

이명세 등 중견 감독들이 건재했다. 한국영화아카데미(KAFA) 출신 김의석, 박종원, 장현수, 오병철 등이 메가폰을 잡았다. 한편, 영화 비평가로 활동하고, 곽재용 감독의 「비 오는 날 수채화」의 조연출을 맡았던 박찬욱은 1992년 가수 이승철 주연의 「달은 해가 꾸는 꿈」으로 감독에 데뷔했지만, 흥행에 고배를 마셨다. 1996년, 두 예술감독이 데뷔작을 연출했다. 미국 유학에서 돌아와 TV 연출을 하던 홍상수는 「돼지가 우물에 빠진 날」, 프랑스에서 영화를 독학하고 귀국한 고 김기덕 감독은 「악어」로 충무로에 출사표를 던졌다.

영화배우 한석규는 1990년대 '박스오피스 킹'이었다. 영화 「닥터 봉」, 「은행나무 침대」, 「푸른 물고기」, 「넘버3」, 「접속」, 「8월의 크리스마스」, 「쉬리」 등의 흥행작으로 슈퍼스타덤을 지켰다. 1970년대의 호스티스 영화, 1980년대의 무력한 지식인 영화에 이어 1990년대는 남성의 액션이 각광을 받았다. 한편, 당시 영화계의 최고 지성이었던 평론가 정성일이 편집장이었던 영화잡지 〈로드쇼〉와 〈키노〉를 읽고 자란 한국의 시네필(cinephile)들은 평론가 못지않은 영화적 지식으로 무장한 예리한 관객이 되었다. 그들은 오늘의 한국 영화 르네상스를 지켜보게 된다.

한국 영화 3: 르네상스

일제강점기부터 한국 영화의 발전을 가로막은 것은 검열이었다. 1987년 6월 민주항쟁 이후 시나리오 사전심의가 폐지되었고, 1996년 영화 사전심의가 위헌 판결을 받으면서 검열이 사라졌다. 이후 영화인들은 한국 영화사상 처음으로 창작의 자유를 펼칠 수 있게 되었다.

2000년대 충무로에 대기업이 2차로 진출하면서 탄력을 받기 시작했다. 1990년대 초반 삼성, 현대, 대우 그룹 등이 영화산업에 진출했지만, 1997년 금융 위기의 암초에 부딪혔다. 2000년대 들어서서 제일제당(CJ 엔터테인먼트), 오리온그룹(메가박스), 롯데그룹(롯데엔터테인먼트)이 영화 제작, 투자, 배급 및 극장 등 영화산업 전반에 뛰어들게 된다.

봉준호 감독은 2000년 「플란다스의 개」로 조용히 데뷔했고, 이어 「살인의 추억」(2003), 「괴물」(2006)로 미래의 거장으로 발돋움했다. 박찬욱 감독은 「공동경비구역 JSA」의 흥행으로 재기하면서 '복수 3부작(「복수는 나의 것」, 「올드 보이」, 「친절한 금자씨」)'으로 잔혹미학의 귀재로 자리매김했다.

2002년부터 20년간 한국 영화는 칸, 베니스, 베를린 등 세계 3대 영화제에 번갈아 눈부신 성과를 거두며 르네상스를 꽃피우게 된다. 고 강수연에게 베니스 여우주연상(「씨받이」, 1987)과 모스크바영화제 여우주연상(「아제 아제 바라아제」, 1989)을 안겨준 임권택 감독이 2002년 「취화선」으로 칸영화제 감독상, 같은 해 이창동 감독이 「오아시스」로 베니스영화제 감독상, 문소리가 신인배우상을 수상하며 코리안 시네마 황금시대가 시작되었다. 2004년 김기덕 감독이 베를린영화제 감독상(「사마리아」)과 베니스영화제 감독상(「빈집」)을 석권하고, 박찬욱 감독은 칸영화제 심사위원대상(Grand Prix, 「올드 보이」)으로 한국 영화가 3대 영화제의 주요 상을 석권한다.

강수연의 베니스영화제 수상 이후 꼭 20년이 되는 2007년, 전도연이 「밀양」(이창동 감독)으로 칸영화제 여우주연상을 수상했다. 2008년 전수일 감독의 「검은 땅의 소녀와」는 베니스영화제 예술공헌상, 2009년 박찬욱 감독은 칸영화제에 복귀해 심사위원상(Jury Prize, 「박쥐」)을 품에 안았다.

2010년 이창동 감독은 칸영화제에서 각본상(「시」)을 거머쥐었으며, 같은 해 홍상수 감독은 주목할 만한 시선상(Un Certain Regard, 「하하하」)을 가져갔다. 그리고 다음 해 김기덕 감독이 「아리랑」으로 주목할 만한 시선상의 바통을 이어갔다. 2012년 김기덕 감독은 「피에타」로 베니스영화제 황금사자상을 수상하면서 한국 영화사상 최초의 세계 3대 영화제 대상을 기록한다. 2017년 김민희는 홍상수 감독의 「밤의 해변에서 혼자」로 베를린영화제 여우주연상을 수상했다. 강수연(1987, 베니스영화제)–전도연(2007, 칸영화제)–김민희(2017, 베를린영화제), 이렇게 한국 여배우들이 세계 3대 영화제의 주연상을 정복한 것이다.

2019년 5월 봉준호 감독은 「기생충」으로 칸영화제 황금종려상을 거머쥐었고, 그 열기는 이듬해 2월 미국 아카데미상 4개 부문(작품, 각본, 감독, 국제극영화상) 석권으로 이어지며 한국 영화사를 새로 썼다. 그리고 베를린영화제는 2020년부터 3년 연속 홍

2000년대 임권택, 이창동, 김기덕, 박찬욱 감독과 배우 전도연이 칸, 베니스, 베를린의 3대 영화제에서 잇달아 수상했다.(사진: 위키백과, 임권택/Marie Claire Korea, 이창동/Petr Novák, 김기덕/tanka v, 전도연/dispatchsns, 박찬욱/Marie Claire Korea)

상수 감독에게 상패를 바쳤다. 2020년 「도망친 여자」는 감독상, 다음 해엔 「인트로덕션」으로 각본상, 그리고 2022년엔 「소설가의 영화」로 심사위원대상을 안겨주었다. 한편, 류성희 미술감독은 박찬욱 감독의 「아가씨」로 2016년 칸영화제 벌칸상(The Vulcan Award of the Technical Artist)을 수상했으며, 신점희 미술감독은 2018년 이창동 감독의 「버닝」으로 같은 상을 수상하면서 한국 영화의 미술(art direction)이 칸에서 공인받았다.

예술영화가 국제영화제에서 찬사를 받는 가운데, 2010년대 한국 내에서는 조직폭력배를 다룬 상업영화가 전성기를 누린다. 「친구」, 「신라의 달밤」, 「조폭 마누라」, 「가문의 영광」, 「비열한 거리」 등이 관객 동원에 성공했다. 고개 숙인 한국 남성들의 열망을 반영한 것일까, 부패한 사회에 대한 응징일까? 어쨌거나 이 시기에 1천만 관객 시대가 도래했다. 멀티플렉스 극장으로 복수관의 동시 개봉이 가능해졌기 때문이다.

2003년 「실미도」가 1천만 관객을 달성한 후 「태극기를 휘날리며」(2004), 「왕의 남자」(2005), 「괴물」(2006), 「해운대」(2009) 등으로 이어지면서 한국 영화가 흥행을 질주하게 된다.

2013년, 흥행과 작품성이 공인된 박찬욱, 김지운, 봉준호 감독이 할리우드에 진출했다. 박찬욱 감독은 니콜 키드먼 주연의 스릴러 「스토커」, 김지운 감독은 아널드 슈워제네거 주연의 액션 「라스트 스탠드」, 봉준호 감독은 크리스 에번스, 틸다 스윈턴, 송강호와 「설국열차」를 만들었다.

반면, 흥행 영화의 전선은 「부당거래」, 「악마를 보았다」, 「범죄와의 전쟁」, 「국제시장」, 「내부자들」, 「밀정」, 「부산행」 등 액션과 스릴러가 사수했다. 배우 송강호는 홍상수 감독의 데뷔작 「돼지가 우물에 빠진 날」(1996)에서 단역으로 출발, 이창동 감독(「초록물고기」, 「밀양」), 박찬욱 감독(「공동경비구역 JSA」, 「복수는 나의 것」, 「박쥐」), 봉준호 감독(「살인의 추억」, 「괴물」, 「설국열차」, 「기생충」) 등 작가주의 감독과 흥행사 김지운 감독(「조용한 가족」, 「반칙왕」, 「좋은 놈, 나쁜 놈, 이상한 놈」, 「밀정」) 등의 영화에 출연하면서 20년 넘게 톱스타로 군림하며 한국의 국민배우가 되었다. 한편, 이병헌은 「광해, 왕이 된 남자」, 「남한산성」, 「밀정」, 「내부자들」 등 국내 흥행작과 할리우드 영화 「지.아이.조2(G.I. Joe: Retaliation)」 「레드: 더 레전드(RED 2)」, 「터미네이터 제니시스(Terminator Genisys)」 등에 출연하며 글로벌 스타로 부상했다.

그러나 이명박-박근혜 정권(2008~2017)의 10년은 다시 문화계를 암흑으로 끌어내렸다. 이명박-박근혜 정부는 정권에 비판적인 문화예술인을 탄압하기 위해 블랙리스트를 작성했다. 세월호 시국선언 문인부터 문재인 후보 지지선언 문화예술인까지 9500여 명 중에는 이창동, 박찬욱, 봉준호, 황동혁, 김지운 감독 등이 포함되어 있었다.

이에 검열에서 자유로울 수 있는 병자호란, 임진왜란, 광해군, 상해임시정부, 한국전쟁 등을 다룬 역사물이 급증했다. 이 시기에 「최종병기, 활」, 「광해, 왕이 된 남자」, 「명량」, 「암살」, 「고지전」, 「국제시장」, 「인천상륙작전」, 「밀정」, 「덕혜옹주」, 「동주」, 「항거」, 「봉오동 전투」 등 애국심을 고취하는 역사영화가 쏟아져 나온 것이 우연은 아닐 게다.

박근혜-최순실 게이트는 촛불 시민혁명으로 타올랐고, 박근혜 대통령의 탄핵(2017

년 3월 10일)으로 이어졌다. 그리고 박근혜와 최순실을 비롯해 김기춘 전 청와대 비서실장, 조윤선 전 문화체육관광부 장관이 몰락하기에 이른다.

한국 영화 4: 「기생충」과 그 이후

2017년 5월 문재인 정부 출범 후 남북한 해빙시대가 시작되었고, 문화예술계도 안정을 찾았다. 할리우드에서 「설국열차」와 「옥자」를 만들었던 '블래리스트' 감독 봉준호는 한국으로 돌아와서 연출한 「기생충」으로 2019년 칸영화제 황금종려상을 거머쥐었다. 1919년 한국 최초의 영화 「의리적 구토」(김도산 감독)가 상영된 지 100년 만의 쾌거였다. 그리고 2020년 아카데미상 시상식에서 작품, 감독, 각본, 국제극영화상을 휩쓸며 아카데미상과 한국 영화사를 새로 썼다.

2020년 벽두, 코리안아메리칸 리 아이작 정(정이삭) 감독이 한인 이민자의 이야기를 담은 자전적 영화 「미나리(Minari)」가 선댄스 영화제 심사위원대상과 관객상을 수상했다. 그리고 2월엔 아카데미상에서 「기생충」 파티가 열렸다. 2020년 미국의 주류 할리우드(아카데미상)와 독립영화(선댄스)의 쌍두마차 영화제에서 두 한인 영화가 석권한 역사적인 사건이었다. 그러나 「미나리」는 2021년 아카데미상에 출품하면서 「기생충」과의 경쟁을 피할 수 있었다.

2020 아카데미 작품상 등 4개 부문의 쾌거를 올린 「기생충」 제작팀(위, 유튜브 캡처)/ 한국 영화 역사 100년 만에 이룬 쾌거, 봉준호 감독이 「기생충」으로 칸영화제 황금종려상을 수상하는 장면. 시상자는 프랑스 배우 카트린 드뇌브(유튜브 캡처)

할리우드 스타 브래드 피트의 플랜B가 제작으로 참가한 200만 달러의 독립영화

「미나리」는 이듬해 아카데미상 작품상, 감독상, 각본상(정이삭), 남우주연상(스티븐 연), 여우조연상(윤여정), 음악상(에밀 모세리) 등 6개 부문 후보에 올랐고, 윤여정 씨는 73세에 한국 배우 최초의 오스카를 거머쥐게 되었다. 윤여정 씨는 「미나리」로 미국 배우 조합상(SAG Awards/Screen Actors Guild Award), 영국아카데미상(BAFTA) 등 무려 40개가 넘는 상을 받았다.

2019 골든글로브상 시상식에서 아시아계 최초로 여우주연상을 수상한 샌드라 오(NBC-TV 유튜브 캡처)

골든글로브상 역사를 새로 쓴 아시아계 여배우도 한인이었다. 한국계 캐나다 배우 샌드라 오(오미주)는 2005년 ABC-TV 의학 드라마 「그레이의 해부(Grey's Anatomy)」로 골든글로브 드라마 부문 여우조연상을 수상했다. 그리고 2019년 BBC-아메리카의 「킬링 이브(Killing Eve)」로 아시아계 최초의 골든글로브 드라마 부문 여우주연상을 품에 안았다. 샌드라 오는 이때 트로피를 거머쥔 후 "엄마 아빠, 사랑해요!"라 외쳤고, TV 카메라는 객석에서 웃음 짓는 한인 부모의 모습을 잡았다. 샌드라 오는 2019년 BTS와 함께 〈타임〉지 '세계에서 가장 영향력 있는 100인'에 선정되었다.

「기생충」으로 영화의 에베레스트를 정복한 한국 영화는 2021년 「미나리」, 2022년 「오징어 게임」으로 K-드라마의 위용을 떨치고 있다. 한국인들이 즐겨 먹는 미나리와 한국의 놀이 '오징어 게임'이 덩달아 알려진 것도 쾌거다.

쇠젓가락 유전자

올림픽 여자 양궁, 여자 골프, 기능올림피, 반도체, IT, 성형수술, 피아노, 병아리 감별사, 요리사, 네일 살롱, 엄지족…… 고도의 집중력, 정밀한 기술과 섬세한 손재주가 필요한 분야에서 한국인은 혁혁한 실적을 거두어왔다. 그 배경에는 중국인, 일본인과는 다른 쇠젓가락 사용에 있을까?

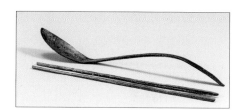

📷 **청동 숟가락과 젓가락(靑銅匙箸), 고려, 국립중앙박물관 소장**

"한국 여자 양궁 성공 비결은 김치와 젓가락"_로이터 통신

2012년 7월 런던올림픽이 한창이던 때 로이터(Reuters) 통신은 한국 여자 양궁의 우세 요인으로 '김치와 젓가락(kimchi & chopsticks)'을 지목했다. 로이터의 피터 러더퍼드 기자는 「양궁: 젓가락, 김치 손가락이 성공의 요인일까?(Archery: Chopsticks, kimchi fingers the key to success?)」라는 제목의 기사에서 88' 서울올림픽 이후 7연승(바르셀로나-아틀란타-시드니-아테네-베이징-런던 올림픽)을 거

📷 **로이터 통신의 양궁 보도기사**(Reuters, "Archery: Chopsticks, kimchi fingers the key to success?", July 30, 2012)

Archery: Chopsticks, kimchi fingers the key to success?

By Peter Rutherford REUTERS

LONDON (Reuters) - Their names change, the Games change, but their arrows never falter -- the South Korean women's archery team are Olympic champions once again.

South Korea's Choi Hyeonju fires an arrow in the women's archery team gold medal match at the Lords

둔 한국의 여자 양궁팀의 성공 비결을 분석했다. 양궁은 역대 하계 올림픽에서 한국이 쟁취한 금메달 총 90개 중 최다인 23개를 차지한 종목이다.

"그들의 이름이 바뀌고, 게임은 변하지만, 화살은 결코 흔들리지 않는다. 한국 여자 양궁팀은 다시 한번 올림픽 챔피언이다. ……한국 여성이 양궁과 골프 등 감성 스포츠에 탁월한 이유는 양손과 손가락의 감수성과 민첩성 덕분이라는 이론이 있다"면서 "오랜 세대를 거쳐 배추에 고춧가루를 버무리는 김치를 담그면서 감수성이 발달했다"고 전했다. 그리고 "한국 여성은 세계 어느 나라 여성보다 더 예민한 손을 갖고 있다. 한국 여성은 손재주가 좋다. 요리할 때 손으로 음식의 풍미를 더한다"는 당시 한국 여자 양궁팀 백웅기 감독의 말을 인용했다.

로이터 통신은 이와 함께 젓가락 기술도 성공의 비결로 꼽았다. "아시아의 여러 나라에서도 젓가락을 사용하고 있으며, 그들의 젓가락은 길고 나무 재질로 사용하기 쉽다. 하지만 한국의 젓가락은 매끄럽고 날씬한 금속으로 사용하기가 매우 어렵다"고 소개했다.

2005년 논문 조작 스캔들이 터지기 전, 황우석 교수는 줄기세포 연구 과정에서 난자와 배아를 미세 조작하는 한국인의 재능을 쇠젓가락 문화로 설명했다. 당시 황 교수는 미국 언론과의 인터뷰에서 "한국인은 쇠젓가락을 사용해 식사하기 때문에 고도의 집중력이 필요한 연구에서 우수한 기술력을 발휘한다"고 밝혔다. 백웅기 감독은 "우리 여자 궁수들은 손가락의 느낌이 탁월하다. 그들은 화살이 손가락을 떠난 직후 잘 쐈는지 아닌지 여부를 바로 안다"고 말했다.

쇠젓가락 유전자: 국제기능올림픽

세계 젊은이들의 직업 기능을 겨루는 국제기능올림픽대회(International Vocational Training Competition)에서도 한국인은 역량을 과시해왔다. 1977년 제23회부터 2015년 제43회까지 21년간 한국은 종합우승 19회, 준우승 2회를 차지하는 기염을 토했다. 1977년 네덜란드 대회부터 우승을 거의 독점해온 한국인들의 손재주를 입증했다.

1970년대 기능올림픽 우승자들은 귀국 후 공항에서 도심까지 카퍼레이드를 펼치며 대대적인 환영을 받았다. 국제기능올림픽대회 참가 사상 한국 선수단의 최저 성적은 2019년 러시아 카잔에서 열린 대회에서 중국, 러시아에 이어 3위를 기록한 것이었다.

1950년 스페인에서 시작된 국제기능올림픽대회는 17~22세가 참가한다. 경

🏁 1981년 6월 제26회 국제기능올림픽대회 종합우승 환영식(사진: 서울시)

쟁 부문은 기계(자동차 정비, 냉동기술 등)/ 금속(배관, 용접, 차체 수리 등)/ 공예(귀금속 공예, 그래픽 디자인, 프린팅 등)/ 전기 - 전자 - 정보(웹디자인, IT네트워크 시스템, 통신망 분배기술 등)/ 건축-목재(가구, 목공, 미장, 실내장식, 조경, 타일 등)/ 미예(간호, 요리, 의상디자인, 피부미용, 화훼 장식 등) 등으로 나뉘어 펼쳐진다.

반도체, IT(정보통신), 성형수술, 클래식 강국

한국이 반도체와 정보기술(IT) 강국이 된 것도 정밀한 손작업이 필수다. 2005년 한국광고대상 수상작은 삼성전자의 광고 「우리 민족의 저력을 믿습니다」 캠페인 중 '젓가락' 편이었다. "쇠젓가락으로 콩을 집는 민족, IT 강국을 만들다"라는 헤드카피에 콩을 집은 쇠젓가락을 메인 이미지로 내세운 광고다. 삼성전자의 '젓가락' 광고는 같은 해 중앙광고대상 기업PR 부문 최우수상, 한겨레광고대상 기업 PR 부문 대상을 수상했다.

🏁 2005년 삼성전자의 광고 「우리 민족의 저력을 믿습니다」 중 '젓가락' 편

"세계 최초로 체세포를 직접 복제해 인간 배아 줄기세포를 만들어 낸 우리나라 연구팀은 〈뉴욕타임스〉와의 인터뷰에서 '한국인 말고 누가 쇠젓가락으로 콩을 집을 수 있겠는가?' 라고 했습니다. 우리 민족만큼 섬세한 손재주를 가진 민족이 없다는 것이지요. 우리는 섬세한 손재주로 가발과 인형을 만들어 코리아라는 이름을 세계에 처음 알렸습니다. 지금은 반도체, LCD, 휴대폰 같은 첨단제품도 척척 만들어 IT 코리아라는 명성까지 얻었습니다. 앞으로의 세계를 주도할 기술은 나노기술! 10억 분의 1미터를 다루는 정밀한 기술이기에 누구보다 우리가 잘할 수 있을 것입니다. 우리는 세계 어느 민족보다 섬세한 손재주를 가진 민족이기에……."

_「우리 민족의 저력을 믿습니다」

🎵 2015 쇼팽 피아노 콩쿠르 우승 조성진 CD

손가락 두 개로 칠 수 있는 피아노 솔로 「젓가락 행진곡(원제: The Celebrated Chop Waltz solo for piano)」은 1877년 영국의 16세 소녀 유피미아 앨런이 '아서 드 륄'이라는 필명으로 발표한 곡이다. 예전에 한국인들은 술 마시고, 흥에 겨우면 젓가락을 두드리며 노래를 불렀다. 밥상은 드럼이 되고, 젓가락은 드럼스틱이 되어 장단을 맞추며, 식당은 노래방처럼 된다.

한국에서 클래식 음악의 역사는 짧지만, 한국인 피아노 연주자들은 콩쿠르에서 빼어난 기록을 세웠다. 그럼, 젓가락 사용이 피아노 연주에도 상관성이 있을까?

조성진(2015 쇼팽 피아노 콩쿠르 우승), 김선욱(2006 리즈 콩쿠르 우승), 문지영(2014 제네바, 부소니 콩쿠르 우승), 선우예권(2012 윌리엄 카펠 콩쿠르, 2017 밴 클라이번 콩쿠르 우승), 그리고 임윤찬(2022 밴 클라이번 콩쿠르 우승) 등 특히 피아노 부문에서 두각을 나타냈다. 1985년 클리블랜드 피아노 콩쿠르에서 우승했던 김대진 한국예술종합학교 교수는 2012년 〈매일

경제〉와의 인터뷰에서 "한국인은 어릴 때부터 젓가락을 사용해 손재주가 뛰어나며 선천적인 음악성을 갖고 있다"고 설명했다.

세계 최고의 엄지족도 한국인이다. 〈뉴욕타임스〉는 2010년 1월 뉴욕에서 열린 LG 모바일 월드컵에서 한인 청소년 배영호(17세) 군과 하목민(16세) 양이 우승했다고 보도했다. 이 신문은 「엄지손가락의 규칙: 한국인들이 문자 메시지 세계를 통치하다(Rule of Thumbs: Koreans Reign in Texting World)」에서 배영호 군은 초당 여섯 글자를 쳤으며, 하목민 양은 초당 7.25글자를 쳤다고 전했다.

> "성형외과에서 제일 중요한 것은 손재주다. 성형외과 부분에서 한국의 손기술을 따라올 국가는 없다."
>
> **_JK성형외과 주권 대표원장**(2009년 〈뷰티경제〉 인터뷰)

한국의 성형기술도 세계 최고다. 수원나누리병원 김현성 원장은 2017년 〈조선일보〉 칼럼에서 "최소침습척추수술, 특히 척추 내시경 수술 및 치료는 100세 건강을 위해 발전되어야 할 치료법이지만, 아주 세밀한 손작업이 필요하다. ……대한민국의 발전은 특이하게도 이 쇠젓가락 문화가 척추내시경수술의 발전에 큰 역할을 한 것을 부인할 수는 없다"고 밝혔다. "외국 의사들이 나에게 자주 '대한민국 의사들은 어떻게 그렇게 수술을 잘하나요?'라고 물으면, 나의 대답은 항상 똑같다. '대한민국은 태어날 때부터 쇠젓가락을 쓰고 있는 유일한 나라입니다. 미끄러운 쇠젓가락이 세밀한 기술을 시행하는 데 많은 도움이 된 듯합니다'라고 대답한다. 그리고 기회가 된다면 외국 의사들에게 쇠젓가락 쓰는 방법을 연습하라고 권유하기도 한다"고 말했다.

한중일 3국의 젓가락과 테크닉

대하소설 『대지(The Good Earth)』로 노벨문학상과 퓰리처상(1932)을 수상한 펄 벅(Pearl S. Buck, 1892~1973)은 태어난 지 4개월 때 선교사였던 부모와 함께 대학 입학 전까지 중국에서 살았다. 아시아 문화에 친숙했던 그는 1960년 11월 한국을 방문했다. 한 식당에서 균일하게 잘린 무채를 보고 기계로 잘랐을 것이라 생각했다. 손(칼)으로 자른 것을 알고 나서는 "음식이 아니라 예술이다"라고 말했다고 한다. 또한 초등학교에서 한 어린이가 젓가락으로 콩을 집는 것을 보고 "이건 서커스야"라고 말한 것으로 전한다. 필 벅 여사가 한국인의 손재주에 놀란 에피소드다.

오늘날 세계 인구의 5분의 1(15억 명)이 날마다 식사 때 젓가락을 사용하고 있다. 2014년 한 조사에 따르면, 미국인 중 젓가락을 매우 잘 사용한다는 응답자는 15퍼센트, 한 번도 사용해보지 않았다는 응답은 24퍼센트에 달했다.

초대 문화부 장관(1990~1991)을 지냈던 고 이어령 교수는 『젓가락의 문화유전자』(2016)에서 "한국과 중국과 일본은 젓가락질의 문화 유전자를 품고 있다. 세 나라가 2천년을 함께 사용해온 유일한 도구는 한자, 음식, 언어도 아니고, 오직 젓가락뿐이다. 결합하고 조합하며 연결하는 동양의 문화가 젓가락이라는 작은 도구 속에 담겨 있다. 젓가락은 단순한 도구가 아니라 신체의 일부, 우주의 일부다"라고 말했다. 이어령 교수는 한국인이 젓가락뿐만 아니라 숟가락과 젓가락을 합친 '수저'를 한 쌍으로 사용하는 것이 중국, 일본과의 차이점이라고 지적했다. 한국인은 식사 때 밥과 국이나 찌개, 그리고 반

성협(成夾), 「야연(野宴)」, 『성협풍속화첩(成夾風俗畵帖)』, 19세기 후반, 국립중앙박물관 소장

찬을 함께 먹기 때문에 수저의 사용을 조율해야 한다. 여기엔 민첩하고 정교한 손놀림이 필요하다.

백제(기원전 18~기원후 660) 왕실에선 음식의 독극물 여부를 확인하기 위해 은수저를 사용했으며, 평민들은 쇠수저를 썼다. 삼국시대엔 청동 젓가락, 조선 중기 무렵부터는 놋쇠 젓가락, 1970년대 이후부터는 스테인리스 젓가락 등 금속제 젓가락을 주로 사용해왔다. 한식엔 김치 같은 절임 음식이 많기 때문에 나무보다는 금속이 위생적이다. 금속을 최대한 절약하기 위해 일본과 중국에 비해 짧고, 납작한 편이다.

중국과 일본은 젓가락 위주이며 순가락은 부차적이다. 한국에서 젓가락과 순가락(수저)은 동등하다. 국과 밥은 순가락으로, 요리와 반찬은 젓가락으로 먹는다. 이어령 교수에 따르면, 한국은 국물 음식이 많아 수저를 함께 쓰며, 순가락을 놋쇠나 은으로 만들어 젓가락과 세트로 맞추었다고 한다. 한국의 수저에는 음양의 철학이 내재되어 있다. 밥을 먹기엔 나무젓가락이 쉽지만, 한국인은 순가락을 사용하므로 문제가 되지 않는다. 금속 젓가락은 무겁고 미끄러워서 중국과 일본 젓가락보다 사용하기 어려운 편이다.

중국은 젓가락의 본국이다. Q. 에드워드 양은 저서 『젓가락(Chopsticks)』에서 중국 신석기 문화 유적지에서 젓가락의 원형으로 여겨지는 긴 뼈막대가 발굴된 것으로 보아 기원전 5천 년경에 이미 젓가락을 사용한 것으로 추정하고 있다. 지렛대의 원리를 이용한 두 개의 막대기, 젓가락은 사람의 손가락을 연장한 것이다.

젓가락을 식사에 사용한 것은 약 3천여 년 전으로, 중국에서 끓이거나 찌는 요리법이 발달하면서 젓가락은 뜨거운 국에 들어 있는 건더기를 건져 먹는 용도로 쓰였다. 평민은 대나무 젓가락을 썼으며, 부유층은 상아나 금, 은, 동 젓가락을 사용했다. 중국인은 큰 원형 식탁에 둘러앉아 음식을 덜어 먹기 때문에 운반의 용도로 젓가락이 길다. 튀김과 볶음 요리 등 부피가 크고 무거워서 젓가락 끝이 뭉툭하며 굵다.

한편, 일본은 1500여 년 전부터 젓가락을 사용한 것으로 추정된다. 일본인은 음식을 나누어 먹지 않고, 개인 접시에 음식을 담아 먹는다. 순가락을 사용하지 않고 젓가락으로 밥그릇을 들고 먹는다. 국그릇도 들고 마신다. 젓가락 끝이 뾰족한 것은 생선 가시를 잘 발라내기 위함이다. 주로 나무젓가락을 사용하며, 도기나 칠기 젓가락도 있다. 젓가락은 받침대 위에 올려 가로로 배치한다.

일본에서는 1980년부터 젓가락의 날(8월 4일)을 제정해 젓가락 사용법을 교육하고, 화염 속에 젓가락 다발을 던져 태우며 건강을 빌어왔다. 한국에서는 2015년 청주에서 제1회 젓가락 페스티벌이 열렸다. 이어령 초대 문화부 장관(1990~1991)의 제안에 따라 11월 11일을 '젓가락의 날'로 선포했다.

이어령 교수의 '젓가락 예찬'

"먹는 도구의 이름이 인체와 연결된 나라는 한국밖에 없다. 숟가락, 젓가락은 '손가락'의 연장이다. 그런 면에서 젓가락은 몽둥이와 정반대의 속성을 지녔다. 몽둥이는 주먹의 연장이자 근육의 연장이지만 젓가락은 손가락의 연장이자 신경의 연장이다. 힘의 상징인 몽둥이는 주먹보다 크고 뭉툭하지만, 섬세함의 연장인 젓가락은 손가락보다 가늘고 뾰족해야 한다. 젓가락은 내 몸의 피와 신경이 통해 있는 아바타인 셈이다."

_이어령 교수

고 이어령 교수의 저서 『너 누구니: 젓가락의 문화유전자』(파람북, 2022, 왼쪽)/ 2018년 제3회 청주 젓가락 페스티벌 포스터(사진: 청주시문화산업진흥재단)

미국 한인 이민자 주력 업종: 병아리 감별사, 네일 살롱

1970년대 많은 한국인이 병아리 감별사(chicken sexer) 교육을 받고 미국에 취업 이민을 왔다. 양계업에서 부화 직후 산란용 병아리의 암수를 구별하는 이 기술자들은 항문에 있는 돌기, 날개로 암수 병아리를 구별한다. 시력이 좋고, 섬세하고 빠른 손놀림과 고도의 집중력, 그리고 지구력이 필요한 병아리 감별사는 한인이 다수를 차지한 고소득 직종이었다.

오늘날 세탁업, 청과상회/델리와 함께 미국 내 한인 이민자의 주요 업종인 네일업계 역시 한국인의 손재주가 빛나는 업종이다. 1970년대 이전 뉴욕의 네일 살롱 대부분은 러시아계 이민자들이 운영했다. 이후 러시아계 이민자의 영어와 교육 수준이 높아지면서 다른 업종으로 이전해 갔고, 교육 수준은 높지만 영어 장벽이 높았던 한인 이민자로 대체되었다. 1992년 뉴욕 시내 1400여 곳의 한인 네일 살롱에서 1만여 명의 기술자들을 고용했다. 이는 전체의 80퍼센트를 차지하는 수치였다. 2013년엔 70퍼센트를 차지했으며, 3만여 명의 한인 기술자가 일했다.

뉴욕한인네일협회(Korean-American Nail Salon Association of New York, KANSA)에 따르면, 2020년 1월 현재 뉴욕의 한인 네일업소는 2천여 곳, 뉴저지엔 1400여 곳에 달한다. 중국, 베트남, 남미계가 네일업계에 진출하며 네일 살롱 간의 경쟁이 심화되면서 고급화, 차별화 전략으로 매니큐어, 페디큐어 외에도 페이셜 등 스킨케어와 마사지, 왁싱 등 스파를 도입하며 고급 살롱으로 진화했다.

2015년 5월 〈뉴욕타임스〉는 「반짝이는 매니큐어에 숨겨진 네일 미용사들의 어두운 삶(The Price of Nice Nails)」에서 한인들이 운영하는 뉴욕 네일업소의 노동착취 상황을 심층 보도했다. 한편, 조이 앨리(Joy Ally) 감독은 뉴욕 한인 네일 살롱의 이야기를 담은 단편영화 「Joy Joy Nails」(2017)를 연출했다.

뉴욕의 한인 네일 살롱 가운데 최진순 씨가 운영해온 웨스트빌리지의 '진순 내추럴 핸드-풋 스파(Jin Soon Natural Hand-Foot Spa)'는 고급화 전략, 기술, 서비스로 뉴욕 최고의 살롱이 되었다. 진순 내추럴 핸드-풋 스파는 귀네스 팰트로, 세라 제시카 파커, 테일러 스위프트, 앤 해서웨이, 셀리나 고메즈 등 유명 연예인들이 즐겨 찾는 명소

 「Joy Joy Nails」, 18미터, 2017, 감독 조이 앨리

다. 1991년 미국으로 이주한 최진순 씨는 네일 기술을 익힌 후 1999년 이스트빌리지에 자그마한 살롱을 열었다. 이후 웨스트빌리지, 어퍼이스트사이드, 트라이베카에 고급 살롱 4곳과 네일 컬러 브랜드 'JINsoon Nail Lacquer'를 운영하고 있다.

〈뉴욕타임스〉 매거진이 '네일계의 도사(Nail Guru)'로 부른 최진순 씨 역시 한인 특유의 정교하고 치밀한 손기술과 감각이 있었기에 뉴욕 최고의 네일 아티스트가 된 것이다.

#07 세탁의 장인들

한인 이민자, 미국 세탁업계를 장악하다

왜 미국 세탁소(dry cleaners) 주인의 대다수는 한인일까? 근면하고 손재주가 많은 한인 이민자들은 1970년대 후반 뉴욕, LA, 시카고 등 대도시로 이주한 후 언어장벽, 제한된 자원, 그리고 취직에 필요한 자격증과 교육이 부족해 청과물 상회에서 일하거나 재봉 기술을 배웠다. 당시 대부분의 세탁소는 유대인과 이탈리아계 이민자들이 운영하고 있었다.

민병갑 뉴욕시립대 석좌교수는 1996년 출간한 『중간에 끼어서: 뉴욕과 한국의 한인사회(Caught in the Middle: Korean Communities in New York and Los Angeles)』에서 한인 식료품상들은 백인 공급업체로

김홍도, 「빨래터」, 보물 제527호, 『단원풍속도첩』 중에서, 국립중앙박물관 소장

부터 인종차별을 피하기 위해 유대인 도매업자들에게 의존했으며, 돈을 모은 뒤엔 깨끗한(clean) 사업체인 세탁업에 종사하게 되었다고 설명했다. 많은 한인이 유대인들로부터 세탁소를 인수했다. 세탁소는 단순하고, 수익성이 높았다. 세탁소는 청과물상회나 생선가게보다 더 많은 자본이 필요했지만, 재고 부담과 노동강도가 덜하며, 일요일

에 휴업할 수 있어 근무시간이 짧고, 가족이 함께 운영할 수 있는 사업이라는 장점도 한인들에게 어필했다. 한인들은 재봉 기술을 배운 덕에 세탁소에서 수선 서비스까지 제공할 수 있었다. 이로써 1980~1990년대 한인이 운영하는 세탁업체는 2400여 곳에 이르렀다. 2008년 금융위기 이전 뉴욕의 한인 세탁업체의 연간 순이익은 20~30만 달러였다.

2002년 미국 환경청(United States Environmental Protection Agency, EPA)의 조사에 따르면, 전국에 세탁업소는 약 3만 4천여 곳이었다. 이 시기 한인세탁인총연합회(The Federation Of Korean Cleaners Association)에서 집계한 한인 소유 세탁업소는 1만 7천 곳에 달했다. 대뉴욕지구(뉴욕, 뉴저지, 코네티컷주)의 세탁업소 약 6천 곳 중 85퍼센트에 해당하는 5천 곳이 한인 소유로 조사되었다. 뉴욕한인세탁협회(Korean-American Dry Cleaners' Association of New York)에 따르면, 2016년 뉴욕주에 세탁업체는 3천여 곳이며, 그중 80퍼센트가 한인 소유로 추정했다.

미국에서 세탁업은 식료품사업(청과/델리), 네일 살롱, 뷰티 서플라이(미용재료업)와 함께 한인 이민자의 주력 업종이다. 이 세탁업은 디지털 시대 픽업 & 배달 서비스 앱에 기반한 업체들의 등장으로 경쟁이 심해진 데다가 2020년 코로나 팬데믹으로 위기를 맞았다. 한인 이민자의 자녀(1.5, 2, 3세대)들은 미국 교육을 받은 후 경제, 의료, 법률, IT, 언론계 등 다양한 분야로 진출하고 있다.

빨래는 백의민족의 장기

"아담과 이브는 발가벗고 살았다고 했다. 단 두 사람뿐인데 입거나 벗거나 상관할 필요가 없었을 것이다. 에덴동산에서 쫓겨나면서 아랫도리를 나뭇잎으로 가렸다고도 했다. 아마 아담과 이브가 빨래를 했다면 빨랫줄에 큰 잎사귀만 걸려 있었을 것이다."

_김홍신 소설 『인간시장』(1981)

인간이 옷을 입기 시작하면서 빨래의 역사도 시작되었다. 원시시대엔 빨래/세탁(洗

濯)에 종교적인 의미가 컸지만, 인간이 사회생활을 하면서 타인에게 불쾌감을 주지 않기 위해서, 건강을 위해서 옷을 빨았다. 그러면서 빨래는 의식주와 결부되어 생활의 일부가 되었다. 특히 체면을 중시하는 유교문화에서 한민족, 백의민족(白衣民族)에게 깨끗한 흰옷을 입는 것이 무엇보다도 중요했다. 김홍도, 신윤복, 박수근이 그렸던 빨래터. 이해인 수녀가 시를 지었던 빨래는 백의민족의 장기였다.

신윤복, 「계변가화(溪邊街話)」, 19세기 초, 국보 제135호, 『혜원전신첩』 중에서, 간송미술문화재단 소장

한민족이 옷을 깨끗이 입는 풍습은 북송의 사신 서긍(徐兢)이 1123년 고려를 방문한 후 기록한 책 『고려도경(高麗圖經)』 중 제23권 「한탁(澣濯, 목욕과 세탁)」 편에 나온다. "고려의 풍속은 깨끗한 것인데, 지금도 여전하다. ……중국인들의 더러운 위생 상태를 비웃으며…… 아침 일찍 일어나서는 반드시 목욕을 한 뒤에야 문을 나서며 여름철에는 낮에 개울물에서 거듭 목욕을 하며 남녀가 시내에서 혼욕을 했어도 이상하게 여기지 않는다. ……옷을 깨끗하게 빤다"고 기록되어 있다.

개항기 외국인들은 한양을 '거대한 세탁소'로 보았다. 개화기 조선을 방문한 프랑스 화가 조세프 드 라네지에르

조세프 드 라네지에르가 조선 여인들의 빨래터 풍경을 담은 석판화(Joseph de La Nézière, L'Extrême-Orient en images: Sibérie, Chine, Corée, Japon Paris, 1904)

(Joseph de La Nézière, 1873~1944)도 빨래터 풍경에 매료되어 저서 『극동의 이미지: 시베리아, 중국, 한국, 일본(L'Extrême-Orient en images: Sibérie, Chine, Corée, Japon)』(1904)에 석판화로 남겼다.

1884년 의료 선교사로 조선에 온 호러스 뉴턴 알렌(Horace Newton Allen, 1858~1932)은 한국 최초의 서양식 병원이자 연세대학교 의대의 전신인 제중원(현 연세 세브란스 병원)을 설립했으며, 참찬관에 임명되어 외교활동도 벌였던 인물이다. 알렌은 1889년 출간한 저서 『한국 설화(Korean Tales)』에서 다음과 같이 썼다.

"시냇물이 있는 곳 어디서나 빨래를 한다. 심지어는 우물 옆에서도, 때로는 물이 파인 우물 안으로 들어가기도 한다. 작은 시냇물이나 샘물이 있는 도시 어디서도 돌 위에서 방망이로 옷을 두드리는 여성들이 있을 것이다. 겨울엔 이 춥고 불편한 작업을 하기 위해 얼음을 깬다. 왜냐하면, 모든 사람이 입는 흰옷을 위해 빨래는 가장 필요한 작업이기 때문이다."

미국의 저널리스트 님 웨일스(Nym Wales, 본명 Helen Foster Snow, 1907~1997)는 남편 에드거 스노(Edgar Snow)와 1930년대 중국 연안에 체류하면서 조선인 독립투사 김산(金山, 본명 장지락, 1905~1938)의 생애를 소재로 『아리랑(The Song of Arirang)』을 집필했다. 님 웨일스는 아낙네들이 시냇가에 모여 방망이를 두들겨가며 빨래를 하는 광경을 본 후 "이상주의와 순교의 민족이 아니라면, 청결을 위해 그토록 힘든 운동을 감내하지는 않을 것"이라고 말한 것으로 전한다.

1980년대 이후 미국으로 이민 온 많은 한인이 세탁업에 뛰어들었다. 한인 이민자들은 타고난 근면함과 성실함에 빨리빨리 정신, 그리고 뛰어난 손재주와 기술로 미국 세탁업계에서 성공을 거두었다. 〈뉴욕타임스〉와 영국의 〈선(The Sun)〉은 2020년 최고의 세탁기로 각각 LG와 삼성의 세탁기를 선정했다.

어떻게 우리 민족은 세탁에 탁월한 기술을 발휘하게 되었을까?

2020 세계 최고의 세탁기: LG와 삼성

미국에서 1851년 제임스 킹(James King)이 드럼 세탁기를 발명했다. 한국은 그로부터 100여 년이 지난 1969년 금성사(지금의 LG전자)의 수동식 세탁기 '백조(WP-181)'가 탄생했다. "빨래 끝, 행복 시작!" 세탁기는 여성을 가사노동에서 해방시킨 일등 공신이었다. 그리고 LG전자는 가전제품의 명당이 되었다.

세탁기 또한 자동차와 스마트폰처럼 세계 최고의 품질을 자랑하고 있다. 2020년 3월 〈뉴욕타임스〉는 '최우수 세탁기/ 건조기(The Best Washing Machines and Their Matching Dryers)' 기사에서 LG의 두 모델(LG WM3900H & LG DLEX3900)을 선정했다. 〈뉴욕타임스〉는 세탁기 LG WM3900H의 장점으로 '빠른 속도, 부드러움, 효율성, 신뢰성과 얼룩 제거' 등을 꼽았다. 이와 함께 전기와 가스 옵션이 있는 건조기 LG DLEX3900를 최고로 꼽았다.

한편, 영국의 〈선〉지는 2020년 6월 '당신이 2020년 살 수 있는 세탁기 베스트 8(The 8 best washing machines you can buy in 2020)'에서 적재, 기능, 가격, 가치, 경제성, 소음 등 각 항목별로 분석한 후 삼성 퀵드라이브(Samsung QuickDrive Washing Machine)를 모든 부문의 최고 세탁기로 선정했다. 그 이유로 빠른 세탁 시간, 낮은 비용, 세탁 중에 추가할 수 있는 애드워시 도어(add wash door), 낮은 소음 등을 꼽았다. 퀵드라이브는 2018년 영국의 전자제품 평가 전문지 〈트러스티드 리뷰(Trusted Reviews)〉에서도 '올해의 대형가전(Large Home Appliance of the Year)'으로 선정된 바 있다.

백의민족의 세탁 기술

우리 민족은 물이 있는 곳이라면 어디서나 빨래를 한 듯싶다. 개울가에서, 우물가에서, 바닷가에서, 개천에서, 계곡에서…… 아낙네들이 줄지어 옷을 빨았다. 방망이로 두들겨서 때를 빼내 빤 옷은 자갈밭, 바윗돌 위에 널려 말렸다. 엄동설한에는 냇가에서 두꺼운 얼음을 깨고 빨래를 했다. 6·25 때 탱크 옆에서도 빨래를 하는 여인들

🖼 1951년 1월 8일, 전복된 러시아제 T-34 탱크 옆에서 빨래하고 있는 아낙네들(사진: 미국문서보관소National Archives and Records Administration, NARA)

이 포착되었다.

흰옷을 입고, 흰색을 숭상하고, 흰옷을 즐겨 입은 한국인은 '백의민족'으로 불렸다. '한국민족문화백대과사전'에 따르면, 역사학자 최남선(1890~1957)은 『조선상식문답』에 "조선 민족이 백의를 숭상함은 아득한 옛날로부터 그러한 것으로서 수천 년 전의 부여 사람과 그 뒤 신라와 고려, 그리고 조선의 역대 왕조에서도 한결같이 흰옷을 입었다"고 썼다.

독일 사업가 에른스트 오페르트(Ernst Oppert, 1832~1903)는 그의 『조선 기행(A Forbidden Land: Voyages to the Corea/ Ein Verschlossenes Land: Reisen nach Korea)』에서 "옷감 빛깔은 남자나 여자나 다 희다"고 기록했으며, 프랑스 기자 라울-샤를 빌레타르 드 라게리(Raoul-Charles Villetard de Laguérie, 1858~1913)도 저서 『한국, 독립국, 러시아, 일본(La Corée, Indépendante, Russe ou Japonaise)』(1898)에서 "천천히 그리고 육중하게 걸어가는 모든 사람이 하얀 옷을 입고 있다"고 기록했다. 백의민족은 하늘과 땅을 숭배하는 한민족 고유의 신앙에 뿌리를 둔 것으로 해석된다. 흰색은 하늘과 땅을 의미하는 불멸의 색이라고 일컬어지고 있다.

백의민족인 우리의 옛 여인네들은 더러움이 쉬 타는 옷을 늘 빨아야 했다. 처음에는 물에 담갔다가 돌이나 방망이로 두드려 빤 뒤 나무나 짚을 태운 잿물을 사용해 때를 제거했다. 뽕나무, 볏짚, 기장짚, 조짚, 잡초, 들깨, 메밀, 콩가루, 조두(녹두와 팥) 가루, 쌀겨, 콩깍지, 쌀뜨물 등을 천연 재료를 활용한 세제를 사용했다. 개화기에 '양

잿물' 가성소다(NaOH, 수산화나트륨)가 들어온 후엔 보리등겨와 섞어 고체 비누를 만들어 빨래하기도 했다.

조선시대 유일의 여성 실학자인 빙허각 이씨(憑虛閣 李氏, 1759~1824)가 쓴 생활백과서 『규합총서(閨閤叢書)』(1869, 순종 9년)에는 빨래 세제와 얼룩 지우는 요령이 상세히 언급되어 있다. 이 책에선 천연 재료로 오미자, 매화 열매 물, 치자 물, 식초, 살구씨, 옻가루, 오매(덜 익은 푸른 매실을 짚불 연기에 쐬어 말린 것) 달인 물, 소금물, 소뼈를 태운 재, 복숭아 잎, 은행즙, 마늘즙, 동아즙, 도라지 담근 물, 무즙, 조개껍데기 가루, 생강즙, 창포뿌리 가루, 토란 삶은 물, 오징어뼈 가루, 백반가루, 대추 등을 세탁제로 소개했다.

빨래에 관한 속담도 많다. "빨래 이웃은 안 한다", "십 리 강변에 빨래질 갔느냐", "상전의 빨래에 종의 발뒤축이 희다", "눈 온 뒤에는 거지가 빨래를 한다", "밤에 빨래를 널어두면 남편이 바람난다", "덜 마른 옷을 입으면 남의 말밥에 오른다" 등 빨래가 생활의 중요한 부분이었음을 시사한다.

백의민족이라서일까? 한국인의 살균과 소독에 대한 집착은 빨래 삶기에서 나타난다. 애벌빨래도 부족해 많은 한국 여성은 지금도 수건, 속옷, 천 기저귀, 행주는 끓는 물에 삶아 세균을 박멸한다. 그 개운하고, 뽀송뽀송한 느낌을 사랑한다.

다듬이질 문화

"다디미 다디미/ 연다디미/ 어깨 너머에서 놀고/
박달 방맹은/ 팔자가 좋아서/ 큰아기 손목으로만/ 뱅뱅 돌아댕기네"
_경기도 양평 민요

"다듬잇돌에는 천불이 나고/ 우리 님 옷에는 떼물이 난데/
우리 님은 어데를 갔게/ 내 방 안에 자러 올 줄 모르는고"
_아라리(일명 「다듬이질하는 소리」), 『한국구비문학대계』

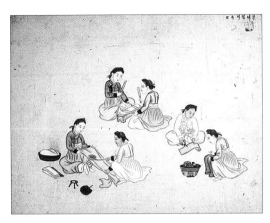

기산 김준근, 「옷감 다루기(부녀 다듬이질하고)」,
『기산풍속도첩』 중에서(독일 함부르크 민족학박물관
(MARKK))

독닥독닥, 똑르락딱딱 또르락딱
딱…… 나 홀로 독주 또는 둘이서 합
주. 옷감에 풀을 먹여 다듬잇돌 위에 놓
고, 방망이로 박자에 맞추어 다듬는다.
우리 민족의 전통적인 다림질 방법이
다. 다듬이질 방망이 소리는 이젠 사라
진 '한국의 소리'다. 우리 조상에게 다
듬이질 소리는 갓난아기 우는 소리, 책
읽는 소리와 함께 세 가지의 기쁜 소리
(삼희성三喜聲)였다. 대를 이을 후손이 있
고, 글을 통해 세상의 이치를 배우며 정
신을 수양하고, 근면하고 안정된 살림이 주는 즐거움일 것이다.

조선 후기만 해도 다듬잇돌은 생활필수품이었다. 다듬잇돌은 화강암, 대리석, 납
석 또는 박달나무나 느티나무로도 만들었으며, 최상품은 강화도의 애석(쑥돌)으로 만
든 것이라고 한다. 종류도 소박한 민짜 다듬잇돌에서 조각 문양, 화려한 그림으로 채
색된 다듬잇돌까지 다양했다. 다듬잇방망이는 대추나무, 박달나무 등 단단한 나무로
만들었는데, 대패와 사포질로 매끈하게 다듬어 사용했다.

다듬잇돌은 귀한 세간으로 그 위에 앉는 것도 금기시했다. 친정아버지가 시집간 딸
집을 방문할 때 다듬잇돌을 메고 가는 풍습이 있었다. 다듬이질로 시집살이의 고달
픔을 해소하며 참고 견디라는 배려였다고 한다. "다듬잇돌에 앉으면 소박맞는다", "딸
이 다듬잇돌에 앉으면 시집가서 시어머니 눈 밖에 나고, 아들이 다듬잇돌을 깔고 앉
으면 장모 눈 밖에 난다", "다듬잇돌을 베고 자면 입이 비뚤어진다"는 속담은 다듬잇
돌을 얼마나 소중히 했는지를 보여준다.

옷을 빤 뒤 풀을 먹여 말린 후 다듬잇돌에 올려 방망이로 두드린다. 다듬이질을
하면 빨래와 푸새(풀 먹이기)로 오그라든 천의 조직이 제자리를 잡으며 치밀해진다. 풀
의 성분이 직물에 고르게 퍼지면서 옷감 특유의 광택이 생기고 촉감이 되살아나는
효과가 있다. 특히 한복은 그대로 빠는 것이 아니라 바느질한 솔기를 뜯어 빨아야 했

다. 매번 새로 옷을 지어 입는 셈이었다. 이 때문에 빨아 말려서 풀 먹여 새 옷감처럼 올을 바르게 하고, 손질하는 다듬이질이 발달했다. 한복의 맵시도 다듬이질로 나타난다. 빙허각 이씨의 『규합총서』에는 다듬이질법도 상세하게 설명되어 있다.

"비단에는 대왐풀(난초과의 여러해살이로 대암풀의 옛말이며 자란紫蘭이라고도 한다)을 먹이는데, 특히 쪽빛에는 이것으로 먹여야만 빛이 난다. 진홍색은 대왐풀과 아교풀을 섞어 먹인 다음 밟아서 살이 오르고 물기가 거의 마른 뒤 홍두깨(옷감을 감아 다듬이질하는 굵고 둥근 몽둥이)에 감아 다듬는다. 무명과 모시는 잇꽃 담갔던 진한 누런 물을 조금 넣고, 오미자물에 풀을 섞어 개어 먹여야 푸른 빛이 나지 않는데, 이때 풀을 너무 세게 하지 않도록 하여야 한다. 자주색은 풀을 묽게 개어 먹인 뒤 부채질을 하여 약간 마르거든 힘껏 밟아 홍두깨에 감아 밀어가며 밟아 다듬는다. 보라색은 생토란을 갈아 그 즙을 먹여 다듬고 아청색(검은빛을 띤 푸른색)은 아교풀을 먹인다. 흰색 명주는 달걀 흰자를 녹말풀에 섞어 쓴다. 무명에는 백면가루(메밀가루)를 섞어 먹이면 풀이 세면서도 보드랍고 윤이 나며, 모시는 활석이나 녹말을 먹여 다듬으면 윤이 난다."

_빙허각 이씨의 『규합총서』(윤숙자 옮김, 질시루, 2003)

다듬이질은 옛날 여성들에게 고단한 노동이었다. 명주, 모시, 무명 등 직물마다 푸새(풀 먹이기), 다듬질 과정과 기술이 달랐다. 명주는 여름철 올과 올 사이 구멍이 없도록 치밀하게(살이 오르게) 다듬었다. 여름 의복인 모시는 겨울에 약한 강도로 두들겨 '살이 오르지 않게' 다듬었다고 한다. 부잣집에선 빨래, 푸새, 다듬이질할 여성을 따로 두었다고 한다.

다듬잇돌과 다듬잇방망이가 음률을 맞추어 내는 소리는 타악기(percussion)를 방불케 한다. 합성섬유가 개발되고 직물 가공법이 발달하면서 다듬이질 방망이 소리와 다듬이질한 옷감의 아름다움이 사라지고 있다. 충남 논산 강경읍 황금빛 마을에선 할머니 12명이 '할머니 다듬이 연주단'을 구성해 화제가 되었다.

빨래와 한국 문화: 회화, 무용, 뮤지컬, 영화, 시

박수근의 유화 「빨래터」, 경매 신기록

'한국의 서민화가' 미석(美石) 박수근(朴壽根, 1914~1965). 전쟁 후 한국의 빈궁한 풍경을 소박하고, 서정적으로 묘사한 박수근 화백은 특히 빨래터의 풍경에 매료되었다. 그는 아낙네들이 옹기종기 냇가에 모여앉아 빨래하는 모습을 즐겨 그렸다고 한다. 그가 그린 '빨래터' 풍경은 회화가 3~4점, 스케치와 드로잉 10여 점이 남아 있다.

독학으로 그림을 공부한 박수근은 그가 존경했던 프랑스 농촌화가 밀레(Jean-Francois Millet, 1814~1875)처럼 평범한 사람들의 일상을 탐구했다. 일하는 여인, 장터의 여인, 아이 업은 소녀, 빨래하는 여인, 골목길, 판잣집, 벌거벗은 나무 풍경 등이 그가 즐겨 그렸던 소재들이다. 그는 자신만의 독특한 기법으로 그림을 그렸다. 그는 경주 여행 중 화강암 마애불상과 석탑에서 영감을 받아 화강암 표면 같은 우툴두툴한 질감의 마티에르(matière) 기법을 개발하게 된다. 이로써 무채색 톤과 거친 질감으로 소박하고, 친숙하며, 따뜻한 느낌, 한국 고유의 감수성을 전달한다.

1999년 서울 호암갤러리에서 '우리의 화가 박수근전'을 기획한 안소연 큐레이터는 "내용과 형식이 완벽한 균형을 이루어 현대 미술가들이 추구하는 조형성을 성취했다. 가장 한국적이면서도 동시에 가장 국제적인 화가"라고 평가했다. 2007년 서울옥션 경매에서 45억 2천만 원에 팔리며 한국 미술품 경매 사상 최고가를 기록한 유화 「빨래터(A Wash Place)」(1954)는 박수근 특유의 마티에르 기법으로 화강암 같은 질감 효과를 보여준다. 개인 소장자에게서 나왔던 이 「빨래터」는 경매 후 진위 논란에 휩싸이다가 법원으로부터 "위작이라고 볼 수 없다"는 판결을 받았다.

박수근 그림은 크리스티 경매에서도 고가에 거래되었다. 2004년 크리스티 뉴욕에서 「앉아 있는 아낙과 항아리」(1962)가 123만 9500달러(약 14억 6300만 달러)에 팔리며

박수근, 「빨래터」, 1954, 개인소장

당시 한국 현대미술품 사상 최고 경매가 기록을 세웠다.

남정호 안무작 「빨래」 뉴욕 공연

2006년 새해 벽두 세계의 공연예술가들이 뉴욕에 모여 쇼케이스(showcase) 공연을 선보이는 APAP(Association of Performing Arts Professionals)에 주목할 만한 무용 작품이 소개되었다. 헌터칼리지의 케이 플레이하우스(Kaye Playhouse)에서 남정호 한국예술종합학교(Korean National University of the Arts, KNUA) 교수가 안무한 '빨래(Pallae: Womanhood story, 1994)'였다. 남 교수는 1993년 「우물가의 여인들」을 제목으로 초연한 후 1994년 「빨래」로 제목을 바꾸어 공연했다.

크누아 무용단이 공연한 「빨래」는 한밤중 우물가에 모인 다섯 여인이 무료함을 달래기 위해 빨래를 하고, 목욕을 하며, 빨래가 마를 때까지 놀이를 한다. 「빨래」는 한국 여인네들 삶의 희로애락과 공동체 의식을 표현했다. 과거에 대한 노스탤지어(nostalgia)를 통해 속도전의 노예가 된 현대인들이 잃어버린 '느림'의 미학을 강조한 것처럼 보였다. 북소리 리듬과 자장가 소리를 배경으로 한 「빨래」는 노동의 신성함, 여성 간의 유대를 강조하는 메시지를 담고 있다. 때로는 신윤복의 풍속화, 때론 요하네스 페르메이르(베르메르) 회화, 때로는 피카소의 회화 「아비뇽의 여인들」을 연상시키며 명징한 여운을 남겼다.

2022년 2월 링컨센터의 댄스 온 카메라(Dance on Camera) 영화제에서 박소현 감독이 이 공연을 담은 다큐멘터리 「빨래: 여성 이야기(Pallae: Womanhood Story)」로 상영되었다.

롱런 뮤지컬 「빨래」

지금 한국에서 18년째 롱런하고 있는 창작 뮤지컬도 빨래에 관한 것이다. 뮤지컬 「빨래」는 2003년 한국예술종합학교 졸업 공연에서 연극원 연출과 추민주와 작곡과 민찬홍의 협업으로 선보였던 작품이다.

2005년 초연된 후 한국에 소극장 뮤지컬 붐을 일으킨 뮤지컬 「빨래」는 2021년 현재 총 5천여 회 공연되며 약 80여만 명의 관객을 동원했다. 그리고 일본(빠루레/バルレ, 2012)과 중국(2016)에 초청 공연되었다. ㈜시에이치 수박이 제작한 '빨래'는 코로나

추민주 극본·연출 뮤지컬 「빨래」 포스터

팬데믹 속에서도 대학로 동양예술극장에서 공연 중이다.

「빨래」는 강원도에서 작가의 꿈을 안고 상경, 달동네 반지하방에 살며 서점에서 일하는 서나영이 빨래를 널러 옥상에 올라갔다가 몽골 출신 이주 노동자 청년 솔롱고를 만나면서 벌어지는 이야기다. 이 뮤지컬엔 반신불수 딸을 보살피는 집주인 할머니, 동대문 시장 상인 등 소시민의 일상과 함께 장애인, 비정규직, 이주 노동자 등 사회적 약자와 사회문제를 발랄하게 고발한다. 빨래는 나영과 솔롱고가 옥상에서 만나는 계기가 되며, 빨랫줄에 나부끼는 기저귀는 한숨을 자아낸다. 먼지나 때를 세탁하는 빨래는 스트레스 해소의 방법이기도 하다. 빨래는 정겨운 인생살이의 모티프인 듯하다.

극본과 연출을 담당한 추민주 씨는 제11회 한국뮤지컬대상 작사/극본상을 수상했으며, 2016년엔 젊은 예술가상을 받았다.

이해인 수녀/시인(사진: 위키백과, 권혁재)

이해인 시 「빨래를 하십시오」

……누구를 용서하기 힘든 날은/ 빨래를 하십시오/ 비누가 부서지며 풍기는/ 향기를 맡으며/ 마음은 문득 넓어지고/ 그래서 행복할 거예요

_이해인, 「빨래를 하십시오」

수도자이자 시인인 이해인 수녀도 '빨래'에 대한 시를 썼다. 「빨래」와 「빨래를 하십시오」에는 빨래가 단순한 옷의 더러움을 제거하는 행위일 뿐만 아니라 우울증, 그리움, 분노를 삭이고 기도와 행복으로 가는 정신적인 행위라는 것을 보여준다.

이해인 시인은 박수근 화백과 고향이 같다. 1945년 강원도 양구에서 태어나 김천 성의여자고등학교를 졸업한 후 1964년 부산의 올리베따노 성 베네딕도 수녀회에 입회했다. 필리핀 성 루이스 대학 영문학과와 서강대 대학원 종교학과를 졸업했다.

1970년 〈소년〉에 시 「하늘, 아침」으로 등단했으며, 시집으로는 『민들레의 영토』, 『사계절의 기도』, 『여행길에서』, 『고운 새는 어디에 숨었을까』, 『꽃은 흩어지고 그리움은 모이고』 등이 있다. 새싹문학상(1981), 천상병 시문학상(2007)을 수상했으며, 2012년 양구에 '이해인 시 문학관'이 설립되었다.

코리안아메리칸 영화 「해피 클리너스」

2019년 8월 뉴욕 아시안아메리칸국제영화제(Asian American International Film Festival)의 폐막작은 한인 세탁소 가족의 이야기를 그린 「해피 클리너스(Happy Cleaners)」였다. 뉴욕의 한인 2세 줄리언 김(Julian Kim)과 피터 S. 리(Peter S. Lee)가 공동으로 연출한 「해피 클리너스」는 퀸즈의 한인타운 플러싱에서 세탁소 '해피 클리너스'를 운영하는 최씨 가족의 이야기다. 이민 1세대인 부모(류영철과 임향화)는 2세대 아들 케빈(정윤형)과 딸 현이(송예나)를 둘러싸고 생계 문제, 세대 갈등, 문화 차이와 인종차별을 겪으면서 가족 간의 갈등이 폭발하게 된다.

줄리언 김과 피터 S. 리는 〈뉴욕컬처비트(NYCultureBeat)〉 필자와의 인터뷰에서 세탁

「해피 클리너스」, 줄리언 김/ 피터 리 연출

소 가족 영화를 만들게 된 동기에 대해 이렇게 밝혔다.

"「해피 클리너스」의 아이디어는 멀리 2012년으로 거슬러 올라간다. 우리는 그때 플러싱에서의 코리안아메리칸의 경험을 포착할 수 있는 장편 극영화를 만들고자 하는 열망을 가지고 있었다. 우리는 우리를 만들었으며, 우리를 더 강하게 해주었으며, 우리가 고군분투했고, 또한 우리가 타인들과 나누고자 하는 체험들에 대해 종종 이야기했다. 영화 속 대부분의 장면은 모두 우리나 친구들이 살아오면서 겪었던 집단적인 체험에 바탕을 두었다. 우리의 부모님은 소규모 사업을 운영했기 때문에 부모님의 가게에 대해 친밀했다. 줄리언의 부모님은 세탁소를 하셔서 직접적으로 세탁업 운영에 대해 알 수 있었다. 하지만 사실 세탁업은 미국에 온 이민자 가정에서 시작하는 첫 사업으로서 다양한 소규모 사업을 상징한다."

「해피 클리너스」는 2019년 5월 LA 아시안퍼시픽영화제(Los Angeles Asian Pacific Film Festival)와 샌프란시스코 CAAMFest(Center for Asian American Media Festival)에도 초청, 상영되었다.

한인 이민자들의 꿈: 자녀들의 성공을 위하여

2020년 초부터 코로나 팬데믹으로 지구촌은 동면에 들어갔고, 세탁소도 마찬가지였다. 2021년 7월 〈LA타임스〉는 「한인 이민자들의 성공을 위한 긴 여정, 팬데믹 속에서 고군분투하는 세탁소들(Long a path to success for Korean immigrants, dry cleaners struggle in the pandemic)」이란 제목으로 한인 세탁업체의 현황을 전했다. 남부 캘리포니아의 한인 소유 세탁소는 코로나19로 최소한 4분의 1이 폐업, 800~900여 곳이 남았다.

1980년대 말 남부 캘리포니아 세탁소의 80퍼센트를 한인이 운영했지만, 2021년 현재 60퍼센트로 감소했다. 세탁소를 운영하는 한인 이민자들은 하루 13시간 일하고, 불평하는 고객의 비위를 맞추며, 잠재적으로 위험한 화학물질을 흡입하는 고독한 투쟁을 벌였다. 아이들은 가게에서 숙제하고, 부모를 위해 번역을 하고, 옷걸이를 분류하고, 바쁜 시간에는 빨래까지 했다고 〈LA타임스〉는 전했다.

사실 세탁업은 팬데믹 이전부터 서서히 줄어들고 있었다. 기업들이 재택근무를 장려하고, 사무실 복장이 평상복으로 바뀜에 따라 세탁소의 미래가 불확실해졌다. 한인 이민자에게 세탁소는 대대로 물려줄 가업이 아니라 다음 세대에게 좀 더 나은 삶을 위한 길이었다. 언어장벽으로 부모 세대가 성취할 수 없었던 의학, 법조계 및 교육계의 직업을 위해 자녀에게 일류대 교육을 받을 수 있게 하는 수단이었다. 세탁소에서 공부하던 많은 한인 2세들은 이제 의사, 변호사, 교수로 주류에 진출해 있다.

#08 복(福)을 싸드립니다: 보자기, 보따리, 보쌈

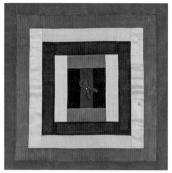

독특한 문화유산/ 우리의 보자기에는 몬드리안이 있고,/ 폴 끌레도 있다. (……) 우리 배달겨레의 예술감각이요 생활감정이다./ 거기에는 기하학적인 구도와/ 선이 있고, 꼴라쥬의 기법이 있다. (……) 그러나 그것은 또한 가장 기능적이고/ 실용적이다./ 그렇다./ 그것은 또한 가장 격조 높은 미니멀 아트가 되고 있다.

_김춘수(1922~2004)의 시, 「보자기 찬(讚)」

오늘날 우리는 토트백, 숄더백, 크로스백, 백팩, 서류 가방, 여행 가방 등 다양한 종류의 백(bag)을 들고 다닌다. 서양식 가방을 들기 오래전부터 우리 조상들은 네모난 천 보자기(bojagi)로 물건을 싸고, 덮어 보관하거나 꾸려서 운반했다. 보자기는 물건을 담아 매듭으로 묶으면 보따리(bottari)가 된다. 한국전쟁 때는 짐 보따리를 이고 지며 피난 다녔던 우리 민족이다.

미국 미술관에 소장된 조각보. (위에서부터) 메트로폴리탄 미술관, 샌프란시스코 아시아미술관, 디트로이트 미술관 소장품

그 보자기와 보따리를 모티프로 한 예술작품이 세계적으로 주목을 끌고 있다. 한때 규방 공예품이었던 한국의 보자기가 직물 회화로서의 예술성이 공인되며 미술관의 소장품으로 속속 들어갔다. 뉴욕의 메트로폴리탄 미술관과 아트앤디자인뮤지엄을 비롯해 디트로이트아트인스티튜트, 샌프란시스코 아시아미술관, 런던의 빅토리아앤

이안 로버트슨, 한국전쟁 중 피난민 행렬, c. 1950-10. 오스트레일리아전쟁기념관 소장

앨버트 미술관 등지에 우리의 조각보와 현대적으로 재해석한 작품들이 소개되고 있다.

보자기에 관한 이야기

우리 민족이 보자기를 사용하게 된 것은 언제부터일까?『삼국유사』의 육가야 시조 설화에 붉은색 보자기 '홍폭(紅幅)'이라는 기록이 있다. 전주시립박물관이 소장한 고려 말의 수보(繡褓, 자수 보자기)가 가장 오래된 보자기로 알려졌다. 조선시대엔 보자기를 뜻하는 한자어로 '복(袱)'과 '복(福)'을 함께 사용했다. 이로써 보자기는 복을 싸듯이 마음까지 전하는 도구로, 포장에서 보관, 그리고 운반까지 활용된 셈이다.

보자기는 용도별로 상용(옷보, 상보, 이불보, 책보 등), 혼례용(기러기보, 함보, 예단보, 폐백보 등), 불교 의식용(경전보, 공양보 등) 등 일상생활부터 혼례나 제례 의식까지 두루 쓰였다.

자수가 놓인 수보나 자투리 천을 기워서 만든 조각보(쪽보)는 예술적인 가치가 있다. 수보에는 나무, 꽃, 새, 나비, 원앙, 학, 봉황, 공작 등 상징적인 문양을 수놓아 제작했다. 한편, 조각보는 서민층에서 즐겨 제작했다. 조선시대 여인들의 창작열과 미적 감각이 표현된 조각보는 규방문화의 정수이다. 현대의 리사이클링(recycling art) 아트와도 상통하는 조각보는 기하학적 구도와 조형미, 실용성과 장식성을 겸비한 예술품이다.

우리의 생활용품이었던 조각보는 김춘수 시인이 표현한 대로 네덜란드의 화가 피터르 몬드리안(Pieter Mondriaan, 1872~1944), 스위스 화가 파울 클레(Paul Klee, 1879~1940), 그리고 독일 요제프 알버스(Josef Albers, 1888~1976)의 회화와 비견될 만한 예술품으로 세계 주요 미술관의 소장품이 되었다. 또한 패션디자이너들의 컬렉션을 비롯해 가구, 공예, 건축, 공연예술 분야에서도 조각보에서 영감을 얻은 디자인들이 속속 나오고 있다.

'보자기 작가' 이정희

2001년 4월 런던의 빅토리아앤앨버트 미술관(Victoria and Albert Museum, V&A)의 프로그램 '패션 인 모션(Fashion in Motion)'에서 섬유예술가 이정희 씨의 작품이 소개되었다. 이정희 씨는 보자기에서 영감을 받아 실크스크린, 서예, 자수 등이 어우러진 패션 컬렉션을 선보였다. 빅토리아앤앨버트 미술관은 1852년 빅토리아 여왕과 앨버트 왕자의 이름을 따서 설립된 세계 최대의 응용장식미술디자인 미술관으로 2013년 3월 가수 데이비드 보위(David Bowie) 특별전을 시작해 세계를 순회, 2022년 9월부터 2023년 6월까지 한류 특별전 'Hallyu! The Korean Wave'를 열었다.

▒ 2009년 잉글랜드에서 열린 퀼트 페스티벌 「이정희: 보자기와 그 너머(Chunghie Lee: Pojagi and Beyond)」 유튜브 캡처

이정희 씨는 홍익대학교에서 가구 디자인을 전공한 후 같은 대학 대학원에서 직조와 염색을 공부했다. 1994년 풀브라이트(Fulbright) 장학생으로 프로비던스의 로드아일랜드 디자인스쿨(Rhodes Island School of Design, RISD)에 왔으며, 1999년부터 이 대학에 설치된 보자기 강좌를 맡아왔다. 2010년 프랑스 알자스에서 열린 유럽 패치워크 회의(European Patchwork

Meeting)에서 'Pojagi & Beyond 2010', 'Korean/American Joomchi', 'Beyond the Quilt', 그리고 'Korean Traditional Clothing' 등 4개의 전시를 기획했다.

이어 2011년 샌프란시스코 공예미술관(Museum of Craft and Design, San Francisco)의 특별전 「싸는 전통: 한국의 직물은 지금(Wrapping Traditions: Korean Textiles Now)」의 큐레이터로 보자기를 재해석한 한인과 타민족 아티스트들의 작품 65점을 소개했다. 2013년엔 뉴욕 코리아 소사이어티에서 '보자기: 직물, 컬러와 그 이상

2006년 맨해튼 바드대학원센터에서 열린 이정희 씨의 조각보 특강 "Wrapping Luck: Korean Bojagi"에서 조각보를 감상하는 뉴요커들(사진: Sukie Park/The Korea Daily of New York)

(BOJAGI: Cloth, Color and Beyond)'을 주제로 개인전을 열고 조각보를 모티프로 제작한 실용적이며 혁신적인 디자인의 작품을 선보였다.

이정희 씨는 '이름 없이 살다간 여인들(No-Name Woman)'이 화두다. 가부장제 사회에서 억압되어 살았던 과거의 한인 여성들, 가족을 위해 열심히 일하고, 식물을 길러 실을 만들어 직물을 짰던 이름 없는 여성들이 있었다. 그 여성들은 옷을 만들다가 남은 자투리 천으로 멋진 보자기를 만들었다. 그 보자기가 작품의 소재가 되었다.

그는 조각보의 아름다움을 세계에 알리기 위해 2012년 국제보자기포럼(Korea Bojagi Forum)을 설립했다. 그리고 격년마다 '풍부한 전통에서 현대 예술로(From Rich Tradition to Contemporary Art)'(2012, 파주), '전통적인 보자기에서 지속 가능한 직물로(From Traditional Bojagi to Contemporary Sustainable Textile)'(2014, 제주), '보자기: 살아 있는 전통(Bojagi: The Living Tradition)'(2016, 수원), '서울에 온 세계의 보자기(The World's Bojagi Comes to Seoul)'(2018, 서울)로 조각보 테마 전시, 특강, 워크숍, 문화 투어를 진행했다.

영국의 섬유예술가 사라 쿡은 2009년 영국의 버밍햄에서 열린 퀼트 페스티벌(Festival of Quilts)에서 이정희 씨의 'No Name Woman'을 본 후 보자기에 매료되었다. 쿡은 2016년 수원의 국제보자기포럼에 참가했으며, 2018년 포럼에서는 전시도 했다.

그리고 2019년에는 한국 보자기의 디자인과 테크닉에 관한 책 『보자기(Bojagi: Design And Techniques In Korean Textile Art)』를 출간했다.

'보따리 작가' 김수자

김수자 씨는 바늘과 실, 보따리를 주요한 모티프로 작업해온 퍼포먼스 아티스트다. 대구에서 태어난 그는 홍익대학교 서양화과와 같은 대학 대학원을 졸업한 후 뉴욕으로 이주했다. 1993년 뉴욕 PS1 컨템포러리아트센터(지금의 현대미술관MoMA PS1) 거주작가를 지냈다. 1995년 제1회 광주 비엔날레에서 솔밭 언덕에 헌 옷을 펼치고 벌인 비디오 퍼포먼스 작품 「바느질하며 걷기 – 광주 희생자들에 바친다(Sewing into Walking-Dedicated to the victims of Kwangju)」를 광주민주화운동 희생자들에게 헌정했다. 헌 옷가지가 5·18광주민주화운동의 희생자들을 상징한다면, 작가는 바늘처럼 영혼을 꿰매며 넋을 기린 진혼제/퍼포먼스일 터이다. 2차원의 천을 묶으면, 3차원의 보따리가 된다.

1998년 MoMA PS1(뉴욕 롱아일랜드시티에 위치한 현대미술관Museum of Modern Art의 퀸즈분관)의 그룹전 '떠도는 도시(Cities on the Move) 3'에서 김수자 씨는 보따리를 트럭에 쌓아 올리고, 자신이 살아왔던 도시와 마을을 따라 11일간 2727킬로미터를 이동한 기록 「떠도는 도시들: 보따리 트럭 2727km(Cities on the Move: 2727km Bottari Truck)」를 선

김수자, 「보따리 트럭: 이민자들」, 2007~2009(사진: 김수자 스튜디오)/ 김수자, 2005(사진: Sukie Park/The Korea Daily of New York)

보였다. 한국에서 뉴욕으로 오기까지 이민, 정체성, 그리고 작가로서의 여정을 담은 비디오 작품이다. 이후 그에게는 '보따리 작가'라는 별명이 붙었다.

1999년 제48회 베니스 비엔날레에서는 코소보 내전으로 희생된 이들에게 헌정한 「d'APER Tutto or Bottari Truck in Exile」을 전시했다. 이어 2001년 MoMA PS1에 전시된 「바늘 여인(Kimsooja: A Needle Woman, 1999~2001)」에서는 도쿄, 뉴욕, 런던, 멕시코시티, 카이로, 델리, 상하이, 라고스의 대도시의 거리에서 부동의 자세로 바늘처럼 정지한 자신의 여덟 가지 모습을 동시에 보여주었다.

바느질로 대표되는 한국의 전통 규방문화(閨房文化)는 글로벌 작가 김수자 씨에 의해 예술로 승화되었다. 바늘은 천을 꿰매며 연결하는 도구로 현대인의 소외, 소통과 치유에 대한 갈망을 은유하는 듯하다.

한편, 피난민과 이민자를 떠올리는 보따리는 삶의 흔적, 이야기가 담긴 오브제(objet)이자 소유자의 정체성이기도 하다. 유목민처럼 끊임없이 이동해야 하는 현대인에게 보따리는 디아스포라(Diaspora)의 상징처럼 보인다. 유목민은 보따리를 싸면서 한 장소를 떠나고, 보따리를 풀면서 새 장소에 적응하게 된다. 그리고 보자기는 평면으로 남는다.

김수자, 「바늘 여인」, 1999~2001(사진: 김수자 스튜디오)

김수자 씨는 2013년 제55회 베니스 비엔날레 한국관 작가로 선정되어 「Kimsooja, To Breathe: Bottari」를 전시했다. 2019년 뉴욕의 미술사학자 아그네스 베레츠(Agnes Berecz)가 출간한 『근현대 미술사 100년, 100점(100 Years, 100 Artworks: A History of Modern and Contemporary Art)』에 2000년 대표작으로 「보따리 트럭」이 선정되었다.

뉴욕의 '보쌈' 셰프 데이비드 장

한식에는 복을 싸는 음식, 보쌈(Bossäm)이 있다. 상추, 배추, 깻잎, 호박잎 등 잎채소에 삶은 돼지고기, 김치 속, 생굴, 마늘, 고추와 쌈장 등을 싸서 한입에 먹는 음식이다. 옛날부터 잔치에는 돼지를 잡는다는 풍속이 있듯이 돼지는 복을 의미했다. 보쌈(褓-)은 보자기처럼 '복(福)'쌈에서 온 말이다.

근래 한국에선 쌈밥이 건강 음식으로 인기를 끌며 전문 식당이 늘어났다. 우리 조상은 쌈밥을 언제부터 먹기 시작했을까? 쌈밥은 고구려로 거슬러 올라간다. 중국 문헌 『천록지여(天祿識餘)』에는 고구려 사신이 가져온 상추의 품질이 좋아 천금을 주어야만 그 씨앗을 얻을 수 있다며 '천금채(千金菜)'라 불렀다는 기록이 남아 있다. 원나라에 시녀로 끌려갔던 고려 여성들은 궁중의 뜰에 상추를 심어 밥을 싸먹으며 실향(失鄕)의 슬픔을 달랬다고 기록되었다. 쌈은 궁중요리 구절판(九折坂)으로 발전되었다. 구절판은 쇠고기, 닭고기, 버섯, 오이, 당근, 숙주, 무, 달걀지단 등 여덟 가지 재료를 밀전병에 싸먹는 고급 요리로 음양오행과 음식 궁합을 배려한 고급 쌈 요리다.

보쌈은 '복을 싸서 먹는다'는 의미다. 조선 말에는 쌈은 기복의 상징이었다. 『동국세시기(東國歲時記)』에는 대보름날 배춧잎이나 김에 밥을 싸서 먹는 '복쌈/보쌈'이 기술되어 있다. 입을 크게 벌리고 쌈을 먹으면서 복이 넝쿨째 들어오기를 소망한 것이다. 임진왜란 때 전시 재상으로 『징비록』을 쓴 류성룡은 한 손으로 바둑을 두고, 한 손으로는 쌈을 싸먹었다고 한다. 또한 고종은 남양주로 피난 갔을 때 약고추장과 맥적(貊炙, 된장에 재워 양념한 돼지고기 구이)을 곁들인 쌈을 즐긴 것으로 전한다. 쌈밥 식당에서 '고종쌈밥'도 메뉴에 오르고 있다.

싱싱한 채소, 부드러운 돼지고기, 바다의 진미 굴, 발효음식인 김치(젓갈)와 쌈장이 어우러진 보쌈은 완전 음식이다. 밭에서 뽑은 신선한 채소와 장시간 발효된 슬로푸드, 날것과 익힌 음식, 바다와 육지의 재료가 만나는 '산해진미(山海珍味)'가 손바닥 안에 있다. 보쌈은 부엌이 아니라 식탁에서 먹는 이에 의해 완성되는 음식이다. 또한 여럿이 함께 나누어 먹는 우리 고유의 음식이다.

뉴욕에서 보쌈을 유행시킨 셰프는 모모푸쿠(Momofuku)의 셰프 데이비드 장(한국 이름 장석호)이다. 데이비드 장은 2004년 이스트빌리지에 오픈한 모모푸쿠 누들 바(Momofuku Noodle Bar)에서 일본 라멘과 중국식 돼지고기 샌드위치(포크 번Pork Bun)로 스타가 되었다. 2006년 여름에 문을 연 두 번째 식당 '모모푸쿠 쌈 바(Momofuku Ssäm Bar)'는 멕시코의 랩 샌드위치 부리토(burrito)와 떡볶이 등을 제공하며 〈뉴욕타임스〉로부터 별 2개를 받았다.

이후 데이비드 장은 메뉴에서 부리토를 내리고 돼지고기 목살(whole roasted pork butt/ Bossäm)을 올렸다. 쌈 바는 2007년 〈뉴욕매거진〉의 최우수 뉴레스토랑에 선정되었다.

모모푸쿠 쌈 바의 간판 메뉴인 '보쌈' 상차림(왼쪽, 사진: William Hereford)/ 데이비드 장(사진: Gabriele Stabile)

〈뉴욕타임스〉는 2008년 말 쌈 바에 별 3개를 헌사했다. 데이비드 장은 그해 제임스비어드재단상 최우수 뉴욕 요리사상을 수상했다.

미국 인구조사국에 따르면, 2022년 현재 뉴욕시 인구는 846만 명이며 그중 약 160만 명(19%)이 유대계로 추정된다. 뉴욕 수도권(뉴욕시, 롱아일랜드, 웨스트체스터카운티)엔 약 200만 명의 유대인이 거주하고 있다. 이스라엘 예루살렘(80만 명), 텔아비브(43만 명)를 합친 인구보다 더 많은 유대인이 살고 있는 도시 뉴욕에서 데이비드 장은 그들의 금기 음식인 돼지고기를 전면에 내세웠다. 영국의 〈가디언〉지는 2010년 그를 '뉴욕 삼겹살빵의 왕(New York King of Pork Belly Bun)'이라 불렀다. 데이비드 장은 더 나아가 개인주의적인 뉴요커들에게 여럿이 보쌈 먹는 법을 가르쳤다. 손에 상추를 펴고, 쌀밥, 돼지고기, 굴, 김치, 쌈장을 올려 싸서 한입에 먹게 했다. 한국의 '보쌈'은 데이비드 장에 의해 뉴요커들이 즐기는 인기 요리로 등극했다.

데이비드 장이 2006년 이스트빌리지에 오픈한 모모푸쿠 2호, 쌈 바(Momofuku Ssäm Bar)의 대표 음식은 보쌈이다. 돼지고기 어깨살을 흑설탕과 코셔 소금(kosher salt, 요오드가 들어 있지 않은 거친 소금)을 발라 재운 후 6~8시간 구워서 생굴, 상추, 밥, 김치, 한국 바비큐 소스, 생강/파 소스, 쌈장과 함께 내온다.

최근에는 생선구이 쌈(Whole Roasted Fish Ssäm)도 메뉴에 올랐다. 보쌈의 인기가 급등하면서 〈뉴욕타임스〉, 〈월스트리트저널〉에서 마사 스튜어트까지 너도나도 최소 일곱 시간 걸리는 데이비드 장의 보쌈 레시피를 소개했다. 모모푸쿠 쌈 바는 코로나19 팬데믹 후 이스트빌리지를 떠나 월스트리트 인근 사우스스트리트 시포트로 이전해 고급 레스토랑으로 확장했다.

보자기, 보따리, 보쌈: '복(福)'을 기원하는 한민족

고 이어령 교수는 『보자기 인문학』(2015)에서 '가방에 넣을 것인가, 보자기로 쌀 것인가'로 '넣는 문화'(가방)와 '싸는 문화'(보자기)를 비교하면서, "우리는 보자기 모양 속에서 살고 있다. '원 소스, 멀티 유즈(one source, multi use, 하나의 소재로 다양한 부가가치를 창출하는 것)'의 정보시대의 풍경도 보자기 속에 있다. 보자기는 하나이지만, 그 용도는 신축적이고 전방위적이다. 둥근 것도 싸고, 모난 것도 싸고, 긴 것과 짧은 것 가리지 않고 싼다. 싸는 것만이 아니라 메고 덮고 깔고 두르고 가리고 쓰기까지 한다. 그리고 사용한 후에는 다시 아

「보자기, 일상을 감싸다」, 2021, 서울공예박물관(Seoul Museum of Craft Art, https://craftmuseum.seoul.go.kr)

무것도 없는 평면으로 돌아간다. 도둑이 들어올 때는 쓰고 들어오고, 나갈 때는 싸가지고 나가는 것이 바로 보자기의 마법이다. 보자기의 신축성이야말로 근대 과학기술이 말소한 융통성의 결함을 넘어서는 응원군이 아니겠는가'라고 썼다.

신축성과 융통성의 보자기, 기동력 있게 휴대할 수 있는 보따리, 무엇이든 싸먹는 건강식 보쌈……. 보자기는 생활용품에서 의복이 되고, 보따리는 정착지를 찾아가는 피난민의 애환에서 현대작가의 예술품이 되었다. 보쌈은 한국인의 밥상에서 뉴요커, 세계 미식가들의 테이블로 진화했다. 이처럼 의생활, 주생활, 식생활까지 우리 민족은 늘 '복(福)'을 기원해왔고, 보자기, 보따리, 보쌈 등 일상에서 마음을 담아갔다. 한국인의 의식주, 소품 하나하나엔 깊은 의미가 담겨 있다. 세계인들은 지금 한국의 맛과 멋과 함께 심오한 철학을 발견하고 있는 것이다.

2부

조선,
코레아, 코리아

#09 고요한 아침의 나라

"게르만 민족이 아직 숲에서 뛰어다닐 때 조선은 이미 고도의 문화를 가진 민족이었고, 독일보다 훨씬 앞서 활자 인쇄를 발명한 나라였다."

_노르베르트 베버 신부

1925년 일제강점기 조선에 머물렀던 성 베네딕도회 오틸리엔 연합회 총아빠스(대수도원장) 노르베르트 베버(Norbert Weber, 1870~1956) 신부는 한국인의 아름다운 문화를 목격했다. 가족주의와 효도, 장례 풍속, 품앗이, 음주가무, 옹기, 길쌈, 짚신, 사찰, 혜화동 포도주 양조장에서 높은 교육열까지 포착했다. 한국을 배경으로 한 가장 오래된 영화 「고요한 아침의 나라에서」(1927)는 100여 년 후 한류(K-Wave)를 예지한 듯하다.

「In the Land of Morning Calm」(1927) directed by Norbert Weber OSB/ 「고요한 아침의 나라에서」(해설본)
(사진: 베네딕도 미디어 유튜브 캡처)

한 시대를 엿보는 데 영화처럼 생생한 예술이 있을까? 한국 최초의 영화는 일제강점기인 1919년에 제작된 김도산 감독의 「의리적 구토」다. 하지만 애석하게도 필름이 소실되었고, 내용도 전하지 않는다. 1926년 나운규 감독, 주연의 흥행영화 「아리랑」 역시 안타깝게도 필름이 남아 있지 않다. 한국에서 필름이 남아 있는 가장 오래된 영화는 1934년 안종화 감독의 「청춘의 십자로」다. 시골에서 상경한 남매의 사랑과 배신, 복수를 그린 무성영화로 유성영화는 이듬해인 1935년에 제작되었다.

「청춘의 십자로」보다 10여 년 전, 한국에서 제작된 기록영화가 있다. 외국인 신부가 제작한 무성영화다. 독일 출신으로 성 베네딕도회 오틸리엔 연합회 총아빠스 노르베르트 베버 신부는 1911년과 1925년에 조선을 방문했다. 첫 방문 때는 4개월간 머물면서 스틸 카메라로 조선의 문화와 삶을 기록했다. 귀국 후 1915년 이를 토대로 책『고요한 아침의 나라에서(Im Land der Morgenstille/ In the Land of Morning Calm)』를 출간했다.

1925년, 14년 후 두 번째 방문 때는 35밀리 영화 카메라 장비를 갖추고 조선을 찾았다. 베버 신부는 5개월간 서울, 금강산, 원산, 연길 지역을 누비며 문화인류학자처럼 조선인의 농업, 풍속, 예절, 가내 수공업 등 생활 방식과 신부들의 선교사업을 1만 5천 미터 분량의 필름에 담았다. 1927년엔『한국의 금강산에서(In den Diamantenbergen Koreas/ In the Diamond Mountains of Korea)』를 출간했다.

독일로 귀국한 후 신부는 저서『고요한 아침의 나라에서』에 맞추어 필름을 편집했다. 완성된 무성 다큐멘터리 영화「고요한 아침의 나라에서」는 1927년 뮌헨 인류학 박물관을 비롯해 100여 개 극장에서 상영되었다. 그 후 필름이 분실되었다. 그러다가 1977년 뮌헨 인근의 수도원 지하실 공사 중 우연히 발견되었다. 제2차 세계대전 때 나치가 성 베네딕도회 수도원을 점령했지만, 필름은 무사했던 것이다.

베버 신부의 다큐멘터리「고요한 아침의 나라에서」는 1925년 한국의 모습이 생생하게 담겨 있다. 한국전쟁 때 불타버린 금강산 장안사, 1920년대 파괴된 서울 동소문과 배오개 시장(현 동대문 시장)을 비롯, 아낙네들이 베틀에 올라 옷감을 짜는 모습, 짚신 만드는 사람들, 춤을 즐기는 노인들, 그리고 신부가 사제를 들여 재현한 전통 장례식 장면 등 한국인과 한국 문화가 다각적으로 담겨 있다.

성찬을 위한 포도주가 필요해 혜화동 언덕에 독일에서 들여온 포도나무를 심어 재배하는 장면도 흥미롭다. 뿐만 아니라 독일인 신부들이 양반다리 자세로 앉아 젓가락으로 김치를 먹고, 딱딱한 바닥에서 나무 베개를 베고 자며 한국 문화에 적응해가는 장면도 담겨 있다. 물론 조선에서 선교사의 활동도 잊지 않았다.

「고요한 아침의 나라에서」는 2010년 2월 성 베네딕도회 한국 진출 100주년을 기

「고요한 아침의 나라에서」(해설본): 독일 선교사가 영상으로 남긴 100년 전 한국의 모습(베네딕도 미디어, https://youtu.be/hSRcqbKzRUY)

넘해 KBS-TV에서 한국어 해설과 함께 방영되었으며, DVD로 출시되었고, 유튜브에 올라 있다.

성 베네딕도회는 성인의 가르침에 따라 '기도하고, 일하며' 살아가는 남성 수도회로 1909년 한국에 처음 진출했다. 선교를 위해 서울 혜화동에 수도원과 학교를 세웠으며, 이후 원산, 간도 지역의 연길에도 수도원을 세우면서 포교했다. 베버 신부는 1925년 귀국길에 조선 진경산수화의 대가 겸재 정선의 화첩(21점)을 독일로 가져간 것으로 알려졌다. 세월이 흘러 1975년 독일에 유학 중이던 유준영 이화여대 교수가 겸재 화첩을 논문에 발표한 후 왜관수도원 선지훈 신부의 노력으로 2005년 한국에 영구 대여 형식으로 반환되었다. 겸재의 화첩은 현재 국립중앙박물관에 소장되어 있다.

일제강점기 조선 사람들의 모습을 따사롭게 담은 영화감독 베버 신부는 말년에 아프리카 탄자니아에서 보내다가 1956년에 별세했다.

'고요한 아침의 나라에서'의 조선 사람들

"우리는 사라져 가는 이 나라를 향해 애써 '대한 만세!(Taihan Manse!)'라고 작별 인사를 보낸다. 한 국가로서 이 민족은 몰락하고 있다. 마음이 따뜻한 이 민족에게 파도 너머로 작별 인사를 보낸다. 지금 나의 심정은 착잡하기만 하다. 마치 한 민족을 무덤에 묻고 돌아오는, 장례 행렬을 뒤로하고 집으로 돌아오는 것처럼."

베버 신부는 1911년 조선을 떠나면서 이렇게 적었다. 신부는 조선 첫 방문에서 독립투사 안중근(1879~1910) 의사의 본가를 찾아 황해도 신천으로 갔다. 안중근 의사는 1909년 하얼빈역에서 초대 통감 이토 히로부미를 암살한 후 1910년 교수형으로 숨을 거두었다. 베버 신부는 유족을 위로하며 사진을 촬영했다.

신부는 "조선은 유럽의 한 반도 국가와 비슷하다"면서 칠판에 한국과 이탈리아의 지도를 그린다. 한자도 능숙하게 쓰고 있다. 또 "1925년 당시 수도 서울은 거리가 번잡하며, 북한산은 구름 속에 솟아 있는 산이다"면서 베버 신부는 이렇게 표현한다.

"한국인은 자연을 정복하는 것이 아니라 그 찬란함 속으로 들어가기를 꿈꾸는 민족이다."

그는 서울 배오개 시장의 풍경과 함께 주판을 신기하게 보았다. 아주 작은 거래에도 주판이 등장한다. 이 주판을 '비밀이 담긴 기계'라고 불렀다. 그는 날카로운 한국인의 지혜가 담긴 고급문화에 주목했다. 주판, 화폐, 도장이 그 예다.

한국인의 정신에 대해서도 주목했다. 베버 신부는 특히 한국의 아름다운 효도 전통에 매료되었다. "천 년 이상 지속된 유교 전통에 따라 복종, 순종, 권위에 대한 인정은 한국인이 태어나면서부터 가족을 통해서 배우는 것. 조상과 어른에 대한 감사와 존경은 삶의 일부라는 것에 깊은 감동을 받았다. 한국인의 내면화된 겸손은 가톨릭

이 뿌리를 내릴 수 있는 좋은 토양"이라고 해설한다.

벼농사를 지으며 서로 거들어주는 품앗이는 가족주의와 노동을 통해 성숙된 높은 수준의 공동체 문화라고 평가했다. 추수 후 흥겹게 춤을 추는 농부들, 다양한 명절 축제의 그네, 윷놀이 등은 한국인이 음주가무를 즐기는 민족임을 알 수 있다.

베버 신부는 일제강점기의 옹기(항아리)는 '박해 시대의 성스러운 유물'이라면서 제작 과정을 세밀하게 설명했다. 또한 아낙네들이 실로 옷감을 제작하는 길쌈 과정도 상세하게 보여주었다.

베버 신부는 의식주 문화에 예리한 관심을 보였다. 한국에서 '민중의 신발'이었던 짚신과 일본의 나막신을 비교했다. 한국인은 발에 딱 맞는 짚신을 신어 걸음걸이가 우아한 반면, 일본인은 엄지발가락을 끼워 넣는 끈에 매달린 나무 샌들(게다)이 질질 끌리는 느린 걸음걸이를 강요한다는 것이다. "한국인은 거의 모두 자신의 짚신을 만들 줄 안다"면서 한국인의 손재주에 감동했다.

어린이들이 입는 한복에 대해서도 이렇게 예찬했다.

"봄꽃처럼 아름답고 매혹적인 옷이다. 아네모네의 부드러운 흰색 곁에 수줍은 제비꽃의 보라색, 이 모든 것이 푸른색 속의 붉은 꽃처럼 조화롭다. 봄의 싱싱한 기운과 기쁨만이 마법을 걸어서 만들어낼 수 있는 색의 향연이다."

그는 선교하기 위해 한국에 온 가톨릭 신부였지만, 한국의 토속신앙과 불교에 대해서도 상세히 소개했다. 베버 신부는 금강산을 여행하면서 사천왕이 문을 지키는 장안사 대웅전에서 광목천왕, 다문천왕, 증장천왕, 지국천왕을 소개하며, 스님의 독경 소리, 종소리를 들려준다. "제단을 덮고 있는 우아한 지붕, 고승들의 초상화…… 세상 어디에서도 이렇게 부족함과 당혹감을 느낀 적이 없다"고 고백했으며, "대웅전의 화려한 장식은 마법과 같다"고 묘사했다.

베버 신부는 백화암 사찰 묘지, 마애불 삼불암을 구경하며, 은둔 수행하던 비구니들과의 만남도 담았다. 그리고 한국의 미륵신앙을 가톨릭의 메시아사상과 연결해 설명했다. 그는 "한국의 사찰이야말로 아름답고 고귀한 곳. 조선은 유교 국가이지만, 삶에는 불교가 훨씬 더 강력하다는 사실을 깨달았다. 불교는 늘 민중의 편이었다"고 밝히고 있다.

돌멩이들을 쌓아 올린 시골 마을의 성황당에 대해서 '기적의 나무', '마법의 나무'

라고 소개한 후 "민속 신앙은 악귀들이 만병의 근원이라고 가르친다"고 설명했다.

종교는 죽음과 밀접한 관계가 있다. 베버 신부는 함경도에서 한국의 장례 풍속을 재연해 보여준다. 그는 "치밀하게 구성된 장례 절차는 한민족의 역량, 즉 조상숭배 전통을 보존하기 위한 숭고한 행위로 이해할 수 있다. 부모상 후 2년간 상복을 입는다. 효성심은 한국인의 고귀한 민족혼으로 아름다운 관습은 보호해야 한다"며 책에서 10쪽에 걸쳐 장례 절차를 상세히 묘사했다.

성 베네딕도회 신부들은 조선 땅에서 그 나라 토착문화를 흡수해야 한다고 믿었다. 그는 금방 한국인이 다 되었다. 양반다리를 하고, 젓가락질로 매운 김치에 막걸리를 곁들이고, 쓰디쓴 한국 담배 맛을 보고, 딱딱한 바닥에서 나무 베개에 의지해 뜨거운 구들장에서 잠드는 한국식 생활 방식에 적응했다. 신부들은 일제강점기 조선인에게 가난을 떨쳐낼 힘을 키워주기 위해 혜화동에 기술학교로 숭공학교(崇工學校)를 설립했다. 가톨릭 또한 무지와 가난에서 벗어날 수 있는 길잡이가 되어야 했다. 신부들은 조선인의 오랜 가난은 노동, 기술, 공동체를 통해 해결해야 한다고 믿었다.

서울에도 포도원과 양조장이 있었다는 놀라운 사실도 발견하게 된다. 미사 때 필요한 포도주를 만들기 위해 성 베네딕도회 선교사들이 포도나무를 들여와 1925년 정원지기였던 에우제니오 수사가 혜화동 수도원 구내 언덕에 심었다. 독일의 대표 와인은 청포도 리슬링(riesling)이지만, 성찬으로 쓰일 포도주는 적포도주여야 하니 피노 누아(pinot noir)였을까? 하지만 전쟁은 금강산 사찰뿐 아니라 포도원도 파괴했다. 신부는 이와 함께 숭공학교에 원예과 실습장을 마련해 독일에서 직수입한 농업 기술을 가르쳤다.

성 베네딕도회는 학교와 병원을 세우면서 조선인의 복지 향상에 힘썼다. 다큐멘터리는 보육원의 자수 직업 교육, 원산의 성당 부속학교 해성보통학교의 운동회 모습, 수업에서 산수 문제를 푸는 학생들의 모습도 담았다. 베버 신부는 한국인의 높은 교육열에 깊이 감동했다고 썼다. 성 베네딕도회는 1927년까지 14개 본당과 40개 학교를 세웠다. 성당보다 학교를 우선했기 때문이다.

베버 신부와 성 베네딕도회의 선교사업으로 1927년 원산 대목구의 신자는 1만 4천여 명에 이르렀다. 한국 최초의 사제 성 김대건 안드레아(1821~1846) 신부의 순교 이후 베네딕도 선교사들은 복음의 씨앗을 뿌리며 선교의 열매를 맺었다. 이는 일제강점기 조선인의 위안과 마음잡이가 되었을 것이다.

「고요한 아침의 나라에서」는 베버 신부의 한국인과 한국 문화에 대한 연민뿐만 아니라 통찰력과 지성, 그리고 감성으로 100년 후 한류(K-Wave)를 예지한 듯한 다큐멘터리다.

길쌈, 짚신 기술에서 자동차, 반도체, 스마트폰까지

짚신 삼기와 길쌈(사진: 베네딕도 미디어, https://youtu.be/hSRcqbKzRUY)

독일인 베버 신부가 식민 통치 하의 한국에서 주목했던 아름다운 문화는 한류의 DNA다. 나라를 잃은 설움이 있을지언정 우리 민족은 춤과 노래로 울분을 삭였다. 그리고 늘 바지런히 일했다. 아낙네들은 삼삼오오 앉아 길쌈을 짰고, 노인들도 마당에 앉아 짚신을 삼았다. 젊은 여성들은 자수를 배웠으며, 상인들은 주판으로 재빨리 계산했다. 조선인들은 모두 정교하게 새긴 도장을 갖고 있었다.

한민족의 근면성과 손재주는 1960년대부터 오늘날까지 국제 기능올림픽(도장, 목공, 기계조립, 항공 정비, 냉동기술, 미용기술 등)에서 금메달을 석권하는 기술국으로 도약하는 발판이었다. 한국이

아마존에서 팔고 있는 한국산 호미(https://www.amazon.com/homi/s?k=homi)

1970년대 섬유와 가발 수출에서 오늘날 자동차, 선박, 반도체 그리고 스마트폰까지 기술 선진국으로 발돋움한 것도 자연스러운 일이다.

2019년 온라인 쇼핑사이트 아마존(amazon.com)에서 한국산 농기구 호미가 화제가 되었다. 경북 영주대장간의 석노기 씨가 만든 호미(Yongju Daejanggan ho-mi)가 원예(gardening) 부문 베스트셀러 톱 10에 오르며 불티나게 팔려나간 것이다. 미국산 원예도구와 달리 ㄱ자로 30도 휘어진 '코리안 스타일' 농기구 호미는 한민족의 장인정신과 함께 세계적으로 공인되었다.

100년 전 '고요한 아침의 나라' 조선은 오늘날 잠들지 않는 나라, 지구촌에서 가장 역동적인 대한민국(Dynamic Korea)으로 자리매김했다.

#10 호머 헐버트와 세계인의 한글 예찬

『훈민정음 해례본』과 호머 헐버트

펄 벅과 장-마리 귀스타브 르 클레지오 등 노벨상 문학상 수상 작가들을 비롯해 세계의 언어학 자들은 한글(Hangul)을 '과학적인 문자', '세종대왕은 천재', '한글은 한국이 세계에 제공하는 선물'이 라는 등 찬사를 보냈다.

이들보다 훨씬 앞서 한글의 우 수성을 발견한 서양인이 있었다.

1886년 23세에 조선에 왔던 선교사 호머 헐버트(Homer Hulbert, 1863~1949). 그는 한글 을 나흘 만에 배워 읽고 쓰기 시작, 이후 한글로 세계의 지식과 문화를 소개하는 내 용의 교과서(『사민필지士民必知』)를 집필했으며, 한국 문화와 역사서를 출간했다. 고종 황제의 자문관이었던 헐버트는 한국의 독립을 위해 앞장서기도 했다. "한글과 견줄 문자는 세상 어디에도 없다"(1905)고 썼던 호머 헐버트는 한국 땅에 묻혔다.

오늘날 K-팝과 K-드라마를 비롯한 한류의 열풍 속에서 세계인은 한글 배우기에 열 을 올리고 있다. 2023년 1월 CNN은 "한국은 세계에 K-팝과 K-드라마를 가져왔다. 한국어는 다음이 될 수 있다(South Korea brought K-pop and K-dramas to the world. The Korean language could be next)"는 제목의 기사를 보도했다. CNN은 외국어학습 앱(APP) 듀오링고 (Duolingo)의 조사를 인용해 중국어보다 한국어를 배우는 외국인의 수가 많다고 전했다.

2022년 최다 다운로드 언어 앱 1위는 영어, 2위는 스페인어, 3위는 프랑스어, 이어서 독일어, 일본어, 이탈리아어 그리고 한국어가 7위였다. 그 뒤로 중국어, 러시아어, 힌두어 순이었다. 특히 필리핀에서 가장 많이 배우는 외국어 1위이며, 태국, 인도네시아, 파키스탄에서도 상위권을 차지했다. CNN은 이 같은 한국어 붐은 한류 덕분이라고 강조했다.

세계적 작가와 언어학자들의 한글 예찬

"한글은 세계에서 가장 간략한 글쓰기 체계다. 자음과 모음을 조합하면 어떤 언어와 음성이라도 표기할 수 있다. 세종대왕은 그 깊이와 다양한 재능에서 한국의 레오나르도 다 빈치다."

_펄 벅, 1938년 노벨문학상 수상

『대지』의 작가 펄 벅은 선교사 부모를 따라 중국에서 어린 시절을 보내면서 중국의 고전 『삼국지』, 『수호지』 등을 원서로 읽으며 작가로서 소양을 길렀다. 펄 벅은 한국을 여러 차례 방문했으며, 박진주(朴眞珠)라는 한국 이름도 지었다.

펄 벅은 한국을 배경으로 한 소설 『갈대는 바람에 시달려도(The Living Reed)』(1963) 서문에 한국을 "고상한 사람들이 사는 보석 같은 나라"라고 썼다. 1964년 한국전쟁 고아와 혼혈아들의 입양을 주선하는 펄벅 재단을 설립 했으며, 1968년엔 한국 혼혈아를 소재로 한 소설 『새해(The New Year)』를 출간했다. 펄 벅은 1932년 퓰리처상, 1938년엔 미국 여성작가 최초로 노벨문학상을 수상했다.

▦▦ 펄 벅의 한국 배경 소설 『갈대는 바람에 시달려도(The Living Reed)』(1963) 표지엔 아리랑이 담겼다. 펄 벅과 부천 소사희망원 아이들(사진: 부천문화재단)

"언젠가는 한국어를 읽는 것을 충분히 마스터할 수 있다. 한글은 의사소통에 매우 과학적이면서도 편리한 알파벳 체계다."

_장-마리 귀스타브 르 클레지오, 2008년 노벨문학상 수상

2008년 노벨문학상 수상자인 프랑스 소설가 장-마리 귀스타브 르 클레지오(Jean-Marie Gustave Le Clzio, 1940~)는 2001년 한국을 처음 방문한 후 한국에 매료되었고, 이화여대에서 프랑스 문학을 강의했다. 르 클레지오는 독학으로 한글을 배웠으며, 2017년에 서울을 배경으로 한 소설 『빛나: 서울 하늘 아래(Bitna, sous le ciel de Séoul)』를 출간했다.

"한국인은 독창적이며, 경이로운 글자를 발명했다. 한글은 아마도 세계 어느 나라에서 쓰이고 있는 어떤 문자보다도 과학적인 체계의 글자일 것이다."

_에드윈 O. 라이샤워

일본에서 미국인 선교사의 아들로 태어나 하버드대학교에서 일본사를 전공한 에드윈 O. 라이샤워(Edwin O. Reischauer, 1910~1990)는 주일 미국 대사(1961~1966)를 지내기도 했다. 그는 1938년 한국을 방문해 조지 매커피 '맥' 매큔(George McAfee 'Mac' McCune, 1908~1948) 교수와 함께 한국어를 로마자로 표기하는 '매큔-라이샤워 표기법(McCune-Reischauer Romanization)'을 만들었다.

"세종대왕은 세계 최고의 알파벳을 발명했다. 한글은 간단하며 논리적일 뿐만 아니라 순수하게 과학적인 방법으로 구성되었다."

_프리츠 보스 교수

네덜란드 레이던대학교의 프리츠 보스(Frits Vos, 1918~2000) 교수는 한국전쟁에 장교로 참전했다. 1951년 대구에서 유교 서적과 한국 민화집을 구매했고, 귀국 후엔 레이던대학교에서 교수로 재직하며 한국학 연구의 토대를 닦았다.

"한글은 세계에 존재하는 글쓰기 체계 중 가장 천재적으로 고안된 글자다. …… 1440년대 한글 창제자가 성취한 업적은 500년 후의 언어적 기준으로 보아도 놀랍다. ……세계의 모든 언어학자가 한글의 탄생일을 공휴일로 기념하는 것은 자연스럽고도 적절한 반응이라고 생각한다. ……때문에 나는 지난 20년간 한글날 언어학자, 동료, 학생, 친구들을 초대해 한국 음식을 마련하고 우리의 축제일로 기념해 왔다."

제임스 D. 매콜리 교수, 한글날 파티하는 이유(James McCawley's Interview about Hangul), 1996, 유튜브 캡처

_제임스 D. 매콜리(James David McCawley, 1938~1999), 시카고대학교 교수

"한글은 모든 언어가 꿈꾸었던 최고의 알파벳이다."

_존 만(John Man, 1941~), 「Alpha Beta: How 26 Letters Shaped the Western World」(2000)

"발음기관을 상형해서 한글을 만들었다는 것도 독특하지만, 기본 글자에 획을 더해 음성학적으로 동일 계열의 글자를 파생해내는 방법(ㄱ-ㅋ-ㄲ)은 매우 체계적이며, 훌륭하다. ……한글은 의심할 바 없이 인류사의 가장 위대한 지적인 성취 중 하나로 기록되어야 한다."

_제프리 샘슨(Geoffrey Sampson, 1944~), 영국 서섹스대학교 정보학과 교수

"한글의 가장 중요한 특징은 알파벳 기호의 모양이 발음학적 관계를 반영한다는 점이다. ……한글은 한국이 세계에 제공하는 선물이다. 한글은 최고 수준의 한국 문화를 상징하면서도, 한 나라를 초월하는 중요한 의미를 지닌다."

_새뮤얼 로버트 램지(Samuel Robert Ramsey, 1941~), 미국 메릴랜드대학교 동아시아 언어학과 교수

"세종대왕의 28개 자모는 학자들에 의해 세계 최고의 알파벳이자 가장 과학적인 글자 체계로 인정받고 있다."

_자레드 다이아몬드(Jared Diamond, 1937~), UCLA 지리학과 교수, 1998 퓰리처상 수상(비소설 부문), 『Discovery』 June, 1994

"세종대왕은 20세기에 음운론을 완성한 서양보다 5세기 앞서서 음운이론을 체계화했다. 한글은 전통 철학과 과학이론을 조합한 세계 최고의 알파벳이다."

_베르너 사세(Werner Sasse, 1941~), 한국학 박사, 함부르크대학교 명예교수/ 한양대학 석좌교수(무용가 홍신자 씨 남편)

"한글은 가장 발달된 음소 알파벳이자 로마자보다 훨씬 좋은 문자가 특징이다."

_우메다 히로유키(Hiroyuki Umeda), 도쿄대학교 교수

"한글은 한국 문화 창작물 중 단연 최고의 작품이라고 해도 과언이 아니다."

_라이너 도르멜스(Rainer Dormels), 비엔나대학교 동아시아과 교수

호머 헐버트의 '코리안 오디세이'

"한글과 견줄 문자는 세상 어디에도 없다."

_호머 헐버트, 『한국사(The History of Korea)』(1905)

1886년 조선으로 온 23세의 선교사 호머 헐버트는 일찍이 한글의 우수성을 간파했다. 미국 버몬트주 뉴헤이븐에서 태어난 헐버트는 다트머스대학교 졸업 후 뉴욕의 유니온신학교에서 수학했다. 그는 고종 23년 조선인들을 가르치기 위해 배를 타고 제물포항에 도착했다. 최초의 근대식 교육기관 육영공원(育英公院, Royal English School)에서 영어를 가르쳤다. 그리고 자신은 한글을 배우기 시작해 나흘 만에 읽고 쓸 수 있게

되었다. 3년 후엔 한글로 책을
펴냈다.

1889년 출간된 세계지리 교
과서 『사민필지(士民必知)』(선비와
백성이 알아야 할 지식)는 국가별
로 지도와 함께 역사, 지리, 면
적, 도시의 수, 기후, 생산물, 인
구, 인종, 언어, 수도, 산업, 특

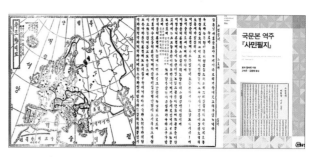

호머 헐버트가 한글로 쓴 세계지리서 『사민필지』(왼쪽)/
2020년에 출간된 『사민필지』(소명출판)

산물, 수출입 품목과 규모, 정치체제, 형벌, 신분 등급, 교육, 종교, 세제, 군사제도,
풍속 등을 내용으로 한 한국 최초의 세계지리서였다. 1896년 한국 최초의 한글 신문
인 〈독립신문〉보다 7년 앞섰으며, 초판에 2천 부를 발행했다. 1895년 백남규와 이명
상이 한문본으로 번역해 발간되었으며, 2020년 소명출판사에서 원본과 현대어 번역
본으로 출간했다.

헐버트는 1889년 〈뉴욕트리뷴(New York Tribune)〉지에 「한국어(The Korean Language)」
칼럼을 기고했으며, 1892년 「한글(The Korean Alphabet)」에서 "세종대왕의 한글 창제는
인류사에서 빛나는 업적"이라고 높이 평가했다. 1903년 스미스소니언 협회(Smithsonian
Institution) 연례 보고서에 "한국어는 의사소통의 매개체로서 영어 알파벳을 능가한다"
고 썼다.

1905년 출간한 『한국사』에서 헐버트는 "한글과 견줄 문자는 세상 어디에도 없다"
며, "한글을 창제한 세종대왕은 그리스에 문자(알파벳)를 전한 카드모스(Cadmus) 왕자
못지않은 인류사에 위대한 업적을 남긴 진정한 백성의 임금이었다"라고 밝혔다. 한글
연구를 지속한 헐버트는 「한국어 어원 연구(Korean Etymology)」, 「훈민정음(The Hun-min
Chong-eum)」, 「한글 맞춤법 개정(Spelling Reform)」 등의 논문을 발표했다.

1894년 헐버트가 배재학당에서 조선말로 학생들을 가르치던 중 18세의 주시경
(1876~1914)이 입학했다. 헐버트는 "조선 언문은 세계에서 가장 우수한 문자다. 이 훌
륭한 글을 두고 왜 쓰기도, 이해하기도 어려운 한자를 쓰고 있나?" 하고 물었다. 서당
에서 한학을 배웠던 주시경은 이 말에 충격을 받고, 훈민정음을 연구하기 시작한 것

COMMAS OR SPACING

BACON says, "Some books are to be tasted, others to be swallowed, and some few to be chewed and digested." But a Korean book written in Enmun sans commas sans spacing is a most tasteless, unswallowable and indigestible affair.

It may be argued that the native novels, such as they are, are written without any marks by which a reader may tell whence a word cometh and whither it goeth. True; but are missionaries under any obligation not to improve the Korean method in the matter? As it is an average Korean in reading an Enmun book, makes some ridiculous mistakes An instance: A man reading the well known Historical Novel of Three States (Sam Kuk Chi) read the sentence 장비가 말을 타고 (Chang-bi rode on a horse) into 장비 가 말을 타고 (Chang-ti rode in a sedan chair). Such a mistake would be easily avoided if commas or spacing were introduced, separating words one from another.

Moreover, the books which have been, and may be, written by a missionary naturally contain words, phrases and sentences brand new from the writer's creative brain. Pack, then, these terms, perfectly meaningless to an uninitiated Korean into monotonous columns of Enmun, line upon line, precept upon precept—why, the wonder is, not that the Korean cannot read the new books well, but that he can read them at all. In short, the use of commas or, better still, of spacing, will prove a great help to Koreans and a greater help to foreigners. Try it!—T. H. Y.

호머 헐버트는 한글의 가로쓰기, 띄어쓰기, 쉼표, 마침표 등을 제안했다.

으로 알려졌다. 1896년 헐버트는 미국에서 돌아온 서재필과 〈독립신문〉을 영문판/한글판으로 창간했으며, 주시경은 회계사무 겸 국문 교정원으로 일했다.

헐버트는 이후 주시경에게 띄어쓰기, 오른쪽으로 쓰기, 쉼표, 마침표, 한글을 로마자로 표기하는 법을 제안했다. 주시경은 '한글'이라는 용어를 만들고, 우리말의 문법 체계를 확립해 『말의 소리』(1914)를 집필했다. 국어 보급에 앞장선 주시경은 새 받침, 한자 폐지, 한자어의 순화, 한글의 풀어쓰기 등을 주장해 후진에게 영향을 주게 된다.

호머 헐버트는 한글뿐만 아니라 한국 문화에 애정을 갖고 기록하며, 배포했다. 1892년 한국 소식지 〈한국휘보(The Korean Repository)〉의 편집자였으며, 1896년 구전으로만 전해지던 노래 「아리랑(문경새재)」을 최초로 악보로 기록했다. 그는 「Korean Vocal Music」이라는 제목으로 악보와 함께 "아라렁 아라렁 아라리오 아라렁 얼싸 배 띄워라 문경새재 박달나무 홍두깨 방망이 다 나간다"는 가사를 영어로 표기했다. 2013년 경상북도 문경시는 헐버트 박사와 악보를 새긴 문경새재 아리랑비를 세웠다.

그는 한국의 대외 홍보에도 앞장섰다. 1901년 영문 월간지 〈코리아 리뷰(Korea Review)〉를 창간했으며, 외국인이 집필한 최초의 영문 한국사 『The History of Korea(한국사)』(1905)와 한국의 문화유산을 해설하고, 일본을 비판한 『The Passing of Korea(대한제국 멸망사)』(1906)도 출간했다. 그리고 한국의 속담과 설화를 영문으로 번역하기도 했다.

고종황제의 자문이었던 호머 헐버트는 이뿐만 아니라 1895년 을미사변 후 해외에 식민주의와 일본의 부당성을 비판했다. 1905년 고종은 일본의 압력이 거세지자 헐버트를 통해 미국의 시어도어 루스벨트 대통령에게 친서를 전달, 일본의 한국 통제에

개입할 것을 요청했다. 하지만 루스벨트는 이미 일본과 은밀한 「가쓰라 태프트 협정(Taft–Katsura agreement)」(1905)을 맺고, 미국이 필리핀을 받는 대신 한국을 일본에 양보했다.

헐버트는 1907년엔 헤이그 만국평화회의에 고종황제의 비밀 특사 3인(이준, 이상설, 이위종)과 함께 헤이그를 방문해 일본의 불법성을 폭로했다. 이에 분개한 일본제국은 헐버트를 대한제국에서 추방하기에 이른다. 하지만 헐버트는 미국에서도 서재필, 이승만의 미주 독립운동을 지원했다. 한편, 〈뉴욕타임스〉는 1906년 시카고의 일본인 학자(Kawakami K. K.)가 헐버트의 저서 『대한제국 멸망사』(1906)를 비평한 글 "THE PASSING OF KOREA; A Japanese Scholar Reviews Homer D. Hulbert's Important New Book About the Little Peninsular Empire"를 실었다.

1949년 제자였던 이승만 대통령의 초청으로 헐버트는 42년 만에 한국을 방문하게 된다. 그의 나이 86세로, 샌프란시스코에서 한국으로 향하는 배를 한 달 가까이 탔던 헐버트는 폐렴이 악화되었다. 그는 한국 땅을 밟은 지 1주일 후에 세상을 떠났다. 외국인 사회장으로 영결식이 열리고, 양화진(합정동) 외국인 묘지에 묻혔다. 묘비명에

2015년 다트머스대학교 동문 잡지에 1884년 졸업생인 호머 헐버트가 조선에 끼친 영향을 주제로 한 글이 실렸다. "The Chosŏn One, The influence of Homer Hulbert, class of 1884, lives on in a country far from his home", 〈Dartmouth Alumni Magazine〉, 2015

는 그가 배를 타기 전 AP 통신 기자에게 했던 유언 "나는 웨스트민스터 사원보다 한국 땅에 묻히기를 원한다"가 새겨졌다. 헐버트는 생전에 자신의 한국어 별명으로 흘법(訖法), 허흘법(許訖法), 할보(轄甫), 허할보(許轄甫)를 쓰기도 했다.

1950년 한국 정부는 그에게 외국인 최초로 건국공로훈장 태극장을 추서했다. 2013년 7월 한국의 보훈처는 헐버트를 '이달의 독립운동가'로 선정했으며, 2013년 서울시는 광화문 주시경 마당에 한글 보존과 발전을 위해 후학을 기르고, 한글의 우수성을 널리 알렸던 주시경·헐버트의 부조를 설치했다.

"한국인들은 세계에서 가장 빼어난 민족 중 하나다."

1999년 헐버트박사기념사업회(Hulbert Memorial Society)를 창립한 김동진 회장은 1949년 7월 매사추세츠주에서 발행하는 〈스프링필드 유니온(Springfield Union)〉지와의 인터뷰에서 한국인을 칭송한 기사를 찾아냈다. 헐버트 박사는 그 이유로 "한국인은 가장 완벽한 문자인 한글을 발명, 보통 사람들도 1주일 만에 배울 수 있으며, 임진왜란 때 (이순신) 장군이 거북선을 발명해 일본군을 격파한 것은 트라팔가 해전을 방불케 했다. (조선왕조실록처럼) 철저한 기록 문화를 지니고 있다"고 밝혔다. 그리고 무엇보다도 "3·1운동으로 보여준 한국인의 충성심은 세계에서 유례가 없는 예"라고 밝혔다.

한글이 세계 최고의 글자인 이유

우리 글자 한글, 훈민정음(訓民正音)은 어떻게 세계의 언어학자들, 문인들에게 세계 최고의 글자로 평가되고 있는 것일까?

첫째, 한글은 창제자와 창제 시기 및 창제의 원리가 알려진 세계 유일의 문자다. 훈민정음은 1443년 세종대왕과 집현전 학자들의 연구로 창제되어 1446년 9월(음력) 반포되었다.

"是月, 上親制諺文二十八字, 其字倣古篆, 分爲初中終聲, 合之然後乃成字, 凡于文字及本國俚語, 皆可得而書, 字雖簡要, 轉換無窮, 是謂 訓民正音."

〔이달 임금이 친히 언문 28자를 지었는데, 그 글자가 옛 전자를 모방하고, 초성·중성·종성으로 나누어 합한 연후에야 글자를 이루었다. 무릇 문자에 관한 것과 이어(俚語, 항간에 떠돌며 쓰이는 속된 말)에 관한 것을 모두 쓸 수 있고, 글자는 비록 간단하고 요약하지만 전환하는 것이 무궁하니, 이것을 훈민정음이라고 일렀다.〕

_「세종실록」, 세종 25년(1443) 12월 30일

우리가 기념하는 한글날(10월 9일)은 조선 4대왕 세종대왕이 1446년 『훈민정음 해례본(訓民正音 解例本)』을 통해 반포한 날을 기린다. 한편, 북한에선 훈민정음을 창제한 날(1월 15일)을 조선글의 날로 기념하고 있다. 1997년 유네스코 세계기록유산에 등재된 『훈민정음 해례본』에는 한글의 자모가 만들어진 원리를 해설하고 있다.

모음은 음양의 원리를 기본으로 단군 사상에서 유래한 '천지인(天地人)'의 하늘(·),

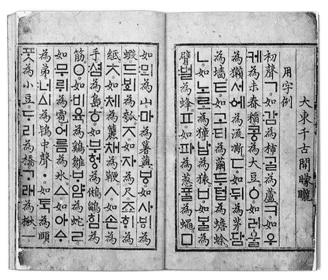

『훈민정음 해례본』. 국보 제70호, 조선시대 1446년(세종 28년) 간행,
UNESCO 세계기록유산, 간송미술문화재단 소장

땅(ㅡ), 사람(ㅣ)을 본떠 만들었다. 자음은 오행의 원리를 바탕으로 각 방위와 발음기관의 모양을 본떠 만들었다. 모음은 11자, 자음은 17자였으나, 자음 ㅿ(반시옷), ㆁ(옛이응), ㆆ(여린히읗)과 모음 ㆍ(아래아)는 소실되어 총 24자로, 영어의 알파벳 28자보다 적다.

둘째, 한글은 창제 목적이 분명하다.

나·랏:말ᄊᆞ미中듕國·귁·에달·아
文문字·ᄍᆞᆼ·와·로서르ᄉᆞᄆᆞᆺ·디아·니ᄒᆞᆯ·ᄊᆡ·
이런젼·ᄎᆞ·로 어·린百·ᄇᆡᆨ姓·셩·이니르·고·져·ᄒᆞᇙ·배이·셔·도
ᄆᆞ·ᄎᆞᆷ:내제·ᄠᅳ·들시·러펴·디:몯ᄒᆞᇙ·노·미하·니·라·
내·이·ᄅᆞᆯ爲·윙·ᄒᆞ·야:어엿·비너·겨·
새·로·스·믈여·듧字·ᄍᆞᆼ·ᄅᆞᆯ·ᄆᆡᇰ·ᄀᆞ노·니:
사ᄅᆞᆷ:마·다:ᄒᆡ·ᅇᅧ:수·ᄫᅵ니·겨·날·로·ᄡᅮ·메
便뼌安한·킈ᄒᆞ·고·져ᄒᆞᇙᄯᆞᄅᆞ·미니·라
(나라의 말이 중국과 달라 한문· 한자와 서로 통하지 아니하므로 이런 까닭으로 어리석은 백성들이 말하고자 하는 바가 있어도 끝내 제 뜻을 펴지 못하는 사람이 많다. 내가 이를 불쌍히 여겨 새로 스물여덟 글자를 만드니 사람마다 하여금 쉽게 익혀 날마다 씀에 편하게 하고자 할 따름이다.)

_『훈민정음 언해본』 서문

1459년 세조의 명으로 훈민정음을 우리말로 번역한 『언해본(諺解本)』 서문에는 세종대왕이 한글을 창제한 이유가 나온다. 문자가 없는 국가라는 점이 안타까워 백성들에게 소통할 수 있는 수단을 주기 위해서였다. 훈민정음은 소리 나는 대로 쓸 수 있어서 한자보다 쉽게 익히고 쓸 수 있었다.

셋째, 한글은 세상에서 가장 과학적인 문자다.

세계의 언어학자들은 한글이 간단하고 논리적이며, 고도의 과학적인 방법으로 만들어졌으며, 배우기 쉬운 알파벳이라고 칭송해왔다. 특히 발음기관의 모양을 본떠 글

자를 만들었다는 점에 주목했다.

자음 중 ㄱ은 혀의 안쪽이 목구멍을 닫는 모양, ㄴ은 혀끝이 윗잇몸에 붙는 모양, ㅁ은 입의 모양, ㅅ은 이의 모양, ㅇ은 목구멍의 모양을 본떴다. 또한 모든 소리의 기본이 되는 이 다섯 개의 음은 오행 사상을 반영하고 있다. 모음도 '천지인'에서 둥근 하늘(·), 평편한 땅(ㅡ), 서 있는 사람(ㅣ)의 모습을 본떴다. 자음과 모음의 기본 형태에서 획이 추가되어 새로운 문자가 탄생한다. 경제적이면서도 체계적인 글자인 셈이다. 소리 나는 대로 적는 언어이므로, 이 세상의 어떤 발음도 한글로 표현할 수 있다.

넷째, 한글은 식민지 지배 속에서 생존했다.

세계 역사를 통해서 식민 정권은 제국의 언어를 강요하며 토착민의 언어를 말살했다. 아프리카, 남아메리카 그리고 아시아 등지의 피식민지국가 대부분은 지배자들의 언어를 강제적으로 흡수하고, 모국어를 잃었다.

식민주의의 제국어(帝國語) 공용화는 언어적 집단 학살에 다름 아니다. 아프리카 대륙은 영국, 프랑스, 벨기에, 포르투갈 등의 식민 지배를 받으면서 그들의 고유어를 잃었다. 남아메리카 역시 브라질은 포르투갈, 그 밖에 대부분의 나라는 식민제국 스페인어가 공용어다. 카리브해 연안국은 스페인어, 영어, 네덜란드어를 쓴다. 그리고 인도와 필리핀은 영어가 공용어다. 제3세계 피식민지국들은 영토를 도로 찾았지만, 말은 잃고 말았다.

1943년 대만인의 71퍼센트가 일본어를 사용했고, 조선에선 35퍼센트에 불과했다. 한글은 일제 35년 식민지 탄압, 한국 민족 말살정책 속에서도 살아남았다. 조선인은 우리 민족의 정체성인 한글을 지켜냈다. 조선인은 일본식 성명 강요에 반발했다. '내선일체(內鮮一體, 일본과 조선은 한 몸)'를 슬로건으로 내세운 일본제국의 강압적인 민족 말살 정책에 저항했고, 한민족의 정체성인 한글을 지켰다.

일제는 1936년 조선사상범 보호관찰령을 공포했으며, 1938년 조선어 교육을 폐지하고, 일본어를 사용하도록 강요했다.

2019년 엄유나 감독의 영화 「말모이」는 일제강점기에 우리말 사용이 금지된 때 목숨 걸고 우리말 사전을 만들기 위해 헌신하던 조선어학회 회원과 관련 인물들을 강제 연행해 재판에 회부한 사건을 다룬 역사물이다. 이 영화에서 조선어학회 대표 류

정환은 "말은 민족의 정신이요. 글은 민족의 생명입니다"라고 말한다. '말모이'는 사전이라는 뜻으로 주시경 등 한글학자들이 편찬한 최초의 국어사전 이름도 '말모이'였다. 호머 헐버트 박사는 1930년대 전후에 쓴 글에서 "일본이 한글을 공식 문자로 채택했으면 좋았을 것"이라고 밝히기도 했다.

다섯째, 한글은 세계에서 가장 풍부한 표현력을 가진 문자이며 효율적인 언어이다.

한글은 말과 소리의 표현이 8천 800여 개에 이른다. 중국어는 400개, 일본어는 300개 내외에 불과하다. 한글은 어감(語感), 정감(情感), 음감(音感)에 따라 단어의 묘미, 문체의 맛을 살릴 수 있는 언어다. 우리말에는 색깔, 맛, 냄새, 소리 등 오감으로 느낄 수 있는 표현도 다양하다. 또한 인터넷 시대에 효율적인 줄임말 신조어도 속속 탄생하고 있다. 내로남불, 가성비, 엄친아, 득템 등 축약어나 초성 게임도 유행하고 있다.

디지털 시대 한글의 힘

2013년 10월 글로벌 인터넷 기업 구글(Google)의 에릭 슈미트(Eric Schmidt) CEO는 10월 서울의 국립한글박물관(National Hangul Museum)을 방문해 한글을 예찬했다.

에릭 슈미트 CEO는 "세종대왕이 소수의 백성만이 언어로 소통하고 상류층과 서민

구글의 역대 한글날 기념일 로고(Google Doodle)

층의 간극에 우려하여 한글을 창제했다고 들었다. 그것은 역사적으로 매우 중대한 결정이었다. 세종대왕은 600년 전에 한국인들이 정보를 용이하게 체계화할 수 있도록 만들고 싶었던 것이다. 이러한 정보 나눔의 비전은 구글의 사명과도 상통한다. 한국의 역사는 5천 년에 이르며, 구글은 15년에 불과하다. 융성한 한국 문화로부터 배우고, 세계에 그것을 나눌 수 있어서 기쁘다"고 밝혔다.

슈미트는 이와 함께 "한국이 현재 디지털 시대를 주도할 수 있었던 핵심 요인 중하나가 아시아에서 유일하게 자체 개발한 글자인 한글이었다고 생각한다. 문자 체계는 국가적 체계로서, 언어 체계 자체로서 중요하며 한글은 중세 한국에서 현대 한국으로 전환한 이후에도 한국 문화의 진정한 정수가 되었다"고 말했다.

유튜브(YouTube) 채널을 소유하고 있는 구글은 문화체육관광부와의 협력으로 K-팝, 한국 영화 및 한복과 한옥 등과 함께 한글까지 한국 문화의 홍보 방안을 논의한 것으로 알려졌다.

한글은 디지털 시대 한국이 IT 강국으로 부상하는 데 일조했다. 배우기 쉬운 글자한글은 빠른 속도로 정보의 대중화를 가능케 했다. 한글은 타자기 자판에 입력이 용이한 음소문자 체계로 구성되어 있다. 덕분에 정보화에 유리하다. 그리고 자음은 자판의 왼쪽, 모음은 오른쪽에 분리되어 쉽게 글자를 조합할 수 있어서 속도와 효율성이 필요한 SNS 시대에 탁월한 언어이기도 하다. 자모음 24개로 이 세상의 모든 언어를 음성적으로 표기하며, 자연의 소리와 느낌을 풍요하게 표현할 수 있는 것이 한글이다.

스마트폰에 문자를 입력할 때도 한글은 간편하며, 문자 생성 속도 또한 빠르다. 중국어는 동음 단어가 많아 일일이 선택해야 하며, 일본어는 가타가나, 히라가나, 한자를 비교 입력해야 한다. 2007년 MBC-TV 다큐멘터리 「한글의 힘」에서는 한국, 중국, 일본의 문자 입력 속도를 비교했다. 앙투안 드 생텍쥐페리의 소설 『어린 왕자(The Little Prince)』(1943)의 제1장을 타자로 입력하는데, 한글이 중국어와 일본어보다 속도가 7배 빨랐다.

세계인의 한글 배우기 열풍

"슬기로운 사람은 하루 아침을 마치기 전에 깨우치며, 어리석은 이라도 열흘이면 배울 수 있다."

_훈민정음 서문

유네스코 통계협회(UNESCO Institute for Statistics)의 2018년 조사에 따르면, 성인(15세 이상)의 문자 해독률(literacy rate)은 인도가 74퍼센트, 중국은 97퍼센트, 한국은 99퍼센트다. 그리고 미국의 2023년 문해율은 79퍼센트로 21퍼센트가 문맹인 셈이다.

지금 세계는 한글 배우기 열풍이 불고 있다. 한때 어려운 언어, 우리만의 소통어로 여겼던 한글이 지구촌의 인기 언어로 부상했다. 글로벌 슈퍼스타 BTS(방탄소년단)가 이끄는 K-팝 팬들은 한국말로 노래를 따라 부른다. 드라마, 영화, 음식, 화장품 등 한류의 파고가 치솟으면서 한글을 배우는 세계인도 급증했다.

2022년 7월 주이집트 한국문화원이 세종학당 재단 창립 10주년을 맞아 한국어 말하기 쓰기 대회를 열었다.(사진: 문화체육관광부 해외문화홍보원)

한국 정부는 2007년부터 세계에서 한글학교 세종학당(Sejong Hakdang)을 운영해오고 있다. 첫해 3개국 13개소에서 2022년 6월 현재 세계의 세종학당 수는 84개국에 244개소로 증가했다. 연간 수강생 수는 8만 1천여 명에 이른다. 나라별로는 아시아(139개소), 유럽(57개소), 남북아메리카(32개소), 아프리카(12개소), 오세아니아(4개소) 순이다.

미국의 대학에서 한국어 수강생도 늘어났다. 미국 현대어협회(Modern Language Association)가 미국의 2669개 대학을 대상으로 조사한 자료에 따르면, 2006~2016년 사이 한국어 수강생 수는 7146명에서 1만 3936명으로 95퍼센트 증가했다. 한국어는 미국 대학에서 열한 번째로 수강생이 많은 외국어다. 또한 외국인의 한국어 능력평가 시험인 토픽(TOPIK) 응시자 수도 1997년 첫해 2200명에서 2018년엔 33만 명으로 약 150배로 급증한 것으로 나타났다.

한편, 한글이 수출되고 있다. 말은 있지만, 고유의 문자가 없는 지구촌의 여러 종족이 한글을 써보는 시도를 하고 있다. 1만 7천 개의 섬으로 이뤄진 인도네시아는 사용어가 700여 개에 이른다. 그중 부톤섬의 찌아찌아족은 10여 년 전부터 한글을 부족어 표기법으로 채택했다. 태국의 라후족, 네팔의 체팡족, 남태평양 군도의 파푸아족, 볼리비아의 아라마야족 등이 한글을 배우고 있는 것으로 알려졌다.

미국의 코미디언 코난 오브라이언은 2016년 케이블 TV TBS 토크쇼 「코난」 중 특집 'Conan Korea' 편에서 한인(진실)으로부터 한글 배우는 과정을 한 에피소드로 다루었다.

유네스코에서도 훈민정음을 역사적, 문화적으로 중요한 유산으로 공인했다. 정인지 등 집현전 학자들이 해설과 용례를 덧붙여 쓴 해설서가 포함된 『훈민정음 해례본』(간송미술문화재단 소장, 국보 제70호)이 1997년 유네스코 세계기록유산(73쪽)으로 지정되었다.

유네스코는 또한 2004년 세계기록 유산인 현존하는 최고의 금속활자 인

「코난, 한국어를 배우다(Conan Learns Korean)」(사진: TBS-TV 유튜브 캡처)

쇄 도서『직지심체요절(直指心體要節)』(1372)의 명칭을 따서 기록유산 보전에 기여한 이에게 수여하는 직지상(UNESCO/Jikji Memory of the World Prize)을 시상해오고 있다. 1989년에는 한국 정부의 기금으로 개발도상국의 모국어 발전 및 보급에 기여한 이들에게 시상하는 유네스코 세종대왕 문해상(UNESCO King Sejong Literacy Prize)을 제정했다.

한강은 소설『채식주의자(Vegetarian)』로 2016년 맨부커 인터내셔널상을 수상했다. 번역가 데보라 스미스(Deborah Smith)는 한국어를 배운 지 7년 만에 공동 수상의 영예를 안았다. 케임브리지대학교에서 영문학을 전공한 스미스는 영국에 한국문학 작품을 소개하는 전문 번역가가 없어서 한국어를 공부하기 시작했고, 2015년 런던대학교에서 한국학으로 박사학위를 받았다. 스미스는 〈월간 책〉과의 인터뷰에서 "한국문학 번역에서 가장 힘든 것은 사람들 관계에서 존칭과 호칭, 직급"이라고 말했다.

1996년 프랑스 낭시에서 열린 세계언어학대회(International Conference on Logical Aspects of Computational Linguistics)에서 언어학자들은 한글의 우수성을 극찬하면서 세계 공통어로 한글을 사용해야 할 것이라고 주장하기도 했다.

세계문자올림픽대회와 한글박물관

2009년 10월 서울 세종문화회관에서 한글날 제563주년을 기념하는 제1회 세계문자올림픽대회(The 1st World Alphabet Olympic)가 열렸다. 세계에서 가장 쓰기 쉽고, 배우기 쉬우며, 가장 풍부하고 다양한 소리를 표현할 수 있는 문자를 찾기 위한 취지였다. 글로벌신학대학원이 주최하고, 한글학회가 후원한 이 대회는 세계에서 가장 편리하고, 우수한 한글을 널리 알려 문자가 없거나 유명무실한 나라에 한글이 자국 문자로 채택되도록 한글을 보급하기 위한 대회였다. 세계에서 고유문자가 있는 16개국이 참가한 제1회 대회에선 한글이 1위(금메달), 은메달은 이탈리아 로마자, 그리고 동메달은 그리스 글자가 선정되었다.

제2회 대회는 2012년 10월 태국의 방콕에서 세계 27개국 문자(한국, 영어, 러시아, 독일, 폴란드 우크라이나, 베트남, 튀르키예, 세르비아, 불가리아, 아이슬란드, 에티오피아, 몰디브, 우간다, 포르투갈, 그리스, 스페인, 남아공, 인도, 울드, 말라야람, 구자라티, 푼자비, 말라시, 오리아, 벵갈리, 캐나다)가 참가한 가운데 열렸다. 여기서 한글이 여전히 금메달, 소리 문자 2위는 인도의 텔루구 문자, 3위는 영어 알파벳이 차지했다.

이 대회에서 각국의 학자들은 방콕 선언문을 발표하고, 자국 대학에 한국어 전문학과와 한국어 단기반을 설치하는 등 한글 보급에 노력할 것을 다짐했다. 그러나 다분히 주최측의 의도와 불공정성이 투영된 세계문자올림픽대회는 제2회로 막을 내렸다.

한국인의 한글 사랑과 자부심은 2014년 국립한글박물관으로 열매를 맺었다. 서울 용산 국립박물관 인근에 자리한 한글박물관은 "국내외에 흩어져 있는 한글 자료를 조사, 수집, 연구하고 한글의 문화적 다양성과 미래가치를 전시를 통해 보여주며, 세대와 국적을 넘어 소통과 공감을 지향하는 한글 교육으로 한글문화를 꽃피우는 곳"이라 소개하고 있다. 상설전으로는 「훈민정음, 천년의 문자 계획」이 열리고 있다.

그런가 하면, 디지털한글박물관(Digital Hangeul Museum) 웹사이트도 오픈했다. 이 박물관에선 훈민정음 창제부터 오늘날까지 대표성을 띠는 한글 자료를 중심으로 '한글 100대 문화유산'을 연차적으로 선정해왔다.

1. 『훈민정음 해례본』, 2. 『월인천강지곡』, 3. 『용비어천가』, 4. 『동국정운』, 5. 『석보상절』, 6. 『훈민정음 언해본』, 7. 『월인석보』····· 18. 『청구영언』, 19. 『정조어필한글편지첩』, 20. 『춘향전』····· 25. 〈독립신문〉 제1호, 26. 『홍길동전』, 28. 『조선말 큰사전』 원고····· 30. 『한글맞춤법 통일안』 등이 선정되었다.

#11 「오징어 게임」과 '놀이의 왕국'

한국 영화계에서 2020년이 아카데미상(작품, 감독, 각본, 국제극영화상)을 휩쓴 봉준호 감독과 「기생충」의 해였다면, 2021년은 「미나리(Minari)」(감독 리 아이작 정)와 아카데미 여우조연상을 거머쥔 윤여정 씨의 해였다. 2021년 9월엔 넷플릭스(Netflix) 9부작 드라마 「오징어 게임(Squid Game)」이 세계를 놀라게 했으며, 2022년 7월 「오징어 게임」은 미국 TV 오스카상 에미상(Emmy Awards) 역사상 비영어권 드라마 최초로 작품상을 비롯해 연출, 각본, 연기, 촬영, 프로덕션 디자인, 편집, 특수효과, 주제곡, 스턴트 등 14개 부문 후보에 올랐다. 그리고 감독상(황동혁), 남우주연상(이정재), 게스트 여우주연상(이유미), 제작디자인상, 시각효과상, 스턴트 연기상 등 총 6개의 에미상을 석권했다.

주연 이정재와 정호연은 에미상 전에도 미국배우조합상(SAG Awards) 남우, 여우상(드라마 시리즈 부문)을 석권하며 글로벌 스타로 등극했다. 이정재는 이외에도 인디펜던트 스피리트상(Independent Spirit Awards), 크리틱스 초이스상(Critics Choice Awards) 등을 석권했으며, 스타워즈 시리즈 「어콜라이트(The Acolyte)」에 주연으로 캐스팅되었다. 그리고 오영수는 골든글로브상 남우조연상을 거머쥐었다.

「오징어 게임」은 2021년 9월 17일 첫 방영 17일 만에 1억 1100만 유료가입 가구 시청을 기록하면서 넷플릭스 사상 최초로 1억 가구 시청 돌파 기록을 세우는 기염을 토했다. 「기생충」처럼 빈부격차에 적자생존의 디스토피아를 다룬 황동혁 감독의 「오징어 게임」은 시대정신을 관통하는 작품으로 세계인들을 사로잡았다. 할리우드가 슈퍼히어로의 액션과 로맨틱 코미디 속편에 몰두하고 있을 때 봉준호, 황동혁 감독은 예리한 사회비판 의식으로 현대인들의 감성 과녁을 꿰뚫었다.

「오징어 게임」 1회에서 기훈(이정재 분)은 딸의 생일날 도박하러 경마장으로 간다. 도박(gamble)은 순우리말로 '노름'이다. 노름은 '놀다(play)'의 명사형이다. 돈이 걸리는 노름은 놀음/놀이보다 위험한 게임이다. 이 드라마엔 1970~1980년대 한국의 어린이들이 즐겼던 딱지치기, 무궁화꽃이 피었습니다, 설탕 뽑기(달고나), 구슬치기, 징검다리 건너기, 오징어 그리고 줄다리기 놀이에 인생의 실패자인 어른들이 참가해 465억을 걸고 치열한 생존 게임을 펼친다. 이를 통해 황동혁 감독은 자본주의의 생리와 인간의 본성을 해부했다. 황 감독은 「오징어 게임」 시즌 2에서는 더 많은 게임이 등장할 것이라고 예고했다.

넷플릭스의 「오징어 게임」이 등장하기 오래전부터 한국은 온라인 게임 산업의 선진국이었다. 또한 미국의 큐레이터이자 민족학자 스튜어트 컬린(Stewart Culin, 1858~1929)은 일찍이 한국이 놀이/게임의 종주국이라는 것을 알아챘다. 컬린은 1895년에 출간한 『한국의 놀이(Korean Games): 중국, 일본 놀이와의 비교(Korean Games : With Notes on the Corresponding Games of China and Japan)』에서 "윷이 세계 수많은 놀이의 원형"이라고 주장했다. 컬린은 이와 함께 한국의 놀이 95가지를 상세하게 설명했다.

네덜란드 문화역사학자 요한 하위징아(Johan Huizinga, 1872~1945)는 명저 『호모 루덴스(놀이하는 인간Homo Ludens)』(1938)에서 놀이(game)가 인류 문화를 탄생시킨 조건이었다

스튜어트 컬린, 『한국의 놀이: 중국, 일본 놀이와의 비교』(1895)

고 밝혔다. 풍성한 놀이문화를 즐겨온 한민족이 오늘날 게임 한류뿐만 아니라 K-팝, K-드라마, K-영화 등 문화 한류에서 놀라운 성과를 거두고 있는 이유를 설명해주는 듯하다.

노세노세 젊어서 놀아 늙어지며는 못노나니
화무는 십일홍이요 달도 차면 기우나니라
얼씨구 절씨구 차차차(차차차)
지화자 좋구나 차차차(차차차)
화란춘성 만화방창 아니 노지는 못하리라
차차차(차차차)차차차(차차차)
「노랫가락 차차차」, 황정자 노래/ 김영일 작사/ 김성근 작곡(1954)

'게임 한류', 한류 콘텐츠 수출 1위

한류(K-Wave)하면 K-팝, K-드라마, K-영화, K-음식, 그리고 최근엔 K-뷰티가 떠오른다. 하지만 사실상 한류 수출의 1등 공신은 '게임 산업'이다. '메이드 인 코리아 (Made in Korea)' 온라인, 비디오, 모바일 게임 산업은 2021년 콘텐츠 수출액의 약 70퍼센트를 차지했다. 한국콘텐츠진흥원(Korea Creative Content Agency)에 따르면, 2021년 콘텐츠 산업 수출액은 전년 대비 13.9퍼센트 성장한 135억 8천만 달러로 집계되었다. 분야별로는 K-게임이 94억 3300만 달러(69.5%)로 K-팝(6.9%)과 K-무비(1.1%)를 훨씬 앞질렀다. 온라인 게임은 한류 수출의 넘버 1 콘텐츠다.

1980년대 초 동네와 대학가 전자오락실에서 갤라가(Galaga)와 제비우스(Xevious) 등 일본산 슈팅게임으로 시작된 컴퓨터 게임. 1987년엔 최초의 국산 컴퓨터 게임 '신검의 전설'이 나왔다. 1990년대 후반 초고속 통신망과 PC방으로 인프라가 구축되면서 콘텐츠가 쏟아져 나오며 한국은 '온라인 게임의 종주국'으로 등극하게 된다.

1996년 한국과학기술원(KAIST)에서 개발한 '키트 머드(KIT MUD)'로 시작해 넥슨,

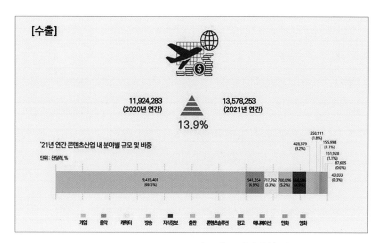

[수출]

11,924,283
(2020년 연간)

13.9%

13,578,253
(2021년 연간)

'21년 연간 콘텐츠산업 내 분야별 규모 및 비중

단위: 천달러, %

9,435,401
(69.5%)

541,354
(6.9%)

717,762
(5.3%)

700,096
(5.2%)

664,396
(4.9%)

428,379
(3.2%)

250,111
(1.8%)

155,998
(1.1%)

151,528
(1.1%)

87,605
(0.6%)

43,033
(0.3%)

게임 음악 캐릭터 방송 지식정보 출판 콘텐츠솔루션 광고 애니메이션 만화 영화

2021년 콘텐츠 산업 수출 내역(한국콘텐츠진흥원)

넷마블, 엔씨소프트의 '빅 3'가 온라인게임 한류를 이끌어 왔다. '단군의 땅', '쥬라기 공원', 고구려 건국 설화를 바탕으로 한 그래픽 온라인게임 '바람의 나라'를 비롯해, '던전앤파이터', '메이플스토리', '리니지(Lineage)', '포트리스', '크로스파이어', '미르의 전설', '라그나로크', '오디션', '배틀그라운드', '검은 사막', '서머너스워(Summoner's War)' 등이 블록버스터 게임이 되었다.

스튜어트 컬린의 『한국의 놀이』

"한국의 놀이 윷(Nyout)은 전 세계에 존재하는 수많은 놀이의 전형으로 볼 수 있다."
_스튜어트 컬린, 『한국의 놀이』(1895)

뉴욕에서 처음으로 한국 갤러리를 개설한 박물관은 1977년 브루클린 박물관(Brooklyn Museum)이다. 14세기 「아미타삼존도」, 장승업의 그림 「거위와 갈대」, 임금이 착용한 것으로 추정되는 용봉문 두정투구와 갑옷 2점도 보유하고 있다.

어떻게 브루클린 박물관은 일찍이 한국 미술에 눈을 떴을까? 이 박물관의 민족학

큐레이터(1903~1929)였던 스튜어트 컬린에 의해서다. 큐레이터 컬린은 1913년 한국을 비롯해 일본, 중국, 인도로 가서 미술품을 수집했다.

원래 스튜어트 컬린의 주된 관심은 놀이(game)였다. 1895년 필라델피아의 펜실베이니아대학교 고고학박물관(Museum of Archaeology and Paleontology, University of Pennsylvania) 관장 시절에는 한국의 놀이와 동아시아 놀이를 비교 연구한 책 『한국의 놀이: 중국, 일본 놀이와의 비교』를 출간했다. 1895년 조선은 청일전쟁, 명성황후의 피살(을미사변), 그리고 단발령으로 혼란했던 시기다. 이 와중에 필라델피아의 스튜어트 컬린 관장은 한국의 놀이를 집대성한 것이다.

1893년 시카고에서 크리스토퍼 콜럼버스의 신대륙 발견 400주년을 기념해 만국컬럼비아 박람회(World's Columbian Exposition, 1893. 5. 1.~10. 30.)가 열렸다. 1882년 미국과 수교를 맺은 한국은 중국, 일본 등 47개국과 함께 초대되었다. 한국의 첫 월드엑스포에는 정경원 참의내무부사와 10인조 국악단이 '조선(한글), Korea(영어)'라는 국호와 태극기를 가지고 참가했다. 시카고 박람회는 조선의 문화와 예술을 세계에 소개한 첫 공식 무대였다.

한옥을 본뜬 조선 전시관에는 가마, 병풍, 도자기, 관복, 삼회장저고리, 도포, 망건, 갓, 버선, 부채, 짚신, 투구 덮개, 화승포, 악기(거문고, 양금, 해금, 피리, 대금, 장구, 당비파, 용고, 생황 등) 그리고 장기판과 연 등 놀이기구도 선보였다. 옷감, 문발, 자리, 자개장

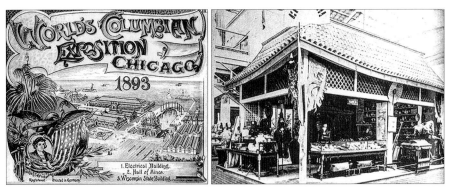

🎐 **시카고만국박람회**(1893) **포스터**(왼쪽)/ **조선 전시실**(오른쪽)(사진: Hubert Howe Bancroft, 「The Book of the Fair」, The Bancroft Company, 1893)

과 자수 병풍 5종은 박람회 메달을 수상했다. 전시품의 대부분은 시카고의 필드 박물관(Field Museum of Natural History)에, 악기 10점은 피바디에섹스 박물관(Peabody Essex Museum)에 기증되었다. 피바디에섹스 박물관은 2003년 한국실을 '유길준 한국미술문화 갤러리(Yu Kil-Chun Gallery of Korean Art and Culture)'라고 이름 지었다.

'미국을 변화시킨 엑스포'로 불리는 1893 시카고 만국 박람회는 2700만 명이 방문했으며, 엘리베이터, 지퍼, 크래커 잭스(땅콩 캐러멜맛 팝콘), 관람차, 녹음기 등이 첫선을 보였다. 그러나 스튜어트 컬린 관장은 게임 전문가였던 만큼 조선 전시실에서 장기판과 연 등 한국의 놀이 컬렉션에 주목했다. 그는 박람회에서 통역을 담당했고, 훗날

기산 김준근의 「풍속도」(사진: 한국민족문화대백과사전)

위싱턴 DC 주미 부대사가 될 박영규와 미국에 거주하는 동아시아계 참가자들을 취재한 후 '한국의 놀이'를 제목으로 한 책을 집필했다. 1895년 펜실베이니아대학교 고고학박물관에서 550부 한정판으로 발간된 『한국의 놀이』에는 태극기가 전면에 실렸고, 한자로 '사해일가(四海一家, 세계는 한가족)'이라고 쓰여 있다.

컬린은 『한국의 놀이』에서 한국을 중심으로 동아시아 3국의 놀이를 비교하면서 무려 95가지에 이르는 한국의 전래놀이를 기산(箕山)의 풍속도 22점과 함께 설명했다. 삽화는 1882년(고종 19년) 미국 전권대사 자격으로 조미수호통상조약을 체결한 로버트 슈펠트(Robert Wilson Shufeldt) 해군제독의 딸 메리 슈펠트(Mary Acromfie Shufeldt)가 도와주었다. 메리 슈펠트가 1886년 부산 초량동에 살던 풍속화가 기산(箕山) 김준근(金俊根)에게 의뢰해 수채화로 그린 것이다. 이 그림들은 펜실베이니아대학교 고고학박물관에 소장되어 있다. 19세기 말 조선의 풍속을 묘사한 김준근의 작품은 베를린 민족학박물관(Ethnographic Museum), 함부르크 민족학박물관(Museum of Ethnology), 파리 기메아시아미술관(Guimet National Museum of Asian Arts) 등지에도 소장되어 있다.

『한국의 놀이』에서 흥미로운 것은 그가 "한국의 게임 윷은 전 세계에 존재하는 수많은 게임의 원형으로 볼 수 있다(The Korean game Nyout may be regarded as the antetype of a large number of games which exist throughout the world. 75쪽)"라고 주장한 점이다. 2003년 열화당에서 윤광봉 번역으로 출간된 『한국의 놀이: 유사한 중국·일본의 놀이와 비교

스튜어트 컬린 『한국의 놀이』(1886) 기산 김준근, 윷 놀이하는 사람들 삽화

하여』에 힌두 게임 파치시(Pachisi)와 차우자(Chausar)의 도형이 십자형의 윷판이 확장된 형태임을, 그리고 여기서 발전된 놀이가 서양의 체스나 일본의 야사스카리무사시(八道行成)임을 놀이의 방식이나 판의 형상 등을 들어 밝히고 있다. 스튜어트 컬린은 펜실베이니아대학교 고고학박물관에 소장된 윷판(138쪽)의 형상이 중국의 항우(項羽)와 유방(劉邦)의 전투에서 스물여덟 명의 기마병들이 항우를 보호하고 있음을 나타내고, 그 윷판의 각 지점에 쓰인 한자(漢字)가 당시의 고사를 전해주는 송시(訟詩)를 이루고 있음을 설명함으로써 '윷놀이'의 기원이 3세기경으로 거슬러 올라감을 시사하고 있다. 또한 19세기 말 정월이면 시장에서 팔리던 『척성법(擲成法)』이라는 책의 「척사점(擲柶占)」이라고 명기된 장(章)에 윷을 던져 나온 결과에 따라 조합된 예순네 개의 점괘가 있다는 사실과, 중국의 고전인 『역경(易經)』의 육십사괘(六十四卦)를 구성하는 끊어지지 않은 효(爻)와 끊어진 효들이 각각 윷의 양면을 나타내고, 이 육효의 조합이 여섯 개의 윷가락을 사용한 증거임을 언급함으로써 윷놀이가 고대 점술에서 기원하고 있음을 밝히고 있다.

스튜어트 컬린은 일찍이 한국을 게임의 종주국으로 간파한 것이다. 그는 한국의 놀이를 "고대의 우주원리와 점술성이 심오하게 농축된 고상한 놀이"라고 찬사를 보냈다.

'한국의 놀이'에는 탈등(장난감과 등), 눈미륵(눈사람), 각시놀음(인형놀이), 그림자놀이, 연, 연얼리기(연싸움), 얼렁질(실 끝에 작은 돌을 매어 서로 걸고 당겨서 어느 실이 더 질긴가를 겨룸), 소꿉장난, 광대, 도르라기(팔랑개비), 스라미(붕붕), 죽방울, 팽이, 매암돌기, 딱총, 나귀, 무등, 실뜨기, 거미줄채, 유객주(留客珠), 말농질하기(죽마놀이), 양반놀음(말타기), 헹가래질치기, 양금질(깨금발놀이), 띔뛰기(줄넘기), 널뛰기, 추천(그네), 줄다리기, 씨름, 택견, 제기차기, 물택견(물장치기놀이), 성싸움(둑싸움), 주먹치기, 수벽치기(손뼉치기), 멎개, 송장찾기, 반지찾기놀이, 문고 찾기, 능견난사(能見難思), 숨바꼭질, 순라잡기(술래잡기), 순라밥, 다리세기놀이, 까막잡기(판수놀이), 꼬도롱깽, 오랑캐꽃치기(풀싸움놀이), 풀치기, 엿치기, 앵두치기, 능금치기, 감치기, 살구치기, 차모이치기, 조개싸움, 공치기(장/杖치기), 탱자던지기, 공기놀이, 쇠치기, 돈치기, 팔매치기, 편싸움, 활쏘기놀이, 짝박기(신발쏘기), 방통이(투호놀이), 윷놀이, 종경도, 주사위, 쌍륙, 장기, 바둑, 우물고누, 네밭고누, 오밭고누, 육밭고누, 곤질고누, 골패, 호패, 짝맞추기, 꼬리붙이기, 골예세, 용패, 거북패, 신수점, 오관, 투전, 엿방망이, 동당, 산통, 수수께끼, 자(字)맞힘, 골모덤하기, 초중종(初中終)놀이까지 95가지의 놀이가 기산의 삽화와 함께 설명되어 있다.

요한 하위징아의 『호모 루덴스』

놀이, 축제, 의례 연구에 주력했던 네덜란드 출신 문화역사학자 요한 하위징아는 저서 『호모 루덴스』(1938)에서 "놀이(game)가 인류 문화를 탄생시킨 조건이었다"고 주장했다. 놀이는 인간의 언어, 법률, 전쟁, 철학, 예술 등에 앞선 인간의 행위라는 것이다. 즉, 놀이는 문화보다 더 오래된 인간의 활동으로 모든 문화 현상의 기원이라는 주장이다. 아니, 문화 그 자체가 놀이의 성격을 갖고 있다고 밝혔다.

하위징아는 『호모 루덴스』에서 "인간의 공동생활 자체가 놀이 형식을 갖고 있다. 인간의 생로병사와 관련된 삶의 통과의례인 제의에는 음악, 춤, 놀이가 수반되었다. 인간이 몸과 영혼을 동원해 표현하려는 욕구로부터 발생한 놀이는 창조의 원동력이다. 즐거움과 흥거움을 동반하는 가장 자유롭고 해방된 활동, 삶의 재미를 적극적으로 추구하는 활동인 놀이가 법률, 문학, 예술, 종교, 철학을 탄생시키는 원동력이었다"고 주장했다.

그는 또한 현대에 이르러 일과 놀이가 분리되어 '단순한 놀기 위한 놀이'가 퇴폐적인 것으로 변질되었다며, 고대의 신성하고 삶이 충만한 '놀이 정신'의 회복을 촉구하면서 "놀이에 따르고, 놀이에 승복하며, 놀이를 제대로 이해하는 것이야말로 인류 문명을 빛나게 한다"고 강조했다.

놀이는 문화적 기능을 담당한다. 놀이에는 음악과 무용이 수반되며 연극으로 진화한다. 놀이는 또한 의례적이며, 축제, 종교의식과 연관된다. 놀이에는 규칙이 있으며, 경쟁심을 유발해 승자와 패자를 가른다. 동네의 놀이에서 각종 스포츠, 그리고 '제퍼디(Jeopardy)', '서바이버(Survivor)', '아메리칸 아이돌(American Idol)' 등 미국의 TV 게임쇼, 퀴즈쇼, 리얼리티쇼도 놀이가 그 원형이다. 놀이는 말싸움과 소송 분쟁으로 진화하며, 놀이는 또한 전쟁으로 비화되기도 한다.

1년 24절기 한국의 세시풍속

조선시대 실학자 다산 정약용(1762~1836)은 『목민심서(牧民心書)』(1821)에서 '농자천하지대본(農者天下之大本, 농업은 천하의 사람들이 살아가는 큰 근본)'을 언급하며, 농업관을 펼쳤다. 신석기 시대부터 농경 중심 사회였던 우리 민족은 날씨에 의존했기 때문에 비와 가뭄을 주관하는 하늘을 공경했다.

그래서 1년을 태양의 움직임에 따라 24절기로 나누어 풍년을 기원하고, 추수를 감사하는 의례와 놀이인 세시풍속(歲時風俗)이 다양했다. 절기 하나하나 고유한 세시풍속은 농경의 일상에서 벗어나 신명나게 노는 생활의 활력이며, 자연을 숭배하고, 공동체의 유대감을 확인하는 축제이기도 했다.

3세기에 중국의 역사가 진수가 집필한 『삼국지』 중 「위지동이전(魏志東夷傳)」에 나오는 부여의 영고(迎鼓), 고구려의 동맹(東盟), 동예의 무천(舞天)은 한민족 세시풍속의 원류다. 세시풍속은 계절별로 농사와 긴밀하게 짜였으며, 각종 제의와 놀이, 그리고 음식이 곁들여졌다.

농한기인 정월에는 세시놀이가 풍성했다. 설날의 놀이는 섣달 그믐부터 시작된다. 연날리기로 시작해 설날 아침에는 떡국을 먹고, 윷놀이, 널뛰기, 승경도(陞卿圖) 놀이, 돈치기 놀이를 즐겼다. 대보름엔 지신밟기, 줄다리기, 다리밟기, 볏가릿대 세우기, 보리타작, 고싸움, 나무쇠싸움, 동채싸움(안동 차전놀이), 석전, 망우리 돌리기, 횃불싸움, 놋다리밟기, 기와밟기, 탈놀이, 석전(石戰, 돌팔매 싸움), 쥐불놀이가 벌어졌다. 함경도 북청에선 사자춤, 경상도에서는 들놀음(부

김홍도, 「씨름」(『단원풍속도첩』), 18세기 후반, 보물 제527호, 국립중앙박물관 소장

산진, 동래, 수영), 오광대놀이(통영, 고성)가 유명하다.

꽃 피는 봄이 오고, 강남 갔던 제비가 돌아오는 3월 삼짇날엔 산과 들로 나가 화류
놀이(꽃놀이, 꽃다림)를 하면서 버들피리, 풀각시 만들기를 하고, 진달래 화전을 먹었다.
삼짇날엔 방울 모양의 산떡, 고리떡, 쑥떡을 만들어 먹고, 두견주, 벽향주, 계당주, 서
향로 등 지역마다 다양한 이름의 술을 빚었다.

4월 초파일 부처님 오신 날엔 연등행사, 탑돌이가 열렸으며, 그림자놀이, 만석중놀
이, 물장구놀이, 밤에는 줄불놀이가 펼쳐졌다. 1년 중 양기가 가장 왕성한 날인 5월
단오(수릿날)에는 풍작을 기원하는 제사를 지냈다. 단오에는 아낙네들이 창포물에 머
리를 감고, 비녀를 만들어 악귀를 쫓았다. 마을 청년들은 집집마다 다니며 짚을 모아
그네를 만들었고, 남녀노소 차려입고 그네를 뛰었다. 장정들은 마당에서 씨름판을
벌였다. 지역마다 장터에선 봉산탈춤, 송파산대놀이, 양주별산대놀이 등 탈춤과 가
면극이 공연되었다. 강릉 단오제는 한국 무형문화재 제13호, 2005 유네스코 구전 및
인류무형문화유산으로 등재되었다.

6월 보름 유두에는 동쪽으로 흐르는 물에 머리를 감고 목욕하며 액을 막고, 정화
하는 풍속이 있다. 더위가 기승을 부리는 복날에는 약수터나 폭포 아래서 물맞이와
냇물에 발을 담그는 탁족(濯足)놀이를 하고, 음식을 차려놓고 복놀이를 즐겼다.

7월 칠석날 밤엔 바느질감과 과일을 마당에 차려놓고 별을 보며 바느질 솜씨가 좋
아지기를 비는 '걸교제(乞巧祭)'를 지냈다. 7월 보름 백중은 세벌 김매기가 끝나 한가로
운 때다. 백중은 '머슴의 날'로 머슴에게 새 옷을 장만해주고, 일 잘한 머슴에게는 상
도 주었다. 장정들은 씨름판을 벌이고, 휴가를 받은 머슴은 소나 가마를 타고 하루를
흥겹게 보냈다. 두레 일꾼들은 노동의 피로를 풀어내는 놀이 두레먹기(호미걸이, 술멕이,
풋굿, 질먹기)를 즐겼다고 전해진다. 제주도에서는 유두에 하는 물맞이가 병을 치료하
는 것으로 믿었고, 그 물을 약수로도 마신다.

'5월 농부, 8월 신선.' 5월은 농사에서 가장 바쁜 철, 8월은 신선처럼 한가롭게 지
낼 수 있는 시기다. 8월 보름 한가위, 추석은 수확기이므로 햇곡으로 빚은 송편을 먹
고, 차례를 지내며, 송이버섯을 이용한 요리도 즐겼다. 놀이로는 풍요를 상징하는 달
밤 아래 강강술래(월월이청청, 놋다리밟기)를 비롯해 쾌지나칭칭, 줄다리기, 지신밟기, 가

마싸움, 동채싸움, 길쌈놀이, 소놀이, 탈놀이, 씨름, 소싸움 등이 펼쳐졌다.

중부 지역에선 농경의 주체인 소를 가장한 소놀이와 십장생에 등장하는 영물인 거북을 가장한 놀이가 벌어졌다. 강남에서 온 제비가 돌아가는 9월 9일(중양절)에는 수확놀이로 바쁜 일손을 잠시 놓고, 국화주와 국화전을 만들어 먹고, 운치 있게 단풍을 감상했다.

추수를 감사하는 10월은 으뜸의 달, 상달〔上月〕이다. 고대 제천의례는 모두 10월에 행해졌다고 한다. 상달엔 길일을 잡아 고사를 지냈다. 호남지방에선 성주굿, 서울과 경기도에선 도당굿, 제주도에선 만곡대제가 열렸다.

12월, 밤이 가장 긴 동짓날엔 팥죽을 쑤어 액을 막는 고사를 지냈다. 한 해의 마지막 날, 섣달 그믐날, 궁중에서는 악귀를 쫓는 제의 '나례(儺禮)'를 행했으며, 대포(연종포)를 쏘기도 했다. 한편, 백성들은 대불놓기를 하며 잡귀를 쫓았다. 자정이 넘어서면 대나무로 만든 여성 복조리 장수가 다녔다. 복조리 안에 돈, 음식, 성냥 또는 긴 실을 넣고 방이나 부엌 귀퉁이에 걸어놓으면 복이 온다고 믿었다. 가족과 친척이 모여 윷놀이를 하고, 윷점을 쳤으며, 연날리기를 즐겼다.

현대의 한국 풍속놀이

우리 민족은 명절, 장날, 운동회, 축제 등에서 놀이를 통해 노동과 유희의 균형을 맞추었다. 비록 일제강점기에 많은 세시풍속이 중단되었고, 어떤 풍속들은 오늘날까지 원형이 그대로 전해지는가 하면, 다른 풍속들은 시대에 맞추어 진화해왔다. 21세기 어린이에게도 전통놀이(전래놀이, 민속놀이, 풍속놀이)는 전통문화 의식을 함양시키며, 체력을 발달시킬 뿐만 아니라 언어 구사력과 표현력을 기르며, 사회성을 키우는 신체적, 지적, 정서적, 사회적인 가치가 있다.

『지금 해도 재밌는 한국 풍속놀이 33가지』(박영수 지음, 풀과바람, 2019)는 풍속놀이 33가지를 체력놀이/ 두뇌놀이/ 상징놀이/ 유네스코 인류무형문화유산 다섯 가지로 분류했다. 체력놀이(13)에는 투호·공차기·구슬치기·썰매타기·눈썰매·딱지치기·

공기놀이·땅따먹기·돌차기·제기차기·팽이치기·장치기와 자치기·그네뛰기, 두뇌놀이(8)에는 수수께끼·가위바위보·손뼉치기·장기·바둑·오목·고누두기·칠교놀이, 상징놀이(7)에는 윷놀이·술래잡기·쌍륙과 승경도·말뚝박기·연날리기·꼭두각시놀음·널뛰기가 속한다. 유네스코 인류무형문화유산에는 강강술래·남사당놀이·영산재·제주칠머리당영등굿·처용무(2009)·줄타기·택견(2011), 농악(2014), 줄다리기(2015), 씨름(2018) 등이 등재되었다.

🅻🅹🅺 **엘리자베스 키스, 연날리기**(Korean Kite), 1922

E스포츠 게임의 슈퍼스타 '페이커' 이상혁

"KOREA 고요한 새벽의 나라는 전쟁 기술을 통달하고 지구에서 가장 유명한 스타크래프트 플레이어들의 고향이 되었다. 이 무시무시한 난투에 생각 없이 발을 들이지 마시오(The Land of the Calm Dawn has mastered the art of war, and emerged as home to the most renowned StarCraft players on Earth. Do not arrive idle to this melee)."

_2017년 8월 재구성한 멀티플레이어 비디오게임 '스타크래프트'의 한국 서버 도입부의 설명글 2017

세계를 선도하는 한국의 IT 인프라 덕분에 광대역 인터넷에 접속할 수 있게 되어 모든 가정이 잠재적인 게임 스테이션으로 변모했다. 비디오게임을 통해 겨루는 E스포츠(Electronic Sports) 분야에서도 한국인의 게임 실력은 세계 최고를 자랑한다. 한국은 E스포츠 종주국이 되었다. 2013년 베스트셀링 PC 실시간 전투게임 '스타크래프트(StarCraft)' 시리즈의 톱 15를 모두 한국인 게이머들이 차지하며 '대한게임국'으로 공인받았다. "프로게이머는 서울대 입학보다 어렵다"는 말이 있을 정도다.

2019년 5월 7일 뉴욕 타임스퀘어 전광판에 이상혁 씨의 얼굴을 담은 생일축하 광고를 낸 중국 팬클럽(사진: #Happy_Faker_Day @Hideonheart0507)

2019년 '페이커(Faker)' 이상혁 씨(1996~)는 세계 게임 1위로 등극했다. 2022년 9월 현재 E스포츠 59개 대회에서 총 136만 달러를 벌어들였으며, 이상혁 씨의 순자산 가치는 1천만 달러로 알려졌다.

미국의 스포츠 전문 TV 채널 ESPN 방송은 2016년 '첫 3년간: 페이커의 성취 대 르브론, 메시 등(Junior year: Faker's achievements vs. LeBron, Messi and more)'에서 20세의 이상혁 씨를 '골프 황제' 타이거 우즈, 농구스타 르브론 제임스, 축구스타 리오넬 메시에 비교했다. 또한 2019년 〈포브스(Forbes)〉지는 그를 아시아 예능/스포츠 부문 '30세 이하 30인(30 Under 30)'에 선정하면서 "컴퓨터 게임 '리그 오브 레전드의 신(god of computer game 'League of Legends')'으로 2018년 가장 사랑받는 게이머에게 수여하는 데이비드 얀(David Yan)상을 수상했다"고 소개했다.

2019년 5월 7일 중국 팬클럽은 뉴욕 타임스퀘어 전광판에 이상혁 씨의 얼굴을 담아 생일축하 광고를 했다. 그는 겨우 24세였다. 페이커 유튜브 채널(T1 Faker)의 구독자는 2023년 5월 현재 169만 명, 조회수는 3억 6570만 회에 이른다.

놀이 정신과 K-문화

1970년대 한국 TV의 인기 프로그램 중 하나는 게임 대항 「유쾌한 청백전」(MBC)이었다. 변웅전 씨의 사회로 연예인을 비롯해 각계 명사들이 출연, 스포츠와 게임으로 대결하는 오락 프로그램이었다. 변웅전 씨는 게임 프로그램의 간판 사회자로 자리매김해 「묘기 대행진」, 「명랑 운동회」를 진행했다. 그리고 2021년 케이블 채널 TV조선은 「유쾌한 청백전」을 리바이벌하면서 노래 한마당까지 가미한 버라이어티 게임 프로그램 「화요 청백전」을 방영했다.

오늘날 한국이 K-팝, K-드라마, K-영화에서 게임 한류까지 탁월한 성과를 올리고 있는 것은 우리 민족의 내부에 문화의 원형인 놀이 정신이 깔려 있기 때문일 것이다. 놀이를 만들어내고, 놀이를 즐길 줄 아는 한민족. 그 놀이를 문화/드라마로 업그레이드해 2021년 「오징어 게임」이 나왔고, 세계적인 성공을 거두었다.

드라마 「오징어 게임」은 오징어 놀이에서 '무궁화꽃이 피었습니다', 구슬치기, 딱지, 달고나(설탕 뽑기), 의상까지 세계로 퍼지면서 하나의 문화현상이 되었다. 1970~1980년대 한국 초등학생들이 즐기던 골목놀이는 자본주의의 치열한 경쟁과 불평등을 풍자적으로 비유한 메타포(metaphor) 게임으로 승화했다. 동그라미, 세모, 네모(○△□)의 단순한 조형으로 구성되지만, 심오한 의미를 담은 우리의 전통놀이는 소셜미디어(SNS), 틱톡, 유튜브, 게임으로 퍼졌으며, 벨기에의 운동장까지 들어갔다. 〈할리우드 리포터〉지에 따르면, 넷플릭스는 「오징어 게임」을 각색한 비디오 게임을 개발 중인 것으로 알려졌다.

로스앤젤레스(LA) 시의회는 2022년 9월 9일 에미상 시상식을 나흘 앞두고 9월 17일(넷플릭스 첫 방영일자)을 '오징어 게임의 날'로 선포했다. '오징어 게임의 날' 선언식에는 에릭 가세티 LA 시장, 존 리 시의원, 황동혁 감독, 배우 이정재, 제작사 싸이런픽처스의 김지연 대표가 참석했다. 이날을 발의한 한국계 존 리 시의원은 "「오징어 게임」이 한국 문화와 전통을 알리고, 미국 엔터테인먼트업계에 아시아-태평양인(Asian American and Pacific Islander, AAPI)의 목소리를 높인 성과를 기념하기 위한 것"이라고 밝혔다. 9월 17일은 2021년 「오징어 게임」이 넷플릭스에서 첫 방영된 날이다.

▲ 「오징어 게임」은 2022 에미상 최우수 드라마 부문 작품상, 남우주연상 등 6개 부문을 석권하며 에미미의 역사를 새로 썼다.(사진: @emmys)

◀ 2022년 6월 19일 타임스퀘어 전광판의 「오징어 게임」과 이정재(사진: Sukie Park/ NYCultureBeat)

　　「오징어 게임」의 성공으로 K-드라마, K-게임, K-푸드, K-패션까지 시너지 효과를 냈다. 뉴욕의 미슐랭 1스타 바비큐 한식당 '꽃(Cote)'을 비롯, 한식당들은 추억의 길거리 간식 달고나(Dalgona candy)를 메뉴에 올리거나 「오징어 게임」 테마의 디너 이벤트를 진행하기도 했다. 유튜버들은 달고나 레시피, 모양 뽑기 비결 등 비디오를 제작하고, 틱톡(TikTok)에선 오징어 게임 사탕(Squid Game candy)라는 이름의 서바이벌 게임도 열렸다.

#12 모자의 왕국

킹덤 오브 햇

"오 마이 갓!(Oh My Gat!)"

"「킹덤」을 꼭 봐야 해. 좀비와 정말 멋진 모자에 관한 드라마야. 이 조합은 최고!"

"「킹덤」은 무척 훌륭해. 이 쇼의 가장 좋은 점은 물론 모자들이야."

"모든 사람이 끝내주는 모자를 쓰고 있는 드라마!"

2019년 1월 25일 조선시대(1392~1987)를 배경으로 한 스릴러 「킹덤(Kingdom)」(김은희 극본, 김성훈 연출)이 한국 드라마 최초로 넷플릭스에 의해 세계 190개국에 공개된 후 소셜미디어에는 '「킹덤」 열풍'이 불었다. 「킹덤」은 죽었던 왕이 되살아나자 반역자로 몰린 왕세자가 굶주림 끝에 괴물이 되어버린 이들의 비밀을 파헤치며 시작되는 사극 스릴러다. 세계 네티즌에게 「킹덤」의 화제는 좀비가 아니라 다름 아닌 등장인물들의 모자였다.

「킹덤」에는 다양한 모자들이 등장한다. 조선시대 선비들이 외출 시에 쓰던 검은 갓 흑립, 무관들의 전립과 주립, 선비들이 집안에서 쓰던 정자관, 왕이 집무를 볼 때 쓰는 상투관, 나라의 큰 제사나 즉위식에서 왕족이 쓰는 면류관, 큰 행사 즉위식에서 신하들의 양관, 궁궐에서 대신들이 쓰는 사모, 장례식에서 상주가 쓰는 굴건, 천민들이 쓰던 패랭이(평량갓) 등 장면마다 풍부한 볼거리다.

킹덤 햇(Kingdom Hats)이 인기를 끌면서 글로벌 쇼핑몰 아마존(Amazon)과 이베이(Ebay)에는 갓을 비롯해 익선관, 정자관 등 한국 전통모자들이 올라왔다. 몇몇 리뷰

어들은 한국산 갓을 할로윈 데이와 파티에서 착용했다고 밝혔다.

2020년 6월 아마존에는 흑립(Korean Drama Kingdom Hat Chosun Dynasty Traditional Hats: Large, Black/ Heuklib, $39.99-$54.99), 관모(Korean Drama Kingdom Hat Chosun Dynasty Traditional Hats: Large, Black/ Gwanmo, $36.99), 정자관($38.99), 포졸대장 모자($119.99) 등이 나왔다.

개화기 서양인들의 조선 모자 예찬

네티즌들이 넷플릭스 한국 드라마 「킹덤」에 매료되기 130여 년 전 이미 서양인들은 조선의 모자에 찬사를 보냈다. 개화기에 조선을 방문했던 외국인들은 드라마가 아닌 3차원의 현실에서 우리 민족의 모자에 매료되었다.

1883년 고종의 조미수호통상사절단 수행 비서로 미국을

1883년 퍼시벌 로렌스 로웰과 미국을 여행한 조미수호통상사절단

여행하고 나서 한국에 체류했던 천문학자 퍼시벌 로렌스 로웰(Percival Lawrence Lowell, 1855~1916)은 『조선: 고요한 아침의 나라(Chosön: The Land of the Morning Calm; a Sketch of Korea. Ticknor)』(1886)를 출간했다. 이 책에는 별도의 장으로 무려 17쪽(332~347쪽)에 걸쳐 조선의 모자(On Hats)에 대해 사진, 삽화와 함께 설명하고 있다. 로웰은 "특히 '모자의 나라' 한국에서 모자는 명예로운 것이다. 실제로 먼저 그 모자 종류의 무한한 가능성을 깨닫게 되며, 뜻밖의 발견이다"라고 썼다.

로웰은 이 책에서 "집 안에서 신발은 벗어도 모자는 썼다. 밥을 먹을 때도 겉옷은 벗어도 모자는 쓰고 먹었다"고 설명했다. 그리고 "갓은 서양에서 유행하는 실크햇(Silk

Hat/Top Hat)과 같은 등급을 매길 만한 훌륭한 발명품이다. 매우 잘게 쪼갠 대나무와 아주 가느다란 비단실이 재료로 쓰이는데 대나무가 비단실의 뼈대를 이룬다. 그러나 너무나도 섬세하게 짜기 때문에 어느 것이 대나무이고 어느 것이 비단실인지 분간할 수가 없다"며 제작 기술에 찬사를 보냈다.

1886년 육영공원(Yugeong Gongwon, Public Institute of Education, Royal English School) 교사로 왔던 뉴욕 유니온 신학교(Union Theological Seminary) 학생 조지 W. 길모어(George W. Gilmore, 1857~?)는 『서울풍물지』에서 조선을 "모자의 첨단을 걷는 나라"라고 기록했다. 1888년 제물포를 통해 조선에 왔던 프랑스 탐험가이자 인류학자인 샤를 L. 바라(Charles Louis Varat, 1842~1893)는 『세계 여행, 한국 여정(Voyage en Core, Le Tour du monde)』(1892)에서 "조선은 모자의 왕국"이라 하면서 "금빛 판지로 만든 신하들의 관에서부터 농민들의 보잘것없는 머리싸개에 이르기까지 그렇게 다양한 방법으로 온갖 형태의 모자를 만들어 사용하는 나라를 지금껏 본 적이 없다"고 기록했다.

1888년 조선에 의료 선교사로 와서 연세대학교 설립자가 될 선교사 호러스 그랜트 언더우드와 결혼한 릴리아스 언더우드(Lillias H. Underwood)는 명성황후의 의사가 되었다. 릴리아스 언더우드는 『상투의 나라(Fifteen years among the Top-Knots)』(1904)를 출간했

퍼시벌 로렌스 로웰, 『조선: 고요한 아침의 나라』, 1886

다. 조선은 상투의 나라, 그 상투를 감싸기 위해 썼던 모자의 나라였던 것이다.

1902년 고종의 공식 초상화를 그렸던 프랑스 화가 조제프 드 라네지에르(Joseph de La Nzire, 1873~1944)는 『극동의 이미지(l'Extrme Orient en Image)』(1903)에서 "한국은 가장 독특한 모자 문화를 가진 나라다. 모자에 관한 한 아리스토텔레스에게 자문을 해주어도 될 수준이다. 그들에게 모자는 이미 외관의 소품을 넘어서 자신을 나타내주는 상징물인 것이다"고 기록했다.

프랑스 출신 기자이자 정치인 앙리 갈리(Henri Galli, 1854~1922)도 저서 『극동 전쟁(La Guerre en Extreme-Orient)』(1905)에서 "한국 모자의 모든 형태를 전부 나열한다는 것은 불가능한 일이다. 한국 모자의 종류는 너무도 다양하여 약 4000종에 달할 것이라고 들었다"고 기록했다.

일제강점기에 한국을 방문했던 신부와 화가도 조선인의 모자에 주목했다. 독일 성 베네딕도회 오틸리엔 수도원 총아빠스 노르베르트 베버 신부는 1911년과 1925년 조선을 방문했다. 베버 신부는 조선인들의 모자와 짚신에 매료되었다.

고종황제는 1897년 국호를 조선에서 대한제국으로 바꾼 후 1900년 파리만국박람회(Exposition de 1900)에 참가하며, 박람회 특사로 민영찬을 파견했다. 경복궁 근정전을 본뜬 대한제국관(Pavillion de la Coree)에는 농산물을 비롯해 상감 철모, 철제 병기, 도자기, 조각, 해금, 거문고, 장롱, 장신구 등이 전시되었다. 당시 프랑스 신문 〈르 프티 주르날(Le Petit Joournal)〉은 엑스포 특집판에서 한국관을 삽화와 함께 소개했다. 삽화엔 모든 한국인이 모자를 쓰고 있다. 그 후 대한제국은 일제강점으로 박람회에 참가할 수 없었다.

1900년 파리 엑스포의 한국관을 담은 〈르 프티 주르날〉의 삽화

일제강점기 서양 화가들이 포착한 조선인과 모자

1919년 3월 일제강점기에 한국을 찾았던 스코틀랜드 출신 화가 엘리자베스 키스와 언니 엘스펫 키스 로버트슨 스코트는 공저 『Old Korea: The Land of Morning Calm』(1946)에서 "조선인은 대체로 소박하고 단순하지만, 모자만큼은 예외적으로 다양한 면모를 지니고 있다. 지위와 계층에 따라 모자의 형태가 다른 것은 물론, 재질도 매우 다양하다. 그래서 그들은 모자만 보고도 어떤 사람인지 금방 식별할 수 있다"라고 쓰고, 모자 쓴 조선인들을 그림으로 남겼다.

"모자는 중요하다. 선비들은 말총으로 만든 특별한 모양의 모자를 쓴다. 약혼한 소년은 노란 밀짚의 원형 모자(초립)를 쓴다. 혼례식에서 신랑은 모자(사모)를 쓰며, 혼례 기러기를 들고 있다. 이런 관습들은 오늘날 변화 중이며, 한국 남성들은 다른 남성들처럼 추악한 현대의 펠트 모자를 쓴다. 이 그림에서 모자 가게 바깥의 노란색 종이로 만든 원뿔 상자는 원거리 여행 때 소중한 모자를 넣어 갖고 다니기 위한 것이다. 나는 가게 주인들을 그리는 동안 종종 집에서 그들을 훔쳐보았다."

_『Old Korea: The Land of Morning Calm』, 1946

엘리자베스 키스가 그린 조선 사람들

한편, 프랑스 출신 화가 폴 자쿨레(Paul Jacoulet, 1896~1960)는 세 살 때 아버지가 도쿄외국어대학에서 가르치면서 일본에 살기 시작했다. 일본 풍속화인 우키요에(浮世繪) 목판화를 배웠다. 1929년 경성제국대학의 일본인 교수와 재혼한 어머니를 찾아 한국을 종종 방문해 조선인들을 그렸다. 일본에서 작업하면서는 한인(나영환)을 조수로 두었고, 그의 딸을 양녀로 입양했다. 2019년 서울미술관에서 「폴 자쿨레: 다색조선」이 열렸다.

폴 자쿨레의 조선 사람들

쇼킹 단발령과 상투의 실종

"신체발부 수지부모 불감훼상 효지시야(身體髮膚 受之父母 不敢毀傷 孝之始也)."
(사람의 몸과 털과 살은 부모로부터 물려받은 것이니, 이것을 감히 손상시키지 않는 것이 효의 시작이다.)

우리 민족은 삼국시대부터 유교의 가르침인 이 『효경(孝經)』의 첫 구절을 지켰다. 남아들은 댕기를 드리우다가 성인이 되면 머리를 올려 상투를 틀었고, 모자를 썼다.

1895년(고종 32) 12월 30일 김홍집 내각은 조선인에게 충격적인 단발령을 내리게 된다. 고종과 왕세자(순종), 신하들이 상투를 자르는 시범을 보였고, 내무대신 유길준은 칼과 가위로 백성들의 머리를 강제로 깎도록 감독했다. 이에 성리학자들과 민중은 격렬하게 반발했다. 을미사변(명성황후 등 집단 살해 사건)과 단발령은 반일 감정으로 들 끓게 했고, 전국에서 의병이 일어나는 계기가 되었다.

1896년 고종과 왕세자가 일본군과 친일내각이 장악한 경복궁을 탈출해 러시아 공 사관으로 피신(아관파천)하며 친러시아 내각이 등장했고, 단발령은 철회된다. 고종의 머리카락을 잘랐던 정병하는 참살되었고, 순종의 머리카락을 잘랐던 내무대신 유길 준은 일본으로 망명했다.

1897년 대한제국이 선포되고, 1900년 근대화(광무개혁)의 하나로 단발령이 부활된 후엔 거부감이 줄었다. 상투가 사라지게 되었지만, 1930년대까지도 단발을 여전히 거 부하는 이들도 많았다. 그리고 모자는 사라지게 된다.

왜 미국 남성들은 모자를 벗었나?

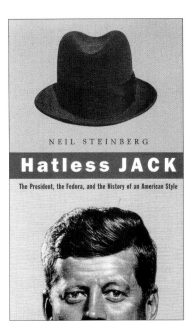

📖 네일 스타인버그(Neil Steinberg)가 쓴
『모자벗은 잭(Hatless JACk: The President,
the Fedora and the Death of the Hat)』

1940~1950년대 할리우드 영화, 특히 누아르 영화에 등장하는 남성들은 정장에 트렌치 코 트, 중절모(fedora hat) 차림에 담배를 물고 있다. 그런데 1960년대 이후의 미국 남성들은 좀체 모자를 쓰지 않았다. 왜 그들은 갑자기 모자를 벗어 던졌을까?

원래 미국의 역대 대통령들은 취임식에서 톱 햇/실크햇(top hat/silk hat)을 쓰는 것이 관례였다 고 한다. 영국 신사로 대표되는 원통형 모자로 면류관, 왕관처럼 권위를 상징하는 패션이었다. 톱햇은 에이브러햄 링컨이 애용했으며, 프랭클 린 D. 루스벨트, 해리 트루먼, 드와이트 아이젠 하워 대통령도 썼다.

하지만 패셔니스타 존 F. 케네디는 톱햇을 거

영화 「카사블랑카(Casablanca)」(1942)에서 험프리 보가트와 잉그리드 버그만
(사진: Warner Bros. Pictures)

부했다. 1961년 1월 20일 취임식에서 관례대로 실크 톱햇을 쓰고 취임식장에 나타났지만, 취임식 연설 때는 모자를 벗었다. JFK의 획기적인 무모자(hatless) 패션은 미국 남성에게 새로운 유행을 선언한 셈이 되었다. 모자를 벗어라! 사실 JFK는 미남이라 모자가 오히려 방해가 된다.

1934년 배우 클라크 게이블은 영화 「어느 날 밤에 생긴 일(It Happened One Night)」에서 속옷을 입지 않아 미국의 러닝셔츠 산업을 망하게 했다. JFK의 대통령 취임식 날, 미국 남성 모자의 죽음이 선언되었고, 모자 사업가들은 JFK를 원망했다.

JFK가 재클린 케네디와 함께 당대의 유행 패션을 주도한 것은 사실이다. 하지만 이와 함께 자동차 시대가 도래하면서 모자는 사라질 운명이었다. 대중교통에서는 문제되지 않았던 모자가 자동차 안에서는 골칫덩어리가 되었다. 차 안에서는 모자가 망가지기 때문에 벗어야 하는 번거로움이 생긴 것. 그 후로 험프리 보가트의 중절모, 존 웨인의 카우보이 모자는 스크린 속에 머물렀고, 미국인들은 중절모 대신 야구 모자에 집착하게 된다.

나폴레옹 황제 모자를 240만 달러에 구매한 하림기업

📖 **조제프 샤보르**(Joseph Chabord, 1786~1848)**의 「바그람 전장의 나폴레옹」**(1810)

2014년 11월 프랑스 퐁텐블로(Fontainebleau)의 오세나(Osenat) 경매에서 나폴레옹 보나파르트(Napoleon Bonaparte, 1769~1821)가 썼던 이각(二角) 모자(two-cornered hats, bicorne)가 188만 4000유로(약 240만 달러, 약 26억 원)에 낙찰되었다. 모자 경매 사상 최고가였던 그 모자를 구매한 이는 한국 식품업체 하림기업의 김홍국 회장이었다. 비버의 털로 제작되어 당초 예상 가격이 30~40만 유로였으나, 그 다섯 배에 달하는 가격에 낙찰된 것이다. 나폴레옹은 평생 이각 모자를 120개를 썼으며, 그중 19개가 남아 있다. 경매된 모자는 모나코 왕실 컬렉션에서 나왔다.

하림 측은 "평소 김 회장은 보나파르트 나폴레옹 1세의 불가능은 없다는 도전정신을 높이 사왔으며 기업가 정신을 다시 한번 일깨우는 의미에서 마침 경매로 나온 모자를 구매하게 되었다. ……나폴레옹의 도전정신은 기업가 정신이 절실한 이 시대에 주는 메시지가 있는 만큼, 이 모자를 사람들이 볼 수 있는 장소에 비치해 도전과 개척정신을 공유하는 방안을 생각하고 있다"고 밝혔다. 하림은 닭고기 생산, 가공 회사다.

뉴욕의 스타 모자 디자이너 유지니아 김

'모자의 왕국' 후예가 1990년대 후반 뉴욕에서 선풍을 일으켰다. 마돈나, 카메론 디아즈, 귀네스 팰트로, 사라 제시카 파커, 린지 로한, 제니퍼 로페즈, 브리트니 스피어스, 패리스 힐튼에서 로린 힐 등 스타들이 즐겨 쓰는 모자로 유명해진 유지니아 김 (Eugenia Kim). 펜실베이니아에서 자란 그녀는 다트머스대학교에서 심리학을 전공했다. 의대를 지망했던 유지니아 김은 어느 날 카페테리아의 쟁반을 사용해 골프 코스에서 썰매를 타다가 한 달간 입원하면서 병원의 실체를 보았다.

의대를 포기한 유지니아 김은 졸업 후 뉴욕으로 이주해 파슨스 디자인 스쿨(Parsons School of Design)에서 모자 제작을 배우면서 패션잡지 〈알루어(Allure)〉에서 아르바이트를 했다. 뉴욕의 패션잡지는 걸출한 패션디자이너들을 배출했다. 패션디자이너 베라 왕(Vera Wang)은 〈보그(Vogue)〉지, 케이트 스페이드(Kate Spade)는 〈마드모아젤〉 기자 출신이다.

유지니아 김은 어느 날, 짧게 자른 머리 모양새가 마음에 들지 않아 아예 삭발한 후 깃털로 장식한 모자를 쓰고 다니다가 칭찬받은 것을 계기로 모자를 만들기 시작해 바니즈 뉴욕(Barneys New York) 백화점에서 주문을 받게 되었다. 1997년 이스트빌리지에 자그마한 부티크 '유지니아 김'을 열었다. 이후 버그도프굿맨, 삭스5애비뉴, 니만마커스 등 고급백화점에서 판매되고, 〈보그〉, 〈W 매거진〉, 〈엘르(ELLE)〉, 〈하퍼즈 바자(Harper's Bazaar)〉 등에 소개되었다.

2004년엔 구두 디자인도 시작했으며, 같은 해 미국 패션디자이너협회(CFDA) 액세서리 디자인상을 수상했다. 2006년엔 모자 활용법에 관한 책 『토요일 밤의 모자(Saturday Night Hat: Quick, Easy Hatmaking for the Downtown Girl)』를 출간했다. 2009년엔 의류/생활용품 체인인 어번 아웃피터즈(Urban

유지니아 김과 『토요일 밤의 모자』(2016)

Outfitters), 2010년 백화점 체인 타깃(Target)을 위해 한정판 모자를 디자인하기도 했다. 2011년 스웨덴의 마들렌 공주가 모나코의 알베르 왕자 결혼식에 쓰고 나타난 모자도 유지니아 김의 작품이다. 유지니아 김의 모자는 블루밍데일, 삭스5애비뉴, 니만마커스 등 유명 백화점을 비롯해 세계 100여 부티크에서 팔리고 있다.

캐롤리나 헤레라: "갓과 한복은 내 영감"

패션디자이너 캐롤리나 헤레라(Carolina Herrera)는 2010년 9월 뉴욕 패션위크에서 갓과 한복 라인을 도입한 2011 봄 기성복 컬렉션(Spring 2011 Ready-to-Wear)을 발표해 주목을 끌었다.

비대칭의 라인과 절제된 웅장함이 특징인 캐롤리나 헤레라는 "한국 전통 의상과 식물 도판에서 영감을 받은 컬렉션"이라고 밝혔다. 이브닝드레스, 원피스, 셔츠 팬츠와 매치한 조선 선비의 갓, 한복의 깃과 고름 선을 응용한 이브닝드레스, 그리고 꽃무늬가 조화를 이룬 컬렉션이다.

브루클린 박물관 소장 조선 '용봉문 두정투구'

조선시대 모자의 백미는 소박한 선비의 갓과 화려한 임금의 모자일 것이다. 브루클린 박물관엔 조선시대 임금이 의전 때 착용했던 것으로 보이는 '용봉문 두정갑옷(龍鳳紋豆釘甲)' 2점과 '용봉문 두정투구(龍鳳紋豆釘冑)' 2점이 소장되어 있다. 투구는 황동에 금을 입혔으며, 표면에 검게 옻을 칠했다. 용, 봉황, 꽃 모양이 부속으로 장식되어 있으며, 옆드림과 뒷드림이 달려 있다.

고대 복식 연구가 권준희 박사는 "용 문양도 중요하지만 용의 발톱 수로 신분을 구별한다. 발톱이 다섯 개인 것으로 보아 왕의 것으로 보인다. 고종이 황제가 된 이후에는 황색을 착용했으므로 (붉은색은) 고종의 황제 즉위 이전이나 이전 시기의 철종일

수도 있다"고 설명했다.

브루클린 박물관의 아시아 미술 큐레이터 조앤 커민스는 "1913년경 박물관의 첫 아시아 큐레이터였던 스튜어트 컬린이 미술품 수집 차 한국과 일본을 방문해 구입했다. 그러나 정확히 언제 박물관으로

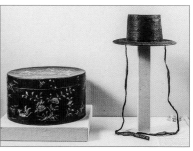

🎨 브루클린 박물관이 소장한 조선시대 용봉문 두정투구, 나전칠기 모자 함과 갓(사진: 브루클린 박물관)

들어왔는지는 기록이 없다"고 밝혔다. 유물번호 앞에 X가 붙은 것도 연도가 명확지 않기 때문이다. 브루클린 박물관은 달항아리, 백남준, 조선시대 갓, 갓집 등 한국 미술품을 소장하고 있다.

뉴욕 전시 「조선: 모자의 나라」

2019년 「킹덤」의 '조선 모자' 열풍은 2019년 가을 뉴욕으로 이어졌다. 롱아일랜드의 SUNY(뉴욕주립대학) 스토니브룩 찰스왕센터(Charles B. Wang Center, 디렉터 진진영)에서 「조선: 모자의 나라(Korea: A Land of Hats)」(9월 10일~12월 5일)가 열렸다. 뉴욕한국문화원, 한국의 코리아나 화장박물관과 공동으로 기획된 이 전시는 조선시대의 모자가 단순한 장신구의 역할을 넘어 신분, 직업, 연령, 결혼 여부를 상징하며 상황, 성별, 계절별 등 모자의 역할과 기능, 의미를 조명하는 특별전이었다.

코리아나 화장박물관(Coreana Cosmetic Museum)에서는 2010년 「모자의 나라 조선전」이 열렸다. 이 전시에선 중요무형문화재 4호 갓일장 박창영이 재현한 흑립, 백립, 주립 등 남성용 모자 10점을 비롯해 서울시 무형문화재 제50호 관모장 보유자 박성호가 재현한 남성용 모자 금관과 제관, 여성용 모자 화관과 족두리, 국가무형문화재 제107호 누비장 이수자 유선희의 여성용 모자 조바위, 남바위, 처네 등 총 30여 종의 전통 모자가 선보였다.

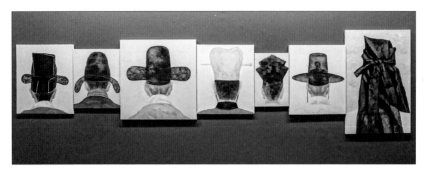

뉴욕 찰스왕센터 「모자의 나라」 전시(2019) 개막전

뉴욕 찰스왕센터 「모자의 나라」 전시(2019) 개막전
에서 관람객들(사진: 뉴욕한국문화원)

코리아나 화장박물관 「모자의 나라
조선전」(2010, 왼쪽)/, 천안박물관 「모자
전」(2017) 포스터(오른쪽)

　이와 함께 스코틀랜드 화가 엘리자베스 키스와 프랑스 화가 폴 자쿨레의 판화, 구
한말 조선의 모습을 소개한 고서적과 당시 발행된 엽서도 전시되었다. 전시 기간 중
박창영 갓일장이 FIT 재학생을 대상으로 현대 재료를 활용한 정자관, 복건, 유건 만
들기 워크숍을 열었다.

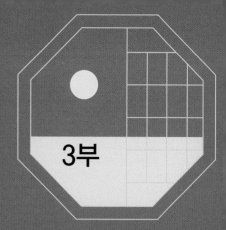

3부

음주가무 飲酒歌舞 를
즐기는 민족

#13 먹고

한국계 뮤지션 미셸 자우너, 『H마트에서 울다』

　우리는 '한(恨)' 많은 민족이었기에 그 한을 '흥(興)'으로 신명나게 풀어야 했을까? 사실 한민족은 고대국가 때부터 먹고, 마시고, 노래 부르고, 춤추는, 즉 음주가무(飮酒歌舞)를 즐겨온 민족이다. 우리는 음주가무의 DNA를 갖고 태어난 듯하다.

　『삼국지』「위지동이전」[중국 위-촉-오의 세 나라가 정립한 삼국시대(220~280)에 서진 사람 진수(陳壽)가 편찬한 역사서 「삼국지」 중 '동이(東夷)'-한국에 관한 열전]의 '부여' 편에서는 "정월에 지내는 제천 행사는 국중 대회로 날마다 먹고 마시고 노래하고 춤추는데 그 이름을 영고(迎鼓)라 하였다"고 나온다. '고구려' 편에는 "백성들은 노래와 춤을 좋아하여, 나라 안의 촌락마다 밤이 되면 남녀가 떼 지어 모여서 서로 노래하며 유희를 즐긴다"고 써 있다.

고구려 '무용총(춤무덤)'의 벽화 「가무배송도」

　'마한' 편에도 "해마다 5월이면 씨뿌리기를 마치고, 귀신에게 제사를 지낸다. 떼를 지어 모여서 노래와 춤을 즐기며 술 마시고 노는 데 밤낮을 가리지 않는다. 그들의 춤은 수십 명이 모두 일어나서 뒤를 따라가며 땅을 밟고 구부렸다 치켜들었다 하면서 손과 발로 서로 장단을 맞춘다'고, '변한' 편에는 "노래하고 춤추며 술 마시기를 좋아한다"고 기록했다.

> "음식은 엄마가 사랑을 표현하는 방법이었다. 엄마는 겉보기엔 지독한 잔소리꾼이었지만
> ―자신의 억지스러운 기대에 부응하도록 나를 끊임없이 몰아붙였던 탓에―내 입맛에 꼭
> 맞춰 점심 도시락을 싸주거나 밥상을 차려줄 때만큼은 엄마가 나를 얼마나 끔찍이 여기
> 는지 확실히 느낄 수 있었다. 나는 한국말을 거의 할 줄 모르지만, H마트에만 가면 어쩐
> 지 한국말을 유창하게 하는 사람이 된 기분이 든다."
> _『H마트에서 울다』(미셸 자우너 지음, 정혜윤 옮김, 문학동네, 2022)

2021년 봄 뉴욕의 한국계 뮤지션 미셸 정미 자우너((Michelle Chongmi Zauner)가 회고
록 『H마트에서 울다(Crying in H Mart)』를 출간해 화제가 되었다. "엄마가 돌아가신 뒤
로 나는 H마트에만 가면 운다(Ever since my mom died, I cry in H Mart.)"는 문장으로 시
작하는 이 책은 한인 엄마의 김치, 삼겹살, 미역국 등 한식을 먹고 자란 미셸 자우너
가 엄마를 암으로 잃은 후 한국 식료품 마켓 H마트(한아름)에서 식재료를 사다 요리
하면서 엄마와의 추억을 돌이키는 내용을 담았다.

달걀장조림, 동치미, 삼겹살, 미역국, 신라면, 떡볶이, 짜장면, 물냉면, 짱구과자, 조
리퐁 등 한식은 백인 아버지와 한국인 어머니 사이에서 태어난 자우너가 뿌리와 정
체성을 찾는 여정이기도 하다. 절반의 코리안, 미셸 자우너는 한국어는 서툴러도 한
식을 통해 엄마의 사랑과 한국 문화에 대해 고찰할 수 있었다. 『H마트에서 울다』는
2021년 〈뉴욕타임스〉, NPR(국
립공영방송) 등의 '올해의 책', 버
락 오바마 전 미대통령의 추천
도서에도 선정되었다.

미셸 자우너는 아이러니하
게도 '재패니즈 브렉퍼스트
(Japanese Breakfast, 일본식 아침식
사)'라는 인디 팝밴드의 보컬이

🎬 뮤직비디오「Everybody Wants To Love You」에서 미셸
자우너(왼쪽)/ 그가 쓴 베스트셀러 회고록 「H마트에서 울다」

김홍도, 「새참」, 『단원풍속도화첩』, 보물 제527호, 국립중앙박물관 소장

자 기타리스트로 활동해왔다. 앨범 「주빌리(Jubilee)」로 2022 그래미상(Grammy Awards) 신인아티스트(Best New Artist)와 얼터너티브 뮤직 앨범(Alternative Music Album) 후보에 오르기도 했다.

"민유방본(民惟邦本), 식위민천(食爲民天)."
(백성은 나라의 근본이요, 밥은 백성의 하늘이다.)
_세종대왕, 『세종실록』

우리는 밥심으로 산다. "밥 먹었니?"가 인사였다. 걱정할 때는 "밥은 먹고 사니?", 고마울 때는 "밥 한 끼 살게", 데이트 신청할 땐 "밥 한 번 드실래요?"라고 돌려 말한다. '찬밥'은 푸대접받는 신세, '눈칫밥'은 마음이 편치 못한 상태, '식은 죽 먹기'는 하기 쉬운 일을 가리킨다. 그리고 '한솥밥'은 가족이나 직장, 조직 등을 의미한다. 또한 우리는 '나이를 먹고', '마음을 먹고', '겁을 먹고', '애를 먹고', '돈 떼먹고', '욕을 먹는다'고 표현한다.

쌀로 지은 밥이 주식이었기에 쌀과 밥 그리고 떡에 관한 속담도 많다. "쌀독에서 인심 난다", "염불에는 맘이 없고, 젯밥에만 맘이 있다", "남의 밥에 든 콩이 더 굵어 보인다", "거지도 부지런하면, 더운밥을 얻어먹는다", "떡 본 김에 제사 지낸다", "보기 좋은 떡이 먹기도 좋다", "미운 놈 떡 하나 더 준다", "떡 줄 사람 생각도 않는데, 김칫국부터 마신다" 등 해학이 넘친다.

그뿐인가? 밥 이외에 음식을 상징화한 속담은 부지기수다. "목구멍이 포도청", "꿩 먹고, 알 먹고", "꿩 구워 먹은 소식", "꿀도 약이라면 쓰다", "생선 망신은 꼴뚜기가 시킨다", "작은 고추가 더 맵다", "못 먹는 감 찔러나 본다", "감나무 밑에서 홍시 떨어지기 기다린다", "닭 잡아먹고, 오리발 내놓기", "뒤로 호박씨 깐다", "미친년 달래 캐듯 한다", "뚝배기보다 장맛", "물에 물 탄 듯, 술에 술 탄 듯", "번갯불에 콩 볶아 먹는다",

"부뚜막의 소금도 집어넣어야 짜다", "사후 청심환" 그리고 우리는 "금강산도 식후경"인 민족이다.

밥에는 국이 따라온다. 한국인처럼 국물을 좋아하는 민족도 있을까? 조리법에 따라 국, 탕, 찌개, 전골까지 다양하며, 요리도 미역국, 떡국, 무국, 된장국, 북어국, 김칫국, 콩나물국, 해장국, 오이냉국, 콩국……. 갈비탕, 육개장, 삼계탕, 매운탕, 대구탕, 해물탕, 감자탕, 추어탕, 보신탕……. 김치찌개, 된장찌개, 순두부찌개, 비지찌개, 청국장찌개, 부대찌개, 고추장찌개……. 나누어 먹는 해물전골, 낙지전골, 만두전골, 두부전골, 버섯전골, 곱창전골, 그리고 물회까지 부지기수다.

고기가 남아도는 미국은 스테이크의 나라다. 하지만 빈곤했던 한국에선 고기 한 점이라도 식구와 나누어 먹어야 했으니 국을 끓이는 것이 최소 비용으로 최대 만족을 시켜주는 조리법일 것이다. 또한 추운 겨울에 몸을 따스하게 해주는 음식도 국이며, 찬밥도 따끈한 국에 말면 그만이다. 국은 헛헛한 마음까지 위로해주는 음식이다. 그래서 "국물도 없다"는 말은 무시무시한 협박이다. 이근삼(1920~2003)의 희곡『국물 있사옵니다』(1966)는 출세를 꿈꾸는 신입사원이 '국물의 맛'을 보며 부패해가는 모습을 그린 작품이다.

밥과 국, 반찬이 오르는 한식 밥상은 건식과 습식, 음과 양, 동물성과 식물성의 조화이기도 하다. 우리 조상의 지혜와 철학이 담긴 밥상이다. 서양의 코스 요리에 비해 반찬이 펼쳐지는 한상 차림은 먹는 이에게 선택의 자유를 준다. 한국의 주부는 가족이 반찬투정하지 않도록 매끼마다 신경 써야 하며, 3첩, 5첩 반상의 집밥을 뚝딱 만들어내는 슈퍼우먼이다.

꽤 오래전부터 뉴욕의 고급 한식당들은 서양식 코스에 맞추어 메뉴를 정비했다. 하지만 스페인의 타파스(Tapas)처럼 '작은 요리'인 반찬이 무료로 제공되는 한식의 푸짐한 상차림에는 우리 민족의 정(情)이 고스란히 느껴진다. 우리는 밥을 배 터지게 먹고, 손님을 상다리가 휘어질 정도로 대접해야 직성이 풀리는 민족이다.

'비디오 아트의 선구자' 백남준은 일찍이 한식 밥상을 예찬했다.

"각 소재의 특징을 살려 하나하나를 음미하는 일본 음식 문화에 비해 우리 요리상은 모든 반찬이 한꺼번에 나오는 반대의 방식이다. 먹는 사람의 기호 입맛에 따라 자유로이 선택할 수 있다. 마치 금세기말의 컴퓨터 전문화를 예견한 무작위 접근(random access) 방식이다. 미래의 전자회로시대·글로벌한 국제화시대에 적응하기 알맞은 수법과 철학이 담겨 있는 우리 음식법의 개성적 존재가치에 대해 저절로 찬양이 나온다."

_백남준, '비빔밥의 정신과 대전엑스포 93'

"금강산(金剛山)도 식후경(食後景)"이기에 한국인 여행자들의 해프닝은 종종 뉴스감이 된다. 스페인 산티아고 순례길(Camino de Santiago)을 걷는 한국인들이 알베르게(숙소)에서 삼겹살을 굽고, 소주에 김치를 먹으며 냄새를 피우는 것이 종종 목격되기도 했다.

2008년 크리스마스 즈음 스페인 여행 중 유럽에서 가장 오래된 바르셀로나의 재래시장 보케리아(Mercado de La Boqueria)에 들렀다. 그곳에서 한글로 '마싯따(Masitta)'라는 간판을 걸고 불고기, 볶음밥, 잡채, 김치, 김밥 등을 제공하는 간이식당을 보았다. 보케리아에서 유일한 비(非)스페인 점포가 한식당이었다. 유럽 여행 중 꼭 한식을 먹어야 기운이 나는 우리 한국인에게 정말 '사막의 오아시스' 같은 곳이었다.

이처럼 한국인에겐 먹는 것이 중요하고, 음식은 예술의 중요한 소재였다. 한류를 일으킨 드라마, 영화, 뮤지컬뿐만 아니라 한국에서 돌풍을 일으키며 영화와 드라마까지 제작된 만화가 음식 이야기인 것도 놀라운 일이 아닐 것이다.

바르셀로나 보케리아 시장의 '마싯따'(2008)(사진: Sukie Park/ NYCultureBeat)

「대장금」 신드롬

2003년 MBC-TV의 역사극 「대장금(大
長今/Jewel in the Palace)」은 조선시대 수라상
을 차렸던 궁녀 서장금이 각종 음모와 싸
우며 의녀로 성공하는 이야기를 그렸다.
「대장금」은 한국 내에 궁중요리 붐을 일으
켰을 뿐만 아니라 세계로 수출되면서 한
류가 가속화 되었다. 북한, 일본, 중국, 태
국, 스리랑카 등 아시아를 넘어서 이란, 튀
르키예, 루마니아, 짐바브웨까지 방영되었
으며, 배우 이영애를 글로벌 스타덤에 올
려놓았다. 이전의 장희빈류 요부와는 달
리 궁녀의 성공 스토리는 단지 한국 드라
마뿐만 아니라 궁중음식이라는 고급 한식
문화(K-Food)까지 홍보한 콘텐츠였다.

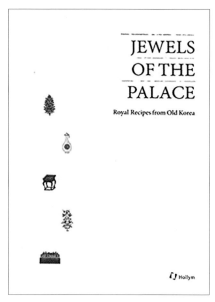

영문으로 출간된 『대장금의 궁중 상차림』
요리책

「대장금」에 등장하는 타락죽, 연근응이, 강란, 홍시죽순채, 맥적, 열구자탕, 삼색단
자, 화양적, 석류만두국, 구절판 등 궁중음식에 대한 관심을 불러일으켰으며, 조리법
70가지와 조선시대의 철학을 모은 요리책 『대장금의 궁중 상차림(Jewels of the Palace:
Royal Recipes from Old Korea)』(2017)이 영문으로도 출간되었다.

「식객」: 만화에서 영화에서 드라마로

베스트셀러 만화가 허영만의 「식객(食客)」은 2002년부터 〈동아일보〉 연재로 시작되
어 영화, 드라마로 제작되고, 만화 전집 출판까지 된 명작이다. 한민족이 얼마나 음식
에 열정과 긍지를 담았는지 가늠할 수 있는 예다.

만화 「식객」은 한식의 맛과 멋, 맛깔스러운 이야기로 135개 에피소드가 이어진다. 소재만 해도 쌀부터 밥, 김치, 비빔밥, 소금, 된장, 소갈비, 고추장 굴비, 설렁탕, 삼계탕, 육개장, 부대찌개, 아롱사태, 청국장, 매생이, 콩국수, 족발, 주꾸미, 과메기, 갓김치, 홍어, 광어, 고등어, 민어, 아귀, 은어, 갯장어, 정어리, 대구, 물회, 피라미, 부침개, 두부, 어리굴젓, 우거지국밥, 김밥, 수제비, 건빵, 타락죽, 메밀묵, 황포묵, 떡볶이, 식혜, 닭강정, 뼈다귀해장국, 곤드레밥, 진달래화전, 가자미식해, 잔치국수, 열무김치국수, 막국수, 팥칼국수, 짜장면, 올챙이국수, 바지락칼국수, 평양냉면, 함흥냉면, 진주냉면, 강된장, 오이소박이, 도다리 쑥국, 올갱이국, 보리밥, 돼지껍데기, 김치찜, 동래파전, 한과, 오미자, 송편, 떡국, 호떡, 이바지 음식, 탁주, 청주, 소주 등 풍부한 우리의 먹거리 이야기를 담았다.

2007년 전윤수 감독이 「식객」을 영화화했으며, 이듬해엔 SBS-TV에서 24부작의 동명 드라마(최종수 PD)로 제작되며 열풍을 이어갔다. 2019년 김영사에서는 「식객」 27권짜리 전집이 출간되었다. 그리고 뉴욕에도 '식객'이라는 이름의 빈티지 식당이 문을 열었다. 허영만 씨는 2015년 〈중앙일보〉에 「커피 한잔 할까요?」를 연재한 바 있다.

비언어 뮤지컬 「난타」

1997년 10월 서울 호암아트홀에서 초연된 비언어 뮤지컬 「난타(亂打, Cookin')」가 2003년 뉴욕에 입성했다. 타임스퀘어 뉴빅토리 시어터(New Victory Theater, 499석)에서 초연된 「난타」의 무대는 주방이다. 지배인이 조카를 데려와 요리사들에게 저녁 6시까지 결혼 피로연 음식을 준비하라고 지시하면서 벌어지는 소동을 그렸다.

「난타」를 기획한 배우 송승환 씨는 뉴욕 오프브로드웨이(100~499석 극장)의 비언어 공연 '블루맨 그룹(Blue Man Group)'과 '스톰프(STOMP)'에서 영감을 받았다. 송승환 씨는 1980년대 후반 뉴욕에 살면서 브로드웨이 연극, 뮤지컬 등을 보며 견문을 넓혔다고 한다. 한국 공연 제목은 리듬을 강조한 「난타(마구 때리다)」, 미국 공연에선 음식을 강조한 「Cookin' NANTA」를 제목으로 쓴 점이 흥미롭다.

뉴욕 오프 브로드웨이에서 장기 공연된 비언어 뮤지컬 「난타(Cookin')」(사진: PMC 프러덕션)

주방장이 "자, 그럼! 국자, 냄비, 식칼 들고! 맛 좋고 질 좋은 음식을 만들어 보잡신다"고 말하자 요리사들이 "예이!!!!" 하고 응답한다.

〔나나의 쓰레기통 두드리기의 시작으로 모모는 프라이팬을, 바바는 배달통을, 미스터 엑스(X)는 밥그릇으로 사물 장단을 두드리며 객석 통로를 가로질러 무대로 향한다.〕

_「난타」의 대본 중에서

「난타」는 사물놀이, 마당놀이, 마술, 곡예, 코미디, 팬터마임, 관객 참여까지 혼합했다. 주방 요리사들의 만두 빚기 대회, 불고기 만들기, 쿵후 파이팅 등 에피소드에서 식칼, 프라이팬, 냄비, 접시, 주걱 등으로 리드미컬한 소리를 냈다. 또한 드럼 스틱을 양손에 들고 신명 나는 한국의 사물놀이 리듬으로 관객을 매료시켰다.

1991년 세계 초연된 미국산 '블루맨 그룹'은 추상표현주의 화가 잭슨 폴락(Jackson Pollock)의 액션 페인팅이 모티프이며, 1987년 초연된 영국산 '스톰프'에는 빗자루, 쓰레기통, 지포 라이터, 비닐봉지, 모래 등 일상용품이 등장한다. 반면, 한국산 '난타'는 음식과 주방, 그리고 결혼 피로연이 콘셉트라는 점이 대조적이다.

「난타」는 오프브로드웨이 뉴빅토리 시어터(499석)를 거쳐 그리니치빌리지의 미네타

레인 시어터(Minetta Lane Theatre, 391석, 오프브로드웨이)에서 장기 공연했다. 2015년 관람객 수 1천만 명을 돌파한 「난타」는 지금도 서울과 제주에서 공연되고 있다.

영화 「기생충」 속의 음식 코드

"아, 이거 되게 상징적이다."

봉준호 감독의 「기생충」에서 기우는 친구가 선물로 준 수석을 들고 이렇게 말한다. 「기생충」은 먹거리 상징도 풍부한 영화다.

반지하방에 사는 김씨네는 음식사업과 밀접한 관계가 있다. 치킨집과 대만카스테라 체인 사업을 하다 실패한 후 온 가족이 배달 피자리아의 박스 접는 부업을 한다. 김씨(송강호 분)는 곰팡이 핀 식빵을 뜯어 먹는다. 하지만 기우와 기정이 박 사장네 취업한 후에는 기사식당 뷔페에서 부모에게 한턱을 낸다.

가정부 문광은 매실청을 접대하는 척하며 기정의 수업을 지켜보고, 기정은 문광의 복숭아 알레르기를 이용한다. 박 사장은 김씨네가 깔려 있는 소파 위에서 부인 연교에게 김씨에게서 '무말랭이 말리는' 냄새가 난다고 투덜거린다. 김씨의 분노가 쌓이게 되는 장면이다.

연교는 폭우 속에 캠핑을 취소하고 돌아오면서 가정부 충숙에게 짜파구리(짜파게티+너구리)에 한우 채끝살을 넣으라고 요청한다. 라면은 부르주아 가정에서 한우고명이 올라가는 고급 요리로 변신한다. 짜파구리는 영어로 라멘과 우동을 합친 'ramdong(ramen+udong)'으로 번역되었다. 또한 지하 방공호의 근세는 처음 등장에서 부인 문광이 주는 젖병에 담긴 미음과 바나나를 먹는다. 두 음식은 식욕과 성욕을 상징하며 근세는 구순기(口脣期)에 고착된 어른의 모습 같다. 후에 근세는 김씨네와 몸싸움을 벌이고 나와서는 피와 땀으로 범벅된 채 매실청을 병째 들이켠다.

프롤레타리아 계급 김씨네는 가난하지만, 가족의 유대감이 강하다. 봉 감독은 가족이 함께 밥 먹고, 술 마시는 장면을 통해 김씨네가 결속된 한 식구(食口)임을 보여준다. 반면, 박 사장네 가족이 모두 모여 밥 먹는 장면은 나오지 않는다. 박 사장네는 큰 저택에 뿔뿔이 흩어져 있는 원자화한 가족이다. '봉테일'로 불리는 봉준호 감독의 음식 디테일과 은유는 「기생충」의 스토리가 깊이 있게 전개되는 기능을 한다.

〈워싱턴포스트〉, 한식의 철학 찬사

　2021년 6월 코로나 팬데믹 와중에 〈워싱턴포스트〉는 "한식의 철학이 우리를 다시 연결하는데 어떻게 도움이 되나(How Korean food philosophy can help us reconnect)"라는 제목의 기사에서 주류로 부상한 한식의 대담하고도 만족스러운 요리 뒤의 가치가 그 어느 때보다 필요하다고 전했다. 이 신문은 요즘 트렌디한 레스토랑에 가면 메뉴에 고추장, 비빔밥이 종종 등장하며, 스트리밍 음악 서비스에서 재생 목록에 K-팝이 제공될 것이다라고 보도했다. 〈워싱턴포스트〉는 로이 최(Roy Choi)와 데이비드 장(David Chang) 등 인기 한인 셰프는 미국 식도락가들의 사전에 'bulgogi(불고기)'와 'bossäm(보쌈)'을 소개하는 데 도움을 주었다고 지목했다.

　〈워싱턴포스트〉는 오늘날 미국인들이 K-푸드를 정기적으로 먹지만, 한식 문화는 단순히 맛 이상으로 그 이면에 있는 경험과 의미 있는 관습이 필요하다고 설명했다. 한식의 주요 철학 중 하나는 모든 식재료를 준비하는 데 들이는 애정 어린 주의와 식탁에 모여든 사람들과 소통하는 관행에 반영되는 철학이라고 분석했다. 그리고 한국 요리의 세 가지 원칙을 소개했다.

　첫째는 자연과 시간이 핵심이다. 김치와 장류 등 발효식품처럼 1년 내내 즐길 수 있도록 재료를 보존하는 방식으로 필수 영양소를 제공하며, 소화기 건강에 유익하다고 전했다. 둘째는 '음식이 약〔藥食同源〕'이라는 철학이다. 김치는 건강한 섬유질과 프로바이오틱스(유익균)를 함유할 뿐만 아니라 장내 생물군계와 면역체계 활성화를 돕는다. 또한 심장에 좋은 해산물과 인삼 등 균형 있고, 영양가 있는 채소와 허브가 식단에 기여한다. 셋째는 균형의 개념이 녹아 있다. 비빔밥 같은 대표 요리는 탄수화물, 섬유질, 단백질의 균형을 한 번에 만족시킨다.

　그러면서 이 한식의 철학을 대표하는 음식으로 만두를 들었다. 조선시대 미만두

(규아상, 해삼 모양으로 빚은 궁중식 만두)를 언급하면서 만두는 한국 요리의 가장 심오한 원칙인 식탁에 둘러앉아 재회하는 시간을 갖는 것을 전형적으로 보여준다고 설명했다. 설날에 꼭 먹어야 하는 만두는 주머니 모양으로 건강, 안녕과 번영을 기원하는 의미를 담고 있다. 만두를 만드는 것도 사교적인 활동이며, 많은 한인 가족에게는 그들만의 만두 레시피가 있다. 한인 가족은 모여 앉아 만두를 만든다.

〈워싱턴포스트〉지는 지금 우리에게 그 어느 때보다 필요한 것은 이 대담하고, 만족스러운 한국 요리 뒤에 숨은 가치라고 결론지었다.

#14 마시고

"자, 여러분! 나 배고파서, 빨리 밥 먹자. 드세요! 술 뭐 마셔야 할지 모르겠어. 각자 좋아하는 술, 이거 아니겠습니까? 소주야? 오늘 지민이 소주야? 각자 취향껏 마실게. 저는 위스키를 먹겠습니다. ……그런데 이건 뭐야? 로열 살루트! 양주다. 난 막걸리다. 동동주 잔에 먹어야 하는데, 그릇에다. 난 오늘 뭐 마시지? 전 청주 좀 먹고 먹습니다. 야, 진짜 애주가네! 기준이 있어. 맑은 것 먼저 먹고, 좀 더 찐하게 먹는구나. 난 아예 위가 투명할 때 먹어. ……일단 먹고 시작하자."

글로벌 슈퍼스타 K-팝 보이밴드 방탄소년단(BTS)은 2022년 6월 14일 그룹 활동을 잠정적으로 중단한다고 밝혔다. 2013년 데뷔한 7인의 방탄소년은 9년간의 음악을 모은 3장의 CD '프루프(Proof)'를 출시했다. 청년이 된 이들은 CD 출시 나흘 만에 공식 유튜브 'BANGTANTV' 채널에 올린 '찐 방탄회식(BTS FESTA dinner)'에서 충격적인 휴지기 계획을 발표했다. RM, 진, 슈가, 제이홉, 지민, 뷔, 정국은 BTS의 창단을 기념하는 연례 회식에서 음식과 술 이야기로 대화를 시작한다. 방탄의 격식을 차리지 않은 먹방은 극적인 휴지기 선언으로 이어졌다.

그리고 BTS는 여름엔 『BTS 요리책(BTS RECIPE BOOK: Book of

BTS(방탄소년단) '찐 방탄회식'(사진: #2022BTSFESTA, BANGTANTV 유튜브 캡처)

Tasty Stories)』을 출간했다. BTS 멤버가 즐기는 한식으로 간단하게 기분 낼 때(김치볶음밥, 잔치국수, 부대찌개), 비가 올 때(파전, 수제비, 닭볶음탕), 간식이 당길 때(누룽지 과자, 붕어빵, 호떡), 야식이 생각날 때(치킨, 떡볶이, 라면) 그리고 힘을 내고 싶을 때(수육, 삼계탕, 갈비찜) 등의 조리법을 소개한 책이다.

> "한 잔 먹세그려 또 한 잔 먹세그려
> 꽃 꺾어 세어두고 무궁무진 먹세그려
> 이 몸 죽은 후면 지게 위에 거적 덮어
> 졸라매어지고 가나 유소보장의 만인이 울면서 가나
> 억새풀, 속새풀, 떡갈나무, 백양 숲에 가기만 가면
> 누른 해, 흰 달, 가는 비, 굵은 눈, 회오리바람 불 제 뉘 한잔 먹자 할꼬
> 하물며 무덤 위에 원숭이 휘파람불 제야 뉘우친들 어찌하리."
>
> _송강 정철의 「장진주사」 중에서

김홍도, 「주막」, 『단원풍속도첩』, 국립중앙박물관 소장

「관동별곡」, 「사미인곡」, 「속미인곡」 등 조선 가사문학(운문과 산문의 중간 형태)의 대가 송강(松江) 정철(鄭澈, 1536~1594)은 당대의 애주가였다. 이백(李白)의 「장진주」에 영향을 받은 권주가 「장진주사(將進酒辭)」를 비롯해 20여 수의 술을 소재로 한 시조가 남아 있다.

수원시 남문시장 입구에는 술상 앞에 앉은 정조(正祖, 1752~1800)의 동상 '불취무귀(不醉無歸)'가 설치되어 있다. 주당이었던 정조는 "취하지 않으면 돌아가지 못한다"며 신하들에게 술을 강요했다고 전한다. 또 정조가 총애했던 풍속화가 단원

(檀園) 김홍도(金弘道, 1745~ ?)와 혜원(蕙園) 신윤복(申潤福, 1758~?)은 양반과 서민의 술마시는 정경을 그렸다. 김홍도의 『행려풍속도병(行旅風俗圖屛)』 중 「노변야로(路邊冶爐)」와 「주막」, 신윤복의 「주사거배(酒肆擧盃)」 등이 대표적이다.

술에 관한 수많은 말, 말, 말

"취중에 진담 나온다", "한잔 술에 눈물 난다", "밀밭만 지나가도 취한다", "보리밭만 지나가도 주정한다", "술에 술 탄 듯, 물에 물 탄 듯", "술 받아 주고 뺨 맞는다", "술독에 치마 두르듯", "술 취한 사람 사촌 기와집 사준다", "술친구는 친구가 아니다", "외모는 거울로 보고, 마음은 술로 본다", "중매는 잘하면 술이 석 잔이고, 못하면 뺨이 세 대라", "초상집 술에 권주가 부른다", "메주 먹고 술 트림한다", "남의 술에 삼십 리 간다", "주객이 청탁을 가리랴", "술 취한 사람과 아이는 거짓말을 안 한다", "죽어 석 잔 술이 살아 한 잔 술만 못하다"……

2014년 시장조사업체 유로모니터에 따르면, 한국인의 음주량이 44개국 중 세계 최고로 나타났다. 한국인은 2위인 러시아(6.3잔)의 2배가 넘는 13.7잔을 마시는 것으로 조사되었다. 2020년 글로벌음주통계(Global Drinking Demographics) 조사에서 한국인의 주량은 상당히 내려가서 중간 수준이다.

하지만 한국인이 평소에 술을 즐긴다는 것은 확실하다. 사실 폭음을 즐긴다. "주량이 얼마지?" 하며 술을 분해하는 능력으로 경쟁하기도 한다. 술을 마시는 이유도 다양하다. 업무상, 친목 도모차, 기뻐서, 괴로워서…… 그리고 취하기 위해서 마신다. 서양의 술꾼이 홀로 마시는 데 비해 한국인은 여럿이 함께 술 마시는 것을 즐긴다. 홀로 술을 마시면 '알코올 중독'으로 오해받기 십상이다. 또한 한국인의 술자리는 놀이에 가깝다. 집단으로 폭음하고, 노래하고, 춤추고, 인사불성될 때까지, 필름이 끊길 때까지 가는 것을 좋아한다.

퇴근 후 회식은 근무의 연장처럼 일상화되어 있다. 이 회식에는 늘 폭탄주(爆彈酒, bomb shot)가 등장한다. 간부와 직원, 위계질서가 정해진 술자리에서 양주와 맥주(양폭), 또는 소주와 맥주(소폭)를 섞은 칵테일, 폭탄주를 돌아가며 마시고, 결속력을 다지며 하나가 된다. 폭탄주 제조, 같은 잔을 돌려가며 마시기, 건배까지 폭탄주 의식은 '퍼포먼스'가 되었다.

사실, 폭탄주는 한국 집단주의, 획일주의가 반영된 술이다. 시간을 절약하고, 빨리 취할 수 있는 방식이기도 하다. 그리고 독주 대신 강자와 약자를 중화하며, 같은 양을 마시는 민주적인 술이다. 우리 조상도 폭탄주를 마셨다고 한다. 18세기 술꾼들은 막걸리에 소주를 살짝 따라서 마셨으며, '혼돈주(混沌酒)'라 불렀다.

한국인은 왜 고주망태가 될 때까지 술을 마시고 싶어 할까? 일상의 스트레스와 억압에서 벗어나 완전히 무아지경까지, 끝까지 가야 직성이 풀리는 이유는 무엇일까? 장유유서(長幼有序)의 일상, 상명하복(上命下服)의 조직사회라는 선이 분명한 일상에서 이탈하고 싶은 욕구 때문일까? 술을 사랑하는 민족이니만큼, 술에 관한 영화도 제작되었다.

「맥주가 애인보다 좋은 일곱 가지 이유」

1996년 충무로에서 한국의 중견 남성감독 7인(강우석, 김유진, 박종원, 박철수, 장길수, 장현수, 정지영)이 모여 술에 관한 옴니버스 영화 「맥주가 애인보다 좋은 일곱 가지 이유(Seven Reasons Beer Is Better Than a Lover)」를 연출했다. 1995년 한국영화아카데미(11기)를 졸업한 봉준호가 변원미와 함께 김유민 원작을 시나리오로 각색했으며, 아카데미 1기 박종원 감독의 에피소드에서 조감독을 맡았다.

이야기는 집안의 내력 때문에 맥주만 마시는 청년 조나단(한재석 분)이 미국에서 살다가 귀국해 여러 여성과 만나면서 벌어지는 맥주 로맨스다. 1화 '맥주는 내가 다른 맥주를 마셔도 질투하지 않는다'(김유진 감독), 2화 '언제나 맥주는 내가 처음 오픈한다'(장현수 감독), 3화 '맥주는 친구와 나누어 마실수록 더 맛있다'(정지영 감독), 4화 '맥주는 누구라도 함께 나눠 마실 수 있다'(박철수 감독), 5화 '맥주는 언제 어느 때나 망설임없이 따 먹을 수 있다'(박종원 감독), 6화 '맥주는 겉만 봐도 그 내용을 알 수 있다'(장길수 감독), 7화 '한 번 마신 맥주를 평생 마셔야 될 의무는 없다'(강우석 감독)의 각 15분 짜리 에피소드가 이어진다.

내용은 한국 남성의 가부장적인 사고관으로 가득하다. 여성을 맥주에 비유한 것도 발칙하다. 여성을 질투나 하는 족속으로 규정짓고, 처녀성을 강조하며, 은근히 남성의 바람기를 합리화하며, 여성의 생리를 야유하며, 외모를 강조하고, 계산적인 한국 남성관을 만천하에 드러낸 영화였다. 「맥주가……」는 흥행에서 참패했을 뿐만 아니라 혹평의 화살이 쏟아졌다. 한국의 중견 감독 7인의 가부장적인 사고관이 적나라하게 드러난 채 묻혔다.

홍상수 영화: 술과 말과 로맨스

대한민국 7인의 중견 감독이 모여 성차별적이며, 허무맹랑한 술 영화 「맥주가 애인보다 좋은 일곱 가지 이유」를 만들고 있을 때, 술자리를 사랑하는 홍상수 감독이 조용히 데뷔한다. 중앙대학교 연극영화과를 다니다가 캘리포니아 예술대학(California College of Arts and Crafts)과 시카고아트인스티튜트(School of the Art Institute of Chicago)에서 수학한 홍상수 감독은 1992년 귀국해 SBS-TV의 교양 프로그램 「작가와 화제작」의 PD로 일했다. 그 시절 한국의 소설들을 탐닉했을 법하다.

그의 데뷔작은 구효서의 소설 「낯선 여름」을 원작으로 한 「돼지가 우물에 빠진 날(The Day a Pig Fell into the Well)」(1996)이었다. 연극배우 출신 송강호가 이 영화에서 주인공 김의성의 사업가 친구 역으로 데뷔했다. 「돼지가……」는 속물적인 삼류 소설가의 일상을 적나라하게 묘사하며, 당시 한국의 이른바 '리얼리즘 영화'가 얼마나 허구적이며 위선적이었는가를 일깨워준 작품이다. 밴쿠버영화제 용호상과 로테르담영화제 최우수작품상을 수상했다.

홍상수 감독은 이후 소설가, PD, 영화감독, 배우, 화가 등을 주인공으로 지식인들의 허위의식과 속물근성을 보여주는데, 항상 술자리를 통해서다. 직업이 무엇이든 간에 홍상수 영화의 남자 주인공들은 늘 상대 여자와의 섹스를 꿈꾸며, 술과 감언이설과 거짓말을 통해 목표에 도달하거나, 실패한다. 술은 남녀가 허위의식의 껍데기를 벗고, 이성 대신 감성, 즉 욕망에 충실해질 수 있는 묘약이다. 주인공은 술김에 키스하고, 섹스하고, 폭행하며 욕망을 해소한다. 그래서 홍상수 영화에 늘 등장하는 술자리는 속물근성, 본능, 허위의식, 거짓말, 추태가 이글거리는 공간이다. 이 자리에서는 남녀 간 심리적 줄다리기가 끈질기게 벌어진다.

홍상수 영화는 반복되고, 변주되는 '술과 말의 로맨스'다. 다분히 뉴욕의 우디 앨런, 프랑스의 에릭 로메르 감독을 연상시킨다. 장편 30편을 연출해오면서 꼬박꼬박 술 장면을 담아온 홍상수 감독은 한국 내에선 흥행이 저조했지만, 외국에서는 높이 평가받아 왔다. 「하하하」(2010)로 칸영화제 주목할 만한 시선상, 「자유의 언덕」(2014)으로 낭트영화제 최우수작품상, 「지금은맞고그때는틀리다」(2015)로 로카르노영화제 황금표범상, 그리고 베를린영화제에서 「도망친 여자」(2020)로 감독상, 「인트로덕션(Introduction)」(2021)으로 각본상, 「소설가의 영화(The Novelist's Film)」(2022)로 심사위원대상까지 3년 연속 은곰상을 거머쥐었다.

뉴욕의 비평가들도 홍상수 영화를 사랑한다. 2022년 9월 현재 뉴욕영화제 60년 역사상 최다인 19편이 상영되었다. 2006년 뉴욕영화제에 「해변의 여인」으로 초청되었을 때 홍 감독과 음악감독, 필자가 다니던 신문사 후배들과 미드타운 일식당 이세(Ise)의 다다미방에서 술자리를 가졌다. 홍 감독이 즐긴다는 '가위바위보 진실게임'의 함정에 빠져 각자 첫 성 경험과 러브 스토리를 고백했다. 언젠가는 홍 감독의 영화에 써먹을 이야기들이었을 것이다.

봉준호의 오스카 수상 소감

캐나다 출신 제임스 카메론(Jame Cameron) 감독은 1998년 「타이타닉(Titanic)」으로 아카데미 감독상 수상 후 "I'm the king of the world!(난 세상의 왕입니다!)"라고 말했다. 사실 이 소감은 「타이타닉」에서 죽을 운명에 놓인 3등석 승객 잭 도슨(레오나르도 디카프리오 분)이 뱃머리에서 외치는 대사에서 따왔다. 「타이타닉」은 11개 오스카를 휩쓸었지만, 잭 도슨의 대사를 인용한 카메론의 소감은 자만했다. 그리고 그는 잊혀갔다.

한편, 2020년 아카데미상 역사를 새로 쓴 봉준호 감독은 「기생충」으로 첫 오스카인 국제극영화상을 받은 후 "I'm ready to drink tonight!(오늘 밤 술 마실 준비가 됐습니다!)"이라고 소감을 말했다. 이어 감독상 트로피를 받고서는 "I'll drink until next morning!(내일 아침까지 술 마시겠습니다!)"이라며 술을 즐기는 한국인임을 만방에 천명했다. 실제로 봉준호와 「기생충」 팀 50여 명은 다음날 오전 5시까지 LA 코리아타운 한식당 소반(Soban)에서 갈비찜, 은대구조림, 비빔밥, 해물두부전 등과 술을 마셨다고 한다.

「기생충」에서도 물론 술 장면이 여러 차례 등장한다. 도입부에 술주정뱅이가 거리에서 노상방뇨하는 장면, 김씨 가족이 둘러앉아 수석을 보며 맥주(필라이트)를 마신다. 박 사장네가 캠핑 여행 간 사이에는 술판을 벌이고, 테킬라, 코냑(레미 마르탱)과 위스키(발렌타인 30년산, 로열 살루트 21년산, 글렌피딕 15년산) 등을 즐긴다.

「기생충」의 엔딩 크레디트에 흐르는 최우식(기우 역)의 노래는 봉준호 감독이 가사를 쓰고, 정재일이 작곡한 「소주 한잔」이다.

"……쓰디쓴 이 소주가 술잔에 넘치면/ 손톱 밑에 낀 때가 촉촉해/ 빨간 내 오른쪽 뺨에/ 이제야 비가 오네."

세계로 간 소주와 막걸리

이제 K-푸드를 넘어서 K-드링크도 한류 파고를 높이 타고 있다. 코로나 팬데믹 중 한국의 소주와 막걸리가 건강주로 인식되면서 해외 수출이 급증했다. 한국주류산업협회-관세청 수출입무역통계에 따르면, 2021년 7월까지 주류 수출액은 1억 6976만 달러(약 1849억 원)를 기록했다. 2016년 '소주 세계화'를 내세운 하이트진로는 알코올 도수가 낮은 과일 향 소주(자몽에이슬, 청포에이슬, 자두에이슬, 딸기에이슬……)를 개발, 연평균 판매 성장률이 41퍼센트에 달했다.

진로 소주는 세계 80여 개국에 수출되고 있다. 또한 21년간 세계에서 가장 많이 팔린 증류주(Spirits/ 蒸溜酒/ Distilled Liquor: 소주, 진, 보드카, 럼, 위스키, 브랜디 등)다. 영국의 주류 전문 매체 〈드링크 인터내셔널(Drink International)〉은 연간 9리터 기준 100만 상자(1상자당 12병) 이상을 판매하는 주류 '밀리어네어스 클럽(The Millionaire's Club)'으로 분류해왔다. 2022년 밀리어네어스 클럽 순위에서 진로 소주는 2021년 9450억 상자를 판매하며 증류주 베스트셀러 부문 1위를 지켰다. 2022년 하이트진로는 소주 수출액이 역대 최대 규모인 1억 2천만 달러(약 1560억 원)를 기록했다. 이는 2021년보다 16.4퍼센트 늘어난 수치다.

〈드링크 인터내셔널〉의 편집자 셰이 워터워스(Shay Waterworth)는 "진로 소주는 사상 최초로 1억 상자에 돌파할 수 있는 문턱에 있다"고 말했다. 한편, 세계 1위 판매 스카치는 조니 워커(Johnnie Walker), 미국 위스키로는 잭 대니얼(Jack Daniel's), 보드카는 스미노프(Smirnoff)가 기록했다.

전통주 막걸리도 면역력 강화에 효능이 있는 유산균 술로 알려지면서 열풍을 탔다. "막걸리 1병의 유산균 함유량이 요구르트 100~120병과 맞먹는다"는 연구 결과에 막걸리 붐이 시작되었다. 국순당은 2018년부터 '1000억 유산균 막걸리' 시리즈를

〈드링크 인터내셔널〉 「THE SPIRITS RANKING」

출시하면서 탁주 막걸리에 영양성분을 보강하며 업그레이드해왔다. 막걸리는 칵테일로도 변신했다.

미국의 주류 전문 웹사이트 리큐어닷컴(https://www.liquor.com)은 2020년 11월 "세계에서 가장 인기 있는 증류주 소주에 대해 알아야 할 모든 것(Everything You Need to Know About Soju, the Most Popular Spirit in the World)"을 제목으로 한 칼럼에서 '한국의 보드카(Korean vodka)'로 불리는 소주를 마셔야 하는 이유를 열거했다. 이 칼럼은 2019년 진로 소주의 판매량이 8630만 상자로 전 세계 어떤 주류 브랜드보다 많은 판매량을 기록했다고 전했다. 그리고 칵테일 만들 때 보드카 대신 소주를 써보라고 추천했다.

한편, 〈뉴욕타임스〉는 2022년 1월 한국의 막걸리(Makgeoli) 복고풍에 대해 대서특필했다. 〈뉴욕타임스〉는 "이 전통술이 한국에서 복고의 매력을 갖고 있다(This Ancient Brew Has Retro Appeal in South Korea)"는 제목의 기사에서 특히 코로나 봉쇄기간에 한국의 전통주 막걸리가 세계적으로 큰 화제(cosmopolitan sensation)를 불러일으켰다고 전했다. 한국인은 수세기 동안 막걸리를 양조해오다가 일제강점기에 금지되었다는 역사를 소개했다.

〈뉴욕타임스〉는 10여 년 전까지만 해도 한국의 막걸리 산업은 대기업이 장악했지만, 소규모 신생 기업이 대거 참가하면서 품질이 높아졌으며, 수제 막걸리 수요가 증가했다고 설명했다. 한때 '농민의 술'이었던 막걸리는 온라인 거래 증가와 고급화 전략으로 큰 인기를 누리고 있다고 분석했다. 이러한 마케팅 전략은 신세대가 옛 문화를 현대에 맞게 해석하는 뉴트로(Newtro: new+retro) 열풍 덕이라고 덧붙였다. 〈뉴욕타임스〉는 사진과 비디오로 누룩 밟는 과정 등 막걸리 제조 공정도 소개했다.

뉴욕 고급 레스토랑 정식, 아토보이의 소주, 막걸리 메뉴

뉴욕의 미슐랭 2스타 레스토랑 '정식(Jungsik, 대표 임정식)'의 8코스 테이스팅 메뉴는 2023년 3월 현재 295달러다. 정식의 드링크 메뉴엔 한국산 술이 올라 있다. '술(SOOL)' 섹션에는 Omija(오미자 $20)/ Daechu(대추 $20)/ Baekseju Ginseng infused(백세주, 인삼 맛 $25)이며 전통주(Traditional) 섹션엔 Mir(미르 $20)/ Hwanggeum Bori 'Black Label'(황금보리 증류주 $20)/ SOJU FLIGHT, Your Choice of Three Soju(소주 3종 플라이트 $35), 그리고 시그니처 칵테일 메뉴에는 SEOUL MULE(서울 물레 $20, Ginseng infused Damsol Soju, Grapefruit, Ginger)와 AU LAIT(올레 $24, Golden Barley Soju, Devocin Coffee, Ron Zacapa $23) 등 참신한 칵테일을 제공한다.

정식 출신인 박정현 셰프는 테이스팅 메뉴 전문 레스토랑 아토믹스(Atomix)를 열어 2020년 미슐랭 2스타를 받았다. 그의 첫 식당 아토보이(Atoboy)의 한국 전통주 메뉴(Korean Traditional Beverages)도 주목할 만하다. 아토보이는 충남 논산시 양촌의 우렁이쌀로 제조한 청주 Yangchon Chungju(양촌 청주)와 브루클린의 하나 막걸리(Hana Makgeolli Brewery)에서 양조한 Hwaju(화주), 그리고 소주 섹션에선 황금보리, Hwayo(화요), Seoul Night(서울의 밤), 미르가 올라 있다.

한인 앨리스 전과 존 림이 2020년 브루클린 그린포인트에 오픈한 '하나 막걸리'는 TAKJU(탁주)를 비롯새 YAKJU(약주), 화주, OMIJA MAKGEOLLI(오미자 막걸리), 현미 탁주(HYUNMI TAKJU) 등을 빚어낸다. 테이스팅 룸에선 한식 안주 모듬, 도토리묵, 두부김치, 파전, KFC(Korean Fried Chicken) 등과 함께 하나 막걸리를 시음할 수 있다.

#15 　노래하고

"한국인은 대개 외향적이고, 정서적으로 뜨겁기도 차갑기도 하다. '동양의 이탈리안'으로 무척 감정적인 사람들이다. 우리는 노래 잘 하는 얼굴과 체격, 그리고 영혼이라는 목소리 상자(voice box, 후두)를 타고 태어난 민족이다. 소리와 연기는 모두 우리의 피 속에서 나오는 것이다."

_소프라노 홍혜경, 2007년 1월 〈뉴욕중앙일보〉 필자와의 인터뷰

메트로폴리탄 오페라 (왼쪽부터) 소프라노 홍혜경(「피가로의 결혼」), 테너 이용훈(「아이다」), 소프라노 캐슬린 김(「후궁으로부터의 도주」), 베이스 연광철(「마농」)(사진: The Metropolitan Opera)

한국의 오페라: 판소리

세계 최초의 오페라는 1607년 이탈리아 롬바르디아주 만토바의 듀칼 궁전에서 초연된 클라우디오 몬테베르디(Claudio Monteverdi, 1567~1643) 작곡의 「오르페오(L'Orfeo)」다. '오페라의 아버지'로 불리는 몬테베르디는 칸초네에 아리아, 레치타티보(노래형 대사), 발레, 다성 합창, 막간 음악(기악곡)을 합성해 오페라의 토대를 마련했다. 'Opera'는 이탈리아어로 작품(work)이라는 뜻이다.

「거지의 오페라」(1728) 장면을 담은 윌리엄 호가스(William Hogarth)의 회화, 테이트 브리튼 미술관 소장

최초의 뮤지컬은 영국의 존 게이(John Gay, 1685~1732)의 대본에 독일 요한 크리스토프 페푸시(Johann Christoph Pepusch, 1667~1752)작곡의 「거지 오페라(The Beggar's Opera)」다. 1728년 런던의 링컨스인필드 시어터(Lincoln's Inn Fields Theatre)에서 초연된 「거지 오페라」는 이탈리아 오페라의 형식과 귀족계급을 풍자하는 내용으로 대중의 열광적인 인기를 얻었다. 존 게이는 헨델의 이탈리안 스타일 오페라에 도전장을 던졌으며, 「거지 오페라」는 런던 웨스트엔드 뮤지컬의 시발점이 된다. 그리고 뉴욕 브로드웨이의 역사는 1750년 월스트리트 인근 낫소스트리트에 자리한 극장에서 셰익스피어 극과 「거지 오페라」를 공연하면서 시작되었다.

한국의 판소리는 1754년 조선 영조 때 유진한(柳振漢)이 쓴 『만화본 춘향가(晚華本春香歌)』로 미루어볼 때 훨씬 전에 시작된 것으로 보인다. 유진한은 호남지방을 유람하며 직접 듣고 본 판소리 「춘향가」를 칠언장시(七言長詩)의 한시로 옮겼다.

'판'은 여러 사람이 모인 놀이판이며, '소리'는 음악이다. 소리꾼인 광대가 부채를 들고 노래와 해설을 하며, 때때로 대사와 함께 연극적인 동작(발림/너름새)을 한다. 북을 치며 장단을 맞추는 고수(鼓手)는 중간에 "얼씨구!", "좋다!" 등 추임새를 한다. 관객도 고수처럼 "얼씨구", "잘한다", "그렇지" 등 추임새를 넣으며 공연에 참여한다. 판소리는 서양의 공연과 달리 무대와 객석이 분리되지 않는다. 판소리는 짧게는 세 시간, 길게는 여덟 시간을 소리꾼 홀로 진행하는 일인극(독백극, 모노드라마)다. 이처럼 판소리는 문학(이야기), 음악(노래와 연주), 연극(발림/너름새)성을 갖춘 우리 고유의 오페라다.

판소리는 원래 농촌 장터 등을 무대로 서민 계층에서 인기를 얻다가 18세기 정조

대부터는 양반의 마당까지 진출하며 인기를 누렸다. 신재효(申在孝, 1812~1884)는 열두 마당의 판소리를 「춘향가」, 「심청가」, 「박타령」, 「토별가」, 「적벽가」, 「변강쇠가」 등 여섯 마당으로 통일, 판소리를 집대성하며 사설문학(辭說文學)을 정립했다. 또한 그는 최초의 여성 판소리 명창 진채선(陳彩仙)을 발굴했으며, 어린이들의 재능을 키웠다. 하지만 조선 말부터 판소리는 서양음악에 밀려 인기가 시들해진다.

판소리는 1964년 한국의 무형문화재(National Intangible Cultural Property) 제5호로 지정됐지만, 사라져가는 전통예술이었다. 판소리가 재평가되기 시작한 것은 1993년 임권택 감독의 영화 「서편제」가 개봉된 후다. 이청준의 소설을 원작으로 배우 김명곤이 각색하고 출연한 「서편제」는 한국 최초의 영화관 단성사에서 상영되었고, 한국 영화 최초로 100만 명 이상의 관객을 동원했다. 「서편제」의 흥행으로 판소리는 물론, 한국 전통문화에 대한 관심이 촉발된다.

10년 후 판소리는 링컨센터까지 진출했다. 2003년 여름 링컨센터 페스티벌(Lincoln Center Festival)에선 판소리 다섯 마당(PANSORI, Five Korean Song Narratives with Drums)과 김금화 무당의 대동굿(Daedong Gut)이 초청되었다. 「흥보가」, 「수궁가」, 「심청가」, 「적벽가」, 「춘향가」가 영어 자막과 함께 공연되었다.

당시 〈뉴욕타임스〉의 제임스 R. 오에스트리치는 「흥보가」에 대해 "음악은 말로 시작해 성가 같은 레치타티보(노래형 대사)로 떠오르다가 종종 본격적인 노래로 들어간다. 그 형식은 최면적이며, 매력적이면서도 거칠게 깎인 음색과 빙하 속도의 신진대사에 귀를 맞추는 데는 시간이 걸린다. 두려워 마시라, 시간은 충분하다"라고 평했다. 그해 판소리는 유네스코 인류 구전 및 무형문화유산 걸작(Masterpiece of the Oral and Intangible Heritage of Humanity)으로 선정되었다.

판소리와 힙합(Hip-Hop) 음악은 닮은꼴이다. 판소리는 소리꾼이 고수의 장단에 맞추어 노래를 하며, 힙합은 래퍼가 DJ의 비트에 맞추어 랩(rap)을 한다. 2013년 서울 홍익대에서 제1회 레드불 랩판소리(Redbull RapPansori) 경연이 열려 소리꾼과 래퍼들이 대결을 벌이기도 했다.

일제강점기 동요와 항일 노래

한민족은 시련의 역사 속에서 노래로 마음을 달래곤 했다. 일제강점기에 어른들은 「사의 찬미」처럼 나라 잃은 설움과 한을 노래했다. 이즈음 소파 방정환과 윤석중은 민족의 새싹, 어린이들을 위한 잡지와 노래집을 발간한다.

소파 방정환(1899~1931)은 1923년 아동문학 연구단체 '색동회'를 조직하고, 잡지 〈어린이〉를 비롯해 〈신여성〉, 〈학생〉 등을 통해 어린이와 여성들을 교육했다. 방정환은 1922년 세계 최초로 '어린이날 선언문'을 발표한 인물이기도 하다(세계 최초로 알려진 튀르키예는 1929년 어린이날을 공표했다). 일제의 검열을 피하기 위해 수많은 필명(잔물결, 물망초, 북극성, 길동무 등)을 썼던 방정환은 과로로 33세에 요절했다. 한편, 1932년 아동문학가 윤석중(1911~2003)은 「낮에 나온 반달」, 「나란히」, 「새나라의 어린이」 등 35곡을 수록한 창작 동요집을 펴냈다.

일제 치하에서 우리 민족은 항일 노래를 불렀다. 2017년 노동은 전 중앙대학교 교수가 발행한 『항일음악 330곡집』(민족문제연구소)은 당시의 군가, 혁명가, 투쟁가, 애국가, 계몽가, 망향가, 추도가 등을 수록한 책이다. 창작곡부터 「광복군 아리랑」 등 민요를 차용한 곡, 「올드 랭 사인(Auld Lang Syne)」 등 외국의 곡에 우리말 가사를 붙인 곡도 있다. 도산 안창호는 「거국행」, 「학도가」, 「한반도」, 「혈성대」 등 항일가를 작사했으며, 독립운동가 이범석은 「망향곡」 등을 작사·작곡했다.

TV 노래 경연 프로그램

영국의 TV 오디션 프로그램 「팝 아이돌(Pop Idol)」(2001), 미국의 「아메리칸 아이돌(American Idol)」(2002)이 나오기 훨씬 전인 1964년 한국 TV에선 어린이들의 동요 경연 대회 「누가 누가 잘하나」가 시작되었다. 이후 대학생들은 「대학가요제」, 「강변가요제」와 「해변가요제」, 어른들은 「전국노래자랑」, 주부들은 「주부가요열창」 등 TV 프로그램에서 노래 실력을 발휘했다.

이처럼 일찍이 한국 TV에선 아마추어의 노래 경연대회가 계층별로 방영되었으며, 지금도 대도시 백화점이나 마트, 작은 도시의 향토 축제에서 노래 경연대회가 약방의 감초 격으로 열린다. '전 국민의 가수화'라고나 할까.

어린이를 위한 「누가 누가 잘하나」

한국의 TV 노래 경연대회는 어린이 동요 경연으로 시작했다. 1964년 KBS-TV는 어린이들을 대상으로 「누가 누가 잘하나」를 시작했다. 그리고 지금도 계속 방영되고 있는 장수 프로그램이다. 동요를 보급하고 활성화하며, 추억의 동요 명곡을 보급하기 위해 만든 프로그램으로 동요뿐 아니라 특별 출연자들을 통해 클래식, 국악, 뮤지컬, 팝 등 다양한 장르의 음악도 소개해왔다.

프로그램 이름은 「모이자 노래하자」, 「전국 어린이 동요대회」, 「노래는 내 친구」, 「열려라 동요 세상」으로 바뀌었다가 2005년부터 다시 원래 이름을 찾았다. 「누가 누가 잘하나」는 매월 방송국에서 예심을 연다. 선곡은 '교과서에 실린 곡'과 '동요 명곡'을 권장한다.

한편, MBC-TV는 1983년 어린이날 「창작동요제」를 시작했으며, 창작 동요로 「네

잎 클로버」, 「아빠! 힘내세요」, 「아기 염소」 등이 발굴되었다. 이 프로그램은 2010년 까지 계속됐으며, 성악가로 진출한 어린이도 나왔다. 동요를 부르며 기량을 닦은 한 국의 어린이는 언제, 어디서든 노래 부를 준비가 된 어른으로 성장했다.

방방곡곡, 남녀노소, 「전국노래자랑」

"전국에 계신 노래자랑 가족 여러분, 한 주일 동안 안녕하셨습니까?
그리고 오늘도 지구촌 곳곳에서 새로운 희망 속에 열심히 살아가시는 해외 우리 동포 여 러분들, 해외 근로인 여러분들, 그리고 해외 자원봉사원 여러분 안녕하셨습니까?
그리고 오늘도 푸른 대해를 가르는 외양 선원 여러분, 원양 선원 여러분, 모든 항공인 여 러분, 대한민국 국군 장병 여러분 안녕하셨습니까?
더불어 오늘 이곳을 가득 메워주신 시민 여러분, 이 고장을 방문하신 관광객 여러분 안 녕하셨습니까?
전국~ 노래자랑 사회담당 일요일의 남자 송해가 인사부터 올리겠습니다."

국보급 MC 고(故) 송해(1927~2022) 씨가 사회를 맡았던 KBS-TV의 「전국노래자 랑」은 1972년 「KBS배 쟁탈 전국노래자랑」으로 시작해 1980년 「전국노래자랑」으로 오늘까지 이어져 일요일 오후의 오락을 제공하고 있다. 송해 씨는 일제강점기 황해도 재령군에서 태어나 해주예술전문학교 성악과를 다니다 한국전쟁이 발발해 월남했다. 1955년 가수로, 1963년 영화배우로 데뷔한 후 TV 코미디언과 MC로 활동했다. 1972 년 교통 라디오 방송(TBS, KBS) 「가로수를 누비며」를 17년간 진행했으며, 1988년부터 별세하기 전까지 34년간 「전국노래자랑」을 진행하며 '국민 오빠'로 불렸다. 2013년 이 종필 감독의 동명 영화가 제작됐으며, 송해 씨가 특별 출연했다.
「전국노래자랑」은 방방곡곡을 누비며 서민들의 노래와 장기를 선보이는 찾아가는 콘서트다. 서민 누구라도 참가할 수 있는 무대를 제공하고, 소외된 지역 곳곳의 소박 한 정서와 신명나는 노래를 통해 온 국민은 어두운 현실에서 위안을 얻을 수 있었다. 해외 공연, 세계대회, 외국인 특집도 제작되었다. "땡! 딩동댕!"으로 평가하며 스릴감까지 제공한 오리지널 '코리안 아이돌(Korean Idol)'은 이처럼 음주가무의 한민족으로부터 나왔다.

금지곡 이후, 대학생 대상 창작 가요제

7080세대는 동네 책방에 배치되었던 〈대중가요〉, 〈인기가요〉, 〈히트가요〉 등 대중가요 잡지들을 기억할 것이다. 대중가요를 보급했던 세광음악출판사가 중추 역할을 했다. 고 박신준 회장은 1917년 평남 중화에서 태어나 1·4 후퇴 때 월남, 초등학교 교사 생활을 하다가 피난 시절인 1953년 세광음악출판사를 설립한다. 1966년부터 월간 〈가요생활〉 발간을 시작, 1970년대 통기타 붐 때는 기타 코드도 함께 소개하는 『세광애창곡집』 등을 출간했다. 『흘러간 노래』, 『포켓 민요』 등 음악서적들은 노래를 사랑하는 한국인의 필수 잡지가 되었다.

1970년대는 장발, 미니스커트, 통기타, 청바지, 생맥주로 대표되는 낭만적인 청년 시대가 풍미했다. 하지만 독재정권은 퇴폐문화로 간주하고 긴급조치 '공연활동정화정책'으로 200여 곡을 금지했다. 대마초 파동까지 터지면서 이장희, 신중현, 김추자, 송창식, 김민기, 한대수, 이정선, 조영남, 이미자, 배호, 방주연 등 당대 대표 가수들이 노래를 잃었고 대중가요계는 암흑기로 들어간다.

그즈음 탄생한 것이 대학생 창작 가요제다. 1977년 MBC-TV가 시작한 「대학가요제」는 창작열을 부추기며 기성 가요계에 신선한 바람을 일으켰다. 제1회 대상을 수상한 샌드페블즈의 「나 어떻게」, 이명우의 「가시리」(은상), 「젊은 연인들」(민경식, 정연택, 민병호-동상), 제2회 대상 썰물의 「밀려오는 파도 소리에」, 노사연의 「돌고 돌아가는 길」(금상), 그리고 심민경(심수봉)의 「그때 그사람」(입상) 등이 크게 히트했다. 배철수와 활주로의 「탈춤」, 「젊은 태양」(박광주, 최혜경), 「내가」(임철우, 김학래) 등에

제1회 「대학가요제」(1977, 왼쪽)와 제9회 「강변가요제」 (1988) 수상곡 앨범

이어 조하문, 우순실, 조갑경, 유열, 이무송, 신해철 등을 배출한 신인가수의 등용문이자 히트곡 메이커가 되었다. 「대학가요제」는 2012년 폐지되었다가 2019년에 부활했다.

1979년 MBC 라디오가 시작한 「강변가요제」는 매년 여름 청평, 남이섬, 춘천 등지에서 열린 대학생 가요 경연대회다. 주현미(1981), 이선희(1984), 이상은(1988) 등 슈퍼스타를 배출했으며, 훗날 영화배우로 유명해진 한석규가 듀엣 '덧마루'로 참가해 장려상(1984)을 받았다. 제1회 수상자는 홍삼 트리오의 「기도」(금상), 해오라기의 「숨바꼭질」(은상), 건아들의 「가슴을 펴고」(동상)였으며, 2002년 「대학가요제」와 통합되었다.

「해변가요제」는 MBC 「대학가요제」에 대항해 1978년 TBC가 시작했다. 제1회에서 징검다리(「여름」, 최우수상)의 왕영은, 활주로(「세상 모르고 살았노라」, 인기상)의 배철수, 블랙 테트라(「구름과 나」, 우수상)의 구창모, 휘버스(「그대로 그렇게」, 인기상), 벗님들의 이치현 등 스타들이 탄생했다. 1980년 전두환 정권의 언론통폐합 조치에 따라 TBC가 KBS로 흡수되어 '국풍81' 젊은이의 가요제」에서 「바람이려오」의 이용(「잊혀진 계절」)이 스타덤에 올랐다.

주부를 위한, 「주부가요열창」

미국의 ABC-TV에서는 중년 여성들의 일탈을 다룬 드라마 시리즈 '위기의 주부들(Desperate Housewives)'이 인기를 끌었다. 한국의 주부는 무엇으로 살아갈까? 아침 연속극은 불륜, 배신, 복수, 고부 갈등, 출생의 비밀, 불치병 등이 등장하는 통속극이 대부분이다. 한국 주부들은 연속극에 빠지기도 하지만, 노래 한가락 할 줄 아는 여인들이다.

서울올림픽이 열리던 1988년 MBC-TV는 주부들을 대상으로 하는 노래 경연대회 「주부가요열창」을 시작했다. 주부들의 스트레스를 풀어주며 열광적인 인기를 끌던 이 프로그램은 1993년 노래방이 등장하면서 포맷이 바뀌어 토크쇼와 오락을 겸비한 「쇼 주부 환상 특급」으로 대체되었다. 그러다가 2012년에 설 특집으로 잠깐 부활했다.

「주부가요열창」으로 주부들의 '노래 부르기' 붐이 일어나 겨울철 농가까지 주부가

요교실 프로그램이 생겨났다. 그리고 시, 군, 읍까지 지방 곳곳의 축제로 자리 잡았다. 2019년엔 MBN에서 강호동 사회로 주부 대상 노래 서바이벌 쇼 「당신이 바로 보이스퀸」이 시작되었다.

스타 등용문, 오디션 프로그램 전성시대

2009년 케이블 방송 엠넷(Mnet)에서 가수 오디션 프로그램 「슈퍼스타K」가 생방송 중 인터넷 투표로 선정하는 방식으로 성공을 거두며 제작 붐을 이루게 된다. 미국의 「아메리칸 아이돌」과 영국의 「브리튼즈 갓 탤런트(Britain's Got Talent)」를 모방한 이 오디션 프로그램은 「대학가요제」처럼 창작가요가 아니라 기성곡을 얼마나 빼어나게 부르는가가 관건이었다.

KBS에선 「TOP 밴드」, 「내 생애 마지막 오디션」, 「글로벌 슈퍼 아이돌」, 「불후의 명곡 전설을 노래하다」, MBC는 「스타 오디션 위대한 탄생」, 「나는 가수다」 등, SBS는 「K팝 스타」, 그리고 엠넷은 「보이스 코리아」, 「프로듀스 101 시리즈」, 「대 동경소녀」, 「마이돌」, 「MIX & MATCH」, 「쇼 미더 머니」 등 서바이벌 노래 경연대회가 우후죽순으로 제작되었다.

영화 속 노래방

노래방(가라오케/カラオケ/Karaoke/empty orchestra)은 1971년 일본 고베의 뮤지션 다이노우에 다이스케가 발명한 반주음악 기계다. 1980년대 비디오 가라오케 기계가 나오고, 뮤직비디오 위에 가사를 띄울 수 있게 되면서 일본 나이트클럽과 라운지 등지의 오락시설로 자리 잡았다. 이어 1990년대에는 한국을 비롯해 아시아와 미국까지 들어갔다. 한국에선 부산에 처음 노래방이 등장한 후 전국으로 퍼졌다.

많은 한국인에게 술자리의 종착역은 노래방이다. '가라오케'가 일본에서 처음 나왔을지는 몰라도, 지금 미국에 퍼진 노래방 주인은 대부분 한인이라고 한다. 뉴욕 한인타운에는 가라오케 바(Karaoke Bar)가 상당수다. 구글에 'Karaoke NYC'를 검색하면 맨해튼 한인타운/엠파이어스테이트빌딩 인근에 빽빽하게 노래방이 운집해 있다. 뉴욕의 문화 주간지 〈타임아웃(Time Out)〉은 "생일 파티, 퇴근 후, 외로운 밤－모두 공통점이라면, 가라오케로 흥겨워질 수 있다"면서 브루클린의 노래방 한식당 인사(Insa), 맨해튼 한인타운의 마루(Maru)와 32 Karaoke 등을 소개했다. 식당 웹사이트 www. Eater.com은 코러스(Chorus), 가고파(Gagopa), 마루(Maru) 등 32 스트리트 한인타운의 가라오케 바를 추천했다.

한국 영화 속에서도 노래방 장면이 종종 등장하여 뮤지컬의 노래 장면처럼 캐릭터의 심리를 표현하는 장치가 되기도 한다. 곽경택 감독의 「친구」(2001)에서 조폭 두목인 준석(유오성 분)은 유학 가는 친구 동수(장동건 분)를 위해 프랭크 시나트라의 "(I did it) My Way"를 부른 후 그를 살해한다. 박진표 감독의 「너는 내 운명」(2005)에서 다방 레지 은하(전도연 분)는 자신을 짝사랑하는 시골 청년 석중(황정민 분) 앞에서 신디 로퍼(Cyndi Lauper)의 히트곡 「She Bop」을 번안한 왁스(Wax)의 「오빠, 나만 바라봐」를 유혹적으로 부른다. 그리고 이창동 감독의 「시」(2010)에서 미자(윤정희 분)는 노래방에서 기범의 아버지(안내상 분)를 기다리다가 마이크를 들고 최유나의 「와인 글라스」를 처연하게 부른다. 그가 벌써 와 있는지도 모른 채…….

전 국민의 가수화, 시위에선 '떼창'

한국인이 중국인, 일본인보다 더 노래를 잘하는 이유는 무엇일까? 고대국가 때부터 음주가무(飲酒歌舞)를 즐겨온 한민족은 술상에선 젓가락 장단을 맞추고, 숟가락을 마이크 삼아 노래하는 흥의 민족이었다. 노래방이 생기기 전까지는 술자리에서 뽕짝 노래판도 벌어지곤 했다.

이뿐만 아니다. 한국인은 시위에서도 노래를 즐긴다. 시위대는 늘 떼창을 하며, 종종 게스트 가수가 노래로 사기를 돋우기도 한다. 작가와의 대담 행사는 음악회를 곁들인 책과 노래의 만남, '북 콘서트(Book Concert)'로 진행된다. 2018년 록그룹 퀸(Queen)의 리드 싱어 프레디 머큐리 전기영화 「보헤미안 랩소디(Bohemian Rapsody)」가 개봉되었을 때 한국에선 떼창(singalong) 상영회가 열려 매진 행렬을 이루었다. 한국에선 2008년 스웨덴 그룹 아바(Abba)의 노래로 꾸민 뮤지컬 영화 「맘마미아!(Mamma Mia!)」부터 떼창 상영회가 시작되었고, 2014년 주제가 「Let it go」로 유명한 디즈니 만화영화 「겨울 왕국(Frozen)」도 떼창 버전이 상영되었다.

뉴욕 메트로폴리탄 오페라의 코리안

'세계 성악가들의 1번지' 메트로폴리탄 오페라 하우스(Metropolitan Opera House)에는 한인 성악가들의 활동이 눈부시다. 1984년 소프라노 홍혜경이 모차르트 오페라 「티토왕의 자비」로 데뷔한 후 신영옥, 조수미가 메트로폴리탄 오페라의 무대에 올랐다. 그리고 소프라노 캐슬린 김·박소영·박혜상·홍혜란, 테너 이용훈·김우경·김재형(알프레드 김)·강요셉·신상근(안드레아 신)·최원휘, 베이스 연광철·앤드루 갱게스타드·박종민, 바리톤 윤형·데이비드 원, 베이스-바리톤 심기환·차정철 등이 노래했다. 그리고 메트오페라 2023-24 시즌엔 테너 백석종과 카운터테너 정시만이 데뷔한다. 한편, 메트로폴리탄 오페라의 코러스에도 이

2007년 1월 「라 트라비아타」에서 메트오페라 127년 사상 최초의 아시안 주역을 맡은 홍혜경과 김우경의 리허설 장면(사진: Sukie Park/ NYCultureBeat)

2015년 9월 메트로폴리탄 오페라 「일 트로바토레」 공연 후 커튼콜에서 테너 이용훈, 고 바리톤 드미트리 흐보로스톱스키, 지휘자 마르코 아르밀리아토, 소프라노 안나 네트레브코, 그리고 출연진(사진: Sukie Park/ NYCultureBeat)

승혜, 최미은, 정연목, 이주환, 이요한 등이 있다. 한국인이 아시아에서 가장 노래를 잘하는 민족임을 입증한 셈이다.

2007년 1월 한인 성악가들은 메트로폴리탄 오페라 127년의 역사를 새로 썼다. 소프라노 홍혜경과 테너 김우경은 베르디 작곡 「라 트라비아타(La Traviata)」의 비올레타와 알프레도로 출연, 메트로폴리탄 오페라 사상 최초의 아시안 남녀주연으로 기록된다. 또한 권위 있는 차이콥스키 콩쿠르에서 바리톤 최현수(1990)를 비롯해 베이스 박종민, 소프라노 서선영(2011), 퀸 엘리자베스 콩쿠르에서는 소프라노 홍혜란(2011), 소프라노 황수미(2014)가 우승을 차지했다.

뮤지컬의 한인들

「왕과 나」 역사 새로 쓰다

뮤지컬의 역사도 한인들이 새로 썼다.

리처드 로저스와 오스카 해머스타인 2세 콤비의 뮤지컬 「왕과 나(The King and I)」는 태국(시암) 왕과 영국 출신 미망인 가정교사 안나의 로맨스를 다룬 작품이다. 1951년 브로드웨이에서 초연됐을 때 러시아 출신 배우 율 브리너가 시암국왕 역으로 출연했

🎭 브로드웨이 뮤지컬 「왕과 나」에서 대니얼 대 김과 마린 매치(왼쪽), 켈리 오하라와 훈리(사진: Paul Kolnik)

고, 1956년 영화에서도 안나 역의 데보라 커와 공연, 오스카상을 수상했다. 1999년 엔 조디 포스터와 홍콩 배우 주윤발 주연의 영화로도 제작되었다.

뮤지컬 「왕과 나」는 이후 브로드웨이와 런던 웨스트엔드에 리바이벌되면서 시암국 왕 역은 발레리노 루돌프 누레예프까지 백인들이 도맡아왔다. 그러다가 1996년 브 로드웨이 닐사이먼 시어터 리바이벌 공연에서는 필리핀 혼혈 배우 루 다이아몬드 필 립스(영화 「라 밤바」의 주연), 티앙 왕비 역엔 이태원(뮤지컬 「명성황후」에서 명성황후 역)이 캐스 팅되었다. 그리고 한국계 배우 랜들 덕 김(Randall Duk Kim)이 재상 역으로, 최주희가 후궁 텁팀 역으로 출연했다. '코리안 파워'를 보여준 이 프러덕션은 토니상 여우조연 상(최주희)을 비롯해 8개 부문 후보에 올랐다. 2000년 런던 팔라디움 극장 공연에서는 중국계 혼혈 배우 제이슨 스콧 리(영화 「정글북」 주연)가 시암국왕 역을 맡았으며, 이태 원이 왕비 역으로 웨스트엔드에 진출했다.

2009년 런던 로열앨버트홀 리바이벌 공연에서는 비로소 순수 아시안 배우가 시암 국왕 역으로 등장하게 된다. 미국 ABC-TV 드라마 「로스트(Lost)」로 인기 절정이었던 대니얼 대 김(김대현)이 무대에 올랐고, 왕비 역은 뉴욕시티 오페라의 「나비 부인」에서 주역을 맡았던 소프라노 임지현이 합류하며 다시 '코리안 파워'를 보여주었다. 대니얼 대 김은 2009년 〈뉴욕중앙일보〉 필자와의 인터뷰에서 "「왕과 나」는 아시안 남성을 위해 쓴 최고의 배역이라 생각한다"고 밝혔다.

이어 2016년 뉴욕 브로드웨이로 통하는 링컨센터 비비안보몬트 시어터 무대에 올려 진 공연에서는 일본 배우 와타 나베 켄이 국왕 역으로, 한국계 인 루시 앤 마일스가 왕비, 애 슐리 박이 후궁 역으로 초연했 다. 장기 공연에 들어가면서 시 암국왕 역을 연극배우 훈 리(이 동훈), 대니얼 대 김이 이어갔다. 「왕과 나」는 토니상 9개 부문 후보에 올랐으며, 루시 앤 마일

뮤지컬 「왕과 나」에서 왕비 역의 한국계 루시 앤 마일스 (사진: Paul Kolnik)는 2015년 아시안 여배우 사상 최초로 토니 상 여우조연상을 수상했다(유튜브 캡처).

스는 아시안 여배우 최초로 토니상 트로피를 품에 안았다. 루시 앤 마일스의 엄마 에스터 왕은 한국인으로 하와이 초등학교에서 음악교사를 지냈다. 한편, 애슐리 박은 브로드웨이 뮤지컬 「민 걸스(Mean Girls)」의 주역으로 캐스팅되었다.

뮤지컬 「케이팝(KPOP)」 브로드웨이로

2017년 9월 오프브로드웨이 아트 노바 시어터(99석)에서는 창작 뮤지컬 「케이팝 (KPOP)」이 공연되었다. 제이슨 리가 대본을 쓰고, 헬렌 박과 맥스 버넌이 공동으로 작곡한 이 뮤지컬은 대형 연예기획사가 K-팝 가수를 길러내 미국 시장에 진출하는 과정을 담았다. 출연은 정진우, 애슐리 박, 데보라 S. 크레이그, 강지호, 데보라 김, 수잔나 김, 박선혜, 존 리 등 한인을 비롯, 19명 전원이 아시안이었다.

〈뉴욕타임스〉의 벤 브랜틀리는 "이 쇼는 패러디가 패러디 속 초현실적인 차원으로

2022년 11월 19일 브로드웨이 서클인더스퀘어 시어터에서 「케이팝」 공연 후 출연진들이 무대인사를 하고 있다.(사진: Sukie Park/ NYCultureBeat)

흐를 때 가장 좋다"고 평했다. 「케이팝」은 2018년 드라마데스크상 최우수 뮤지컬, 연출, 음악, 가사, 여우주연, 조명디자인, 사운드 디자인상 후보에 올랐으며, 오프브로드웨이 공연을 대상으로 하는 루실로텔상(Lucille Lortel Awards) 최우수 뮤지컬, 여우주연(애슐리 박), 남우조연(제이슨 탐)상을 수상했다. 또한 신작 뮤지컬을 대상으로 하는 리처드로저스상(Richard Rogers Award)을 받았다.

그리고 뮤지컬 「케이팝」은 99석의 오프브로드웨이에서 도약해 2022년 10월 브로드웨이 서클인더스퀘어 시어터(Circle in the Square Theater, 776석)에서 공연을 시작했다. 한인 작사, 작곡 뮤지컬이 브로드웨이에서의 장기 공연은 역사상 최초였다. 주연은 K팝 걸그룹 에프엑스[f(x)] 출신 루나가 맡았고, 유키스(U-KISS) 출신 케빈, 미쓰에이(miss A) 출신 민, 스피카(SPICA)의 김보형 등 한인들이 대거 무대에 올랐다. 「케이팝」은 객석 점유율이 높았고, 관객 만족도도 높은 편이었다.

하지만 〈뉴욕타임스〉 비평가 제시 그린의 "곁눈질 유도하는 조명", "한국어 모르면 즐길 수 없을 것"이라는 인종차별적 논평이 흥행에 찬물을 끼얹었다. 「케이팝」 프로듀서들은 〈뉴욕타임스〉에 "그린 씨의 공연에 대한 비판적인 권리를 존중한다. 우리가 당신들에게 요구하는 것은 문화적 무감각, K-팝을 하나의 장르로 보는 것에 대한 무지와 혐오가 깔린 점, 그리고 그의 논평에 나타난 무관심한 인종차별을 문제 제기하는 것이다. 이런 일이 〈뉴욕타임스〉에서 일어났다는 것은 솔직히 놀랍다"며 항의서한을 보냈다.

2023년 4월 14일까지 공연 예정이었던 「케이팝」은 결국 2022년 12월 11일 공식 오프닝 2주 만에 폐막하기에 이르렀다. 브로드웨이는 여전히 '백색(인) 조명의 길(the Great White Way)'임을 확인한 사건이었다. 브로드웨이 단기 공연에도 불구하고 「케이팝」은 2023 토니상 최우수 오리지널 작곡상, 의상디자인상, 안무상 후보에 올랐다.

한국인은 노래를 즐기는 민족이자 노래를 잘하는 민족임에 틀림없다. 오페라와 뮤지컬계뿐 아니라 싸이(Psy)와 방탄소년단(BTS)을 비롯해 K-팝 군단이 전 세계적인 성공을 거둔 것도 우리 민족의 유전자에 노래와 무용(가무)의 뜨거운 피가 흐르기 때문일 것이다.

한국의 문화체육관광부 해외문화홍보원은 2016년부터 매년 세계 각 도시의 한

██ 2019 뉴욕한국문화원의 K-팝 아카데미 회원들(사진: 뉴욕한국문화원)

류 팬들에게 최신 K-팝 춤(댄스)과 노래(보컬)를 가르치는 '케이팝 아카데미(K-Pop Academy)'를 열고 있다. 2019년엔 베이징, 상하이, 홍콩, 오사카, 태국, 인도, 베트남, 인도네시아, 러시아, 독일, 폴란드, 벨기에, 헝가리, 튀르키예, 이탈리아, 카자흐스탄, 워싱턴, 뉴욕, 아르헨티나, 브라질, 캐나다, 이집트, UAE, 나이지리아까지 세계 21개국의 문화원 25곳에서 열렸다. K-팝 강습과 함께 K-팝 콘서트, 한국 관광명소의 가상현실 체험, 윷놀이 등 전통문화 체험, 3D 펜으로 태극기 만들기, 드라마를 통한 한국 역사 강좌 등 한국 문화를 더불어 홍보했다. 뉴욕과 뉴저지의 커뮤니티센터와 무용학원에서도 정기적으로 K-팝 댄스 워크숍을 진행하고 있다.

　　K-팝의 전 세계적인 인기로 마침내 한국 고양시의 약 10만 평 부지에 약 2만 석 규모로 K-팝 전용 공연장(아레나)이 건설 중이다. 한국의 CJ 라이브시티가 미국의 스포츠-엔터테인먼트회사 AEG와 합작기업을 설립했다. 2024년 공연장이 완공되면, 세계 1억 5천여만 명에 달하는 K-팝 팬을 유치하는 중심지가 될 것으로 기대된다.

#16 춤추고

"대관식은 끝났습니다. 여왕폐하 만세!(The coronation is complete. Long live the Queen!)"

_톰 해먼드(Tom Hammond, NBC-TV)

2010년 2월 26일 밴쿠버 동계올림픽 여자 싱글 프리스케이팅 경기 중계에서 미국의 NBC-TV의 스포츠 캐스터 톰 해먼드는 김연아의 연기에 대해 이렇게 해설했다. 그날 김연아는 금메달을 목에 걸며 '연아 여왕(Queen Yuna)'으로 등극했다. 그리고 그해 뉴욕의 모모푸쿠(Momofuku) 셰프 데이비드 장(장석호)과 함께 주간 〈타임(Time)〉지의 '2010 세계에서 가장 영향력 있는 인물 100인'에 선정되었다. 김연아는 이후 세계 신기록을 11회 경신하며, 피겨 스케이팅의 그랜드슬램을 기록했고, 한국에선 수많은 '연아 키즈'가 나왔다.

김연아는 올림픽 스포츠 피겨 스케이팅의 테크닉뿐만 아니라 빙상 위의 춤으로써 예술성의 극치를 보여주었다. 피겨 스케이팅은 '얼음 위의 발레(Ballet on Ice)'다. 피겨의 스핀과 발레의 회전, 피겨의 스파이럴(spiral, 한쪽 다리를 뒤로 90도 올리는 동작)과 발레

"'피겨 여왕' 김연아에겐 한국 춤꾼의 DNA가 있다."(사진: http://davecskatingphoto.com, David W. Carmichael)

의 아라베스크(arabesque)도 유사한 동작이다. 김연아는 '지젤(Giselle)'에서 '세헤라자데(Scheherazade)'까지 빙상 위의 발레로 관중을 황홀경에 빠뜨렸다.

그는 피겨 스케이터로서 유연성을 키우기 위해 캐나다 로열위니펙발레단(Royal Winnipeg Ballet)의 수석무용수였던 에벌린 하트로부터 발레를 배운 것으로 알려졌다. 독일 슈투트가르트 발레단의 수석무용수였던 강수진은 2014년 소치 올림픽에서 김연아의 연기를 본 후 이렇게 평했다.

"김연아 선수의 몸은 전체적으로 완벽하게 균형 잡혀 있었습니다. 특히 팔의 움직임이 매우 아름다웠습니다. 테크닉이 전부가 아니라는 것을 그녀는 몸으로 보여주고 있었지요. 발레 무용수로 치자면 김연아 선수는 단연 프리마 발레리나(여주인공) 감이었습니다."
_강수진, 〈조선일보〉 인터뷰

한국의 무용 전문가들은 "김연아에게 한국 춤꾼의 DNA가 있다", "몸의 선도 무용수로 타고났다"라고 평가했다.

아름다운 우리 춤

김연아의 발레 같은 피겨 스케이팅 연기, 한인 발레댄서들의 눈부신 활동, 세계 정상의 브레이크댄스, 그리고 K-팝의 돌풍까지, 우리에겐 오늘날 지구촌을 흔들고 있는 춤의 DNA가 있는 듯하다. 바로 몇 년 전까지만 해도 한국의 고속도로엔 춤추며 노래하는 관광버스가 달렸다. 나이 지긋

김홍도, 「무동(舞童)」, 「단원풍속도화첩」, 보물 제527호, 국립중앙박물관 소장(왼쪽)/ 신윤복, 「쌍검대무」 「혜원전신첩」, 국보 제135호, 간송미술문화재단 소장

한 어른들이 관광버스에서 '뽕짝'에 맞추어 춤추기도 했다(2020년 10월부터 금지). 우리는 밥상 앞에서 젓가락 장단을 두드리며 어깨춤을 출 줄 아는 흥(興)의 민족이다.

한민족이 춤을 즐겼다는 것은 중국 길림성에 남아 있는 5세기 후반 고구려 '무용총(춤무덤)'의 벽화 「가무배송도」에서도 나타난다. 우리 민족의 전통 무용에는 심오한 철학과 풍자 및 해학 정신이 담겨 있다.

강강술래: 보름달 아래 여인들의 군무

보름달이 뜨면 고대인들은 달빛 아래 축제를 벌여 춤과 노래를 즐겼다. 전라남도 해안지역(해남, 완도, 무안, 진도 등)에서는 부녀자들이 달 밝은 추석이나 정월 대보름날 모여 원을 그리며 춤을 추고 노래를 불렀다. "강강수월래~ 강강수월래~."

'강강수월래'에는 임진왜란 때 이순신 장군이 기획했다는 명량해전 의병설이 내려온다. 이순신이 명량 바다에서 해남에 진을 치고 있던 중 적군과 대비해 아군의 수가 적어 아낙네들을 모아 군복을 입혀 수십 명씩 옥매산 봉우리를 돌게 해서 왜병이 겁을 먹고 달아나게 했다는 것이다. 강강수월래(强羌水越來)는 "강한 오랑캐가 물을 건너온다"는 뜻이라고 한다.

부녀자들이 손을 잡고 원을 그리는 강강술래는 진양조-중모리-주중모리 장단에 맞추어 중간에 개구리타령, 쥐잡이놀이, 남생이놀이, 대문열기, 발치기손치기, 수건돌리기, 술래잡기, 기와밟기 등 놀이가 삽입된다. '강강술래'는 1966년 중요무형문화재 제8호로 지정되었으며, 2009년엔 유네스코 인류무형유산으로 등재되었다.

승무(僧舞): 정중동의 춤사위

아시아의 불교국가 중에서 승려의 춤이 정립된 곳은 티베트와 한국이 대표적이다. 티베트에선 불교축제에서 '참 댄스(Cham Dance)'로 불리는 역동적인 춤이 전해 내려온다.

승무는 한국의 민속춤 중 가장 아름다운 무용일 것이다. 장삼에 붉은 가사를 걸치고, 백옥 같은 고깔에 날렵한 버선코로 1인 무용수가 이끌어가는 홀춤이다. 피리, 대금, 해금, 장구, 북의 반주로 염불, 빠른 염불, 허튼타령, 빠른타령, 느린굿거리, 빠른굿

거리, 자진모리 등 장단이 변화되며 일곱 마당으로 구성된다. 속세의 번민에서 열반의 경지까지 정중동(靜中動)의 춤사위로 장삼을 허공에 뿌리며 그리는 고혹적인 그림이라고나 할까. 버선코와 실루엣이 섬세하고, 오묘하며, 신비로움의 극치를 보여준다. 승무는 1969년 국가무형문화재 제27호로 지정되었다.

2013년 8월 링컨센터의 아웃오브도어스(Lincoln Center Out of Doors) 축제 중 '한국의 소(서)울(The S(e)oul of Korea)'에서 박수연 한국전통예술협회장(왼쪽)과 이송희 청사초롱무용단장이 '정중동'의 쌍승무를 공연하고 있다.(사진: Sukie Park/NYCultureBeat)

K-발레: 세계 발레단의 K-무용수

'발레 한류(K-Ballet)'의 파고가 거세다. 지금 세계의 유명 발레단 곳곳에서는 많은 한인이 수석무용수로 활동 중이며, 콩쿠르에서는 한인 발레 꿈나무들이 수상을 휩쓸고 있다. '발레계의 아카데미상'으로 불리는 세계 최고 권위의 발레 대회 '브누아 드 라 당스(Benois de la Danse)'에선 강수진(1999), 김주원(2006), 김기민(2016), 박세은(2018)까지 4인이 최고의 남/녀 무용수상을 수상했다.

K-발레의 선구자는 강수진이다. 모나코의 왕립발레아카데미(Acadmie de Danse Classique Princesse Grace)에서 수학한 강수진은 1985년 로잔 콩쿠르에서 우승했다. 이듬해 19세의 나이에 독일 슈투트가르트 발레단(Stuttgart Ballet)에 입단한 최초의 아시안이자 최연소 무용수로 기록된다. 1997년엔 수석무용수가 되었으며, 이듬해 독일 오키드협회는 팔레놉시스(Phalaenopsis)에 강수진의 이름(Phalaenopsis Sue Jin Kang, Röllke Orchzt. 1999)을 붙여주었다. 강수진은 2013년부터 국립발레단장 겸 예술감독으로 활동 중이다.

강예나는 1994년 워싱턴 DC의 키로프발레아카데미 졸업 후 러시아의 마린스키 발레단(옛 키로프발레단)에 입단한 첫 한인이다. 이후 한국의 유니버설발레단의 수석무용수를 거쳐 1998년 뉴욕의 아메리칸발레시어터(American Ballet Theatre, ABT)로 이적해 솔리스트로 활동한 후 유니버설발레단으로 복귀했다. 강예나는 2003년 은퇴한 후 배우로 변신했다.

유지연은 14세 때 마린스키발레단 부설 바가노바아카데미에 아시안 최초이자 최연소 유학생이었으며, 수석으로 졸업했다. 1995년 바가노바 국제 콩쿠르 예술상 수상 후 마린스키발레단에 입단했다. 그리고 솔리스트까지 승급, 마린스키의 유일한 외국인 단원으로 활동하다가 2010년 은퇴했다. 귀국 후 유니버설발레단 부예술감독으로 후진을 양성했다.

뉴욕의 ABT 사상 최초의 아시아계 수석무용수는 2012년 서희가 기록했다. 키로프 발레아카데미에서 수학 후 2003년 로잔콩쿠르와 유스아메리카 그랑프리(Youth America Grand Prix, YAGP)에 우승한 서희는 ABT 스튜디오 컴퍼니에 입단, 코르드발레(발레단 중에서 솔로를 추지 않는 무용수를 가리키는 집단적인 명칭), 솔리스트를 거쳐 정상에 올랐다. 서희는 2015년 발레 영재를 발굴하기 위해 서희재단을 설립, 유스 아메리카 그랑프리 코리아 대회를 열어왔다.

한편, 한국예술종합학교 출신 김기민은 2011년 19세 때 아시안 남성 최초로 러시아의 마린스키발레단에 입단했다. 퍼스트 솔리스트를 거쳐 2015년엔 마린스키 사상 아시안 남성 수석무용수로 승급했다. 2015년 6월 김기민은 ABT의 초청으로 링컨센터 메트로폴리탄 오페라 하우스에서 서희와 「라 바야데르(La Bayadre)」에서 니키아와 솔라 역으로 무대에 오르며, ABT 사상 최초의 아시안 남녀 주연으로 기록했다.

2020년 9월 안주원은 ABT의 첫 한인 발레리노, 수석무용수가 되었다. 이로써 마린스키의 김기민, 네덜란드 국립발레단의 최영규 등에 이어 미국에서도 한인 발레리노가 ABT 무대에 올랐다. 서희와 안주원은 2022년 6월 ABT의 개막 공연 「돈키호테」에서 주역으로 무대에 함께 올랐다. 이어 7월 코르드발레 한

2015년 아메리칸발레시어터(ABT)의 「라 바야데르」에서 공연한 서희와 김기민 (사진: Sukie Park/NYCultureBeat)

성우와 박선미는 9월 솔리스트로 승격했다.

그런가 하면 박세은은 2012년 파리오페라발레단에 입단한 후 2016년 제1무용수(프리미에 당쇠르Premier danseur)로 승급했다. 그리고 2021년 아시안 최초로 수석무용수인 에투알(Étoile, 별)에 지명되었다. 파리오페라발레단엔 2000년 김용걸이 한인 최초로 입단, 쉬제(sujet, 군무와 주역을 겸하는 솔리스트)로 은퇴했다. 그는 현재 한국예술종합학교 무용원 교수다. 김세연이 수석무용수로 은퇴한 스페인국립발레단엔 박애지가 솔리스트로 활동 중이다.

이외에도 강수진의 바통을 이은 강효정(슈투트가르트발레 수석무용수), 이상은(드레스덴젬퍼오페라발레 수석무용수), 최영규(네덜란드국립발레 수석무용수), 김민정(헝가리국립발레 솔리스트), 재일동포 최유희(영국로열발레 퍼스트 솔리스트), 이은원(워싱턴발레 수석무용수), 채지영(보스턴발레 수석무용수), 한서혜(보스턴발레 수석무용수) 등이 세계 무대에서 기량을 펼치고 있다.

한국예술종합학교(Korean National University of Arts, K'ARTS) 무용원의 김선희 교수는 김기민, 박세은, 한서혜, 최영규, 김민정, 이은원, 김현웅, 이재우, 김리회, 이동탁, 한상이, 안주원, 한성우, 윤별 등을 길러냈다.

김 교수는 뉴욕컬처비트(NYCultureBeat)와의 인터뷰에서 한인들이 콩쿠르에서 수상을 휩쓰는 비결에 대해 "완벽한 무용수의 조건을 따진다면 보이는 신체적인 조건이 좋지는 않지만, 그렇기 때문에 또 다른 장점을 찾고, 강점을 더욱 개발시킨 것이 비결

2018년 10월 뉴욕시티센터에서 공연된 한예종의 발레 「인어공주」와 안무가 김선희 교수(사진: K'ARTS Ballet)

이다. 나의 제자들에게 동작의 섬세함, 다양하고 풍부한 예술성과 강력한 테크닉을 가르친다"고 밝혔다. 또한 이 제자들은 '강인한 집념과 뜨거운 열정'을 갖추었다고 강조했다. 김선희 교수는 2018년 10월 뉴욕시티센터에서 자신의 안무작 「인어공주(Song of the Mermaid)」를 공연했으며, 김기민, 이수빈, 박선미가 출연했다.

그리고 2023년 4월 플로리다 탐파에서 열린 세계 최대 규모의 학생 발레대회 유스아메리카그랑프리(Youth America Grand Prix)에선 이채은(14세, 예원학교)이 주니어 부문 1위, 김수민(18세, 한국예술종합학교)·전민철(18세, 한국예술종합학교)은 2인무 부문에서 1위를 차지했다. 한국예술종합학교는 특별상으로 '탁월한 학교상(Outstanding School Award)'을 수상했다.

코리아: 브레이크댄스 강국

발레(ballet)가 이탈리아의 왕궁에서 탄생한 반면, 브레이크댄스(breakdancing)는 뉴욕의 빈민촌에서 태어났다. 발레는 1500년대 르네상스 시대 이탈리아의 왕궁에서 사교춤으로 시작되었다. 16세기 피렌체 로렌초 메디치 공작의 딸 카트린(Catherine de' Medici)이 프랑스 왕 앙리 2세와 결혼한 후 프랑스 왕국으로 전파했다. 이탈리아어로 '춤(ballo)'이 프랑스에서 '발레(ballet)'가 된 것. 발레에 열광했던 '태양왕' 루이 14세는 파리오페라단의 전신인 로열음악아카데미를 설립했으며, 여기서 파리오페라발레단(Paris Opera Ballet)이 태동하게 된다.

한편, 브레이크댄스는 1970년대 힙합(Hip-Hop) 음악의 산실인 뉴욕의 사우스브롱스에서 탄생했다. 원래는 거리의 갱들이 자기방어용으로 배운 무술에서 시작되어 발전했다. 첫 댄서는 1973년 힙합 DJ 쿨 허크(Kool Herc)의 파티에 등장한 스트리트 댄서 에이원 비보이 사사(A1 B-boy Sasa)였다. 쿨 허크가 파티에 참가한 10대 흑인 펑크 댄서들을 '비보이(B-boy)', '비걸(B-girl)'로 부르기 시작했다.

1990년대 들어서 브레이크댄스는 힙합 음악과 함께 아시아, 아프리카, 중동, 남아메리카 등으로 퍼져나갔다. 1990년 독일에서 세계 브레이크댄스 대회 '배틀 오브 더 이어

벤슨 리 감독의 브레이크댄스 다큐멘터리 「플래 넷 비보이」 포스터(2007, 왼쪽)와 할리우드에서 만든 극영화 「배틀 오브 더 이어」(2013) 포스터

(Battle of the Year)'를 시작으로 프랑스(Chelles Battle Pro, 2001), 장소를 이동해 열리는 레드불 비시원 (Red Bull BC One, 2004), 덴마크(Floor Wars, 2005), 한국(R-16 코리아, 2007), 네덜란드(World B-Boy Classic, 2009), 아프리카 브루키나 파소(B-boy, B-girl Africa, 2012), 포르투갈(Solverde World Battle, 2014), 부천세계비보이대회(Bucheon International Championship, BBIC, 2016)까지 열렸다.

2018년 부에노스아이레스 유스 올림픽 대회에서 시범 종목이었던 브레이크댄스는 2024년 파리올림픽부터 정식 종목으로 승인되었다. 한국은 브레이크댄스 세계 랭킹 1위다. '진조 크루(Jinjo Crew)'는 세계 5대 메이저 대회(UK B-boy Championship 2012/ Freestyle Session 2011/ Battle Of The Year 2010/ R-16 Korea 2010, 2011, 2012/ Red Bull BC One 2008)를 휩쓸며 브레이크댄스의 그랜드슬램을 달성한 팀이다.

브레이크댄스 영화를 만든 인물도 한국계다. 2007년 캐나다의 한인 감독 벤슨 리 (Benson Lee)는 2005 '배틀 오브 더 이어' 대회를 중심으로 세계의 비보잉 문화를 다룬 다큐멘터리 영화 「플래닛 비보이(Planet B-Boy)」를 연출했다. 이 영화는 샌프란시스코 국제아시안아메리칸영화제 최우수 다큐멘터리상을 수상했고, 트라이베카 영화제에서 상영되었다. 벤슨 리는 2013년 할리우드에서 브레이크댄스 극영화 「배틀 오브 더 이어(Battle of the Year)」를 연출했다.

K팝의 매력: 춤, 춤, 춤

2021년 7월 〈워싱턴포스트〉는 「K-팝은 어떻게 세계를 정복했나(How K-Pop Conquered the Universe)」에서 K-팝 성공의 비결을 중독성 있는 노래, 현란한 포인트 안무, 유튜브 마케팅, 능수능란한 SNS 활용, 헌신적인 팬들의 활동 등의 결과라고 분석했다. 이 신문은

"팬들이 안무를 따라하면서 SNS에 공유한다"면서 국제 수화를 차용해 만든 BTS의 「퍼미션 투 댄스」 안무를 예로 들었다. BTS, 제니퍼 로페즈와 작업했던 가수 시에나 라라우도 "트렌디한 댄스는 K-팝을 만드는 요소"라고 말했다.

방탄소년단(BTS)의 'DNA'(2017)(사진: HYBE)

원더걸스, 소녀시대, 카라를 비롯해 비, 보아, 빅뱅, 슈퍼주니어, 투애니원 등에서 BTS, 블랙핑크, 세븐틴, 잇지, 트와이스, 에스파 등 K-팝 스타들은 뮤직비디오에서 곡예에 가까운 안무로 팬들을 사로잡았다.

K-팝 댄스는 2012년 싸이의 트레이드마크가 된 말춤의 「강남 스타일(Gangam Style)」로 불타올랐다. 싸이는 코끼리, 원숭이, 캥거루, 뱀 등 여러 동물의 춤을 시도했다가 말춤으로 하게 되었다고 밝혔다. 지구촌 곳곳에서 「강남 스타일」의 말춤 패러디 비디오가 쏟아져 나오면서 싸이와 「강남 스타일」은 전 세계적으로 선풍을 일으켰다. 중국 반체제 작가 아이 웨이웨이는 2012년 수갑을 찬 채 말춤을 추는 「강남 스타일」 패러디 비디오를 제작했고, 중국 정부는 이 비디오를 금지했다. 유튜브 뮤비 데뷔 10년 후, 2022년 7월 15일 현재 「강남 스타일」의 조회수는 44억 7천 회로 유튜브 뮤직비디오 사상 톱 5위에 올랐다.

K-팝을 댄스의 시각에서 분석한 논문도 나왔다. 강주선 한국예술교육원 부원장은 성균관대학교 박사학위 논문으로 「K팝 댄스를 활용한 초등학생 무용프로그램 개발 연구: 라반의 BESS 움직임 이론을 중심으로」(2018)를 발표했다. 이 논문은 K-팝 댄스를 배움으로써 사람의 희로애락 감정을 몸으로 표현하는 능력을 배양할 수 있음을 규명했으며, 헝가리 무용이론가 루돌프 폰 라반(Rudolf von Laban)의 LMA(Lavan Movement Analysis) 움직임 분석 툴을 사용해 K-팝의 안무를 분석했다.

강주선은 1999~2017년 사이에 발표된 K-팝 69곡의 댄스를 기쁨(신나고 즐거움/ 흥분과 황홀/ 희망), 슬픔(설움/ 비통과 애통/ 상실감), 좋음(좋아함/ 관심과 원함/ 사랑), 싫음(미움과 괴로움/ 역겨움/ 증오와 경멸), 공포(두려움/ 걱정과 우려/ 소심), 분노(화/ 공격성/ 한) 등 여섯 가지 감정과 18개의 상세 감정으로 세분해 초등학생들이 K-팝 댄스로 18가지 감정 표현법을 익힐 수 있는 무용 프로그램을 제시했다.

이화여대 조기숙 교수와 정겨울은 논문 「아이돌 춤에 관한 연구: 소녀시대 춤 〈Gee〉를 중심으로(A Study on Idol dance—Based on Girls' Generation's Dance 〈Gee〉」(2015)를 발표했다. 이 연구에서는 "첫째, 춤에 귀여움과 섹시미를 강조하여 남성 팬층을 이끌어내며, 둘째, 포인트 안무를 통해 특정한 동작을 반복적으로 진행해서 대중이 흥겹게 즐길 수 있는 대중성을 형성한다. 셋째, 단순하고 따라하기 쉬운 동작은 관객에게 친숙함을 주는 동시에 그들로 하여금 적극 동참하여 응집하게 한다"고 소녀시대의 춤을 분석했다.

박진수의 이화여대 석사학위 논문 「K-POP 댄스의 변신공간에 관한 연구(A Study on the Transformosphere in K-POP Dance)」(2015)에서 첫째, K-팝 댄스는 유사한 콘셉트와 가수들의 중복과 반복 속에서 작고 구체적인 차이를 발생시키며 새로운 의미를 생성하고 있다. 둘째, K-팝 댄스는 다양체에서 기존의 구조가 무너지고 접속이 새롭게 일어날 때 새롭게 형성되는 관계를 통해 변신을 일으킨다고 분석했다. 그리고 K-팝 댄스의 변신공간은 춤을 둘러싼 다양체들의 관계가 붕괴되고 접속을 통해 새롭게 형성되는 변신과 생성의 공간으로, 그 접속 가능성만큼 변신공간은 증폭되고 끊임없이 작동한다고 결론지었다.

한국에서의 케이팝 페스티벌은 종류도 다양하다. 서울종합예술실용학교, 한국관광공사, 서울관광재단이 공동으로 여는 K-팝 댄스 페스티벌은 스트리트 댄스와 케이팝 부문으로 나누어 경연한다. 케이팝 커버댄스 페스티벌은 세계의 K-팝 팬들이 아이돌 가수들의 춤, 표정, 의상, 댄스를 따라 표현하는 축제다. 리얼케이팝댄스(REAL K-POP DANCE)는 K-팝 백댄서에게서 최신 K-팝 안무를 배우는 프로그램이다. '케이팝 댄스 페스티벌(K-pop Dance Festival)'이라는 댄스 게임도 나왔다.

무용가 김영순과 덤보댄스 페스티벌

한편, 2001년부터 21년째 뉴욕에서 무용 축제 덤보댄스 페스티벌(DUMBO Dance Festival)을 열어온 인물은 한인 무용가 김영순 씨다. 브루클린 브리지와 맨해튼 브리지

사이 예술가촌 덤보(Down Under the Manhattan Bridge Overpass, DUMBO)에서 김영순 예술감독이 주관한 덤보댄스 페스티벌은 현대무용의 쇼케이스, 젊은 안무가들의 등용문으로 자리매김했다. 2022년 6월 코로나 팬데믹으로 인한 버추얼(온라인) 페스티벌에는 나흘간 60여 개 무용단, 350여 명의 아티스트가 참가했다.

김영순 씨는 이화여대 무용과 졸업 후 1977년 뉴욕으로 이주, 마사 그레이엄 컨템퍼러리 댄스스쿨(Martha Graham School of Contemporary Dance)과 제니퍼 뮬러(Jennifer Muller) 무용단을 거쳐 1988년 화이트웨이브 김영순 무용단(White Wave Young Soon Kim Dance Company)을 창단했다. 그는 덤보댄스 페스티벌 외에도 2004년부터 '쿨 뉴욕 댄스 페스티벌(Cool NY Dance Festival), 2006년부터 '웨이브 라이징 시리즈(Wave Rising Series)' 그리고 2016년부터는 솔로듀오 댄스 페스티벌(Solo Duo Dance Festival, 6회)까지 연중 4개의 무용제를 열고 있다.

김영순 씨 안무, 화이트웨이브 무용단의 'Eternal Now'(위) 2019 덤보댄스 페스티벌 포스터(아래)
(사진: White Wave Young Soon Kim Dance Company)

쿠니 마사미(박영인): 일제강점기 무용수이자 스파이

미국 케이블 TV IFC 코미디 시리즈 「포틀랜디아(Portlandia)」의 배우 프레드 아미센(Fred Armisen)은 한국과 연결되어 있다. 그의 할아버지가 일제강점기 쿠니 마사미(Masami Kuni, 邦正美)라는 이름으로 활동했던 한인 무용수 박영인(朴永仁, 1908~2007)이다. 울산에서 태어난 박영인은 부산중학교 시절 영국 선교사에게 서양 춤을 배웠으며, 최승희·조택원의 스승 이시이 바쿠(石井漠)에게 사사했다.

박영인은 동경제대 미학과에서 무용미학과 무용사를 전공했으며, 재학 중 도쿄의

쿠니 마사미가 지은 『舞踊創作と舞踊演出(무용 창작과 무용 연출)』(왼쪽), 「Masami Kuni」 표지(오른쪽 위), 배우 프레드 아미센

일본청년회관에서 공연했다. 1937년엔 일본 정부 지원으로 베를린 국립무용대학에 유학해 헝가리 출신 무용가 루돌프 폰 라반과 독일 표현주의 무용의 거장 마리 비그만(Mary Wigman)에게 사사했다. 이후 빌헬름대학에서 철학을 전공했다.

박영인은 독일 체류 중 베를린 국립극장, 이탈리아, 헝가리 등 유럽에서 공연하면서 일본제국의 스파이로 남유럽과 튀르키예 등지의 정보를 수집한 것으로 알려졌다. 독일에 체류 중이던 1941년 독일 여성 마리 이하라(Mary Ehara) 사이에 프레드 아미센의 아버지인 페레이던 허버트 '프레드' 아미센(Fereydun Herbert 'Fred' Armisen)을 낳았다.

해방 후 최승희와 조택원은 귀국했지만, 박영인은 '코스모폴리탄'을 자처하며 일본에 남았고, 후진 양성을 위해 교육무용연구소를 설립했다. 이후 미국에 건너가 캘리포니아주립대학 교수를 지냈으며, 일본으로 귀국한 후 2007년 사망했다. 프레드 아미센은 할아버지가 일본인이라고 생각해왔다. 그러다가 2017년 PBS-TV에서 DNA로 혈통을 찾아주는 프로그램 「당신의 뿌리를 찾아라(Finding Your Roots)」를 통해 할아버지가 한국인임을 알게 되었다는 것.

박영인은 왜 '쿠니 마사미'로 남아야 했을까? 일제강점기 1923년 간토(關東) 대지진이 발생했을 때 조선인 학살이 자행되었다. 지진으로 민심이 흉흉해지자 일본 언론은 내무성의 지침을 받아 "조선인들이 방화와 폭탄에 의한 테러, 강도 등을 획책하고 있으니 주의하라"고 보도했으며, 이때 한국인 6천여 명이 학살되었다. 박영인은 자신의 예술을 지키기 위해 쿠니 마사미로 살아야 했던 비운의 인물이었다.

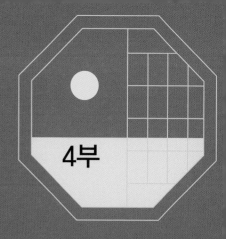

4부

한국인의 힘

#17 '미국 태권도의 아버지'
이준구 대사범

그는 1957년 태권도 기술과 영어 실력, 그리고 단돈 45달러를 갖고 미국으로 갔다. 1962년 워싱턴 DC에 미국 최초의 태권도장을 열어 조 바이든(Joe Biden)을 비롯해 국회의원과 세계 각국 대사 자녀들을 가르치며 태권도를 보급하는 한편, 마케팅 전술과 네트워킹으로 미국 방방곡곡, 러시아 등 세계 곳곳까지 태권도 글로벌화의 기반을 쌓았다.

그는 배우 브루스 리(이소룡)의 친구였으며, 선생이자 제자였고, 세기의 복서 무하마드 알리의 트레이너이자 코치였다. 그는 태권도 안전장비를 고안했고, 태권도 영화에 출연했으며, 태권도 발레를 안무했다. 그에게 태권도는 단순한 무술이 아니라 삶의 철학이었으며, 그는 평화의 메신저였다. 최초의 한류 스타, '미 태권도의 아버지' 이준구(1932~2018) 대사범(Grandmaster)의 인생 여정을 살펴보자.

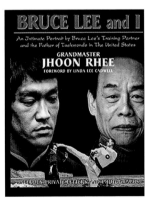

이준구 대사범과 이소룡의 우정을 쓴 『브루스와 나(Bruce and I)』(2011, 왼쪽)/ 1976년 무하마드 알리에게 발차기를 가르치는 대사범(사진: Jhoon Rhee Tae Kwon Do)

미국 태권도의 아버지

국회의사당 앞의 이준구 대사범(사진: http://www.jhoonrhee.com)

"워싱턴에 정착해 미국에 태권도를 대중화했으며 국회에서 의원들에게 발차기와 권법을 가르치며 '진실, 아름다움과 사랑'의 철학을 설파해온 한국 출신 무술가, 그랜드마스터(대사범) 이준구 씨가 4월 30일 알링턴 요양원에서 세상을 떠났다. 그는 86세였다."

_〈워싱턴포스트〉, 2018. 5. 1.

〈워싱턴포스트〉는 2018년 5월 1일 자에 이준구 대사범의 별세 소식을 대서특필했다. 이 신문은 "이준구 씨처럼 성취한 무술가는 거의 없다. 한때 한국 군대의 비행기 정비사였던 이씨는 동료인 브루스 리(Bruce Lee, 이소룡), 권투선수 무하마드 알리(Muhammad Ali)와 격투 기법을 교환했으며, 칼럼니스트 잭 앤더슨(Jack Anderson, 퓰리처상 수상), 배우 척 노리스(Chuck Norris)와 워싱턴 레드스킨(풋볼팀)의 코치 조지 앨런(George Allen)에게도 태권도를 가르쳤다"고 소개했다.

〈뉴욕타임스〉는 닷새 후 「준 리: 태권도의 스포츠 대사 86세로 별세(Jhoon Rhee, Athletic Ambassador of Taekwondo, Dies at 86)」라는 제목으로 보도했다.

'미국 태권도의 아버지(The Father of American Taekwondo, TKD)'로 불리는 이준구 대사범은 1957년 이승만 시대에 한국을 떠났다. 그는 아이젠하워가 대통령이었고, 엘비스 프레슬리와 마릴린 먼로가 전성기를 누리던 때부터 미국에서 태권도를 가르치기 시작해 세계로 전파한 장본인이다. 오늘날 한류(Hallyu, Korean Wave)의 뿌리는 이준구 대사범과 태권도라 할 수 있을 것이다.

한국이 전쟁 후 정치적 혼란과 경제적 빈곤에서 벗어나기 위해 안간힘을 쓰고 있던 시절, 맨몸의 이준구 대사범은 한민족 고유의 무술, 태권도를 미국에 보급했다. 무기 없이 언제 어디서나 손과 발을 이용해 공격, 방어할 수 있는 무도 태권도는 신체 단련뿐 아니라 정신 무장으로 바른 인간을 추구한다. 총기 소지가 허용된 미국에서 태권도는 단순한 무술이나 스포츠가 아니라 철학이기도 했다.

"1970년대 태권도 사범들이 세계 각국의 왕이나 대통령의 경호원이 되었다. 그 사람들이
삼성, 현대, LG의 인맥을 다 맺어준 것이다."
_이준구 대사범

1986년 현대 자동차가 엑셀(Excel)로 미국 시장에 진출하기 30년 전, 1960년대 미국에 한국 가발과 섬유가 수출되기 10여 년 전 이준구 대사범은 혈혈단신 미국인 한 명 한 명을 상대로 태권도를 전파했다. 한때 '한국의 가라테(Korean Karate)'로 불리던 태권도는 정체성을 확립하고, 오늘날 글로벌 스포츠가 되었다. 1988년 서울올림픽에서 태권도는 시범 종목이었으며, 2000년 시드니올림픽에선 정식 종목으로 채택되었다. 이젠 이준구 대사범의 후예인 미국인이 태권도장을 열고, 태극 마크가 부착된 도복을 입고, 한국어로 "차렷, 경례!(Charyot, Kyongye!)"를 하며 태권도를 가르치고 있다.

엘비스 프레슬리, 클린턴, 오바마 태권도 수련

⬛ 엘비스 프레슬리는 1970년대 멤피스에서 이강희 사범의 지도를 받고, 8단증을 받았다.(사진: Yong Rhee/ World Black Belt Bureau)

'로큰롤의 황제' 엘비스 프레슬리 (Elvis Presley, 1935~1977)는 1972년 38세에 이강희(1938~2019) 사범으로부터 태권도를 배워 1974년에 8단을 땄다. 이강희 사범은 연세대학교 상대 재학 중 태권도 클럽 파사류(破邪流, 발차기 기술 중심)를 창설했다.

1964년 미국으로 이주, 1966년 테네시주 멤피스에 도장 '가라테학교(Karate School)'를 차렸다. 프레슬

리는 일주일에 세 번씩 이 사범의 도장에서 훈련했다. 이강희 사범의 공중 발차기에 반한 엘비스는 특히 손과 주먹 기술을 잘 썼다고 한다. 엘비스는 태권도로 배운 기술을 콘서트에 활용하곤 했다.

이강희 사범은 한 인터뷰에서 "프레슬리는 열정이 대단했고, 예의가 엄청 바른 사나이였다. 옆차기를 잘했으며, 일주일에 적어도 세 번은 운동을 했다. 자기만의 협회를 만들까 고민했을 정도로 태권도에 대한 애정과 관심이 대단했으며, 실제로 만들기는 했다"고 회고했다. 프레슬리는 멤피스테네시가라테협회(The Tennessee Karate Institute of Memphis) 창립을 도와주었다. 이강희 사범은 1972년 '월드 블랙벨트 뷰로(World Black Belt Bureau)'를 창설했다.

권투선수 무하마드 알리(Muhammad Ali, 1942~2016)는 종종 친구였던 프레슬리의 체육관을 찾아가 발차기를 연습한 것으로 알려졌다. 엘비스가 세상을 떠난 후에도 팬들이 태권도 스승을 찾아 도장을 방문했다. 2019년 8월 16일엔 이강희 사범이 별세했다. 42년 전 엘비스가 떠난 1977년 8월 16일과 같은 날에 세상을 떠난 것이다. 엘비스 프레슬리가 살던 저택에 자리한 멤피스의 박물관 그레이스랜드(Graceland) 웹사이트에 이 사범을 추모하는(Remembering Kang Rhee) 글이 올라 있다.

이 추모사에 따르면, 엘비스는 이강희 사범에게 맞춤형 엘도라도 캐딜락을 선물했다. 엘비스는 아버지가 자신에게 선물한 이 고급 차를 10개월 동안 사용한 후 이 사범에게 주었다. 이 사범은 엘비스를 '타이거(Tiger)'라고 불렀다. 이 사범은 1988년 테네시주지사상, 멤피스 시장으로부터 수차례 감사장을 받았으며, 2001년엔 테네시 친선대사로 임명되었다.

빌 클린턴 전 대통령은 1988년 주지사(아칸소주) 시절 이행웅 사범에게 태권도를 배워 명예 4단이 되었으며, 버락 오바마 전 대통령은 2001년 상원의원(일리노이주) 시절 미국인 사범(David Posner)에게 4년간 태권도를 배워 5급(녹색띠)을 땄다. 세계태권도연맹은 버락 오바마 전 대통령(2009)과 유도 8단 보유자인 블라디미르 푸틴 대통령(2013)에게 명예 9단증을 수여했다.

할리우드에도 태권도를 배우는 배우들이 늘어났다. 한국전쟁에 참전했던 척 노리스는 태권도 8단, 한국인과 결혼한 웨슬리 스나입스는 명예 3단(검은띠) 보유자다. 컨트리 가수 윌리 넬슨은 81세에 공권유술(태권도·유도·가라테 기술을 종합한 실전 무술) 5단을 땄다. 그의 사범은 한인 샘 엄이었다. 배우 제니퍼 가너, 제시카 알바, 사라 미셸 겔러, 장 클로드 반담, 에릭 로버츠 등도 태권도를 배웠다.

2000년 시드니올림픽에서 정식 종목으로 채택된 후 아테네, 베이징, 런던, 리우데자네이루 올림픽에서 미국, 영국, 중국, 호주, 이탈리아, 쿠바, 멕시코, 아르헨티나, 코티디부아르, 이란, 세르비아, 아제르바이잔 선수들이 금메달을 딴 것도 태권도가 오래전부터 글로벌 스포츠가 되었음을 입증한다.

최초의 한류 스타, 이준구 대사범의 드라마틱한 삶

호랑이의 포효

이준구 대사범은 1932년 1월 7일 충청남도 아산에서 이진훈, 홍계임 부부의 2남 3녀 중 셋째로 태어났다.

한밤중 호화로운 궁 안에서 젊은 여성이 호랑이의 포효를 들었다. 궁은 높은 담으로 싸여 있어서 그녀는 두렵지 않았다. 하지만 그 소리에 깨어났다. 어머니가 꾸었다는 태몽이다. 막냇동생 이전구 뉴욕골프센터 회장은 〈뉴욕한국일보〉와의 인터뷰에서

이준구 대사범이 표지로 등장한 무술 잡지

"할아버지와 외할아버지가 성균관 유학자로 1902년 스물한 살 나이에 고종황제가 하사하시는 박사 벼슬을 한날한시에 받으셨다. 두 분이 함께 성균관 앞뜰 계단을 내려오시면서 어머니가 세 살, 아버지가 한 살이던 때 사돈하자고 약속하셨다"고 밝혔다.

매맞던 소년

이준구 대사범은 어릴 때엔 체구가 작아 동네북이었다. 여섯 살 때는 다섯 살짜리 여자애에게 맞았다. 당시 일제강점기에 그애의 아버지는 순사였다. 울며 집에 가서 엄마에게 일렀더니 엄마는 오히려 맞았다고 마구 팼다. 그때 소년은 자신감을 갖고 자신을 방어해야 한다는 깨달음을 얻었다고 한다. 그때부터 엎드려 팔굽혀펴기, 역기 들기로 몸을 단련하기 시작했다.

사부는 청도관 이원국

일제강점기에는 한국 전통 무술이 금지되었다. 그가 열네 살 때 해방이 되었고, 이후 무술도장이 속속 생겨났다. 그는 이원국 대스승이 가르치는 청도관에 들어가 당수도(현 태권도)를 배웠다. 아버지에게 태권도 배우는 것은 비밀로 했다. 부친은 태권도를 거리 싸움꾼이나 하는 것으로 인식했기 때문이다. 이에 대사범은 훗날 태권도의 공적 이미지를 바꾸기에 노력하게 된다.('태권도'라는 명칭은 1955년 육군 소장이던 최홍희 씨가 제정했다. 최홍희 씨는 4년 후 대한태권도협회를 창립한다.)

아메리칸 드림

사춘기 때 미국 영화를 보고 블론드 여배우에 반했다. 마릴린 먼로였다. 그후 금발 미녀와 결혼하기 위해 미국에 가기로 결심했다. 이를 위해 영어 공부를 열심히 했으며, 미국에 가면 태권도로 먹고살아야겠다고 작정하게 된다.

바이올린과 하모니카

이준구 소년은 태권도뿐만 아니라 음악에도 재능을 보였다. 고등학교 시절 독학으로 바이올린을 배워 민요를 귀에 익혀 연주했으며, 여섯 살 때부터 배운 하모니카 연주도 수준급이다. 그는 워싱턴심포니오케스트라(Washington Symphony Orchestra, WSO)의 이사로 활동했으며, 2000년 프랑스대사관에서 열린 WSO 기금마련 콘서트 무대에 올라 하모니카 콘체르토를 연주했다. 2005년엔 KBS 음악홀에서 서울로열심포니오케스트라와 하모니카 콘체르토를 협연하기도 했다.

한국전쟁 발발

1950년 당수부가 있던 동국대학교에 들어갔지만, 4개월 만에 전쟁이 터졌다. 미 공군부대에 통역사로 일하다가 군에 입대, 포병장교로 복무했다. 제대 후 육군항공학교에서 비행기 정비와 기상 훈련을 받던 중 미국 연수 프로그램이 있는 항공정비 교육장교에 응모했다. 시험에 합격한 후 텍사스의 공군부대에서 정비 교육을 받았다. 고국으로 돌아가야 할 즈음, 미국에 다시 올 수 있는 방법을 찾다가 재정 후원자가 필요하다는 것을 알았다. 교회에서 로버트 L. 번팅 부부가 선뜻 후원자로 나섰다. 귀국 때 나일론 옷감을 사다가 팔아 유학 자금을 마련했다.

태권도를 가르치며 학비 조달

1957년 11월 문교부 주최 유학시험에 합격한 후 유학길에 올랐다. 그에겐 달랑 45달러뿐이었다. 사우스텍사스 주립대학교 토목공학과에 입학한 후 교내 태권도 클럽을 만들어 가르치면서 학비를 벌었다. 2년 후 텍사스대학교로 전학하여 태권도로 기숙사 치안 담당을 하며 기숙사비를 면제받았다.

인종 통합의 태권도

흑백인 분리 정책(「짐크로법Jim Crow Laws」)이 시행되던 1960년대 텍사스에서 태권도를 가르치던 중 한 흑인 학생이 뒷문으로 들어왔다. 당시 학교, 식당, 대중교통 등에서 백인과 흑인이 격리되었기 때문이다. 그때 이준구 대사범은 "No"라며, "태권도에서는 누구나 똑같다. 정문으로 들어오라"고 지시했다. 그 학생이 미국 흑인 최초의 태권도 10단(검은띠) 소지자이며 첫 흑인 사범인 프레드 사이먼(Fred Simon)이다. 그는 휴스턴 인근 버몬트에서 태권도장(Fred Simon's Institute Of Tae Kwon Do)을 운영하고 있다.

한편, 흑인 그랜드마스터 제라드 로빈스(GM Gerard Robbins)는 2007년 뉴저지에 태권도 명예의 전당(Taekwondo Hall of Fame)을 창립했다.

워싱턴 DC, 준 리 태권도장 설립

1962년, 토목공학을 공부하던 중 워싱턴 DC의 가라테 도장에서 강사 자리를 제의하자 짐을 쌌다. 워싱턴 DC에 막상 도착하니 학생이라곤 여섯 명뿐이었다. 때문에 도장에서는 그의 봉급을 줄 여유도 없었다. 이에 아예 자신의 이름을 딴 태권도장을 열었다. 1962년 6월 28일, 미국 최초의 태권도장 'Jhoon Rhee Tae Kwon Do'다.

대사들에게 친필 편지

이준구 대사범은 마케팅의 귀재다. 그는 도장을 연 뒤 태권도 수강생을 모으기 위해 워싱턴 DC의 각국 대사들에게 편지를 보냈다. 그는 대사 자녀들을 도장으로 보내달라고 요청했다. 태권도를 가르칠 뿐만 아니라 인성교육을 시키며, 학교 성적을 모두 A, B 학점으로 만들어줄 것이라고 약속했다. 또한 〈워싱턴포스트지〉에 조그마한 광고도 냈다. 그러자 수강생이 몰려들었다. 이 마케팅이 오늘날 태권도가 글로벌 스포츠가 된 씨앗이었을 터이다.

"나는 결코 무엇을 소원하지 않는다. 그저 행동으로 옮긴다. 소원이라는 생각 자체는 일을 발생하게 하지 않는다. 행동만이 일을 성사시킨다."
_그랜드마스터 이준구

태권도 TV 광고 "Nobody bothers me"

이준구 대사범은 1972년 준 리 태권도장 TV 광고를 내면서 더욱 유명해졌다. 토요일 아침 만화 영화 시간대에 나온 준 리 태권도장 광고는 워싱턴 주민에게 노스텔지어 광고다. 대사범이 무술을 하는 장면에 이어 여자아이와 남자아이가 등장하는 이 광고는 "아무도 나를 건드리지 않아(Nobody bothers me!)"로 워싱턴 DC 일대에 널리 알려졌다.

두 어린이는 대사범의 자녀, 4세의 미미와 5세의 천우였다. 광고 촬영 전 미미와 천우가 아이스크림을 두고 싸우는 바람에 옷이 초콜릿으로 얼룩져서 거꾸로 입고 촬영했다. 미미 리는 현재 심리치료사, 천우는 버지니아주 폴스처치에서 준 리 도장을 운영하고 있다.

또한 주제가 작곡가는 록스타 브루스 스프링스틴(Bruce Springsteen)의 E 스트리트 밴드(E Street Band) 기타리스트 닐스 로프그렌(Nils Lofgren)이다. 로프그렌은 그 대가로 준 리 태권도장의 평생회원이 되었고, 녹색띠까지 딴 것으로 알려졌다. 대사범은 미국인들의 동기 부여를 위해 띠를 열 가지로 늘리고, 줄무늬도 넣었다.

국회의사당으로

1965년 4월 〈워싱턴포스트〉에 하원의원 제임스 클리블랜드(공화당/뉴햄프셔주)가 국회의사당 인근에서 강도를 당했다는 기사가 났다. 이준구 대사범은 기사를 읽은 후 바로 클리블랜드 의원에게 전화해 "다시는 강도를 당하지 않도록 태권도를 가르쳐주겠다"며 무료 강습을 제안했다. 그해 5월 첫 강습에 클리블랜드 의원은 동료 몇 명을 데리고 와서 태권도를 배웠다. 이것이 '미국 의회 태권도클럽(US Congressional Tae Kwon Do Club)'의 시초였다.

이준구 대사범은 국회의사당 체육관에서 일주일에 2~3회씩 의원들에게 태권도를 가르치게 되었다. 그에게 태권도를 배운 이는 조 바이든 대통령, 뉴트 깅그리치에서 제시 잭슨 주니어까지 350여 명에 이른다. 이 중 잭 발렌티, 토니 로빈스, 잭 앤더슨 의원 등 19명은 검은띠를 땄다.

아이크 스켈턴(민주당/ 미주리주) 하원의원은 "이준구 사범은 국보(National Treasure)"라고 밝혔다. 이준구 대사범은 "나는 한국전쟁 때 한번도 들어본 적이 없는 나라, 아는 이도 없는 사람들을 방어하기 위해 온 미군과 나란히 싸웠다. 때문에 나는 내 조국을 위해 미국이 한 것처럼 나도 내가 가장 잘하는 태권도를 통해 미국을 위해 무엇인가를 하고 싶었다. 감사의 뜻으로 나는 지난 45년간 아침 5시에 일어나 일주일에 세 번씩 국회의원 350명에게 태권도를 무료로 가르쳐주었다"고 말했다.

1975년 9월 14일 워싱턴 DC 아모리에서 대사범의 주최로 공화당 의원 대 민주당

의원의 시합이 열렸으며, 5천여 명의 관중이 몰린 이 대회는 미국 전역에 TV로 방영되었다.

브루스 리(이소룡)와의 우정

"브루스 리는 내게 권법을 가르쳐주었고, 나는 그에게 발차기를 가르쳐주었다. 우리는 서로 선생이었으며, 서로 학생이었다."

이소룡과의 만남

태권도 명인과 쿵후 명인은 1964년 캘리포니아 롱비치에서 열린 국제가라테대회(Grandmaster Ed Parker's International Karate Championships)에 참가해 시범하다 만났다. 이준구 대사범은 32세, 브루스 리(이소룡)는 23세였다. 이소룡은 이준구 대사범의 높이차기를 부러워했고, 이준구 대사범은 브루스 리의 권법을 찬미했다. 대사범은 쿵후의 전설에게 옆차기, 돌려차기, 뒤돌려차기를 가르쳐주었다. 이들은 우정을 나누며 시간이 날 때마다 함께 훈련했다. 어떤 때는 이준구 대사범의 집에서 새벽 5시까지 밤을 지새기도 했다. 이소룡은 1966년부터 1970년까지 매년 준 리 전국대회(Jhoon Rhee Nationals Championships)에 참가했으며, 10여 년간 편지를 주고받았다.

이준구 대사범과 쿵후 스타 이소룡은 아홉 살의 차이였지만, 아시아계 무술 명인이라는 공통점으로 만나 우정을 나누었다.(사진: http://www.jhoonrhee.com)

회고록 『브루스 리와 나』

이준구 대사범은 2011년 이소룡과의 관계를 회고한 『브루스 리와 나(Bruce Lee and I)』를 출간했다. 이소룡의 부인 린다 리 캐드웰(Linda Lee Cadwell)은 이 책의 서문에 "브루스와 저는 종종 이준구 사범님과 그의 우아한 부인 한순 씨 댁에 초대되었습니다. 브루스와 이준구 사범님은 훈련 기술에 대해 밤늦게까지 이야기했지요. 브루스는 1966년부터 1970년까지 매년 준 리 전국대회에 참가했으며, 1970년 대회에서는 우리가 시범도 했습니다. 이준구 사범님도 종종 캘리포니아의 우리 집을 방문했으며, 1973년 이 사범님이 홍콩에 영화「When Tae Kwon Do Strikes/ 跆拳震九州」을 촬영하러 왔을 때 두 사람은 거의 매일 함께 지냈습니다. 제겐 이준구 사범님과 그 가족과 함께 참 좋은 기억이 많습니다. 그러는 동안 브루스와 저는 한국 음식을 점점 좋아하게 됐습니다"라고 썼다.

이소룡은 불고기와 김밥을 좋아했던 것으로 알려졌다. 이소룡은 아들 브랜던에게 발차기 송판 격파를 가르쳤으며, 딸 새넌도 태권도를 배웠다.

영화배우 준 리

이소룡은 홍콩 영화사 골든하베스트 필름의 레이먼드 초우(Raymond Chow)를 만나 태권도 영화를 권유했고, 이준구 대사범을 주인공으로 추천했다. 1973년 안양영화사의 신상옥 감독이 제작에 참여한 한국과 홍콩의 합작 영화「When Tae Kwon Do Strikes /跆拳震九州」에서 대사범은 일제강점기 독립투사 이진동으로 출연했다. 감독은 황펭(Huang Feng, 黃楓), 홍금보가 조연으로 나오며, 작곡가 황문평이 음악에 참여했다. 한국에서는「흑권」이라는 제목으로 개봉되어 10만여 명의 관객을 동원했다.

이준구 대사범은 그해 영화를 찍은 후 미국으로 돌아왔고, 7월 19일 홍콩의 이소룡으로부터 전화 한 통을 받았다. 그 영화의 편집은 끝났고, 곧 개봉될 예정이라고 말했다. 다음날 이소룡은 33세로 숨을 거두었다. 'Little Dragon(小龍)'과의 마지막 대화였다.

두 번째 영화 「돌아온 용쟁호투」

대사범은 1980년 한국 박우상 감독의 「돌아온 용쟁호투(Fighting in Hong Kong)」에 출연했다. 이소룡 주연 「용쟁호투(龍爭虎鬪/ Enter the Dragon)」(1973)와 같은 제목이다.

무하마드 알리의 코치

"그건 이준구 씨가 가르쳐준 아큐-펀치입니다!(That is Mr. Jhoon Rhee's Accu-punch!)"
_무하마드 알리

무하마드 알리와의 만남

1975년 4월 전설의 헤비급 권투선수 무하마드 알리(The Greatest Muhammad Ali)는 한 파티에서 일본 아마추어 레슬링 협회장(핫타 이치로)에게 농담으로 "동양의 격투가 중 누구라도 나를 이긴다면 100만 달러를 주겠다"고 말했다. 이 사실이 언론에 알려지자 일본의 레슬링 선수 안토니오 이노키가 대결하겠다고 선언, 1976년 6월 26일 도쿄의 일본무도관(日本武道館)으로 잡힌 '세기의 대결'에 관심이 쏠렸다. 이노키의 후원자는 알리에게 대전료로 600만 달러를 제시한 것으로 알려졌다.

이준구 대사범은 태권도 안전 장비 사업가를 통해 알리를 소개받았고, 펜실베이니아주 디어레이크의 캠프에 들어가 트레이닝을 했다. 대사범은 알리에게 "힘보다 속도를 키우면 힘이 배로 늘어난다"

고 가르쳤다. 알리는 힘의 권투에 속도를 추가한 '아큐-펀치(Accu-punch)'를 1975년 10월 조 프레이저(Joe Frazier)와의 경기(일명 마닐라의 전율Thrilla in Manila)에서 발휘해 판정승으로 이겼다.

1976년 5월엔 영국의 도전

🥋 **이준구 대사범과 무하마드 알리**(사진: http://www.jhoonrhee.com)

자 리처드 던(Richard Dunn)과는 5회전에 KO승을 거두었다. 아큐-펀치는 침과 바늘처럼 찌르는 주먹이다. 이 경기는 알리 최후의 KO승으로 기록되었다. 알리는 이 성공의 KO 펀치는 "태권도 그랜드마스터 이준구 씨가 가르쳐준 것이며, 이준구 대사범은 브루스 리로부터 배웠다"고 밝혔다. 1964년 22세의 알리가 소니 리스턴과의 게임을 앞두고 말했던 명언 "나비처럼 날아서 벌처럼 쏘라(Float like a butterfly, sting like a bee)"를 다시 입증한 셈이다.

1976년 6월 서울에서 카퍼레이드를 하고 있는 알리와 이준구 대사범(사진: 대한민국 정부)

1976년 알리와 한국 방문

대사범은 알리의 코치로 일본 이노키와의 경기를 지도했다. 세기의 게임은 맥빠진 '무승부'의 대전이었다. 알리는 경기 후 코치의 요청으로 사흘간 한국을 방문했다. 김포공항에서부터 시청까지 세 시간 동안 카퍼레이드가 펼쳐졌으며, 서울시민 200여만 명이 환호하러 나왔다. 알리는 방한 중 12곳을 방문했고, 갓과 도포 차림으로 MBC-TV 버라이어티 쇼에 출연했다. 이준구 대사범은 이 쇼에서 통역을 맡았다.

태권도 안전 장비 발명

대사범은 태권도 부상의 위험으로부터 보호하기 위해 머리, 손, 발에 착용하는 안전 장비를 고안했다. 폼패딩(form padding) 등 '준 리 안전-T 장비(Jhoon Rhee Safe-T equipment)가 그 결과다. 이와 함께 태권도 교본(5권)을 집필했다.

태권도 발레 안무가

이준구 대사범은 철학 없는 태권도는 길거리 싸움에 불과하다고 생각하면서 장르를 확대하는 데 고심했다. 음악과 무용의 애호가로서 발레 안무(martial art ballet)를 고안한 것도 자연스러운 일이었다. 무술 태권도와 무용(dance)을 결합해 베토벤의 5번 교향곡 「운명」과 1960년 영화 「엑소더스(Exodus)」의 테마음악에 맞추어 태권도 발레를 안무했다.

1982년엔 워싱턴 DC 미국독립기념일 행사 집행위원장을 맡아 7월 4일 몰(The Mall)에서 태권도 수강생으로 구성한 인간 성조기(Human Stars & Stripes)를 선사했다. 미국 인구 2억 2900만 명을 대표한 학생 229명이 레드, 화이트, 블루 유니폼으로 성조기를 만들고, '갓 블레스 아메리카(God Bless America)'와 함께 태권도 발레가 펼쳐졌다.

성공한 이민자 203인 선정

이준구 대사범은 2000년 미국 이민포럼(National Immigration Forum)과 이민국(Immigration and Naturalization Services)의 성공한 이민자 203인에 알베르트 아인슈타인, 알렉산더 그레이엄 벨 등과 함께 선정되었다. 미국 의회기록(Congressional Record)에 따르면, 2007년 태권도 명예의 전당에 오른 이준구 대사범은 '미국 태권도의 선구자'일 뿐만 아니라 '러시아 태권도의 선구자'라고 강조했다. 당시 미국 내에 준 리 도장은 60여 곳, 러시아엔 65곳이 있다고 설명했다.

보리스 옐친 러시아 대통령(왼쪽부터 시계 방향으로), 빌 클린턴 미 대통령, 조지 H. 부시, 로널드 레이건과의 만남(사진: http://www.jhoonrhee.com)

세기의 무술인

이준구 대사범은 1976년 워싱턴 터치다운 클럽(Washington Touchdown Club)이 2년마다 시상하는 스포츠상 '세기의 무술인(Martial Arts Man of the Century)'으로 선정되었다. 시상식의 사회는 코미디언 밥 호프가 맡았으며, 만찬에는 헨리 키신저 전 국무장관, 복서 무하마드 알리, 농구스타 윌트 체임벌린 등 2천여 명이 참석했다.

해빙 러시아 태권도의 대부

1989년 혁명으로 동유럽의 공산주의가 붕괴되자 이준구 대사범은 소련으로 눈길을 돌렸다. 무술을 금지했던 소련을 방문해 모스크바대학교에서 무술철학 세미나를 열었으며, 아나톨리 콜레소프 체육부 장관에게 태권도를 소련의 공식 스포츠로 합법화할 것을 건의했다. 이후 소련은 모든 아시아 무술을 합법화했다. 1991년 다시 소련을 방문해 무술철학에 관한 세미나를 11일간 열었다.

그리고 오늘날 러시아를 비롯해 우크라이나, 우즈베키스탄, 카자흐스탄 등지에는 준 리 계열의 도장이 운영되고 있다. 스포츠를 통한 자유와 평화를 역설한 대사범은 2007년 모스크바에서 세계평화상(World Peace Maker)을 수상했다. 2006년 미하일 고르바초프가 수상한 상이기도 하다.

레이건, 부시 대통령 특별자문

로널드 레이건 대통령은 1984년 이준구 대사범을 전국직업교육위원회(National Council on Vocational Education), 조지 H. 부시 대통령은 1988년 체육위원회(Council on Physical Fitness and Sports)의 특별자문으로 임명했다.

준 리의 날

워싱턴 DC 시장 앤서니 A. 윌리엄스(Anthony A. Williams)는 2003년 6월 28일 '준 리의 날(Jhoon Rhee Day)'을 선포했다. 이날은 1962년에 창립한 준 리 태권도장(Jhoon Rhee Taekwondo School, 2035 K Street NW Washington, DC)이 41주년을 맞는 날이었다.

태권도 철학

2010년 〈워싱턴포스트〉와의 인터뷰에서 이준구 대사범은 "나의 철학은, 사람을 때리는 게 뭐 그리 대단할까? 대부분의 스포츠가 이기는 것을 강조하지만, 나는 체육관에서 태권도 훈련을 인간적인 면으로 변형하고 싶다. 인내심에서 지구력, 타이밍에서 시간 엄수, 권력에서 지식까지"라고 밝혔다.

UN 연설

2007년 4월엔 유엔(UN)에서 '병든 세상을 생활철학으로 고치자(Mending Our Torubled World through a Philosophy of Action)'를 주제로 연설했다.

진미애(眞美愛)의 트루토피아

2002년 서울에 '국제 10021 클럽(100년의 지혜가 깃들인 21세의 젊음)을 조직해 참됨(眞), 아름다움(美), 사랑(愛)의 조화를 통해 행복한 공동체 사회를 만드는 것을 추구하는 '트루토피아(Trutopia, True Utopia)' 철학을 전파하는 데 열정을 쏟았다.

노장의 황혼

2004년 73세에도 하루에 팔굽혀펴기를 1천 회씩 하던 대사범은 심장판막 수술을 받았다. 80세 생일날 국회의사당에서 50초에 팔굽혀펴기 100회를 해냈다. 그는 80세 이후 대상포진을 앓았으며, 2018년 4월 30일 합병증으로 별세했다. 그랜드마스터의 장례식엔 제시 잭슨 주니어, 토비 로스, 코니 모렐라, 폴 라이언, 엘

80세 생일날 국회의사당에서 50초에 팔굽혀펴기 100회를 성공한 대사범(사진: 유튜브 캡처)

레인 차오, 조지 앨런, 래리 호건 등 정계 인사와 이소룡 미망인 린다 리 캐드웰, 배우 척 노리스 등이 참석해 고인과 작별을 고했다.

동방의 밝은 빛

이준구 대사범은 인도 시인 라빈드라나트 타고르(Rabīndranāth Tagore, 1861~1941)가 한국을 소재로 지은 시 「동방의 등불(The Lamp of the East)」(1929)을 한국어와 영어로 즐겨 애송한 것으로 알려졌다. 태권철학으로 세계에 '동방의 등불'을 밝히는 것이 그의 염원이었다.

일찍이 아세아의 황금 시기에

빛나던 등촉의 하나인 조선

그 등불 한 번 다시 켜지는 날에

너는 동방의 밝은 빛이 되리라.

(In the golden age of Asia

Korea was one of its lamp-bearers

And that lamp is waiting

to be lighted once again

For the illumination

in the East.)

_「동방의 불빛(The Lamp of the East)」

9월 4일은 세계태권도의 날

Charyeot(차렷), Junbi(준비), Sijak(시작), Geuman(그만), Baro(바로)……

baal(발), sohn(손), jumeok(주먹), mok(목), mureup(무릎)……

hana(하나), dul(둘), set(셋), net(넷), daseot(다섯)……

미국 대도시 어느 동네에서든 태권도장을 찾는 것은 그다지 어렵지 않다. 오래 전 필자가 맨해튼 첼시의 한 태권도장에 갔을 때 어린이부터 성인 그리고 여성까지 뉴요커들이 흰 도복을 입고, 한국어로 외치는 것을 보니 짜릿했다. 태권도(跆拳道/ Taekwondo)의 한국어 용어들은 김치나 불고기보다 훨씬 전부터 미국인에게 퍼졌다.

미국에서 태권도가 인기를 끈 이유 중 하나는 인성을 강조하는 수련체계에 있다. 철학이 있는 무술 태권도는 정직성(honesty), 성실성(integrity), 존중심(respect), 인내심 (perseverance), 자신감(confidence)과 리더십(leadership) 등 인성교육을 강조했으며, 그 뿌리 는 '미국 태권도의 아버지' 이준구 대사범이 내렸다.

1988년 서울올림픽, 1992년 바르셀로나올림픽에서 시범 종목으로 채택된 태권도는 2000년 시드니올림픽부터 정식 종목으로 채택되었다. 한국은 이후 총 메달 19개(금 12, 은 3, 동 7개)를 기록하며 수위를 달리고 있다. 2000년 쫀히에우응은 태권도로 베트남 최초의 올림픽 메달(은메달)을 획득했으며, 2008년 로홀라 니크파이(동메달)는 아프가니스탄 최초의 메달리스트, 2012년 앙토니 오바메는 가봉 최초의 올림픽 메달(은메달)을 목에 걸었다.

2022년 현재 세계태권도연맹(World Takwondo Federatio) 회원국은 아프가니스탄, 르완다, 동티모르, 남수단, 코소보까지 211개국에 달한다. 매년 9월 4일은 '국제 태권도의 날(International Taekwondo Day)'이다.

김치와 고추장:
발효, 그 느림의 맛

미국 슈퍼마켓마다 김치 진열, 김치 조리법 인기

NYU 인근 워싱턴스퀘어파크의 김치 타코 트럭(대표 필립 리, 왼쪽)과 김치 타코(사진: https://www.kimchigrill.com)

"미국 가정의 냉장고에 김치가 한 병씩 들어갈 때까지 쉬지 않겠다."

코넬대학교 호텔경영학(Management in Hospitality) 석사학위를 받은 한인 필립 리(이윤석)는 2011년 봄 맨해튼에 김치 타코 트럭(Kimchi Taco Truck)을 운영하기 시작하면서 이 같은 목표를 세웠다. 필립 리는 갈비 타코, 매운돼지고기 타코, 김치 주먹밥, 갈비 김치 비빔밥, 김치볶음 등을 제공했다. 그리고 2012년엔 브루클린 프로스펙트 하이츠에 식당 김치그릴(Kimchi Grill)을 열었다. 필립 리는 김치 타코 트럭을 브롱스, 퀸즈 리지우드, 뉴욕주 밸리스트림, 뉴저지주 저지시티까지 종횡무진 달리며 김치를 홍보하면서 미식가들의 입맛을 사로잡았다.

2022년 5월 구글에 'Where Can I Buy Kimchi in NYC?(뉴욕 어디서 김치를 살 수 있나?)'를 검색하면 한국 슈퍼마켓 H마트를 비롯해, 홀푸드, 트레이더 조, 키푸드 슈퍼마켓, 웨스트사이드 마켓, 타깃 그로서리, 웨그만, 카타기리 일본 그로서리, 홍콩슈퍼마켓, 방콕 센터 그로서리 등 대형 슈퍼마켓과 각 나라 식료품점에서도 팔고 있다. 김치는 이미 주요 슈퍼마켓에 진열되어 있고, 우리 동네 브루클린 키푸드 애틀랜틱 애비뉴 지점의 냉동고엔 K-푸드 코너를 별도로 마련해 냉동만두, 가래떡, 호떡까지 갖추고 있다.

음식 전문잡지 〈본 애프티(Bon Apptit)〉는 2016년 '숍에서 살 수 있는 최고의 김치(The Best Store-Bought Kimchi)'에서 "몇 년 전만 해도 김치는 한국 식료품점에서만 구할 수 있었다. 지금 동네 슈퍼마켓에 가면 김치를 팔고 있다"고 전하면서 쇠고기 육수를 쓰는 미시즈 김네 김치(Mrs. Kim's Kimchi)를 추천했다. 2018년 〈본 애프티〉는 '당신의 냉장고에 있는 김치로 만들 수 있는 매운 조리법 29 가지(29 Fiery Recipes to Use Up that Jar of Kimchi in Your Fridge)'를 실었다. 스파이시 김치슬로(Spicy Kimchi Slaw), 크리미 김치딥(Creamy Kimchi Dip), 속성 김치전(Quick Kimchi Pancakes), 김치우동(Kimchi Udon with Scallions), 김치닭구이(Oven-Roasted Kimchi Chicken), 데일 탈드의 김치요거트와 코리안 프라이드치킨(Dale Talde's Korean Fried Chicken with Kimchi Yogurt), 산마늘 김치(Ramp Kimchi), 김치된장드레싱(Kimchi Miso Dressing) 등 다양한 레시피를 소개했다.

마마오 김치의 대표 키딤 오(오기림)가 2014년 이스트빌리지 식당 지미즈 No.43에서 음식 블로거들을 대상으로 김치 만들기 워크숍을 열었다.(사진: Sukie Park/ NYCultureBeat)

"나의 모든 것은 김치에서 왔다."

_로이 최(고기 타코 트럭)

"쌈장(Ssäm Sauce)의 맛은 모모푸쿠의 DNA다. 난 거의 모든 음식에 쌈 소스를 쓴다."

_데이비드 장(모모푸쿠)

오늘날 모든 한국인이 '빨리빨리' 정신으로 조급하고, 속도전에 매달리고 있는 듯하다. 그러나 우리의 속도에 대한 강박관념 뒤에는 느림의 철학이 있다. 김치, 간장, 된장, 고추장, 젓갈로 대표되는 발효음식은 기다림이라는 시간과 정성이 담긴 우리의 '슬로푸드(slow food)'다.

세계 160여 개국에 진출한 슬로푸드 운동은 1986년 이탈리아 북부 피에몬테 지방의 브라(Bras)에서 사회운동가 카를로 페트리니(Carlo Petrini)가 시작했다. 필자가 2007년 토리노 여행 중 들렀을 때 브라는 정말 자그마한 동네였다. 페트리니는 로마의 관광명소 스페니시 계단 옆에 맥도날드가 문을 연다는 소식을 듣고 '패스트푸드(fast food)'에 대항하기 위해 슬로푸드 운동을 펼치게 되었다.

치즈, 와인, 요거트, 맥주 등이 서양의 대표적인 발효식품이라면, 김치, 간장, 된장, 고추장은 패스트푸드에 난공불락(難攻不落)인 한국의 발효식품이다. 한식 밥상에서 빠질 수 없는 김치, 우리 민족에게 김치의 의미는 「독도는 우리 땅」을 부른 정광태의 노래 「김치 주제가」에서 드러난다.

> 만약에 김치가 없었더라면/ 무슨 맛으로 밥을 먹을까
> 진수성찬 산해진미 날 유혹해도/ 김치 없으면 왠지 허전해
> 김치 없인 못살아 정말 못살아/ 나는 나는 너를 못 잊어
> 맛으로 보나 향기로 보나/ 빠질 수 없지 입맛을 바꿀 수 있나……
>
> **_정광태, 「김치 주제가」**

"오래 살고 싶다면? 한국으로 가라!"

2006년 미국의 건강 잡지 〈헬스(Health)〉는 김치를 올리브 오일(스페인), 간장 등 콩 가공식품(일본), 요거트(그리스), 렌틸콩(인도)과 함께 세계 5대 건강식품으로 선정했다. 김치에는 소화를 향상시켜주는 유산균, 섬유소와 비타민이 풍부하고, 암세포 성장을 억제하며, 체중 증가를 방지하는 저지방 다이어트 효과가 있다는 것. 스페인의 올리브 오일은 심장병, 뇌출혈, 유방암 퇴치 효능이 있으며, 그리스 요거트는 면역체계와 뼈 조직을 강화한다. 일본의 콩 가공식품류(간장, 두부, 나토)는 암과 골다공증 예방에 좋으며, 인도의 렌틸콩은 콜레스테롤 수치를 낮추는 데 효능이 있다고 설명했다.

〈뉴욕포스트(New York Post)〉는 2017년 「세계 건강국의 식이요법 비밀(Diet secrets from the world's healthiest countries)」이라는 제목의 기사에서 "오래, 건강하게 살고 싶은가? 한

국으로 이주하라"고 했다. 이 신문은 영국의 의학잡지 〈란셋(The Lancet)〉에 실린 런던 임페리얼칼리지(Imperial College London)의 연구를 인용해서 한국의 남녀 기대 수명이 각각 84세, 90.8세로 미국(남: 79.5세, 여: 83.3세)에 비해 훨씬 장수하는 것에 주목했다. 한국인이 장수하는 비결 중 하나는 식사에서 빠지지 않는 김치로 섬유질과 산화방지제를 보충할 뿐만 아니라, 장 건강에 유익한 유산균이 풍부해 질병 퇴치에 도움이 된다고 전했다. 또 하나는 '건강한 식재료가 풍부한 비빔밥'을 장수의 비결로 꼽았다. 비빔밥을 완성하는 것은 물론 고추장이다.

〈미슐랭 가이드(Michelin Guide)〉 또한 2017년 같은 연구를 토대로 "2030년 한국인의 평균 수명은 세계 최고령이 될 것"이라고 전망했다고 인용하면서 '최신의 슈퍼푸드(Latest Superfood)'로 김치의 효능을 소개했다.

독일의 발효식품 사워크라우트(sauerkraut)는 양배추를 소금에 절이는 것으로 충분하다. 반면, 김치는 간단히 만드는 데도 배추, 파, 소금, 고춧가루, 새우젓, 마늘, 생강 등이 필요하며, 무, 양파, 미나리에 양념으로 까나리액젓, 멸치젓 등 젓갈과 설탕, 육수(다시마, 멸치, 찹쌀가루) 등 열 가지가 쉽게 넘어간다. 그뿐인가? 지역에 따라 굴, 전복 등 각종 해산물에 닭고기, 돼지고기, 쇠고기까지 넣기도 한다. 무엇이든 통한다!(Anything Goes!) 한국의 김치는 가히 예술(Art)의 경지에 올라 있는 듯하다.

가을철에 월동 준비를 위해 담그는 김장은 한국인의 나눔 정신과 공동체 의식, 그리고 자연과 조화를 이루는 삶을 보여주는 문화다. 유네스코는 2013년 12월 한국의 김장문화(Kimjang: Making and Sharing kimchi)를 무형문화유산(Intangible Heritage)으로 지정했다.

김치와 고추장

1996년 초 컬럼비아대학교 어학원(ESL)에 다닐 때 같은 반 학생이었던 스위스 출신 변호사 루카(Luca)는 뉴욕에서 고추장을 발견했다. 학교 앞 한식당 밀(The Mill)에서 맛본 비빔밥의 소스에 반했던 모양이다. 그가 "나는 고추장 하나만으로도 밥 한 그릇

먹을 수 있다'라고 말하는 순간 번개가 치는 듯했다. 루카가 치즈의 나라에서 왔기 때문이었을까? 어떻게 고추장의 진미를 알아차렸을까? 치즈와 김치, 발효라는 공통분모에서 찾아야 할 것 같다.

같은 반에서 예닐곱 명의 일본 학생들은 늘 점심시간에 밀 식당으로 몰려가 돼지 제육볶음, 비빔밥, 순두부를 먹었다. 특히 사무라이가 연상되는 얼굴이지만, 매너는 상당히 부드러웠던 후쿠노리는 '김치광'이었다. 루카와 후쿠노리는 뉴욕에서 내게 한식의 잠재성을 일깨워주었다. 한류가 미국에 밀려오기 훨씬 전, 그때 나는 여전히 김치와 된장 냄새에 예민한 열등감을 갖고 있었다.

〈뉴욕타임스〉의 마크 비트만은 1996년 4월 '한국의 매운 주식: 김치의 세계 탐험 (Exploring the World of Kimchi, the Spicy Korean Staple)'에서 김치를 담가 먹는 미국인 친구들의 김치 예찬과 집에서 손수 만드는 김치 레시피를 썼다. 〈뉴욕타임스〉는 이후 김치전(2010), 오이 김치(2011), 녹색 채소와 콩나물을 사용한 즉석 김치(겉절이), 김치국, 김치국수 케이크, 김치 오믈렛(2015), 15분 만에 담그는 김치(2018), 김치볶음밥(2020)도 소개했다.

2020년 4월 〈뉴욕타임스〉 다이닝 섹션의 「당신에게 김치가 있다면, 이 수프에서 한 발짝 떨어져 있다(If You Have Kimchi, You're Steps Away From This Soup)」에서 멜리사 클라크가 망치(Maangchi)의 김칫국과 미슐랭 1호 한식당 단지(Danji) 셰프 후니 김의 요리책 『My Korea』 중 김치찌개(Kimchi Soup) 레시피를 소개했다. 그리고 7월, 독자들에게 김치를 집에서 담가보라고 권유하는 기사를 실었다. 코리안아메리칸 푸드 칼럼니스트 에릭 김이 쓴 「김치를 동사로 생각하라(Think of Kimchi as a Verb)」에는 오이김치, 체리토마토 김치, 그리고 펜넬(회향)김치(fennel kimchi) 레시피가 소개되어 있다.

2022년 8월에도 〈뉴욕타임스〉 다이닝 섹션에는 김치에 대해 표지와 내지 3쪽에 걸쳐 대서특필했다. 에릭 김은 「당신이 샐러드를 만들 수 있다면, 김치도 담글 수 있어요(If You Can Make a Salad, You Can Make Kimchi)」라는 제목으로 고국을 떠나 사는 한인들이 전통을 이어갈 수 있게 해주는 김장 문화를 소개했다. 또한 김장은 한국에서 김치를 담가 나누는 문화로 전승되어야 할 유산이라고 강조했다.

세월이 흘러 김치는 백악관 주방까지 입성하기에 이르렀다. 2013년 2월 영부인 미셸 오바마는 백악관에서 배추김치를 담았다며 사진과 함께 레시피를 트위터에 올렸다. "지난 주 우리는 정원에서 나파 배추를 땄어요. 지금 우리는 부엌에서 김치를 만들고 있답니다. 집에서 만들어 보세요"라고 권유했다.

뉴욕의 미슐랭 스타 셰프들도 김치에 매료되었다. 미슐랭 3스타 요리사 장 조지 봉거리첸과 한국계 부인 마르자 봉거리첸은 2010년 한식 다큐멘터리 13부작 「김치 크로니클(The Kimchi Chronicle)」에 출연했다. 봉거리첸 부부는 쌀을 비롯해 제주도, 해산물, 콩 요리, 쇠고기 맛, 해산물, 서울 맛, 닭고기 맛, 서울 국수와 만두, 돼지고기, 길거리 음식 등을 주제로 한국 여행과 한식 조리법을 소개했다. 영화배우 휴 잭맨과 헤더 그레이엄 등까지 게스트로 출연한 「김치 크로니클」이 2011년

장 조지와 마르자 봉거리첸이 진행한 TV 다큐멘터리 시리즈 「김치 크로니클」(2010)(사진: http://www.kimchichronicles.tv)

PBS-TV로 방영되면서 한식이 미국 사회에 널리 알려지는 계기가 되었다.

마르자 봉거리첸은 요리책 『김치 크로니클(The Kimchi Chronicles: Korean Cooking for an American Kitchen)』도 출간했다. 어머니가 한국계인 마르자 봉거리첸은 책 서두에서 "우리 집 부엌은 말 그대로 용광로다. 한국, 프랑스, 미국의 뿌리가 연결된 다문화의 공간이다. ……남편은 올리브 오일과 유럽산 식초를 샐러드 드레싱 재료로 찬장에 보관하며, 주말에 팬케이크용으로 버터밀크를 냉장고에 두며, 자기 전에 꼭 먹어야 하는 초콜릿은 양념 사이에 숨겨놓는다. 나는 김치를 냉장고에 둔다. 처음엔 모두가 나를 힘들게 했지만, 이젠 우리 집의 중요한 기본 식료품이 되었다. 내 딸 클로이조차도 가장 이상적인 식사는 파스타 옆에 쌀밥이며, 김치를 좋아한다"고 썼다.

뉴욕의 미슐랭 3스타 레스토랑 르 베르나르댕(Le Bernardin)의 셰프 에릭 리퍼트는 불교 신자로 한국의 사찰음식과 김치, 고추장에 매료되었다. 에릭 리퍼트는 2015년 자신이 진행하는 PBS-TV 요리 프로그램 「아베크 에릭(Avec Eric, 에릭과 함께)」의 촬영을 위해 한국을 방문했다. 그는 통도사, 백양사, 진관사 등지를 돌아보고, 사찰음식 전문가 정관 스님(백양사 천진암 주지)의 요리를 배웠다. 한국 특집 제1탄 '한국-사찰음식: 영혼을 위한 음식(KOREA- Temple Food: Feed the Soul)'은 2015년 3월 케이블 TV 쿠킹 채널에서 방영되었다. 또한 2017년 리퍼트는 자신의 레스토랑 르 베르나르댕에서 정관 스님의 사찰음식을 홍보하는 이벤트도 열었다. 이 행사에 곤드레밥, 더덕,

2019년 3월 에릭 리퍼트의 르 베르나르댕에 김칫국물을 쓴 레드 스내퍼(1, 트위터)를 메뉴에 올렸다.(사진: Twitter)/ 2015년 점심 메뉴에 고추장 소스 하마치(2)와 김치 소스 홍어 요리(3)가 등장해서 맛을 보았다.(사진: Sukie Park/ NYCultureBeat)

두부구이, 능이 버섯국, 메밀묵채, 감자전 등의 시식이 있었다.

「아베크 에릭」한국 특집 제2탄의 주제는 '김치와 고추장(Kimchi and Gochujang‐Hot and Spicy)', 제3탄은 '비무장지대 통일촌 마을(DMZ‐Food Under Fire in Korea)'이었다. 리퍼트는 한국을 방문하기 전 한인 2세 스타 셰프 '모모푸쿠'의 데이비드 장을 만나 조언을 얻었다. 리퍼트는 김치와 고추장을 탐구했고, 이 여정에서 영감을 받은 새우탕(Korean Style Shrimp Bouillabaisse/Cioppino) 레시피를 공개했다.

이어 리퍼트는 자신의 시푸드 레스토랑 르 베르나르댕의 메뉴에 김치와 고추장을 재료로 한 메뉴를 제공하기 시작했다. 2015년 어느 겨울날 르 베르나르댕으로 점심식사를 하러 갔을 때 두 가지 메뉴가 눈에 띄었다. 고추장을 사용한 애피타이저 하마치(옐로테일, 방어류)와 김치국물을 쓴 홍어요리가 애국심과 호기심을 자극해 주문했다.

하마치(방어) 요리(Hamachi: Flash Marinated Hamachi; Rice Crispy/ Gochujang Sake Vinaigrette)는 정종과 식초를 섞은 초고추장에 쌀과자까지 곁들여 새콤하고 바삭한 맛이 식욕을 부추겼다. 홍어요리(Skate: Poached Skate; Braised Daikon, Charred Scallion Jam/ Lemon Confit‐Kimchi Broth)에는 매콤한 김치국물이 소스다. 하마치와 홍어의 소스인 초고추장과 김치국물은 따로 가져와 뿌려주었다. 2019년 3월 르 베르나르댕 트위터에는 김칫국물을 쓴 레드스내퍼(홍도미) 요리(Red Snapper Slivers; Asian Pear, Akinori, Kimchi Emulsion)가 올라왔다.

2016년 여름 미슐랭 스타 셰프 대니얼 불루(Daniel Boulud)의 맨해튼 어퍼이스트사이드 레스토랑 '카페 불루(Café Boulud)'에선 한식이 특별 메뉴로 올라왔다. 'Le Voyage: Korean Cuisine'에는 미역국, 초고추장을 곁들인 하마치회, 아구찜, 김치를 곁들인 막갈비찜의 네 종류가 선보였다.

뉴욕을 질주하는 컬트 비건푸드(veganfood) 트럭 시나몬 스네일(Cinnamon Snail)의 셰프 아담 소벨도 김치와 고추장 팬이다. 고추장 버거 딜럭스(Gochujang Burger Deluxe), 고추장과 함께 나오는 김치볼 튀김(Kimchi Tater Tots) 등을 제공했다. 또 코로나 팬데믹 때는 자가격리 중인 뉴요커를 위해 특별 메뉴로 김치, 두부, 단호박, 해초를 곁들인 '격리 거실 피크닉 비빔밥(Quarantine living room picnic bibimbap)'을 페이스북에 올렸다.

그런가 하면, 여행 중에도 종종 뜻밖의 김치를 만난다. 2014년 가을 업스테이트 뉴욕의 리슬링 와인 산지 핑거레이크(Finger Lakes)에 갔을 때다. 핫도그 전문 식당 'FLX 위너리(FLX Wienery)'에선 미국인 셰프 크리스토퍼 베이츠(Christopher Bates)가 직접 담근 김치를 핫도그에 얹는다. 베이츠는 인터넷에서 레시피를 찾아 직접 담근 김치로 'K-타운 핫도그'와 '김치 감자칩'을 메뉴에 선보였다.

김치 사업에 투신한 한인 2세들

우리 민족은 예부터 기다림과 정성이 담긴 발효음식을 즐겨왔다. 김치박물관에 따르면, 김치 종류는 300여 종에 이른다. 봄엔 얼갈이, 고들빼기김치, 여름엔 열무김치, 오이소박이, 가을엔 파김치, 총각김치, 겨울엔 김장 김치, 동치미 등 사시사철 김치를 담가 밥상에 올린다. 김치는 항암, 면역체계 증강, 노화 방지, 콜레스테롤 억제, 체중 조절 등에도 효능 있는 슈퍼푸드로 공인되었다.

삼면이 바다로 둘러싸인 한국에선 생선의 내장까지 버리지 않고 염장해 발효시켜 칼칼하고, '감칠맛(우마미, うま味, Umami)' 있는 젓갈의 풍미를 즐겨왔다. 김치에 넣는 젓갈은 식물성과 동물성의 만남, 이중 발효의 시너지까지 발휘한다. 서울·경기도의 새우젓과 오징어젓, 충청도의 어리굴젓과 밴댕이젓, 강원도의 명란젓과 창난젓, 경상도의 꽁치젓과 갈치속젓, 전라도의 황석어젓과 전복창자젓, 제주도의 자리젓과 고등어젓, 황해도의 까나리젓과 참게젓, 평안도의 게알젓과 건뎅이젓(곤쟁이젓), 함경도의 연어알젓과 가자미식해 등 젓갈류가 140여 종에 이른다.

김치는 미국에서 멕시코 음식 타코와의 결합으로 주목을 끌기 시작했다. 업스테이트 뉴욕 요리학교 CIA(Culinary Institute of America)에서 수학한 후 르 베르나르댕과 호텔의 주방을 거친 한인 2세 로이 최는 2008년 LA에서 푸드트럭 '고기(Kogi)'를 운영하며 미국 전역에 김치 타코 트럭 붐을 일으켰다. 뉴욕에선 2008년 필립 리(이윤석)가 '김치 타코 트럭(Kimchi Taco Truck)'을 시작, 뉴요커에게 갈비 타코, 매운돼지고기 타코, 김치 주먹밥 등을 제공했다. 이후 뉴욕의 포시즌호텔(Four Seasons Hotel)의 칵테일 라운지에도 김치 타코가 메뉴에 올랐다.

로버트 오스틴 조는 뉴저지 웨스트우드에 텍사스 스타일 바비큐에 김치를 가미한 레시피를 내세우는 김치 스모크 BBQ(Kimchi Smoke Barbecue)를 운영하고 있다. 럿거스대학교 경영학과를 졸업한 후 부동산 에이전트로 일했던 로버트 오스틴 조의 인기 메뉴 중 하나인 조넛(Chonut 2.1)은 양지머리 바비큐, 훈제 김치, 치즈, 베이컨, 파를 곁들인 한미 퓨전 바비큐 샌드위치다. 김치 스모크 BBQ는 2022년 여름 허드슨리버 블루스 페스티벌에 참가했다.

김치가 웰빙식품으로 인기를 끌면서 뉴욕에서 한인 2세들이 진로를 바꾸어 김치 사업을 시작했다. 브랜드 이름도 어머니 세대에 바치는 장모 김치와 마마오 김치다. 신세대 김치 사업가들은 브랜드와 포장을 고급화했고, 미국인을 대상으로 시식회, 와인과의 궁합, 김치 담그기 워크숍, 김치 먹기 대회 등 다양한 방식의 마케팅으로 김치를 홍보해왔다.

뉴욕에서 와인 전문잡지 기자로 일하던 로린 전(전혜원)은 2009년 김치 사업을 시작했다. 캘리포니아 가든그로브에서 설렁탕 식당 '장모집(Jangmo Jip)'을 운영하던 어머니에게서 김치 담그는 법을 전수받아 '마더인로 김치(Mother-in Law, 장모 김치)'를 브랜드로 론칭했다. 마더인로 김치는 손으로 찢은 배추로 담근다.

『김치 요리책(The Kimchi Cookbook』(2012)을 쓴 로린

2013년 뉴욕공립도서관에서 로린 전과 벤 라이더 하우의 김치 대회(사진: Sukie Park/NYCultureBeat)

전은 뉴욕공립도서관에서 김치 워크숍을 열었으며, 코리아소사이어티에서 김치와 와인의 궁합을 소개했다. 회사 이름 '밀김치(Milkimchi)'는 우유와 김치가 세계인의 모든 냉장고에 들어가 있기를 바라는 마음에서 지었다고 한다.

그런가 하면, 뉴욕에서 DJ로 활동하던 2세 오기림은 2009년 메릴랜드주의 어머니로부터 김치 담그는 법을 배워 본격적으로 마마오 프리미엄 김치(Mama O's Premium Kimchi)라는 브랜드로 김치 사업을 시작했다. 그는 거버너스 아일랜드에서 김치 축제 '김치 팔루자(Kimchi palooza)'를 열고, 매운 김치 먹기 대회와 김치 담그기 워크숍도 진행했다.

마마오 김치는 가정에서 김치를 간편하게 만들 수 있는 홈메이드 김치 키트(Homemade Kimchi Kit), 김치 양념(Kimchi Paste)과 김치 소스(Kimchi Sauce)도 판매한다. 홀푸드(Whole Foods), 머레이즈 치즈숍(Murray's Cheese Shop), 윌리엄 소노마(Williams Sonoma) 등지까지 들어갔다.

코리안아메리칸 셰프가 뜬 이유

서울에서 레스토랑 두레유(Dooreyoo)를 운영하는 유현수 셰프는 뉴욕컬처비트에 기고한 칼럼 「한국 남자들이 요리를 잘하는 이유」에서 젓가락, 비빔밥, 그리고 발효음식을 언급했다. 유현수 셰프는 "한국의 맛에서 가장 독창적인 것이 고차원적이며 중독성 있는 '발효의 맛'"이라고 지목했다. 그리고 "발효의 맛을 이해하는 것은 요리사로서 큰 자산이며, 한국인 요리사에게는 큰 장점이다"라고 설명했다.

한국 고유의 발효음식인 김치, 고추장과 젓갈은 복잡미묘한 맛을 내며, 우리 혀의 미뢰(味蕾, 맛봉오리)를 발달시켰다. 아울러 맛의 어휘도 풍성해졌다. 매콤하다, 칼칼하다, 아리다, 얼얼하다, 짭조름하다, 간간하다, 삼삼하다, 슴슴하다, 새콤하다, 시큼하다, 새콤달콤하다, 쌉싸래하다, 감칠맛이 나다, 고소하다, 구수하다, 느끼하다, 담백하다, 개운하다……. 영어로 번역하기 난감한 우리 고유의 맛, 그 영역은 고도로 정교하다.

모모푸쿠의 데이비드 장을 비롯해, 미국의 동서남북에서 돌풍을 일으킨 한인 셰프

한인 스타 셰프들. (왼쪽부터) 데이비드 장, 로이 최, 코리 리, 에드워드 리, 대니 보윈, 후니 김

들의 비장의 무기도 김치와 고추장으로 대표되는 발효음식과 비빔밥 정신에서 찾아볼 수 있을 것이다.

2013년 5월 링컨센터에서 '요식업계의 오스카상'으로 불리는 제임스비어드재단상 (James Beard Foundation Awards) 시상식이 열렸다. 한인 2세 데이비드 장은 시카고의 폴 카한과 최우수 셰프상(Outstanding Chef)을 공동 수상했으며, 입양 한인 셰프 대니 보윈 (Danny Bowien)은 신인 셰프상(Rising Star of the Year)을 거머쥐었다. 뉴욕의 두 한인 셰프 가 주요 상을 석권한 것이다.

뿐만 아니라 LA에서 '고기(Kogi)'로 미국에 타코 트럭 붐을 일으킨 로이 최, 샌프란 시스코 미슐랭 3스타 레스토랑 베누(Benu)의 코리 리, 뉴욕의 미슐랭 2스타 정식(Jung Sik)의 임정식, 단지(Danji)의 후니 김, 켄터키 루이빌의 610 마그놀리아(Magnolia) 셰프

에드워드 리 등 한인 스타 셰프들이 미국 동서남북에서 현대 미국 요리를 이끄는 선두주자가 되었다. 이들은 한 국 식재료에 프렌치 테크닉을 적용하 며, 한식과 중식과 일식을 대범하게 혼합하거나 김치와 멕시코 타코를 결 합하는 '비빔밥 정신'으로 무장해 새 로운 미국 음식의 혁명아 군단으로 부상했다.

2013년 링컨센터에서 열린 제임스비어드재단상 시상식에서 미국 최우수 셰프상을 수상한 데이비드 장(사진: Sukie Park/ NYCultureBeat)

로이 최는 회고록 『L.A. Son, My Life, My City, My Food』에서 "나의 모든 것은 김치에서 왔다"고 고백했다. 캘리포니아대학교에서 철학을 전공한 후 CIA에서 요리를 배운 로이 최는 2008년 베벌리힐스 선셋불러바드의 나이트클럽 앞에서 타코 트럭 '고기'를 시작하면서 흥행가도를 달리게 된다.

샌프란시스코에서 뉴아메리칸 레스토랑 베누(Benu)를 운영하는 셰프 코리 리(이동민)는 2015년 한인 셰프 최초로 미슐랭 3스타를 받았다. 토머스 켈러의 와인 컨트리 레스토랑 프렌치 론드리(The French Laundry)와 퍼 세(Per Se)를 거친 코리 리는 2006년 제임스비어드재단 신인 셰프상, 2017년 웨스트 최우수 셰프상을 수상했다. 베누에서는 갈비찜과 바비큐에 김치와 쌈장이 나온다. 〈샌프란시스코 크로니클(San Francisco Chronicle)〉지는 2020년 4월 코리 리가 장독대 앞에서 포즈를 취한 사진과 함께 한식당 산호원(San Ho Won)의 오픈 소식을 전했다. 코리 리는 포항의 죽장연(竹長然)에서 간장을 만들어 공수하고 있다.

한국에서 태어나 오클라호마 가정에 입양된 대니 보윈은 2008년 이탈리아 제노바에서 열린 페스토(Pesto, 바질 소스) 경연대회에서 우승했다. 이후 샌프란시스코 차이나타운에서 팝업 레스토랑 '미션 차이니즈 푸드(Mission Chinese Food)'로 히트하며 2012년엔 뉴욕 지점을 열어 그해 〈뉴욕타임스〉의 뉴 레스토랑 #1에 등극한다. 이어서 뉴욕에는 사천요리 열풍이 불기 시작한다.

뉴욕대학교 영문과를 우등졸업한 에드워드 리는 2004년 경마대회가 열리는 캔터키주 루이빌에서 식당 '610 마그놀리아'를 운영하며 남부 요리의 스타덤에 올랐다. 수년간 제임스비어드재단상 최종 후보에 오른 그는 메릴랜드주 내셔널하버와 워싱턴 DC에 진출해 고급 레스토랑 '서코타쉬(Succotach)'를 열었다. 에드워드 리가 쓴 요리책 『스모크와 피클(Smoke & Pickle)』에는 돼지고기덮밥을 비롯해 한식 바비큐, 김치, 고추장, 간장과 남부 요리를 조합한 레시피가 소개되어 있다.

에드워드 리는 2023년 4월 백악관에서 열린 윤석열-조 바이든 대통령 정상회담 후에 열린 국빈 만찬 셰프로 초빙되어 메릴랜드 크랩 케이크, 소갈비찜, 바나나 스플릿을 조리했다.

쌈장 전도사들

캘리포니아대학교에서 생물학을 전공한 후니 김(김훈)은 의대를 포기한 후 미슐랭 3스타 다니엘(Daniel)과 마사(Masa) 주방에서 수련했다. 그리고 2010년 맨해튼에 한식당 '단지(Danji)'를 열어 이듬해 미슐랭 별 1개를 받은 첫 한식당이 되었다. 이후 '한잔(Hanjan)'을 열어 〈뉴욕타임스〉로부터 별 2개를 받았다. 한식당 단지의 히트작이 불고기 슬라이더(미니 버

포항 죽장연에서 장맛을 보는 단지(Danji)의 셰프 후니 김 (왼쪽, @HooniKim)과 샌프란시스코 베누(Benu)의 장을 담그는 커티스(Corey Lee @benu_sf)

거)였던 반면, 한잔은 한국 포장마차와 시장 음식을 표방하면서 고추장 돼지갈비, 묵은지 김치찌개, 죽장연 고추장 멸치튀김 등 좀 더 토속적인 메뉴를 제공하고 있다.

셰프 후니 김은 장 애호가다. 2013년 한잔에서 뉴욕의 미식가들을 대상으로 포항의 죽장연 시식회를 열었으며, 죽장연의 된장, 청국장, 고추장, 사과주스, 설탕, 참기름, 마늘, 생강, 파, 콩기름 등으로 제조한 '후니의 쌈장'을 판매하고 있다. 쌈장이 쌈 싸먹을 때 간을 맞추는 양념장이던가? 된장, 고추장, 간장/청국장 등 우리의 장 3종을 섞은 삼장이던가? 죽장연은 무쇠 가마솥에 참나무 장작불로 익힌 콩으로 담근 장을 와인처럼 '빈티지(vintage)' 개념을 도입했으며, 미국의 한인 스타 셰프를 내세운 마케팅을 펼쳐왔다.

후니 김은 2020년 요리책 『나의 한국: 전통의 맛, 현대의 조리법(My Korea: Traditional Flavors, Modern Recipes)』을 펴냈으며, 코로나 팬데믹을 거친 후 2022년 9월 퀸즈 롱아일랜드시티에 반찬 전문 '작은 반찬가게(Little Banchan Shop)'를 열었다.

2010, 2012년 〈타임〉지의 세계에서 가장 영향력 있는 인물 100인에 선정된 모모푸

쿠의 데이비드 장(장석호)은 2004년 이스트빌리지의 허름한 자리에 '모모푸쿠 누들바(Momofuku Noodle Bar)'를 열어 뉴욕의 식당계에 센세이션을 일으킨 슈퍼스타 셰프다. 돼지고기를 기피하는 유대인이 많은 뉴욕에서 데이비드 장은 돼지고기를 간판 메뉴로 내세웠고, 뉴욕의 비평가들과 식도락가들을 현혹시켰다.

모모푸쿠 누들바에서는 북경오리에서 영감을 받은 포크번(Pork Bun, 중국식 찐빵 안에 돼지삼겹살, 오이와 파를 얹고, 호이즌 소스를 뿌린 샌드위치)이 히트작이었고, 주인공이었던 라멘은 이후 뉴욕 곳곳에 일본 라멘 식당 붐을 일으켰다.

그의 두 번째 식당 '모모푸쿠 쌈바(Momofuku Ssäm Bar)'에선 생굴, 김치, 상추를 곁들인 돼지고기 보쌈으로 화제가 되었으며, 12석의 테이스팅 메뉴 전문 레스토랑 '모모푸쿠 코(Momofuku Ko)'로 이어졌다. 제임스비어드재단상을 8회나 석권한 데이비드 장의 모모푸쿠 제국은 오늘날 뉴욕, 보스턴, 워싱턴 DC, LA, 라스베가스, 토론토와 시드니까지 진출해 있다.

데이비드 장도 김치와 고추장이 별미의 근원이다. 2004년 모모푸쿠 누들바를 열 때부터 한국의 발효식품 고추장, 된장, 간장에 식초와 정종(사케)를 배합하여 직접 만든 쌈소스/쌈장을 계열 식당에서 사용해왔다. 2015년부터 쌈장을 판매하기 시작했고, 2018년부터는 크래프트 하인즈(Kraft Heinz)와 아마존(Amazon)을 통해 전국에 판매하고 있다. 데이비드 장은 "쌈장은 모모푸쿠의 DNA다. 난 거의 모든 음식에 쌈 소스를 쓴다"고 밝혔다.

오리지널 쌈장은 피자, 햄버거, 프라이드치킨, 라면과 어울리며, 매운맛 쌈장은 샌드위치, 버팔로윙, 야채 구이와 타코에 추천하고 있다. 쌈장이 이제 미국의 케첩(ketchup), 멕시코의 타바스코(tabasco), 태국의 스리라차(sriracha)처럼 흔한 소스가 될 날도 머지않은 듯하다.

중국 '김치 종주국' 주장, 뉴욕 '김치의 날' 제정

2020년 11월 '코로나19 발원지 우한'으로 중국이 한창 궁지에 몰려 있을 때 김치 종주국 분쟁이 시작되었다. 중국의 민족지 〈환추스바오(環球時報/ Global Times)〉가 쓰촨성 메이산시의 특산품 '파오차이(泡菜, Pao cai)'를 국제표준화기구(ISO)로부터 국제표준 인증을 받은 중국이 김치산업의 리더라고 보도하며 촉발되었다. 「한국 김치의 굴욕」라는 제목에 "중국의 김치산업이 국제 김치산업의 본보기가 되고, 중국의 김치산업 기술 기준이 세계적으로 인정받은 것으로 종주국인 한국은 치욕을 당했고, 한국 매체들이 분노하고 있다"고 주장했다.

이에 한국의 언론과 소셜미디어에서 이의를 제기했다. 중국은 2003년 사스(중증급성호흡기증후군) 발병 무렵부터 김치의 효능에 관심을 갖고, 값싼 김치를 한국에 수출해왔다. 파오차이는 소금에 절인 채소, 즉 피클이다. 한국은 이미 2001년 국제식품규격위원회(CODEX)에 배추에 고춧가루, 마늘, 생강, 파, 무 등으로 만든 혼합양념으로 버무려 발효시킨 제품을 정의하여 등록한 바 있다.

영국의 BBC 방송은 11월 "김치가 한국과 중국의 갈등을 발효하다(Kimchi ferments cultural feud between South Korea and China)"에서 중국 매체의 오보를 지적한 후 한국의 김치 재료와 김장 문화를 소개하면서 중국의 파오차이와는 다르다고 해설했다. 2021년 5월 싱하이밍(邢海明) 주한 중국대사는 한 인터뷰에서 식지 않은 김치 종주국 논쟁에 대해 "중국의 사천 파오차이와 한국의 김치는 다른 것인데 (언론이) 번역을 통해서 이것은 중국 것이라고 (했다) ……이제 와서 이것은 내 것, 저것은 네 것 하는 모양이 아쉽다"고 말했다.

〈뉴욕타임스〉도 12월 초 한중 김치 분쟁에 대해 대서특필했다. 〈뉴욕타임스〉는 「중국도 김치의 권리를 주장할까? 일부 한국인

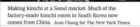
〈뉴욕타임스〉에 실린 「중국도 김치에 대한 권리를 주장할까? 일부 한국인들은 그렇게 생각한다(Is China Laying Claim to Kimchi, Too? Some South Koreans Think So)」에 관한 기사

들은 그렇게 생각한다(Is China Laying Claim to Kimchi, Too? Some South Koreans Think So)」에서 김치연구소(World Institute of Kimchi) 조정은 소장의 말을 인용했다. 조정은 소장은 "김치는 파오차이가 쓰케모노(일본), 사워크라우트(독일)처럼 피클 음식에 속한다면서 2001년 유엔식량농업기구(FAO)가 김치의 정의를 발표했을 때 중국은 김치에 전혀 관심이 없었으며, 당시엔 중국에서 김치가 생산되지 않았다"고 지적했다. 그에 따르면, 2003년경 한인들이 김치공장을 설립하기 위해 중국으로 이주하면서 관심이 높아졌다고 밝혔다. 이와 함께 김치는 마늘, 생강, 고춧가루의 독특한 배합으로 중국의 피클 사촌과는 다르다고 강조했다. 〈뉴욕타임스〉 온라인은 중국어 버전도 제공된다.

코로나 팬데믹 중에도 한국산 김치의 미국 수출물량이 늘어났다. 2021년 김치 수출총액은 2825만 달러로 전년 대비 30퍼센트 이상 증가했다. 이는 10년 전 279만 달러에서 10배 늘어난 수치다. 2021년 한국의 해외 김치 수출은 1억 6천만 달러에 달했다.

또한 미국 각 주(State)에선 속속 '김치의 날(Kimchi Day)'을 선정하고 있다. 2022년 2월 17일 뉴욕주의회는 11월 22일을 뉴욕주 '김치의 날'로 제정했다. 2020년 2월 버지니아주, 2021년 캘리포니아주에 이어 세 번째다. 뉴욕주의회는 론 김 하원의원이 발의한 '김치의 날' 결의안에서 "뉴욕주에서 김치의 인기와 수요 및 수출 증가, 김치의 역사, 건강식품으로서의 우수성과 함께 한국이 김치의 종주국이며 2013년 유네스코가 김치 준비·보존 과정인 김장을 무형문화유산으로 인정, 매년 11월 22일을 뉴욕주 '김치의 날'로 제정한다"고 명시했다. 2022년 6월 워싱턴 DC의회는 '김치의 날' 제정 결의안을 만장일치로 통과시켰다. 11월 22일은 배추와 무 등 각종 김치 재료 하나하나(11월)가 모여 면역증강, 항산화, 항비만, 항암 등 22가지(22일) 효능을 낸다는 의미로 지정되었다.

최근 한류 열풍으로 열등감에 빠진 중국의 맹목적 애국주의는 중국산 김치는 물론 참기름, 고춧가루 등을 한국산으로 둔갑시키는가 하면, 한복, 판소리와 단오제까지 중국이 종주국이라고 우기고 있다. 하지만 누가 중국산 김치를 믿겠는가?

한국 여성 속의 여신들

한국 사회는 여전히 가부장제(家父長制)이며, 여성의 인권은 낮지만, 한국 여인은 강인하다. 기나긴 역사 속에서 수많은 여성 본보기상이 있었기 때문일까?

고대 이집트의 핫셉수트 여왕과 클레오파트라처럼 신라엔 선덕, 진덕, 진성여왕이 있다. 프랑스엔 잔 다르크, 한국엔 유관순이 존재했다. 기생이었지만, 임진왜란 때 왜장과 투신한 열녀 논개, 한 시대를 풍미했던 예술가 황진이도 돋보인다. 또한 제주의 해녀는 세계의 페미니스트들을 매혹시켜왔다.

엘리자베스 키스, 「함흥의 아낙네(A Hamheung Housewife)」, 1921(왼쪽)/ 박수근, 「절구질하는 여인」, 1954, 이건희컬렉션, 국립현대미술관 소장

조선의 위대한 학자 이율곡은 현모양처이자 화가였던 어머니 신사임당, 명필 한석봉은 어둠 속 떡 썰기와 서예 대결을 벌였던 어머니 백인당의 가르침을 받았다. 신사임당은 2007년 5만 원권 지폐의 얼굴로 등장했지만, 미국엔 아직 지폐에 여성의 얼굴이 없다. 비록 촛불혁명으로 옥살이를 했지만, 한국에선 여성 대통령도 나왔다. 계로 지혜를 쌓은 한국의 복부인은 투자의 귀재였으며, 치맛바람은 한국의 교육열을 상징한다.

미국의 정신의학자 진 시노다 볼린은 『우리 속에 있는 여신들(Goddesses in Everywoman)』(1984)에서 여성의 내면 깊숙이 웅크리고 있는 원형으로 아르테미스(사냥), 아테나(지혜), 헤스티아(화로), 헤라(결혼), 데미테르(어머니), 페르세포네(처녀), 아프로디테(사랑) 등 그리스 여신 7인을 제시했다.

그렇다면 한국 여성들의 DNA에는 웅녀(끈기), 선덕여왕(리더십), 신사임당(현모양처), 백인당(교육열), 논개(절개), 유관순(저항의식), 제주 해녀(강인함)이 있다고 생각해볼 수 있을 것이다. 그들은 '우리 속에 있는 여신들'이다.

자가 격리의 원조, 웅녀의 끈기

그녀는 우리 민족의 어머니였고, 최초로 자가 격리(self-quarantine)를 한 채식주의자였다. 고조선의 「단군신화」에 등장하는 단군왕검(檀君王儉)의 어머니, 인간이 된 곰, 웅녀(熊女) 이야기다.

어느 나라나 정통성을 부여하기 위한 건국 신화가 있기 마련이다. 옛날 옛적 하늘의 신 환인(桓因)의 아들 환웅(桓熊)은 땅으로 내려가 인간 세계를 다스리고 싶어했다. 환웅은 아버지의 허락으로 비, 바람, 구름 신과 3천 명의 무리를 데리고 태백산(현 묘향산) 꼭대기의 신단수 아래로 내려와 새 도시를 세웠다. 이때 동녘 땅에 살던 곰과 호랑이는 사람이 되고 싶어 환웅을 찾아갔다. 환웅은 쑥 한 줌과 마늘 스무 개를 주며 동굴 속에서 100일간 햇빛을 보지 않고 버티면 사람이 된다고 말해주었다.

호랑이는 참지 못하고 도망갔지만, 곰은 삼칠일(21일) 수행 후 여성이 되었으니, 그녀가 웅녀. 웅녀는 신단수 아래서 아기를 갖게 해달라고 빌었다. 이에 잠시 사람으로 변신한 환웅과 혼인해 단군(檀君)을 낳았다. 단군왕검은 BC 2333년 '널리 인간 세상을 이롭게 하리라'는 홍익인간(弘益人間)을 이념으로 조선(朝鮮)을 세우고, 1500년 동안 통치했다.

대부분의 건국 신화는 영웅담이 주류를 이룬다. 그리스 신화의 제우스를 비롯한 신들은 자식을 삼키고, 전쟁을 일삼으며, 부인을 여럿 두고 살았다. 하지만 우리의 「단군신화」에서는 환웅이 땅으로 내려오고, 곰이 은근과 끈기로 여성이 되며 환웅과의 결합해 단군을 낳는다. 이로써 하늘과 땅과 사람이 만나는 수직적인 교류, 즉 천지인(天地人) 사상과 널리 인간 세상을 이롭게 하는 수평적이고 평화적인 이념이 뿌리 내렸다. 한민족은 시작부터 평화를 사랑하는 민족이었다.

만일, 곰 대신 호랑이가 자가 격리에 성공한 호녀(虎女)였다면? 아마 한국인은 호전적인 민족이 되었을지도 모를 일이다. 국문학자 조윤제 선생은 "'은근(慇懃)'이 한국의 미요, 끈기가 한국의 힘"이라고 말했다.

'여왕의 시대' 신라: 선덕, 진덕, 진성

'고대 이집트의 여왕' 하면 클레오파트라가 떠오른다. 클레오파트라는 로마의 영웅 카이사르(시저)와 안토니우스 사이의 '치명적인 요녀(femme fatal)'라는 이미지가 강하다. 클레오파트라는 7세(VII)이며, 이집트 프톨레마이오스 왕조 최후의 여왕이었다. 사실 위대한 이집트 여왕은 따로 있다. 클레오파트라보다 1400여 년 앞서 살았던 신왕국 제8왕조의 5대 파라오 핫셉수트(Hatshepsut, BC 1507~BC 1458)

2018년 4월 손연철 화백의 정부표준영정(98호)으로 지정된 〈선덕여왕상〉(왼쪽)과 메트로폴리탄 미술관 소장 핫셉수트 여왕 스핑크스(B.C. 1479~B.C. 1458년경)

였다. 여성임을 감추기 위해 가짜 수염에 남자 옷을 입었던 핫셉수트 여왕은 21년간 이집트를 통치하며 경제적, 문화적 번영국으로 만들었다.

핫셉수트는 홍해 인근에 200여 명을 수용할 수 있는 범선 5척을 만들어 이웃 나라 누비아, 레반트 등과 교역을 시작했다. 또한 룩소르의 데이르 엘-바흐리(Deir el-Bahri)에 대칭미가 압권인 장제전(mortuary temple)을 건축했으며, 카르낙 신전 입구에는 세계 최고 높이의 오벨리스크(Obelisk) 한 쌍을 세웠다. 메트로폴리탄 미술관에는 핫셉수트의 스핑크스를 모은 전시실이 따로 있다.

영국 최초의 여왕은 헨리 8세의 외동딸로 '블러디 메리(Bloody Mary)' 칵테일로 유명한 메리 1세(Mary I, 재위 1553~1558)다. 중국 최초의 여왕은 당나라의 측천무후(則天武后, 재위 690~705)다.

한국에선 영국보다도, 중국보다도 앞서 여왕이 탄생했다. 신라 제27대 선덕여왕(善德女王, 재위 632~647)은 중국 최초이자 마지막 여제였던 측천무후보다 반세기 이상 앞섰다. 진평왕의 딸이었던 선덕여왕은 재위 3년 아버지의 국상 기간이 끝나자 연호를 인평(仁平)으로 바꾸며 자신의 독자적인 시대를 개척했다. 고구려와 백제의 위협 속에서 김유신과 김춘추를 거느리고 삼한통일의 기반을 마련하기도 했다. 선덕여왕은 호국 의지를 담아 높이 80미터의 황룡사(皇龍寺) 9층 목탑을 세웠으니 '신라의 오벨리스크'인 셈이다. 또한 호국불교를 장려하기 위해 분황사(芬皇寺)와 영묘사(靈廟寺) 등 25개 사찰을 창건했다.

그런가 하면, 천문관측으로 자연재해를 예방할 목적에 아시아 최초의 첨성대(瞻星臺, 국보 제31호)를 건축했다. 당나라에 유학생을 파견해 인재를 키웠으며, 추석 즈음엔 부녀자들의 길쌈놀이 대회를 열어 부녀자의 기능을 계발하고, 놀이를 장려했다. 선덕여왕의 대를 이은 사촌 여동생 진덕여왕(眞德女王, 재위 647~654), 통일신라의 진성여왕(眞聖女王, 887~897)까지 신라에선 3인의 여왕이 등장했다.

3천 궁녀, 논개와 유관순의 절개

조선시대 선조 때 임진왜란 3대첩 중 하나인 진주성대첩에서 패배한 왜군은 1593년 12만여 대군을 이끌고 다시 쳐들어왔다. 제2차 진주성 싸움에서 7만여 명이 항쟁하다가 진주성이 함락되었다. 이에 진주의 관기였던 논개는 왜장 게야무라 로쿠스케를 촉석루 절벽 아래 의암 바위로 유혹해 그를 껴안고 강물에 투신했다. 그녀 나이 20세였다.

기생의 몸으로 나라를 위해 자신의 목숨을 바친 순국열사 논개(朱論介, 1574~1593)의 충성심에 감동한 조선 중기의 문신 유몽인(1559~1623)이 『어우야담(於于野談)』에 그녀의 행적을 기록했다. 순국선열 논개를 주제로 "거룩한 분노는/ 종교보다도 깊고/ 불붙는 정열은/ 사랑보다도 강하다"의 수주 변영로의 시 「논개」는 교과서에 실려 많은 학생이 읊조렸다. 또 노래도 이미자의 「논개」와 이동기의 「논개」에서부터 우판용의 「달빛 어린 진양성」, 김재식의 「남강은 살아있다」, 이재호의 「남강을 말이 없네」, 남성봉/이미자의 「쌍가락지」 등 여러 곡이 나왔다.

　논개는 낙화암(落花巖) 궁녀들의 전설을 알고 있었을까? 660년 백제의 마지막 왕인 의자왕은 정사는 돌보지 않고, 날마다 궁녀들과 가무주연을 탐닉했다. 백제의 침략을 무수히 받았던 신라는 무열왕과 김유신이 합심해 당나라와 연합으로 백제를 수륙 양면에서 쳐들어갔다. 백제 수도 사비성(현 부여)이 함락되자 궁녀들은 슬피 울면서 흉악한 적군에게 죽는 것보다 깨끗하게 죽기로 결심하고, 높은 바위에서 치마를 뒤집어쓰고 백마강을 향해 몸을 던졌다는 전설이다. 궁녀의 수가 3천여 명이었고, 바위의 이름은 낙화암이라 불렀다.

　프랑스에 잔 다르크(Jeanne d'Arc, 1412~1431)라는 영웅 소녀가 있다면, 조선에는 유관순(柳寬順, 1902~1920)이 있다.

　유관순은 충남 천안의 개신교 집안에서 태어나 이화학당에 다녔다. 이화학당에서는 1905년 을사늑약 이후 매일 오후 3시에 수업을 중단하고, 조국 독립을 기원하는 기도회와 시국 토론회를 열었다. 1919년 1월 21일 고종이 서거하자 학생들은 상복을 입고, 휴교에 들어갔다. 이에 유관순은 파고다 공원에서 벌어진 3·1만세운동에 참가한다. 곧 서명학, 김복순, 김희자, 국현숙과 함께 5인의 결사대를 결성, 소복을 입고 기숙사에서 빠져나와 대한문에서 망곡(望哭)을 한 후 남대문으로 향하는 시위행렬에 합류했다.

　이어 고향 천안으로 돌아가 숨겨온 「독립선언서」를 내놓고, 4월 1일 병천시장에서 독립만세를 주도했다. 이 시위 현장에서 유관순의 부모가 순국했으며, 자신은 주도자로 체포되어 3년형을 받고 교도소에 수감된다. 1920년 3·1운동 1주년에는 서대문 형무소에서 옥중 만세운동을 전개했다. 그해 9월 28일 유관순은 고문과 영양실조로 숨

፠ 죄수복을 입고 복역 중인 유관순 열사(독립기념관)와 장 오귀스트 도미니크
앵그르, 「샤를 7세의 대관식의 잔 다르크」 1854, 루브르박물관 소장

을 거두게 된다. 그녀 나이 18세였다. 1974년 이화여고에 유관순 기념관이 준공되었다.

2005년 프랑스 오를레앙시 잔다르크연구소의 올리비에 부지 박사는 천안의 유관순 열사 사당을 방문해 "잔 다르크에 버금가는 세계적 애국 처녀는 한국의 유관순뿐"이라고 밝혔다. 올리비에 부지 박사는 유관순 열사가 잔 다르크의 전기를 읽었을 가능성이 크다고 부언했다. 한국에선 1907년 「시일야 방성대곡(是日也放聲大哭)」의 장지연(張志淵)이 잔 다르크의 생애를 소설로 엮은 『애국부인전』을 출간한 바 있다.

항일 독립운동가로 김구 선생, 윤동주 시인, 유관순 열사, 윤봉길 의사, 도산 안창호를 떠올리지만, 여성 독립운동가는 유관순 열사 외에도 무궁무진하다. 김마리아, 곽낙원, 남자현, 권귀옥, 박자혜, 박차정, 조마리아, 양제현, 윤희순, 최은희, 최용신, 하란사, 한성선…… . 2018년 2월 한국의 국가보훈처에서 유관순 열사를 비롯해 299인을 여성 독립운동가로 인정하여 서훈을 했다.

이윤옥 교수는 2018년 『여성 독립운동가 300인 인물사전』을 출간했으며, 2018년 서울여대 언론영상학부의 모임 '벗:다'는 여성 독립운동가 1900여 명을 알리기 위한 크라우드 펀딩을 벌이기도 했다. 2019년 3월 한국의 여성가족부는 경기도 고양시의 국립여성사전시관에서 3·1운동 및 임시정부수립 100주년 기념 여성 독립운동가를 조명한 특별전 '여성 독립운동가, 미래를 여는 100년의 기억'을 열었다.

현모양처 신사임당, 백인당의 교육열

조선시대 성리학자 이이(李珥, 호는 율곡, 1536~1584)는 세 살 때 글을 깨우친 신동이었으며, 어머니 사임당 신씨(師任堂 申氏, 1504~1551)의 글과 그림을 흉내 냈다. 신사임당은 당대의 '르네상스 우먼'이었다. 양반의 다섯 딸 중 둘째였던 사임당은 아버지로부터 『천자문』, 『명심보감』 등을 비롯해 사서오경을 배웠다. 사임당 신씨 역시 일곱 살 때 화가 안견(安堅)의 그림을 본떠서 그린 신동이었다. 성리학, 도학, 고전, 역사 등 해박한 지식에 그림, 서예, 시, 십자수와 옷감 제작에도 능했던 것으로 전한다. 어느 날 잔칫집에서 한 부인의 치맛자락에 국이 엎어지며 얼룩이 생기자 신사임당이 즉석에서 포도 넝쿨을 그려주었다는 일화가 남아 있다.

신사임당은 현모양처로 2009년 5만 원권 지폐의 얼굴이 되었다. 5만 원권 앞면엔 신사임당이 비단 위에 포도를 그린 수묵화[묵포도도墨葡萄圖]와 10첩 병풍화 「초충도(草蟲圖)」 가운데 가지 그림을 배경으로 신사임당의 초상이 담겼다. 아들 율곡 이이의 초상은 1972년 발행된 5천 원권의 얼굴이며, 뒷면에는 어머니 신사임당의 「초충도」 중 맨드라미와 수박 2점이 있다. 강원도 강릉시 오죽헌 율곡기념관에 소장된 '신사임당 초충도 병풍(申師任堂草蟲圖屛)'엔 망우초와 개구리, 가지와 방아깨비, 수박과 들쥐, 접시꽃과 개구리, 산차조기와 사마귀, 맨드라미와 쇠똥벌레, 양귀비와 도마뱀, 오이와 개구리가 묘사되어 있다. 강원도 유형문화재 제11호다.

5만 원권의 신사임당, 아들 이율곡이 담긴 5천 원권의 뒤 그림도 신사임당 작품(왼쪽)/ 한석봉의 『천자문』 글씨체

조선시대 명필가 한호(韓濩, 호는 석봉, 1543~1605)는 개성의 양반 가문에서 태어났다. 그의 어머니 백인당은 남편이 사망한 후 개성의 학자 서경덕(徐敬德)으로부터 신희남을 추천받아 아들의 스승으로 삼는다. '맹모삼천지교(孟母三遷之敎)'처럼, 백인당은 한석봉을 데리고 신희남이 사는 전남 영암으로 이주했고, 떡 장수로 생계를 이어갔다. 한석봉은 영암 월출산의 절에서 글씨 공부를 10년간 하기로 어머니와 약속했다.

그러나 어머니에 대한 그리움으로 출가 후 3년 만에 귀가했다. 이에 백인당은 호롱불을 끈 채 아들 석봉과 가래떡 썰기와 글씨 쓰기로 대결했다. 어머니는 석봉의 엉망인 글씨를 본 후 매를 들고 야단쳐 절로 다시 보냈다. 이에 석봉은 7년을 채우고 돌아왔고, 스물다섯에 과거에 장원급제한 후 명필가로 이름을 날렸다.

이 전설의 떡썰기 대결은 19세기 이원명의 야담집 『동야휘집(東野彙輯)』(1869)에 수록되었으며, 1945년부터 초등학교 교과서에 올라 '사랑의 매'를 정당화하게 된다. 강건하고 안정감을 주는 한자 서체로 평가되는 한석봉체는 조선 천자문의 표준이 되었으며, 한글과컴퓨터에서 출시한 문서편집 프로그램의 한문 서체로도 친숙하다.

'아시아의 아마조네스' 제주 해녀들

이여싸나 이여싸나/요 넬 젓고 어딜 가리
진도나 바당 항구로 나게/요 네착을 심어사민
어신설움 절로나네/이여싸나 이여싸나
혼착 손엔 테왁 심엉/혼착 손엔 비창 심엉
혼질 두질 저승 길에/저승건 당 말리나 강산
_제주 해녀 노래 「이어도사나」 중에서

산소호흡 장비도 없이 깊은 바닷속으로 들어가 해산물을 채취하며 생계를 이어가는 제주도의 해녀(잠녀)는 세계의 페미니스트를 매혹시켜왔다. 한국 유교문화와 대조적으로 모계사회의 여성 파워를 입증하는 여인네들, '아시아의 아마조네스'이다. 최대

일곱 시간을 바닷속에서 전복과 성게 등을 찾아 물질하는 것은 죽음의 문턱을 넘나 드는 극한 상황이다.

해녀들이 부르는 민요에도 "저승길 왔다 갔다"라는 가사가 나온다. "해녀는 저승에 서 돈을 벌어 이승에서 쓰는 사람"이라는 말도 있다. 강인한 여성들이 주도하는 제주 도에서는 남녀 구별 없이 손윗사람들은 모두 '삼촌(제주 방언은 삼춘)'이라 부른다. 해녀 도 삼촌이다. 현기영의 단편소설 「순이 삼촌」(1978)은 제주 4·3사건의 트라우마를 다 룬 작품이다.

화산섬인 제주도는 토양이 비옥하지 않아 농사짓기에 적합하지 않았다. 이 때문에 해녀들은 가족의 생계를 등에 짊어지고 바다로 나갔다. 해녀들은 마을 어촌계와 해녀 회를 통해 경제, 사회 활동도 해왔다. 해녀는 물질 능력에 따라 상군, 중군, 하군으로 분류하며, 물질 기량이 뛰어나고, 암초와 해산물 지식이 많은 상군이 해녀회를 이끈다.

해녀들은 '바다의 여신' 용왕 할머니에게 잠수굿을 지내며 바다의 안전과 풍어를 기원하며, 토속민요 「서우젯소리」를 부른다. 그들은 거친 바닷속에서 물질하며, 고단 한 시집살이 하면서 한숨 대신 기백이 담긴 노래를 불렀다. 해녀의 노동요는 제주도 무형문화재 제1호이며, 2010년 해녀 노래 150곡을 모은 노래집 『이여 이여 이여도 사 나』(해녀박물관)가 출간되었다.

그동안 제주 해녀는 〈내셔널지오그래픽(National Geographic)〉과 '매그넘 포토스'의 사진작가 데이비드 앨런 하비(David Alan Harvey)의 흑백사진으로 세계에 알려졌다. 다큐멘터리 영화도 무수히 제작되었다.

이스라엘 출신 어린이용 상업영화 감독 달리아 거스텐하버(Dahlia Gerstenhaber)는 2009년 다큐멘터리 「해녀, 바다의 여인들(Hae-Nyo, Women of the Sea)」 상영차 뉴욕에 왔다. 그는 당시 〈뉴욕중앙일보〉 필자와의 인터뷰에서 이렇게 밝혔다.

"48세 생일날 남편이 잠수복을 선물해줬지요. 어느 날 다이빙용품점에 비치된 잡지에서 한 여성이 바닷속 깊은 곳에서 수영하는 사진이 눈에 들어왔어요. 70세나 된 제주도의 해녀였는데 몸이 바닷속에서 너무 평온하고도 강인해 보였습니다. 순간 가슴이 콩당콩당 뛰기 시작하면서 인생의 흐름, 힘의 비밀을 알고 있는 듯한 해녀들과 무작정 살아보고 싶었어요."

이후 그는 1999년부터 세 차례 제주도를 방문해 9개월간 해녀들과 동거동락하며 제주의 아마조네스를 카메라에 담아 다큐멘터리를 연출했다.

홀로 계신 우리 엄마 내 모시고 사는 세상
이 몸이 여자라고 이 몸이 여자라고
남자 일을 못 하나요
꼴망태 등에 메고 이랴 어서 가자
해 뜨는 저 벌판에 이랴 어서 가자
밭갈이 가자

_최정자, 「처녀 농군」(1968)

제주 해녀를 소재로 한 영화는 이외에도 고희영 감독의 「물숨(Breathing Underwater)」(2016), 바바라 해머의 「제주도의 해녀들(Diving Women of Jeju-do)」(2007), 프랑스 엘로이치 지메네스, 알렉스 이지바쉬안, 정다에 공동 감독의 「해녀: 바다의 여성들(Haenyo: The Woman of the Sea)」(2013), 그리고 강희진, 한아럼 감독의 만화영화 「할망바다(Grandma Ocean)」(2013)도 나왔다.

제주도는 유네스코 생물권 보전지역 지정(2002), 세계자연유산 등재(2007), 세계지

질공원 인증(2010)의 3관왕이 되었으며, 제주 해녀문화는 2016년 유네스코 인류무형
문화유산에 등재되었다.

미국 역사 속 위대한 여성들

미국은 위대한 나라이지만, 역사가 짧은 만큼 위대한 여성은 많지 않은 것 같다.
2020년 3월 미국 케이블 TV 역사 채널(History Channel)은 여성 역사의 달(Women's
History Month)과 세계 여성의 날(International Women's Day, 3월 8일)을 맞아 '세상을 바꾼 대
담한 여성 11인(11 Bold Women Who Changed the World)'을 선정했다. 이 목록에는 1. 애국자
시빌 루딩턴(Sybil Ludington), 2. 10대 민권운동가 클로뎃 콜빈(Claudette Colvin), 3. 평화운
동가 제인 애덤스(Jane Addams), 4. WiFi 발명가 겸 영화배우 헤디 라마르(Hedy Lamarr),
5. 과학자 로잘린드 프랭클린(Rosalind Franklin), 6. 첫 여성 스포츠 스타 베이브 디드릭
슨 자하리아스(Babe Didrikson Zaharias), 7. 노예제 폐지 운동가 소저너 트루스(Sojourner
Truth), 8. 여성 참정권 운동가 지넷 랜킨(Jeannette Rankin), 9. 노벨 물리학상 수상자 치
엔-슝 우(Chien-Shiung Wu), 10. 성소수자 운동가 마샤 P. 존슨과 실비아 레이 리베라
(Marsha P. Johnson and Sylvia Rae Rivera)가 꼽혔다. 이 위대한 여성 모델 11인 중 3명 이상을
알고 있는 미국인은 얼마나 될까?

한국의 롤 모델은 한국의 설화와 파란만장한 역사 속에서 두각을 나타낸 위인들이
나 지금도 생활 속에서 친숙한 인물들이다. 반면, 미국의 위대한 여성은 역사 채널의
위인을 비롯해, 엘리너 루스벨트, 재클린 케네디 오나시스 등 미국 영부인들이다. 그
들이 평범한 미국의 여성에게 롤 모델로 심어질 수 있을까?

#20 도서 한류와
한국 여성 인권

한국에서 여자로 산다는 것은? 한국판 '여자의 일생'이 화제였다.

2016년 출간되어 한국에서만 150만 부 이상이 팔린 조남주의 소설 『82년생 김지영』(민음사)이 2020년 2월 영국에서, 4월엔 미국에서 영문판으로 나왔다. 일본, 중국, 대만에서는 베스트셀러에 올랐으며, 독일, 프랑스, 스페인, 러시아, 헝가리, 베트남 등 31개국 29개 언어로 출간되면서 도서 한류(K-Book)를 일으켰다. 영문판은 〈뉴욕타임스〉의 2020 주목할 만한 도서 100(100 Notable Books of 2020)에 선정되었다. 이 소설은 또한 2016~2020년 사이 10개의 언어권에서 약 30만 부 이상 판매되며, 한국문학 작품 중 최고 기록을 세웠다.

📖 조남주 베스트셀러 『82년생 김지영』이 세계 31개국에서 번역 출간되었다. 한국판(왼쪽 위부터 시계 방향으로), 일본판, 대만판, 베트남판, 인도네시아판, 태국판, 중국판, 스페인판(사진: 민음사)

『82년생 김지영』이 비단 보통 한국 여성의 삶만 대표하는 것이 아니라 세계의 여성들이 체험해온 크고 작은 성차별이라는 보편성을 갖추고 있다는 증거일까? 아니면, 한국의 성차별이라는 특수성이 주목을 끄는 것일까? 경제, 문화, 기술 선진국인 한국에서 여성의 인권은 놀랍게도 세계에서 하위권에 머물러 있다.

『82년생 김지영』 세계 열풍

소설 『82년생 김지영』은 서른네 살 주부 김지영의 삶을 통해 한국 사회 곳곳에 내재한 성차별을 드러낸 작품으로 2019년 김도영 감독의 동명 영화로도 제작되었다. 여성 작가 원작 소설, 여성 시나리오 작가(유영아), 여성 감독, 여성 제작자(박지영, 곽희진)가 참여한 페미니즘 영화로 360여만 명의 관객을 동원했다.

김지영은 1980년대 전후에 태어난 여아에게 가장 많이 붙인 이름이다. 보통 한국 여성을 대표하는 김지영은 태어날 때부터 성차별을 체험해왔다. 남아선호 사상을 보여주는 여동생 낙태, 가족의 서열이 엄격하게 지켜진 밥 주는 순서(아빠-아들-할머니 순), 학교에선 남학생 급식이 우선이며, 여학생의 복장은 더 엄격하게 규제되는 이중 잣대, 성폭력 피해 여성에게 던져지는 비난들, 취직에선 성차별, 회식 자리에선 성희롱 그리고 퇴직 후 출산으로 경력이 단절된 상황에서 '맘충(Mom蟲)'이라는 욕을 먹은 김지영 씨. 그는 마침내 정신건강의학과 치료를 받게 된다.

외국에서의 『82년생 김지영』의 반응도 뜨겁다. 〈뉴욕타임스〉의 알렉산드라 알터는 "한국 계급 격차에 대한 논쟁을 불러일으킨 봉준호 감독의 아카데미상 수상작 「기생충」처럼, 조남주의 소설은 예술작품일 뿐만 아니라 사회적 학술논문처럼 평가된다. 한국 여성의 새롭고, 전복적인 소설들은 #미투(MeToo) 운동의 부상과 교차되면서 문학계를 넘어선 토론을 주도하고 있다"고 했으며, 문예지 〈커커스 리뷰(Kirkus Review)〉는 "이 소설의 강점은 조남주가 한 여성의 삶 전반에서 지속적으로 축적되는 성차별의 사례를 간결하게 포착한 데 있다. ……이야기는 많은 이에게 인식될 크고 작은 여성 혐오를 완벽하게 잡아냈다"고 평했다. 영국의 〈메트로(Metro)〉는 "(작가는) 지영을 분노한 페미니스트가 아니라 수동적인 사람으로, 궁극적으로 신경쇠약보다 강력하게 만드는 한편, 침착하고, 사실적인 산문 문장은 독자의 불안감을 가중시킨다"고 평가했다.

환자와 화자: 김지영과 정신과 의사

소설 속에서 김지영은 하소연한다. "죽을 만큼 아프면서 아이를 낳았고, 내 생활도, 일도, 꿈도, 내 인생, 나 자신을 전부 포기하고 아이를 키웠어. 그랬더니 벌레가 됐어. 난 이제 어떻게 해야 돼?" 21세기 한국 여성 김지영은 19세기 이탈리아 오페라 「람메르무어의 루치아(Lucia di Lammermoor)」, 「몽유병의 여인(La Sonnambula)」의 여주인공들처럼 미치고 만다. 도니제티 작곡 「람메르무어의 루치아」에서 루치아는 오빠의 강요로 사랑하는 사람을 두고 부잣집 신부가 된다. 벨리니 작곡 「몽유병의 여인」에서 방앗간집 양녀 아미나는 지주 엘비노와 약혼한 후 몽유병으로 오해를 산다.

1982년생 김지영 씨는 1993년 프랑스 기 드 모파상(Guy de Maupassant)의 소설 『여자의 일생(Une Vie/ L'Humble」 Vrit -어느 인생/겸손한 진실)』의 주인공 잔느를 연상시킨다. 남작의 딸 잔느는 아버지의 강요로 열일곱 살 때까지 수도원에서 조신하게 지내다가 희망을 품고 세상 밖으로 나온다. 열일곱 살에 자작 줄리앙과 결혼하지만, 남편은 하녀를 임신시키고, 백작 부인과도 바람피우다가 살해당한다. 잔느는 마지막 희망으로 아들 폴에 의지하지만, 폴은 도박에 빠져 방탕한 생활을 한다. 집까지 넘어가 심신이 지친 노년 잔느는 손녀를 안고 "인생은 그렇게 행복하지도, 그렇게 불행하지도 않은 것"이라고 느낀다.

『82년생 김지영』의 '화자'는 남성으로 정신과 의사이며, 김지영은 '환자'다. 소설은 의사가 김지영의 증상을 상담한 자료로 그녀의 삶을 재구성했다. 그 의사는 김지영에게 산후 우울증과 육아 우울증이 있다고 진단한다. 결말에서 의사는 자신의 전문의 아내가 전업주부가 된 것을 고백하고, 출산으로 퇴직하는 상담사 후임으로는 미혼을 구한다고 밝힘으로써 성차별을 드러낸다. 잔느의 일생은 모파상이 기술한 히스토리

(HiStory)이며, 김지영의 삶은 조남주의 허스토리(HerStory)일 것을 기대하지만, 의사가 화자(내레이터)다. 결국 지영의 삶조차 히스토리(HiStory)로 남았으며, 소설의 결말은 잔느의 삶보다도 절망적이다.

코리아: 경제 선진국, 여성 인권 후진국

조남주 작가는 "전업주부는 임금도, 휴식도, 휴가도 전혀 없고 승진할 일도 없는 가장 열악한 노동자"라고 밝혔다. 한국은 2021년 국내총생산(Gross Domestic Product, GDP)이 1조 8천억 달러(1조 7천억 원)으로 세계 10위였다. 한국의 1인당 국민총소득(Gross National Income, GNI)은 3만 5168 달러(4024만 원)로 27위에 올랐다. 분명 한국은 경제적으로 선진국이다.

하지만 남녀의 성평등 순위는 하위권을 맴돌고 있다. 특히 직장에서 남녀 임금 차별은 세계에서 최악의 수준이다. 경제협력개발기구(OECD)의 조사에 따르면, 2021년 한국 남녀 노동자의 임금 격차는 31.1퍼센트에 달한다. 여성의 임금은 남성의 68.9퍼센트 수준으로 회원 30개국 중 최하위다. 일본은 22.1퍼센트이며, 미국은 16.9퍼센트, 가장 격차가 적은 나라는 2.6퍼센트에 불과한 불가리아다.

스위스의 세계경제포럼(World Economic Forum, WEF)에서 발표한 「전 세계 성 격차 보고서(Global Gender Gap Report)」(2020)에 따르면, 한국은 세계 153개국 중 108위로 하위권이다. 2006년 첫 조사 때의 92위에서 13년 후엔 16계단이 떨어진

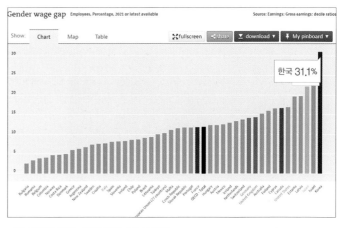

OECD 자료: 성에 따른 임금 격차(Employees, Percentage, 2021)

순위다. 2020 톱 10은 아이슬란드(1위), 노르웨이(2위), 핀란드(3위), 스웨덴(4위), 니카라과(5위), 뉴질랜드(6위), 아일랜드(7위), 스페인(8위), 르완다(9위), 독일(10위) 순이다. 프랑스는 15위, 영국은 21위, 미국은 53위, 중국은 106위, 그리고 일본은 121위로 조사되었다.

　성 격차 평가 기준은 경제활동 참여와 기회(economic participation and opportunity, 한국 127위), 교육 기회(educational attainment, 한국 101위), 건강과 생존(health and survival, 39개국 공동 1위), 정치적 권한(political empowerment, 한국 79위)의 4개 부문이다.

　#경제활동 참여와 기회 부문의 세부 항목에서 노동력 참여비(92위), 유사업종 임금 평등성(119위), 예상 수입(121위), 국회의원-임원-매니저 비율(142위), 전문 기술직(88위)으로 전체 순위가 127위로 나타났다. #교육 기회 부문의 세부 항목에선 식자율(읽고 쓸 줄 아는 능력)은 세계 1위였지만, 초등교육 등록률(84위), 중등교육 등록률(107위), 고등교육 등록률(120위)로 통합 101위로 내려갔다. #건강과 생존 부문에서는 탄생시 성비(1위), 건강 수명(1위)로 세계 1위를 차지했다. 그러나 #정치 권한 부문의 세부 항목인 의회의 여성비(108위), 장관직 여성비(73위), 남녀국가 원수 연도(29위)로 통합 79위에 올랐다.

　코로나 팬데믹으로 세계가 위기에 빠졌을 때 세계는 강경화 외교부 장관과 정은경 질병관리청장에게 찬사를 보냈다. 얼핏 한국 여성의 인권이 높은 것처럼 보이지만, 한국 여성의 정치 참여율은 세계에서 하위권이다.

　국제의원연맹(Inter-Parliamentary Union, IPU)은 1997년부터 매월 세계 각국 여성 국회위원 비율(Percentage of women in national parliaments)을 조사하고 있다. 2020년 3월 현재 한국(Republic of Korea)의 여성의원 수는 총 의원 295명 중 51명 17.29퍼센트로 세계 193개국 중 125위다. 2017년

문재인 대통령은 2017년 6월 강경화 유엔사무총장 정책특보를 외교부 장관에 임명했다.(사진: 청와대)

119위, 2018년 116위, 2019년의 118위에서 더 밀려난 수치다. 한편, 북한(Democratic People's Republic of Korea)은 최고인민회의 총 687명 중 여성의원이 121명(17.61%)으로 120위를 차지해 한국보다 상위다. 1위는 르완다(61.25%), 이어서 쿠바(53.22%), 볼리비아(53.08%), 아랍에미리트연합(50%), 멕시코(48.2%) 순이며, 스웨덴(6위, 46.99%), 핀란드(11위, 46%), 스페인(13위, 44%), 스위스(16위, 41.5%), 프랑스(26위, 39.51%), 오스트리아(28위, 39.34%), 이탈리아(35위, 35.71%), 영국(40위, 33.85%), 독일(49위, 31.17%), 중국(75위, 24.94%), 그리고 미국은 23.49퍼센트로 81위였다.

여성가족부와 인권 문제

한국의 여성 인권은 후진국 수준이지만, 2001년 한국 정부 직속으로 여성부가 설치된 후 2005년부터 여성가족부(女性家族部)로 확대 개편되었다. 영어로 'Ministry of Women and Family'가 아니라 '성평등 및 가족부(Ministry of Gender Equality and Family, MOGEF)'라는 점이 시선을 끈다.

미국에는 없지만, 프랑스는 1975년에 세계 최초로 여성부(Ministry of Women's Rights)를 설치했다. 독일은 1953년 가족부라는 이름으로 설치한 후 1994년 가족노인여성청소년부(Federal Ministry of Family Affairs, Senior Citizens, Women and Youth)로 운영해오고 있다. 이 밖에도 뉴질랜드(Ministry for Women), 인도, 말레이시아, 스리랑카, 캄보디아, 네팔, 나이지리아, 짐바브웨, 가나, 페루, 니카라과 등이 여성부를 두고 있다. 한편, 영국은 문화언론스포츠부 산하에 여성부처(Gender Equality Office)를 운영한다.

1995년 9월 UN 창립 50주

여성 심볼(Pink Venus)과 태극기(왼쪽) 여성가족부 로고

년 기념으로 베이징에서 열린 제4회 세계여성회의(World Conference on Women: Action for Equality, Development and Peace)에서 남녀평등 선언문을 발표했다. 베이징 선언에선 여성 인권과 양성평등을 위한 12가지 과제(여성과 빈곤/ 여성과 교육/ 여성과 건강/ 여성에 대한 폭력/ 여성과 전쟁/ 여성과 경제/ 여성과 권력/ 제도적 장치/ 여성의 인권/ 여성과 미디어/ 여성과 환경/ 여아의 인권)를 제시했다.

당시 미국 영부인이었던 힐러리 클린턴이 "여성의 권리는 인권입니다(Women's rights are human rights)"라는 내용의 연설을 했다. 유엔은 「세계여성행동강령」을 채택하며 각국에 여성정책 전담 국가기구를 설치할 것을 권고했으며, 세계 187개국에서 여성정책을 전담하는 기구 및 부처를 운영하게 되었다. 한국에선 1998년 김대중 정부가 출범하면서 대통령 직속으로 여성특별위원회가 신설되었다. 1999년 남녀 차별을 금지하는 법안이 제정되고 이후 2000년 중앙행정기관 여성부로 승격되었다. 2010년 이명박 정부는 보건복지부의 청소년과 가족 업무를 이관하며 여성가족부로 개칭했다.

여성가족부는 여성의 취업/법률/안전/주거/교통 등의 분야에서 정책을 시행해오고 있다. 여성할당제·여성 가산점·여성새로일하기센터(취업), 여성폭력방지기본법·경력단절여성법·여성과학기술인 육성 및 지원에 관한 법률·여성기업지원에 관한 법률·여성농어업인 육성법·성별영향분석평가법·양성평등기본법(법률), 여성안심귀가서비스·여성안심택배(안전), 여성아파트·근로여성임대아파트(주거), 여성전용칸·임산부배려석·여성 전용 주차장(주거) 등이다.

하지만 한국의 여성가족부는 존폐 논란에 휩싸여 왔다. 2022년 3월 윤석열 정부의 출범으로 '국민의힘'의 공약이었던 여성가족부 폐지를 추진했다.

유엔은 1975년 3월 8일을 '세계여성의 날(International Women's Day)'로 정했다. 1917년 3월 8일에 러시아의 여성 노동자들이 제정 타도를 외치며 페트로그라드 거리에서 시위를 벌여 2월 혁명에 불을 지폈다. 혁명으로 러시아 황제 니콜라이 2세가 축출되었으며, 여성 노동자들의 주장은 이어 10월 혁명에서 여성 평등권 신장의 기초를 다지게 된다.

한국에선 1920년 일제강점기에 나혜석, 김일엽, 김명순, 박인덕, 김활란 등 자유주의 계열과 허정숙, 정칠성 등 사회주의 계열이 각각 여성의 날 기념행사를 시작했다.

해방 후 이승만, 박정희, 전두환 정권에선 축소되었으며, 1985년부터 3월 8일을 기념하며 여성단체들이 참가하는 정치, 문화행사로 자리 잡았다.

유엔은 1981년 인권 시스템 산하에 여성차별철폐위원회(Committee on the Elimination of All Forms of Discrimination Against Women, CEDAW)를 설치했다. 2018년 제네바 유엔최고인권사무소 본부에서 열린 CEDAW 제8차 국가 보고서 심의에서 위원회는 한국의 여성 차별, 노동문제, 폭력 및 낙태 문제 등을 지적하고, 정부에 53개의 견해문을 제시했다. 견해문엔 포괄적 차별금지법 제정, 합당한 가정폭력 범죄의 해결 및 처벌, 온라인 성폭력 예방조치 강화를 비롯해 고위직 여성 대표성, 형법 297조 개정 및 배우자 강간 범죄화, 직장 내 성희롱 관리, 공공기관 내 성폭력 범죄자의 엄격한 처벌 보장, 포괄적 인신매매 방지법 제정, 여성 경찰관의 성별 분리 모집 폐지, 공사기업에서의 임금 공시제 시행, 비례대표제 강화, 위안부 피해자 배상 등이 포함되었다.

한국은 1995년 「여성발전기본법」을 제정했으며, 2014년 이를 「양성평등기본법」으로 개정했다. 이 법에는 "양성평등이란 성별에 따른 차별, 편견, 비하 및 폭력 없이 인권을 동등하게 보장받고 모든 영역에 동등하게 참여하고 대우받는 것을 말한다"(제3조), "모든 국민은 가족과 사회 등 모든 영역에서 양성평등한 대우를 받고 양성평등한 생활을 영위할 권리를 가진다"(제4조)라고 명시되어 있다.

뿌리 깊은 성차별: 여성 비하 속담 15

왜 경제, 문화, 기술 선진국인 한국에서 유독 여성의 인권이 시대에 뒤처져 있을까? 유교문화의 영향일까?

고 노회찬(1956~2018) 의원은 2017년 '82년생 김지영 대담회'에서 "남자가 최고의 스펙(spec)인 대한민국의 많은 제도, 문화, 관습을 깨기 위해서라도, 차이를 차별로 만드는 야만으로부터 탈출하기 위해서라도, 많은 남성이 이 책을 접해야 한다고 생각한다"고 밝혔었다. 노회찬 의원은 문재인 대통령에게 "82년생 김지영을 안아주십시오"라는 당부의 글을 써서 선물한 것으로 알려졌다.

엘리자베스 키스, 「시골 결혼 잔치(Country Wedding Feast)」, 『Old Korea』 1921

여권은 여성 우위가 아니라 인권이다. 당신의 어머니, 당신의 부인, 당신의 딸, 당신의 손녀가 '단지 그대가 여자라는 이유만으로' 평가절하되는 일은 사라져야 할 것이다. 한국의 대다수가 아직도 전근대적인 사고방식에 젖어 있는 이유는 무엇일까? 수많은 여성 비하 속담들이 뿌리 깊게 박혀 있기 때문일까?

1. 암탉이 울면 집안이 망한다.
2. 여자가 똑똑하면 팔자가 드세다.
3. 첫 손님이 여자이면 그날은 재수가 없다.
4. 여자와 북어는 사흘 걸러 때려야 한다.
5. 그릇과 여자는 밖으로 내돌리면 금이 간단다.
6. 굿하고 싶어도 며느리 춤추는 것 보기 싫어 안 한다.
7. 시집살이 못하면 동네 개가 다 업신여긴다.
8. 집안이 화합하려면 베갯밑 송사는 듣지 않는다.
9. 집안 망신은 며느리가 시킨다.
10. 계집의 독한 말보다 오뉴월 서리가 싸다.
11. 남편 밥은 누워서 먹고, 아들 밥은 앉아서 먹고, 딸년 밥은 서서 먹는다.

12. 여자 안 긴 살인 없다.

13. 여자 셋이 모이면 솥뚜껑이 안 남아난다.

14. 여자가 손 커서 잘되는 집안 없다.

15. 아들 못난 건 제집만 망하고, 딸 못난 건 양 사돈이 망한다.

미국과 한국 여성 참정권

1960년대 미국에서 여성해방운동의 거대한 물결이 시작되었다. 1971년까지 미국 여성의 권리는 믿을 수 없을 정도로 제한되었다. 여성 자신의 이름으로 신용카드를 발급받을 수 없었으며, 직장인이 임신하면 해고될 수도 있었다. 배심원 자격도 없었고, 아이비리그대학 진학도 금지되었다. 프린스턴대학교와 예일대학교는 1969년, 브라운대학교는 1971년, 다트머스대학교는 1972년, 컬럼비아대학교는 1983년부터 여학생의 입학을 허용했다. 전선에서 싸울 수 없었으며, 남성과 같은 비용으로 건강보험에 들 수도 없었다. 그리고 피임약을 복용하는 것도 금지되었다.

미국 참정권의 역사를 보자.

-1776년 미국은 독립을 선언했다. 식민지 시대와 독립전쟁 중에 투표권은 토지 소유주에만 제한되었다. 대부분은 21세 이상 백인 개신교도 남성이었다.

-1790년 「귀화법(Naturalization Law)」이 승인된 후 백인 남성만 시민권을 갖고, 투표권을 행사할 수 있었다.

-1868년 전 노예들에게 시민권을 주다. 그러나 참정권은 남자들에게만 주어졌다.

-1876년 인디언 원주민의 투표권을 박탈하다.

-1882년 중국계 이민자에 시민권을 거부하다.

-1912~13년 여성 참정권 요구 행진(뉴욕과 워싱턴 DC)

-1919년 제1차 세계대전 중 군 복무한 인디언 원주민에게 시민권을 제공하다.

-1920년 제19차 수정헌법 통과로 여성의 참정권이 허용되다.

－1952년 아시아계 이민자에 시민권(=투표권) 제공하다(「매커런-월터법(McCarran-Walter Act)」).

미국 흑인 노예(남성)의 참정권은 1868년에 주어졌지만, 여성의 참정권은 1920년에야 허용되었다. 반면, 한국은 1948년에 제헌헌법에서 남녀의 평등한 참정권이 보장되었다. 사회운동가이자 변호사였던 이태영(1914~1998) 박사는 1949년 서울대학교 법학과에 진학한 최초의 서울대학교 여학생으로 기록되었다. 한국의 민주주의는 미국보다 뒤늦게 시작되었어도 여성의 참정권과 남성과 평등한 교육 기회는 앞서갔던 것이다. 한국이 근대화를 급속하게 추진할 수 있었던 배경에는 강인한 여성의 롤 모델이 존재했기 때문이 아닐까.

여성 작가들의 힘: 한강 － 수잔 최 － 최돈미 － 캐시 박 홍 － 이민진

한국 여성의 인권은 낮을지언정 국외에서 문학으로 혁혁한 성과를 거두고 있는 한인 작가는 여성들이다.

2016년 소설가 한강이 한인 최초로 맨부커상 국제상(Man Booker International Prize, 2020부터 이름 변경 국제부커상International Booker Prize)을 수상했다. 수상작 『채식주의자(The Vegetarian)』는 어릴 때 고기에 얽힌 트라우마를 갖고 있는 여자가 폭력을 거부하기 위해 극단적인 채식주의자가 되면서 죽음에 이르게 되는 이야기를 그렸다. 번역자는 데보라 스미스다.

한강은 2018년에도 소설 「흰(The White Book)」으로 맨부커상 최종 후보 6편에 올랐다. 1993년 시인으로 등단한 한강은 소설로 전향하여, 2005년 「몽고반점」으로 이상문학상을 수상했다. 1988 이상문학상 수상작가 한승원(「해변의 길손」, 『아제아제 바라아제』) 씨가 그의 아버지다.

노벨문학상, 프랑스 공쿠르상(Prix Goncourt)과 함께 세계 3대 문학상으로 불리는 부커상은 그해 영어로 쓰인 최고의 소설에 시상한다. 맨부커 인터내셔널상은 2005년

맨부커상의 외국소설 문학상이
다. 작가와 번역가에게 상금 5
만 파운드가 주어진다. 1969년
영국의 식료품유통회사 부커그
룹이 제정했으며, 2002년부터
2019년까지 헤지펀드회사 맨그
룹이 주최했다. 2020년부터 억
만장자 기업가 마이클 모리츠의
크랭크스타트 재단이 후원하면

2019년 미국 최고 권위의 문학상 전미도서상을 수상한
수잔 최(사진: National Book Foundation 유튜브 캡처)

서 이름을 부커상(Booker Prize)으로 바꾸었다.

2019년 브루클린의 소설가 수잔 최는 한국계 작가 최초로 전미도서상(National Book Awards) 소설 부문상을 거머쥐었다. 수상작 『신뢰 연습(Trust Exercise)』은 텍사스의 한 예술고등학교 연극반에서 벌어지는 교사와 학생 간의 섹스, 권력, 신뢰를 탐구한 작품이다.

한인 아버지(최창 인디애나대학 수학과 교수)와 러시아계 유대인 어머니 사이에서 태어난 수잔 최의 친할아버지는 문학평론가 최재서다. 1998년 한국전쟁의 악몽에서 벗어나려 했던 아버지의 삶을 토대로 쓴 첫 소설 『외국인 학생(The Foreign Student)』으로 아시안아메리칸 문학상을 수상했으며, 두 번째 소설 『미국 여성(American Woman)』으로 퓰리처상 최종 후보에 올랐다. 수잔 최는 예일대학교에서 소설 창작을 강의한다.

미국에서 가장 권위 있는 문학상으로 꼽히는 전미도서상은 소설/시/논픽션/청소년 도서/번역문학의 5개 부문으로 나누어 시상한다. 소설 부문 수상자로는 윌리엄 포크너(1951. 1955), 사울 벨로우(1954. 1965), 필립 로스(1960. 1995), 존 업다이크(1964. 1972), 손턴 와일더(1968), 조이스 캐럴 오츠(1970), 토머스 핀천(1974), 앨리스 워커(1983), 수잔 손탁(2000) 등이 있다.

이듬해 2020 전미도서상에도 한인 수상자가 나왔다. 시애틀의 시인이자 번역가 최돈미가 전미도서상 시 부문상을 수상했다. 수상 시집 『DMZ 콜로니(DMZ Colony)』는 한반도 비무장지대를 소재로 군사 폭력과 미 제국주의가 민간인에게 미치는 영향을

🏷 2020 전미도서상 수상 시인 최돈미 씨와 시집 『DMZ 콜로니』(사진: John D. and Catherine T. MacArthur Foundation)

증언한 작품으로 평가된다.

최돈미는 또한 2021년 '천재상(Genius Grant)'으로 불리는 맥아더 펠로(MacArthur Fellows) 25인에 선정되었다. 2019년엔 김혜순 시인의 세월호 후유증을 담은 시집 『죽음의 자서전(Autobiography of Death)』을 번역, 그리핀시문학상(Griffin Poetry Prize)을 수상하기도 했다. 전미도서상 시 부문 수상자로는 W. H. 오든(1956), 프랭크 오하라, 앨런 긴스버그-애드리안 리치(1974), 2020 노벨문학상 수상자인 루이스 글뤼크(2014) 등이 있다.

또한 2020 전미도서상 번역문학 부문에선 재일 한국인 작가 유미리의 소설 『우에노역 공원 출구(Tokyo Ueno Station/ JR上野驛公園口)』를 번역한 모건 자일스가 받았다. 이 소설은 도쿄 우에노역의 공원에서 노숙인(homeless person)으로 살다 죽은 뒤 귀신이 된 남자의 이야기를 그렸다.

🏷 시인 캐시 박 홍의 에세이집 『마이너 필링스』

LA의 시인 캐시 박 홍은 자전적 에세이집 『마이너 필링스: 이 감정들은 사소하지 않다(Minor Feelings: An Asian American Reckoning)』로 2020 전미도서비평가협회상 회고록/자서전 부문상을 수상했으며, 2021 퓰리처상 논픽션 최종 후보에 올랐다.

『마이너 필링스』는 미국에서 아시안아메리칸으로 살아가면서 자신의 정체성과 부모 세대의 트라우마 등을 다루었다. 2021년 캐시 박 홍은 「미나리」로 오스카 여우조연상을 수상한 윤여정 씨, 스티븐 연과 함께 〈타임〉지의 '2021 세계에서 가장 영향력 있는 인물 100인'에 선정되었다.

그런가 하면 한인 동화작가이자 일러스트레이터 이수지는

2022년 3월 한인 최초로 한스 크리스티안 안데르센상(Hans Christian Andersen Awards) 일러스트상을 수상했다. 이수지의 글이 없는 그림책은 '독특한 문학적 미학적 혁신'이라는 평을 받았다. 그의 『WAVE(파도야 놀자)』(2008)는 〈뉴욕타임스〉 최우수 그림동화책에 선정되었으며, 미국 일러스트레이터협회의 '올해의 원화전'에서 금메달을 수상했다. '아동문학의 노벨상'으로 불리는 안데르센상은 1956년 덴마크 출신 동화작가 한스 크리스티안 안데르센의 이름을 따서 제정되었으며, 수상자는 2년마다 발표된다.

한편, 뉴욕의 인디록 밴드 재패니즈 브렉퍼스트(Japanese Breakfast)의 리더이자 보컬리스트인 한국계 팝뮤지션 미셸 자우너(Michelle Zauner)는 뮤지션으로보다 회고록 작가로 먼저 유명해졌다. 2021년 암으로 세상을 떠난 엄마와의 추억, 자신의 정체성과 성장 과정을 담은 『H마트에서 울다(Crying in H Mart)』는 언론의 찬사를 받으며, 5월 현재 30주 이상 〈뉴욕타임스〉 베스트셀러 리스트에 올랐다.

『H마트에서 울다』는 한국 식품 마켓 H마트(옛 한아름)와 한국 음식을 널리 알리면서 K-푸드와 시너지 효과를 냈다. 유명세 덕분에 자우너의 밴드 '재패니즈 브렉퍼스트'도 재조명되어 앨범 「주빌리(Jubilee)」로 2022 그래미상 신인 아티스트와 얼터너티브뮤직앨범 후보에 올랐다. 『H마트에서 울다』는 할리우드 오라이언 픽처스에서 영화로 제작될 예정이다. 자우너가 시나리오로 각색하고, 그의 밴드가 영화음악을 맡는다.

미국에서 상업적으로 가장 성공한 한인 작가는 아마도 이민진일 것이다. 할렘에 사는 이민진은 예일대학교 역사학과와 조지타운 로스쿨을 졸업하고 변호사로 일하다가 소설가가 된 경우다. 2007년 뉴욕 금융가에서 고군분투하는 한인 여성 이야기를 그린 데뷔 장편소설 『백만장자를 위한 공짜 음식(Free Food for Millionaires)』으로 베스트셀러 작가가 되었다.

"역사가 우리를 망쳐 놨지만 그래도 상관없다(History has failed us, but no matter.)"로 시작하는 두 번째 소설 『파친코(Pachinko)』는 일제강점기 부산 영도에서 시작, 오사카를 거쳐 미국에 정착한 4대 가문의 이야기를 통해 역사의 뒤안길에서 억압당한 한인들의 인내를 그린 대하소설이다. 〈뉴욕타임스〉, BBC, 〈가디언〉지 등에 의해 '올해의 책 10'에 선정되었으며, 이민진은 전미도서상 소설 부문 최종 후보에 올랐다. 세계 30개국어로 출간된 『파친코』의 일본어판은 뒤늦게 2020년 7월에야 번역 출간되었다.

🏁 베스트셀러 작가 이민진, 소설
『파친코』

　『파친코』는 2022년 3월 애플 TV+에서 8부작 드라마 시리즈로 제작·방영되었다.
윤여정, 이민호, 김민하, 진하가 출연했으며, 연출은 한국계 코고나다(Kogonada)와 저
스틴 전(Justine Chon)이 맡았다.

　2022년 3월 뉴욕공립도서관(New York Public Library)은 '여성 역사의 달'을 맞아 추천
도서 31권(31 Books for March: Women's History Month)을 선정했다. 수잔 최의 『신뢰 연습』,
이민진의 『파친코』, 그리고 캐시 박 홍의 『마이너 필링스』를 미셸 오바마의 회고록
『비커밍(Becoming)』과 함께 추천했다. 무소의 뿔처럼 당당한 한국계 여성 작가들의 위
상을 보여주는 리스트다.

#21 그린의 여왕들,
골프의 여신들

- 한국 여자 골퍼들은 어떻게 세계를 지배하고 있나?(《텔레그라프》, 2019)
- K-골프: 한국의 여자 골프 신드롬(BBC 뉴스, 2017)
- 한국의 여자 골퍼: 챔피언이거나 아무것도 아니거나(CNN, 2016)
- 그린의 여왕들-어떻게 한국은 여자 골프를 지배하게 됐나(AFP 통신, 2015)
- 왜 한국은 세계 최고의 여자 골프국이 됐나(《월스트리트저널》, 2007)
- 한국, LPGA의 새 얼굴이 되다(《뉴욕타임스》, 2006)

1998년 스무 살의 박세리 선수는 US 여자 오픈과 LPGA 챔피언 등 시즌 4개 대회에서 우승하며 '골프 여왕'으로 등극했다. 그리고 최근 20년간 세계 여자 골프는 박세리의 후예들인 세리 키즈(Se Ri's Kids)가 장악해왔다.

박세리 선수는 한국 골프의 전설이다. 그는 한국이 금융위기(IMF)로 허덕이고 있을 때 국민에게 희망을 준 영웅이었다. 1998년 데뷔 4개월 만에 맥도날드 LPGA 챔피언십(McDonald's LPGA Championship), US 여자 오픈(U.S. Women's Open Golf Championship), 제이미 파 크로거 클래식(Jamie Farr Kroger Classic), 자이언트 이글 LPGA 클래식(Giant Eagle LPGA Classic)까지 시즌 4개 대회에서 우승을 석권하며 신인왕을 차지했다. '맨발의 투혼' 성공 신화를 이룩한 박세리는 LPGA 투어 총 25승을 비롯해 통산 39회 우승을 기록했고, 2007년엔 아시아 선수 최초이자 최연소로 LPGA 투어 명예의 전당(Hall of Fame)에 입성했다.

박세리 열풍은 김미현, 박지은, 한희원으로 이어졌으며, 신지애, 박인비, 최나연, 유소연, 박성현, 고지영, 이정은6 등 박세리의 투혼을 보고 골프의 꿈을 키운 '세리 키

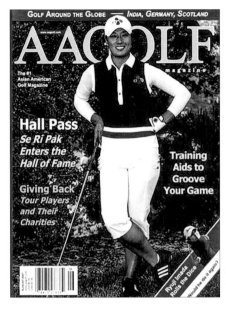

🏌️ 2007년 LPGA '명예의 전당'에 오른 박세리 선수가
《아시안아메리칸 골프 매거진》의 표지를 장식했다.

즈가 LPGA와 US 여자오픈에서 우승컵을 거머쥐었다. 2012년 프로에 데뷔한 박인
비는 US 오픈 2회 우승(2008, 2013), PGA 챔피언십(2013, 2014, 2015) 등 메이저 대회 7
승의 기염을 토했으며, 2016 리우올림픽에서 금메달을 차지하며 '골프 그랜드슬램'을
달성했다. 그리고 2016년 박세리에 이어 LPGA 투어 명예의 전당에 최연소로 이름을
올렸다.

코로나 팬데믹으로 주춤했던 골프대회에서 다시 한인들이 성과를 올리기 시작
했다. 2022년 6월 6일 노스캐롤라이나주 파인니들스에서 열린 US 여자오픈(U.S.
Women's Open)에서 호주교포 이민지 선수가 우승을 차지했다. 2위는 니나 하리가에
(미국), 3위는 최혜진, 4위 고진영, 5위는 뉴질랜드 교포 리디아 고가 수상했다. 톱 5
에 한인 선수가 4명이다. 이어 전인지 선수가 6월 26일 메릴랜드주 베데스다에서 열
린 미국 여자프로골프(LPGA) 투어 시즌 세 번째 메이저 대회인 'KPMG 여자 PGA챔
피언십'에서 우승을 차지했다.

1998년 박세리가 US 오픈에서 한인 최초로 우승한 이후 2022년까지 한인 골퍼
12명이 챔피언 컵을 품에 안았다. 버디 김(김미현, 2005), 박인비(2008), 지은희(2009), 최

박세리에게서 영감을 받아 골퍼가 됐다고 말하는 박인비(위 왼쪽부터 시계 방향), 유소연, 최나연, 전인지 선수, 모두 US 오픈 챔피언으로 등극했다.(사진: USGA, Se Ri Pak: Inspiring a Generation, USGA 유튜브 캡처)

나연(2012), 박인비(2013, 2회), 미셸 위(위성미, 미국 국적, 2014), 전인지(2015), 박성현(2017), 이정은(2019), 김아림(2020), 이민지(2022)가 우승컵을 거머줬었다. 한국에서 2019 챔피언 이정은의 영어 이름은 'Jeongeun Lee6'로 표기한다. KLPGA 회원 중 동명이인 이 정은의 여섯 번째 등록으로, 구분하기 위해 숫자를 붙였기 때문이다. 한국 여성들의 골프 열기를 실감케 하는 대목이다.

2000년대 초반 미국 언론에서 US 오픈을 'US 코리아 오픈'으로 부를 정도로 한국 선수들이 대거 참가하고, 챔피언컵을 석권하는 맹위를 떨쳤다. 이에 2008년 8월 LPGA는 2009년 대회부터 영어 회화 평가시험(oral evaluation)을 의무화해서 논란을 일으켰다. 2008년 당시 LPGA 투어에는 121명의 국제 선수가 참가했으며, 그중 45명이 한국 출신이었다. 남자골프(PGA)는 영어 필수 규정이 없다. 한국 여자 선수를 겨냥한 듯한 묘수였던 LPGA의 규정은 인종차별이자 이중잣대였고, 2주 만에 철회되었다. 그리고 영어 의무화를 추진했던 캐롤린 비벤스(Carolyn Bivens) LPGA 커미셔너(commis-sioner)는 미국 언론을 비롯해 국내외 선수들로부터 비판을 받아오다가 2009년 7월 임기를 2년 남기고 불명예 퇴진하게 된다.

역대 US 여자 오픈 챔피언

연도	국가	챔피언
2022	호주	이민지
2021	필리핀	사소 유카
2020	대한민국	김아림
2019	대한민국	이정은
2018	태국	아리야 주타누간
2017	대한민국	박성현
2016	미국	브리트니 랭
2015	대한민국	전인지
2014	미국	미셸 위
2013	대한민국	박인비
2012	대한민국	최나은
2011	대한민국	유소연
2010	미국	폴라 크리머
2009	대한민국	지은희
2008	대한민국	박인비

한국 여자 골프가 세계 최강이 된 일곱 가지 이유

〈뉴욕타임스〉, 〈월스트리트저널〉, CNN, BBC, 〈텔레그래프〉, AFP 등 세계의 언론은 어떻게, 왜 한국 여성 골퍼들이 세계를 정복했는지 그 비밀에 지대한 관심을 보여왔다. 골프광인 도널드 트럼프 전 대통령도 예외는 아니었다. 트럼프는 2019년 6월 한국 방문 중 청와대 한미정상 친교 만찬 때 여자 골프 대표팀 박세리 감독을 만나 "미국 선수들이 왜 한국 선수들보다 못하는가"라고 질문을 던졌고, 박세리와 골프 라운드를 제안한 것으로 전해졌다.

2019년 '위민스골프(Women's Golf)'의 벤 하프링(Ben Harpring)은 「한국이 여자 골프를 지배하는 비결(Secrets to South Korea's Dominance of Women's Golf)」에서 "한국은 인디애나주 크기다. 인디애나주엔 470개, 한국엔 250개의 골프장이 있다. 1라운드에 200달러로 대부분의 골퍼는 정치인이나 사업가이며, 남성이 90퍼센트를 차지한다. 그런데 어떻

골프 잡지 표지에 등장한 '세리 키드' 박인비. 메이저 대회 7승과 리우올림픽 금메달로 골프의 골드 그랜드슬램을 달성하며, 2016년 LPGA 명예의 전당에 입성했다.

게 한국 여성들이 세계 최고의 골퍼가 됐나?"고 질문했다. 그리고 성공의 비결로 한국의 프로골프 개발 프로그램과 3인의 스타(박세리, 신지애, 유소연)를 꼽았다.

애니카 소렌스탐(Annika Srenstam)은 2009년 방한 중 기자회견에서 "한국 선수들은 세 가지 장점을 지니고 있다. 꾸준함과 뛰어난 기술, 성실한 연습량이다. 또한 한국 선수들은 경기 운영전략을 잘 짠다"고 밝혔다. 박인비 선수는 2015년 〈파이낸셜 뉴스〉와의 인터뷰에서 "골프는 다른 운동에 비해 체격 조건보다는 정신력 싸움, 그리고 타고난 재능이 더 많은 비중을 차지한다. 그런 점에서 한국 선수들은 의지가 강하고 타고난 감각도 좋은 것 같다. 거기에다 부모님들의 자식 교육에 대한 의지랄까 희생 정도도 다른 나라 선수 부모들보다 한 수 앞선 것이 현재의 현상으로 나타난 것 같다"고 한국 여자 골프가 강한 이유를 분석했다.

1. 강인한 정신력 80퍼센트

골프의 전설 잭 니클라우스(Jack Nicklaus)는 "골프는 정신력 80퍼센트, 능력 10퍼센트, 운 10퍼센트의 게임(Golf is 80% mental, 10% ability, 10% luck)"이라고 말했다.

한민족의 정신력은 가히 세계 최고 수준이다. 우리 민족은 긴 역사 속에서 전쟁, 식민 피지배, 분단, 독재, 그리고 빈곤 등을 겪으면서 오늘날 경제 선진국에 우뚝 올라섰다. 그 원동력에는 인내, 승부 근성, 불굴의 투지가 있다. 우리에겐 악바리 근성과 뚝심이 있다.

은근과 끈기라는 DNA를 갖고 있는 한인 여성은 경쟁이 심한 스포츠에서 죽도록 연습하는 자세로 극기 훈련을 통해 정신력을 배양한다. 대개 취미로 골프를 시작하는 외국 여자 선수들과 달리 한국 선수들은 프로 세계에서 성공하는 것을 목표로 집념을 보인다. 프로의 성공에는 돈이 따르기 마련이다. 여기에 끈기, 오기, 강단, 배짱, 평정심, 집중력, 목표, 침착성으로 똘똘 뭉친 정신력은 체력이라는 열등함과 악조건에서도 버틸 수 있는 비장의 무기다. 강한 정신력은 다른 민족이 따라잡을 수 없는 한인의 근성이다.

2011년 US 여자 오픈에서 우승한 유소연은 2015년 〈파이낸셜 뉴스〉와의 인터뷰에서 "한국 선수들의 감정 조절 능력이 세계 최강에 오른 원동력"이라고 밝혔다. "한국인은 아무래도 정서적으로 감정 조절 능력이 뛰어나다. 화가 나더라도 잘 참는다"며 "특히 화를 내는 모습을 보이는 건 예의가 아니라는 사회적인 분위기 때문인지 한국 선수들의 감정 조절 능력은 다른 나라 선수들과 비교가 되지 않을 정도로 우월하다. 골프는 정신력 게임이니까 아무래도 그것이 큰 도움이 되는 것 아닌가 하는 생각이 든다"고 말했다.

그레그 노만, 박세리, 미셸 위 등의 코치였던 데이비드 레드베터는 "한국 선수들은 오로지 한 가지에 전력질주한다. 정신력이 매우 강하다. 목표를 향해 무섭게 향하는 강한 정신력이 지금의 한국 골프를 만들었다"고 평가했다.

서울에서 골프 아카데미를 운영하고 있는 PGA 코치 브라이언 모그는 CNN과의 인터뷰에서 "한인들은 지구상에서 가장 단련된 민족이다. 무엇을 하라고 지시하면, 그냥 하는 것이 아니라 끝까지 치열하게 해낸다. 근면성과 훈련을 함께 하면, 성공에 이르게 된다"고 밝혔다.

2. 롤 모델: 박세리의 성공 신화

박세리는 1998년 한국이 외환위기(IMF)로 실의에 빠졌을 때 맨발의 투혼이라는 성공 신화로 위안을 주고, 희망의 상징이 되었다. 그리고 소녀들에게는 꿈의 등대가 되었다.

🏌 1998년 7월 US 여자오픈 연장전에서 '맨발의 투혼'으로 "하면 된다"라는 신화를
창조한 박세리 선수(Se Ri Pak: Inspiring a Generation, USGA 유튜브 캡처)

　1998년 7월 7일 새벽(한국 시간) 위스콘신주 블랙울프런 골프 코스에서 열린 US 오
픈 연장전에서 극적인 장면이 펼쳐졌다. 태국계 미국인 제니 추아시리폰과의 경기 중
마지막 18번 홀에서 박세리의 드라이브샷이 연못을 향해 굴러 들어갔다. 공은 비탈
진 잡초 속에 묻혀버렸다. 그때 행운의 여신은 '태극 낭자'를 빗겨가는 듯했다. 박세리
는 잠시 망설인 후 신발과 양말을 벗고 종아리까지 잠기는 연못으로 들어갔다. 그리
고 침착한 샷으로 공을 빼냈다.

　그가 신발을 신을 때 하얀 발이 눈길을 다시 끌었다. 연습으로 검게 탄 종아리와
검은 양말 속의 새하얀 맨발, 그간의 연습 시간이 응집된 다리였다. 닷새간 93홀에
걸친 격전 끝에 US 오픈 우승컵은 박세리의 품에 안겼다. 그는 한인 최초의 우승이
자 US 오픈 사상 최연소 챔피언이 되었다. 박세리 '맨발의 투혼'은 TV로 생중계를 보
고 있던 한국인들에게 '할 수 있다'는 교훈을 생생하게 입증했다. 그 광경을 목격한
한인 소녀들은 골프의 꿈을 키우게 되었다.

　이렇게 LPGA를 개척한 박세리는 김미현, 박지은, 한희원 등에게 문을 열어주었으
며, 수많은 세리 키즈가 등장했다. 서울올림픽 때 태어나 열 살 무렵 박세리와 '맨발
의 투혼'을 보았던 용띠 소녀들은 너도나도 골프채를 잡기 시작했다. 박인비, 신지애,
최나연, 김인경, 안젤라 박, 이선화, 김송희, 오지영, 안선주, 민나온, 김하늘, 이보미,
양보미 등이 박세리 키즈로 부상했다. 이어 다음 세대의 세리 키즈가 나오고 있다.

　2016년 리우데자네이루올림픽에서 박세리는 골프 여자 국가대표팀 감독으로 후배

박세리 선수를 롤 모델로 골프를 시작한 세리 키즈. 대니엘 강, 리디아 고, 제니 신(신지은), 에이미 양(Se Ri Pak: Inspiring a Generation, USGA 유튜브 캡처)

들을 이끌고 출전, 박인비는 자신의 멘토에게 금메달로 보답했다. 박세리 감독은 리우올림픽 기간 중 매일 장을 봐서 부대찌개, 된장찌개, 제육볶음 등을 손수 요리해주며 맏언니 리더십을 발휘한 것으로 알려졌다.

박세리는 2020년 1월 미국골프협회(USGA)의 밥존스상(Bob Jones Award) 수상자로 선정되었다. 1955년 제정된 밥존스상은 아널드 파머(1971), 잭 니클라우스(1975), 낸시 로페즈(1998), 로레나 오초아(2011), 애니카 소렌스탐(2012) 등이 받았다. USGA는 "박세리가 1998년 US 여자 오픈에서의 우승으로 한국의 전 세대 골퍼들에게 영감을 주었다"고 선정 이유를 밝혔다.

3. '골프 대디'와 효녀 콤플렉스

미국엔 자녀를 혹독하게 양육하는 '타이거 맘(tiger mom)', 아이를 축구 연습장에 데리고 가며 뒷바라지하는 '사커맘(soccer mom)'이 있고, 한국에는 자녀를 위해 골프에 올인하는 '골프 대디(golf daddy)'가 있다.

박세리 성공 신화 뒤에는 '골프 대디' 박준철 씨가 존재했다. 박인비, 신지애, 김미현, 최나연, 버디 김(김주연), 박성현, 리디아 고, 김효주, 최운정, 장하나 등도 아버지의 든든한 뒷바라지의 힘을 얻었다. 딸을 프로 선수로 키우기 위해 맹렬한 아버지와 온 가족이 헌신하는 끈끈한 가족애가 발휘된다. 유교 사회의 덕목인 충효사상(忠孝思想)도 깔려 있다. 선수는 부모의 이름, 나라의 이름을 걸고 대회에 출전한다.

〈뉴욕타임스〉는 LPGA에서 한인 선수들 성공의 숨은 공로자로 열성적인 부모를 꼽았다. 1998년 7월 〈뉴욕타임스〉는 "골프: 챔피언으로 길러지다; 아버지의 확고한 압력으로 박세리 여자 골프 톱에 오르다(GOLF: Raised To Be A Champion; Father's Firm Push Sent Pak To the Top of Women's Golf)"라며 아버지 박준철 씨의 집념에 주목했다.

당시 한국에서 골프는 컨트리클럽 연간 회원권이 20만~100만 달러에 이르는 부유층의 게임이었다. 박세리의 가정은 그 수준이 아닌 중산층이었다. 박세리는 대전의 갈마중학교 2학년 때 여주에서 열린 골프다이제스트컵 대회에 참가했다. 박준철 씨는 청소년 골퍼의 학부형들이 모여있기에 인사를 건네러 다가갔다.

박씨는 〈뉴욕타임스〉와의 인터뷰에서 이렇게 말했다. "그들은 완전히 나를 무시했다. 그들은 상류층이었고, 내 딸과 내가 별것 아니라고 본 것 같다. 그래서 나는 세리를 트로피 앞에 불러다가 '이게 네 것이야' 하며 건네주었다. 주위 사람들은 나를 미치광이처럼 바라봤다. 그래서 나는 '어차피 우리 세리가 우승컵을 가져갈 텐데, 내가 미리 만지면 어떠냐!'라고 떠벌렸다. 그러자 세리는 수긍한다며 고개를 끄덕였다. 그날 세리는 트로피를 집으로 가져왔다."

그 우승컵은 박세리가 우승하게 될 단 하나의 트로피가 아니었다. 그녀는 한국의 아마추어와 프로에서 뛰어난 기량을 보였고, 그해 20세의 신예는 아버지가 그녀가 열네 살 때 우승컵을 쥐었을 때 세계 무대에서 스타가 될 것이라고 예견한 대로 LPGA 투어에서 보여주었다. 그해 박세리는 맥도날드 LPGA, US 여자오픈, 자이언트 이글 LPGA, 제이미 파 크로거 클래식까지 4관왕이 된다.

〈뉴욕타임스〉는 박준철 씨의 혹독한 스파르타식 교육법에 주목했다. 아버지는 10대였던 딸이 골프 지침을 따르지 않으면 심하게 꾸짖었고, 매일 등교 전과 후에는 무더위나 혹한의 날씨에 상관없이 대전의 골프장에서 연습시켰으며, 때로는 박세리가 연습 중 머리카락에 고드름까지 생긴 일도 있었다고 말했다. 아버지는 딸과 공동묘

지 옆에 텐트를 치고 야영하고, 어둠 속에서 혼자 내버려두며 '담력'을 키워주기도 했
다. 골프장과 동네 사람들은 박준철 씨가 미쳤다고 했고, 부인도 딸을 죽일 것이라고
걱정했다. 한국에서 그다지 인기 없는 스포츠 때문에? 하지만 박씨는 딸이 언젠가 세
계에서 위대한 선수가 될 만한 재능과 인내심이 있다고 믿었다. 그의 믿음은 현실이
되었다.

4. 골프 꿈나무 조기 교육

'골프 황제' 타이거 우즈는 아마추어 골퍼였던 아버지 덕에 어려서부터 골프장에서
놀았다. 두 살 때 TV「마이크 더글러스 쇼」에서 코미디언 밥 호프를 상대로 퍼팅 대
결을 벌였으며, 세 살 때는 해군 골프장에서 9홀에서 48타를 날린 골프 신동이었다.
하와이 출신 천재 소녀 미셸 위(위성미)는 네 살 때 골프채를 잡기 시작해 열 살 때 US
여자아마추어 퍼블릭링크 챔피언십에 나갔다. 2003년 열세 살 때는 크래프트 나비
스코 챔피언십(현 ANA Inspiration), US 여자오픈에 출전했다.

한국에서 골프는 귀족 스포츠였다. 구옥희와 최경주는 캐디 생활을 하다가 프로
골퍼로 성공했다. '골프 여제' 박세리는 조기 교육으로 성공한 첫 사례일 것이다. 그가
처음 골프채를 잡은 것은 초등학교 6학년 때였고, 중학교 2학년 때 골프장에서 본격
적으로 배우기 시작했다. 초등학교 때 육상선수로 투포환, 멀리뛰기, 100미터 달리기
를 하며 기초 체력을 다진 후 골프에 올인한 것이다.

하와이 출신 코리안아메리칸 골프 천재 소녀 미셸 위(위성미)가 표지로 등장한 잡지

교육은 빠를수록 좋다. 박세리 돌풍 후 한국에도 골프 조기 교육 붐이 일게 된다. 수많은 청소년 세리 워너비가 골프 연습장으로 몰려갔다. 주니어 골프 교육에는 레슨비, 연습장 사용료, 라운드 비용, 대회 출전 비용, 전지 훈련 비용 등 비용이 상당하다. 자녀의 재능을 키우고자 하는 골프 대디들의 투자인 셈이다.

대회는 많을수록 좋다. 박세리, 김미현, 한희원 등은 학생 골프대회에서 기량을 쌓았다. 한국중고등학교골프연맹(KJGA)에서 주최하는 골프 대회만 해도 10여 개에 이른다. 골프 유망주는 최대한 많은 경험을 쌓는 것이 중요하다.

조기 유학파도 생겨났다. 박지은은 초등학교, 박인비는 중학교 때 미국으로, 리디아 고는 여섯 살 때 뉴질랜드로 골프 유학을 갔다. 박세리가 우승한 LPGA에 출전하기 위해 어릴 적부터 현지에 적응하는 데 유리했기 때문이기도 하다.

한편, 한국여자프로골프협회(Korea Ladies Professional Golf Association, KLPGA)에선 유소년 프로그램, 키즈 골프단, 골프 연습장 지원, 골프 클리닉을 진행하며, 2015년 KLPGA 삼천리 꿈나무 대회를 시작, 꿈나무를 키우고 있다.

박세리에 이은 여자 골퍼들의 잇따른 성공과 함께 2016년 리우올림픽에서 골프가 정식 종목으로 채택되면서 주니어 골퍼가 급증했다. 이들을 양성하고 프로 등용문 역할을 하는 골프 아카데미도 우후죽순처럼 생겨났다. 한편, 골프존뉴딘홀딩스는 2018년 박세리, 리디아 고, 닉 팔도의 코치였던 데이비드 레드베터의 골프아카데미(Leadbetter Golf Academy, LGA)를 인수해 글로벌 골프 교육 시장에 진출했다.

5. 국가 대표: 엘리트 선수 육성 시스템

한국에서 골프 영재교육을 받은 주니어 선수가 세계적인 프로가 되려면 국가대표에 선발되는 것이 좋다. 유학파를 제외하고, 박세리를 비롯해 김미현, 한희원, 강수연 등 제1세대와 신지애, 최나연, 유소연, 김효주, 장하나, 전인지, 고진영 등 LPGA 챔피언 대부분이 태극마크를 달고 출전했던 국가 대표 출신이다. 국가 대표에 선발되려면, 주니어 대회에 출전해 포인트를 쌓아야 한다.

세계 무대로 진출하기 전 국가 대표가 되면 연간 150일 이상의 합숙 등 스파르타식 훈련과 고난도 코스 경기를 통해 다양한 실전 경험을 쌓을 수 있다. 선수로서는 재정 부담에서 벗어날 뿐만 아니라 국제 대회에서 경력을 쌓을 수 있다. 그러므로 영재교육-대회 출전-국가 대표는 세계로 가는 지름길이기도 하다. 미국은 국가 대표 제도가 없기 때문에 선수 개인으로서 재정적으로 불안정한 것 또한 골프다.

6. KLPGA 투어의 도약

KPLGA 투어 경험도 성공의 비결 중 하나로 꼽는다. 2019년 한 해 KLPGA 투어는 31개의 대회가 열렸다. 한국 선수들은 KLPGA 투어를 통해 기량을 쌓고, 경쟁력도 강화한다. LPGA나 US 오픈에 진출하기 전 이미 실전에서 프로 생활을 한 셈이다. 미국 대회에서는 새내기일지 몰라도, KLPGA에서는 챔피언 경력이 있기 때문이다.

KLPGA 투어는 미국의 LPGA, 일본의 JLPGA와 함께 세계적인 투어로 부상했다. KLPGA의 시작은 소박했다. 1978년 경기도 양주 로얄골프장(현 레이크우드 골프장)에서 강춘자, 한명현, 구옥희, 안종현 등 8명이 참가한 제1회 여자프로골프 프로 테스트가 기원이다. 서울올림픽으로 스포츠 붐이 절정을 이루었던 1988년 첫 KLPGA 투어가 열렸으며, 고 구옥희 선수가 LPGA/스탠더드레지스터 클래식에서 우승컵을 차지하며 여자 골프의 전설을 만들었다.

1998년 박세리라는 스타 골퍼의 탄생으로 KLPGA 투어도 급성장하게 된다. 대회도 중국, 베트남 등지까지 확대되었다. 박세리의 영향으로 꿈나무 소녀들이 쑥쑥 자라났다. KLPGA 회원에는 이정은6, 김민지6, 김민선5, 이지현5 등 동명이인이 상당수다. KLPGA는 동명이인 선수 회원들의 혼선을 피하기 위해 등록순으로 이름 뒤에 번호를 붙인다.

KPLGA 정회원 1358명 중에는 김나래2, 김나현2, 김도연3, 김민선5, 김민지6, 김보미2, 김보배2, 김상희2, 김세영2, 김소영2, 김소희3, 김수민2, 김슬기2, 김유나2, 김유진2, 김정수2, 김지수2, 김지영3, 김지현2, 김현지4, 김혜선2, 김혜정2, 김혜진3, 김희정2, 문지영2, 박보미2, 박보영2, 박상아2, 박소은2, 박소현4, 박소희2, 박수빈3, 박수진2, 박주영5, 박지은2, 박진영2, 박진희2, 박현주2, 박현진2, 이미숙2, 이서윤2, 이선영2, 이소희2, 이수민3, 이수지3, 이수진2, 이정은6, 이정화2, 이주은3, 이지영3, 이지현5, 이채은2, 이혜지2, 임지선2, 정지민2, 조아라3, 최나연3, 최미숙2, 최혜정2 등 동명이인 선수들이 있다.

LPGA 투어 어워드

연도	올해의 선수	베어 트로피(최저 타수)	올해의 신인상
2022	리디아 고(뉴질랜드)	리디아 고(뉴질랜드)	아타야 티티쿨(태국)
2021	고진영(대한민국)	리디아 고(뉴질랜드)	패티 타바타나킷(태국)
2020	김세영(대한민국)	대니엘 강(미국)	–
2019	고진영(대한민국)	고진영(대한민국)	이정은(대한민국)
2018	아리야 주타누간(태국)	아리야 주타누간(태국)	고진영(대한민국)
2017	박성현(대한민국), 유소연(대한민국)	렉시 톰슨(미국)	박성현(대한민국)
2016	아리야 주타누간(태국)	전인지(대한민국)	전인지(대한민국)
2015	리디아 고(뉴질랜드)	박인비(대한민국)	김세영(대한민국)
2014	스테이시 루이스(미국)	스테이시 루이스(미국)	리디아 고(뉴질랜드)
2013	박인비(대한민국)	스테이시 루이스(미국)	아리야 주타누간(태국)
2012	스테이시 루이스(미국)	박인비(대한민국)	유소연(대한민국)

7. 기업의 후원과 인생 역전

스포츠 비즈니스(SportsBusiness.com)는 2020년 3월 「한국 여성 골프의 지배는 아시아와 세계에 긍정적인 힘(Women's golf embraces South Korean dominance as a positive force in Asia and worldwide)」이라는 제목의 기사에서 한국 대기업의 후원이 여성 골퍼들의 성공을 뒷받침했다고 분석했다. 과거에는 골프대회 우승 상금이 적었지만, 대기업이 스폰서로 나서면서 상금이 대폭 늘어났다.

당연히 아시아 시장에 관심 있는 국제 기업도 관심을 보였다. 탁월한 선수에게 후원기업이 줄을 잇고, 골프대회마다 후원기업이 붙는다. LPGA 커미셔너 마이크 완은 아시안 선수들의 성공으로 해외사업 기회가 확장되었으며, 한국과 일본에서의 LPGA 투어 시청률이 높다는 점에 주목했다.

프로 스포츠에서 상금과 후원기업은 성공의 잣대다. 박세리는 1996년 삼성과 10년 간 연 3억 원, 2002년엔 CJ로 이적해 연간 20억 원과 인센티브 계약을 체결했다. 세리 키즈는 일류대학과 연예인의 꿈 대신 골프로도 부와 명예를 쥘 수 있다는 것을 생생하게 목격했다.

박세리의 성공과 함께 기업들의 여자 프로골퍼 스카우트 경쟁이 치열해졌다. 특급에서 신인까지 시즌 성적과 스타성, 잠재력 등에 따라 몸값이 평균 연 1억~15억 원이 책정된다. 인센티브는 별도로 우승할 경우에 상금의 50~80퍼센트를 받는 것으로 알려졌다. 연간 20개 이상의 대회에 출전해야 한다는 조건이다.

기업으로서 골프 마케팅은 노다지다. 골프 선수는 '걸어 다니는 광고판'이기 때문이다. 브랜드 인지도를 높이며, 기업 이미지를 향상시키고, VIP를 타깃으로 할 수 있는 골프산업에 대한 마케팅 비용이 나날이 증가하고 있다. 이른바 골프 마케팅 전성시대다. 특히 LPGA 투어는 기업들이 세계적으로 브랜드를 마케팅할 최고의 기회다. 롤렉스를 비롯해 오메가, 메르세데스-벤츠, 볼보 고급 브랜드에서 골프 마케팅에 집중하는 것도 고소득층을 겨냥하기 위해서다.

롤렉스 세계 여자 골퍼 톱 10 (2023. 3. 6. 현재)

순위	국적	선수	평균 점수	총점
1	뉴질랜드	리디아 고	8.59	386.55
2	미국	넬리 코다	8.10	283.56
3	대한민국	고진영	7.38	265.68
4	태국	아타야 티티쿨	5.95	285.61
5	호주	이민지	5.84	268.86
6	미국	렉시 톰슨	5.73	211.94
7	캐나다	브룩 M. 헨더슨	5.43	249.93
8	대한민국	전인지	4.69	201.86
9	대한민국	김효주	4.43	190.56
10	일본	하타오카 나사	4.12	202.10

한국의 기업들은 골프선수 후원에서 골프용품 지원, 골프대회 개최 등으로 마케팅을 펼치고 있다. 최근에는 선수 후원에서 더 나아가 LPGA 투어 공식 파트너로 해외시장 개척에 박차를 가하고 있다. 건설회사들은 골프단을 창설했고, 금융권은 VIP 고객 대상으로 골프 모임과 스타 골프선수 레슨을 진행한다. 이 같은 시너지 효과로 여자 골퍼와 대기업의 밀월관계는 지속될 것으로 보인다.

대한골프협회에 따르면, 한국의 골프 인구는 2007년 251만 명에서 2017년 636만 명으로 집계되었다. 대한골프협회가 경희대학교 골프산업연구소와 실시한 조사에 따르면, 2021년 기준 한국의 골프 활동 인구는 1176만 명으로 20세 이상 인구 가운데 10명 중 3명꼴인 31.5퍼센트이며, 2017년 대비 16.4퍼센트 증가했다. 2021년 한 해 동안 1인당 골프에 지출한 비용(용품비 제외)은 월평균 26만 원 수준이었다.

한국의 골프 붐은 박세리와 세리 키즈가 일으킨 골프 한류 열풍에 빚을 지고 있다. '그린의 여왕', '골프 여신'은 한동안 K-골프의 황금기를 이끌 것으로 기대된다.

#22 풍자와 해학의 정신: 「강남 스타일」, 「기생충」과 마거릿 조

> "사람은 분노가 아니라 웃음으로써 죽인다. 인간만이 이 세상에서 너무나 극심하게 고통을 겪기 때문에 웃음을 발명해야 했다."
>
> _프리드리히 니체(Friedrich Nietzsche), 『권력에의 의지(The Will to Power)』(1901)

한국에 「웃으면 복이 와요」라는 TV 프로그램이 안방을 장악했던 시절이 있었다. 1969년 MBC-TV에서 방영되기 시작, 1985년에 종영되었다가 1992년 부활, 2년 후 다시 종영, 그리고 2005년 7개월간 방영되었던 전설의 코미디 프로그램이다. 1970년대 독재정권 하에서 구봉서, 배삼룡, 백남봉, 서영춘, 곽규석, 이기동, 송해, 남보원, 남철, 남성남, 양훈, 양석천, 배연정, 배일집 등 당대의 코미디언들이 한국인에게 웃음을 제공했다.

정치 소재가 금지되었던 시대의 소재는 일상생활에서 찾았다. 거지 왕초가 부하들에게 부잣집의 생일, 제사, 혼인 날짜를 알려주는 '위대한 유산', 상놈끼리 양반으로 속이며 혼인하는 계략을 꾸미는 '양반 인사법' 등 빈부격차와 서민의 심리를 대변한 에피소드가 인기를 누렸다.

한국인은 그 어두운 시절을 웃음이라는 만병통치약으로 견딜 수 있었는지도 모른다. 2016년 작고한 구봉서 씨는 생전에 한 인터뷰에서 "웃음이 깔려 있는데, 그걸 딱 제치면 거기서 슬픔이 나와야 해요. 코미디가 그런 거야"라고 말한 적이 있다. 웃음은 때때로 그 사람의 깊은 슬픔을 가리는 가면일지도 모른다.

판소리 「홍보가」는 표면적으로 형제간의 우애와 권선징악이 주제이지만, 놀부가 부농이며 흥부는 빈농이라는 점에서 빈부의 갈등을 다룬 이야기다. 「홍보가」 서두에서 나열되는 놀부의 심술엔 해학이 넘친다.

"초상난 데 춤추기, 불난 데 부채질하기, 해산한 데 개 잡기, 우는 아이 똥 먹이기, 빚값
으로 계집 뺏기, 늙은 영감 덜미 잡기, 아이 밴 아낙네 배 차기, 우물 밑에 똥 누기, 올벼
논에 물 터놓기, 패는 곡식 이삭 빼기, 논두렁에 구멍 뚫기, 애호박에 말뚝 박기, 곱사등
이 엎어놓고 밟기, 똥 누는 놈 주저앉히기, 앉은뱅이 턱살 치기, 옹기장수 작대기 치기,
면례(무덤을 옮겨 장사를 다시 지내는 것)하는 데 뼈 감추기, 수절 과부 겁탈하기, 통혼하는 데
간혼 놀기(방해 놓기), 만경창파에 배 밑 뚫기, 얼굴에 종기 난 놈 쥐어박기, 앓는 눈에 고춧
가루 뿌리기, 이 앓는 놈 뺨치기, 다 된 흥정 파의하기, 비 오는 날 장독 열기……."

풍자(諷刺, satire)와 해학(諧謔, humor)은 우리 민족의 DNA다. 한민족은 오래전부터
예술을 통해 부조리한 사회와 도덕적 모순을 가차 없이 풍자해왔다. 억눌림을 인내하
면서 쌓인 슬픔인 한(恨)을 복수로 대응하지 않고, 그로부터 흥(興)으로 풀어내서 춤
과 노래로 신명 나게 대중과 소통해왔다. 탈춤(가면극), 판소리, 그리고 풍속화와 민화
는 각각 무용, 음악 및 미술이라는 장르에서 우리 민족의 고유한 유머를 담은 예술이

조선시대 양반의 모습을 풍자한 풍속화가. 김홍도의 「타작도」, 『단원풍속화첩』 중, 보물 제527호, 국
립중앙박물관(왼쪽)/ 신윤복, 「청금상련(聽琴賞蓮)」, 『혜원풍속도첩』 중, 국보 제135호, 간송미술문화재단
소장

다. 속담과 수수께끼 역시 한민족의 지혜와 유머, 한국어의 기교가 어우러진 구비문학의 일종이다.

한국인은 한의 민족이자, 흥의 민족이다. 그 한을 흥으로 승화시키는 재능이 바로 오늘의 한류(Korean Wave)를 일으킨 원동력이 아닐까?

싸이와 「강남 스타일」의 풍자와 해학

1950년대 가스펠과 리듬앤블루스(R&B)에서 영향을 받아 탄생한 흑인음악 소울(soul)은 애잔한 멜로디와 리듬에 슬픔이 깔려 있다. 1970년대 뉴욕 브롱스에서 탄생한 흑인음악 힙합(hip-hop)에선 빠른 비트에 실린 랩(rap) 분노가 직설적으로 표현된다. 한국인은 분노를 직설적으로 표현하기보다는 풍자와 해학으로 비트는 재능이 탁월한 것 같다.

2012년 7월 15일 싸이(Psy)의 뮤직비디오 「강남 스타일(Gangnam Style)」은 유튜브에 오른 후 지구촌을 뒤흔들며 K-팝의 시대를 활짝 열었다. 「강남 스타일」은 10주년(2022년 7월 15일) 때 유튜브 조회수 44억 7천 회를 기록하며 유튜브 역사상 최다 조회 뮤직비디오 5위를 기록했다.

「강남 스타일」은 한국인의 풍자와 해학 정신이 고스란히 반영된 뮤직비디오다. 싸이는 선글라스에 나비넥타이 정장 차림으로 "오빤 강남 스타일!"을 외치면서 노래를 한다. '강남'은 서울에서도 가장 부유한 지역으로 대부분의 한국인이 살고 싶어하는 로망의 거주지일 것이다. 뉴욕으로 치면 어퍼이스트사이드, LA의 베벌리힐스다. 강남 문화에 속하고 싶은 남자 싸이는 멋진 신사의 차림새이지만, 그의 행동은 유치하다. 그는 어린이 놀이터에서 선탠하고, 지하철에서 여자를 꼬시고, 관광버스 안에서 광란의 춤을 추고, 조폭 같은 이들과 사우나를 하며, 변기에 처량하게 앉아 있다. 싸이는 '강남 스타일'을 열망하는 '워너비'이지만, 강남에 소속될 수 없는 '아웃사이더'에 불과하다. 「강남 스타일」은 21세기의 서울 남자를 우스꽝스럽게 묘사했다.

싸이가 2012년 NBC-TV의 「엘렌 쇼(The Ellen Show)」에 출연했을 때 홍보 포스터에

싸이의 「강남 스타일」(2012) 뮤직비디오 중에서(왼쪽)/ 찰리 채플린 주연
「도시의 불빛(City Lights)」(1931)(사진: United Artists)

는 "Dress Classy, Dance Cheesy(옷은 부티 나게 입고, 춤은 싼티 나게 추다)"라는 문구로 소개했다. 싸이는 신사복을 입고 품위를 지키려 하지만, 가난한 방랑자에 불과했던 무성영화 속의 찰리 채플린(Charlie Chaplin, 1889~1977)을 연상시킨다.

어쩌면 「강남 스타일」의 싸이는 신사복과 허세라는 가면/탈을 쓴 한국 남자로, 말춤을 추면서 한국의 현실을 해학적으로 표현한 점에서 탈춤의 전통을 잇는 셈이다. 봉산탈춤에 등장하는 양반의 하인 말뚝이도 마부였다. 말뚝이는 타락한 양반의 부패, 무능력, 허세를 고발하며, 풍자하고, 조롱한다. 이로써 민중에게 정신적인 해방감을 선사한다. 탈춤에서 지배층과 피지배층의 대립은 주요 주제다.

「강남 스타일」은 그저 웃기는 뮤직비디오가 아니라 강남의 과시적인 소비문화를 풍자했다. 강남 부자처럼 살고 싶은 허풍선이 한국 남자의 백일몽인 셈이다. 싸이는 돈, 직위, 과소비에 중독된 한국 사회를 비판하는 대신 풍자와 해학 정신으로 무장, 현대의 채플린처럼 자조적으로 슬랩스틱 코미디를 연출했다. 그리고 기마민족의 후예답게 기발한 말춤과 최면적이며 중독적인 리듬을 입혔다. 그는 심각한 사회문제인 빈부격차와 소비문화라는 소재를 슬랩스틱 코미디, 캐리커처, 블랙 유머와 말춤이라는 흥의 놀이로 승화했다.

「강남 스타일」은 전 세계인들과 공감대를 형성했고, K-팝의 포문을 여는 계기가 되었다. 그리고 서울의 강남이 한국의 새 관광명소로 부상했다. 2012년 12월 당시 런던시장이었던 현 영국 총리 보리스 존슨(Boris Johnson)은 〈텔레그래프(The Telegraph)〉에 기고한 칼럼 「강남 스타일」과 '50가지 그림자'는 어떻게 문화에 성적 쾌락을 주었나

(How Gangnam Style and Fifty Shades gave culture a spanking)」에서 「강남 스타일」은 2012년 "위대한 문화적 걸작(the greatest cultural masterpiece of 2012)"이라고 찬사를 보냈다.

봉준호와 「기생충」의 블랙 유머

연세대학교 사회학과 출신 봉준호 감독의 영화엔 계급 갈등, 탐욕 등 자본주의 사회문제에 예리한 시각이 담겨 있다. 칸영화제 황금종려상과 아카데미상 4관왕(작품, 감독, 각본, 국제극영화상)에 빛나는 「기생충」은 비극이지만, 전반적으로 유머가 넘치는 블랙 코미디다. 「기생충」은 그의 전작 「설국열차(Snowpiercer)」처럼 상류층과 하류층의 계급 갈등을 그렸다.

「기생충」이 반지하, 언덕 위의 저택, 그 지하의 방공호라는 수직적 공간에서 계층을 보여준 '계단의 영화'라면, 「설국열차」는 머리(엔진) 칸에서 꼬리 칸까지 계급에 따라 거주지가 수평적으로 매겨지는 '기차칸의 영화'다. 객차와 객차 사이는 단절되어 있다. 자본주의 사회에선 부르주아 계급의 권력을 보호하기 위한 선이 분명하다. 「기생충」은 프롤레타리아 계급이 그 선을 넘었을 때의 비극을 극명하게 보여준다.

「기생충」의 사회계급은 등장인물들의 주거환경과 직업뿐만 아니라 냄새로 결정짓는다. 김씨 아들 기우가 대학생으로 위장해 박 사장 딸의 가정교사로 들어간 후 백수였던 온 가족이 줄줄이 박 사장네로 취업하게 된다. 딸 기정은 유학파 미술치료사로, 아버지 기택은 운전기사로, 엄마 충숙은 가정부로 채용된다. 이 사기꾼 가족은 신분 위장으로 보이지 않는 가면(탈)을 쓰고, 박 사장네 저택을 마당 삼아 역할극을 펼친다.

김씨 가족은 박 사장 가족이 캠핑을 떠난 날 저택에서 한바탕 파티를 벌인다. 갑자기 번개와 폭우 속에서 가정부 문광이 찾아오면서 하층계급 간의 몸싸움과 협박전이 벌어지고, 지하 방공호의 비밀이 드러난다. 영화의 클라이맥스는 박 사장 아들 다송의 생일파티다. 이날 기택은 상황극에서 악당 인디언으로 분장한다. 추장 모자를 쓴 기택에겐 또 하나의 가면인 셈이다. 정원에선 파티가 열리고, 지하 방공호에서는 다시 혈투가 펼쳐진다. 방공호의 근세가 정원에 출현, 파티는 아비규환이 된다. 박 사장이 근세의 냄새에 얼굴을 찌푸리자 기택은 식칼을 들고 박 사장에게 달려간다.

박 사장은 "나는 선을 넘는 사람을 제일 싫어하는데……"라고 말한다. 부르주아 계급은 기득권을 지키려 안간힘을 쓰고, 프롤레타리아는 계층 상승을 위해 선을 넘본다. 김씨 가족은 속임수 취업으로 박 사장네 저택이라는 물리적인 선을 넘는 데 성공했다. 박 사장 가족은 눈치채지 못했다.

그런데 계급을 상징하는 냄새가 선을 넘나드는 것은 박 사장 아들 다송이 처음 눈치챘다. 하층계급 정체성의 일부인 냄새에는 가면을 씌울 수 없다. 기택은 악취(반지하 냄새, 방공호 냄새)가 조롱받자 살인까지 저지르게 된다. 인디언 추장 모자를 쓰고. 이 장면은 아메리칸 인디언의 식민지 역사에 대한 메타포이기도 하다. 보이지 않는 '선(line)'을 넘나드는 김씨 가족으로 인해 관객은 긴장감의 묘미를 느낀다.

봉준호 감독에게 영향을 주었을 것으로 추정되는 영화 중 한편은 해럴드 핀터(Harold Pinter) 시나리오, 조지프(조셉) 로지(Joseph Losey) 감독의 스릴러 「하인(The Servant)」(1963)이다. 계급사회인 영국의 한 저택에서 하인(더크 보가드 분)은 주인(제임스 폭스)과의 관계를 역전시키며, 주인은 유아적으로 퇴행한다. 한편, 「기생충」에서 계급 갈등은 가족 대항전이며, 다크 유머가 가미된 블랙 코미디다.

세르게이 예이젠시테인(Sergei Eisenstein) 감독의 「전함 포템킨(Battleship Potempkin)」(1925)은 1905년 실화를 담았다. 러시아 흑해에 떠 있는 전함 포템킨에서 수병들이 반

말뚝이 탈, 국립중앙박물관 소장

란을 일으키게 된 계기는 구더기가 득실거리는 썩은 고기로 만든 수프에 대한 불만 때문이었다. 김씨가 박 사장 아들의 생일파티에서 살인까지 저지르게 된 배경은 박 사장이 근세의 냄새를 역겨워하는 표정에 모멸감과 분노가 치밀었기 때문이다. 살인의 동기가 하층계급의 냄새였던 것이다.

「기생충」은 비극임에도 불구하고, 곳곳에 코믹한 상황들이 양념처럼 버무려져 있다. 영화 첫 장면은 반지하에 사는 기우와 기정이 공짜 와이파이를 찾아 절박하게 집 안을 헤매는 모습으로 시작한다. 마침내 이들은 변기 위에서 와이파이를 잡는다. 기우는 기정을 취직시키려고 이력을 꾸며댄다. 기정은 박 사장 저택 문 앞에서 정광태의 노래 「독도는 우리 땅」에 가사를 바꾼 노래로 암기한다. "제시카는 외동딸, 일리노이 시카고, 과 선배는 김진모, 그는 니 사촌~" 이 패러디곡은 '제시카 징글(Jessica's Jingle/ Jessica Song)'로 회자되었다.

아버지 기택은 가정부 문광을 몰아내고, 부인 충숙을 취업시키기 위해 계략을 꾸민다. 박 사장 부인 연교에게 복숭아 알레르기가 있는 문광을 결핵 환자라고 거짓 보고를 한다. 이를 위해 딸 기정은 복숭아에 노출시키며, 냅킨에 핫소스를 묻혀 문광이 피를 토한 것처럼 조작한다. 이들의 선을 넘은 위대한 속임수는 결국 정원의 즐거운 생일파티를 난장판으로 만들고, 비극으로 치닫는다.

2019년 10월 뉴욕영화제에서 「기생충」 상영회 후 열린 「기생충」 팀과의 토론회에서 기정 역의 배우 박소담이 복숭아 바구니를 들고 나와 관객에 나누어주는 유머러스한 풍경이 펼쳐져 웃음을 자아냈다. 이듬해 2월 9일 아카데미상 시상식에서 감독상 트로피를 거머쥔 봉준호 감독의 소감 역시 유머가 넘쳤다.

"오스카에서 허락한다면, 이 트로피를 텍사스 전기톱으로 5등분해서 (다른 후보 감독들과) 나누고 싶은 마음입니다", "저는 오늘 밤부터 내일 아침까지 술 마실 준비가 됐습니다" 같은 소감은 예전에 줄줄이 감사해야 할 이들의 이름을 나열하던 영화 아카데미 회원들에게서는 찾아볼 수 없는 코리안 블랙 유머였다. 봉준호 감독의 작품뿐만 아니라 인성과 재치까지 최고봉임을 입증한 시상식이었다.

마거릿 조: 미 스탠드업 코미디의 여왕

미국에서 아시아계에 대한 선입견은 모범생이나 사회성 떨어지는 얼간이(nerd)가 대부분이었다. 코리안이 웃기는 민족이라는 것을 알린 인물은 스탠드업 코미디언 마거릿 조(한국 이름 조모란)일 것이다. 대중음악 전문지 〈빌보드(Billboard)〉는 2015년 9월 마거릿 조와의 인터뷰 기사 「마거릿 조 과거의 성적 학대에 깊이 들어가다: 내가 가진 모든 것은 내 자신의 고통에 대한 소유권이다(Margaret Cho Gets Deep About Past Sexual Abuse: All I Have Is Ownership of My Own Suffering)」를 실었다.

대니얼 배커(Danielle Bacher) 기자는 이 기사를 이렇게 시작했다.

"난 유명한 코미디언과 몇 시간 인터뷰를 진행하면서 웃을 것이라고 기대했었다. 대신 나는 눈물과 싸우고 있었다. 샌프란시스코 태생의 코미디언이자 뮤지션 마거릿 조가 이 칼럼을 위해 우리의 '광란의 밤' 대부분을 왜 왕따 경험, 성적 학대 및 소녀 시절 강간 이야

▨▨ **마거릿 조**(사진: Pixie Vision)**와 2012년 에미상 시상식에서 마거릿 조와 부모**(조승훈 씨, 조영희 씨)(사진: https://margaretcho.com)

기로 소진하기로 결심했는지는 알 수 없지만, 이에 대해 기쁘게 생각한다. 나는 마거릿 조가 그토록 웃기는 이유가 바로 여기에 있다고 생각한다. 그녀의 작업에서 유머는 깊게 들어앉은 고통을 다루면서 오는 것이다."

마거릿 조는 기자에게 자신이 다섯 살 때부터 열두 살 때까지 삼촌으로부터 성추행을 당했고, 그 사람과 오랜 관계를 가졌다고 고백했다. 그녀는 너무 어려서 학대가 무엇인지도 몰랐고, 대부분 혼자 있었기 때문에 늘 참았다고 말했다. 열네 살 때는 또 다른 지인으로부터 성폭행을 당했고, 지속적으로 발생했지만 어떻게 중단해야 하는지 몰랐다고 밝혔다. 마거릿 조는 자신이 성적으로 너무나 많이 학대받으며 자라서 그 분노심을 버리거나, 용서하는 것, 당시 일에 대해 이해하는 것 모두 어려웠다고 고백했다. 가족도 가해자를 알고 있었지만, 한국 사회에서 성학대를 입에 올리는 것은 수치스러운 일이었으며, 금기시되었다고 설명했다.

샌프란시스코는 아시안 이민자와 동성애가 많은 도시다. 고등학교 시절 마거릿 조는 급우에게 성폭행 경험을 말하게 되었다. 그랬더니 아이들은 "네가 그렇게 못생겼고, 뚱뚱한데 너를 강간한 사람이 미친 거야"라며 놀려댔다. 어느 영어 교사는 일기에 자신의 목소리를 담아보라고 격려했다. 그녀가 유일하게 의존했던 교사는 나중에 사망했다. 아이들은 선생이 "동성연애자라서 살해됐다"고 말하고 다녔다. 마거릿 조는 이 두 사건으로 잔인한 사람들을 피하고 싶어서 학교를 기피하게 된다.

아버지 조승훈 씨는 한국 신문에 칼럼을 기고한 유머 작가였고, 샌프란시스코에서 서점(Paperback Traffic)을 운영했다. 마거릿 조는 아빠 서점 옆의 코미디 클럽을 드나들며 코미디언의 꿈을 키웠다. 코미디 경연대회에 나가 우승한 후엔 밥 호프 쇼(Bob Hope Show)에 초대되고, 제리 사인펠드(Jerry Seinfeld)의 오프닝 무대에도 올랐다. 전국 대학가를 돌며 공연하자 이름이 널리 알려지면서 여성은 물론, 아시안이 드문 코미디계에서 코리안아메리칸 마거릿 조는 성공을 거두게 된다. 1994년엔 미국코미디상(American Comedy Awards) 최우수 여성 스탠드업 코미디언상(Funniest Female Stand-Up Comic)까지 거머쥐었다.

- "명석하며, 도를 넘어서는, 미국에서 가장 웃기는 코미디언 중의 한 명. 눈물이 얼굴로 흘러내릴 때까지 웃었다." 〈뉴욕타임스〉
- "…누구든 한 번쯤 아웃사이더라고 느꼈던 이들의 수호성인(the patron saint)." 〈워싱턴 포스트〉
- "코미디계의 가장 두려움이 없는 슈퍼히어로." 〈엔터테인먼트 위클리〉

1994년 ABC-TV에선 시트콤 「올-아메리칸 걸(All-American Girl)」을 기획했고, 마거릿 조가 주연 마거릿 김 역으로 캐스팅되었다. ABC는 미국 네트워크사 최초로 아시안 가족의 이야기를 다룬 시트콤으로 방송사의 역사를 새로 쓰게 될 예정이었다. 그러나 제작 중 프로듀서들은 마거릿 조의 과체중과 크고 동그란 얼굴에 대해 트집을 잡기 시작했다. 이에 마거릿 조는 2주간 급격한 다이어트에 들어가 30파운드를 줄였다. 부작용으로 신부전증이 찾아왔다.

시트콤이 방영된 후엔 한인사회로부터 돌을 맞았다. 한인들은 "더럽고, 뚱뚱하며, 못생긴 여자가 한인을 왜곡한다"며 비난했다. 제작진은 "너무 아시아적이다", 아시아계 시청자들은 "아시아적이지 않다"며 양쪽으로부터 비난의 화살을 맞아야 했다. 결국

「올-아메리칸 걸」(1994), ABC-TV

「올-아메리칸 걸」은 낮은 시청률에 허덕이다가 1시즌(19회) 방영으로 끝나고 말았다.

이때의 충격으로 마거릿 조는 약물과 알코올 중독, 무절제한 섹스에 빠지고, 정신 치료까지 받게 되었다. 하지만 1999년 그는 기나긴 어둠의 수렁에서 벗어났다. 자전적 코미디쇼와 자서전『나는 내가 원하는 나(I'm the One That I Want)』로 화려하게 부활했다. 타인이 원하는 마거릿 조가 아니라 자신 그대로의 삶을 추구하는 마거릿 조로 무대에 복귀했다. 미국 대륙을 종횡무진하며 자신의 부모와 정치인에서 인종차별, 동성애 등까지 무한한 영역을 소재로 웃음을 선사하면서 마거릿 조는 미국 스탠드업 코미디계의 슈퍼스타덤에 올랐다.

마거릿 조는 TV 브라운관 최초의 아시아계 주연 배우였다. 「올-아메리칸 걸」이 방영된 지 10년 후인 2004년 김윤진, 대니얼 대 김의 「로스트(Lost)」, 2005년엔 샌드라 오가 출연한 드라마 「그레이스 아나토미(Grey's Anatomy)」가 방영되었다. 선구자인 마거릿 조의 첫 출연은 험난했지만, 후배에게 길을 닦아준 셈이다.

ABC-TV는 2015년, 마거릿 조의 「올-아메리칸 걸」 이후 20여 년 만에 아시안아메리칸 가족 이야기를 담은 시트콤 「프레시 오프 더 보트(Fresh off the Boat, 신참 이민자)」를 2010년까지 6시즌 방영했다. 대만계 셰프 에디 황의 자서전을 원작으로 한 이 시트콤엔 랜들 박과 콘스턴스 우가 주연을 맡았다.

마거릿 조는 자신의 어린 시절 왕따 체험과 성적 학대, 그리고 방송사의 인종차별과 이중잣대 등의 트라우마를 코미디와 노래로 치유해왔다. 2015년 여름 마거릿 조가 녹음한 곡은 「I Want to Kill My Rapist(내 강간범을 죽이고 싶어)」였다.

"I thought I forgave you, but I'd mistake you. I'll shake you and I'll bake you. You better run now while I'm having fun now. Here comes the sun now, and you'll be done now. I see clearly and sincerely, you'll pay dearly······".

(난 당신을 용서했다고 생각했는데, 착각했네요. 난 당신을 흔들어서 구워버리겠어요. 당신은 지금 내가 재미를 보고 있는 동안 도망가는 게 좋을 거예요. 지금 해가 뜨면, 이제 당신은 끝장이에요. 난 분명하게, 진심으로 보았고, 당신은 값비싼 대가를 치를 겁니다······.)

중년이 된 마거릿 조에게 충격적이었던 사건은 자신의 아버지상이었던 코미디 배우 로빈 윌리엄스(Robin Williams, 1951~2014)의 죽음이었다. 윌리엄스는 목매 자살했다. 마거릿 조는 오랫동안 우울증에 빠졌다가 윌리엄스를 애도하는 노래 「Funny Man」을 앨범에 포함했다.

마거릿 조는 백인, 남성들이 장악했던 코미디계의 유리천장을 깬 첫 아시안 여성이었다. 코리안에 대한 고정관념도 깨뜨렸다. 그 성공의 비결은 무엇일까? 한(恨)과 트라우마를 웃음과 유머, 풍자와 해학으로 풀어내는 한민족의 유전자를 타고났기 때문이 아닐까? 유머 작가였던 아버지 조승훈 씨의 대를 이어 '부전여전(父傳女傳)'으로 웃음을 선사해온 셈이다.

마거릿 조의 후예들

마거릿 조에게 스탠드업 코미디언의 길이 순탄한 것은 아니었다. 그가 열네 살 때 엄마에게 코미디언이 되고 싶다고 하자 "차라리 네가 죽는 것이 낫겠다(Oh, maybe it's better if you just die)"라고 말했다고 한다. 엄마의 기대를 저버린 마거릿 조는 마침내 자신의 꿈을 이루었고, 다음 세대 아시안계 코미디언들에게 문을 활짝 열어주게 된다.

'코미디의 얼굴을 바꾸는 아시안아메리칸', ABC-TV News, 2022 유튜브 캡처

2010년 5월 아시아소사이어티 샌프란시스코 지부에선 「'칭총'을 넘어서, 혹은 코미디의 변화하는 얼굴(Beyond 'Ching-Chong,' or The Changing Face of Comedy)」을 주제로 토론회가 열렸다. '칭총(Chig-Chong)'이란 중국어 성조(聲調)를 희화화한 아시아계를 비하하는 표현이다. LA의 코미디언 티나 김, 인도 출신 코미디언 샘손 콜렛카, 샌프란시스코의 코미디언 에드윈 리

등이 참가한 이 패널에선 마거릿 조, 러셀 피터스, 홍콩 배우 주성치를 롤 모델로 꼽았다. 이들은 "아시안에게는 유머 감각이 없다"는 편견을 부수고 코미디로 먹고살 수 있다는 희망을 준 인물들이었다.

ABC 뉴스는 2022년 5월 아시아태평양계 문화유산의 달(Asian/Pacific American Heritage Month, APAHM)을 맞아 특집 '코미디의 얼굴을 바꾸는 아시안아메리칸(Asian American representation and the changing face of comedy)'에서 조 코이, 알리 왕, 하산 미나즈 등 아시아계 코미디언들이 부상하기 30년 전 스탠드업 코미디언의 선구자 마거릿 조와 인터뷰를 했다.

마거릿 조는 "나는 지금 다양한 아시안아메리칸 코미디언들을 보게 되어 무척 기쁘다. 나의 가장 큰 성취는 내 작품이 아니라 스탠드업 코미디언이 되고 싶은 전 세대에 영향을 주었다는 것이 무엇보다 중요하다"고 밝혔다.

김정일 패러디로 화제가 된 코리안아메리칸 바비 리(이성우), 심야 TV쇼(The Tonight Show, Late Night with David Letterman)에서 주목받은 아이리시계 한인 스티브 번을 비롯해 인도계 아지즈 안사리와 하산 미나즈, 필리핀계 조 코이, 베트남과 중국계인 알리 왕, 중국계 지미 O. 양, 파키스탄계 쿠마일 난지아니 등 아시아계 코미디언들은 마거릿 조의 후예다.

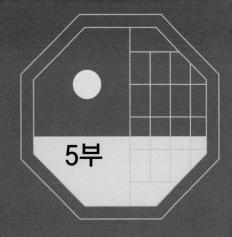

5부

한국인의 유전자

#23 조선 르네상스와
이탈리아 르네상스

"삼가 생각하옵건대, 우리 전하께서는 하늘이 내리신 성인으로서 제도와 시설이 백대(百代)의 제왕보다 뛰어나시어, 정음의 제작은 전대의 것을 본받은 바도 없이 자연적으로 이루어졌으니, 그 지극한 이치가 있지 않은 곳이 없으므로 인간 행위의 사심(私心)으로 된 것이 아니다."

_정인지, 「훈민정음(訓民正音)」 서문(1446)

"임금은 슬기롭고 도리에 밝으매, 마음이 밝고 뛰어나게 지혜롭고, 인자하고 효성이 지극하며, 지혜롭고 용감하게 결단하며, 합(閤)에 있을 때부터 배우기를 좋아하되 게으르지 않아, 손에서 책이 떠나지 않았다. ……인류에 밝았고 모든 사물에 자상하니, 남쪽과 북

광화문 광장의 세종대왕 동상(출처: 코리아넷 DB)(왼쪽)/ 레오나르도 다 빈치 작품으로 추정되는 자화상 (1505)

넉이 복종하여 나라 안이 편안하여, 백성이 살아가기를 즐거한 지무릇 30여 년이다."

_『세종실록』(1454)

"우리나라 만년의 운이 세종에게서 처음 그 기틀이 잡혔다. 백성들의 살림이 겨우 넉넉해지고, 인구또한 많아졌다.(……)

세종 시대 예제를 제정하고, 음악을 창작하여 문화경영이 이루어진 시대였다."

_이이(李珥, 1537~1584), 『율곡전서(栗谷全書)』(1814)

世守仁敬　家傳忠孝

세종의 친필 열성어필(列聖御筆)(왼쪽)과 레오나르도 다 빈치의 친필(사진: Royal Collection, UK, 왼손잡이였던 레오나르도는 글을 쓸 때 오른쪽에서 왼쪽으로, 알파벳의 좌우가 뒤집힌 형태로 썼다. 미술 비평가 조르조 바사리는 이에 대해 "거울에 비춰봐야 읽을 수 있는 글"이라고 전했다.)

때때로 자연을 초월하는 방식으로 아름다움, 은혜로움과 재능이 단 한 사람에게 측량할 수 없을 정도로 결합되어 어떤 것에 주의를 기울이든 그의 모든 행동은 너무도 신성해서 다른 모든 이를 능가한다. 인간의 예술로 얻어진 것이 아닌 신(God)이 있는 그대로 부여한 것으로 명백하게 만든다. 이것은 모든 인류 중 레오나르도 다 빈치에게 나타났다. 그는 충분히 찬양받지 못했던 신체의 아름다움 외에도 모든 행동에 무한한 은혜가 있었으며, 천재성과 그 성장은 너무도 위대해서 어떤 어려움에 봉착해서도 쉽게 해결했다. 그의 내면에는 엄청난 육체적인 힘에 손재주가 항상 훌륭하며 너그러운 정신과 용기가 있었다. 그리고 그의 명성은 너무도 높아져서 평생 존경을 받았을 뿐만 아니라 그의 평판은 사망 후 후손들 사이에 더욱 커졌다.(……)

그의 두뇌에는 신의 은총이 주입되었으며, 너무도 숭고한 조화와 지성과 기억을 갖춘 표현력이 주어졌다. 그리고 그는 자신의 콘셉트를 제도(製圖)로 표현하는 방법을 너무도 잘 알고 있었기에 자신의 담론으로 이겼으며, 이성과 모든 용감한 재치로 논쟁을 벌였다.

_조르조 바사리(Giorgio Vasari, 1511~1574), 『미술가 열전』(1550)

『킹 세종 더 그레이트』

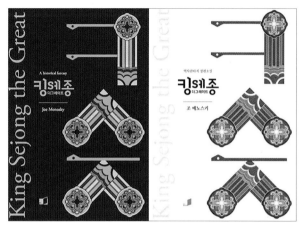

조 메노스키, 『킹 세종 더 그레이트』 한국어판과 영어판

"……5년 전 처음 서울을 방문해서 한국어를 배우게 되었습니다. 한글(Hangeul, the Korean alphabet)을 처음 알았을 때, 충격을 받았다는 표현이 부족할 정도로 정말 놀라웠습니다. 한글 자체가 가진 기록체계의 우아함과 기능적인 우월함도 대단했지만, 이 모든 것이 천재적인 왕(genius king)에 의해 창제되었다는 이야기는 믿기 어려울 정도로 충격적이었습니다. 게다가 더 충격적이었던 것은 이런 이야기가 전 세계에 알려지지 않았다는 것이었습니다.

만약 유럽의 어떤 지도자가 백성들을 위해서 글자를 만들었다면, 전 세계는 이미 그 사실을 알았을 겁니다. 그랬다면 전 세계의 소설과 영화, TV 시리즈 등에서 유럽의 지도자 이야기가 소재가 되고 재해석되었을 겁니다. 저는 한국 외 다른 국가들에서 세종(King Sejong)과 필적할 만한 상대가 있었다면 과연 누가 될 수 있을까 상상해 봤습니다. 레오나르도 다 빈치가 피렌체의 통치자인 경우일까?(Leonardo de Vinci as ruler of Florence?) 아이작 뉴턴이 영국의 왕인 경우일까?(Isaac Newton as the King of England?) 비교할 만한 대상 자체를 찾기가 힘듭니다……."

_조 메노스키, 『킹 세종 더 그레이트』, 서문 중에서

미국 공상과학 TV 시리즈 「스타 트렉: 다음 세대(Star Trek: The Next Generation)」의 작가 조 메노스키(Joe Menosky)는 2020년 10월 한국어판과 영문판으로 출간한 추리소설 『킹 세종 더 그레이트(KING SEJONG THE GREAT)』 서문에 이렇게 썼다. 한국인에게는

매일 사용하는 한글로, 안방극장의 드라마로, 영화로, 광화문 네거리의 동상으로 그리고 1만 원권의 지폐로 일상에서 너무도 친숙한 조선의 임금, 세종대왕. 조 메노스키는 세종대왕을 에이브러햄 링컨과 레오나르도 다 빈치의 조합으로, 역사 속에서 비교할 대상조차 없는 천재 중의 천재로 보았다. 세종대왕은 그에게 창작의 영감을 주었고, 그는 데뷔 소설에 자신의 영웅을 등장시켰다. 『훈민정음 해례』의 사본이 실크로드를 통해 서구로 운반되어 교회나 도서관 어딘가에 보관되어 있는 '잃어버린 보물'이라는 설정으로 조선, 일본, 명나라, 몽골의 다툼이 벌어지는 역사 추리소설이다.

세종대왕과 레오나르도 다 빈치: 발명의 천재들

"한글은 세계에서 가장 간략한 글쓰기 체계다. 자음모음을 조합하면 어떤 언어와 음성이라도 표기할 수 있다. 세종대왕은 그 깊이와 다양한 재능에서 한국의 레오나르도 다 빈치다."

_펄 벅, 1938, 노벨문학상 수상 소설가

"C4 J0 K21 O19."

1983년 일본의 이토 준타로(伊東俊太郞) 등이 세계의 과학적 성과물을 연대별로 조사한 『과학사기술사사전(科學史技術史事典)』을 출간했다. 이 사전에선 세종대왕 재위 기간인 1418년부터 1450년 사이 전 세계의 획기적인 과학기술 업적을 조사한 결과를 'C4 J0 K21 O19'로 표시했다. 중국(명나라) 4개, 일본(무로마치 막부室町幕府) 0개, 조선 21개, 유럽과 중동 등 다른 나라 19개다. 세종 시대의 과학기술 성과는 아시아 최고일 뿐만 아니라 세계 최고였던 것이다.

이 책에 수록된 세종대왕 시대의 과학적 성과는 금속활자(경자자), 『세종실록지리지』, 『경상도지리지』, 『농사직설』, 『신찬팔도지리지』, 『향약채취월령』, 『향약집성방』, 경복궁 천문대 간의대 준공, 자격루, 금속활자 갑인자 주조, 오목 해시계 앙부일구 제작, 측우기 발명, 혼천의, 수표(수위 계측기) 발명, 『칠정산내외편』 편찬, 훈민정음 창제,

철제 화포 주조 성공, 『의방유취』(의학백과사전) 365권 편집, 『제가역상집』(천문 관계 문헌 연구서), 『총통등록』(화약병기 연구서) 등 21개다.

세종대왕(1397~1450) 이도(李裪)는 고구려 때 대륙으로 영토를 넓힌 고구려 광개토대왕(347~412)과 함께 '대왕(The Great)'으로 불린다. 이도는 1397년 4월 10일 태종 이방원과 왕비 원경왕후 민씨와의 사이에서 셋째 아들로 궁궐이 아닌 한성부 준수방 장의동 본궁(현 종로구 창성동)에서 태어났다. 1965년 그의 탄신일(음력)을 양력(5월 15일)으로 환산해 '스승의 날'이 되었다.

1418년 22세에 왕위에 오른 세종은 독서광이자 발명가였다. 그는 신분과 무관하게 인재를 등용했다. 관노 출신 장영실을 발탁, 명나라로 유학 보내 선진기술을 배워오게 했고, 조선의 싱크탱크(think tank) 집현전(集賢殿)을 설치해 신숙주, 성삼문, 정인지, 정창손, 박팽년, 강희안, 이개, 하위지, 최항, 양성지, 서거정, 노사신 등 학자를 지원했다.

백성을 긍휼히 여기며, 사람들 사이의 소통과 교육, 및 기록을 위해 창제한 한글은 세종대왕의 통치 철학이 발현된 결정체다. 세종은 언어학을 비롯해 문학, 역사, 지리, 정치, 경제, 천문, 예의, 종교, 군사, 농사, 의약, 음악 등까지 다방면에서 혁신을 이룬 당대의 천재였다.

측우기(강우량 측정기), 혼천의(천문관측기구), 자격루(물시계), 풍기대(풍량, 풍속 측정), 혼상(천문기기), 수표(하천 수위 측정기), 병진자(납활자), 간의/규표(천문관측기), 천평일구/현주일구/정남일구/앙부일구(해시계), 일성정시의(해시계+별시계), 관천대(또는 간의대, 천문관측대) 등 과학기기와 신기전(화약통 달린 화살) 등 군사 병기가 세종대왕 시대에 발명되었다. 세종대왕 재위(1418~1450) 31년 7개월의 역사

「일월오봉도」와 「용비어천가」를 배경으로 세종대왕의 어진(앞면)과 천문시계 혼천의(渾天儀)와 「천상열차분야지도」(별자리)가 담긴 1만 원권 지폐(왼쪽)/ 스위스에서 시험 발행한 레오나르도 다 빈치 지폐(Banknote Switzerland 2000 Le Mont, Test Note-De la Rue Giori-Leonard da Vinci, 2000)

가 담긴 『세종실록(世宗實錄)』에 그의 치적이 기록되어 있다.

한편, 레오나르도 다 빈치 (Leonardo da Vinci, 1452~1519)는 세종대왕이 서거한 지 2년 후인 1452년 4월 15일 피렌체공화국의 빈치에서 사생아로 태어났다. 외톨이였던 레오나르도는 자연을 벗 삼고, 관찰하며, 지적인 호기심으로 지식을 섭렵했다. 레오나르도는 14세 때 피렌체의 조각가 안드레아

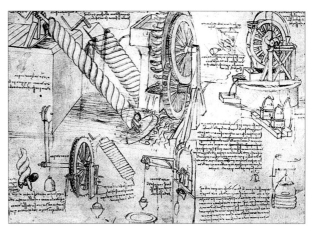

레오나르도 다 빈치의 친필 노트북 『코덱스 레스터(The Codex Leicester)』에 기록된 물 지렛대 구조(Drawings of Water Lifting Devices)

델 베로키오(Andrea del Verrocchio)의 견습생으로 들어가 목수일, 금속 기술, 가죽공예 및 회화와 조각을 두루 배웠다. 왼손잡이, 동성애자이자 채식주의자였던 다 빈치는 자신을 예술가라기보다 과학자로 여겼다.

그는 화가이자 조각가이며, 발명가, 건축가, 과학자, 음악가, 공학자, 문학가, 해부학자, 천문학자, 식물학자, 역사가, 지리학자, 수학자, 도시계획가, 지도제작자, 기술자, 집필가, 요리사이자 와인 메이커로 살았다. 세기의 걸작 「모나리자」와 「최후의 만찬」 외에도 다 빈치는 발명가로 수백 년을 앞서갔다. 비행기, 헬리콥터, 낙하산, 자동차, 탱크, 잠수함, 도르래, 크레인, 선풍기, 악기, 시계, 향수와 콘택트렌즈 등이 그의 머리에서 나왔다.

이탈리아 화가 겸 비평가인 조르조 바사리(Giorgio Vasari, 1511~1574)의 『미술가 열전 (Le vite de' piú eccellenti pittori, scultori, e architettori)』(1550)에 따르면, 레오나르도는 청년 시절 피사(Pisa)에서 피렌체(Florence)까지 아르노강을 운하로 만드는 계획을 제안했으며, 수력(水力)으로 움직이는 제분소, 축융기(縮絨機, 모직물 가공기), 엔진을 설계했다. 또한 지렛대, 윈치, 나사, 펌프를 사용해 무거운 것을 들어 올리며, 항구를 비우고 물을 제거하는 방법을 고안했다. 레오나르도는 자연물을 철학화하는가 하면, 약초의 성질을

탐구하고, 하늘의 움직임, 달과 태양의 움직임을 관찰했다고 썼다.

1994년 마이크로 소프트 창립자 빌 게이츠가 3080만 달러에 구입한 레오나르도의 친필 노트북『코덱스 레스터(The Codex Leicester)』(1510)에서 레오나르도는 물에 관해서만 730가지 결론을 내렸다. 그는 물의 순환, 유속이 압력에 미치는 영향을 통해 홍수 관리 및 관개용 수로와 저수지 설계 등 현대 수공학 및 과학에 공헌했다. 화석에 관한 설명은 초기 고생물학에 영향을 주었다. 이 노트북엔 악기, 유압펌프, 박격포, 증기 기관포 등 수많은 발명품이 포함되어 있다. 다 빈치의 발명품은 100여 개 이상에 이르는 것으로 알려졌다.

음악가로서 세종과 레오나르도

"종묘, 조회, 공연에 쓰이는 음악은 전조(前朝)의 여러 가지 음악을 주워 모은 까닭으로 대단히 미비하니 이제 새로 여러 음악을 정하고 옛 음악 중에서 쓸 만한 것을 가감하여 정한다."
_『세종실록』

세종대왕은 작사가이자 작곡가이며, 악기 발명가이기도 했다. 역사상 작곡가였던 군주로는 독일 프로이센의 프리드리히 대왕(Frederick the Great, 1712~1786)과 오스만 제국의 셀림 3세(Selim III, 1761~1808)가 꼽힌다. 세종은 조선의 기강을 확립하고, 이상적인 국가를 건설하는 데 음악을 도구로 사용하고자 했다. 그는 고유의 악보를 만들고, 조선 실정에 맞게 악기를 재정비하고, 작사/작곡가로서 음악을 만들었다. 세종대왕 재임기에 이루어진 음악적 업적이 넘쳐났기 때문에『세종실록』(총 163권)에 담을 수 없어서 별도로『세종실록악보(世宗實錄樂譜)』11권을 첨부했다.

세종은 궁중의식 음악이 중국 송나라 음악인 아악(雅樂)에 편중된 반면, 백성들은 우리 토착 음악인 향악(鄕樂)을 즐기고 있는 것에 고민했다. 살아서는 향악을 듣고, 죽은 뒤엔 아악을 연주하는 것의 모순을 간파한 것이다. 이에 고구려의 왕산악(王山

嶽, 거문고), 신라의 우륵(于勒, 가야금)과 함께 3대 악성(樂聖)으로 불리는 난계(蘭溪) 박연(朴堧)을 악학별좌(樂學別坐)로 임명, 궁중음악을 전폭적으로 개혁했다.

뛰어난 절대음감을 가졌던 세종은 박연과 쇠나 흙 대신 남양의 경석(磬石, 소리 나는 돌)으로 맑은 음을 내는 편경(編磬)을 제작했다. 이외에도 석경, 영고, 편종 등 다양한 악기를 조선에 맞게 개조했다. 세종은 편경을 처음 시연할 때 음이 맞지 않는다고 지적했는데, 악공들이 조사한 결과 경석에 먹줄로 표시한 부분을 덜 깎았기 때문이었다. 이에 바로 잡을 수 있었다는 일화가 『세종실록』에 전한다.

"임금은 음률(音律)에 밝으시어 신악(新樂)의 장단과 음의 높고 낮음은 모두 임금이 몸소 만드셨는데, 막대로 박자를 짚어 땅을 치는 것으로 장단을 삼고 하룻저녁에 제정하였다."
_『세종실록』

세종은 12율관(국악에서 사용하는 음을 내는 대나무 원통, pitch pipe)의 기본이 되는 황종율관(黃鍾律管)을 제정하고 우물 정(井) 자 모양의 한 칸을 한 박으로 음의 길이(리듬)를 표시한 '정간보(井間譜, 세종악보)'를 직접 창안했다. '정간보'는 동양 최초의 유량악보로 오늘날까지 국악의 기보법(記譜法)으로 사용되고 있다.

1443년 훈민정음을 창제한 후 세종은 이를 시험하기 위해 권제, 정인지, 안지 등에게 선조(목조·익조·도조·환조·태조·태종)의 행적을 찬양한 악장(樂章, 조선시대 궁중의 공식 행사인 종묘사직의 제사나 연회에 사용한 음악) 서사시 『용비어천가(龍飛御天歌)』(보물 1463호)를 간행했다.

그리고 『용비어천가』 가사에 선율을 얹은 「여민락(與民樂)」(백성과 더불어 즐기다)도 작곡했다. 왕비 소헌왕후 심씨가 사망하자 아들 수양대군(세조)에게 명하여 『석보상절(釋譜詳節)』을 한글로 편찬하도록 했다. 세종은 1447년 『석보상절』을 읽은 후, 한글로 찬불가 『월인천강지곡(月印千江之曲)』(국보 제320호)을 지었다.

새로운 궁중 제례음악 「종묘제례악(宗廟祭禮樂)」의 완성도 세종과 박연의 합작이었다. 「종묘제례악」은 조선왕조 역대 임금과 왕후를 모신 종묘에서 올리는 제사 때 행해지는 기악, 노래, 무용 등의 종합예술이다. 세종은 1449년 「종묘제례악」을 위해 「보

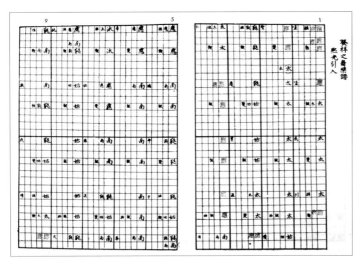

「발상」또는「발상지무악보」로 세종 때 창제된 악무(樂舞)의 하나. 조선 왕조를 세운 이성계와 그의 조상이 하늘의 명을 따른 상서(祥瑞:복되고 좋은 일이 일어날 거라는 조짐)를 받았다는 내용을 노래와 춤으로 나타낸 무곡(舞曲)이다.(사진: 한국민족문화대백과사전)

태평(保太平)」(선왕의 문덕 칭송, 11곡)과 「정대업(定大業)」(선왕의 무공 칭송, 15곡)과 「발상(發祥, 또는 「발상지무악보發祥之舞樂譜)」, 「창수곡(創守曲)」, 「경근곡(敬勤曲)」, 「봉래의(鳳來儀)」를 지었다.

「종묘제례악」은 박, 편종, 편경, 방향, 피리, 대금, 축, 어, 해금, 진고, 마조족, 절고, 아쟁, 태평소 등의 관악기, 현악기, 타악기를 두루 갖춘 '국악 오케스트라'다. 「종묘제례악 (Royal ancestral ritual in the Jongmyo shrine and its music)」은 판소리(Pansori epic chant), 강릉단오제 (Gangneung Danoje festival)와 함께 2008년 유네스코 인류무형문화유산으로 지정되었다.

한편, 레오나르도 다 빈치의 재능에서 흔히 간과되는 것은 그가 음악가였다는 사실이다. 음악과 미술은 그에게 '보이지 않는 것을 형성하는 자매와 같은 예술'이었다. 그의 노트북에는 음악에 관한 스케치와 악기 발명품 등이 묘사되어 있다. 당시 동료들은 다 빈치를 연주자이자 음악 선생으로 불렀다. 다 빈치는 음향 과학과 악기 디자인 공예에 관심을 갖고 연구했다. 다 빈치가 발명한 악기는 플루트, 드럼, 허디-거디 (hurdy-gurdies, 손잡이를 돌려 현을 타는 악기)와 비올라 오가니스타(viola organista, 마찰 벨트로 현을 진동시키고, 건반으로 현을 선택하는 구조의 악기) 등 다양하다.

1482년 레오나르도는 기존의 나무 수금(堅琴, lyre, 리라, 미니 하프)보다 소리가 잘 울려퍼지고, 아름다운 말 머리(레오나르도는 말 조각도 제작했다) 모양의 은색 수금을 만들었다. 그의 이전 후원자였던 로렌초 데 메디치는 밀라노 공작과 논쟁에 휘말려 앙숙이었다. 레오나르도는 이들에게 화해의 표시로 말 머리 수금을 선물로 보냈다고 한다.

조르조 바사리는 『미술가 열전』 중 「다 빈치」 편에서 레오나르도의 음악적 재능에 다음과 같이 감탄했다.

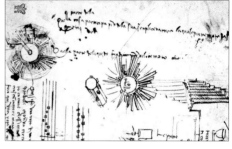

▧ 레오나르도 다 빈치의 악보(위)와 악기 스케치(사진: The Codex Leicester, 1510)

"레오나르도 다 빈치는 음악에 약간의 관심을 보인 후 마치 선천적으로 가장 고상하고, 세련된 영혼을 가진 사람처럼 잽싸게 수금을 배워 연주했다. 그는 그 악기로 즉흥적으로 연주하며, 신성하게 노래했다."

당시 대부분의 남성은 턱수염을 면도했지만, 레오나르도의 수염은 가슴으로 흘러 내렸다. 성인 남성은 대개 긴 옷을 입었지만, 레오나르도는 윗도리가 무릎 정도까지만 오는 튜닉과 긴 바지에 늘 밝은 색상을 입었다고 한다.

레오나르도는 1485년경 한 남성의 초상화를 그렸다. 밀라노 암브로시아나 도서관(Biblioteca Ambrosiana)이 소장한 이 그림은 오랫동안 밀라노 공작(Ludovico il Moro)으로 알려졌다. 그런데 1905년 복원 과정에서 덧칠을 제거하자 하단에 손에 쥐고 있는 악보가 나타났다. 이에 따라 모델은 공작이 아니라 음악가인 밀라노 두오모 예배당의 마스터 프란치노 가푸리오라는 주장과 작곡가 호아킨 데스 프레즈라는 설이 나왔다. 최근에는 레오나르도의 친구였던 토스카나의 가수 겸 작사가 아탈란테 미글리오로티라는 설과 레오나르도의 자화상일 가능성도 있다는 주장이 제기되었다.

세종대왕과 레오나르도 다 빈치의 최후

세종대왕의 조부인 태조 이성계는 74세로 장수했다. 세종대왕은 튼튼한 체력을 타고났지만, 22세에 왕위에 오른 후 7년간 정종, 어머니 민씨, 아버지 태종의 국상을 치렀다. 독서광이었던 세종은 평생 안질을 비롯해 풍질과 풍습(관절염), 이질, 중풍, 두통, 부종, 요로결석, 소갈(당뇨병), 성병 등 각종 질환에 시달린 것으로 전해진다.

세종의 말년은 불행의 연속이었다. 1445년 두 아들을 한 달 새에 잃었다. 소헌왕후와의 사이에서 낳은 다섯째 광평대군(20세)과 일곱째 평원대군(17세)이 천연두로 숨을 거두었다. 소헌왕후는 이에 따른 충격으로 시름시름 앓다가 1446년 세상을 떠났다. 1448년 세종은 불교에 귀의하는 듯 궁궐 옆에 내불당을 짓겠다고 밝혔다. 유교국가에서 신하들의 반대가 거셌지만, 슬픔에 찬 세종은 강행했다. 세종대왕은 재위 32년, 1450년 3월 30일(음력 2월 17일) 52세로 승하했다.

레오나르도 다 빈치는 1516년 여름 프랑스 왕 프랑수아 1세의 초청으로 루아르강 앙부아즈 성에 기거하며 1503년부터 그렸던 「모나리자(Mona Lisa)」를 완성했다. 이후 건강이 악화되어 1519년 5월 2일 앙부아즈 인근 클로뤼세의 저택에서 숨을 거두었다. 그의 나이 67세였다.

▒ 장 오귀스트 도미니크 앵그르(Jean-Auguste Dominique Ingres), 「레오나르도 다 빈치의 임종을 지켜보는 프랑수아 1세」, 1818, 파리의 프티 팔레 컬렉션

"마침내 레오나르도 다 빈치는 노쇠해서 몇 개월 동안 병상에서 지냈으며, 죽음을 인지한 후 가톨릭 신앙, 선한 일과 거룩한 그리스도교의 가르침에 대해 알려달라고 요청했다. 그 후 많은 신음 끝에 그 자신이 고백하고, 회개했다. 비록 스스로 일어서지는 못하고, 친구들과 하인들의 부축을 받아 일어섰지만, 성찬을 받을 수 있어서 그는 기뻤다. 레오나르도를 자주, 다정하게 방문

했던 왕은 그의 방 안으로 들어갔다. 레오나르도는 공경심으로 자신을 일으킨 후 왕에게 자신의 병마와 그 상황을 설명하고, 자신이 미술가로서 했어야 할 일을 하지 않음으로써 얼마나 하나님과 인류를 분노케 했는지 고백했다. 그 후 레오나르도는 '죽음의 사신'인 발작을 일으켰고, 왕은 일어서서 그의 머리를 잡고, 그의 신성한 고통과 영혼을 완화하려 했다. 레오나르도는 그보다 위대한 영예를 가질 수 없음을 알았고, 왕(프랑수아 1세)의 품 안에서 사망했다."

_조르조 바사리, 『미술가 열전』(1550)

조선 르네상스와 이탈리아 르네상스

불휘 기픈 남군 브르매 아니 밀씨 (뿌리 깊은 나무는 바람에 아니 흔들리고)

곶 됴코 여름 하느니 (꽃 좋고 열매가 많이 열리나니)

시미 기픈 므른 フ므래 아니 그츨씨 (샘이 깊은 물은 가뭄에도 아니 그쳐서)

내히 이러 바르래 가느니 (내를 이루어 바다까지 가나니)

_『용비어천가』 2장

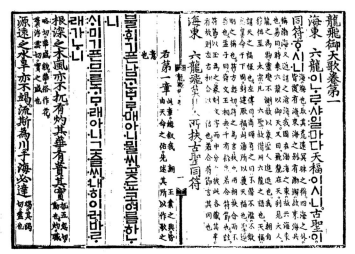

『용비어천가』(사진
http://kang.chungbuk.
ac.kr)

미술, 건축, 문학, 음악 등 문화 전반에서 융성했던 이탈리아 르네상스(文藝復興)는 14세기 피렌체에서 시작되어 17세기까지 지속되었다. 독일에선 1447년 구텐베르크가 금속활자 인쇄술을 개발해 유럽에 지식의 혁명이 시작된다. 그러나 구텐베르크보다 훨씬 앞선 고려는 13세기 초 금속활자를 사용했던 것으로 기록에 남아 있다. 세종대왕은 1434년 금속활자의 백미로 불리는 필서체의 활자 '갑인자'를 주조했으며, 한글 활자도 만들었다. 세종대왕 시대는 조선 르네상스의 시발점이었다.

홍익대학교 미대 출신으로 세종문화회관 사장(2008~2009)을 지낸 이청승 씨는 2010년 세종 르네상스의 의미와 비전을 담은 책 『두 개의 르네상스』를 출간했다. 그는 〈한국경제신문〉과의 인터뷰에서 이렇게 밝혔다.

"15세기 이탈리아 피렌체에서 중세의 암흑기로부터 벗어나 인간의 자아를 발견한 르네상스가 일어났는데 그에 앞서 조선에서는 세종대왕이 인간 중심의 세상을 지향하며 또 다른 르네상스 시대를 열었죠. 그런데 서구의 르네상스는 잘 알면서 우리의 르네상스는 모릅니다. 세종대왕이 한글을 창제했을 뿐만 아니라 얼마나 인본주의를 폭넓게 실천했는지 알고 이를 계승해야 합니다."

이청승 씨는 이어서 "세종대왕은 백성을 하늘로 보고 인간 중심의 세상을 연 분입니다. 그분은 사대사상에 젖은 대신들의 반대를 무릅쓰고 백성들을 위해 한글을 만드셨고, 만드신 다음에도 끝없이 토론하고 설득하며 3년을 보냈습니다. 자신은 고름을 한 종지나 짜내는 고통을 겪으면서도 관노비에게 130일이나 출산휴가를 주게 했고, 관노비들의 남편에게도 30일간의 산간(産看) 휴가를 줬습니다. '천하에 돌봐줄 사람이 없이 가여운 자가 노비인데 그 남편에게 휴가를 주지 않으니 관노비들이 아이를 낳다 죽는 일이 많은 것 아닌가'라고 하셨답니다. 이런 세종의 민본주의, 인본주의를 시대정신, 한국의 정신, 아시아의 정신으로 살려야 하지 않겠습니까"라고 강조했다.

2003년 조선의 르네상스를 연 'CEO로서의 세종대왕'을 조명한 책 『세종의 코드를 읽어라』(한국경제신문)를 출간한 전경일 씨는 왕이었으며, 천재였고, 노력가였으며, 훌륭한 인품과 신력을 바탕으로 한 강력한 리더십으로 사람들을 이끌었던 세종대왕의 리더십을 벤치마킹했다.

저자는 이 책에서 "세종은 실용적이고 전방위적이다. 세종은 시스템적이면서도 또 전략적이다. 세종은 포용적이면서 혁신적이다. 세종은 자신뿐 아니라 사람들의 잠재력을 끌어낼 줄 안다. 무엇보다도 세종의 실용주의 노선의 실천은 감탄스럽다. 민생 안정을 위한 경제산업 정책, 국기(國紀) 안정을 위한 안보 외교 정책, 성장 원동력을 키우는 기술개발 정책, 백년대계를 위한 출판 정보화 교육 정책, 정부 통제를 받지 않는 언론과 국정 기록 정책, 국민을 즐겁게 하는 문화예술 정책, 어느 한 가지 모자람이 없다. 한글 창제라는 위업을 빼더라도 세종은 위대한 CEO다"라고 썼다.

'비디오 아트의 대부'
백남준과 후예들

뉴욕한국문화원, 개원 40주년 기념 특별전 '백남준: 시간의 마에스트로(Nam June Paik: The Maestro of Time)', 2019(사진: Sukie Park/ NYCultureBeat)

"레오나르도처럼 정확하게, 피카소처럼 자유롭게, 르누아르처럼 다채롭게, 몬드리안처럼 심오하게, 폴락처럼 폭력적으로, 재스퍼 존스처럼 서정적으로 TV 화면 캔버스를 만들기를 원했다."

_백남준, 1969

인간이 언제부터 그림을 그렸는지, 언제부터 조각을 했는지는 알 수 없다. 그저 태곳적의 일이다. 하지만 비디오 아트(video art)의 탄생일에 대해서는 누구도 이의를 제기하지 않는다. 비디오 아트는 1963년 3월 백남준(1932~2006)에 의해 이 세상에 태어났다. 백남준은 1956년부터 독일 뮌헨대학교와 쾰른대학교에서 건축, 음악사, 철학 등을 공부하면서 미국의 전위음악가 존 케이지(John Cage, 1912~1992), 독일 아티스트 요제프 보이스(Joseph Beuys, 1921~1986) 등을 만나 기존의 예술을 부정하는 전위예술의 한 사조로서 여러 예술 매체의 융합이 특징인 플럭서스(Fluxus)에 참가했다.

백남준은 1963년 3월 독일의 서부 도시 부퍼탈의 파르나스 갤러리(Galerie Parnass)에서 중고 TV세트 13대 모니터에 강렬한 광학적 무늬가 튀어나오는 작업으로 첫 개인

전 「음악의 전시−전자 텔레비전(Exposition of Music-Electronic Television)」을 열었다. 이것이 '아시아에서 온 문화 테러리스트'가 선보인 최초의 비디오 아트였다.

그는 이듬해에 뉴욕으로 이주했다. 당시 뉴욕 미술계는 추상적 표현주의와 팝아트가 풍미했다. 큐레이터들은 외국인 아티스트에 관심이 없었다. 백남준은 자조적으로 '황색의 위험분자(yellow peril)'라고 부르기도 했다. 백남준은 "난 가난한 나라에서 온 가난한 남자였다. 그래서 사람들을 매 순간 즐겁게 해주어야 했다"고 말한 적이 있다.

1965년 10월 4일 백남준은 세계 최초의 휴대용 비디오카메라인 소니 포타팩(Sony Portapak)을 구입했다. 소니 포타팩이 집으로 배달되자마자 택시를 타고, 뉴욕을 방문한 교황 요한 바오로 6세(Pope Paul VI)의 차량 행렬을 가까이서 촬영했다. 그리고 그날 오후 그리니치빌리지의 '카페 아 고고(Café a Go-Go)'에서 친구들과 모여 20분짜리 테이프를 보여주었다. 그날은 뉴욕에서 비디오 아트가 탄생한 날이었다.

그는 1984년 1월 1일 뉴욕−파리−베를린−서울을 연결하는 세계 최초의 위성중계 비디오 아트 「굿모닝 미스터 오웰(Good Morning, Mr. Orwell)」을 지휘했다. 그해 6월 고국을 떠난 지 35년 만에 귀국했을 때 한 기자가 물었다. "왜 한국 무대를 놔두고, 외국 무대에서만 활동하시나요?" 그의 대답은 "문화도 경제처럼 수입보다는 수출이 필요해요. 나는 한국의 문화를 수출하기 위해서 세상을 떠도는 문화 상인입니다"였다고 한다.

'비디오 아트의 아버지(Father of Video Art)', '비디오 아트의 조지 워싱턴(George Washington of video art)'으로 불리던 백남준은 2006년 1월 29일 마이애미 비치에서 눈을 감았다. 〈뉴욕타임스〉의 미술 비평가 로버타 스미스(Roberta Smith)는 당시 부

백남준, '전자 고속도로: 미국 대륙, 알래스카, 하와이, 1995, 스미스소니언 아메리칸아트뮤지움(사진: Nam June Paik Estate)

고 기사(Nam June Paik, 73, Dies; Pioneer of Video Art Whose Work Broke Cultural Barriers)에서 백남준을 '팝아티스트 최고의 팝아티스트(The most Pop of the Pop artists)'라고 칭송했다.

> "백남준의 경력은 반세기, 3개의 대륙과 음악, 연극 및 파운드 오브제(found object, 원래 일상용품이지만, 예술가가 사용함으로써 용도가 바뀐 물체) 등 여러 예술 매체에 걸쳐 다양했다. 그는 자신의 로봇을 만들기도 했다. 하지만 그의 주요 표현 수단은 시각적인 야성, 기술적 지식 및 고도의 엔터테인먼트 가치를 매력적으로 결합한 텔레비전이었다. 그의 작품은 키치(kitsch, 저급하고 괴상한 예술품)하면서도 시각적으로 눈부시며, 심오하고, 때로는 모두 포함했으며, 종종 저항할 수 없을 정도로 흥미진진하며, 혈기왕성했다."
>
> _로버타 스미스, 〈뉴욕타임스〉

'비디오 아트의 창시자' 백남준이 떠난 그 자리에 그의 후계자들이 왕성하게 작품 활동을 하고 있다. 조앤 조나스, 브루스 나우먼, 빌 비올라, 토니 아워슬러, 크리스찬 마클레이, 더그 에이트킨, 피필로티 리스트, 그리고 차학경(테레사 학경 차)의 비디오 아트에선 백남준의 영향이 강하게 남아 있다.

백남준의 후예 8인방

1. 조앤 조나스

백남준과 '퍼포먼스 아트의 선구자' 조앤 조나스(Joan Jonas, 1936~)는 맨해튼 소호(SoHo) 머서 스트리트(Mercer Street)의 이웃사촌이었다. 1970년 조앤 조나스는 조각가 리처드 세라(Richard Serra)와 함께 일본에 갔다가 전통 가면극 노(Noh, 能)에 매료되었고, 백남준이 작업하던 휴대용 비디오카메라 '소니 포타팩'을 구입해 돌아왔다.

조나스는 이 카메라로 1971년 리처드 세라와 흑백 단편 「베일(Veil)」(6분)과 「폴 리비어(Paul Revere)」(9분)를 제작했으며, 1972년엔 「오가닉 허니스 비주얼 텔레파시(Organic Honey's Visual telepathy)」에서 비디오를 사용해 첫 퍼포먼스를 했다. 이후 조나스는 풍경

속 인물, 사물과 몸짓의 제의적 사
용, 자연환경의 취약성 등을 주제로
비디오, 조각, 드로잉, 사운드, 텍스
트, 세트, 연극, 춤, 퍼포먼스를 혼
합해왔다.

조앤 조나스는 1936년 뉴욕에서
태어나 매사추세츠주 마운트 홀리
요크대학교에서 미술을 전공했다.
보스턴미술관대학교에서 조각과 회
화를 공부한 후 컬럼비아대학교에

조안 소나스, 「리애니메이션(Reanimation)」, 2015, 제
56회 베니스 비엔날레(사진: Joan Jonas)

서 조각으로 석사학위를 받았다. 1960년대 존 케이지, 안무가 트리샤 브라운, 이본
라이너, 작곡가 필립 글래스, 스티브 라이히 등과 어울리며 영향을 받았다. 2015년
제56회 베니스 비엔날레 미국관의 작가로 선정되어 멀티미디어 설치작 「그들은 말 한
마디 없이 우리에게 온다(They Come to Us Without a Word)」를 전시했다. 2018년 런던의
테이트 모던에서 대규모 회고전 「조앤 조나스(Joan Jonas)」를 열었다.

2. 브루스 나우먼

2018년 퀸즈의 MoMA PS1에서 열린 브루스 나우먼(Bruce Nauman, 1941~)의 회고
전 「브루스 나우먼(Bruce Nauman: Disappearing Acts)」에선 네온아트를 비롯해 드로잉, 판
화, 사진, 조각 외에도 백남준으로부터 강하게 영향을 받은 비디오, 영화, 퍼포먼스까
지 다양한 분야의 작품 165점이 소개되었다.

1941년 인디애나주 포트웨인에서 태어난 브루스 나우먼은 위스콘신–매디슨대학
교에서 수학과 물리학, 캘리포니아대학교(UC 데이비스)에서 미술 전공으로 석사학위를
받았다. 한때 웨인 티보(Wayne Thiebaud)의 조수로 일했다. 1960년대부터 전위예술가
존 케이지와 작곡가 필립 글래스, 스티븐 라이히의 미니멀리즘(minimalism) 음악에 영
향을 받았다. 물론 비디오 작품은 백남준에게 빚을 졌다.

1999년 베니스 비엔날레 미국관 작가로 전시했으며, 2009년 다시 베니스 비엔날

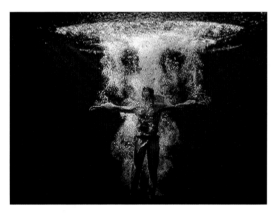

브루스 나우만, 「콘트라포스토 스타디스 (Contrapposto Studies)」, 2015/16, MoMA PS1, 2018(사진: Sukie Park/NYCultureBeat)

레에 미국 대표작가로 참가해 황금사자상을 수상했다. 〈타임〉지는 나우먼을 '2014 세계에서 영향력 있는 인물 100인'에 선정했다. 2020년 테이트 모던에선 회고전 「브루스 나우먼(Bruce Nauman)」을 열었다. 1986년 화가 수잔 로젠버그(Susan Rothenberg)와 결혼했지만 2020년 사별했으며, 뉴멕시코주의 산타페 인근 갈리스토에 살고 있다.

3. 빌 비올라

빌 비올라(Bill Viola, 1951~)는 비디오라는 차가운 매체에 정신적인 것과 원초적인 것을 탐구한다. 그는 출생, 죽음, 무의식과 의식의 세계, 물, 불, 흙, 공기 등 자연의 4대 요소, 선불교, 기독교 신비주의, 이슬람 신비주의 등을 주제로 작업해왔다. 비올라의 대형 스크린은 관람자를 황홀한 명상의 세계로 인도한다.

빌 비올라는 1951년 뉴욕 퀸즈에서 태어나 플러싱의 PS 20에 다녔다. 1973년 시러큐스대학교 시각공연예술학교 졸업 후 시러큐스의 에버슨 미술관(Everson Museum of Art)에서 비디오 기술직을 거쳤다. 비올라는 1970년대 백남준의 조수로 일하면서 가까이서 비디오 아트 작업을 도왔다. 그는 작곡가 데이비드 튜더(David Tudor)에게 사사하면서 그의 뉴뮤직 그룹 '레인포레스트(Rainforest)'에서 활동하기도 했다.

2018년엔 비디오 게임 'The Night Journey(밤의 여행)'를 출시하며 컴퓨터 게임업계까지 진출했다. 2020년 가을

빌 비올라, 「상승(Ascension)」, 2000(사진: 빌 비올라 스튜디오)

부산시립미술관(Busan Museum of Art)에서 개인전 「빌 비올라, 조우」가 열렸다.

4. 토니 아워슬러

토니 아워슬러(Tony Oursler, 1951~)는 인형, 마네킹, 패널 등을 오브제로 비디오 아트를 확장한 작가다. 이에 따라 사실과 허구, 현실과 환상의 팽팽한 긴장감과 함께 유머가 흐른다. 거대한 인형은 복잡한 인간의 내면을 드러내는 도구로 TV 등 미디어가 인간의 영혼에 미치는 부정적인 영향과 소외를 탐구했으며, 생태계 오염 등 환경 문제도 다루어 왔다.

토니 아워슬러, 「구름의 눈물(Tear of the Cloud)」, 2018, 뉴욕 리버사이드파크(사진: Public Art Fund, New York)

1957년 맨해튼에서 태어난 토니 아워슬러는 뉴욕주 나이액에서 성장했다. 캘리포니아 아트(CalArts) 인스티튜트에서 마이크 켈리, 수 윌리엄스와 함께 공부했으며, 이 학교에서 백남준과 전위음악가 로리 앤더슨의 강의를 들었다. 아워슬러는 1985년 파리 퐁피두센터에서 전시회를 열었을 때 자신의 영감이었던 백남준이 찾아왔다고 밝혔다.

아워슬러는 1981년 뉴욕으로 이주한 후 비디오와 미디어 아티스트들을 위한 비영리기구 EAI(Electronic Arts Intermix)에서 작업하기 시작했다. 추상화가 재클린 험프리스(Jacqueline Humphries)와 결혼한 토니 아워슬러의 비디오 조각 「감시초소(A Guard Post)」가 경남 통영의 남망공원에 설치되어 있다.

5. 크리스찬 마클레이

비디오 아티스트이자 작곡가이며 사운드 디자이너인 크리스찬 마클레이(Christian Marclay, 1955~)는 2012년 뉴욕 현대미술관(MoMA)의 「시계(The Clock)」 전시로 널리 알려진 인물이다. 2011 베니스 비엔날레 황금사자상 수상작 「시계」는 할리우드, 유럽,

한국 등 세계의 영화 속 시계 장면을 편집해 실제 24시간과 일치하게 보여준다.

「시계」는 기차역의 시계부터, 병원의 응급실, 부잣집 거실의 시계, 은행강도들의 시계까지 시공을 초월한 24시간 시계 몽타주다. 시간은 스트레스의 원흉이 된다. 시간에 쫓겨 사는 우리가 시간을 생각하지 않을 때 더 행복하다. 마클레이는 어둠 속에서 24시간 물리적 시간 속에 뛰어들어 시간에 대해 명상하게 만든다.

백남준처럼 실험음악가이기도 한 크리스찬 마클레이는 2004년 미니애폴리스 워커아트센터(Walker Art Center)에서 「흔들흔들: 크리스찬 마클레이(Shake Rattle and Roll: Christian Marclay)」라는 제목으로 이 센터가 소장한 백남준, 오노 요코, 요제프 보이스, 벤 보티에 등의 플럭서스 작품 500여 점을 모아 제작한 16개의 비디오를 교향곡처럼 선보였다.

1955년 캘리포니아주 산라파엘에서 태어난 크리스찬 마클레이의 아버지는 스위스계, 엄마는 미국인으로 제네바에서 성장했다. 제네바 고등미술학교와 보스턴의 매사추세츠 칼리지를 거쳐 뉴욕의 쿠퍼유니온을 졸업했다. 1970년대 쿠퍼유니온 재학 시절 조지프 보이스와 플럭서스 운동에 관심을 가졌으며 존 케이지, 백남준, 오노 요코, 비토 아콘치(Vito Acconci)의 영향을 받았다. 마클레이의 부인인 한국계 리디아 이(Lydia Yee)는 뉴욕 브롱스 미술관 큐레이터를 지냈으며, 현재 런던 화이트채플 갤러리의 큐레이터다.

6. 더그 에이트킨

2007년 겨울, 잠들지 않는 도시 뉴욕의 현대미술관과 인근 빌딩의 외벽에 대형 스크린 8개가 설치되었다. 매일 저녁 영화배우 도널드 서덜랜드와 틸다 스윈턴, 챈 마셜(예명 캣 파워Cat Power), 슈 호르게, 라이언 도노후 등이 출연해 잠자고, 씻고, 거닐고, 연주하는 일상의 모습이 클로즈업으

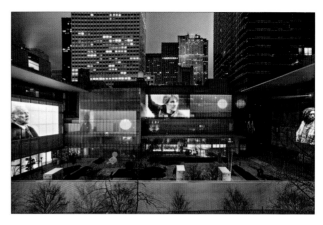

▓▓ 더그 에이트킨, 「몽유병자」, Installation View, 2007, MoMA(사진: Museum of Modern Art)

로 상영되었다. 타임스퀘어에 있을 법한 옥외 광고판 상품들이 인간으로 대치되며 빌딩 외벽이 멀티플렉스 영화관으로 전환된 「몽유병자(Sleepwalkers)」였다.

2012년 백남준아트센터의 국제예술상을 수상한 더그 에이트킨(Doug Aitken, 1968~)은 2013년 한국에서 첫 개인전을 열었다. 이 전시엔 1999년 베니스 비엔날레 황금사자상 수상작 「전기 지구(Electric Earth)」를 소개했다. 이 작품은 아침에 일어나 집을 나선 흑인 남성이 세차장, 주차장, 공항 인근 빈터 등을 지나며 마치 전기에 의해 지배받는 듯 보내는 하루를 담았다.

에이트킨에 따르면, 그 인물은 마치 지구상에 홀로 남은 세기말적 인간처럼 보인다. 작가는 인물의 움직임을 통해 시간의 흐름, 공간의 분절을 보여줌으로써 관객이 직접 미로 같은 공간을 이동하며 독특한 시공간을 체험할 수 있도록 유도했다. 1968년 캘리포니아 레돈도 비치에서 태어난 에이트킨은 파사데나 디자인아트센터대학에서 수학한 후 1994년 뉴욕으로 이주했다.

7. 피필로티 리스트

2016년 가을 맨해튼 로어이스트사이드의 뉴뮤지엄(New Museum)에서 스위스 출신 페미니스트 아티스트 피필로티 리스트(Pipilotti Rist, 1962~)의 회고전 「픽셀의 숲

피필로티 리스트, 「픽셀의 숲」, 2016, New Museum, New York(사진: Sukie Park/NYCultureBeat)

(Popilotti Rist: Pixel Forest)」이 열렸다. 갤러리는 거대하고, 형형색색의 놀이공원 같았다. 관람객들은 침대에 누워서 쿠션에 기대어 리스트가 영상으로 그려낸 판타지 유토피아 속으로 들어갔다.

피필로티 리스트는 이전 백인 남성 비디오 작가들의 엄숙주의, 염세주의, 블랙 유머를 넘어서 유쾌하고, 감각적이며, 관능적이고, 유아스럽지만 유머러스하고, 무엇보다도 미술관을 뮤직비디오 같은 환희에 찬 공간으로 변모시켰다.

리스트는 비엔나응용미술대학교에서 상업미술, 일러스트레이션과 사진을 공부한 후 바젤디자인스쿨에서 비디오 아트를 전공했다. 졸업 후엔 스위스의 여성 록밴드 '레 렌 프로셴느(Les Reines Prochaine/ The Next Queens, 다음의 여왕들)'의 멤버로 활동했다. 1997년 베니스 비엔날레에 참가, 프레미오상을 받았다. 2012년 삼성미술관 리움(Leeum, Samsung Museum of Art)에서 「피필로티 리스트: 하늘로 오르다(Spear To Heaven)」전을 열었다.

8. 차학경

1982년 11월 맨해튼 소호의 주차장에서 한 아시안 여성의 시신이 발견되었다. 퍽빌딩(Puck Building)에서 경비원에게 성폭행을 당한 후 목 졸려 살해된 여성은 31세의 한인 아티스트 차학경(Theresa Hak Kyung Cha) 씨였다. 차씨는 사진작가 남편 리처드 반스(Richard Barnes)의 사무실이 있는 건물에 갔다가 변을 당했던 것이다. 차학경 씨는 소설가, 제작자, 감독 그리고 비디오 아티스트로 활동했다.

차학경 씨는 1951년 한국전쟁 중 부산에서 태어나 열한 살 때 하와이를 거쳐 샌프란시스코에서 성장했다. 버클리 캘리포니아대학에서 미술, 문예창작, 도예, 퍼포먼스를 두루 섭렵한 후 비교문학으로 학사학위, 이어 퍼시픽필름보관소에서 일하면서 2개의 학위(MA, MFA)를 받았다. 1976년 파리영화센터에서 수학한 후 귀국해 샌프란시스코 현대미술관에서 퍼포먼스를 했으며, 1980년 뉴욕으로 이주했다. 메트로폴리탄 미술관 디자인 부서에서 일하면서 엘리자베스 시턴대학에서 비디오 아트를 가르쳤다.

그는 사망하기 두 달 전 아방가르드 소설 『딕테(Dicte)』를 출간했다. 『딕테』는 유관순, 잔 다르크, 가족의 이민 여정, 일제강점기, 독재자 등 여성의 삶과 한국 역사의 트라우마를 교차시키면서 국가, 언어, 기억, 시간의 상실을 그려낸 회고록이자, 역사책이자, 실험적 명상록이다. 훗날 『딕테』는 포스트모더니즘, 탈식민주의, 페미니즘 등에 선구적인 역할을 한 것으로 평가되며, 아방가르드 글쓰기, 페미니스트, 아시안아메리칸 문학 수업에서 널리 연구되고 있다.

〈뉴욕타임스〉는 2021년 1월 7일, 사망 당시 평가절하된 이들의 삶을 소개하는 「간과된 인물들(Overlooked)」 시리즈에서 차학경 씨의 부고 기사 "더 이상 간과되지 않음: 정체성을 탐구한 미술가이자 작가인 테레사 학경 차(Overlooked No More: Theresa Hak Kyung Cha, Artist and Author Who Explored Identity)"를 남편 반스가 찍은 차씨 사진과 함께 실었다. 이 시리즈엔 유관순 열사와 위안부 피해자인 김학순 할머니의 부고도 게재되었다.

테레사 학경 차, 휘트니 비엔날레 2022(사진: Sukie Park/ NYCultureBeat)

고 차학경 씨는 2022 휘트니 비엔날레(Whitney Biennial)에 초대되었다. '그대로 조용히(Quiet as It's Kept)'를 주제로 한 비엔날레에서 그녀의 작품들이 고요히 2022년 관람객과 소통했다.

#25 정경화에서 임윤찬까지, 클래식 강국 코리아

- 피아노: 한동일 레벤트리트 콩쿠르(1965), 정명희 윌리엄 카펠 콩쿠르(1977), 안영신(1983)·김대진(1985) 클리블랜드 콩쿠르, 백혜선 윌리엄 카펠 콩쿠르(1989), 김선욱 리즈 콩쿠르(2006), 조성진 쇼팽 콩쿠르(2015), 문지영 제네바 콩쿠르(2014), 문지영 부소니 콩쿠르(2014~2015), 선우예권 윌리엄 카펠 콩쿠르(2012)와 밴 클라이번 콩쿠르(2017), 박재홍 부소니 콩쿠르(2021), 임윤찬 밴 클라이번 콩쿠르(2022) 우승

- 바이올린: 정경화 레벤트리트 콩쿠르(1967), 임지영 퀸 엘리자베스 콩쿠르(2015), 김수빈(1996)·양인모(2015) 파가니니 콩쿠르 우승

- 첼로: 정명화 제네바 콩쿠르(1971), 장한나 로스트로포비치 콩쿠르(1994), 최하영 퀸 엘리자베스 콩쿠르(2022) 우승

- 퍼커션: 박혜지 제네바 콩쿠르(2019) 우승

- 성악: 최현수(1990)·박종민(남자)·서선영(여자) 차이콥스키 콩쿠르(2011), 홍혜란(2011)·황수미(2014) 퀸 엘리자베스 콩쿠르 우승

- 작곡: 조은화(2009)·전민재(2010) 퀸 엘리자베스 콩쿠르, 조광호(2013)·최재혁(2017) 제네바 콩쿠르 우승

"한국이 낳은 세계적인 피아니스트 정명훈 군이 귀국했습니다. 7월 초순 모스크바에서 열린 제5회 차이콥스키 음악제 피아노 부문 2위로 입상해 세계 정상을 확인하고 돌아온 이 젊은 음악가를 시민들은 열렬히 환영했습니다. 젊은 음악도가 조국에 안겨준 이 영광은 우리 국민에게 '하면 된다'는 무한한 가능성을 다시 한번 일깨워주었습니다."

_「대한뉴스」 제992호, '이 영광을 조국에'

1974년 피아니스트 정명훈이 차이콥스키 콩쿠르에서 공동 2위를 수상하자 서울에서는 카퍼레이드가 펼쳐졌고, 대통령은 훈장을 수여했다.

오늘날 '클래식 한류(K-Classic)'가 음악계를 흔들고 있다. 세계 주요 콩쿠르에서 젊은 음악가들이 연달아 우승 트로피를 거머쥐었다. 한때 러시아와 일본 출신 연주자가 휩쓸던 클래식계에서 한인 은하수가 빛을 발하는 중이다.

한국이 클래식 강국으로 부상한 것에 대해 세계 음악계는 놀라운 눈으로 바라보고 있다. 한국의 클래식 음악가들은 1960년대부터 국제무대에서 기량을 발휘하기 시작했다. 그 첫 연주자는 1965년 피아노 신동 한동일이었다. 이후 김영욱, 정경화, 정명화, 강동석 등 제1세대 음악가들이 국제무대에서 활동했다. 1980년대엔 바이올린 천재 사라 장이 등장했으며, 1990년대엔 첼리스트 장한나가 데뷔했다. 이 즈음 피아니스트 김대진과 백혜선, 바리톤 최현수, 첼리스트 조영창이 메이저 콩쿠르에서 수상하며 이름을 날리던 2세대의 주역이었다. 2000년대 이후엔 피아니스트 김선욱으로 시작, 조성진·문지영·선우예권·임윤찬, 성악가 박종민·서선영·홍혜란·황수미 등이 메이저 콩쿠르에서 우승을 거머쥐면서 제3세대가 K-클래식의 물결을 이어가고 있다.

한국 클래식의 수수께끼

"최근 15년간 서양 클래식 음악계에서 한국이 점점 돋보이고 있다. 벨기에에서 열리는 퀸 엘리자베스 콩쿠르가 그 좋은 예이다. 1995년 첫 라운드에는 한국인이 한 명도 없었다. 2011년엔 29퍼센트(22명)였으며, 5명이 최종 결선에 진출했고, 한국인 소프라노(홍혜란)가

티에리 로로, 「한국 클래식의 수수께끼」(2012), 벨기에의 퀸 엘리자베스 콩쿠르 첫 라운드에 진출한 한국인(아래 사진, 노란색 선)이 4분의 1로 미국과 러시아에 비해 압도적이다.

우승했다. 이런 경향은 55개의 대규모 국제 콩쿠르에서도 볼 수 있다. 음악 역사상 이런 예술적 현상이 전무했다. 도대체 한국에 무슨 일이 벌어지고 있는가? 극동 문화의 이 갑작스러운 음악에 대한 심취가 이토록 다를까?"

_티에리 로로, 「한국 클래식의 수수께끼」(2012)

벨기에 영화감독 티에리 로로(Thierry Loreau)는 2012년 다큐멘터리 「한국 클래식의 수수께끼(The Korean Musical Mystery)」에서 한인 클래식 연주자들의 성공 비결을 탐구했다.

이 다큐멘터리는 차이콥스키 콩쿠르(러시아), 쇼팽 콩쿠르(폴란드)와 함께 세계 3대 음악 콩쿠르로 불리는 퀸 엘리자베스 콩쿠르(벨기에)를 집중 분석했다. 그리고 한국인들이 콩쿠르를 휩쓰는 이유로 조기 영재교육, 한국예술종합학교(KARTS)와 서울대학교 음대의 교육 시스템, 지독한 연습과 훈련, 경쟁의식, 열정, 구강 구조, 노래를 좋아하는 기질, 부모의 뒷바라지, 긴장 완화법 등에서 해답을 찾았다.

그로부터 7년 후, 2019년 티에리 로로 감독은 콩쿠르에서 한국인들이 거의 대부분의 주요 콩쿠르에서 우승하고 있다는 점에 다시 주목했다. 그에 따르면, 2013년과 2014년 한국 음악가가 9개의 국제 콩쿠르에서 우승했으며, 1998년 이후 645명이 최종 결선에 올라 108개의 1등을 수상했다. 쇼팽, 리즈, 퀸 엘리자베스, 부소니, 밴 클라이번, 제네바 콩쿠르 등 메이저 콩쿠르에서 우승자가 속속 나왔다.

이에 티에리 로로 감독은 다큐멘터리 「한국 클래식의 수수께끼」 제2탄을 연출한 것으로 전해진다. 그는 #왜 한국인들은 전통음악(국악)과 무척 다른 서양 음악에 심취해 있을까? #어떻게 한국인들은 서양 음악을 배우고 있나? #한국인들은 어떻게 그토록 빨리 탁월하게 연주하는가?를 파헤칠 예정으로 알려졌다.

국제 차이콥스키 콩쿠르

정명훈이 피아니스트로서 국위를 선양해 카퍼레이드를 펼쳤던 1974년 국제 차이콥스키 콩쿠르(International Tchaikovsky Competition). 제5회 대회에서 피아노 1위(금메달)는 러시아의 안드레이 가브릴로프, 정명훈과 공동 2위(은메달)는 러시아의 스타니슬라프 이골린스키였다. 3위(동메달)도 러시아의 유리 예고로프였으며, 4위는 헝가리 출신 인기 피아니스트 언드라시 시프가 수상했다.

1958년에 시작되어 4년마다 열리는 차이콥스키 콩쿠르는 피아노, 바이올린, 첼로, 성악 부문으로 나누어지며, 2019년부터 목관과 금관 부문이 추가되었다. 정명훈 이후 차이콥스키 콩쿠르의 한국인 수상자로는 최현수(바리톤 1위, 1990년), 백혜선(피아노 3위, 1994년), 임동혁(피아노 4위, 2007년), 김동섭(바리톤 3위, 2002년)이었다.

그리고 2011년엔 박종민(바리톤 1위), 서선영(소프라노 1위)이 남녀 성악 부문을 휩쓸었으며, 손열음(피아노 2위), 조성진(피아노 3위), 이지혜(바이올린 3위)까지 한국인이 휩쓸었다. 2015년엔 유한성(바리톤 3위)이 입상했으며, 2019년에는 김기훈(바리톤 2위), 김동현(바이올린 3위), 문태국(첼로 4위), 유혜리(프렌치 호른 7위)로 한국인이 두각을 나타냈다.

한편, 1978년 성악 부문 2위를 수상한 한국계 러시안 메조소프라노 류드밀라 남, 16세 때 최연소 수상자가 된 코리안아메리칸 앨리사 박(바이올린 3위, 1990년), 그리고 제니퍼 고(바이올린 2위, 1994년)도 기억해야 할 것이다. 1958년 제1회 차이콥스키 콩쿠르 1위는 미국 출신 밴 클라이번이 석권했으며, 블라디미르 아시케나지는 제2회 우승자였다.

레벤트리트 국제 콩쿠르

1965년 10월 27일 23세 한국인 피아니스트 한동일의 레벤트리트 콩쿠르 우승 소식을 보도한 〈뉴욕타임스〉. 오른쪽은 스티브 맥퀸 주연, 노만 주이슨 감독의 영화 「신시내티 키드」(The Cincinnati Kid)」(1965) 광고(사진: 〈뉴욕타임스〉 기록보관 스크린샷)

피아니스트 정명훈에 앞서 국제 음악 콩쿠르에서 한국인 최초의 우승자는 1965년 뉴욕의 레벤트리트에서 1위를 거머쥔 피아니스트 한동일이다. 정명훈의 누이인 바이올리니스트 정경화는 1967년 이 콩쿠르에서 핀커스 주커만과 공동 우승자가 되었다. 또한 첼리스트 정명화는 1971년 제네바 콩쿠르에서 우승을 차지했다.

〈뉴욕타임스〉는 1965년 10월 27일 기사 「23세의 한국 피아니스트 제24회 레벤트리트 콩쿠르 우승: 줄리아드 음대의 한동일 40명의 참가자 중 14인의 심사위원에 의해 선발되다(Korean Pianist, 23, Is Winner Of 24th Leventritt Competition; Tong Il Han of Juilliard School Chosen From 40 Entrants by a 14-Member Panel)」를 보도했다. 카네기홀에서 열린 콩쿠르에서 당시 뉴욕필하모닉 음악감독이었던 레너드 번스타인(Leonard Bernstein)이 심사위원으로 참가했고, 우승자를 직접 발표했다. 한동일은 라흐마니노프 피아노 콘체르토 No.3, 베토벤 피아노 소나타 Op.2 No. 3, 프로코피에프의 피아노 소나타 No. 6의 일부를 연주했고, 우승을 거머쥐었다. 상금은 1천 달러로 뉴욕필하모닉을 비롯해 피츠버그, 디트로이트, 덴버, 뉴헤이븐, 버팔로, 미네아폴리스, 클리블랜드 심포니와 협연하게 된다고 전했다.

한동일은 우승 소감으로 "처음 이 나라에 왔을 때 밴 클라이번이 레벤트리트에서 우승했다는 소식을 듣고, 이 콩쿠르는 줄곧 내 마음속에 있었다"고 밝혔다. 〈뉴욕타임스〉는 그가 북한(함흥)에서 태어나 한국전쟁 때 피난했으며, 미 공군 제5사령부에서 피아노를 연습했고, 새뮤얼 E. 앤더슨 장군이 그의 연주를 듣고 유학비를 마련해 줄리아드에서 로지나 레빈 교수의 지도를 받고 있으며, 줄리아드 친구들은 그를 '토니(Tony)'라고 부른다고 보도했다.

1967년 제25회에 콩쿠르에서 정경화와 핀커스 주커만(Pinchas Zukerman)이 공동으로 우승을 차지했다. 〈뉴욕타임스〉는 1967년 5월 16일 기사 "두 바이올리니스트가 레벤트리트상을 수상하다: 한국인과 이스라엘인이 각각 1천 달러와 콘서트 예약을 부상으로 받게 된다(2 VIOLINISTS WIN LEVENTRITT PRIZE: Korean and Israeli Will Get $1,000 Each and Bookings)"라고 줄리아드에서 이반 갈라미안(Ivan Galamian) 교수에게서 사사 중인 두 젊은 음악도 정경화(당시 19세)와 주커만(당시 18세)의 우승 소식을 보도했다. 이 신문은 공동 우승에 따라 상금은 1천 달러씩 수여했지만, 부상으로 주어지는 오케스트라 협연을 어떻게 나누어야 할지가 문제라고 덧붙였다.

레벤트리트 콩쿠르는 1981년에 중단되었다. 1940년 뉴욕주 콜로라도 스프링스에 법학자이자 피아니스트이며, 음악 후원자였던 에드거 레벤트리트(Edgar Leventritt, 1873~1939)가 사망하자 그의 부인 로잘리 레벤트리트(Rosalie Leventritt, 1891~1976)가 레벤트리트 재단(Leventritt Foundation)을 설립했다. 그리고 1941년부터 주류 오케스트라

바이올리니스트 정경화(1948~)는 1967년 레벤트리트 콩쿠르에서 핀커스 주커만과 공동 우승했으며, 1970년 안드레 프레빈이 지휘하는 런던 심포니 오케스트라와 협연하며 스타덤에 올랐다.

와 협연하지 않은 피아노와 바이올린 연주자들을 대상으로 국제 콩쿠르를 열기 시작했다. 레벤트리트 콩쿠르에서는 1954년 밴 클라이번(피아노), 1964년 이츠하크 펄만(바이올린)이 우승했다.

메리웨더 포스트 콩쿠르

1950~1960년대 바이올린 신동으로 이름을 날리던 김영욱(1947~)과 강동석 (1954~)도 콩쿠르 우승을 거쳤다. 김영욱은 1965년 18세에, 강동석은 1971년 17세에 워싱턴 DC에서 열린 메리웨더 포스트 콩쿠르(Merriweather Post Competition)에서 1위를 거머쥐었다.

식품(시리얼) 재벌 마저리 메리웨더 포스트(Marjorie Merriweather Post, 1887~1973) 여사는 워싱턴 DC의 케네디센터, 내셔널심포니를 후원하는 자선사업가였다. 메릴랜드주 컬럼비아시의 옥외 콘서트장 메리웨더 포스트 파빌리온은 그의 이름에서 따왔다.

김영욱은 1958년 11세에 한국을 방문한 피아니스트 루돌프 제르킨에게 발굴되어 필라델피아 커티스 음악원으로 유학했다. 2년 후엔 유진 오르먼디가 지휘하는 필라델피아 오케스트라와 협연했으며, 1965년 메리웨더 포스트 콩쿠르에서 우승을 차지했다. 〈뉴욕타임스〉는 1976년 링컨센터 앨리스털리홀에서 열린 뉴욕 데뷔 연주회에 대해 "매우 아름답고, 탁월하게 강도 깊은 음조"라고 평했다. 1979년부터는 에마누엘 액스(피아노), 요요마(첼로)와 'Ax-Kim-Ma Trio'로 순회 연주를 했으며, 1998년엔 보자르 트리오(Beaux Arts Trio)를 결성해 활동했다. 2003년부터 서울대학교 음대 교수와 음악대학 학장을 역임했고, 2014년부터 서울대학교 초빙 교수로 있다.

강동석은 1967년 13세에 미국으로 이주, 줄리아드 음악원을 거쳐 커티스 음악원에서 이반 갈라미안 교수에게 사사했다. 1971년 샌프란시스코 심포니재단 콩쿠르와 메리웨더 포스트 콩쿠르에서 우승했다. 이어 몬트리올 콩쿠르 2위(1975), 퀸 엘리자베스 콩쿠르 3위(1975)를 수상했다. 〈뉴욕타임스〉는 1977년 링컨센터 앨리스털리홀에서 가진 연주회에 대해 "스타일과 음조가 빼어나게 정제된 바이올리니스트"라고 평했다.

1981년 26세에 프랑스 롱-티보 콩쿠르(Long-Thibaud-Crespin Competition) 심사를 맡았다. 2003년부터 연세대학교 음대 교수로 재직하다가 2019년 정년퇴임했다.

제네바 국제 음악 콩쿠르

1939년 스위스의 제네바 음악원(Geneva Conservatory)에서 시작한 제네바 콩쿠르에서는 1971년 첼리스트 정명화가 한국인 최초로 우승을 차지했다. 이후 2013년 조광호(작곡), 2014년 문지영(피아노), 2017년 최재혁(작곡), 2019년엔 박혜지(타악기)가 우승을 거머쥐었다.

이전 한국인 수상자로는 손현준(작곡, 3위, 2019년), 김승직(테너 3위, 2016년), 김유빈(플루트 2위, 2014년), 김홍기(피아노 3위, 2014년), 이효주(피아노 2위, 2010년), 김정미(메조소프라노 2위, 2009년), 국종준(테너 2위, 2007년)······ 그리고 1977년 조트리오(피아노 조영방, 바이올린 조영미, 첼로 조영창, 트리오 부문 2위) 등이 있다.

제네바 콩쿠르는 악기(피아노, 바이올린, 비올라, 첼로, 오르간, 오보에, 플루트, 클라리넷, 트럼펫, 바순, 하프, 더블 베이스, 기타, 타악기 등), 성악, 체임버, 지휘, 작곡 등 다양한 부문으로 나뉘어 열린다. 게오르그 솔티(피아노 2위, 1942년), 마르타 아르헤리치(피아노 우승, 1957년), 마우리치오 폴리니(피아노 2위, 1958년), 앨런 길버트(지휘 우승, 1994년) 등이 수상했다.

퀸 엘리자베스 콩쿠르

바이올리니스트 강동석은 1976년 퀸 엘리자베스 콩쿠르에서 3위에 입상한 최초의 한국인 연주자다. 이어 고 배익환(바이올린 2위, 1985년), 이미경(바이올린 5위, 1985년), 백혜선(피아노 4위, 1991년), 박종화(피아노 5위, 1995년), 임동혁(피아노 3위, 2003년), 임효선(피아노 5위, 2007년), 조은화(작곡 1위, 2009년), 김태형(피아노 5위, 2010년), 김수연(바이올린 4위, 2010년), 전민재(작곡 1위, 2010년), 홍혜란(소프라노 1위, 2011년), 신현수(바이올린 3위, 2012년), 에

스더 유(바이올린 4위, 2012년), 황수미(소프라노 1위, 2014년)가 수상했다.

그리고 2015년엔 바이올리니스트 임지영이 기악 부문 최초로 우승을 거머쥔 한국인이 되었다. 임지영은 2008년 금호영재콘서트를 통해 데뷔한 후 한국예술종합학교에서 김남윤 교수에게 사사했다. 이후 한지호(피아노 4위, 2016년), 지난해엔 코리안아메리칸 스티븐 김이 3위를 차지했다.

2022년 코로나 팬데믹으로 2년여 휴면에 들어갔던 국제 콩쿠르가 재개되었다. 첼리스트 최하영이 6월 벨기에에서 열린 퀸 엘리자베스 콩쿠르에서 한국인 최초로 첼로 부문 우승을 차지했다. 쇼팽 피아노 콩쿠르(폴란드), 차이콥스키 콩쿠르(러시아)와 함께 세계 3대 콩쿠르로 꼽히는 퀸 엘리자베스 콩쿠르는 피아노, 성악, 바이올린 부문으로 나누어 한 해씩 돌아가며 열린다. 첼로 부문은 2017년에 신설되었고, 두 번째 대회에서 최하영이 우승을 거머쥔 것이다.

1937년 벨기에 엘리자베스 여왕(1876~1965)의 이름을 따서 창립된 퀸 엘리자베스 콩쿠르는 브뤼셀에서 해마다 바이올린, 피아노, 성악, 첼로 부문으로 나뉘어 경쟁한다. 1952년 피아니스트 레온 플라이셔가 미국인 최초로 우승했으며, 1956년 피아니스트 블라디미르 아시케나지, 1959년 바이올리니스트 제이미 라레도가 우승했다. 한편, 피아니스트 미츠코 우치다는 1968년 10위, 에마누엘 액스는 1972년 7위에 머물렀다.

로스트로포비치 국제 첼로 콩쿠르

1977년 파리에서 러시아 출신 첼리스트이자 지휘자 므스티슬라프 로스트로포비치(Mstislav Rostropovich, 1927~2007)의 이름을 따서 창립된 콩쿠르로 로스트로포비치가 별세 전 8회(2005년)까지 회장직을 맡았다. 1981년 2회에 커티스음대와 뉴잉글랜드 음악원 출신 조영창(독일 에센폴크방 국립음대 교수)이 4위를 수상했으며, 제5회(1994년)부터 계속 심사위원을 맡았다.

로스트로포비치 콩쿠르에선 첼리스트 장한나가 1994년 당시 11세 나이에 대상

📻 1994년 11세에 로스트로포비치 콩쿠르에서 우승한 첼리스트 장한나의 CD와 지휘 모습

(Grand Prix de la Ville de Paris)을 거머쥐었다. 장한나는 미샤 마이스키와 로스트로포비치에게 사사했으며, 하버드대학교 철학과 졸업 후 2007년부터 지휘자로 활동 중이다. 뉴욕필하모닉의 수석 첼리스트 카터 브레이는 이 콩쿠르 2위(1981년) 수상자다.

국제 쇼팽 피아노 콩쿠르

1927년 폴란드의 바르샤바에서 시작된 쇼팽 피아노 콩쿠르(International Chopin Piano Competition/ Międzynarodowy Konkurs Pianistyczny im. Fryderyka Chopina)는 세계에서 가장 권위 있는 피아노 콩쿠르다. 5년마다 열리는 쇼팽 콩쿠르에선 1960년 마우리치오 폴리니, 1965년 24세의 마르타 아르헤리치가 우승했으며, 2005년 임동혁, 임동민 형제가 공동 3위를 한 후 2015년 제17회에서

📻 2015 쇼팽 콩쿠르 우승자 조성진이 5년간 출반한 앨범 (위)/ 아래 왼쪽부터 정명훈 지휘자와 리즈 콩쿠르 우승자 김선욱 제네바 콩쿠르 우승자 문지영, 퀸 엘리자베스 콩쿠르 우승 임지영과 쇼팽 콩쿠르 3위 임동혁, 밴 클라이번 콩쿠르 우승 선우예권

조성진이 한국인 최초로 우승을 석권했다.

조성진은 그전에 프레데릭 쇼팽 영 피아니스트 콩쿠르(2008)와 일본 하마마쓰 콩쿠르(2009) 우승, 차이콥스키 콩쿠르 3위(2011), 텔아비브 아서 루빈스타인 콩쿠르(2014) 3위를 거쳐 2015년 쇼팽 콩쿠르 우승의 쾌거를 올리며 월드 스타로 탄생했다.

리즈 국제 피아노 콩쿠르

1963년 영국 리즈에서 시작된 리즈 국제 피아노 콩쿠르(Leeds International Piano Competition)는 3년마다 열린다. '피아니스트들의 피아니스트'로 알려진 1969년 루마니아 출신 라두 루푸(Radu Lupu)가 우승한 콩쿠르다. 1975년 제5회 대회에서 미국 국적으로 참가한 정명훈이 공동 5위를 차지했다. 그해에는 미츠코 우치다가 2위, 언드라시 시프가 공동 3위에 오르는 치열한 무대였다.

한국인으로는 1984년 서주희가 2위, 1990년 백혜선이 5위에 입상했다. 2006년엔 한국예술종합학교 3학년생이던 김선욱이 아시아 최초이자 최연소(18세)로 우승을 석권했다. 같은 해 김성훈은 4위를 수상했다. 2015년 대회에선 김희재가 2위에 올랐다.

부소니 국제 피아노 콩쿠르

이탈리아 피아니스트 페루초 부소니(Ferruccio Busoni, 1866~1924) 사후 25주기인 1949년에 시작된 부소니 국제 피아노 콩쿠르(Ferruccio Busoni International Piano Competition)는 북부 도시 볼차노에서 열리는 피아노 콩쿠르다. 매년 열리다가 2004년부터 격년제로 개최하고 있다. 제1회에서 오스트리아 출신 알프레드 브렌델이 4위를 수상했으며, 1956년에는 열네 살의 마우리치오 폴리니가 참가했으나 본상을 수상하지 못했다. 이듬해 아르헨티나 출신 '피아노의 여신' 마르타 아르헤리치가 16세에 출전해 우승을 차지했다.

한국인으로는 백건우(1969년 4위), 이대욱(1972년 4위), 서혜경(1980년 공동 2위), 손은수(1980년 5위)가 입상했다. 이후 김원미(1988년 5위), 최희연(1990년 4위), 김정은(1995년 4위), 박종경(1996년 4위), 이윤수(1997년 2위), 캐나다계 한인 캐서린 지(1998년 3위), 손민수(1999년 3위), 임동혁(2000년 5위), 조혜정(2001년 2위), 임동민(2001년 3위), 박종화(2003년 4위), 김혜진(2004~2005년 3위), 러시아계 한인 마리아 김(2006~2007년 4위), 이선호(2008~2009년, 5위) 씨 등이 수상했다.

2014~2015년 부소니 콩쿠르에선 한국예술종합학교의 문지영이 아시아계 최초의 우승자가 되었다. 같은 대회에서 홍민수가 4위에 입상했다. 이어 2016~2017년 대회에선 원재연이 2위에 올랐다. 2021년 제63회 부소니 콩쿠르에서 박재홍이 우승, 김도현이 2위를 차지했다.

밴 클라이번 국제 피아노 콩쿠르

1962년부터 4년마다 열리는 밴 클라이번 콩쿠르(Van Cliburn International Piano Competition)는 1958년 제1회 차이콥스키 콩쿠르에서 우승한 23세의 미국인 피아니스트 밴 클라이번(1934~2013)의 이름에서 따왔다. 대회가 열리는 텍사스주 포트워스는 밴 클라이번이 성장하고 묻힌 곳이다. 1966년 제2회 우승자는 라두 루푸였으며, 한국인으로는 2005년 조이스 양(양희원), 2009년 손열음이 은메달(2위)을 수상했다.

2022 밴 클라이번 콩쿠르에서 최연소(18세) 금메달 수상자가 된 임윤찬(사진: Ralph Lauer, The Cliburn Foundation)

2017년 제15회 콩쿠르에선 28세의 선우예권이 한국인 최초로 금메달(우승)을 차지했다. 베르비에 콩쿠르, 센다이 콩쿠르, 윌리엄 카펠 콩쿠르 등에서 우승한 바 있는 선우예권은 커티스음악원, 줄리아드 대학원, 매네스음대 전문연주자 과정을 마치고, 하노버 국립음대 연주자 과정 중이다.

2022년 6월 코로나 팬데믹으로 5년 만에 열린 제16회 밴 클라이번 국제 피아노 콩쿠르에서 18세의 임윤찬이 우승(금메달)을 차지했다. 임윤찬은 밴 클라이번 콩쿠르 60년 역사상 최연소 우승자가 되었다. 한국은 2017년 제15회 선우예권에 이어 연속 우승자를 배출했다.

클리블랜드 국제 피아노 콩쿠르

1975년에 시작되어 2년마다 미국 오하이오주 클리블랜드에서 열리는 이 콩쿠르는 프랑스 피아니스트 로베르 카자드쥐(Robert Casadesus, 1899~1972)의 이름을 따서 카자드쥐 콩쿠르(Casadesus International Piano Competition)로 불리다 이름을 바꾸었다.

한국인으로는 1983년 안영신 교수, 1985년엔 김대진 교수가 연달아 우승을 차지했다. 이후 손민수(2001년 2위), 이소연(2003년 2위), 윌리엄 윤(윤홍천, 2009년 3위), 김규연(2011년 4위)이 입상했다. 1979년 장-이브 티보데는 2위에 올랐다. 안영신은 모교인 파리 에콜 노르말 음악원(École Normale de Musique de Paris) 교수다. 줄리아드 음대에서 박사학위를 받은 김대진은 1994년 한국으로 귀국해 한국예술종합학교 교수로 콩쿠르 우승자 김선욱, 손열음, 문지영 등을 가르쳤다. 2021년부터 한국예술종합학교의 총장직을 맡고 있다.

윌리엄 카펠 국제 피아노 콩쿠르

1953년 피아니스트 윌리엄 카펠(William Kapell, 1922~1953)이 호주 콘서트 투어를 바치고 귀국하던 중 비행기 추락사고로 사망했다. 그의 나이 31세였다. 그가 사망한 후 바이올리니스트 아이작 스턴은 윌리엄 카펠 추모 기금을 설립했다. 뉴욕에서 태어나 줄리아드에서 수학한 카펠은 1941년 필라델피아오케스트라의 청소년 콩쿠르에서 우승했으며, 밴 클라이번, 레온 플라이셔 등에게 영향을 주었다.

1986년 메릴랜드대학교의 피아노 콩쿠르가 윌리엄 카펠 국제 피아노 콩쿠르로 명명되어 4년마다 열렸다. 최초의 한인 우승자는 1977년 정명희 위스콘신대학 교수다. 한동일의 초청으로 미국으로 이주, 줄리아드대학과 대학원을 거쳐 맨해튼 음대에서 박사학위를 받았다. 이후 볼티모어 심포니, 포틀랜드 심포니 등과 협연했다. 미주리주립대학, 뉴멕시코주립대학 교수를 거쳐 1995년부터 위스콘신대학 교수로 피아노와 피아노 문학을 가르치고 있다.

1989년엔 백혜선이 우승을 차지했다. 2012년 대회에선 선우예권이 1위, 김진욱이 2위를 수상했다. 피아니스트 백혜선(1965~)은 윌리엄 카펠 콩쿠르(1989) 우승으로 그해 링컨센터 앨리스털리홀에서 연주회를 열었다. 이어 리즈 콩쿠르(1990, 5위), 퀸 엘리자베스 콩쿠르(1991, 4위), 차이콥스키 콩쿠르(1994, 3위) 수상으로 이어졌다. 백혜선은 서울대학교 음대 교수를 거쳐 2008년부터 모교인 뉴잉글랜드음악원 교수로 재직 중이다.

윌리엄 카펠 콩쿠르는 2016년 피아노 회사 크나베(Knabe)의 후원으로 윌리엄 크나베 피아노 협회(William Knabe Piano Institute)를 새로 설립, 같은 해 크나베 영아티스트 피아노 콩쿠르(Knabe Young Artist Piano Competition)라는 이름으로 열렸다. 2023년 대회는 작곡가 겸 피아니스트 토머스 F. 헐버트(1922~1990)의 이름을 딴 콩쿠르(Thomas F. Hulbert Competition)로 진행된다.

파가니니 국제 바이올린 콩쿠르

1954년 이탈리아 제노바에서 바이올리니스트이자 작곡가인 니콜로 파가니니(Niccolò Paganini, 1782~1840)의 이름을 따서 시작된 파가니니 콩쿠르는 격년으로 열린다. 1969년 기돈 크레머, 1988년엔 레오니다스 카바코스가 우승했다. 1996년 김수빈, 2015년 양인모가 우승을 차지했다.

이외에도 파가니니 콩쿠르 수상자로는 1973년 이성일(4위)을 비롯해 양성식(1983년 3위)과 이순익(1983년 6위), 1990년 김진(1990년 2위), 양고운(1991년 6위), 백주영(1996년 3위), 김민재(2001년 2위)와 신아라(2001년 4위), 신현수(2004년 2위), 이유라(2006년 2위), 션 리(2008년 3위), 김다미(2010년 2위), 엘리 서(2015년 5위), 스티븐 김(2018년 3위) 등이 나왔다.

콩쿠르가 필요 없었던 바이올린 신동 사라 장

바이올린 천재 사라 장(장영주, 1980~)에겐 신인 발굴의 등용문인 콩쿠르가 필요 없었다. 필라델피아에서 바이올리니스트 장민수(템플대학교 교수)와 작곡가 이명준 씨 사이에서 태어난 사라 장은 다섯 살에 브루크의 바이올린 콘체르토 오디션을 거쳐 줄리아드 음악원에 입학, 아이작 스턴, 도로시 딜레이, 강효 교수에게 사사했다.

🎼 'After Child's Play, What Comes Next?', 〈뉴욕타임스〉 1993. 8. 3.

여덟 살 때 주빈 메타가 지휘하는 뉴욕필하모닉, 리카르도 무티가 지휘하는 필라델피아 오케스트라와 협연했고, 열 살 때 EMI에서 데뷔 앨범 「Debut」를 출반하면서 전설이 되었다.

아버지 장민수 템플대학교 교수는 2007년 출간한 『바이올리니스트 장영주의 아름다운 질주』에서 "영주는 한 번도 콩쿠르에 출전해본 일이 없다. 콩쿠르보다 오디션이 더 중요하다. 콩쿠르는 다양한 레퍼토리를 소화해내고 무대 공포증을 극복하는 기회일 뿐"이라면서 "콩쿠르 입상 결과에 연연하지 마라"고 자녀교육 비결을 밝혔다.

뉴욕필, 필라델피아 오케스트라의 한인 연주자들

뉴욕필하모닉(1842년 창단)은 보스턴 심포니오케스트라(1881년 창단), 시카고 심포니 오케스트라(1891), 필라델피아 오케스트라(1900), 그리고 클리블랜드 오케스트라(1918)와 함께 미국의 '빅 파이브(big five)' 오케스트라로 통한다. 이 중 뉴욕필과 필라델피아 오케스트라 등 미국 교향악단엔 한인 연주자가 다수를 차지한다(2023. 3. 15. 현재).

뉴욕필하모닉(New York Philharmoic)엔 부악장 미셸 김을 비롯해 바이올린부에 리사 은수 김, 함혜영, 권수현, 리사 지혜 김, 이현주, 한나 최, 유진석, 박수현, 정다솔, 민경지, 그리고 첼로부에 패트릭 지, 플루트부에 손유빈 등 13인이 활동 중이다.

또한 카네기홀에서 종종 개막 콘서트를 여는 필라델피아 오케스트라(Philadelphia Orchestra)엔 악장 데이비드 김, 부악장 줄리엣 강, 조악장 크리스틴 림을 비롯해 장충진(비올라 수석), 대니얼 한(바이올린), 그리고 김정인(바이올린), 마빈 문(비올라) 등 8인이 연주하고 있다(2023. 3. 15. 현재).

작곡가 진은숙 & 지휘자 김은선

한인 여성 작곡가와 지휘자도 클래식 음악계에서 월드 스타덤에 올랐다.

베를린에 거주하는 진은숙(1961~)은 윤이상(尹伊桑, 1917~1995) 이후 한국인 작곡가로서 와이드 스펙트럼의 곡으로 왕성한 활동을 보여주고 있다. 서울대학교 작곡과 졸업 후 함부르크로 이주한 진은숙은 리게티 죄르지(Ligeti György, 1923~2006)에게 사사했다. 2004년 「바이올린 협주곡 1번」으로 '음악의

2019년 10월 뉴욕필하모닉이 작곡가 진은숙 씨의 「생황 협주곡 슈」를 뉴욕에서 초연했다.(사진: Chris Lee)

노벨상'으로 불리는 그로마이어(Grawemeyer)상을 비롯해 쇤베르크상(2005), 시벨리우스

상(2017), 모나코 피에르대공 작곡상(2010), 시벨리우스 음악상(2017), 뉴욕필하모닉 마리-호세 크라비스상(2018)을 수상했다. 희곡작가 데이비드 헨리 황과 공동 대본으로 오페라 「이상한 나라의 앨리스(Alice in Wonderland)」(2017)를 작곡, 뮌헨의 바이에른 국립오페라에서 초연했다.

진은숙 작곡가의 신작은 뉴욕에서도 종종 초연되었다. 2008년 5월 카네기홀에서 켄트 나가노가 지휘하는 몬트리올심포니는 오케스트라곡 「로카나(Rocana, Room of Light)」를 미국에 초연했다. 2019년 10월 수잔나 말키가 지휘하는 뉴욕필하모닉과 우웨이가 「생황(笙簧) 협주곡 슈(Šu, for Sheng and Orchestra)」(생황은 고대 중국에서 만들어져 유래한 관악기)를 뉴욕에서 처음 연주했다.

2022년 3월엔 카네기홀에서 바이올린 협주곡 2번 「정적의 파편(Scheben der Stille)」을 레오니다스 카바코스와 안드리스 넬손스가 지휘하는 보스턴 심포니오케스트라가 초연했다. 진은숙 씨는 2022년부터 윤이상을 기리는 통영국제음악제의 음악감독을 맡고 있다.

김은선 지휘자는 2019년 샌프란시스코 오페라(SFO)의 음악감독에 임명되며 메이저 오페라단 최초의 여성 음악감독이라는 역사를 새로 썼다. 세계 주요 오페라단 음악감독직은 1989년 파리 바스티유 오페라(파리국립오페라) 음악감독에 발탁되었던 정명훈에 이어 두 번째다. 연세대학교에서 작곡, 같은 대학 대학원에서 지휘로 석사학위를 받은 김은선 감독은 슈투트가르트 국립음악대학 최고 연주자 과정을 마친 후 스페인왕립극장 부지휘자, 휴스턴그랜드 오페라 수석 객원지휘자를 거쳐 샌프란시스코 오페라에 착륙했다.

김은선 SF 음악감독이 2021년 11월 메트로폴리탄 오페라 「라보엠」 지휘 후 청중의 박수를 받고 있다.(사진: Sukie Park/ NYCultureBeat)

김은선 음악감독은 2021년 11월 뉴욕 메트로폴리탄 오페라 「라보엠(La Boheme)」의 지휘봉을 잡았다. 〈뉴욕타임스)는 그에 대해 "그날 저녁의 스타는 메트에 데뷔한 지휘자 김은선이었다. ……음악가다운 배려, 확신에 찬 기술적 통솔력, 미묘함과 상상력으로 지휘를 수행했다. 푸치니의 악보가 이처럼 신선하게 연주된 것은 실로 오랜만이다"라며 찬사를 보냈다.

그래미상과 한국인

미국 레코딩예술과학아카데미(National Academy of Recording Arts and Sciences, NARAS)가 주최하는 그래미상(Grammy Awards)은 대중음악 외에도 클래식, 재즈까지 아우른다. 아카데미상처럼 그래미상도 봉준호 감독의 말을 빌리자면 '로컬', 국제 음악상이 아니라 미국 음악상이다.

그래미상을 처음 수상한 한국인은 2022년 싱글곡 「크롤링(Crawling)」으로 최우수 하드록 퍼포먼스상(Best Hard Rock Performance)을 수상한 6인조 록밴드 '린킨 파크(Linkin Park)'의 한인 2세 조셉 한으로 알려졌다. 그리고 2006년 린킨 파크는 슈퍼스타 제이-지(Jay-Z)와 함께 작업한 「Numb/Encore」로 베스트 랩/성 컬래버레이션(Best Rap/Sung Collaboration)상을 수상했다. 조셉 한은 가수도, 기타리스트도, 드러머도 아닌 턴테이블, 샘플러 전문의 DJ다.

이후 간간이 기술 부문에서 한국인의 이름이 올랐다. 2012년 음반 엔지니어 황병준 사운드미러코리아 대표가 클래식 부문 최고 엔지니어상(Best Engineered Album. 로버트 알드리지 작곡 오페라 「엘머 갠트리」), 2016년엔 황병준 씨가 다시 찰스 브러피가 지휘한 캔사스 시티&피닉스 합창단의 레코딩 「베스퍼스: 올 나이트 비질(Vespers: All-Night Vigil)」로 합창 퍼포먼스(Choral Performance)상을 수상했다. 2020년엔 첼리스트 양정인이 소속된 크로노스 콰르텟(Kronos Quartette)의 앨범 「테리 라일리: 선 링(Terry Riley: Sun Rings)」이 엔지니어상을 수상했다. 그리고 2021년엔 사운드믹스 엔지니어 데이비드 김(김영인)이 참가한 나스의 앨범 「왕의 질병(King's Disease)」이 베스트 랩앨범상을 수상했다.

2009년 소프라노 조수미는 게오르그 솔티와 녹음한 리하르트 슈트라우스 작곡 「그림자 없는 여인(R. Strauss: Die Frau Ohne Schatten)」으로 베스트 오페라레코딩(Best Opera

Recording)상을 받았다.

　뉴잉글랜드음악원 동문 바이올리니스트 대니얼 정과 카렌 김, 첼리스트 김기현 그리고 비올리스트 제시카 보드너로 구성된 파커 콰르텟(Parker Quartette)이 2011년 「리케티: 현악 4중주 1, 2번(Ligeti: String Quartets Nos. 1 & 2)」으로 체임버음악 퍼포먼스상(Chamber Music Performance)을 받았다. 카렌 김은 이후 재스퍼 스트링 콰르텟(Jasper String Quartette)으로 옮겼다.

　2021년 입양 한인 비올리스트 리처드 용재 오닐은 데이비드 앨런 밀러가 지휘하는 올바니 심포니오케스트라와 협연한 크리스토퍼 테오파니디스(Christopher Theofanidis) 작곡의 「비올라와 체임버 오케스트라를 위한 협주곡」으로 클래식 기악솔로(Best Classical Instrumental Solo) 부문상을 수상했다.

　그리고 2022년 그래미상 시상식 후보에는 한인 뮤지션이 두각을 나타냈다. 팝듀오/그룹 부문에 방탄소년단(BTS), 신인 아티스트와 얼터너티브 뮤직앨범 부문에 '재패니즈 브렉퍼스트'의 기타리스트/보컬리스트이자 작가(『H마트에서 울다』)인 미셸 자우너, 그리고 클래식 기악솔로 부문에 바이올리니스트 제니퍼 고가 올랐다.

　제니퍼 고는 코로나 팬데믹 중 13인의 작곡가들로부터 신작을 기증받아 연주, 디지털로 제작한 음반 「Alone Together(나 홀로 함께)」로 최우수 클래식 기악솔로상(Best Instrumental Solo)을 수상했다.

「Alone Together(나 홀로 함께)」로 2022 그래미상 클래식 기악 솔로상을 수상한 바이올리니스트 제니퍼 고(사진: Lyndsey Byrnes/Recording Academy)

　한국계 비올리스트 리처드 용재 오닐의 그래미 바통을 바이올리니스트 제니퍼 고가 이어받았다. 그래미상에서도 코리아가 클래식 강국임을 입증한 것이다. 제니퍼 고는 1994년 17세에 차이콥스키 콩쿠르에서 2위를 차지한 바 있다.

#26

'우리 시대의 비틀스'
방탄소년단(BTS)

비틀스와 BTS 방탄소년단

- 데뷔 연도: 비틀스-1962년 「Love Me Do」 / BTS-2013년 「2 COOL 4 SKOOL」
- 빌보드 200 No.1: 비틀스-19장 / BTS-6장
- 유튜브 조회수: BTS-268억 1800만 회 / 비틀스-27억 5800만 회
- 총 음반 판매: 비틀스-1억 8300만 장 / BTS-3390만 장
- 그래미상: 비틀스 7회 수상/ BTS 0회
- 팬: 비틀마니아(Beatlemania) / BTS ARMY

_2022년 9월 현재

2022년 6월 14일 데뷔 9주년을 맞은 슈퍼스타 보이밴드(보이그룹) 방탄소년단(BTS)이
유튜브 영상(찐 방탄 회식)으로 충격적인
휴지기를 선언했다. 지구촌에 몰고 온
K-팝 파도의 꼭대기에서 서핑을 즐겨
온 BTS였다. RM, 진, 슈가, 제이홉, 지
민, 뷔, 정국 등 BTS 7인의 멤버는 그
룹의 영구 해체가 아니라 잠정 중단으
로 멤버 개인 활동과 재충전기에 들어
가는 것임을 알렸다.

1969년 1월 30일 런던의 애플사 5층

영국의 4인조 오리지널 보이밴드 비틀스(왼쪽, 사
진: CBS-TV 「에드 엘리번 쇼」, 1964)/ 한국의 7인조 보이
밴드 방탄소년단(BTS)(사진: CBS-TV 「스티븐 콜베르와의
레이트 쇼」, 2016)

옥상에선 비틀스(The Beatles)의 마지막 콘서트가 열렸다. 섭씨 7도에 바람이 부는 겨울 날 42분간의 즉흥 공연을 끝으로 존, 폴, 조지, 링고의 비틀스는 영원히 해산하게 된다. 존 레논은 1980년 맨해튼 자신의 다코타 아파트 앞에서 광적인 팬에게 살해됐고, 조지 해리슨은 2001년 LA에서 폐암으로 세상을 떠났다.

BTS는 이제 K-팝을 넘어서 세계 팝뮤직 역사에서 1960년대의 전설적인 4인조 록 밴드 비틀스에 견줄 만한 위대한 그룹으로 평가되고 있다.

영국의 BBC는 2019년 1월 "비틀스 대 BTS: 어떻게 이 슈퍼그룹을 비교할까?(The Beatles v BTS: How do these supergroups compare?)"에서 '빌보드 핫 200' 1위곡, 유튜브 조회 수, 베스트셀링 앨범, 그리고 그래미상 수상 경력 등으로 두 그룹의 성취를 비교했다. CNN, 〈LA타임스〉, 〈포브스〉지도 BTS를 비틀스에 비교했다. 극동의 자그마한 나라에서 탄생한 보이밴드가 팝뮤직의 전설을 만들고 있는 것이다.

1964년 2월 9일은 팝 역사에서 '미국을 변화시킨 밤(The Night That Changed America)' 으로 불린다. 영국의 비틀스가 미국의 CBS-TV 「에드 설리번 쇼(Ed Sullivan Show)」에 데뷔한 날이었다. 존 F. 케네디 대통령이 암살당한 지 3개월이 채 안 되었고, '로큰 롤의 황제' 엘비스 프레슬리는 1년에 세 편씩 할리우드 영화를 찍고 있었다. "Ladies and gentlemen…… the Beatles!" 에드 설리번의 외침과 함께 비틀스는 「올 마이 러 빙(All My Loving)」을 부르며 7300만 명의 미국인들과 만났다. 이른바 '영국의 침공(The British Invasion)', 그 서막이었다.

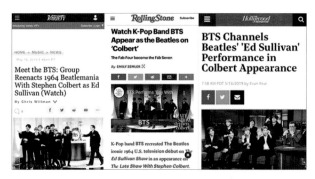

2019년 미국 CBS-TV 「스티븐 콜베르와의 레이트 쇼」에 서 비틀스에게 경의를 표한 BTS. 〈버라이어티〉, 〈롤링스톤〉, 〈할리우드 리포터〉지의 보도

2019년 5월 15일 CBS-TV 토크쇼 「스티븐 콜베르와의 레이트 쇼(Late Show With Stephen Colbert)」에서 방탄소년단이 비틀스의 출연 장면을 재현했다. 55년 전 비틀스가 노래했던 뉴욕의 에드 설리번 시어터(현 브로드웨이 시어터) 무대에 오른 것이다. 사회자 스티븐 콜베르는

에드 설리번처럼 분장했으며, 청중도 1964년 스타일로 꾸몄다. BTS는 비틀스 스타일의 정장을 입고 나와 각자 자신을 소개한 후 히트곡 「작은 것들을 위한 시(Boy With Luv)」를 불렀다. 이 장면은 1964년 분위기를 내기 위해 흑백으로 방영되었다.

영국의 리버풀에서 결성된 비틀스가 로큰롤이라는 장르를 발전시킨 원조 보이밴드라면, 그로부터 50여 년 후 데뷔한 BTS는 록, 댄스팝, 힙합, 랩, R&B, 발라드, 디스코 등 여러 장르를 융합한 퓨전 장르에 스펙터클한 뮤직비디오로 슈퍼 스타덤에 오른 보이밴드이다.

비틀스의 존 레논(John Lennon, 기타), 폴 매카트니(Paul McCartney, 베이스기타), 조지 해리슨(George Harrison, 기타)과 링고 스타(Ringo Starr, 드럼)는 팝뮤직의 전설이 되었고, RM(김남준), 진(Jin, 김석진), 슈가(Suga, 민윤기), 제이홉(J-Hope, 정호석), 지민(Jimin, 박지민), 뷔(V, 김태형), 정국(Jungkook, 전정국)의 BTS는 팝 역사의 전설을 만드는 중이다.

비틀스 vs. 방탄소년단

비틀스 해산 50년 후, BTS는 세계의 팝팬들을 매혹시키며 미국이 주도해온 대중음악계를 뒤흔들었다. 세계의 언론, 음악 전문지, 블로거들은 BTS와 비틀스를 비교하며 BTS를 '21세기의 비틀스', '우리 시대의 비틀스'라 명명했다. BTS 팬들과 네티즌들 간에는 "BTS 대 비틀스, 누가 더 큰가?(BTS vs The Beatles, who is bigger?)" 등 비교 논쟁도 활발하다.

비틀스는 1962년 10월 싱글곡 「러브 미 두(Love Me Do)」로 데뷔했다. 리틀 리처드, 엘비스 프레슬리의 공백기에 비틀스는 로큰롤을 바탕으로 팝 발라드, 사이키델릭, 하드록, 포크록, 프로그레시브 록, 바로크 팝 등

방탄소년단과 비틀스를 비교한 BBC, 〈LA타임스〉, 〈포브스〉

세부 장르로 줄기를 치면서 로큰롤 음악을 발전시켰다.

방탄소년단은 2013년 「2 COOL 4 SKOOL」로 데뷔했다. 그룹명 방탄소년단(BTS, Bangtan Boys/ Bulletproof Boys Scouts/ Beyond The Scene)은 '방탄이 총알을 막아내는 것처럼, 살아가는 동안 힘든 일을 겪는 10대, 20대가 겪는 힘든 일과 편견을 막아내고 자신들의 음악적 가치를 당당히 지켜내겠다'는 의미로 지었다고 한다. 다양한 장르를 구사하는 방탄소년단의 멤버들은 비틀스처럼 악기를 연주하지 않는 대신, 정교한 안무의 춤을 선사한다.

비틀스 vs. BTS: 빌보드 차트 핫 100 & 200 1위

미국의 음악 전문지 〈빌보드(Billboard)〉가 발행하는 차트는 두 밴드의 인기를 가늠할 수 있는 공신력 있는 순위다. '빌보드 핫 100(Billboard Hot 100)'은 단일 곡의 순위로 미국 내 싱글 판매량(음원+디지털), 라디오 방송 횟수, 온라인 스트리밍, 유튜브 조회수 등을 합산해서 순위를 정하는 메인 차트다. '빌보드 200(Billboard 200)'은 앨범과 EP 판매량(음원+디지털)을 기반으로 순위를 매긴다.

〈빌보드〉지 표지, 비틀스와 BTS

■ 빌보드 핫 100 No. 1

비틀스는 1963년 「From Me To You」로 영국 싱글 넘버 1을 차지했으며, 이후 16곡이 1위를 기록하게 된다. 1964년 4월 4일 주간엔 미국의 '빌보드 Hot 100' 차트에서 1위부터 5위까지 5곡(1. 「Can't Buy Me Love」/ 2. 「Twist and Shout」/ 3. 「She Loves You」/ 4. 「I Want to Hold Your Hand」/ 5. 「Please Please Me」)으로 도배하고, 무려 12곡이 100위 안에 오른 전무후무할 기염을 토했다. 비틀스는 1963년부터 1970년 해산 때까지 '빌보드 싱글차트 100' #1에 오른 노래는 20곡으로 최다

기록 보유자다.

1964년 4월 4일 자 '빌보드 핫 100'에서 노란색 표시가 비틀스 노래 순위(왼쪽)/ 2020년 9월 12일 자 '빌보드 핫 100' 넘버 1은 BTS의 「다이너마이트」

• 비틀스: 1위 20곡(싱글)

I Want To Hold Your Hand(1963), She Loves You(1963), Can't Buy Me Love(1964), Love Me Do(1964), A Hard Day's Night(1964), I Feel Fine(1964), Eight Days a Week(1965), Ticket To Ride(1965), Help!(1965), Yesterday(1965), We Can Work It Out(1965), Day Tripper(1965), Paperback Writer(1966), Penny Lane(1967), All You Need Is Love(1967), Hello Goodbye(1967), Hey Jude(1968), Get Back(1969), Come Together(1969), Something(1969), Let It Be(1970), The Long and Winding Road(1970)

• BTS: 1위 6곡(싱글)

Dynamite(2020), Savage Love(2020), Life Goes On(2020), Butter(2021), Permission To Dance(2021), My Universe-with Coldplay(2021)

방탄소년단은 코로나 팬데믹 중에도 폭발적인 인기를 누렸다. 2020년 9월 첫 영어곡 「다이너마이트(Dynamite)」로 한국 가수 최초로 '빌보드 핫 100' 1위에 오른 후 3주간 정상을 지켰다. 이전까지 최고 기록은 2012년 9월 2위에 오른 싸이의 「강남 스타일」이었다. 이어 「Savage Love」와 「Life Goes On」으로 1위에 다시 올랐다. 그리고 2021년엔 「버터(Butter)」로 연 10주간 1위를 점령했으며, 이어 「Permission to Dance」와 크리스 마틴과 함께 녹음한 「My Universe」로 다시 1위를 탈환했다.

〈빌보드〉지에 따르면, BTS는 2017년부터 2022년 사이 핫 100 차트에 26곡이 차지했다. 이 중 톱 10에 10곡, 1위에는 6곡이 올랐다. 또한 21주째 아티스트 100 차트 1위에 오르며, 듀오/그룹 최다 1위 기록을 세웠다.

■ 빌보드 200 No. 1 앨범

• 비틀스: 1위 19장

Meet the Beatles!(1964), The Beatles' Second Album(1964), A Hard Day's Night(1964), Beatles '65(1964), Beatles VI(1965), Help!(1965), Rubber Soul(1965), Yesterday and Today(1966), Revolver(1966), Sgt. Pepper's Lonely Hearts Club Band(1967), Magical Mystery Tour(1967), The Beatles(WHITE, 1968), Abbey Road(1969), Let It Be(1970), 1967-1970(BLUE, 1973), Anthology 1(1995), Anthology 2(1996), Anthology 3(1996), 1 (2000)

• BTS: 1위 6장

Love Yourself 轉 'Tear'(2018), Love Yourself 結 Answer(2018), Map of the Soul: Persona(2019), Map of the Soul: 7(2020), Be(2020), Proof(2022)

비틀스는 1963년부터 2000년까지 총 19장의 앨범이 '빌보드 200' 1위에 랭크되었다. 한편, BTS는 2013년부터 2022년 6월까지 6장의 앨범이 1위에 랭크되었다. BTS는 비틀스 이후 최단기간(1년 9개월)에 앨범 4장이 '빌보드 200' 1위에 오른 밴드가 되었다. 비틀스는 1966년 6월 「Yesterday and Today」부터 8월 「Revolver」, 1967년 5월 「Sgt. Pepper's Lonely Hearts Club Band」, 그리고 그해 11월부터 1968년 「Magical Mystery Tour」까지 1년 5개월 동안 '빌보드 200' 1위에 4개의 앨범이 랭크된 바 있다.

비틀스 vs. BTS: 유튜브 조회수

1960년대는 레코드 판매와 TV와 라디오 방송 및 콘서트 등으로 음악 활동을 했다. 21세기는 인터넷을 기반으로 한 유튜브와 소셜미디어로 뮤지션들이 팬들에게 직접 뮤직비디오, 비하인드 신, 일상생활 등까지 소통하는 시대다.

• BTS: 공식 채널 조회수 202억 7581만 7009회(2023년 5월 현재)
BANGTANTV 구독자 수 7460만 명(https://www.youtube.com/user/BANGTANTV)

- 비틀스: 58억 5458만 22회(2023년 5월 현재)

The Beatles 구독자 수 732만 명(https://www.youtube.com/user/thebeatles)

2011년부터 유튜브에 오른 비틀스의 주요 비디오는 총 154편으로 여전히 그 인기를 실감케 한다. 2022년 8월 현재 유튜브에 오른 비틀스 비디오 총 조회수는 27억 5800만 회, 하루 평균 조회수는 92만 회다. 최다 조회 비디오는 「Don't Let Me Down」(4억 회), 2위는 「Hey Jude」(3억 3천만 회).

한편, 유튜브와 소셜미디어 덕을 보고 있는 BTS의 비디오 총 조회수는 2022년 8월 현재 268억 1800만 회다. 이는 전 세계 가수 중 1위다. 저스틴 비버(Justin Bieber)가 267억 7778만으로 2위를 기록하고 있다. 유튜브에 오른 BTS 비디오 173편 중 조회수 1위는 2019년 4월 업로드된 「작은 것들을 위한 시」 공식 뮤직비디오로 15억 6900만 회를 기록했다. 1억 회 이상을 기록한 BTS의 비디오는 62편이다.

비틀스 vs. BTS: 음반 판매량

- 비틀스: 총 1억 8300만 장(2022년 현재), 베스트셀러 「The Beatles, Sgt. Pepper's Lonely Hearts Club Band」(1967), 3200만 장(2022년 현재)

- BTS: 총 3390만 장(2022년 3월 현재), 베스트셀러 「Map of the Soul」(2021) 478만 장(2022년 3월 현재, '가온' 집계)

미국 레코딩산업협회(Recording Industry Association of America, RIAA)의 2019년 통계에 따르면, 비틀스는 통산 1억 8300만 장의 앨범을 판매하며 세계 최고에 올랐다. 이는 싱글 레코드 판매를 제외한 수치다. 베스트셀링 앨범은 1967년 출반한 「페퍼 상사의 상심클럽밴드(Sgt. Pepper's Lonely Hearts Club Band)」로 3200만 장이 팔린 것으로 집계되었다. 그래미상 '올해의 앨범상'을 수상한 이 레코드엔 타이틀곡을 비롯해 「Lucy in the Sky with Diamonds」, 「She's Leaving Home」 등이 수록되었다.

한편, BTS는 2013년 싱글 「2 COOL 4 SKOOL」로 데뷔한 후 스튜디오 녹음 정

비틀스 「The Beatles, Sgt. Pepper's Lonely Hearts Club Band」(1967)(왼쪽)/ BTS 「Map of the Soul 7」(2020)

규앨범 「Dark & Wild」(2014), 「Wings」(2016), 「Love Yourself 轉 'Tear'」(2018), 「Map of the Soul: 7」 (2020)을 비롯해 미니앨범(EP), 싱글 등을 발표했다.

BTS의 최다 판매 앨범은 438만 장이 팔린 「Map of the Soul: 7」이다. 「작은 것들을 위한 시」, 「On」, 「Black Swan」 등이 수록된 앨범으로 미국에서 59만 5천 장, 한국에서 205만 장을 비롯해 아시아에서만 325만 장이 팔려나갔다. 한국의 음악 차트 '가온(GAON)'에 따르면, 2022년 3월 현재 이 앨범의 세계 총 판매수치는 478만 장으로 조사되었고, BTS는 2013년 데뷔 이후 2022년 3월 3390만 장을 판매한 것으로 집계되었다.

비틀스 vs. BTS: 그래미상

영국 그룹 비틀스는 미국 팝 음악계의 권위 있는 그래미상(Grammy Awards) 후보에 23회 올랐으며, 7개의 트로피를 거머쥐었다. 비틀스로 활동하면서 받은 상은 4개다. 첫 수상은 1964년 최우수 보컬그룹 퍼포먼스와 신인 아티스트 2개 부문이었다. 1967년엔 「페퍼 상사의 상심클럽밴드」로 올해의 앨범과 컨템포러리(contemporary) 앨범상을 수상했다.

비틀스는 1969년 해산 후에도 3개의 상을 받았다. 1996년 「새처럼 자유롭게(Free As A Bird)」로 최우수 팝퍼포먼스(보컬이 있는 듀오나 그룹), 뮤직비디오(단편), 장편 뮤직비디오(The Beatles Anthology) 부문이다. 1972년엔 특별상 내셔널 트러스티상, 비틀스의 미국 TV 「에드 설리번 쇼」 데뷔 50주년을 기념한 2014년엔 비틀스에 평생공로상이 돌아갔다. 비틀스는 1971년 다큐멘터리 영화 「Let It Be」의 주제가로 아카데미상 오리지널 작곡상도 수상한 바 있다.

한편, BTS는 2021년(「다이너마이트」)과 2022년(「버터」) 베스트 팝 듀오/그룹 퍼포먼스 부문 후보에 올랐으며, 2023년엔 팝 듀오/그룹 퍼포먼스(+콜드 플레이 협업, 「마이 유니버스), 베스트 뮤직비디오(「Yet To Come」), 올해의 앨범(콜드 플레이: 「Music of The Spheres」) 부문에 후보로 지명되었지만, 수상하지는 못했다.

미국 음악 전문지 〈롤링스톤〉은 2019년 11월 제62회 그래미상 후보 발표 후 「BTS 2020 그래미 후보에서 누락(BTS Are Shut Out of 2020 Grammy Nominations)」을 제목으로 한 기사에서 BTS가 빠진 것에 대해 비판하는 기사를 올렸다. 이 잡지는 BTS가 4월에 출시한 「Map of the Soul: Persona」는 비욘세(Beyonce)의 라이브 앨범 「홈커밍(Homecoming)」보다 훨씬 많이 팔렸으며, 11개월 동안 3곡이 빌보드 1위를 기록하며 비틀스에 버금갈 만한 성과를 올렸는데, 최우수 앨범(Album of the Year), 최우수 팝보컬 앨범(Best Pop Vocal Album)뿐만 아니라 최우수 월드뮤직 앨범(Best World Music Album) 후보에도 오르지 않은 것에 경악했다.

〈롤링스톤〉은 "그래미상이 K-팝의 지속되는 과제"라고 지적했다. K-팝 그룹들이 미국 가수들보다 댄스는 물론 음반을 더 많이 파는데도, 미국 주요 음악상에서 간과되고 있다고 비판했다. 음악상에서 K-팝을 인정하는 것에 실패한 것은 미국 음악계가 일상의 현실과 극명한 대조를 입증한다고 전했다. 한편, 미국의 메이저 레코드사에서는 지난 1년 동안 K-팝 가수들을 잡기에 혈안이 되었다고 강조했다.

〈USA 투데이〉지도 BTS가 그래미상 후보에서 제외된 것에 대해 주목했다. 이 신문은 "BTS는 그래미 후보 못 올랐지만, 팬들은 성원한다(BTS Don't Get Grammy Nomination, Fans React in Support)"에서 BTS의 멤버 7인이 댄서, 가수, 레코드 프로듀서, 작곡가, 퍼포머로 각각 음악을 통해서, 그리고 자기애, 정신 건강 및 자아 성취의 중요한 교훈을 나눔으로써 영감의 등대가 되었다고 소개했다.

BTS와 「Boy With Luv」에서 협업한 팝스타 할시는 트위터에서 "BTS는 많은 부문 후보에 올라야 했다. 하지만 BTS가 인정받지 못한 것에 놀랍지 않다. 미국은 전체 움직임에서 멀

2019년 〈롤링스톤〉과 〈USA 투데이〉는 BTS가 그래미상 후보에 오르지 못한 것에 대해, 2021년 〈포브스〉와 〈엘르〉는 BTS가 그래미상을 수상하지 못한 것에 대해 레코딩아카데미를 비판했다.

리 뒤처져 있다. 때가 올 것이다"라고 밝혔다. 디지털 콘텐츠 개발자인 엘리엇 생은 "BTS의 인기가 높은 것 때문만이 아니라 국내외로 비평가들의 호평을 받았기 때문에라도 완벽한 후보인 것 같다. 하지만 케이티 페리(Katy Perry), 건즈 앤 로지즈(Guns N' Roses), 스눕 독(Snoop Dogg)도 그래미상을 받지 못했다"고 밝혔다. 생은 이와 함께 "그래미가 서구권 밖의 가수들에 대해 인정하지 못하고 있다"고 지적하면서 "그래미는 미국/서구의 기준으로 한 피부색 측면에서만 다양성의 찬사를 이용하고 있다"고 비판했다.

1957년 창립된 그래미상은 미국 레코딩예술과학아카데미(NARAS) 회원들이 선정한다. 〈빌보드〉지에 따르면 가수, 작곡가, 엔지니어, 프로듀서 등 2만 1천 명으로 구성되었으며, 이 가운데 1만 2천 명에게 투표 자격이 주어진다. 인종차별, 성차별 비판을 받아온 NARAS는 2018년 여성과 유색인종, 29세 미만을 확충하기 위해 900명의 신입 회원을 받아들인 바 있다.

BTS는 2021년(「다이너마이트」)과 2022년(「버터」)에 그래미상 팝 듀오/그룹(Pop Duo/Group Performance)상 후보로 지명되어 시상식에서 공연도 했지만, 트로피를 거머쥐지는 못했다. 「기생충」과 「미나리」는 아카데미상, 드라마 「오징어 게임」은 에미상의 굳건한 성을 깨뜨렸지만, 미국 레코딩아카데미는 BTS에게 수상을 허용하지 않아 팬들은 물론 언론의 비판을 감수해야 했다.

한편, BTS는 빌보드 뮤직상(Billboard Music Awards) 최다 수상 그룹으로 기록되었다. '톱 듀오/그룹(2019)'과 '톱 소셜 아티스트'(Top Social Artist, 2017, 2018, 2019, 2020, 2021)상을 비롯해 톱 듀오/그룹 아티스트(2019, 2021, 2022), 톱 셀링 송(Top Selling Song, 2021, 2022), 톱 송 세일즈 아티스트(Song Sales Artist, 2021, 2022) 등까지 2022년 5월 현재 총 12개 부문의 상을 수상했다. 이전 최다 기록은 비욘세가 활동했던 여성 트리오 '데스티니즈 차일드(Destiny's Child)'가 세운 11개였다.

또한 BTS는 2018년 이래 5년 연속 아메리칸 뮤직 어워즈(American Music Awards, AMAs)에서 11개 부문 후보에 올라 모두 수상했다. 최애(가장 좋아하는, favorite) 소셜 아티스트(2018, 2019, 2020), 최애 듀오/그룹 팝/록(2019, 2020, 2021, 2022), 올해의 투어(2019), 올해의 아티스트(2021), 최애 팝송(「버터」, 2021), 그리고 2022년 신설된 최애 K-팝 아티스트(Favorite K-pop Artist)까지 11개 부문상을 거머쥐었다.

1974년 창설된 AMAs 사상 대상인 '올해의 가수' 부문에 아시아계 가수가 후보에 오른 것도, 수상도 최초다. 총 37개 부문에 시상하는 AMA는 2022년 최애 K-팝 아티스트(Favorite K-pop Artist) 부문을 신설했으며, 그 첫 후보로 블랙핑크, 세븐틴, 투모로우바이투게더, 트와이스와 함께 오른 BTS가 받아갔다.

그리고 그래미상, 빌보드뮤직상, 아메리카뮤직어워드와 함께 미국 4대 음악상으로 불리는 MTV 비디오뮤직상(MTV Video Music Awards, VMAs)에서 BTS는 총 21개 부문 후보에 올라 '올해의 그룹'(2022)을 비롯해 K-팝/그룹(2021), 안무/K-팝/그룹/팝 비디오 등 10개 부문상을 석권했다. VMAs는 2019년 K-팝 비디오상을 신설했다. BTS가 2019년부터 3년 연속(「Boy with Luv」, 「On」, 「Butter」)으로 수상했으며, 2022년엔 걸그룹 블랙핑크의 리사가 데뷔 솔로곡 「라리사(Lalisa)」로 베스트 K-팝상을 거머쥐었다.

비틀스 vs. BTS: 기네스북 세계 최초 기록

두 밴드의 '기네스북(Guinness World Record)'을 비교해보자. 활동 시기에서 반백 년의 차이가 있는 비틀스와 BTS는 각각 25개의 세계기록을 보유하고 있다.

비틀스는 최다 싱글 예매 1위(「Can't Buy Me Love」, 1964), '빌보드 핫 100' 최다 싱글 동시 기록(1964, 1~5위 차지), '빌보드 핫 100' 최다 기록(20회, 1위 6곡), 최다 레코드 판매 밴드(10억 장 이상), 최고 수입 밴드, 비디오게임 최다 판매 밴드 등 기네스 세계기록 25개 부문에 올라 있다.

한편, BTS는 빌보드 소셜 차트 1위(「아이돌」, 2020), 24시간 내 최다 조회 유튜브 뮤직비디오(「다이너마이트」, 2020), 빌보드 디지털송 판매 차트 1위(「다이너마이트」, 2020), 스포티파이 최다 스트리밍, 인스타그램 최대 팔로워 수 보유 음악그룹(2021, 6790만 명), 24시간 내 최다 조회 유튜브 뮤직비디오(「버터」, 2021), 트위터 최다 팔로워 보유 음악그룹(2022, 4130만 명) 등 28개의 신기록을 세웠다. 그리고 BTS는 2021년 9월 기네스 세계기록 명예의 전당(Guinness World Records Hall of Fame)에 헌액되었다.

비틀스 vs. BTS: 노랫말

1960년대 미국은 정치·사회적으로 휘청거렸다. JFK 대통령과 마틴 루터 킹 목사의 암살, 민권 운동, 베트남 전쟁으로 어지러웠던 시대의 비틀스는 사랑, 실연, 상심, 용서, 우정, 행복, 지혜, 죽음, 평화, 인권운동 등을 담은 긍정적이고 철학적인 가사로 격동의 1960년대를 위로해주었다.

"And when the brokenhearted people/ Living in the world agree/ There will be an answer, let it be……."(「Let It Be」)

"Yesterday, all my troubles seemed so far away/ Now it looks as though they're here to stay/ Oh, I believe in yesterday……."(「Yesterday」)

"And any time you feel the pain, hey Jude, refrain/ Don't carry the world upon your shoulders/ For well, you know that it's a fool who plays it cool/ By making his world a little colder……."(「Hey Jude」)

"There's nothing you can do that can't be done/ Nothing you can sing that can't be sung/ Nothing you can say, but you can learn how to play the game/ It's easy/ All you need is love……."(「All You Need Is Love」)

"Living is easy with eyes closed, misunderstanding all you see……."(「Strawberry Fields Forever」)

비틀스 「All You Need is Love」

"Doesn't have a point of view/ Knows not where he's going to/ Isn't he a bit like you and me?……"(「Nowhere Man」)

"And in the end, the love you take is equal to the love you make……."(「The End」)

2000년 이후 미국 팝음악의 주류인 힙합이나 랩 가수는 주로 사회문제, 인종차별 및 개인적 분노를 표현한다. 테일러 스위프트, 아델, 샘 스미스 등 스타 가수들의 노래는 사랑과 실연에 관한 피상적인 내용이다.

한편, BTS는 매력적인 멤버, 중독적인 음악, 스펙터클한 춤과 함께 가슴을 파고드는 노랫말을 구사한다. '인생의 가장 아름다운 순간(화양연화)'인 젊은 날의 사랑에 대한 고민, 나약함을 진솔하게 표현한다. 10대, 20대라면 누구나 갖고 있는 공부에 대한 압박, 불확실한 미래, 자신감, 꿈, 시련과 도전 등에 대해 노래한다. 전 세계 젊은 팬들이 한국어 가사를 배워 따라 부르는 이유다.

음악 전문지 〈롤링스톤〉 인도판은 2020년 11월 방탄소년단과의 심층 인터뷰(BTS: The Rolling Stone Interview)를 실었다. 이 잡지는 BTS의 음악에 대해 "특정 집단을 위한 것이 아니라 삶의 단계를 거쳐 가는 모든 이를 위한 음악"이라면서 "노래 가사는 학교 생활, 우정, 부모의 기대, 유대감, 사회가 요구하는 역할 등 결국 생존을 위한 부질없는 경쟁이라는 운명으로 이끄는, 지구에 사는 사람들이 공통으로 갖고 있는 체험을 풀어낸다"고 전했다. 이와 함께 우리 삶의 단계에서 BTS가 강조하는 메시지는 "인간이란 무엇인가"라는 질문으로 귀결한다는 것이다. 그래서 "누구나 BTS의 팬이 될 수 있으며, 한국에서 온 일곱 명의 청년들 속에서 자신을 발견할 수 있으며, 그 단순한 진실로 모든 세대가 그들과 사랑에 빠지게 되는 유산이 된 것"이라고 인기와 성공의 이유를 분석했다.

가사 내용도 때때로 상당히 심오하다. 각 앨범과 뮤직비디오가 명확한 콘셉트로 제작되며, 가사는 문학, 영화 등에서 영감을 얻기도 한다. 헤르만 헤세의 소설 『데미안』에서 영감을 얻은 「WINGS」 앨범, 왕가위 감독의 「화양연화」에서 착안한 「화양연화」, 배리 젠킨슨 감독의 「문라이트」의 대사를 차용한 「4시」, 김춘수의 시 「꽃」에 경의를 표한 「Serendipity」, 어슬라 K. 르 귄의 단편소설 「오멜라스를 떠나는 사람들」에서 따

BTS: 「Love Myself」(사진: HYBE)

온「봄날」뮤직비디오의 여관 등이 대표적이다.

"가시를 세우고 있지만/ 볼 수 있어 너의 장미를……"(「What am I to you」)

"돈이 나를 쫓기를 원하지/ 돈만 쫓는 괴물은 되지 않길……"(「Tony Montana」)

"저 수많은 별을 맞기 위해 /난 떨어졌던가……"(「Love Yourself」)

"다정한 파도이고 싶었지만 /니가 바다인 건 왜 몰랐을까……"(「Best Of Me」)

"이 순간은 언제든 다시 찾아오지 않아 /다시 나에게 되물어봐 지금 행복한가……"(「화양
연화」)

"지금 새우잠 자더라도 꿈은 고래답게……"(「Whalien52」)

"너의 길을 가라고 /단 하루를 살아도 /뭐라도 하라고 /나약함은 담아둬……"(「No More
Dream」)

비틀스 vs. BTS: 비틀마니아와 BTS 아미
팝음악계에 젊은 여성 광팬이 탄생한 것도 최초의 보이밴드 비틀스에서 시작되었
다. 1963년 비틀스 데뷔 후 인기가 폭발하면서 가는 곳곳마다 젊은 여성팬이 소리를
지르고, 콘서트에서는 무대 위로 뛰어 올라가고, 울고불고, 기절하는 진풍경이 펼쳐지
게 된다. 1965년 런던 버킹엄궁에서 비틀스가 기사 작위를 받던 날엔 극성팬들이 몰
려들어 아우성을 지르며, 철문을 오르는 바람에 런던 경찰이 출동해 저지해야 했다.

바비인형 제조사 마텔이 제작한 비틀스 인형
과 BTS 인형(The Beatles by Mattel, 1964/ BTS by
Mattel, 2019)

이들이 바로 '비틀마니아(Beatlemania)', 광팬의 원조이다.

영국에서 탄생한 비틀마니아는 미국으로 전염되기에 이른다. 1964년 2월 「에드 설리번 쇼」에서 비틀스가 미국 데뷔식을 치렀을 때 비틀스가 머물던 뉴욕의 한 호텔에도 비틀마니아들이 몰려가 경찰이 인간 바리케이드를 쳐야 했다.

1960년대 비틀스 시대와 달리 21세기 BTS 시대엔 소셜미디어가 있다. 권위적인 언론과 대항해 민초의 목소리를 전할 수 있는 민주적인 미디어다. 2014년 방탄소년단의 팬들이 결성한 팬클럽 아미(Adorable Representative M.C for Youth, ARMY: '청춘을 위한 사랑스러운 대변인')는 BTS의 정보를 교환하고, 음악을 홍보하며, 인기를 관리하고, 사회적 행동으로 목소리를 들려준다.

BTS와 하이브(옛 빅엔터테인먼트)는 2020년 #BlackLivesMatter(흑인들의 삶도 중요하다) 재단에 100만 달러를 기부했다. 이에 아미팬 3만 5609명이 102만 6531달러를 모아서 전달했다. BTS는 또한 코로나 팬데믹으로 실직한 콘서트 스태프를 위해 1백만 달러를 추가로 기부했다. BTS 아미는 온라인 언급 횟수로 미루어 세계에 4800만 명인 것으로 추산된다. 한편, 유튜브 채널 CantoMando는 BTS 아미를 1억 3640여만 명으로 추정하고 있다.

희망의 시대에서 온 BTS

BTS는 코로나 팬데믹 중에도 활동을 멈추지 않았다. 미국 언론은 그들의 경이적인 인기와 기록에 열광하며 대서특필했다.

〈롤링스톤〉은 2021년 6월호 잡지 54년 역사상 최초로 아시안 그룹을 표지로 BTS를 싣고, 그들의 성공 스토리를 소개했다. 「BTS의 대성공: 어떻게 이 젊은 슈퍼스타들은 음악산업의 규칙을 다시 쓰고, 세계 최고의 밴드가 되었나(The Triumph of BTS: How seven young superstars rewrote music-biz rules and became the biggest band in the world)」라는 제목의 기사에서 〈롤링스톤〉은 "마법의 카리스마, 장르를 초월하고, 매끈하면서도 개인적인 음악, 심지어는 무해한 남성성에 피부관리에 집중하는 남성성"을 지목하며

"이 모든 것이 마치 더 밝고 희망적인 시대에서 온 것처럼 느껴진다"고 평가했다.

경제 전문지 〈포브스〉는 2021년 10월 「비틀스, 롤링스톤스, 그리고 지금은 BTS: 최다 NO. 1 히트곡 보유 밴드(The Beatles, The Rolling Stones And Now BTS: The Bands With The Most No. 1 Hits)」라는 제목으로 방탄소년단을 팝 역사상 최고의 두 밴드와 견주었다. 영국의 록밴드 콜드플레이(Coldplay)와 합작으로 녹음한 「마이 유니버스(My Universe)」를 발표한 지 일주일이 조금 지나 '빌보드 핫 100' 차트 1위에 올랐다고 전했다. 크리스 마틴이 이끄는 콜드플레이는 13년 만에 '빌보드 핫 100' 1위에 복귀했다.

〈빌보드〉지는 10월 초 트위터에 역사상 핫 100 차트 넘버 1을 최다 보유한 듀오/그룹 순위를 올렸다. 비틀스가 20곡, 다이애나 로스와 슈프림스(The Supremes)가 12곡, 3인조 디스코 밴드 비지스(BeeGees)가 9곡, 롤링스톤스가 8곡이며, BTS가 6곡으로 듀오 홀앤오츠(Hall and Oates)와 공동 5위를 기록했다. 1971년 창단, 두 차례 해산과 재결합 이후 아직도 활동 중인 미국 역사상 최고 밴드 중 하나인 이글스(Eagles)의 기록 5곡을 능가한 것이다. 톱 10에 미국과 영국을 제외한 제3세계 팝 그룹이 올랐다는 것만으로도 경이적인 기록이다.

BTS 솔로 프로젝트

2022년 6월 휴지기 선언… 솔로 활동 박차

BTS는 2022년 6월 10일 데뷔 9주년을 맞아 3장의 CD 「프루프(Proof)」를 출시한 후 휴지기를 선언했다. 진·정국·지민·뷔·슈가·제이홉·RM은 그룹 활동을 잠정적으로 쉬면서 각자의 음악성을 실험하는 솔로 프로젝트의 새로운 시기에 들어섰다.

제이홉(J-Hope, 정호석)은 BTS 멤버 중 첫 솔로 앨범 「잭 인더 박스(Jack in the Box)」를 발표했으며, '빌보드 핫 200' 차트 17위에 진입하는 성공을 거두었다. 〈롤링스톤〉은 이 앨범을 '2022년 베스트 앨범 100' 중 9위에 선정했다. 제이홉은 또한 7월 말 시카고에서 열린 미국 최대 규모의 음악축제 롤라팔루자(Lollapalooza)에 한국 가수 최초로 초대되어 공연해 찬사를 받았다. 그리고 제이홉은 2022년 12월 31일 타임스퀘어에서 열린 새해맞이 프로그램 「New Year's Rockin' Eve」에 출연했다. 2012년 싸이(Psy), 2019년 BTS의 공연에 이어 제이홉이 솔로로 무대에 오르게 된 것이다.

그리고 2023년 3월 공개된 싱글 「온 더 스트리트(on the street)」로 '빌보드 핫 100' 차트 60위에 오르며 「치킨 누들 수프(Chicken Noodle Soup)」, 「모어(More)」, 「방화(Arson)」에 이어 솔로로 '핫 100'에 네 번째 올랐다. 제이홉은 또한 루이뷔통의 하우스 앰버서더(홍보대사)로 발탁되기도 했다. 제이홉은 진에 이어 2023년 4월 군에 입대했다.

막내 정국(Jung Kook, 전정국)은 11월 FIFA 카타르 월드컵 2022 개막식에서 공연했다. 정국은 알코르 알바이트 스타디움의 7만여 명의 관중, 세계 1억 1천여만 명이 시청하는 개막 무대에서 월드컵 공식 주제가 「Dreamer」를 불렀으며, 카타르 가수 파하드 알-쿠바이시가 찬조 출연했다. 이에 앞선 6월엔 미국 싱어송라이터 찰리 푸스(Charlie Puth)와 함께 작업한 「Left and Right」로 '빌보드 핫 100'에 올랐고, 피플즈 초이스상 올해의 콜라보레이션 부문상을 수상했다. 그리고 〈피플〉지의 '25세의 최고 섹시남(The Sexiest Man at 25)'에 선정되었다.

그룹의 맏형 진(JIN, 김석진)은 11월 솔로 싱글 「디 아스트로넛(The Astronaut)」을 출시했다. 「My Universe」로 협업한 영국 밴드 콜드플레이와 공동작업으로 녹음한 이 곡은 영국의 싱글차트 61위로 첫 진입하는 성공을 거두었다. 〈롤링스톤〉지는 「디 아스트로넛」을 '2022년 베스트 송 100곡' 중 68위에 선정했다. 진은 2022년 12월 군에 입대했다.

리더 RM(김남준)은 12월 예술가로서 자신의 고뇌를 진솔하게 담은 첫 솔로 스튜디오 앨범 「인디고(Indigo)」를 출시했다. 에리카 바두 등이 협업한 「인디고」는 주간 〈타임〉지의 2022년 '베스트 K-팝 송 & 앨범(The Best K-Pop Songs and Albums)'에 선정되었다.

한편, 슈가(SUGA, 민윤기)는 2022년 4월 싸이의 9집 앨범 「싸다9」의 타이틀곡 「댓댓(Thant That)」를 함께 작업했다. 〈빌보드〉지는 7년 만에 싸이를 '핫 100' 차트에 복귀시킨 곡으로 이 곡을 프로듀싱까지 한 BTS 래퍼 슈가와 함께 재미뿐 아니라 최고의 재능을 선사했다고 평했다.

지민(Jimin, 박지민)도 2022년 4월 절친인 전 워나원(Wanna One) 멤버 하성운과 듀엣으로 부른 「With You」로 tvN 드라마 「우리들의 블루스(Our Blues)」 사운드트랙에 참여했다. 2023년 1월 보이밴드 빅뱅(BIGBANG)의 태양과 협업한 디지털 싱글 「바이브 (VIBE)」를 냈으며, 3월 24일엔 첫 솔로 앨범 「FACE」를 발표했다. 앨범 타이틀곡 「라이크 크레이지(Like Crazy)」는 한국 솔로가수 최초로 빌보드 차트 핫 100 1위(4월 8일자)에 올랐다. 지민은 디올(Dior)과 티파니(Tiffany & Co.)의 글로벌 앰버서더(홍보대사)로 선정되었다.

BTS 멤버 7인 전원 '빌보드 차트 HOT 100' 랭크

정국, V, 지민, 슈가, 진, 제이홉, RM의 BTS 7인 전원은 각각 솔로곡으로 빌보드 차트 핫 100에 오르는 기염을 토했다. 솔로 멤버 첫 히트주자는 제이홉(J-Hope)이다. 제이홉은 베키 지(Becky G)와 함께 작업한 「치킨 누들 수프」로 2019년 10월 81위로 차트에 올랐다. 이어서 슈가-V-정국-슈가-정국-제이홉-또 제이홉-진-RM-지민, 그리고 2023년 3월 제이홉이 랩가수 제이 콜과 협업한 「온 더 스트리트(on the street)」로 60위에 첫 진입하며 멤버 중 가장 많은 4곡을 순위에 올렸다.

• BTS 솔로 프로젝트의 '빌보드 핫 100' 최고 순위(2023년 4월 현재)

J-Hope feat. Becky G, "Chicken Noodle Soup"(No. 81; Oct. 12, 2019)

Agust D-2 (SUGA's alternate billing), "Daechwita" (No. 76; June 6, 2020)

Juice WRLD & SUGA, "Girl of My Dreams" (No. 29; Dec. 25, 2021)

V, "Christmas Tree" (No. 79; Jan. 8, 2022)

Jung Kook, "Stay Alive" (No. 95; Feb. 26, 2022)

PSY feat. SUGA, "That That" (No. 80; May 14, 2022)

Charlie Puth feat. Jung Kook, "Left and Right" (No. 22; July 9, 2022)

J-Hope, "More" (No. 82; July 16, 2022)

J-Hope, "Arson" (No. 96; July 30, 2022)

JIN, "The Astronaut" (No. 51; Nov. 12, 2022)

RM with Youjeen, "Wild Flower" (No. 83; Dec. 17, 2022)

TAEYANG feat. Jimin, "Vibe" (No. 76; Jan. 28, 2023)

J-Hope, "On the street" (No. 60: Mar 18, 2023)

Jimin, "Like Crazy" (No. 1: Apr. 8, 2023)

이어 지민은 4월 솔로곡 「Like Crazy」로 K-팝 솔로가수 최초로 빌보드 싱글 차트 1위를 기록했으며, 앨범 「FACE」는 '빌보드 200' 2위에 첫 진입했다. 지민은 이로써 그룹과 개인 모두 '빌보드 핫 100의 1위'를 차지한 첫 K-팝 가수가 되었다.

휴지기를 선언했지만, BTS가 그룹 활동을 전면 중단한 것은 아니다. BTS는 10월 2030 부산세계엑스포 유치를 위해 부산 아시아드 주경기장에서 무료 콘서트 「Yet to Come in Busan」을 열어 5만여 명의 세계 팬이 몰려왔다. 이 콘서트는 2023년 2월 1일 세계 110개국 영화관에서 상영되기도 했다. BTS의 휴지기 선언과 진과 제이홉의 군 입대가 BTS에 위기를 가져오지 않았다. 오히려 각 멤버들의 음악성을 발휘할 기회가 된 새로운 시기의 시작이었다. 위기를 기회로 만들 줄 아는 한민족의 DNA가 녹아 있다.

BTS 7인방은 오늘도 팝의 역사를 새로 쓰고 있다.

피는 물보다 진하다

2021년 한국의 국내총생산(GDP)은 1조 8천억 달러로 세계 10위에 올랐고, 2020년 한국의 무역 규모는 9800억 달러로 세계 7위였다. 경제뿐만 아니라 한국은 오늘날 세계 최고의 문화강국이다. 21세기 들어 K-팝, K-영화, K-드라마, K-푸드, K-골프, K-클래식, K-뷰티…… 등 한류(Korean Wave)의 거센 파고가 열풍을 이어왔다.

그러나 한때 한국은 전쟁과 가난에 허덕이던 나라였다. 1950년 한국전쟁으로 피난민 720만여 명이 발생했다. 한국군과 민간인 45만여 명이 사망했고, 6만여 명은 전쟁고아가 되었다. 국토는 파괴되었고, 살아남은 이들은 굶주려야 했다. 전쟁과 가난으로 고아들은 해외로 입양되기 시작했다. 그리고 한국은 '고아 수출국' 1위라는 불명예의 꼬리표를 달게 되었다. 1953년 이후 해외로 입양된 한국인의 수는 약 20여만 명, 그 가운데 4분의 3은 미국 가정에 입양된 것으로 추정된다.

입양 한인들은 세계 곳곳에서 새 가족을 만나 새 이름을 갖고 새 환경에서 성장

성악가 앤드루 갱게스타드(왼쪽부터), 발레리나 제니퍼 월렌, 아티스트 사라 세진 장, 셰프 대니 보윈, 영화감독 디안 보셰 림, 비올리스트 리처드 용재 오닐

했다. 그들 대부분 정체성 혼란은 물론, 가족으로부터 버려졌다는 분노, 또 생부모를 알 수 없는 슬픔으로 가득한 '질풍노도(疾風怒濤)'의 사춘기를 보낸다. 어떤 이들은 생부모를 찾아 한국을 방문했고, 어떤 이들은 몸 안에 용솟음치는 한민족의 DNA, 음주가무(飮酒歌舞)의 재능을 발휘했다. 입양 한인들은 시, 소설, 미술, 클래식, 오페라, 발레, 영화, 만화, 요리 등 문화예술계에서 활동하고 있다. "피는 물보다 진하다."

서핑 한류(Surfing K-Wave)에서 주목할 만한 입양 한인 예술가들을 소개한다. 성악가 앤드루 갱게스타드, 발레리나 제니퍼 월렌, 화가 사라 세진 장, 영화감독 디안 보세 림, 요리사 대니 보윈, 그리고 비올리스트 리처드 용재 오닐이다. 이 가운데 오닐을 제외하고는 모두 필자가 취재했던 인물들이다.

성악가 앤드루 갱게스타드(정우근)

"놀라운 힘과 울림", "아름답고, 바위처럼 견고한 목소리", "풍부한 베이스 음색과 균형감", "유머러스하며, 격조 높은 연기", "훌륭한 파워와 아름다운 베이스 목소리를 갖춘", "한마디로 놀라운", "환상적인 피가로", "거룩한 베이스 음색", "풍부하고 거침없는 사운드"…….

베이스(bass) 앤드루 갱게스타드(Andrew Gangestad)가 언론으로부터 받은 찬사다. 갱게스타드는 메트로폴리탄 오페라, 뉴욕시티 오페라를 비롯해 미네소타 오페라, 코네티컷 오페라, 켄터키 오페라, 신시내티 오페라, 미시간 오페라, 스폴레토 페스티벌 등지에서 노래해왔다.

그의 한국 이름은 정우근. 1975년 두 살 때 충청북도 청원의 희망보육원에서 생활하

2009년 오스트리아 브레겐츠 페스티벌의 오페라 「아이다(Aida)」에서 람피스 제사장 역을 맡은 앤드루 갱게스타드(사진: Bregenzer Festspiele, Austria)

다가 미네소타주에서 목재회사를 경영하는 샌디와 유진 갱게스타드 부부에게 입양되었다. 당시 소년 우근은 결핵에 걸려 입국이 거절되었지만, 양부모가 치료비를 대주어 1년 후 완쾌된 소년은 투하버로 이주했다. 그리고 앤드루 갱게스타드라는 새 이름으로 누이 네 명과 함께 성장하게 된다.

소년 앤디는 노래 실력을 타고났다. 그가 투하버스쿨 재학 중엔 합창단과 뮤지컬에도 출연했다. 합창단 감독 질 핸슨은 "앤드루는 이미 8학년 때부터 깊은 저음의 베이스를 갖고 있었다. 정말 좋은 목소리를 가진 전형적인 남자라고 생각했다"고 회고했다. 성악 코치 역시 갱게스타드의 "매우 풍부하고, 어두우면서도 매우 균일한 목소리로 그 나이에 훌륭하게 화려한 특성"에 주목했다.

미네소타주립대학(덜루스)에 입학한 갱게스타드는 법률을 전공하려다가 좋은 성악 교수를 만나 진로를 바꾸었다. 졸업 후 2000년 메트로폴리탄 오페라 콩쿠르 (Metropolitan Opera National Council Audition) 결선에 진출했고, 2005년엔 프리츠 앤 라비나젠슨재단 성악 콩쿠르에서 우승했다.

갱게스타드는 1999년 '오페라의 1번지' 링컨센터 메트로폴리탄 오페라 하우스에 입성, 베르디 작곡「오셀로」의 로도비코 역으로 데뷔했다. 이후「루루」,「돈 카를로」, 「투란도트」,「라 보엠」,「돈 조반니」,「피가로의 결혼」,「세비야의 이발사」,「맥베스」등 비극과 희극에 두루 출연하면서 호평을 받았다.

2007년 6월 갱게스타드는 입양될 무렵에 찍은 낡은 흑백사진 한 장을 들고 32년 만에 한국을 방문했다. 그도 모국을 찾는 다른 입양 한인들처럼 "왜 날 버려야 했는지", "내 진짜 생일이 언제인지", "이름은 무엇인지", "형제들은 있는지" 궁극적으로 자신 속의 한국인 정체성을 찾고 싶었다. 앤드루 갱게스타드는 한국에서 자신의 본명을 찾았다. 정-우-근. 그는 자신이 자랐던 희망보육원에서 원생들에게 오페라 아리아를 들려주었으며, 미국 대사관에서「비목」과「뱃노래」를 부르기도 했다.

그해 여름 갱게스타드는 '메트오페라 인더 파크(Met Opera in the Park)'의「라 보엠」에서 미미 역의 소프라노 홍혜경 씨와 노래했다. 그는 철학자 콜린느 역을 맡아 '낡은 외투여(Vecchia Zimarra, senti)'를 불렀다. 갱게스타드는 현재 미조리주 캔사스시티에 살며 활동하고 있다.

발레리나 제니퍼 월렌(남지연)

링컨센터 메트로폴리탄 오페라 하우스에서 정기 시즌을 여는 아메리칸 발레 시어터(American Ballet Theatre, ABT)에서도 한국인의 활동이 눈부시다. 2012년 서희가 아시안 최초의 수석무용수가 되었고, 2020년엔 안주원이 수석무용수로 승급했다. ABT 수석무용수 16인 가운데 두 명의 아시안 무용수가 한국인인 것이다. 러시아 마린스키 발레단 최초의 아시안 수석무용수 김기민도 게스트 아티스트로 무대에 올랐다. 서희와 김기민은 2015년 「라 바야데르(La Bayadere)」에서 각각 니키야와 솔로르로 공연하며 ABT 75년 역사상 최초의 아시안 남녀 주인공이 되었다.

2005년 서희가 ABT에 입단하기 전 군무 무용수(Corps de Ballet)에는 입양 한인 제니퍼 월렌(Jennifer Whalen, 한국 이름 남지연)이 활동하고 있었다. 그는 1985년 서울에서 태어난 지 3개월 만에 미네소타의 입양기관을 거쳐 캘리포니아 벤추라의 아이리시계 미국인 부부에게 입양되었다. 외동딸이었던 월렌은 일곱 살 때 처음 발레를 본 후 곧바로 샌프란시스코 발레, 키로프 아카데미와 런던의 로열발레 스쿨에서 수련했다.

이후 유스아메리칸 그랑프리(Youth American Grand Prix)에서 금메달, LA 퍼포밍아트 스포트라이트 1위를 수상했다. 2002년 17세에 ABT에 견습으로 입단, 이듬해에 군무 발레리나가 되었다. 한인 동료 서희가 입단한 후엔 돌솥비빔밥, 갈비, 김치 등 한국 음식을 더 즐기게 되었다.

2008년 월렌은 ABT 「돈키호테」 한국 공연으로 방문했다가 생모를 찾아보았다. 당시 월렌은 그동안 소중하게 간직해왔던 동방사회복지회 입양 서류를 들고 있었다. 입양 번호 '85C-283', 출생지 '대한민국 서울', 출생 시간 '1985년 1월 18일 오전 9시 44분', '생모 이름 남성철, 18세의 미혼, 세 자매 중 막내'라는 서류를

제니퍼 월렌, 아메리칸 발레 시어터의 「백조의 호수(Swan Lake)」(사진: ABT)

들고 찾아 나섰다. 하지만 생모를 만나지는 못했다.

그로부터 4년 후 월렌은 한국에서 생모 남성철 씨를 만났다. ABT의 한국 투어에서 상봉한 모녀는 꽃다발과 선물을 교환하고, 한식을 먹으며 통역을 통해 대화를 나누었다. 당시의 상봉을 보도한 〈뉴욕데일리 뉴스(New York Daily News)〉에 따르면, "막상 엄마를 만났지만, 통역을 통해 이야기하는 것이 슬펐다. 엄마와 내가 얼마나 닮았는지 가장 궁금했다"고 말했다. 남성철 씨는 "딸을 입양 보낸 후 너무 힘들었지만, 이렇게 아름답게 자라주고, 딸의 멋진 춤까지 볼 수 있어서 너무 행복하다"고 밝혔다. 월렌의 생부는 20세에 교통사고로 사망했다.

30대가 되면 교사가 되기를 꿈꾸던 제니퍼 월렌은 ABT 생활 15년을 접은 후 현재 코네티컷주 그리니치발레 아카데미에서 발레를 가르치고 있다.

비올리스트 리처드 용재 오닐

2021년 3월 제63회 그래미상 시상식에서 한국계 클래식 음악가가 수상자로 이름을 올렸다. 비올리스트 리처드 용재 오닐(Richard Yongjae O'Neill)이 음반 「테오파니디스: 비올라와 실내 관현악단을 위한 협주곡(Theofanidis: Concerto for Viola and Chamber Orchestra)」으로 최우수 클래식 솔로 연주상(Best Classical Instrumental Solo)을 수상한 것이다. 오닐은 2006년, 2010년 후보에 올랐고, 세 번째에 트로피를 거머쥐게 되었다.

리처드 용재 오닐은 1978년 워싱턴주 세킴에서 태어났다. 한국전쟁 고아였던 어머니 콜린 오닐(한국 이름 이복순) 씨는 1957년 네 살 때 미국에 입양되었다. 엄마는 어릴 적 열병을 앓은 뒤 정신지체가 되었고, 미혼모로 낳은 아기는 외조부모가 돌보게 된다. 아이리시계 외할머니는 손자를 대학에 보내기 위해 다섯 살 때 바이올린을 선물했고,

리처드 용재 오닐과 앙상블 DITTO

10년 동안 왕복 네 시간을 운전해가며 레슨 뒷바라지를 해주었다.

오닐은 노스캐롤라이나 예술학교로 진학하면서 비올라로 전향했다. 바이올린과 첼로보다 낯선 느낌, 엄마 목소리처럼 편안한 악기 비올라가 마음에 들었다고 한다. 그는 이후 USC(University of Southern California)음대를 거쳐 줄리아드음대 전액 장학금을 받고 입학했다. 같은 대학원을 거쳐 줄리아드에서 비올리스트 최초로 아티스트 디플로마(최고 연주자 과정)까지 마쳤다. 한국 이름 '용재(勇才)'는 재학 시절 한국인으로서의 정체성을 깨닫게 해준 줄리아드 강효 교수가 지어주었다.

오닐은 강효 교수가 이끄는 앙상블 세종솔로이스츠(Sejong Soloists)를 비롯해 링컨센터 체임버뮤직소사이어티, 에네스 콰르텟에서 연주했으며, 2006년 링컨센터의 에이버리 피셔 커리어 그랜트(Avery Fisher Career Grant, 매년 최대 5명의 뛰어난 연주자에게 수여하는 상)를 받았다.

2004년 오닐은 어머니의 가족을 찾기 위해 KBS-TV 다큐멘터리 「인간극장」에 출연했다. 그리고 한국에서 하루아침에 스타로 부상했다. 2007년 오닐은 한국의 젊은 연주자들과 실내악 프로젝트를 시작했다. 체임버 앙상블 디토(Ensemble DITTO)를 결성(스테판 피 재키브-바이올린/ 마이클 니콜라스-첼로/ 지용-피아노), 2019년 해산할 때까지 12년간 전국 순회공연에 도쿄, 오사카, 상하이까지 진출하며 '클래식계의 아이돌 앙상블'로 인기를 누렸다.

한국에서 오닐의 활동은 음악 외에도 눈부셨다. 커피 광고모델, 한국적십자사 홍보대사, UN 세계평화의 날 홍보대사, 한국스페셜올림픽위원회 홍보대사 등을 맡았는가 하면, MBC-TV 드라마 「베토벤 바이러스」(2008)와 예능 토크쇼 「무릎팍도사」(2013) 등에 출연했으며, 책(『리처드 용재 오닐의 공감』(2008), 『나와 당신의 베토벤』(2016))도 출간했다.

바이올린과 첼로 사이, 한국과 미국 사이, 비올리스트 리처드 용재 오닐은 한국에서 '용재'의 정체성을 확인했다. 덕수궁 돌담길과 명동을 배회하고, 잡채와 불고기 맛에 푹 빠졌다.

오닐은 2019년 한국에서의 여정을 마감하고, 체임버 앙상블 타카치 콰르텟(Takács Quartette)에서 연주하고 있다.

화가 사라 세진 장(장세진)

2007년경 뉴욕에 거주작가로 체류 중이던 그를 만났을 때 이름은 사라 반 더 하이데 (Sara van der Heide)였다. 그는 이제 사라 세진 장(Sara Sejin Chang)이라는 이름으로 활동 중이다. 그때는 화가였지만, 지금은 퍼포먼스와 영화 작업을 주로 하고 있다. 그때는 자신의 입양 기억에 대해 철저하게 함구했지만, 지금은 입양산업과 식민지 역사에 대해 신랄하게 비판하고 있다.

그는 1977년 부산에서 태어나 네덜란드의 한 가정으로 입양되었다. 네덜란드는 페르메이르(베르메르), 렘브란트, 반 고흐의 나라다. 또한 오래전 『하멜 표류기』의 헨드릭 하멜이 난파 사고로 조선에 13년간 체류하면서 인연을 맺었던 나라이기도 하다.

사라 세진 장은 1997년 뉴욕주립대학(SUNY, 퍼처스)에 교환학생으로 수학했으며, 암스테르담 파인아트아카데미에서 아트 & 드로잉 역사교육을 전공했다. 이어 네덜란드 파인아트 & 디자인 아카데미(AKI)에서 회화를 전공했다. 2006~2007년경 뉴욕의 인터내셔널스튜디오 & 큐레이터 프로그램의 거주작가를 지냈으며, 네덜란드 위트레흐트와 암스테르담, 호로닝언의 미술학교에서 학생들을 가르쳤다. 2009 인천여성미술 비엔날레(International Women Artist's Biennale, Incheon), 2012 암스테르담 스테델레이크 미술관(Stedelijk Museum Amsterdam), 2020 베를린 현대미술 비엔날레(Berlin Biennale for Contemporary Art) 등에 참가했다.

제11회 베를린 현대미술 비엔날레에 전시된 「4개월, 4백만 광년(Four Months, Four Million Light Years)」(2020)은 16개의 직물과 종이 배너, 수채화, 북, 목소리, 자장가, 합창 등을 통해 자신의 정체성과 국제 정치 및 식민지 역사를 탐구한 작품이다.

사라 세진 장은 부산의 고아원에 버려졌다가 네덜란드로 입

圖圖 2007년 뉴욕 거주작가 시절 사라 반 데르 하이드(사진: Sukie Park/The Korea Daily of New York, 왼쪽)와 사라 세진 장, 「4개월, 4백만 광년」, 2020. 제11회 베를린 비엔날레(사진: Sara Sejin Chang/ Silke Briel)

양되었던 자신의 이야기에 정치적, 사회적 문제점을 폭로한다. 한국의 해외 입양이 절정에 이르렀던 1970년대 입양아들의 실종사건, 서류위조, 아동 인신매매 등을 폭로하며, 선교사들에 의한 샤머니즘 문화의 폭력적인 근절과 현대 국가 간 입양의 범죄성을 드러낸다.

그는 어떻게 샤머니즘에서 모티프를 찾았을까? 미술 웹진 '오큘라(ocula.com)'와의 인터뷰 'Sara Sejin Chang(Sara van der Heide): Healing Colonial Adoption Narratives'에 따르면, 그는 2018년 한국 체류 중 국가무형문화재(제82호 서해안 배연신굿 및 대동굿 예능 보유자)인 만신(Ten Thousand Spirits) 김금화(1931~2019) 씨를 만났다. 김금화 씨는 사라 세진 장에게 "한국을 떠나지 않았더라면, 무당이 됐을 것"이라며 "무당이 되는 것이 너의 운명이지만, 아티스트가 되는 것도 좋고, 삶을 그 방식으로 완수하는 것도 괜찮다"고 말해주었다는 것이다.

네덜란드에서 입양인으로 자라면서 사라 세진 장은 한때 그 나라의 황금기가 사실은 가장 폭력적인 시대였다는 것, 서구 사회의 아시안에 대한 우월의식을 체험했다. 「4개월, 4백만 광년」은 입양 한인, 여성작가, 아시안이라는 자신의 정체성에 대한 고통, 상실, 트라우마이기도 하며 식민지 역사에 대한 고발이다. 이를 표현하는 것은 마치 무당이 굿을 하듯이 예술로써 승화하는 셈이다. 작품은 자신의 목소리를 내는 치유의 과정이기도 할 것이다. 사라 세진 장은 이 작품을 세계의 입양 가족에게 헌사했다.

영화감독 디안 보셰 림(강옥진)

영화감독, 제작자, 작가로 활동해온 디안 보셰 림(Deann Borshay Liem)의 감독 데뷔작은 자신의 입양 미스터리를 담은 장편 다큐멘터리 「1인칭 복수(First Person Plural)」(2000)였다. 1966년 여덟 살 때 차정희라는 이름으로 된 여권을 갖고 샌프란시스코의 한 가정에 입양된 디안 보셰 림은 성인이 되어 자신의 입양기록을 조사하던 중 본명이 '강옥진'이라는 것을 알게 된다. 한국의 고아원에서 서류를 바꾸어 입양시킨 것이다. 그는 입양 자체로 인한 정체성 혼란에다가 설상가상으로 타인의 이름으로 사는 복잡한 운명이 된 것이다.

그의 양부는 디안이 공항에 도착했을 때부터 딸이 '아메리칸 걸'로 성장하는 과정을 카메라에 담았다. 버클리대학교 심리학과 출신 디안 보세 림은 이번엔 자신이 카메라를 들었다. 양부모를 동반해 한국으로 가서 정체성 찾기에 나섰다. 디안 보세 림은 군산에서 마침내 친가족과 상봉하게 된다. 소통되지 않는 가족, 통곡과 참회의 눈물바다 같은 다큐멘터리다. 「1인칭 복수」는 선댄스영화제에 초청됐고, 샌프란시스코 국제영화제 다큐멘터리 부문 심사위원 대상을 수상했으며, 에미상 최우수 감독상 후보에 올랐다.

10년 후 디안 보세 림 감독은 제2탄을 연출한다. 운전면허증 등 자신의 법률 문서에 따라다니는 차정희라는 이름과 생년월일의 미스터리를 풀기 위해 진짜 차정희를 찾아다시 한국으로 갔다. 다큐멘터리 「차정희에 관하여(In The Matter of Cha Jung Hee)」(2010)는 차정희를 만나는 과정을 통해 입양의 사회적 문제에서 자신의 정체성을 뒤흔든 '비밀과 거짓말'을 알게 된다. 그런 의미에서 카메라는 디안 보세 림 자신의 치유법이자 힐링이었던 셈이다. 이 영화는 LA아시안퍼시픽 영화제 심사위원 특별상, 감독상, 편집상을 수상했다.

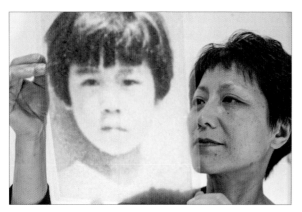

※ LA아시안퍼시픽 영화제 심사위원 특별상, 감독상, 편집상을 수상한 다큐멘터리 「차정희에 관하여」(2010)의 디안 보세 림(사진: Center for Asian American Media, CAAM)

2013년엔 램지 림(Ramsay Liem) 보스턴대학교 심리학과 교수와 공동으로 분단과 이산가족 이야기를 담은 「잊힌 전쟁의 기억(Memory of Forgotten War)」을 연출했다. 디안 보세 림은 선댄스인스티튜트 펠로십, 록펠러 영화/비디오 펠로십을 받았다. 남편 폴 림(Paul Liem)은 '코리아 폴리시 인스티튜트(Korea Policy Institute)' 회장이다.

셰프 대니 보윈

뉴욕 모모푸쿠(Momofuku)의 데이비드 장(장석호), LA 고기(Kogi)의 로이 최, 켄터키주 루이빌 610 매그놀리아(610 Magnolia)의 에드워드 리, 샌프란시스코 베누(Benu)의 코리 리와 함께 미국 내 한인 셰프 열풍을 일으킨 대니 보윈(Danny Bowien)은 입양 한인이다.

본명은 제임스 대니얼 보윈, 1982년 한국에서 태어난 지 3개월 만에 오클라호마시티의 보윈 씨 가정에 입양되었다. 그는 양모와 함께 TV 요리 프로그램을 보면서 자랐고, 열세 살 때는 베트남 식당에서 접시닦이 아르바이트를 했다. 고교 시절엔 록밴드에서 드러머로 활동했다.

보윈은 열아홉 살 때 아시안이 많은 샌프란시스코에 가서 난생처음 한국 음식의 맛을 봤다. 샌프란시스코의 요리학교에서 수련한 후 '요식업의 메카' 뉴욕으로 이주해 트라이베카 그릴, 수밀레 키친에서 경력을 쌓았다. 그리고 샌프란시스코로 돌아와 이탈리아 식당에서 일하면서 2008년 이탈리아 제노바에서 열린 페스토(pesto: 베이질, 마늘, 잣, 치즈, 올리브유, 소금을 넣은 소스) 대회에서 우승을 거머쥐었다.

2010년 대니 보윈은 앤서니 민트와 SF 차이나타운에 팝업 식당 '미션 차이니즈 푸드(Mission Chinese Food)'를 시작하며 사천요리의 귀재로 등극하게 된다. 이탈리아인도, 중국인도 아닌 입양 한인이 중국식당에 도전한 것이다. 데이비드 장이 한국 요리보다

일본 라면(Momofuku Noodle)과 중국식 돼지고기 샌드위치 포크 번(Pork Bun)으로 스타덤에 오른 것과 유사한 경우이다. 데이비드 장, 대니 보윈의 공통점은 국적을 고수하는 요리가 아니라 '맛있는 음식', '미국화한 동양 음식'을 내세운다는 점이다.

보윈은 2013년 맨해튼 로어이

2013년 링컨센터에서 열린 제임스비어드재단상 레드카펫에서 부인, 양부와 대니 보윈(가운데)/ 로어이스트사이드에 자리했던 '미션 차이니즈 푸드(Mission Chinese Food)'의 마파두부(사진: Sukie Park/NYCultureBeat)

스트사이드에 미션 차이니즈 푸드 2호점을 열었다. 콘비프와 쿵파우 치킨, 베이컨과 가래떡의 콤보 등 대니 보윈의 창의적이며, 도발적인 레시피는 〈뉴욕타임스〉의 비평가 피트 웰스를 매료시키며 2스타를 머리에 올렸다.

그리고 2013년 '요식업계의 오스카'로 불리는 제임스비어드재단상(James Beard Foundation Awards)에서 데이비드 장은 최우수 요리사상(공동 수상), 대니 보윈은 신인 요리사상을 거머쥐게 된다. 두 요리사가 한인들의 재능을 널리 알린 것뿐만 아니라 일본 라면과 중국 사천요리를 미국인들에게 보급했다는 점에서도 높이 평가할 만하다. 전통 레시피를 고수하기보다는 융통성 있게 융합하는 비빔밥 정신과 한민족의 입맛 DNA 혈통이 흐르기 때문이 아닐까?

2020년 가을 코로나 팬데믹으로 미션 차이니즈 푸드 맨해튼/ 브루클린 지점은 폐업했다. 하지만 샌프란시스코 미션 스트리트의 본점은 영업 중이다. 대니 보윈은 입양 한인 영미 메이어 씨와 결혼, 아들 민오를 두었다.

〈뉴욕타임스〉, "입양인들, 한식 요리는 궁극적인 한인성의 회복"

대니 보윈을 비롯, 데이비드 장, 코리 리, 로이 최 등 코리안아메리칸 셰프들은 입양 한인 셰프에게도 영향을 주었을 것이다. 〈뉴욕타임스〉는 2022년 7월 31일 자 기사 "음식은 정체성이다. 입양 한인 셰프들에게 음식은 복잡미묘하다(Food Is Identity. For Korean Chefs Who Were Adopted, It's Complicated)"에서 피터 서피코(Peter Serpico), 카티아나 홍(Katianna Hong), 멜라니 혜진 마이어(Melanie Hye Jin Meyer), 케이트 텔페얀(Kate Telfeyan), 토리 밀러(Tory Miller), 맷 블레시(Matt Blesse) 등 입양 한인 셰프들을 소개했다. 〈뉴욕타임스〉는 입양 한인 셰프들에게 요리는 궁극적인 한인성(Koreanness)을 회복하며, 음식을 흥미진진한 장소로 가져가는 행위라고 전했다.

독일계 유대인 아버지와 아이리시계 가톨릭 어머니에게 입양되어 성장한 LA의 카티아나 홍은 1월 남편 존 홍(John Hong)과 '양반 소사이어티(Yangban Society)'를 열어 자신이 재해석한 한식을 제공한다. 메뉴 중엔 정통 이탈리안 볼로네제와 짜장면 소스를

〈뉴욕타임스〉의 입양 한인 셰프 기사(왼쪽), 피터 서피코의 요리책 『Learning Korean』(2022)

섞은 검은콩 라구도 있다. 멜라니 혜진 마이어는 세인트루이스에서 한식 팝업 레스토랑 'Tiny Chef-Korean Inspired Street Food'를 운영하고 있다. 위스콘신주 매디슨의 레스토랑 그레이즈(Graze)의 셰프 토리 밀러는 구운 돼지 안심에 고추장 바비큐 소스를 바른다. 밀러는 자신이 2021 여름 팝업 'Miller Family Meat & Three'를 오픈했을 때 비로소 자신의 정체성에 평온함을 가지게 되었다고 밝혔다.

한편, 뉴욕 퀸즈에 자리 잡은 포셀린(Porcelain)의 입양 한인 셰프이자 공동 오너인 케이트 텔페얀은 닭고기를 김칫국물에 담갔다가 살에 거품이 일고 딱딱해질 때까지 튀긴다. 텔페얀은 "한국 음식은 문화와 삶의 방식을 이야기하기 때문에 요리하는 방식에 자부심을 갖고 있다"고 말했다.

필라델피아 셰프 피터 서피코는 장모에게서 배운 호박전을 응용해 생선 소스 호박전을 조리한다. 이 레시피는 서피코가 5월에 출간한 요리책 『Learning Korean』에 소개되어 있다. 반면, 맷 블레시 셰프는 한국으로 이주해서 한식 요리를 탐구하기 시작, 청주와 청주 지게미에 절인 돼지 어깨살구이 쌈 같은 실험적 한식을 제공하는 팝업 레스토랑 'Actually Good'을 시작했다. 그리고 앨리스 휘트니는 온라인 레시피 교환 웹사이트 Adoptee Potluck Club을 개설했다.

〈뉴욕타임스〉는 이와 함께 1953년 이후 세계에 약 20여만 명의 한국인이 입양되었으며, 이 중 4분의 3이 미국에 입양된 것으로 추정된다고 전했다. 입양인들에게 한식을 먹는 것은 그들이 경험한 상실감, 슬픔, 단절을 상기시킬 수 있으며, 요리하는 것은 그런 감정이 더 증폭될 수 있다고 설명했다. 왜 입양 한인 셰프들은 한식을 요리하고 싶어할까? 〈뉴욕타임스〉는 "입양 한인 셰프에게 요리는 궁극적인 한인성의 회복이자 요리를 흥미진진한 장소로 가져가는 행위"라고 결론지었다. 〈뉴욕타임스〉는 이 기사와 함께 멜라니 혜진 마이어의 김치 카보나라, 피터 서피코의 호박전, 토리 밀러의 고추장 바비큐 소스 레시피를 소개했다.

한국은 여전히 고아 수출국

"버림받은 생명들의 양부모를 찾아줌으로써, 하나의 인간이라도 되도록 행복하게 만들어주려고 노력해왔습니다."

_1968년 〈대한뉴스〉

한국 정부는 6·25전쟁 후 고아와 혼혈아동 문제를 해결하기 위해 해외 입양을 장려했다. 1955년 오리건주의 해리와 버사 홀트(Harry and Bertha Holt) 부부가 전쟁고아 8명을 입양한 것이 언론에 보도되면서 홀트국제아동서비스(Holt International Children's Services)를 시작하게 된다.

앨버트 C. 고(Albert C. Gaw)는 디안 보셰 림의 자전적 다큐멘터리 「1인칭 복수」에서 1955년부터 1966년 사이 미국에 입양된 한인 어린이 6293명 중 41퍼센트가 백인과 한인 혼혈, 41퍼센트가 한인, 나머지는 흑인과 한인 혼혈이라고 밝혔다. 아이들의 부모는 대부분 미국 남성과 한국 여성이었다. 즉 혼혈아들은 '아버지의 나라, 미국'으로 보내졌다. 한국인에겐 '단일민족', '순수혈통'에 대한 자부심이 뿌리 깊게 있었고, 타민족과 피가 섞이는 것을 용인하지 않았다. '단일민족'이란 용어는 2007년 국사 교과서에서 삭제되었다.

오늘날 한국은 선진국으로 도약했지만, 지금도 버려진 미혼모의 아기들이 속속 입

홀트 부부와 그들의 자녀 6명이 입양한 아이들을 한 명씩 안고 있다.(사진: 홀트국제아동서비스)

양되고 있다. 한국의 입양아 수는 2011년 이래 감소 추세다. 연합뉴스가 보도한 보건복지부의 「입양아동 법원허가 현황」 자료에 따르면, 2011년 국내, 국외 입양아 총수는 2464명이었다. 이후 2015년엔 1057명, 2020년엔 코로나 팬데믹 여파로 492명으로 나타났다. 국내 입양 비율은 2010년 이전 31퍼센트에서 2011년엔 62.8퍼센트, 2013년엔 74.4퍼센트까지 높아졌다. 2020년 국내 입양은 52.9퍼센트, 해외 입양은 47.1퍼센트로 해외 입양 수치를 넘어섰다. 이는 2013년 제정된 「입양 특례법」의 영향으로 보인다.

KBS-TV 뉴스의 보도에 따르면, 전문가들은 한국의 해외 입양자 수가 여전히 많은 이유 중 하나로 수수료를 꼽는다. 한국 내 입양 수수료 수익은 1명당 270만 원, 해외 입양은 최대 2200만 원으로 10배 가까이 된다는 것이다.

2020년 코로나 팬데믹으로 국경이 봉쇄됐어도 한국의 해외 입양아 수는 오히려 증가, 세계 7위에서 3위로 올랐다. 비정부기구 국제소셜서비스(International Social Service, ISS)와 국제참고센터(International Reference Center, IRC)의 자료에 따르면, 2020년 국제 입양자 수 1위는 콜롬비아(387명), 2위는 우크라이나(277명), 3위가 한국(266명)이었다.

미국은 해외 입양자 수가 가장 많은 나라다. 미국 국무성의 「2019 해외 입양 연례 보고서(Annual Report on Intercountry Adoption)」에 따르면, 미국 내 해외 입양아 수는 중국이 819명으로 최다였다. 2005년 미국의 중국 입양아 수는 7903명에 달했다. 국가별로 중국에 이어 우크라이나(298), 콜롬비아(244), 인도(241), 한국(166), 불가리아(134), 아이티(130), 나이지리아(116) 순이었다. 2021년 보고서는 코로나 팬데믹으로 중국(202), 우크라이나(192), 콜롬비아(137), 인도(103), 불가리아(99), 아이티(96) 등은 수치가 감소한 것으로 나타났지만 한국(188)은 오히려 증가한 것으로 나타났다. 한국은 여전히 '고아 수출국'이라는 오명에서 벗어나지 못하고 있는 것이다.

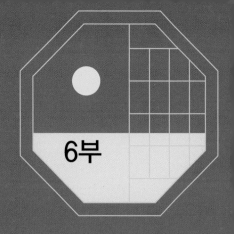

6부

K-컬처 르네상스

#28 K-푸드: 한식 황홀경

2016년 파리 여행 중 기메아시아미술관(Muse Guimet)에서 본 단원 김홍도의 8폭의 「행려풍속도(行旅風俗圖)」 가운데 '설후야연(雪後野宴)'이 특별한 눈길을 끌었다. 눈 내린 겨울, 보름달이 휘영청 뜬 날 밤에 선비들이 소나무 아래서 멍석을 깔고 기녀들과 옹기종기 모여앉아 함께 고기를 구우며 술을 마시는 모습을 묘사한 작품이다.

김홍도, 신윤복과 함께 조선의 3대 풍속화가로 꼽히는 김득신(1754~1822)의 「강상회음(江上會飮)」은 여름 강변 버드나무에 배를 묶어두고 그 아래서 어부들이 둘러앉아 숭어 한 마리를 구워 밥을 먹는 모습을 담았다. 가마우지 네 마리가 공중에서 이들의 식사 장면을 내려다보고 있다. '설후야연'의 추운 겨울 산속에서 불고기와 술로 풍류를 즐기는 선비들, 「강상회음」의 강변에서 생선 한 마리에 밥을 나누어 먹는 어부들의 정취. 두 그림은 계절에 상관없이 우리 민족이 소풍을 즐기며, 타고난 식도락가라는 점을 보여준다.

한국인의 음식에 대한 열정은 타의 추종을
불허한다. 금강산도 식후경이요, 가난해도 손
님이 오면 상다리가 휘어질 정도로 차려야 한
다. 세계 어느 나라에 가서 뿌리내리고 살아
도 밥과 김치를 포기할 수 없는 사람들, '먹방
(Mukbang)'을 세계적으로 유행시킨 사람들, 한반
도 곳곳에 향토 음식을 보유한 나라, 사계절 절
기마다 먹거리를 개발했던 지혜의 민족, 식탐이
취미인 민족이 한국인이다.

김득신, 「강상회음」, 종이에 옅은 채
색, 간송미술문화재단 소장

오늘날 한식은 세계인의 혀를 매혹시키고 있다. 코리안아메리칸 셰프 데이비드 장,
코리 리, 에드워드 리, 대니 보윈, 후니 김, 로이 최 등이 오늘날 미국 동서남북에서
식문화를 주도하는 것도 한국인의 맛에 대한 특별한 DNA를 보유했기 때문은 아닐
까? 한인들의 입맛 스펙트럼도 타의 추종을 불허할 것이다.

앤디 워홀과 먹방

미국의 팝 아티스트 앤디 워홀(Andy Warhol)은 먹방의 선구자다. 1963년 조각가 로
버트 인디애나(Robert Indiana)가 버섯을 먹는 모습을 흑백으로 담은 '먹기(Eat, 39분 30초)'
를 찍었다. 워홀은 1981년엔 자신의 햄버거를 먹는 모습을 담은 비디오 「Andy Warhol

eating a hamburger(4분 27초)」를
만들었다. 그는 카메라 앞에서 종
이봉지에 들어 있는 햄버거를 꺼
내 케첩을 뿌려 먹은 뒤 한참 멍
하게 앉아 있다. 마지막엔 "안녕
하세요, 제 이름은 앤디 워홀, 전

햄버거를 먹는 앤디 워홀(왼쪽, 「Andy Warhol eating a
hamburger」, 1981)/ 비제이 디바(BJ Diva): 먹방 유튜브

방금 햄버거를 다 먹었습니다"에 이어서 '-Burger, New York-'이라는 자막이 나온다.

그로부터 30년이 지난 뒤 한국인들은 '먹기' 퍼포먼스를 세계적으로 유행시킨다. 2010년 인터넷 방송 서비스 '아프리카TV(AfreecaTV)'에서 시작한 '먹방(Mukbang, eating broadcast/ eatcast)'이다. 한국인은 인디애나와 워홀처럼 버섯과 햄버거, 단일 품목을 먹는 게 아니라 푸짐하게 차려놓고 식탐을 즐긴다. 유튜브에 오른 외로운 청춘남녀가나 홀로 진수성찬을 즐기는 모습, 한 가족이 팀으로 먹방에 출연하기도 한다.

이후 한국에선 먹방을 콘셉트로 한 TV 프로그램이 쏟아져 나왔다. 「냉장고를 부탁해」, 「맛있는 녀석들」, 「밥블레스유」, 「수요미식회」, 「스타 뒷담화」, 「스트리트 푸드 파이터」, 「식식한 소녀들」, 「식신로드」, 「신상출시 편스토랑」, 「오늘 뭐 먹지?」, 「위기탈출 넘버원」의 '위험한 밥상' 코너, 「잘 먹겠습니다」, 「잘 먹는 소녀들」, 「조용한 식사」, 「집밥의 여왕」, 「테이스티 로드」, 「한끼줍쇼」 등……. 그리고 세계로, 유튜브로 퍼져나갔다. 먹방이 하나의 트렌드가 되면서 먹방 유튜버 스타들은 돈방석에 올라앉았다.

앤서니 보데인과 최불암

몇 년 전까지만 해도 미국에서 가장 인기 있는 여행/음식 프로그램은 고 앤서니 보데인(Anthony Bourdain, 1956~2018)이 진행했던 CNN의 「미지의 세계(Parts Unknown)」 (2013~2018)와 트래블 채널의 「예약 없음(No Reservation)」(2005~2012)이었다. 셰프 출신인 앤서니 보데인은 척박한 미국의 식문화보다는 지구촌의 맛을 찾아 유랑하면서 날카로운 입맛과 지성으로 '세계는 넓고, 먹거리는 많다'는 것을 보여주었다.

보데인은 2016년 「Parts Unknown」 베트남 '하노이' 편에서 버락 오바마 대통령과 6달러짜리 분짜 쌀국수(숯불 돼지고기 쌀국수)와 하노이 맥주를 즐겼고, '홍콩' 편에서는 왕가위 감독의 콤비 촬영감독 크리스토퍼 도일과 식당을 누볐다. 부대찌개를 좋아했던 보데인은 2018년 삶을 마감했고, 프로그램도 중단되었다.

한편, 한국엔 2011년부터 KBS-TV가 방방곡곡의 맛을 소개해온 다큐멘터리 「한국인의 밥상」이 있다. MBC-TV 「수사반장」과 「전원일기」의 '국민 탤런트' 최불암 씨가 전국의 향토 음식과 역사, 고장 사람들의 이야기를 소개하는 프로그램이다.

최불암 씨는 구수하고도 담백한 해설로 2023년 3월 16일 현재 600화에 이르기까지 우리 민족이 지혜를 모아 개발했던 음식을 탐험해왔다. 흑산도 홍어, 서산 갯마을 밥상, 부산 피난민 밥상, 제주도 누들로드,

「미지의 세계」(CNN) '하노이' 편(2016)에서 버락 오바마와 앤서니 보데인(사진: CNN 유튜브 캡처)

DMZ 로드까지, 가난했지만 풍요한 한국인들의 밥상을 소개해왔다. 「한국인의 밥상」은 먹거리가 넘쳐나는 오늘날 전국 방방곡곡의 향토 음식뿐 아니라 그 지역의 역사와 소박한 사람들의 이야기를 통해 한민족의 음식 뿌리를 탐구하고 있다.

올인원, 한국인의 밥상

미국은 국토 면적이 세계 3위, 중국은 4위이며, 일본이 63위, 한국(남한)은 111위다. 중국의 크기는 한국의 100배에 육박한다. 중국은 2020년 현재 인구가 14억 4천만 명으로 세계 1위이며, 미국이 3억 3천만 명으로 2위, 일본이 1억 2천만 명으로 10위, 한국은 5100만 명으로 27위다. 중국과 일본 사이에 낀 자그마한 한국은 다채로운 식문화와 다양한 레시피를 보유하고 있다. 밥상에도 3첩부터, 5첩, 7첩, 9첩, 12첩 임금님의 수라상까지, 손님이 오면 상다리가 휠 정도로 요리와 반찬을 차려내야 직성이 풀리는 민족성은 가히 독보적이다.

국/밥/김치/반찬류를 한꺼번에 내놓은 한식의 '올인원(All in One)'식 상차림은 서양의 코스 요리와는 달리 개방성, 효율성, 자율성, 균형과 조화의 식탁이다. 한 상 안의 뷔페라고나 할까. 한눈에 모든 음식이 보이고, 취향대로 골라 먹을 수 있으며, 속도를 내서

먹을 수 있다. 즉, 먹는 이를 배려한 상차림이다. 우리는 '빨리빨리' 민족이 아닌가?

반면, 서양의 애피타이저-메인디시-디저트 식의 코스 요리는 먹는 이보다 차려내는 이가 통제하는 식사다. 그날의 식사 메뉴를 사전에 공개하지 않는 한 먹는 이는 그저 주는 대로 먹어야 하며, 다음 코스가 나올 때까지 감질나게, 인내심을 갖고 기다려야 한다. 여기에 자율적인 한국식 밥상의 매력이 있다.

또한 한식은 먹는 이가 조리까지 즐긴다. 한식당에서는 고객이 식탁에서 고기를 구워 먹고, 전골을 끓여 먹는 것이 자연스러운 일이다. 이런 문화에 익숙하지 않은 타민족이 이제는 직접 조리해 먹는 '한국식 테이블 바비큐'를 학습하고, 즐기고 있다. 주방의 일손을 덜고, 고객이 노동에 참가하는 우리 고유의 식문화가 퍼져나가고 있는 것이다.

절기 음식과 향토 음식

"세계에서 쇠고기를 부위별로 분류하고, 자르는 문화는 한국과 동아프리카(에티오피아)의 보디족(Bodi tribe)이다. 프랑스인과 영국인들은 쇠고기 부위를 35개로, 보디족은 51개 부위로 나누는 반면, 한국인들은 쇠고기 부위를 무려 120개 부위로 나눈다."

_마거릿 미드(Margaret Mead, 1901~1978), 미국 문화인류학자

우리 민족은 명절과 24절기마다 제철 식재료로 만들어 나누어 먹었다. 지역마다 특산물이나 버려지는 식재료로 고유의 조리법을 만들어 향토 음식을 즐겨왔다. 국물에는 밥을 말고, 남은 음식은 비벼 먹고, 남은 양념에는 밥을 볶고, 각종 채소는 김치로 담그고, 해산물은 젓갈로 만들고, 외국 음식에는 김치를 곁들여 먹어본다. 간장, 된장, 고추장과 수많은 김치 및 젓갈 등 발효음식, 시간으로 완성되는 음식 '슬로푸드(slow food)'가 가장 발달한 나라도 아마 한국일 것이다.

역사적으로 9백여 차례의 외침에 35년간 일제의 식민통치까지 수많은 고난과 핍박을 받아온 한민족은 어떻게 이토록 풍부한 음식 문화를 갖게 되었을까? 중국은 나

꿇꿇 김준근(金俊根), '엿 만들기', 19세기 말, 오스트리아 비엔나민족학박물관 소장(왼쪽)/ '떡매질', 19세기 말, 오스트리아 비엔나민족학박물관 소장(가운데)/ '두부 짜기', 19세기 말, 독일 함부르크민족학박물관 소장

라 크기와 사람 수에 걸맞게 조리법이 발달했지만, 튀김과 볶음 요리가 대부분이며, 모든 음식을 익혀 먹는다. 반면, 일본은 회(膾) 요리가 발달했지만, 한국처럼 매운맛을 개발하지는 못했다.

우리 조상은 산과 들에서 수확한 나물, 채소, 곡물에서부터 육류, 삼면의 바다에서 나오는 생선과 해조류까지 육해공의 풍요한 식재료를 데치고, 찌고, 삶고, 끓이고, 굽고, 볶고, 튀기고, 졸이고, 절이고, 발효시키는 조리법을 개발해 전수해왔다. 비록 살림은 빈궁했지만, 지혜로운 조리법을 고안하고, 발휘했다. 고기 한 점으로 국과 찌개를 해서 온 식구가 나누어 먹었고, 산과 바다와 들의 모든 재료를 먹거리로 만들고, 저장했다. 닭 한 마리, 소 한 마리를 잡아서 어느 부위도 버리지 않고, 모두 먹거리로 밥상에 올렸다. 간장게장, 콩나물, 도토리묵, 번데기, 산낙지, 골뱅이, 멍게, 미더덕, 깻잎, 콩잎, 호박잎 등은 세계에서 우리만 먹는 기이한(또한 귀한) 음식이라고 한다.

한민족은 오래전부터 시간과 정성이 들어가며 맛을 높이고, 건강에도 유익한 식품을 즐겨왔다. 간장, 된장, 고추장, 청국장에서 김치, 장아찌, 각종 젓갈까지 발효식품뿐만 아니라 산과 들에서 산나물을 캐고, 바다와 강에서 해초를 캐다가 말리고 데쳐서 요리조리 다양한 조리법으로 식탁을 풍성하게 만들어왔다. 아주 오래전부터 슬로푸드를 실천해온 것이다. 그러는 동안에 세계의 어느 타민족이 맛보지 못했던 맛의 영역을 넓힐 수 있었을 것이다. 한국의 독특하고, 다양한 식문화는 우리 민족의 지혜가 담겨 있다.

미국에서는 얼마 전까지 홍어(skate fish)와 아귀(monk fish, 아구) 같은 생선을 버렸다. 하지만 한국인은 오래전부터 홍어회, 홍어찜, 홍어전, 홍어튀김, 삭혀서 홍어회무침, 돼지고기 수육과 묵은지를 곁들이는 홍어삼합 등 홍어 특유의 암모니아 향내와 쫄깃한 식감을 즐겨왔다. 지금은 국산 홍어는 비싸서 호텔이나 고급 한정식집에서 맛볼 수 있으며, 대부분 칠레, 아르헨티나, 우루과이 등지에서 수입한다고 한다.

못생긴 생선 아귀는 미국에서 '가난한 자의 랍스터(poor man's lobster)'로 불렸다. 랍스터보다는 싸고, 육질과 맛은 비슷하다. 한국에서는 일제강점기 치하 일본인들이 남해의 어획고를 싹쓸이해가면서 남은 생선이 아귀였다고 한다. 이 버려진 아귀에 콩나물과 고춧가루 등 갖은 양념으로 아귀찜을 만들어 먹기 시작했다. 오늘날 미국의 셰프들이 뒤늦게 홍어와 아귀의 매력(값싸고, 맛있다)을 발견해 미슐랭 3스타 뉴욕 레스토랑 르 베르나르댕이나 레스토랑 위크의 메뉴에도 종종 오르고 있다.

한국인은 홍어와 아귀뿐만 아니라 지역마다 독특한 조리법으로 풍요한 요리를 개발했다. 갈비만 해도 소갈비(포천, 수원), 돼지갈비(인천, 담양), 숯불갈비(마포), 떡갈비(광주), 찜갈비(대구) 등이 있고, 국밥도 콩나물국밥(전주), 소머리국밥(광주), 따로국밥(대구), 올갱이국밥(청주), 수구레국밥(창녕군) 등 지역마다 독특한 조리법으로 즐겨왔다.

■ 대표적인 향토 음식
- 경기도: 조랭이떡국, 우매기, 홍해삼, 게걸무 김치, 우찌지, 부대찌개 등
- 강원도: 닭갈비, 막국수, 감자전, 올챙이국수, 촌떡, 옥수수술, 댑싸리떡, 가자미
  식해 등
- 충청도: 어리굴젓, 호박범벅, 쇠머리떡, 용봉탕, 도리뱅뱅이, 고추부각 등
- 경상도: 파전, 헛제사밥, 건진국수, 갈치식해, 아귀찜, 충무김밥, 갱시기죽 등
- 전라도: 비빔밥, 꽃게장, 메기탕, 추어탕, 애저찜, 은어구이, 홍어삼합 등
- 제주도: 옥돔구이, 자리물회, 몸국, 깅이죽(겡이죽), 갈치국, 빙떡, 오메기떡, 몸(모자
  반)국 등

뉴욕 K-푸드의 선구자: 한가위

K-팝, K-드라마, K-영화, K-뷰티 등 한류가 밀려오기 오래전, K-푸드(음식 한류)는 맨해튼 32가에서 조용히 시작되었다. '코리안 푸드'라 하면 김치, 불고기, 비빔밥, 잡채 정도로만 알려졌던 1994년 크리스마스 이브, 한식당이 집중된 코리아타운(K-Town, 5-6애비뉴)에서 한 블럭 떨어진 곳에 '한가위(Hangawi)'가 등장했다.

▒▒ **한가위 레스토랑**(사진: Hangawi, NYC)

육중한 한옥 대문을 열고 들어가면 조각보와 한국화가 걸려 있고 국악이 나직하게 흐른다. 신발을 벗고 마루에 올라 방석에 앉으면, 한복과 버선 차림의 직원이 능숙한 영어와 공손한 자세로 인사한다. 비단주머니 안에 담긴 수저와 목기는 격조 있게 한국 문화를 소개한다. 한가위는 뉴욕 한식당의 간판 메뉴인 BBQ 대신 호박죽, 더덕구이, 잡채, 곱돌 비빔밥 등 채식 메뉴를 스타터/애피타이저/메인디시/디저트로 나누고, '황제의 식사(Emperor's Meal)' 등 코스 메뉴를 정갈하게 선보였다. 그리고 한 달 만에 〈뉴욕타임스〉의 레스토랑 비평가 루스 레이첼(Ruth Reichl)로부터 찬사를 받는다.

"한가위를 떠나면서, 나는 마치 채식주의 한식당이 아니라 스파(spa)에서 나온 듯 정화되고, 생기를 찾은 느낌이었다. 이는 부분적으로 내가 목기, 묵직한 도기잔과 함께 고요하고 우아한 공간에서 전적으로 평화로운 식사를 했기 때문일 것이다. 또한 부분적으로는 두 시간에 걸친 여러 코스 식사 후 내 몸이 아직도 떠 있는 느낌이었기 때문일 것이다."
_루스 레이첼, 〈뉴욕타임스〉, 1995. 1. 27.

베테랑 비평가 레이첼의 시적인 감상평은 뉴요커들에게 보내는 K-타운 초대장과

도 같았다. 엠파이어스테이트빌딩과 펜 스테이션, 메이시스 백화점 인근의 황금 로케이션에도 불구하고 당시 한식당이 즐비한 한인타운의 문턱은 타민족에게 높았다. 바쁜 한인 이민자들과 고단한 한인 관광객들에게 설렁탕, 비빔밥, 불고기, 김치찌개 등 '컴포트 푸드(comfort food, 위로를 주는 음식)'를 제공하는 식당이 대부분이었으며 메뉴와 언어, 그리고 서비스는 열악한 형편이었다. 말하자면 코리안을 위한, 코리안에 의한, 코리안의 레스토랑인 셈이었다.

여기에 한가위가 K-식당들과 차별화된 채식(vegetarian) 콘셉트로, 메뉴와 인테리어와 서비스를 업그레이드, 뉴요커는 물론 세계의 채식주의자를 향해 문을 활짝 열었던 것이다. 그리고 한가위는 뉴욕 한복판에서 '동중정(動中靜)'의 오아시스가 된다.

'식도락가들의 성경'으로 불리는 식당 평가서 「자갓 서베이(Zagat Survey)」에 한가위는 한식당으로서도, 채식당으로서도 늘 상위에 올랐다. 2015년 이 평가서는 한가위에 뉴욕 채식주의 식당으로는 최고의 점수(30점 만점)인 26점(Food)/ 26점(Deco)/ 25점(Service)을 주었다.

세계로 간 한국 사찰음식과 정관 스님

한편, 한국의 사찰음식(temple food)은 완전채식(vegan)/채식(vegetarian), 농장에서 식탁까지(farm-to-table) 운동, 웰빙음식의 추세 속에서 새롭게 조명되면서 백양사 천진암(전라남도 장성)의 정관 스님은 요식업계의 스타로 부상했다.

뉴욕의 미슐랭 3스타 해산물 레스토랑 르 베르나르댕의 셰프 에릭 리퍼트(Eric Ripert)는 불교 신자로 특히 한국 사찰음식에 매료되었다. 그는 백양사를 방문해서 정관 스님으로부터 사찰음식을 배웠으며, 스님을 르 베르나르댕에 초청해 시연회를 열기도 했다. 그리고 그는 2015년 미국 공영 TV PBS에서 진행했던 「아베크 에릭(Avec Eric)」의 '한국 사찰 음식: 영혼을 먹이다(Korean Temple Food: Feed the Soul)' 편에서 정관 스님과 사찰음식을 집중 조명했다.

리퍼트는 〈뉴욕타임스〉의 제프 고디니어(Jeff Gordinier) 기자에게 한국 사찰음식을 소개했다. 르 베르나르댕 시식회에서 정관 스님의 음식에 반한 고디니어는 한국을 방문했다. 그리고 2015년 10월 「정관, 철학자 셰프(Jeongkwan, the Philosopher Chef)」라는 제목의 기사에서 정관 스님에 대해 "수 세기 동안 강물처럼 한국 문화의 저변을 흘러온 사찰요리의 화신(avatar of temple cuisine)"이라며 대서특필했다. 고디니어는 "'슬로 푸드', '농장에서 식탁까지', 그리고 '로커보어(locavore, 지역에서 재배하고 사육한 음식 먹기 운동)' 등이 등장하기 훨씬 이전에 천진암 같은 영적인 도피처에서 이름 모를 거장 세대가 주변의 땅에서 채취한 모든 것으로 아름답고 정교한 요리를 만들고 있었다"라고 전했다. 그리고 코펜하겐 레스토랑 노마(Noma)의 셰프 르네 레드제피(Rene Redzepi)도 사찰음식을 배우기 위해 한국을 여행했다고 썼다. 노마는 〈레스토랑〉지에서 선정하는 세계 최고 식당 1위에 네 차례 오른 미슐랭 3스타 식당이다.

사찰음식은 불교에서 먹지 못하는 마늘, 파(양파 포함), 부추, 달래, 흥거(leek, 한국에는 없는 채소)의 오신채(五辛菜)를 쓰지 않는 '금욕'의 요리법을 고수한다. 수행자 셰프 정관 스님은 "사찰음식에는 입으로 느끼는 오미(五味)를 넘어선, 마음으로 느끼는 맛 선미(禪味)가 있다. 몸이 열리고, 마음이 편안해지는 선의 맛"이라고 말한 바 있다.

정관 스님과 사찰음식 이야기는 2017년 넷플렉스 다큐멘터리 「셰프의 식탁(Chef's Table, 감독 데이비드 겔브)」 시즌 3에서 다루었으며, 베를린국제영화제 컬리너리 시네마 부문에 초청되었다. 한때 '절밥'으로 불리던 한국의 사찰음식은 이제 세계의 요식업계가 주목하고 있는 것이다.

코리안 프라이드치킨 열풍

한편, 사찰음식과는 정반대편에서 세계적으로 히트한 메뉴가 있다. 바로 프라이드치킨이다. 한국은 '치킨 공화국'이라 할 정도로 프라이드치킨을 즐겨 먹는다. 2019년 현재, 한국에는 치킨집이 8만 7천여 곳으로 맥도날드의 세계 체인 수 3만 8천 곳(2020)보다 두 배 이상 많은 수치다. 치킨집의 치열한 경쟁과 레시피 개발로 세계화에 성공했다. 불고기, 비빔밥, 김치에 이어 한국식 치킨도 세계적으로 인기를 누리고 있

모모푸쿠 데이비드 장의 이스트빌리지 '푸쿠'에서 제공했던 양념치킨 샌드위치 '코레아노'와 쌈장(사진: Sukie Park/NYCultureBeat)

다. 달콤 짭짜름한 간장마늘 양념치킨과 매콤달콤한 고추장 양념치킨, 즉 한국의 장맛을 가미한 양념 닭튀김이 세계인들의 입맛을 사로잡았다. 여기에 기름기가 적고, 바삭한 식감도 한몫했다.

2006년부터 프라이드치킨 체인 본촌치킨(Bonchon Chicken), 교촌치킨(Kyochon Chicken), 처갓집(Cheogajip) 양념치킨 등이 뉴욕과 뉴저지에 잇달아 지점을 열면서 코리안 치킨 열풍을 일으켰다. 이에 모모푸쿠 셰프 데이비드 장은 2015년 이스트빌리지에 프라이드치킨 샌드위치 전문점 '푸쿠(Fuku)'를 열었다. 간판 메뉴 스파이시 치킨 샌드위치 '코레아노(KOREANO)'는 매운 양념에 버무린 치킨을 튀겨 부드러운 마틴스 감자빵(Martin's Potato Roll) 사이에 끼운 뒤 쌈장/케첩을 뿌려 먹는다. '매콤하고 바삭한 샌드위치(Spicy, Crispy Sando)'를 내세우는 푸쿠 이스트빌리지 지점은 폐업했지만, 맨해튼 록펠러센터와 허드슨 야드, 매디슨 스퀘어 가든, 브루클린 바클레이센터, 퀸즈 시티필드, US오픈 국립테니스센터 등 전국 30여 곳에서 운영되고 있다.

한편, 미국의 햄버거 체인 셰이크 색(Shake Shack's)도 코리안 프라이드치킨(KFC)의 인기를 감안, 2021년 초 고추장 양념치킨 샌드위치(Korean Gochujang Chick'n Bites), 고추장 프라이(Korean Gochujang Fries), 백김치 슬로(white kimchi slaw)를 메뉴에 올렸다.

사실 프라이드치킨은 미국에서 건너온 것으로 알려졌지만, 조선시대 요리책 『산가요록(山家要錄)』(1450년대)에 포계(炮鷄) 조리법이 실려 있다. "살찐 닭 한 마리를 24~25

개로 토막 낸 후 솥에 기름을 넣고 달군 후 고기를 넣어 빠르게 뒤집는다. 그리고 간장
과 참기름을 밀가루에 섞어 볶은 후 식초와 함께 낸다." 단, 그 시대엔 기름과 밀가루가
귀했기 때문에 권세 있는 양반가에서 귀한 손님을 대접하던 음식으로 추정된다.

조선시대 조리서와 '며느리에게 주는 요리책'

"석회를 넣어 끓인 물에 (곰 발바닥을 잠깐) 담가 털을 뽑아 없앤 후, 깨끗이 씻고 간을 쳐서
하룻밤을 재워 두어라. (이튿날 물이) 매우 솟구치도록 충분히 끓인 후 (아궁이의) 불을 반으
로 줄이고 약한 불로 다시 무르도록 고아 쓰라. 곰 발바닥이 다 힘줄로 된 것이니, 다른
고기와 (같이) 하면 무르게 하기가 쉽지 않다. 곰 발바닥을 소발(牛足) 그을리듯이 불을 많
이 때고 그을리면 털이 다 타고 발바닥 가죽이 들뜨게 된다. (들뜬 가죽을) 벗겨 버리고 깨
끗이 씻어 무르게 고아 조각으로 잘라서도 쓴다. 발가락 사이를 칼로 긁어 째고 간장 기
름을 발라 구우면 더 좋다."

_『음식디미방』, '곰 발바닥 조리법(Steam-Braised Bear Paw, 熊掌)', 1670년

'갖은 양념'과 '적당량', '충분히', '살짝', '먹기 좋은 크기' 등으로 대표되는 한식 조
리법이 비과학적인 듯하지만,
사실 우리 민족은 눈썰미와 감
으로 요리의 달인들을 배출했
다. 수많은 외침과 한국전쟁,
일제강점기를 거치면서도 조선
시대에 집필된 요리서들이 대
대손손 전해 내려왔다.

『수운잡방(需雲雜方)』은 조선
1540년경(중종 35년) 김유(金綏,
1491~1555)가 저술하고, 그의 손

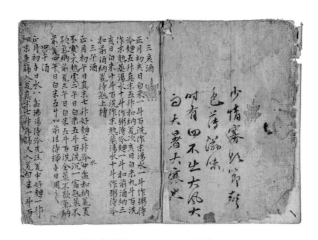

『수운잡방(需雲雜方)』, 1540년경(사진: 문화재청)

자 김령(1577~1641)이 펴낸 한문본 음식 조리서로 한국에 현존하는 요리책 중 저술자, 저술연대, 출처가 확실한 조리서 중 가장 오래된 책이다. 경북 안동시 와룡면 군자리에 살았던 광산 김씨 예안파 종가에서 나온 책이다. 수운(需雲)은 격조를 지닌 음식 문화, 잡방(雜方)은 여러 가지 방법을 의미한다.

상하 편으로 나누어진 『수운잡방』에는 주류(이화주, 오정주, 송엽주), 김치류(수과저, 처저, 납조저, 파김치, 동치미, 향과저), 장류(조장법, 청근장), 과정류(동아정과, 전약법, 전곽법, 다식법), 탕류(서여탕법, 전어탕법, 분탕, 황탕, 삼하탕, 삼색어아탕), 찬류(타락, 두부, 더덕좌반, 육면, 모점이법, 전계아법) 등 121가지 조리법이 설명되어 있다. 안동시에서 수운잡방 웹사이트를 운영하며, 경상북도에서는 도내 종가에서 전해지는 음식 조리서 『음식디미방』과 『수운잡방』을 세계기록유산에 등재하는 것을 추진 중이다.

『음식디미방(飮食知味方)』은 1670년 조선 현종(顯宗) 때 안동 지역에 살았던 장계향(張桂香, 1598~1680)이 75세에 며느리와 딸들에게 물려주기 위해 기록한 조리법 모음책이다. 동아시아에서 여성이 쓴 최초의 요리서이며, 한글로 표기되어 있다. 안동지방 양반 음식 문화를 엿볼 수 있다. 국수 등 밀가루 조리법이 18가지, 어류와 육류 조리법 44가지, 꿩김치류, 개고기, 술, 한과, 식초 등 총 146가지 조리법과 저장 발효식품, 식품 보관법을 기술했다.

『음식디미방』이란 '음식의 맛을 아는 방법'이라는 뜻이다. 장계향은 "이 책을 이리 눈 어두운데 간신히 썼으니, 이 뜻을 알고 이대로 시행하고, 딸자식들은 각각 베껴가되, 이 책을 가져갈 생각일랑 마음도 먹지 말며, 부디 상하지 않게 간수하여 쉽게 떨어지게 하지 말라"고 일렀다. 경북 영양군 석보면 두들마을에 장계향문화체험교육원이 있다.

2015년 발굴된 『최씨음식법』은 신창 맹씨 맹세형의 부인 해주 최씨(1591~1660)가 쓴 순한글 요리집이다. 신창 맹씨 가문 여성들이 270여 년간 기록한 『자손보전(子孫寶傳)』 서첩의 일부분이다. 무동치미, 가지김치, 오이김치, 파김치, 토란김치 등과 17세기 충청도 양반 가문의 조리법 20종이 적혀 있다. 고추가 한반도에 전파되기 이전으로 맨드라미, 할미꽃을 사용한 오이김치 조리법도 소개했다.

또한 2021년 1월 최불암 씨가 진행하는 다큐멘터리 「한국인의 밥상」(KBS-TV)

「무관의 모자 전립을 솥으로 활용한 요리 '전립투'(사진: 해외문화홍보원, 이신우)

10주년 특집 '옛것이 새것이다, 대한 국민의 밥상' 편에 소개되어 재발견된 서유구 (1764~1845)의 『정조지(鼎俎志)』가 있다. 실학자 서유구는 27세에 초계문신을 시작으로 승정원, 규장각, 사헌부를 거쳐 형조, 예조, 호조, 병조판서(순조-헌종) 등 76세까지 요직 을 맡았다. 그가 18년간 귀농 시절에 집필한 『임원경제지(林園經濟志)』는 농업, 목축, 어 업, 양잠, 상업, 의학, 음식, 주거, 일상 실용 지식 등 16가지 주제로 113권으로 구성된 방대한 백과사전이다. 그중 '음식'을 다룬 7권 4책, 1368쪽에 이르는 『정조지』엔 조리 법 1748가지가 소개되어 있다. 정조는 솥 정(鼎), 도마 조(俎), 즉 솥과 도마를 의미한다.

최불암 씨는 이 이야기에서 소설 『칼의 노래』, 『남한산성』의 작가 김훈 씨를 대동 했으며, 『정조지』 요리 복원가 곽미경, 곽유경 씨와 미슐랭 1스타 신창호 셰프가 『정 조지』의 조리법과 이에 영감을 받은 요리를 소개했다. 조선시대 무관의 모자였던 전 립(氈笠)을 본떠 무쇠로 만든 전립투(氈笠套)를 솥처럼 이용한 요리로, 갓 모자 부분엔 육수와 채소를 넣어 익히고, 챙에는 고기를 구웠다. 주로 사대부가에서 즐겼던 전골 요리 전립투는 일제강점기 때 무쇠와 유기그릇이 공출로 빼앗기면서 전립투 문화는 맥이 끊겼다.

다진 고기에 소금 간을 하고, 나무 상자에 넣은 후 버선으로 밟아 발효시킨 후 햇빛에 말려 항아리에 넣어 숙성시킨 육포-버선포(조편포)는 프랑스의 샤퀴테리

(charcuterie, 살라미, 초리조 등)를 연상시킨다. 또한 포르투갈에서 유래한 빵 가수저라(카스테라), 게살을 대나무 속에 넣어 구운 게구이 등을 소개했다. 『정조지』는 2020년 임원경제연구소에서 번역·출간했다.

그 외에 조선시대 요리서로 『고사십이집』/『고종무진진찬의궤』/『고종정해진찬의궤』/『군학회등』/『규곤요람』/『규합총서』/『기해진연의궤』/『다신전』/『도문대작』/『산가요록』/『소문사설』/『순조기축진찬의궤』/『술빚는법』/『시의전서』/『식료찬요』/『양주방』/『역주방문』/『영조갑자진연의궤』/『온주법』/『요록』/『우음제방』/『원행을묘정리의궤』/『음식방문』/『음식방문니라』/『음식보』/『정청일기』/『주방문』/『주식시의』/『주찬』/『주초침저방』/『증보산림경제』/『치생요람』/『풍정도감의궤』/『혜경궁진찬소의궤』 등이 전하고 있다.

1993년 출간된 장선용 씨의 『며느리에게 주는 요리책』(이화여대 출판부)이 선풍을 일으켰다. 시어머니가 외국에 사는 며느리들에게 틈틈이 요리법을 적어 보낸 편지를 엮은 사진 없는 요리책이다. 밥, 국, 찌개, 조림과 볶음, 저냐(얇게 저민 고기나 생선 따위에 밀가루를 묻히고 달걀 푼 것을 씌워 기름에 지진 음식), 나물, 김치 등 주요 한국 음식부터 샌드위치, 스파게티, 마파두부, 누룽지탕 등 서양식과 중국식 요리, 후식, 아기 이유식, 손님 접대용 음식, 그리고 명절, 제사, 생일 등 특별한 날 자주 먹는 요리의 조리법과 상차림을 담았다.

1997년엔 영문판 『A Korean Mother's Cooking Notes』로 번역 출간되었다. 장선용 씨는 이화여대 국문과를 졸업한 후 남편의 직장을 따라 미국, 인도네시아, 필리핀에서 살다가 귀국해 요리학교를 다닌 후 주부 요리 전문가가 되었다. 그리고 K-푸드를 비롯해 한류 붐을 타고, 영문판 한국 요리책(Korean Cookbook) 출간도 전성기를 맞았다.

맛에 관한 한국어 400여 가지

우리 민족은 각 지역마다 구할 수 있는 식재료로 다양한 조리법을 개발하면서 짠맛, 단맛, 신맛, 쓴맛, 감칠맛 등 혀로 느끼는 맛 외에도 매운맛까지 영역을 넓혀왔다.

순두부 전문 식당에선 외국인 고객을 위해 맵기 정도를 '안 맵게', '약하게', '보통', '맵게', '아주 맵게'로 내놓기도 했다. 라면도 불닭면에서 핵불닭면까지 지독하게 매운맛까지 즐긴다. 조리할 때 고추장, 고춧가루에 청양고추(땡초)까지 넣어 3종 매운맛의 황홀경을 즐기는 민족이다.

2003년 농수산쇼핑의 호스트 진은경 씨는 '맛을 표현하는 어휘 연구'에서 우리의 음식 맛을 표현하는 어휘가 400가지 이상이라고 보고했다. 우리말엔 음식의 맛에 관한 어휘가 풍부하다. 구수하다, 고소하다, 담백하다, 맹맹하다, 삼삼하다, 심심하다, 슴슴하다, 밋밋하다, 쌉싸래하다, 새콤하다, 달달하다, 달콤하다, 시큼하다, 텁텁하다, 개운하다…… . 매운맛도 얼큰하다, 칼칼하다, 매콤하다, 매옴하다, 알알하다, 얼쩍지근하다 등……. 촉감도 말랑말랑, 꼬들꼬들, 탱글탱글, 야들야들, 보들보들, 쫀득쫀득, 끈적끈적, 꾸덕꾸덕, 촉촉하다, 걸쭉하다, 물컹하다, 차지다 등 영어로 옮기기에 아리송한 어휘도 많다.

재료 써는 방법도 어슷썰기, 송송 썰기, 쫑쫑 썰기, 나박썰기, 깍둑썰기, 반달썰기, 통썰기, 저며썰기, 돌려 깎아 채썰기…… . 조리법도 오래 달이기, 푹 고기(삶기), 진득하게 졸이기…… . 김치 담글 때는 절이기, 버무리기, 얼버무리기, 뒤버무리기 등 다양하다. 맛의 어휘가 세분화되어 있다는 것은 그만큼 미묘한 맛의 차이, 조리하는 기술이 발달되었다는 것이기도 하다.

미슐랭 스카이의 별을 따고 있는 한식당들

왜 많은 한국인은 해외 여행지에서도 굳이 한식을 고집하는 것일까? 김치와 고추장이라는 발효음식의 맛에 길들인 우리의 혀는 단맛, 짠맛, 신맛, 쓴맛과 감칠맛(umami) 외에도 온몸에 전율이 날 정도로 짜릿하게 만족스러운 한식 고유의 맛에 중독되어 있는 듯하다. 그 매콤하고, 시큼하고, 시원하고, 개운한 맛은 '음식의 오르가즘(foodgasm: food orgasm)'이라 부를 만하다. 그 맛을 아는 우리에게는 미국이나 유럽의 미슐랭 스타 레스토랑도 시시하다. 우리는 김치와 고추장 없이는 못 사는 코리안이다.

한국인은 음식의 맛을 (눈으로) 보고, (식탁에서) 냄새를 맡고, (보글보글 끓는 전골이나 지글지글 익는 불고기) 소리로 들으며, 입 안에서 음미하고 온몸으로 (매운맛을) 느끼는 민족이다. 우리는 식사 후 "개운하다", "시원하다"고 말한다. 마치 사우나에서 방금 나온 것처럼 온몸의 신경을 자극하는 것이 한식이다. 한국인에게 식사는 이처럼 총체적인 체험이다. 그래서 우리는 세계 어느 나라 음식에서도 이 짜릿한 흥분감, 한식이 주는 황홀경(food ecstasy)을 느끼지 못한다. 한식에 대한 욕구는 우리가 포기할 수 없는 원초적인 욕망인 듯하다.

그 한식이 이제 세계인을 매료시키며 이 세상 셰프들이 흠모하는 미슐랭(Michelin) 별을 속속 따고 있다. 미슐랭 최고 등급인 3스타 레스토랑은 2022년 현재 세계에 142곳, 미국엔 14곳이다. 샌프란시스코의 코리 리(이동민)가 운영하는 베누(Benu)는 2015년 한인 셰프 최초로 미슐랭 3스타를 획득했다. 뉴욕에 미슐랭 스타(1~3개)를 받은 식당은 2022년 현재 66곳이다. 3스타 레스토랑은 일레븐 매디슨 파크(Eleven Madison Park), 르 베르나르댕(Le Benadin), 퍼 세(Per Se), 마사(Masa), 그리고 브루클린 페어 세프즈 테이블(Chef's Table st Brooklyn Fare) 등 5곳뿐이다.

뉴욕의 미슐랭 2스타 레스토랑은 12곳이며 임정식 셰프의 '정식(Jungsik)', 박정현 셰프의 '아토믹스(Atomix)', 그리고 한인 2세 데이비드 장의 '모모푸쿠 코(Momofuku

한인 셰프 최초로 미슐랭 3스타를 딴 샌프란시스코 '베누(Benu)'의 코리 리(이동민)(사진: Eric Wolfinger)

Ko)'가 미슐랭 3스타에서 내려간 프렌치 레스토랑 장 조지 봉거리첸의 '장 조지(Jean-Georges)', 대니얼 불루의 '대니얼(Daniel)'과 어깨를 나란히 하고 있다. 정식과 아토믹스는 'Korean/ Contemporary'를 내세우는 테이스팅 메뉴 전문 레스토랑이다. 정식의 메뉴엔 전복삼계탕, 방어김밥, 갈비, 성게비빔밥 등이, 아토믹스의 메뉴에는 창난젓, 김부각, 숙주나물 잡채, 청국장도 올랐다.

미슐랭 1스타 식당에는 심성철 셰프의 '꼬치(Kochi)', 사이먼 김(김시준)의 스테이크하우스 '꽃(Cote)', 더글러스 김(김주언)의 라면 식당 '제주 누들바(Jeju Noodle Bar)', 김호영의 '주아(Jua)'가 선정되었다. 테이스팅 메뉴를 제공하는 '꼬치'엔 아귀튀김, 보쌈, '주아'에는 고구마와 호떡, '제주 누들바'엔 고추라면, 트러플 비빔면, 양고기 짜장면, 고추장볶음도 메뉴에 있다.

한편, '미국 요식업계의 오스카상'으로 불리는 제임스비어드재단상의 2022 최종 후보에 한인 셰프가 대거 올랐다. 미국 전역을 대상으로 하는 탁월한 셰프(Outstanding Chef) 부문에 시애틀에서 퓨전 한식당 '주울(Joule)'을 운영하는 한인 셰프 레이첼 양(Rachel Yang)과 세이프 처치(Seif Chirchi) 부부가 후보로 지명되었다. 맨해튼의 미슐랭 2스타 한식당 아토믹스의 박정현 셰프는 뉴욕주의 베스트 셰프 후보에 지명되기도 했다. 최우수 페이스트리 셰프 부문에는 김소희 셰프가 운영하는 '브루클린 게이즈 & 톨너(Gage & Tollner)'의 캐롤라인 시프(Caroline Shiff)가 올랐다. 한편, 한인 2세 조안 리 몰리나로(Joanne Lee Molinaro)의 『한국 채식 요리책(The Korean Vegan Cookbook: Reflections and Recipes from Omma's Kitchen)』은 도서 부문 '야채 포커스 요리' 부문에 지명되었다.

그리고 박정현 셰프의 아토믹스는 영국의 〈레스토랑〉 매거진이 선정하는 2022 세계 최고 레스토랑 50(The World's 50 Best)에서 33위에 선정되며 미국 내 레스토랑 중 최고 순위를 기록했다. 2021년 아토믹스의 순위는 43위였다. 아토믹스의 셰프스 카운터 테이스팅 메뉴는 375달러(2022년 7월 현재)다. 2022 월드 50 베스트 1위에는 덴마크 코펜하겐의 '제라늄(Geranium)'이 선정되었다. 2위에 선정된 르네 레드제피(Rene Redxepi) 셰프의 덴마크 식당 '노마(Noma)'는 2010, 2011, 2012, 2014, 2021년 1위를 차지한 바 있다. 월드 50 베스트는 셰프(34%), 식당 비평가(33%), 여행을 즐기는 식도락가(33%)로 구성된 1080명의 요식업계 전문가들이 선정한다.

#29 K-아트: 단색화 르네상스

박서보, 윤형근, 정상화, 정창섭, 하종현 5대 거장의 부활

고려청자의 나라에서 단색화의 한국으로

"청자로 술잔을 구워내/ 열에서 우수한 것 하나를 골랐으니/ 선명하게 푸른 옥빛이 나는 구나/ 몇 번이나 연기 속에 파묻혔기에/ 영롱하기는 수정처럼 맑고/ 단단하기는 돌과 맞먹는단 말인가/ 이제 알겠네 술잔 만든 솜씨// 주인이 좋은 술 있으면/ 너 때문에 자주 초청하는구나."

_이규보, 「청자 술잔에 부친 시」

🎨 2015년 10월 뉴욕 크리스티에서 열린 단색화 거장 그룹전 「자연을 이루다: 한국 모던 추상화와 단색화(Forming Nature: Dansaekhwa Korean Abstract Art)」(사진: Sukie Park/ NYCultureBeat)

고려시대의 문장가 이규보 (1168~1241)는 고려청자의 아름다움을 이렇게 찬미했다. 예전에 미국의 메이저 미술관에서 'Korea' 하면 송나라 때 "고려비색 천하제일(高麗秘色 天下第一)"로 불렸던 고려청자(Goryeo Celadon)의 나라, 비디오 아트의 선구자 백남준(Nam June Paik) 정도로 인식되었다.

그러나 이제 세계 미술계는 한국 현대미술에 열광하고 있다. 1970년대 독재 하에서 캔버스와 마주하며 수행했던 한국의 단색화 거장들이 40여 년 만에 세계에서 주목받고 있다. 박서보, 고(故) 윤형근, 정상화, 고 정창섭, 하종현 화백 5인방이 K-아트 한류를 이끄는 단색화 거장이다. 이들은 일제강점기에 태어나 광복을 거쳐 한국전쟁, 이후 군사 독재와 민주화 운동, 그리고 디지털 시대를 겪은 세대다. 중국의 아이 웨이웨이, 일본의 쿠사마 야요이가 현대의 아시안 스타 아티스트라면, 단색화가들은 미술계에서 새로이 발굴된 '코리안 갤럭시(Korean Galaxy)'다.

미국에 이는 단색화 열풍

2015년 9월 주간 〈뉴요커(New Yorker)〉는 「미술계 정상의 한인들(The Koreans at the Top of the Art World)」이라는 제목의 기사에서 한국 단색화의 부상에 대해 심층보도했다. 〈뉴요커〉는 메이저 화랑들의 지점 확장, 경제 호황으로 막강해진 아트 컬렉터, 미술관이 평가 절하된 작가들을 발견하기 시작한 최근 세계 미술계의 동향에 즈음해서 한국의 단색화가 갑작스럽게 주목을 받고 있다고 전했다. 2011년 이우환 화백의 회고전을 기획했던 구겐하임 미술관의 알렉산드라 먼로(Alexandra Munroe) 큐레이터는 이를 '완벽한 폭풍(Perfect Storm)'이라고 비유했다.

〈뉴욕타임스〉는 2016년 1월 초 '세계 미술계의 경향(A Year of Highs and Corrections in the Art Market)'을 보도하면서 1970년대 한국에서 활발했던 단색화의 복귀를 거론했다.

주간 〈뉴요커〉(2015)와 〈뉴욕타임스〉(2016)의 단색화 보도

"아트 컬렉터들이 세계 미술사에서 무시되었던 샛길에 눈을 돌리기 시작했다. 1970년대

🔳 2008년 5월 첼시의 아라리오 뉴욕(Arario New York) 갤러리에서 열린 뉴욕 첫 개인전에서 박서보 화백(사진: Sukie Park/NYCultureBeat)

한국의 모노크롬 추상화, 단색화(Dansaekhwa)는 2015년 미국의 블룸 & 포(Blume & Poe), 알렉산더 그레이 어소시에이츠(Alexander Gray Associates)에서 전시되었다. 하종현, 윤형근, 박서보 그리고 정상화는 이전에 세계 시장에서 무명이었지만, 2016년부터는 달라질 것이다. 이브 클랭(Yves Klein, 프랑스 미니멀리스트)을 연상시키는 정상화의 벽돌색 모노크롬 회화(2015)는 홍콩에서 110만 달러에 팔렸다."

뉴욕의 첫 단색화 전시는 2014년 첼시의 알렉산더 그레이 어소시에이츠 갤러리에서 열린 그룹전 「현대 단색화의 극복: 한국의 모노크롬 운동(Overcoming the Modern Dansaekhwa: The Korean Monochrome Movement)」이다. 이우환, 박서보, 윤형근, 정상화, 하종현, 허황, 이동엽 작가를 소개한 이 전시는 샘 바더월과 틸 펠라스 큐레이터가 한국에서 기획한 전시다. 바더월과 페라스는 2021 프랑스 리옹 비엔날레(La biennale de Lyon) 큐레이터로 발탁되었다.

같은 해 9월 LA, 블룸 & 포 갤러리에서는 정상화, 하종현, 이우환, 박서보, 윤형근, 권영우 화백의 작품을 소개하는 단색화 거장 그룹전 「모든 방향으로부터: 추상화에 대한 단색화(From All Sides: Tansaekhwa on Abstraction)」가 선보였다. 큐레이터는 2013년 단색화를 이론으로 정립한 최초의 영어권 도서 『한국 현대미술: 단색화와 방법론의 시급성(Contemporary Korean Art: Tansaekhwa and the Urgency of Method)』(미네소타대학교 출판부)을 집필한 조안 키(Joan Kee) 미시간대학교 교수였다.

블룸 & 포는 2016년 LA와 뉴욕에서 「단색화와 미니멀리즘(Dansaekhwa and Minimalism)」으로 한미 모노크롬화 비교전을 열었다. 이 전시에서는 이우환, 정상화, 박서보, 윤형근, 하종현, 권영우 등 한국의 단색화가들과 아그네스 마틴(Agnes Martin), 로버트 라이만(Robert Ryman), 로버트 어윈(Robert Irwin), 솔 르위트(Sol LeWitt), 리처드 세라(Richard Serra) 등의 미국 미니멀리즘 거장들의 작품이 소개되었다.

한편, 2015년 10월 뉴욕 크리스티(Christie's New York)에서는 단색화 거장 그룹전 「자연을 이루다: 한국 모던 추상화와 단색화(Forming Nature: Dansaekhwa Korean Abstract Art)」를 열었다. 이 전시에는 김환기(金煥基, 1913~1974), 이성자(李聖子, 1918~2009), 정창섭(丁昌燮, 1927~2011), 윤형근(尹亨根, 1928~2007) 등 4인의 작고한 작가와 박서보(朴栖甫, 1931~), 정상화(鄭相和, 1932~), 하종현(河鐘賢, 1935~) 그리고 이우환(李禹煥, 1936~) 등 4인의 건재한 거장의 작품이 모였다.

이어 그해 가을부터 뉴욕 메이저 갤러리에서는 단색화 거장들의 개인전이 봇물을 이루게 된다. 2015년 맨해튼에서는 하종현 화백의 「결합(Conjunction)」(티나 김 갤러리), 정창섭 화백의 「묵고(Meditation)」(갤러리 페로탕), 윤형근 화백의 개인전(블룸 & 포)이 동시 다발로 열렸다.

이후 단색화는 뉴욕 현대미술관(MoMA)과 구겐하임 미술관(Guggenheim Museum, 뉴욕/ 아부다비)을 비롯해 시카고 아트인스티튜트(Art Institute of Chicago), 워싱턴 DC의 허쉬혼 미술관(Hirshhorn Museum), 파리 퐁피두센터(Centre Pompidou) 등 세계 메이저 미술관의 소장품으로 들어간다. 이와 함께 경매시장에서 단색화 작품의 가격이 치솟았다.

🏛 2015년 뉴욕 크리스티 경매장에서 열린 특별전 「자연을 이루다: 단색화, 한국의 추상화(Forming Nature: Dansaekhwa Korean Abstract Art)」(사진: Sukie Park/ NYCultureBeat)

단색화: 기원에서 재발견까지

흑백사진이 컬러사진보다 강력한 메시지를 보여주듯, 화가 장 오귀스트 도미니크 앵그르(Jean Auguste Dominique Ingres)에서 파블로 피카소(Pablo Picasso), 그리고 게르하르트 리히터(Gerhard Richter) 등은 컬러를 배제한 단색(monochrome)을 종종 실험해왔다. 2012년 뉴욕의 구겐하임 미술관에서는 「피카소의 흑백 회화전(Picasso Black and White)」을 열었으며, 2017년 런던의 내셔널 갤러리(National Gallery)는 「모노크롬: 흑백 회화전(Monochrome: Painting in Black and White)」에서 렘브란트, 앵그르, 피카소, 리히터, 올라푸르 엘리아손 등의 작품을 소개했다.

'Korean Monochrome Painting'에서 '단색화(Dansaekhwa)'로 우리 고유의 미술운동이 된 한국의 단색화는 알렉산더 로드첸코, 카지미르 말레비치, 아그네스 마틴의 모노크롬 미니멀리즘(Monochrome Minimalism)이나 바넷 뉴먼, 마크 로스코의 색면 추상(Color Field Abstraction)과는 다르다.

1970년대의 한국 단색화는 세계적으로 잊힐 수 있었던 미술사조였다. 그럼 단색화는 어떻게 40여 년 후에야 세계적으로 공인되었나?

단색화의 시초는 1972년 경복궁 국립현대미술관에서 열렸던 제1회 앙데팡당(Indépendant)전이다. 이 전시에 소개된 이동엽(1946~2013)과 허황(1946~　)의 백색 회화를 심사위원 이우환 화백이 파리 비엔날레(La Biennale Paris) 출품작으로 선정했다. 단색화가 그룹으로 첫선을 보인 것은 1975년 도쿄 긴자의 도쿄화랑(東京畵廊, Tokyo Gallery)

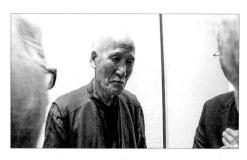

2016년 5월 맨해튼 도미니크 레비 갤러리(Dominique Lévy Gallery) 개인전에서 정상화 화백(사진: Sukie Park/ NYCultureBeat)

에서 열린 「한국 5인의 작가, 5가지 흰색(Korea: Five Artists, Five Hinsek-White)」이다. 이 전시에는 권영우(1926~2013), 박서보, 서승원(1941~), 허황, 이동엽이 참가했다. 한국 작가에게 흰색은 백의민족과 조선백자로 상징되는 한민족의 정신성이다. 세계적으로 단색화 열풍이 불자 도쿄화랑은 43년 후, 2018년 같은 제목의 전시회를 다시 열었다.

영국 테이트 리버풀(Tate Liverpool) 미술관에서도 1992년 정창섭, 윤형근, 김창열, 박서보, 이우환, 이강소 그룹전 「자연과의 작업: 한국 현대미술 속 전통사상(Working with Nature: Traditional Thought in Contemporary Art from Korea)」에서 71점을 소개했다. 6인의 작가는 한국전쟁이 발발했을 때의 나이가 7세에서 23세 사이로 학생이거나 군에 징집되었으며, 전쟁으로 친구나 가족을 잃었다. 테이트는 이 작가들의 작품은 자연을 소재로 역동적이며 질감이 풍부하다고 해설했다. '단색화'로 이름 붙이기 전이다.

1995년 서울 관훈갤러리(Kwanhoon Gallery)에서 「에콜 드 서울 20년-모노크롬 20년」전이 열렸다. 아직 '단색화'로 명명되기 전, '모노크롬'이 타이틀로 붙여졌다. 이듬해엔 현대갤러리(Hyundai Gallery)가 「1970년대 한국의 모노크롬(Korean Monochrome Painting in the 1970s)」에서 정창섭, 윤형근, 김창열, 박서보, 정상화, 이우환, 하종현, 김기린, 이승조, 서승원, 최명영, 이동엽, 진옥선, 윤명로, 김진석, 이봉렬, 곽인식, 김홍석, 권영우 등의 작품을 전시했다.

'단색화(Dansaekhwa)'라는 용어가 공식적으로 사용되기 전까지 오랫동안 모노크롬 회화, 모노톤 회화, 단색 회화, 단색 평면회화, 단색조 회화 등으로 불렸다. 그러다가 2000년 제3회 광주 비엔날레(Gwangju Biennale) 특별전 「한일 현대미술의 단면」의 영문판 카탈로그에서 윤진섭 큐레이터가 처음 사용한 용어로 알려져 있다. 이 특별전은 한국 단색화와 일본 모노하(ものは, 物派)의 미적 특질, 양식적 특성 및 제작 방식에 대한 검증과 분석을 통해 미국 중심의 미니멀리즘과 단색화, 서구의 오브제 미학 및 이탈리아의 아르테 포베라(Arte Povera)와 모노하가 각각 차별화될 수 있는지를 조망했다.

2012년 과천 국립현대미술관에서 윤진섭 큐레이터 기획으로 열린 「한국의 단색화(Dansaekhwa: Korean Monochrome Painting)」가 첫 공식 단색화전이다. 이 전시엔 김환기, 곽인식, 박서보, 이우환, 정상화, 정창섭, 윤형근, 하종현 등 전기 단색화 작가 17명과 이강소, 문범, 이인현, 김춘수, 노상균 등 후기 단색

한국의 단색화

Dansaekhwa
Korean Monochrome Painting

국립현대미술관   제 1, 2 전시실 및 중앙홀   2012. 3. 17 - 2012. 5. 13

2012년 국립현대미술관에서 열린 「한국의 단색화」 포스터

화 작가 14명 등 총 31인 작가의 150여 점이 소개되었다.

2013년 미시간대학교 한국계 교수 조안 키는 해외 첫 단색화 연구서 『Contemporary Korean Art: Tansaekhwa and the Urgency of Method』(미네소타대학교 출판부)를 출간했다. 서울 국제갤러리(Kukje Gallery)의 이현숙 대표는 2013년 5월 런던 아트페어 프리즈(Frieze)에서 단색화를 소개하며 뉴욕 구겐하임, 디아아트센터, 런던의 테이트 모던, 파리 퐁피두센터 등 메이저 미술관 이사회 아트 컬렉터들에게 팔았다.

2015년 국제갤러리의 대표 이현숙 씨와 그의 딸이 운영하는 뉴욕의 티나 김 갤러리(Tina Kim Gallery)는 제56회 베니스 비엔날레의 특별전으로 팔라초 콘타리니-폴리냐크(Palazzo Contarini-Polignac)에서 '단색화' 전시와 포럼을 열며 단색화 소개에 박차를 가했다. 2004년 광주 비엔날레 예술 총감독 출신 이용우 큐레이터가 기획한 이 전시엔 김환기, 권영우, 이우환, 박서보, 정창섭, 정상화, 하종현의 작품이 선보였다. 서구의 미니멀리즘, 일본의 모노파와는 달리 독특한 미학과 역사적인 배경을 고찰한 '단색화' 특별전은 1970년대 우물에서 길어 올린 미지의 한국 미술, 단색화를 세계 미술사의 궤도에 올려놓게 된다.

이제 단색화는 일본의 구타이미술(具體美術)과 모노하, 그리고 이탈리아의 아르테 포베라, 독일의 제로 그룹(ZERO group)처럼 세계 미술사에서 한국의 독창적인 미술 유파로 자리매김했다.

1970년대: 왜 단색화였나?

1970년대 한국의 노동자, 지식인, 예술가는 박정희의 독재에 각자의 방식으로 저항했다. 봉제 노동자 전태일은 1970년 22세에 「근로기준법」 법전과 함께 분신자살했고, 김지하 시인은 1970년 부패와 비리를 풍자한 시 「오적(五賊)」을 발표해 반공법 위반으로 수감되었다. 1971년 가수 김민기는 데뷔 앨범 「아침 이슬」을 출반했고, 민중가요가 된 이 노래는 1975년 유신정부의 긴급조치 9호에 따라 금지곡이 되었다.

언론의 자유가 탄압되었던 군사정권 아래에서 화가들은 모노크롬 속으로 빠져들어 갔다. 윤형근, 정상화, 정창섭, 박서보, 하종현 등 제1세대 단색 화가들은 절망 속에서 침묵으로 저항했다. 이 때문에 광주항쟁 이후 1980년대 민중화가들은 그들을 '현실 외면', '서구 미니멀리즘의 모방', '몰개성'이라고 비판하게 된다.

그들에게 침묵은 현실 도피였을까? 아니면, 저항이었을까?

김환기 화백의 사위인 윤형근 화백의 삶은 한과 울분으로 얼룩졌다. 1947년 서울대학교 미대에 입학한 후 동맹휴학 등 반정부 운동에 가담했다가 제적당했다. 6·25전쟁 발발 직후엔 대학 시절의 시위 전력으로 보도연맹에 끌려갔다. 1956년에는 전쟁 중 피난 가지 않고 서울에서 부역했다는 명목으로 6개월간 서대문형무소에서 복역했다.

1973년 숙명여고 미술교사로 재직 중에는 중앙정보부장의 힘으로 부정입학한 재벌가 학생의 비리를 문제시했다가 '레닌 베레모' 착용, 반공법 위반 혐의로 체포되었다. 그가 본격적으로 그림을 그리기 시작한 때는 1973년 만 45세였다. 1980년 5월 광주항쟁 중 시민 학살에 충격을 받은 윤 화백은 가족과 함께 파리로 떠났다.

🎨 2020년 1월 첼시의 데이비드 즈워너 갤러리에서 열린 고 윤형근 화백 개인전(사진: Sukie Park/ NYCultureBeat)

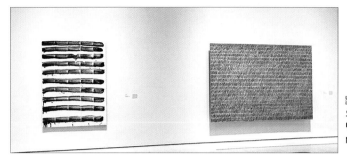

박서보 화백은 그림을 '난을 치는 것'에 비유하며, 몸과 마음을 수양하는 의미라고 말한다. "한때는 '저것도 그림이냐'며 사회적 멸시도 받았지만, 내 작품은 스님이 반복해서 독경하듯 끊임없이 반복한 행위의 결과물이다. 그림은 자신을 비워내는 도구이며, 수신하는 과정의 찌꺼기가 바로 그림이다. 그냥 찌꺼기가 아니라 정신의 결정체인 것이다"라고 밝혔다.

2019년 미시간주 블룸필드힐스의 크랜브룩 미술관(Cranbrook Art Museum)에서는 특별전 「지주의 색상: 예술, 경제 및 물질성에 대하여(Landlord Colors: On Art, Economy, and Materiality)」에서 한국을 비롯해 이탈리아, 그리스, 쿠바 및 미시간주 디트로이트의 경제적·사회적 격동기에 제작된 작품을 소개했다. 한국 편에서는 1970년대 독재시대의 유신체제 하에서 이우환, 하종현, 권영우, 박현기, 박서보, 윤형근 화백의 단색화를 조명했다.

오방색, 백의민족과 단색화

우리 민족은 상징을 좋아한다. 한민족은 전통적으로 음양오행설(陰陽五行說)을 바탕으로 한 오방색을 기조로 의식주 문화에 적용해왔다. 음양오행설은 이 세상의 모든 존재는 음과 양의 조화로 이루어지며, 오행(나무-木/불-火/흙-土/철-金/물-水)의 변화에 의해 생겨나고 소멸한다는 이론이다.

우주와 인간의 질서를 상징하는 오방색(五方色)은 다섯 가지 색(황-黃/청-靑/백-白/

적-赤/흑-黑)을 말한다. 각 색은 황(중앙-신성함),
청(동-탄생, 희망), 백(서-절개), 적(남-생명력), 흑
(북-죽음)을 의미한다. 우리 민족이 아기의 돌
과 명절에 입히는 색동옷이나 연지곤지 화장,
혼례복도 부정한 기운을 막고, 무병장수와 복
을 기원하는 뜻이었다. 보자기에서 구절판, 비
빔밥, 잡채 음식의 색깔, 그리고 궁궐과 사찰의
단청까지 화려한 색채의 조화를 찾아볼 수 있
다. 빨주노초파남보의 무지개색 못지않은 화려
한 색상을 구사해왔다.

엘리자베스 키스, 「두 아이(Two Korean
Kids)」, 1919(왼쪽)/ 「신부(Korean Bride)」,
1938

　이 중에서도 흰색은 우리의 상징색이 되었다. 중국인들은 붉은색과 황색을 좋아한
다. 빨간색은 행운의 빛깔이며, 노란색은 황제의 색이었다. 우리 민족은 흰옷을 즐겨
입던 백의민족(白衣民族)으로 불렸다.

　『삼국지』「위지동이전」의 '부여(夫餘)' 조에는 "의복은 흰색을 숭상하며, 흰 베로 만
든 큰 소매가 달린 도포와 바지를 입고, 가죽신을 신는다"라고 기록되어 있다. 우리
민족은 고대국가에서부터 신라, 고려, 조선, 구한말에 이르기까지 흰옷을 즐겨 입었
다. 고구려 고분 쌍영총 벽화에도, 조선시대 풍속화가 김홍도와 신윤복의 그림에도
흰옷을 입은 인물들이 등장한다.

　"까마귀 우는 골에 백로야 가지 마라"는 시조처럼 흰색은 지조와 순결을 의미했
다. 흰색은 태양과 빛, 그리고 하늘을 숭배하는 상징적인 색이었다. 일제강점기의 문
인 최남선은 『조선상식문답(朝鮮常識問答)』(1946)에서 우리 민족이 흰색 옷을 즐겨 입
게 된 유래에 대해 "태양의 자손으로서 광명을 표시하는 흰빛을 자랑삼아 흰옷을 입
다가 나중에는 온 겨레의 풍속이 된 것"이라고 밝혔다.

　제사 때도 흰옷을 입고, 흰떡, 흰 술, 흰밥을 드렸다. 유교를 숭상했던 조선시대엔
선비의 색깔이 된다. 이어 일제강점기에 우리 민족은 저항의 상징으로 흰옷을 입었
다. 3·1운동 때는 흰 한복을 입은 조선 백성들이 시위했으며, 의병들도 흰옷을 입고
투쟁했다.

컬러―자유의 팔레트

1970년대 군사 독재 치하에서는 인권이 탄압되었으며, 검열로 인해 예술가는 창작의 자유를 누릴 수 없었다. 오방색은 표현의 자유를 상징한다. 화가들 역시 팔레트에서 다양한 컬러를 자유롭게 선택하는 것이 사치스러웠을지도 모른다. 단색(monochrome), 그것은 유신체제의 억압에 대해 저항하는 순결한 컬러의 메타포(metaphor)일 것이다.

단색화가들은 미니멀리즘을 도입해 무채색을 택하고, 서예, 수묵화, 한지, 마대, 고령토, 배압법, 묘법 등 한국적인 매체와 기법으로 재해석했다. 수묵화의 전통에 입각, 자연과의 합일을 추구하는 노자(老子) 사상을 바탕으로 오랜 시간 동안 수행하듯 반복적인 작업이다. 그 결과 2차원의 캔버스엔 한국 재료의 풍미, 독특한 질감과 함께 한 시대의 아픔과 한(恨)과 울분 등 한민족의 정서가 담겨 있다. 시간과 밀도 그리고 에너지(기氣)가 고스란히 느껴지는 한국적인 추상화, 마음의 풍경인 것이다.

물감을 바른 후 마르기 전에 연필로 빗금을 긋는 박서보 화백, 청색과 갈색 물감을 면포나 마포 위에 반복적으로 칠해 번지게 하는 윤형근 화백, 고령토를 칠한 후 선을 토대로 뜯어내고, 메우기를 반복하는 정상화 화백, 캔버스 위에서 닥종이에 물을 섞어 반죽해 그리는 정창섭 화백, 그리고 마대 뒷면에 두꺼운 물감을 바르고 앞면으로 밀어내는 하종현 화백의 기법은 단색화 거장들만의 독특한 스타일이다.

2019년 뉴욕 현대미술관(MoMA)에 전시된 하종현 화백의 「접합/Conjunction 74-26」(1974, 오른쪽 끝)(사진: Sukie Park/ NYCultureBeat)

한편, 2017년 리만모핀(Lehmann Maupin) 갤러리는 프랑스에 거주하는 김기린 화백의 첫 미국 개인전 「Kim Guiline/ Selected Works: 1967~2008」을 열었다. 1960년대 프랑스로 이주한 김 화백은 1970년대의 유신체제를 겪지 않았다. 그가 1960년대 후반 빨강, 노랑, 파랑, 초록 등 오방색이 연상되는 원색의 기하학적 추상화 작업을 하다가 이후 '침묵과 저항의 무채색'이 아닌 원색의 모노크롬으로 진화한 것도 단색화 5인방과는 구별된다.

때문에 한국의 단색화는 서양의 미니멀리즘이나 모노크롬 화법과는 다르다. 작가의 개념적 표현에 집중한 미니멀리즘과 달리 단색화는 정치적 억압기에 한국 화가들의 금욕적이며 명상적인 에너지가 함축된 작품이다. 저항 정신으로 마음을 비우고, 노동집약적인 반복적인 행위로 완성한 '보이지 않는 마음의 그림'이다. 달항아리처럼 텅 빈 듯하지만, 충만한 마음과 질감이 느껴지는 회화다.

한국 미술사와 단색화 연구서 봇물

단색화 열풍으로 한국 근현대 미술이 새로이 주목받으면서 한국 미술서, 특히 단색화 주제 도서가 이어서 출간되었다. 2020년 3월 런던의 미술 전문 출판사 파이돈(Phaidon)에서 처음으로 한국미술사 전문도서 『1953년 이후의 한국 미술: 균열, 혁신, 교류(Korean art from 1953: collision, innovation, interaction)』가 출간되었다.

이 책은 2017년 로스앤젤레스카운티 미술관(Los Angeles County Museum of Art, LACMA)에서 열렸던 심포지엄 '1953년도 이후의 한국 미술'에서 비롯되었다. 내용은 1950년대와 1960년대 추상미술부터 한국 아방가르드의 실험 운동, 단색화, 민중미술, 한국 현대사진, 북한의 조선화, 1990년대 전후의 한국 미술, 한국의 신세대미술, 광주 비엔날레와 부산 비엔날레, 미디어시티 서울, 한국 여성 미술, 한국의 미디어 아트, 1980년대와 1990년대 코리언아메리칸 아트 등 총 13장으로 구성되었다. 정연심 홍익대학교 예술학과 교수를 비롯해 김선정 광주 비엔날레재단 대표, 킴벌리 정 캐나다 맥길대학교 교수, 시각 문화학자인 케이스 와그너 영국 런던칼리지 교수가 책의 필

한국미술과 단색화 주제
도서

진이다.

이외에도 단색화 전시를 소개한 메이저 갤러리에서 카탈로그와 작가론을 출간해 왔다. 국제 갤러리는 2014년 김기린, 박서보, 윤형근, 이우환, 정상화, 정창섭, 하종현 그룹전 카탈로그『단색화의 예술(The Art of Dansaekhwa)』(윤진섭, 알렉산드라 먼로, 샘 바다우 일, 틸 펠라스 공저, 2015)을 출간했다.

블룸 & 포 갤러리는 단색화 이론가 조안 키 교수가 집필한『From All Sides: Tansaekhwa on Abstraction』(2015)을 펴냈다. 2018년에는 하종현 화백의 작가론『Ha Chong Hyun』(알프레드 파쿼망, 베리 슈왑스키, 안휘경, H.G. 매스터스 공저), 2019년엔 윤형근 화백 작가론『Yun Hyong-keun』(김인혜 지음)이 영문으로 출간되었다. 그리고 2022년 6월 리촐리(Rizzoli) 출판사는 박서보 화백의 '묘법(描法, ecriture)'을 소개하는 작품집 『PARK SEO-BO: ÉCRITURE』를 펴냈다.

단색화 미술 장르 공인

〈뉴욕타임스〉도 단색화가에 주목해왔다. 2021년 6월「한국 미술계의 거두가 유산을 계획하다(A Towering Figure in South Korean Art Plans His Legacy)」에서 단색화 운동의 핵심인물 박서보 화백의 삶과 작품세계를 대서특필했다. 2022년 4월 〈뉴욕타임스〉는 베니스 비엔날레 전시 리뷰(Postcards From the Biennale: His paintings travel, but Ha Chong-hyun stays in Korea; Anselm Kiefer melds art and sculpture at the Doges Palace)에서 하종현

화백과 독일 출신 거장 안젤름 카이퍼(Anselm Keifer)를 나란히 소개하기도 했다.

뒤늦게 발견된 한국의 단색화는 이제 미술사에서 정식 장르로 공인되었다. 런던의 미술관 테이트는 웹사이트에서 단색화(DANSEAKHWA)를 미술용어, 정식 미술 장르로 설명하고 있다.

「DANSEAKHWA: THE KOREAN MONOCHROME MOVEMENT(단색화: 한국의 모노크롬 운동)」

"1950년대 서구의 모더니즘이 한국의 예술 문화에 끼친 영향을 조화시키기 위한 노력의 일환으로 결성된 거센 운동이다. 단색화는 형식적으로는 리얼리즘과 형식주의를 거부하고, 단색으로만 그리고, 모더니즘 추상을 위해 캔버스의 평면성을 강조하는 양식을 선택했다. 이 운동은 전후 민족의 정체성, 소속감과 전통을 둘러싼 투쟁을 강조한다. 그림에 반복적인 무늬와 몸짓을 사용함으로써 어디에도 속하지 않는 보편적이면서도 어디에도 속하지 않는 미학적 양식을 창조하고자 시도했다. 단색화 작가로는 하종현, 허황, 이동엽, 이우환, 박서보, 윤형근이 있다."

_테이트, 런던

미국 주류 미술관 K-아트 특별전 열풍

단색화를 넘어서 K-아트 전시가 미국의 메이저 미술관에서 연이어 열리고 있다. 메트로폴리탄 미술관은 2014년 11월부터 이듬해 2월까지 「황금의 나라, 신라(Silla: Korea's Golden Kingdom)」전을 대대적으로 열었다. 이 전시엔 황남대총 북분 금관, 경주 구황동 금제여래좌상, 도기 기마인물형 명기, 토우장식장경호 등 국보를 비롯해 100여 점의 신라 미술품이 소개되었다. 이어 필라델피아 미술관은 2015년 3월부터 「조선왕조의 미술: 한국 국립중앙박물관에서 온 보물들(Art of the Joseon Dynasty: Treasures from the National Museum of Korea)」을 시작, LA카운티 미술관(LACMA)과 텍사스의 휴스턴 미술관으로 순회 전시되었다.

두 메이저 미술관에서 신라와 조선의 한국 고미술을 소개한 후엔 단색화 열풍과 함께 한국의 근현대 미술을 조망하는 특별전이 열리기 시작했다. LA카운티 미술관은 2022년 7월 수묵화 거장 박대성의 개인전 「고결한 먹과 현대적 붓(Park Dae Sung: Virtuous and Contemporary Brush)」을 열었으며, 그해 9월부터 이듬해 2월까지는 「사이의 공간: 한국 미술의 근대(The Space Between: The Modern in Korean Art)」에서 1897년부터 1965년까지 한국 미술의 진화 과정을 탐구했다. 이 전시에는 김환기, 이중섭, 박수근, 유영국, 나혜석, 안중식, 고희동, 배운성, 이쾌대 등 88인 작가의 130여 점이 소개되었다.

한편, 뉴욕의 구겐하임 미술관은 2023년 9월부터 2024년 1월까지 「한국의 실험미술, 1960-70년대(Experimental Art in South Korea, 1960s-70s)」를 연다. 이 전시에선 이강소, 이건용, 이승택, 김구림, 성능경 등의 작품이 선보인다. 그리고 필라델피아 미술관은 2023년 10월부터 한국 현대미술 특별전 「시간의 형태: 1989년 이후의 한국 미술(The Shape of Time: Korean Art After 1989)」에서 서도호, 함경아, 신미경 등 33명의 작품을 전시한다.

이제 미국 내 메이저 미술관엔 대부분 한국 미술 전담 큐레이터들이 활동하고 있다. 2003년부터 메트로폴리탄 미술관에서 일했던 첫 한국 미술 큐레이터 이소영 씨는 2018년 하버드 미술관(Harvard Art Museum)의 수석 큐레이터로 발탁되었다. 이어 메트로폴리탄 미술관엔 런던 대영박물관(British Museum)의 한국 미술 큐레이터였던 현수아 씨가 영입되었다.

필라델피아 미술관엔 2006년부터 우현수 큐레이터가 한국 미술을 담당하며, 동아시아 미술부장도 겸하고 있다. 그리고 LA카운티미술관 한국 미술부엔 2013년부터 문선정, 클리블랜드 미술관 한국 미술부엔 2015년부터 임수아, 구겐하임 미술관 아시아 미술부엔 2015년부터 안휘경 큐레이터가 일하는 중이다. 그런가 하면 이부진 호텔신라 사장은 2023년 3월 LACMA의 새 이사진 11명에 선출되었다.

서울, '세계 미술 메카'로 부상 중

단색화의 발견, 한류의 파고를 타고 한국 근현대 미술이 재조명되고 있으며, 서울은 세계 미술의 메카로 부상했다.

한국의 미술시장이 달아오르면서 서양의 메이저 갤러리가 속속 오픈하고 있다. 파리에 기반을 둔 파워 갤러리 페로탕(Galerie Perrotin)은 2016년 삼청

왼쪽부터 〈뉴욕타임스〉, 〈아트뉴스페이퍼〉, CNN의 '프리즈 서울(Frieze Seoul)' 보도

동에 서울 지점을 연 첫 글로벌 화랑이다. 페로탕은 2014년 뉴욕에서 정창섭 화백 개인전을 열었던 갤러리로 2022년 8월엔 신사동에 제2 서울 지점 '페로탕 도산파크'를 열었다. 페로탕은 한국인 작가 박서보, 김종학, 이배, 박가희, 김홍석, 이승조의 작품을 거래해왔다.

이어 같은 해 10월엔 런던, 아부다비, LA에서 운영해온 바라캇 컨템퍼러리(Barakat Contemporary)가 첫 아시아 지점을 삼청동에 열었다. 2017년 초엔 이우환 화백이 소속된 뉴욕의 주류 화랑 페이스 갤러리(Pace Gallery)가 한남동에 서울 지점을 오픈했다. 그리고 그해 10월 뉴욕의 리만머핀(Lehmann Maupin)이 안국동에 문을 연 후 한남동으로 확장 이전했다. 한편 유럽에서는 베를린의 쾨니히 갤러리(König Galerie)가 2021년 강남구 압구정로에, 이어 오스트리아 타데우스 로팍(Thaddaeus Ropac)도 한남동에 갤러리를 열었다. 2022년 4월엔 아니카 이, 매튜 바니 등이 소속된 뉴욕의 글래드스턴(Gladstone) 갤러리가 청담동에 아시아 첫 지점을 열었다.

대규모 아트페어도 서울로 향하고 있다. 2022년 9월에 국제미술박람회 프리즈(Frieze)가 서울에서 처음 열렸다. 뉴욕, LA와 런던에서 열리던 아트페어 프리즈가 아시아 첫 도시로 서울에 상륙한 것이다. 국제갤러리의 이현숙 대표는 2013년 프리즈 런던에 처음 단색화를 소개했다.

프리즈 서울(Frieze Seoul)은 2002년에 시작된 한국 최초의 국제미술박람회 키아프 서울(KIAF Seoul)과 서울 코엑스 건물에서 동시에 진행되었다. 프리즈 서울엔 하우저 앤워스, 가고시안, 리만모핀, 페로탕, 국제, 현대, 아라리오, PKM, 리안, 제이슨함, 조현화랑, 학고재 갤러리 등 세계 20개국의 갤러리 119개, 키아프 서울엔 세계 17개국의 164개 화랑이 참가했다. 여기에 73개 화랑이 참가한 키아프 플러스(KIAF Plus)까지 신설되어 350여 개의 갤러리가 몰려 서울은 바야흐로 아시아를 대표하는 미술 도시로 떠올랐다.

K-아트는 K-팝과 K-드라마와 시너지 효과를 냈다. 아트넷(Artnet.com)은 제1회 프리즈 서울에 한국의 유명인사들이 총출동했다고 전했다. CJ 그룹의 주최로 리움 미술관(Leeum Museum of Art)에서 열린 프리즈 서울 제1회 축하 파티에 이정재, 이병헌, 송승헌, 차승원, 윤여정 등 배우를 비롯해 BTS의 RM과 제이홉, 싸이, 백지영, 9인조 걸그룹 케플러(Kep1er), 힙합 듀엣 다이나믹듀오(Dynamicduo) 등이 참가했다. 또한 프리즈 서울과 키아프 서울의 VIP 데이에는 RM, 정지훈, 가수 비와 배우 김태희 부부와 정우성이 다녀갔다고 보도했다.

#30 K-패션: 백의민족에서 글로벌 패셔니스타로

"절도 있고 민활한 걸음걸이를 보면 조선 사람들은 중국인들처럼 동작이 유연하고 활달해 보이며 일본인들에 비해 체구가 크고 건장하다. 그들은 또한 일본인들에 비해 더욱 활기가 넘치며 도전적인 태도를 보인다. ……옷의 색깔은 남자나 여자나 다 흰색이다."

_에른스트 야코프 오페르트, 『금단의 나라, 조선 기행(Ein Verschlossenes Land, Reisen nach Korea)』(1880)

"천천히 그리고 육중하게 걸어가는 모든 사람이 하얀 옷을 입고 있다."

_빌레타르 드 라게리, 『한국, 독립국, 러시아, 일본: 사진으로부터의 삽화 50점 게재(La Corée, Independante, Russe, Ou Japonaise: Ouvrage Contenant Cinquante Illustrations D'apres Des Photographies)』(1923)

구한말 한국에 다녀갔던 독일인 항해사 에른스트 야코프 오페르트(Ernst Jakob Oppert, 1832~1903)와 프랑스인 라울-샤를 빌레타르 드 라게리(Raul-Charles Villetard de Lagurie, 1853~1913)는 여행기에서 조선인들이 흰옷을 입고 있는 것에 주목했다. 우리 민족은 흰옷을 사랑했다. 그런데 어떻게 백의민족(白衣民族)의 한국은 1세기 만에 세계의 유행을 선도하는 패션의 메카로 부상했을까?

우리 민족이 흰옷을 즐겨 입은 유래에 대해서는 설이 분분하다. 그중 가장 유력한 것은 흰색이 하늘과 땅을 상징하는 불멸의 색으로 천지를 숭배하는 우리 민족 고유의 신앙에 뿌리를 두었다는 설이다. 제사 때 흰옷을 입고 흰떡, 흰밥, 흰 술을 쓰는 관습도 여기에서 비롯되었다는 것이다. 하지만 고구려 무용총 벽화 속의 의상, 조선시대 화려한 궁중 복식과 기녀들의 패션, 세계 누리꾼들의 화제가 된 선비들의 모자(갓), 그리고 색동저고리 등 역사 속에서 한민족의 탁월한 패션 감각을 간과할 수는 없을 것이다. 조선백자 달항아리처럼 순결하고, 소박하며, 높고 깨끗한 이상을 추구했던 백의민족은 이제 글로벌 패셔니스타가 되었다.

한류 스타들, 럭셔리 브랜드 홍보대사에 임명

맨해튼 5 애비뉴와 57 스트리트 티파니 본점 건물 150피트 높이 빌보드를 장식한 로제(블랙핑크)(사진: Tiffany & Co.)

백의민족의 후손, 세계적인 팬덤을 구축한 한류 스타들이 세계의 명품 브랜드로부터 속속 러브콜을 받으며, 글로벌 모델이나 홍보대사로 선정되고 있다. 홍보대사는 브랜드(brand), 하우스(house), 글로벌(global), 로컬(local/ Korea) 등의 수식어가 붙거나 프렌드(friend)로 부르기도 한다. 홍보대사는 기존 광고 모델의 차원을 넘어서 패션쇼, 화보, 소셜미디어 등을 통해 명품 브랜드를 자연스럽게 노출하고, 컬렉션까지 합작하며 대중에게 브랜드의 고유한 가치와 이미지를 홍보하는 역할을 맡는다.

2014년 루이뷔통은 배우 배두나를 뮤즈(Muse, 브랜드와 디자이너에 영감을 주는 존재)로 선정했다. 루이뷔통의 디자이너 니콜라스 게스키에르는 봉준호 감독의 「괴물(Host)」(2006)을 보고 배두나의 열혈팬이 되었고, 디자인의 영감을 받았다고 밝혔다. 2년 후 루이뷔통은 배두나를 글로벌 홍보대사로 영입하게 된다. 그리고 샤넬은 2016년 보이밴드 빅뱅의 지드래곤(G-Dragon)을 홍보대사로 발탁했다.

블랙핑크 멤버 4인(지수, 제니, 로제, 리사)은 K-팝의 인기를 타고 〈보그〉, 〈엘르〉, 〈얼루어〉, 〈하퍼즈 바자〉, 〈마리끌레르〉, 〈W〉 등 패션잡지의 화보에 등장하는가 하면, 모두 2~3개 브랜드의 홍보대사로 초빙되었다. 로제는 생로랑과 티파니, 리사는 셀린느와 보석 브랜드 불가리 그리고 화장품 브랜드 맥(M.A.C.), 지수는 디올과 카르티에, 제니는 샤넬 코코와 캘빈 클라인의 홍보대사로 활동하고 있다. 이제 지수, 제니, 로제, 리사는 팝스타 마돈나, 셰어와 아델처럼 성 없이 이름만으로도 인지되는 슈퍼스타덤에 올라 있다.

2021년 루이뷔통의 글로벌 브랜드 홍보대사로 선정되었던 BTS는 2022년 6월 휴지기를 발표한 후 솔로 프로젝트를 가속화하고 있다. 이후 멤버들이 속속 명품 브랜드 홍보대사로 발탁되고 있다. 지민은 디올과 티파니, 슈가는 발렌티노, 그리고 제이홉은 루이뷔통의 홍보대사로 선정되기도 했다. 이어 2023년 3월에 정국이 캘빈 클라인, RM은 보테가 베네타, 뷔는 셀린느의 브랜드 홍보대사로 활동하기 시작했다. 디올의 글로벌 홍보대사로는 배우 조니 뎁, 로버트 패틴슨, 주드 로가 활약한 바 있다. 루이뷔통엔 「오징어 게임」의 모델 정호연과 배우 강동원, 걸그룹 뉴진스 멤버 혜인이 홍보대사로, 발렌티노엔 배우 손예진이 뮤즈이자 글로벌 모델로 활동 중이다.

샤넬엔 지드래곤과 제니 외에 영화 「은교」(2012)로 스타덤에 오른 배우 김고은, 배우 공유(시계와 쥬얼리)가 홍보대사로 발탁되었다. 구찌엔 배우 이정재, 모델 겸 배우 신민아, 가수 아이유, 9인조 보이밴드 엑소(EXO)의 카이, 그리고 5인조 걸그룹 뉴진스의 하니가 홍보대사로 선정되었다. 디올엔 BTS 지민과 블랙핑크 지수 외에도 피겨 스케이터 김연아, 보이밴드 아스트로(ASTRO)의 멤버 차은우, 보이밴드 EXO 멤버 세훈, 배우 남주혁(디올 뷰티 코리아)이 활동 중이다. 한편, 펜디엔 배우 송혜교, 이민호와 걸그룹 아이브(IVE)의 유진, 힙합 가수 지코, 지방시엔 걸그룹 에스파(aespa)와 보이밴드 빅뱅(BIGBANG)의 태양이 홍보대사에 지명되었다. 그리고 버버리엔 축구스타 손흥민, 뉴진스 멤버 다니엘이 발탁되었다. 배우 전지현은 알렉산더 맥퀸에 이어 버버리의 홍보대사로 활동하고 있다.

이외에도 배우 현빈(롤로 피아나), 엑소의 찬열과 NCT의 재현(프라다), 걸그룹 소녀시대 출신 임윤아(미우미우), 배우 박보검(셀린느), 배우 한소희(발렌시아가), 뉴진스의 하니(아르마니 뷰티), 그리고 배우 이병헌(스위스 시계 브랜드 예거 르쿨트르), 배우 박서준(몽블랑 코리아), 모델 출신 배우 김우빈(랄프로렌, 조 말론, 예거 르쿨트르) 등등 스타들이 속속 명품 브랜드의 얼굴로 영입되는 중이다.

이처럼 명품 브랜드들이 앞다투어 한류 스타 확보에 혈안이 된 것은 백인 중심이었던 미의 기준이 아시안 얼굴을 포괄하는 변화를 상징할 뿐만 아니다. 패션 브랜드들이 아시아-태평양은 물론 북미 지역까지 신세대를 타깃으로 한 마케팅에 박차를 가하고 있다는 것을 입증한다. K-스타들은 인스타그램 팔로워 수도 수천만 명대다. 이들의 인기가 패션 시장으로 이어지면서 한류의 시너지 효과를 내고 있다.

4인조 보이밴드 빅뱅의 리더인 패셔니스타 지드래곤(권지용)은 이미 2010년부터 글로벌 패셔니스타로 주목을 받았다. 지드래곤은 샤넬 VIP 파티에서 샤넬의 트위드(tweed) 재킷과 청바지에 체인 핸드백과 액세서리 등을 매치하는 기발한 패션 감각으로 화제가 되었다. 샤넬의 2015~2016 시즌부터 매년 오트 쿠튀르(haute couture, 고급 주문복)에 귀네스 팰트로, 모니카 벨루치, 다이앤 크루거 등 할리우드 스타들과 함께 게스트로 초대되며 패션의 아이콘으로 떠올랐다.

빅뱅의 G드래곤과 샤넬 디자이너 고(故) 칼 라거펠트
(1933~2019)(사진: Chanel)

지드래곤은 2016년부터 자신의 패션 브랜드 피스마이너스원(PEACEMINUSONE)을 개설, 한정판 의상을 판매하기 시작했다. 2019 영국의 패션 전문지 〈BoF(Business of Fashion)〉는 지드래곤을 '세계에서 영향력 있는 패션계 인물 500인'에 선정했다.

수천만 명의 소셜미디어 팔로워를 보유한 한류 스타들이 패션계에서 영향력을 발휘하고 있다. 데이터 분석회사 리슨퍼스트(ListenFirst)에 따르면, 2021년까지 럭셔리 패션 게시물에서 가장 인기 있었던 인플루언서(influencer: 영향력자, 사회 관계망 서비스(SNS)상에서 수십만 명의 팔로어를 보유하고 유행을 선도하는 사람)는 BTS, 블랙핑크, 엑소의 메인 댄서 카이(김종인) 등 K-팝 스타들이 선두를 달리고 있다. 이들과 함께 그룹 원 디렉션(One Direction)의 멤버 해리 스타일스, 배우 안야 테일러-조이, 가수 듀아 리파, 배우 다코타 존슨, 그래미상을 석권한 가수 빌리 아일리시 등이 있다.

2023년 3월 15일 현재 BTS
의 인스타그램(bts.bighitofficial)
팔로워는 7240만 명, 멤버별
로는 뷔(5780만 명), 정국(5500만
명-탈퇴), 지민(4900만 명), 제이홉
(4470만 명), 진(4440만 명), 슈가
(4400만 명), RM(4260만 명)이다.
한편, 블랙핑크는 인스타그램
(blackpinkofficial) 팔로워가 5390

루이뷔통 글로벌 브랜드 홍보대사 BTS의 2021 추동 컬
렉션(사진: Louis Vuitton)

만 명이며, 리사(9040만 명), 제니(7600만 명), 지수(7030만 명), 로제(6880만 명) 순이다.

지드래곤은 샤넬 컬렉션 디지털쇼가 시작되기 전 인스타그램 포스트가 400만 회
이상의 조회수를 기록하면서 100만 달러 이상의 MIV(Media Impact Value: 미디어 영향
가치)를 창출하며 파리 패션위크의 네 번째 유명인사에 올랐다. 티파니가 로제를 홍
보대사로 발표한 날 트위터에서 '티파니'는 전날 대비 506퍼센트 증가한 6만 개 이
상에서 언급되었다. 2021년 상반기에 가장 인기 있었던 구찌 포스트는 카이의 틱톡
(TikTok) 댄스 비디오였다. 바야흐로 소셜미디어/ 인플루언서/ K-팝 스타들이 패션
시장도 장악하게 된 것이다. 모든 길은 K-팝으로 통하게 되었다.

FACON/ KCON: K-드라마, K-팝과 K-패션의 시너지 효과

2000년대 들어서 아시아 지역을 중심으로 K-드라마와 K-팝이 한류 열풍을 일
으키면서 한국 정부는 패션 콘텐츠와 융합한 행사에 박차를 가했다. 이름하여
FACON(fashion+concert)이다.

2009년 11월 K-드라마 「꽃보다 남자」가 아시아 지역에서 큰 인기를 누리자 상하
이에서 'Feel KOREA, K-POP Night & K-Fashion Show'가 열렸다. 장나라, 2AM,
2PM, 유키스, 포미닛, 휘성, f(x)가 출연했고, 드라마 속 꽃미남 4인방(F4) 의상과 한

2022년 〈보그〉지 1월호 표지에 등장한 「오징어 게임」의 스타 정호연은 루이뷔통의 글로벌 홍보대사로 발탁되었고, 이정재는 구찌의 글로벌 홍보대사로 발탁되었다.(사진: Vogue/ Gucci)

국적 친환경 소재로 제작된 의상으로 패션쇼를 융합했다. 2012년 2월 도쿄 국립 요요기체육관에서 열린 'ISS(Korean International Style Show)'에는 소녀시대, 카라, 씨스타 등 K-팝 가수들과 패션디자이너 이상봉의 의상, 패션 브랜드 스파이시 칼라가 참가했다. 그해 9월 상하이 8만 인체육관에선 'Pop Music in China with Super K-Collection'이 열려 MissA, 인피니트, f(x), Exo-M이 출연하는 콘서트에 패션 브랜드 온앤온, 코인코즈, 컬처콜, 버커루, 두타, EXR의 컬렉션을 소개했다.

그리고 싸이의 「강남 스타일」이 지구촌을 뒤흔들던 2012년 10월엔 일본 오키나와 셀룰러 스타디움에서 'Pop Collection in Okinawa'를 열고, 아이돌 스타 애프터스쿨, 틴탑, 티아라, 레드애플, 시크릿, 초신성, ZEA, 아이유, 엠블랙, 씨스타, 보이프랜드, 이승기, 2NE1, 카라의 라인업에 패션 브랜드 레드오핀, 토모나리, 설탕공장, 큐니걸스, 톰앤레빗, 슈엔 등의 컬렉션을 소개했다.

FACON은 이후 K-팝 콘서트＋패션＋뷰티＋식품＋자동차＋IT를 비빔밥처럼 결합한 복합 한류 페스티벌로 통합한 케이콘(KCON)으로 LA, 뉴욕, 도쿄, 방콕, 아부다비에서 열렸다.

K-패션: 뉴욕-런던-밀라노-파리로 가다

제2차 세계대전은 미술뿐만 아니라 패션의 중심도 파리에서 뉴욕으로 옮겨 가게 했다. 뉴욕패션위크는 유럽이 전화(戰禍)의 소용돌이 속에서 헤어날 무렵인 1945년에 시작되었다. 도발적인 런던 컬렉션, 우아한 밀라노 컬렉션, 예술적인 파리 컬렉션과는 달리 '엘리트 뉴요커'로 상징되는 도회풍 실용 패션이 주류를 이룬다.

세계의 패션위크는 매년 2월과 9월 뉴욕에서 시작해 런던과 밀라노를 거쳐 파리에서 끝난다. 이른바 '빅 4(Big Four)'의 4개 도시가 세계의 패션 유행을 주도하고 있다.

4대 도시 중 제일 먼저 열리는 뉴욕패션위크(New York Fashion Week, NYFW)는 2월 초엔 가을/겨울(F/W) 컬렉션과 9월 초엔 봄/여름(S/S) 컬렉션으로 다음 시즌의 유행 패션을 예고한다. NYFW엔 캘빈 클라인, 랄프 로렌, 도나 카란, 마크 제이콥스, 톰 브라운, 캐롤라이나 헤레라, 베라 왕, 토리 버치 등 미국인 디자이너들의 기성복 패션이 주류를 이루어왔다.

한국은 2009년부터 정부 차원에서 한인 디자이너의 뉴욕패션위크 진출에 박차를 가했다. 문화체육관광부와 한국콘텐츠진흥원(KOCCA)은 '콘셉트 코리아(Concept Korea)'를 통해 소개해왔다. 이상봉(Lie Sange Bong), 손정완(Son Jung Wan), 김홍범(CRES. E DIM), 최복호(CHOIBOKO), 계한희(Kye), 앤디앤뎁(Andy&Debb), 준지(JUUN. J), 헥사바이 구호(hexa by kuho), 데무 박춘무(Demoo Parkchoonmoo), 르이(LEYII), 비욘드 클로젯(Beyond Closet), 레주렉션(Resurrection), 도호(DOHO), 롤리앳(Roliat), 스티브J&요니P(SJYP), DBYD, 오디너리 피플(Ordinary People), 그리디어스(Greedlious), 라이(LIE), 분더캄머(Wnderkammer), 얼킨(Ul:kin), 칼이석태(KAAL E. SUKTAE), 자렛(Jarret), 까이에(CAHIERS), 비스픅(BESFXXK) 등의 컬렉션이 선보였다.

런던패션위크(London Fashion Week)는 버버리, 비비안 웨스트우드, 빅토리아 베컴, 던힐 등 250명의 디자이너들이 참가한다. 최유돈은 연세대학교

🧵 타임스퀘어에 설치된 콘셉트 코리아 2022년 2월 뉴욕패션위크 디지털 쇼 광고판(위)/ 뉴욕패션위크에서 손정완 디자이너의 2016 S/S 컬렉션(사진: Sanghoon Park)

의류환경학과와 영국 왕립예술대학(Royal College of Art, RCA)에서 수학한 후 올세인츠(All Saints)의 수석디자이너를 거쳤으며, 2010년부터 참가해왔다.

한편, 이가연은 2013년 런던 패션스쿨 센트럴 세인트마틴스(Central Saint Martins) 졸업 작품을 가수 레이디 가가가 새 앨범 「아트팝(Artpop)」 홍보 때 입어 화제가 된 인물이다. 홍익대학교 섬유미술 패션디자인과 출신인 이가연도 2017년부터 런던패션위크에 참가하고 있다. 그리고 레이디 가가, 리한나가 입었던 푸시버튼(pushBUTTON)의 박승근은 2019년부터 런던 컬렉션에 참가하며 '패션계의 피터팬'이라는 별명을 얻었다. 또한 윤춘호는 'YCH'로 2019 런던 컬렉션에 데뷔했다.

한국 문화체육관광부와 한국콘텐츠진흥원은 2017년부터 런던패션위크 기간 '패션코리아(Fashion Korea)' 쇼룸을 설치, 이가연, 이지원(J. Won), 이인주(Moon Lee Artwear), 송유진(SYZ by S=YZ), 홍혜원(Helena And Kristie), 차선영(P by Panache) 등을 소개해왔다.

이탈리아의 밀라노패션위크(Settimana della moda)는 프라다, 아르마니, 돌체&가바나, 에트로, 펜디, 페라가모, 구찌, 미쏘니, 베르사체, 질 샌더 등 유명 브랜드와 신인 디자이너들을 망라한다. 서울시는 2014년 글로벌 패션브랜드 육성사업의 하나로 "Seoul's 10 Soul" 프로젝트를 시작, 그 10인의 디자이너 중 한 명인 강동준이 남성복 브랜드 '디그낙(D.GNAK)'으로 밀라노패션위크에 진출한 한국 브랜드 1호가 되었다. 서울시는 2017년 이탈리아 패션협회장과 패션위크 참가 디자이너의 교류를 추진한 바 있다.

한편, 파리패션위크(Semaine de la mode de Paris)는 기성복(프레타포르테/prêt-à-porter)과 오트 쿠튀르로 나뉜다. 샤넬, 디오르, 루이뷔통, 이브생로랑, 지방시, 알렉산더 맥퀸, 발렌시아가, 파코 라방 등이 다가올 유행 패션을 예고한다.

한국의 산업통상자원부는 'K-패션 프리미엄 디자이너 글로벌 유통연계 사업'의 하나로 2017년부터 파리패션위크에 한인 디자이너의 글로벌 무대 진출에 박차를 가했다. 그 첫해엔 계한희(카이), 고태용(비욘드클로젯), 문진희(문제이), 조은애(티백), 최범석(제너럴 아이디어)이 참가했다. 2019년엔 'K Collection in Paris'를 테마로 서병문(비뮈에트/BMUET(TE)), 정재선(제이청/J. CHUNG), 신혜영(분더캄머/WNDERKAMMER)의 컬렉션이 데뷔했다.

2019년 9월 파리패션위크에는 파리 스튜디오 베르소(Studio Berot) 출신 김인태가 자신의 본관을 딴 브랜드 '김해김(KIMHKIM)'으로 오프닝 무대에서 컬렉션을 선보였다. 삼성물산의 패션 브랜드 준지(JUUN.J)는 2021년 2월 파리패션위크 채널을 통해 디지털로 봄/여름 컬렉션을 소개했다.

동대문: 변방에서 '패션의 메카'로

뉴욕엔 '패션 특구' 가먼트 디스트릭트(Garment District)가 있고, 서울엔 동대문 시장(Dongdaemun Market)이 있다. 한국 패션의 오늘은 동대문 시장에서 싹이 텄다고 보아야 할 것이다. 동대문 시장은 한국 시장에서 거래되는 원단의 80퍼센트가 거쳐가는 '패션 메카다. 도소매 상가, 원단 상가, 봉제공장 등이 밀집된 동대문 시장은 디자인에서 제작, 판매가 한 구역에서 이루어지는 '세계 최대의 패션 클러스터'로 불린다. 신제품 디자인에서 판매까지 2일 내에 가능한 쾌속 단지로 의류 도매시장과 복합 쇼핑몰을 갖춘 동대문 시장은 3만여 개의 점포가 자리 잡고 있다. 시장 종사자는 약 15만 명, 하루 매출액이 약 500억 원, 연간 외국인 방문객은 약 800만 명에 달한다.

1970년 설립된 동대문 시장은 2002년 동대문 패션타운 관광특구로 지정되었다. 2004년 여성 최초로 건축 최고의 상인 프리츠커상을 수상한 자하 하디드(Zaha Hadid, 1950~2016) 설계로 2014년 문을 연 동대문디자인플라자(Dongdaemun Design Plaza, DDP)는 〈뉴욕타임스〉의 '2015년 꼭 가봐야 할 명소 52'에 추천되면서 관광 명소로 부상했다.

'쇼핑몰계의 스타' 김소희는 동대문 시장에서 출발한 신데렐라다. 2005년 22세 때 동대문 의류를 저렴한 가격으로 구입, 남다른 패션 감각으로 온라인 쇼핑몰 '스타일난다

🔳 **동대문디자인플라자 야경**(사진: Wikipedia, Eugene Lim)

(Stylenanda)'에서 판매하며 대성공을 거두었다. 스타일난다는 메이크업 브랜드 '3CE'와 함께 2018년 글로벌 기업 로레알(L'Oréal)에 매각되었다. 동대문 토종의 패션업체가 랑콤, 조르조 아르마니, 이브생로랑, 키엘, 바디숍 등을 보유한 로레알의 러브콜을 받으며 갑부가 되었다.

패스트 패션: 포에버 21의 신화

패션쇼에서 매장으로 신속히 이동하는 '1회용' 패스트 패션(Fast Fashion)은 한동안 젊은 세대의 글로벌 패션을 주도했다. 21세기에 들어서면서 5애비뉴의 고급 브랜드 부티크들을 밀어내고 스웨덴의 H&B, 일본의 유니클로(UNIQLO), 스페인의 자라(Zara), 영국의 톱숍(Topshop), 그리고 미국 브랜드 포에버 21(Forever 21)이 각축전을 벌였다. 맨해튼 명품거리였던 5애비뉴에 저가 패스트 패션 브랜드가 대형 매장을 속속 오픈하게 된다.

LA의 장도원, 장진숙 부부가 1984년 창업한 포에버 21은 자그마한 옷가게 'Fashion 21'로 시작, 2015년 세계 47개국에 700개 이상의 체인점을 두고 연 44억 달러의 매출을 기록하는 패스트 패션계의 자이언트였다. 2016년엔 60억 달러 규모의 자산으로 〈포브스〉지 '미국 400대 부자'에 올랐다.

그러나 '미국판 동대문 신화'로 아메리칸 드림을 일구었던 '포에버 21'은 2019년 파산보호 신청에 이르렀다. 한민족의 '빨리빨리' 정신을 계승했지만, 저작권 위반으로 구찌, 다이앤 폰 퍼스턴버그, 그웬 스테파니, 안나 수이, 아리아나 그란데 등 50여 건의 소송과 노동법 위반 소송으로 오명을 갖게 되었다. 〈뉴욕타임스〉는 포에버 21의 기업 규모가 커졌지만, 전형적인 가족기업으로 운영한 것을 문제점으로 지적했다. 포에버 21은 2020년 2월 미국 부동산 회사 사이먼 프로퍼티 그룹, 브룩필드 프로퍼티 파트너스와 브랜드 매니즈먼트 기업 오센틱 브랜즈 그룹 컨소시엄이 8100만 달러에 인수했으며, 2023년 3월 현재 세계에 540개 지점이 있다.

왜 K-패션인가? 유행 민감, 세련미, 개성미

K-패션의 세계 무대 진출은 고급 패션에만 국한하지 않는다. 2014년 선보인 '아더 에러(Ader Error)'는 스트리트 패션의 컬트 브랜드가 되었다. 패션디자이너+그래픽 디자이너+머

K-패션의 세계적인 인기를 진단하는 기사들

천다이저+파티시에(제과사) 등이 모여 만든 익명의 크리에이티브 그룹이다. 미술계의 뱅크시(Banksy)처럼 창작자의 얼굴은 신비주의에 가려져 있다. '미적인 표현을 하는 사람들'이라는 의미의 '아더'와 시행착오를 통한 성장을 뜻하는 '에러'를 조합한 이 브랜드는 컬트적인 인기를 누리고 있다. 2018년에 프랑스의 메종 키츠네(Maison Kitsune)와 협업한 아더 에러의 철칙은 FINE(Fun, Intimately, New, Easy)이다.

오늘의 K-패션에 대한 외국의 반응은 어떨까? TV 시리즈 「섹스 앤 더 시티(Sex and the City)」와 영화 「악마는 프라다를 입는다(The Devil Wears Prada)」의 의상디자이너 패트리샤 필드(Patricia Field)는 2013년 맨해튼 제이콥 재비츠센터에서 한국 패션을 뉴욕 바이어와 언론에 소개하는 'K-패션 프로젝트(THE K-FASHION PROJECT)'를 맡았다. 필드는 "한국 패션이 현재 동아시아에서 가장 세련되고, 트렌디하다"고 평했다.

한편, 중국에선 아예 중국인들을 대상으로 K-패션을 판매하는 온라인 패션업체 '한두이서(韓都衣舍)'도 있다. 전지현, 박신혜, 지창욱 등 한국 스타들을 모델로 캐스팅해 판매고를 올렸다. 한국인이 컬러와 디자인을 어울리게 맞춰입는 패션 센스가 있다는 것을 간파한 전략이다. 중국인이 K-패션을 선호하는 이유는 단지 K-드라마에서 한류 스타가 입었기 때문만은 아니다. 자연스럽고, 세련되며, 개성이 뚜렷하기 때문이다.

김희선 한양여자대학교 패션디자인과 교수는 연구논문 「한류 K-패션 활성화를 위한 전략 분석 연구」(2017)에서 K-패션의 특성을 다음과 같이 설명했다.

뉴욕의 패션 브랜드 오프닝 세레모니(Oepning Ceremony)가 2017년 태극기를 모티프로 디자인한 코리아 바시티 재킷(Korea Varsity Jacket)

"첫째, 현대적 감성의 트렌디한 디자인, 세련된 디자인, 최신 트렌드를 디자이너의 창의성으로 재해석한 개성 있는 디자인, 일반인도 일상에서 부담 없이 입을 수 있는 실용적이며 대중적인 디자인, 둘째, 기능성이 뛰어나고 트렌디한 소재, 셋째, 우수한 봉제기술, 넷째, 기획, 생산, 판매의 신속한 연결에 의한 상품의 빠른 회전율, 다섯째, 품질 대비 저렴한 가격 등의 특성을 가진 것으로 인식되고 있는 것으로 분석되었다."

세계의 어느 국기를 보아도 태극기처럼 구도, 색상, 상징성 및 철학까지 다 함축된 국기가 있던가? 만국기 속에서 빛나는 태극기는 한민족 디자인 감각을 대표하는 우리나라의 상징물이다. 눈썰미와 빨리빨리 속도전에 강한 한국인이 유행 패션의 리더로 떠오른 것도 우연은 아닐 것이다.

토니상 2회, 에미상 1회 수상 의상디자이너 윌라 김

1964년 독일에서 뉴욕으로 이주한 백남준은 1965년 10월 4일 택시 안에서 소니의 휴대용 비디오카메라 '포타팩(Portapak)'을 들고 교황 요한 바오로 6세의 자동차 행렬을 촬영했다. 그 녹화 영상(20분)을 그리니치빌리지의 카페 오고고(Café au Go Go)에서 친구들에게 공개하며 뉴욕에서 공식적으로 비디오 아트가 탄생하게 된다.

의상디자이너 윌라 김(Willa Kim, 1917~2016)은 같은 해 로버트 로웰 원작, 조너선 밀러가 연출한 연극 「올드 글로리(The Old Glory)」의 의상을 맡았다. 이 연극은 그해 1월부터 3월까지 그리니치빌리지의 루셀로텔 시어터에서 공연되었으며 제10회 오비상(Obie Awards, 오프브로드웨이의 토니상) 최우수 연극상과 의상디자인상을 수상했다.

2023년 2월 23일 링컨센터의 퍼포밍아트 뉴욕공립도서관에서 한인 의상디자이너 윌라 김의 작품을 조망하는 특별전 「놀라운 윌라 김: 배우들과 무용수들을 위한 의상디자인(The Wondrous Willa Kim: Costume Designs for Actors and Dancers)」이 개막되었다.

캘리포니아주 산타아나에서 태어난 윌라 김의 남동생 김영옥(1919~2005) 대령은 제2차 세계대전과 6·25전쟁에 참전해 혁혁한 공을 세워 한국, 프랑스, 이탈리아에서 최고 무공훈장을 받은 전쟁 영웅이다. 윌라 김은 1942년 할리우드 파라마운트 영화사에서 의상디자이너 바바라 카린스카와 라울 페네 뒤부아의 조수로 일했다. 1945년 한국이 해방되던 해 가을 브로드웨이에서 뮤지컬 「Are You With It?」의 의상디자이너로 공식 데뷔했다.

윌라 김은 그 후로 2007년 90세에 아메리칸발레 시어터(ABT)의 「잠자는 숲속의 공주」 의상 200벌을 디자인했다. 브로드웨이에서 연극 46편, 뮤지컬 22편, 무용 102편, TV 드라마와 광고 15편, 오페라 8편, 피겨스케이터 의상 8건 그리고 영화 1편 등 무려 약 200편에 달하는 작품의 의상을 디자인했다. 그는 토니상 6회 후보에 올라 「세련된 숙녀들(Sophisticated Ladies)」(1981)과 「윌 로저스 폴리즈(The Will Rogers Follies)」로 트로피를 거머쥐었다. 또한 「오퍼레이션 사이드윈더(Operation Sidewinder)」(1969), 「프로미나드

▲ 링컨센터 퍼포밍아트 뉴욕공립도서관에서 열린 「놀라운 윌라 김: 배우들과 무용수들을 위한 의상디자인」 전경
(사진: Sukie Park/NYCultureBeat)

▶ 레지나 와인 식초 광고 의상(1989, 왼쪽)/ 뮤지컬 「윌로저스 폴리스」(1991, 가운데) 스케치/ 윌라 김(2007, 오른쪽)(사진: Sukie Park/NYCultureBeat)

(Promenade)」(1969),「스크린즈(The Screens)」(1971)로 드라마데스크상(Drama Desk Awards)을 3회,「올드 글로리(The Old Glory)」(1964)와「유리 앞의 여인(Woman Before a Glass)」(2005)으로 오비상을 2회, 그리고「템페스트(Tempest)」(1981)로 에미상을 수상했다.

이후 2014년 한인 린다 조가 뮤지컬「신사의 사랑과 살인 가이드(A Gentleman's Guide to Love and Murder)」로 토니상 의상디자인상을 수상하게 된다.

'코리안 기모노'에서 '한푸(漢服)'까지

한복 디자이너 고 이영희(1936~2018) 씨는 우리 한복을 세계에 알린 선구자였다. 그에겐 패션 한복을 루이뷔통처럼 유명한 브랜드로 만들려는 꿈이 있었다. 그는 1993년 파리 프레타포르테(고급 기성복) 쇼에 디자이너 이신우(오리지날 리) 씨와 처음 참가했다.

2005년 필자(《뉴욕중앙일보》)와의 인터뷰에서 이영희 씨는 당시 한국에서 "이영희가 프레타포르테에 민속복(한복)을 들고 나가냐"며 비난이 쏟아졌다고 회고했다. 그러나 '바람의 옷-한복'을 주제로 컬렉션을 발표한 다음 날 프랑스 언론이 '황색의 도전'이라며 찬사를 보냈다. 그런데 어느 프랑스 패션잡지에서 한복을 'Kimono Coréen(한국 기모노)'라고 표기해 경악했다고 한다.

이영희 씨는 그 후 13년간 파리 프레타포르테 컬렉션에 참가했다. 1983년엔 백악관에서 미국독립기념 축하 패션쇼, 1984년엔 LA올림픽 개·폐막 기념 패션쇼, 1986년 한·불수교 100주년 기념 패션쇼를 열었다. 2000년 카네기홀에서 한복 패션쇼를 열면서 뉴욕의 문을 두드렸고, 4년 후엔 맨해튼 한인타운에 이영희한국문화박물관(Lee Young Hee Museum of Korean Culture)을 열어 10년간 한복뿐만 아니라 무용,

맨해튼 한국문화박물관에서 한복 쇼를 연 이영희 씨(왼쪽)/ 이영희 한복을 입고 타임스퀘어에 선 모델들(사진: Lee Young Hee Museum of Korean Culture)

성악, 문학 토론회 등으로 한국 문화를 소개했다.

한국문화박물관은 2014년 재정난으로 문을 닫았고, 이영희 씨는 2018년 세상을 떠났다. 그의 한복과 조각보 등 300여 점이 파리의 기메아시아미술관에 기부되었으며, 기메미술관에서 특별전 '이영희의 꿈-바람과 꿈의 옷감(L'toffe des rves de Lee Young-hee)'이 열렸다.

K-드라마와 K-팝도 한복을 세계에 알리는 데 공헌했다. 원조 한류 드라마 「대장금(大長今/ Jewel in the Palace)」(2003~2004)에서 넷플릭스 스릴러 「킹덤(Kingdom)」(2019)까지 사극 K-드라마, 그리고 걸그룹 블랙핑크의 뮤직비디오 「How You Like That」(2020)에서 현대적으로 재해석한 한복, BTS 멤버 슈가가 궁궐에서 촬영한 판소리풍 「대취타(Daechwita)」(2020)까지 K-팝 스타들의 뮤직비디오로 한복은 멋진 패션이 되었다.

그러자 중국이 한복을 중국의 문화로 왜곡하기 시작했다. 사실 중국은 2001년부터 동북 변경지역(한반도)의 역사와 문화를 자국의 것으로 통합하려는 '역사왜곡 시도' 프로젝트 '동북공정(東北工程, '동북변강역사여현상계열연구공정'의 줄임말로 동북 변방의 역사와 현재 상황 계열의 연구 사업)'을 추진해왔다.

중국 정부는 2008년 한복을 중국 내 소수민족인 조선족의 전통의상으로 정의하고, '국가 비물질문화유산(무형문화재)'으로 등록했다. 중국의 검색엔진이자 포털사이트 바

▨▧ 2022년 8월 맨해튼 그랜드 센트럴터미널에서 열린 한국관광공사의 홍보 행사 'Discover Your Korea'에서 관람객들이 한복 체험을 즐겼다.(사진: Sukie Park/NYCultureBeat)

이두(百度)에선 한복을 조선족 세종대왕 초상화와 한인 배우 김태희와 이완의 한복차림 사진을 올렸다. 또한 "한복(韓服)은 '한푸(漢服)'에서 기원했다"고 기록했다. 2020년 11월 중국 모바일게임 샤이닝니키의 한국판 서비스에 '특별 아이템'으로 올라간 한복을 두고 중국인 사용자들이 "한복은 명나라의 한푸"라고 주장하며 한국인 사용자들과 대립했다. 결국 샤이닝니키는 한복 아이템을 삭제하고, 한국 서비스를 종료했다.

2021년 10월 21 뉴저지 북부의 테너플라이시에서는 미국 최초의 한복의 날(Korean Hanbok Day) 기념식을 열었다. 테너플라이는 그해 4월 미 동부의 청소년단체 재미차세대협의회(AAYC)의 청원을 받아들여 '한복의 날'을 공식 선포한 바 있다. 이날 필 머피(Phil Murphy) 뉴저지주지사의 부인 태미 머피(Tammy Snyder Murphy)는 한복 차림으로 기념식에서 축사를 했다. 이 행사엔 많은 한인이 한복 차림으로 참가했다.

#31 K-뷰티: 한국은 어떻게 화장품 최강국이 되었나?

"처음엔 삼성과 LG의 제조업 물결이 왔고, 이후엔 싸이(Psy)와 K-팝 스타들의 물결이었다. 이번엔 한국에서 최신의 수입품, 만만치 않은 화장품의 행렬이 왔다."

_〈뉴욕타임스〉, 2014. 10. 30.

"한국의 화장품 산업은 다른 나라들보다 7년은 앞서 있다."

_〈마리클레르(Marie Claire)〉, 2016. 6.

화장품 수출 세계 3위

한국은 이제 화장품 선진국이다. 식품의약품안전처(Ministry of Food and Drug Safety)의 통계에 따르면, 2021년 한국은 프랑스, 미국에 이어 화장품 수출 규모가 세계 3위다. 한국의 화장품 산업은 코로나 팬데믹과 세계 경제불황 속에서도 꾸준히 성장해 2021년 수출액이 전년 대비 28.6퍼센트 성장한 10조 5099억 원(91억 8357만 달러)으로 역대 최고를 달성했다. 프랑스는 178억 5285만 달러, 미국은 95억

LG생활건강 '후'의 이영애, 아모레퍼시픽 설화수의 송혜교, VT 코스메틱의 BTS 모델 광고

7269만 달러다.

화장품 무역수지가 9조 원을 돌파하면서 10년 연속 흑자를 보였다. 2021년 화장품 수출 대상국은 153개국이며, 중국이 48억 8천만 달러로 53.2퍼센트를 차지했다. 그 뒤로 미국이 8억 4104만 달러(9.2%), 일본이 7억 8412만 달러(8.5%) 순이었다. 화장품의 수출 규모는 가전제품 86억 달러, 의약품 84억 달러, 휴대폰의 49억 달러를 넘어선 것으로 집계되었다.

우리 민족은 옛날 옛적부터 가꾸는 것을 좋아했다. 「단군신화」에 나오는 곰과 호랑이에게 쑥과 마늘만 먹으며 100일 동안 햇볕을 보지 말라 했던 것은 백옥 피부를 위한 것일지도 모른다. 쑥과 마늘에는 미백과 잡티 제거 효능이 있다.

평안남도 용강에 남아 있는 고구려 고분 쌍영총(雙楹塚) 벽화에는 시녀들이 연지곤지를 찍고 눈화장을 한 모습으로 묘사되었다. 평안남도 남포의 수산리 고분벽화에서 곡예단 나들이 가는 귀족 부인은 분화장에 연지곤지를 발랐으며, 묘주 남성도 입술 화장을 했다. 황해남도 안악에 자리한 고구려 고분 안악3호분(安岳三號墳)에서 묘주 부인도 입술 화장을 한 모습이다.

우리의 전래동요에도 화장하는 고양이와 인절미가 등장한다. 하물며 사람은?

"우리집 옆집 도둑 고양이
연지 곤지 바르고 눈썹 그리고
벤니(립스틱)가 없어서 사러 갈 적에
사람이 많으니 얼른 감춰라."

"하얀 인절미가 시집을 간다면
콩고물에 팥고물에 화장을 하고
빨간 쟁반에 올라 앉아서
어서 갑시다 목구멍으로."

김홍도, 「화장하는 여인」, 서울대학교박물관 소장

우리 어릴 적엔 봉숭아꽃과 이파리를 백반과 함께 빻아 손톱 위에 붙인 뒤 비닐로 돌돌 말아 실로 총총 묶은 후 하룻밤을 기다려 물들이던 추억이 있다. 『동국세시기(東國歲時記)』(홍석모, 1849) '4월' 편에는 봉숭아(봉선화鳳仙花) 물들이기 세시풍속이 기록되어 있다. 예전에는 미용을 위해서가 아니라 귀신이 붉은색을 두려워하므로 병귀를 쫓을 수 있다는 민간 신앙으로 행해진 풍속이었다. 봉숭아 물이 든 손톱이 사라지기 전에 첫눈이 내리면 첫사랑이 이루어진다는 미신도 함께 전해졌다.

우리 민족이 외모를 중시하는 것은 널리 알려졌다. 2013년 한국이 성형대국이라는 것도 공인되었다. 국제미용성형외과협회(International Society of Aesthetic Plastic Surgeons, ISAPS)의 보고서에 따르면, 2011년 인구 1천 명당 성형수술 건수가 13.5건으로 세계 1위였다. 지구촌에 불고 있는 한국산 화장품, K-뷰티의 열기도 같은 맥락이다.

글로벌 화장품 기업 K-뷰티 인수 행렬

K-드라마, K-팝, K-영화, K-푸드에 이은 K-뷰티 열풍은 글로벌 화장품 기업들이 한국의 토종 인디 브랜드를 속속 매입하는 붐으로 가늠할 수 있다. 2017년 스위스 대기업 유니레버가 카버코리아(AHC)를 인수한 후 2018년 로레알은 스타일난다(3CE), 2019년엔 에스티로더가 해브앤비(닥터자르트/Dr.Jart+)를 사들였다. 이로써 글로벌 화장품 톱 3 기업들이 모두 한국 브랜드를 소유했다. 한국산 화장품의 기술력, 잠재력 및 국제 경쟁력을 높이 평가하며, 중국 등 아시아 시장을 K-뷰티를 내세워서 공략하기 위한 M&A 전략인 것이다.

2017년 유니레버, 카버코리아(AHC) 인수

도브(Dove) 비누, 바셀린, 립턴 홍차 등을 소유한 네덜란드 기업 유니레버(Unilever)는 2017년 한국 화장품업체 카버코리아(Carver Korea)를 22억 7천만 유로(약 3조 원)에 인수했다. 1999년 이상록 씨가 설립한 카버코리아는 피부과학과 에스테틱(aesthetic, 미학) 원리를 접목한 화장품 브랜드 AHC(Aesthetic Hydration Cosmetic)를 설립한 후 2013

배우 앤 해서웨이 모델 유니레버 AHC 아이크림
광고

년 아이크림과 마스크팩 등을 홈쇼핑으로 판매하면서 급성장했다. 얼굴에 펴 바르는 '더 리얼 아이크림 포 페이스(The Real Eye Cream for Face, 일명 이보영 아이크림)'가 히트 상품이다.

AHC는 배우 김혜수, 이보영, 강소라, 2017년엔 할리우드 스타 앤 해서웨이를 광고 모델로 기용했다. AHC 화장품은 미국 내 타깃(Target), CVS, 그리고 아마존(Amazon) 등지에서 판매되고 있다. 런던과 로테르담에 본사를 둔 유니레버는 미국의 프록터 앤 갬블(Procter and Gamble), 프랑스의 로레알(L'Oréal), 에스티로더(Este Lauder)와 함께 세계 톱 화장품 및 생활용품 회사다.

2018년 로레알, 스타일난다(3CE) 인수

2018년 5월 글로벌 화장품 기업 로레알은 한국 뷰티 & 패션 브랜드 '스타일난다 (Nanda Co. Ltd.)'를 약 3억 7160만 달러(4천억 원대, 미국 언론 예상)에 인수했다. 로레알은 중국 시장을 타깃으로 밀레니엄 세대(1980년대 초~2000년대 초 출생)가 선호하는 '스타일난다'의 브랜드 파워(brand power, 상표가 지니는 힘)와 다양한 유통 채널에 주목했다.

알렉시스 퍼라키스-발라(Alexis Perakis-Valat) 로레알 소비자제품부 회장은 "멋진 한국 브랜드를 로레알의 가족으로 기쁘게 환영한다. 스타일난다는 서울의 분위기, 우월함, 창의성을 포착하고 있다. 스타일난다는

스타일난다 김소희 창업자와 화장품 브랜드 3CE

한국, 중국과 그 이상의 밀레니엄 세대의 메이크업에 대한 증가하는 식욕에 영양분을 보충해줄 것이다"라고 밝혔다. 얀 르 부르동(Yann Le Bourdon) 로레알 코리아 회장은 "이번 인수와 함께 로레알 코리아는 메이크업 마켓에서 용이하게 입지를 강화할 것이다. 우리는 로레알 최초의 한국 브랜드를 환영하며, 한국의 아름다움과 스타일을 소개하는 데 공헌할 것에 매우 자부심을 갖고 있다"고 말했다.

2004년 21세의 김소희 씨는 인천 부평동 집에서 인터넷 쇼핑몰 스타일난다를 설립한 후 동대문 시장에서 보세옷을 구매해 '섹시 발랄', '센 언니' 등의 콘셉트로 판매하기 시작, 유행의 흐름을 재빨리 잡는 패션 감각으로 판매고를 올렸다. 한류 드라마 「태양의 후예」에서 송혜교의 블라우스가 중국 시장에서 인기를 끌자 중국인들이 트렁크를 끌고 매장을 찾았다. 2009년에는 화장품 브랜드 3CE(3 Concept Eyes)를 설립, 세계 1위 화장품 제조자개발생산(ODM) 기업 코스맥스와 생산 계약을 체결했다. 3CE는 유행 컬러를 재빨리 파악하며, 색감이 뛰어난 브랜드로 인기를 얻었다. 〈요미우리 신문〉은 일본의 10대가 가장 좋아하는 브랜드 1위에 스타일난다, 후지 TV는 '최근 중학생에게 가장 유행하는 10가지'에 3CE를 꼽았다.

〈포브스〉지에 따르면, 2018년 로레알의 서유럽 마켓은 20퍼센트 떨어진 반면, 뉴 마켓(아시아태평양 시장)은 43퍼센트 늘어난 것으로 나타났다. 2019년 로레알의 아시아 태평양 지구 판매는 전년 대비 25.5퍼센트 늘어난 32.3퍼센트를 차지했다. 그 성공의 비결로 3CE 스타일난다와 독일 화장품 가르니에(Garnier)를 꼽았다. 1910년 창립된 로레알은 랑콤(Lancome), 조르조 아르마니, 이브생로랑 뷰테(Yves Saint Laurent Beaut), 헬레나 루빈스타인(Helena Rubinstein), 메이블린(Maybelline), 키엘(Kiehl's), 슈 우에무라(Shu Uemura), 비오템(Biothem) 등을 보유하고 있다.

2018년 미그로 그룹-고운세상코스메틱(Dr. G) 인수

2018년 스위스의 유통기업 미그로(Migros) 산하 화장품 회사 미벨(Mibelle)은 닥터지(Dr.G)를 약 300억 원에 인수했다. 닥터지는 2003년 피부과 전문의 안건영 고운세상(Gowoonsesang) 코스메틱 대표가 설립한 브랜드로 각질, 보습, 자외선 관리 제품이 인기를 얻었으며, 미국 노드스트롬(Nordstrom)에 입점했다. 안건영 대표는 어린 시절 화상을 입고 피부과 의사가 되었다.

2019년 에스티로더 닥터자르트(Dr. Jart+) 인수

글로벌 화장품 기업 에스티로더는 2019년 한국의 더마코스메틱(dermacosmetic, 의약 기술을 접목한 약국 화장품) 브랜드 닥터자르트(Dr. Jart+)를 약 2조 원대에 인수했다. 닥터 자르트(Doctor Join Art)는 2004년 이진욱 해브앤비(Have & Be Co.) 대표가 자본금 5천만 원으로 론칭한 브랜드다. 이 대표는 더마코스메틱 시장을 개척한 선구자로 평가받는 다. 닥터자르트는 2014년 피부과에서 여드름 치료제로 사용하던 블레미쉬밤(Blemish Balm)을 화장품으로 대중화한 BB크림으로 히트했다.

닥터자르트는 보습 라인 세라마이딘(Ceramidin) 크림, 더 마스크(보습 마스크팩), 호랑 이풀 추출물을 원료로 한 피부 회복 크림 시카페어(Cicapair), 펩타이딘(Peptidin) 크림 등 독특한 제품으로 차별화했다. 닥터자르트는 미국 뷰티시장에 없던 비비 크림, 마 스크팩 시트 카테고리를 만들었다고 자부한다. 디퍼런트(Different), 디테일(Detail), 디 자인(Design)의 3D 삼박자가 성공의 요인으로 꼽힌다.

닥터자르트는 2011년 미국에 진출, 세포라 매장에 들어갔으며, 뉴욕패션위크에서 홍보했다. 에스티로더는 에스티로더(Estée Lauder)를 비롯해 클리니크(Clinique), 오리진 (Origins), 맥(M·A·C), 라 메르(La Mer), 바비브라운(Bobbi Brown), DKNY, 아베다(Aveda), 조 말론 런던(Jo Malone London), 범블앤범블(Bumble and bumble), 달팡(Darphin), 스매시박 스(Smashbox), 톰 포드(Tom Ford) 등을 보유하고 있다.

■ 미그로스 그룹에 들어간 Dr.G 광고(왼쪽)/ 에스티로더가 인수한 Dr. Jart+ 광고

한인 2세와 외국인들, 한국산 브랜드 사업 열풍

K-뷰티가 지구촌 곳곳으로 진출하면서 미국, 프랑스, 스페인 등지에서 한국산 화장품을 배급하는 한인 2세와 외국인들이 등장했다. 미국의 한인 2세들은 한국 여성의 메이크업 비결을 출간하고, 아예 자체 브랜드를 개발해 K-뷰티의 높은 파도에서 서핑을 즐기고 있다. 중국계 K-뷰티 광은 유럽에 K-뷰티 숍을 오픈했으며, 프랑스의 K-뷰티 광은 한불 합작으로 자체 브랜드를 시작했다.

왼쪽부터 피치앤릴리의 앨리시아 윤, 소코글램의 샬럿 조, 글로우레시피의 사라 리와 크리스틴 장(위)/ K-뷰티에 관한 책(아래)

피치&릴리

앨리시아 윤(Alicia Yoon)은 1982년 서울에서 태어나 한 살 때부터 내시빌, 아틀란타, 뉴욕(퀸즈)에서 성장한 후 열두 살에 한국으로 귀국했다. 어린 시절 습진으로 고생했던 앨리시아 윤은 18세에 서울에서 미용학원을 다니며 스킨 케어에 관심을 갖게 되었다. 컬럼비아대학교 철학과 졸업 후 컨설팅그룹 BCG에서 일했으며 하버드 경영대학원을 다녔다. 그리고 2012년 한국 화장품 수입 판매사 피치&릴리(Peach & Lily)를 설립했으며, 이후 자신의 브랜드를 시작했다. 패션위크온라인닷컴은 앨리시아 윤을 '한국화장품의 여왕(The Queen of Korean Beauty)'이라고 소개했다.

소코 글램

캘리포니아에서 태어난 샬럿 조(Charlotte Cho)는 2008년 삼성그룹의 마케팅부서에 일하러 갔다가 미군 복무 중이던 데이비드 K. 조와 결혼했다. 2012년부터 소코 글램(Soko Glam)을 설립, 한국 화장품을 수입 판매하다가 2018년 자신의 브랜드 'Then I Met You'를 론칭했다. 2015년엔 한국 화장비법을 소개한 『피부관리 작은 책: 건강하고 윤기나는 피부를 위한 한국 미인들의 비밀(The Little Book of Skin Care: Korean Beauty Secrets for Healthy, Glowing Skin)』을 출간했다.

글로우 레시피(Glow Recipe)

2014년 한인 2세 사라 리와 크리스틴 장은 한국산 화장품을 수입 판매하고, 피부 관리 교육 프로그램을 진행했다. 2017년엔 자연산, 과일 성분을 주원료로 한 자신의 고유 브랜드를 설립, 2018년 3천만 달러 매출을 올렸으며, 세포라에 입점했다.

미인(MiiN Korean Cosmetics)

중국계 릴린 양은 2014년 스페인 바르셀로나에 한국산 화장품숍 '미인(MiiN Korean Cosmetics)'을 오픈한 후 마드리드, 뮌헨, 파리, 밀라노까지 진출했다. 2019년엔 『한국 피부의 경전: K-뷰티의 비밀 가이드(The Korean Skincare Bible: The ultimate guide to K-beauty secrets)』를 출간했다.

에르보리앙

2007년 프랑스인 카탈린 베레니(Katalin Berenyi)와 낭트대학교에서 메이크업 아트를 전공한 이호정 씨가 공동으로 창립했다. 에르보리앙(Erborian)은 프랑스어 'Herbes d'Orient(아시아의 허브)'를 의미한다. 2009년 유럽에서 첫 BB크림을 론칭한 후 프로방스의 화장품 기업 록시땅(L'Occitane en Provence) 산하에 들어갔다. 한국산 대나무, 숯, 인삼과 약초 성분과 프랑스의 기술, 감각을 조화한 'Korean Skin Therapy' 브랜드로 한국 시장을 겨냥하고 한글 버전 웹사이트도 있다. 베레니는 2020년 2월 클라랑스(Clarins)의 회장으로 임명되었다.

조선 여성 물광 피부, K-뷰티의 원조

왜 한국 여성의 피부가 아름다움의 표상으로 등장했을까? 이민주 한국학중앙연구원 선임연구원은 "조선 여성들의 물광 피부와 검은 머리에 주목하며 K-뷰티의 원조"로 보았다. 조선시대 여성들은 미의 조건인 풍성한 검은 머리를 더욱 돋보이게 하기 위해 물광, 윤기 있는 백옥 같은 피부 관리에 신경 썼다. 중국이나 일본 여성의 덧칠 화장법과는 대조적이다.

조선 여성들은 백옥 같은 피부를 위해 녹두와 팥을 갈아 만든 가루비누 조두를 스크럽처럼 사용했다. 청결한 세안 후 박, 오이 또는 유자로 만든 미안수(美顏水)를 발랐다. 이후엔 달걀 노른자로 만든 면지(세럼, 영양크림)로 잔주름을 없애고, 피지를 제거했다. 또한 광택 있는 피부를 위해 들깨, 살구씨 목화씨, 쌀, 보리 등에서 추출한 기름을 사용했다고 한다. 이처럼 천연재료를 사용한 내추럴 화장품의 전통이 K-뷰티의 뿌리라는 것이다.

한국 미인과 프랑스 미인

신윤복, 「미인도」, 19세기 초반, 비단에 채색, 114.2cm×45.7cm, 간송미술문화재단 소장

K-뷰티가 글로벌 인기를 누리면서 전통적인 화장품 명국 프랑스와 라이벌로 부상했다. 한불 합작 화장품 에르보리앙의 공동 창립자이자 클라랑스의 신임 회장 카탈린 베레니는 스웨덴 화장품 포레오(FOREO)의 매거진 〈MYSA〉와의 인터뷰 「French and Korean Beauty, According to Erborian's Katalin Berenyi」에서 한국과 프랑스 여성의 화장품 문화를 다음과 같이 비교했다.

프랑스 미인이 '간단한 피부관리로 노력 없이 매력적인 미인'이라면, 한국 미인은 '10단계 피부관리'로 이루어진 노력형 미인이다. 프랑스 여성은 메이크업 시간이 짧다. 자연스러운 외모를 선호하며, 두터운 화장을 기피한다. 프랑스 여성은 완벽하지 않음을 수용한다. 반면, 한국 여성은 순수한 피부와 청결 유지를 중시한다. 그리고 완벽주의로 결함이 있으면, 항상 보정하려고 한다. 필수 화장품 측면에서 프랑스 여성은 다목적 데이 크림이 으뜸이지만, 한국 여성은 에센스가 필수다.

프랑스 화장품이 자연 소재 중심이라면, 한국 화장품은 과학이 뒷받침한다. 프랑스 화장품은 기름지고 영양 보충에 집중하는 반면, 한국 화장품은 가볍고 유연하며 겹쳐 바르기가 많다. 한국 화장품은 특수 기능을 달고 있다. 프랑스 화장품은 라벤더와 로즈마리, 프렌치 하니 등 아로마에 의존하는 반면, 한국 화장품은 인삼, 유자 성분이 인기 있다. 유행성의 측면에서 한국 화장품은 신제품 개발이 빠르며, 하룻밤에 브랜드가 나온다. 항상 신제품, 베스트셀러가 있다. 반면, 프랑스 화장품은 베스트셀러, 성분 스토리 만들기, 혁신적인 상품 개발에 집중한다.

그리고 프랑스에서 미인 아이콘이 브리지트 바르도(Brigitte Bardot)와 마리온 코티야르(Marion Cotillard)처럼 여성스러우면서도 강인하고, 자신이 원하는 것을 알고 있는 리더로 자기만의 스타일이 확고하다. 반면, 한국 미인의 아이콘은 전지현과 이영애 같은 아름다운 여배우와 모델이다.

한국산 화장품 열풍의 이유

세계는 왜 한국 화장품에 열광하게 되었을까? K-뷰티를 성공 신화로 이끈 요인은 무엇일까?

1. 기술 혁신

패션잡지 〈마리클레르〉는 2016년 "한국의 화장품 산업은 다른 나라들보다 7년은 앞서 있다"고 평가했다. BB크림, 마스크팩, 쿠션 콤팩트, 수면팩, 젤 라이너, 발효 화장품 등 획기적인 아이디어로 소비자의 취향을 만족시키며 신뢰를 쌓아왔다. 주름 개선, 촉촉하고 투명한 피부를 위한 지속적인 연구와 참신한 개발로 여성들에게 인기를 끌어왔다. 한국은 '세계 화장품 연구소'라 불릴 정도다.

2. 창의적인 성분

쌀, 단호박, 석류, 마유, 달팽이 점액, 인삼, 홍삼, 어성초, 녹차, 녹두, 꿀, 흑설탕, 숯, 해초, 콩, 아사이베리, 블루베리, 살구씨, 알로에, 대나무, 영지버섯, 발효 미생물······. 한국산 화장품은 인공 화학성분을 배격하고, 무독성, 유기농, 천연성분으로 화장품을 제조한다. 노화 방지, 염증 완화, 피부색

아모레퍼시픽 골드 스탠다드 안티에이징 아이케어(왼쪽)/ LG생활건강 '숨'의 중국 모델 구리나자(古力娜扎)

개선 효과가 있는 홍삼(설화수의 자음생 크림), 완도군 약산도의 천삼송이(예화담), 미생물이 영양성분 효능을 끌어올리고, 피부 깊이 흡수되는 발효 성분(더샘 '차가발효 화이트 리포솜 100' 세럼) 등 인체 유익, 식물성, 환경 친화 성분으로 소비자에게 신뢰감을 준다.

3. 저렴한 가격, 높은 만족도

한국산 화장품의 품질은 높고, 가격은 저렴하다. 가성비가 좋다. 값비싼 궁중 화장품에서 저렴한 브랜드까지 치열한 경쟁으로 가격대가 낮다. 그리고 만족도가 높다.

4. 디자인 감각

기존 서양 화장품의 패키지는 미니멀 지향이다. K-뷰티는 시각적으로 공략했다. 디자인 측면에서 포장은 젊은 세대 여성에게 메이크업을 놀이로 만들어준다. 물론 인스타그램 시대에 적합한 비주얼이다. 펭귄 마스크팩, 복숭아 모양의 핸드크림, 입술 모양과 토끼 모양의 립펜슬, 꿀단지, 마카롱 모양의 립밤, 아보카도 모양의 스크럽, 입술 모양의 립밤 등 기발한 디자인으로 감성에도 호소한다.

5. 맞춤형 피부관리법

K-뷰티의 물결은 동서양 여성에게 화장법을 가르쳐주는 계기가 되었다. 촉촉하고 투명한 피부를 위해서는 세안시 피부 진정을 위한 각질 제거제, 클렌징폼으로 피부를

매끄럽게 만든 후 보습 화장품, 주름 개선제, 미백 화장품, 팩 등 기초화장 순서에 맞게 피부 속부터 관리해야 한다는 것. 한국 여성의 투명하고 부드럽고, 자연스러운 도자기 피부관리 비결에는 꼼꼼한 10단계의 화장술이 있었다.

〈보그〉, 〈코스모폴리탄(Cosmpolitan)〉 등 패션잡지, NBC-TV 투데이쇼(Today Show), 그리고 블로거, 유튜버들은 한국 여성의 바지런한 10단계 기초화장법(The 10 Step Skincare Routine)을 소개했다. 대표적인 10단계 화장법은 다음의 순이다.

1. 오일 클렌저→ 2. 워터 클렌저/폼 클렌저→ 3. 피부 각질 제거→ 4. 토너(스킨)→
5. 세럼 & 에센스→ 6. 마스크팩→ 7. 아이크림→ 8. 로션(에멀젼, 모이스처라이저)→
9. 영양크림→ 10. 자외선 차단

6. 소셜 미디어

샤넬, 시슬리처럼 명품 브랜드나 로레알, 메이블린 등 편의점용 저가 브랜드의 소비자들과는 달리 K-뷰티는 소셜미디어로 참신한 젊은 세대에 파고들었다. 수백, 수천만 명의 팔로워를 이끌고 있는 스타들이 인스타그램에 한국산 마스크 시트를 부착한 모습을 올리고, 인플루언서 유튜버들이 한국산 화장품의 장점을 소개하면서 K-뷰티의 인기가 급속히 확산되었다. 광고비를 들이지 않고 스타, 인플루언서, 신세대가 자발적으로 홍보해주는 것. 이에 최근 한국 화장품 기업들이 비디오, SNS 마케팅에 박차를 가하고 있다.

7. 한류의 파도를 타고

K-뷰티의 열풍 뒤에는 K-드라마, K-팝, K-영화 등 한류가 있다. 특히 중국, 태국, 베트남, 인도네시아 등 동남아 시장에서 한류 스타들이 K-뷰티의 대사가 되어 글로벌 확장에 상승효과를 가져왔다. 「대장금」 이영애의 투명한 피부, 「별에서 온 그대」 전지현의 촉촉하고 윤기 흐르는 피부, 「그 겨울, 바람이 분다」 송혜교의 물광 피부……. K-드라마 마니아들은 드라마나 K-팝 등 한류 스타의 피부를 선망한다. 이영애는 LG생활건강의 한방 화장품 브랜드 '후(Whoo)'의 장수 모델이었으며, 송혜교는

아모레퍼시픽의 에뛰드하우스, 이니스프리, 라네즈, 설화수 등, 전지현은 아모레퍼시픽의 라네즈, 더페이스샵, 일리, 헤라, 숨37 등에 등장했다.

한편, 방탄소년단(BTS) 등 보이밴드와 아이돌 스타도 화장품 모델로 줄이어 발탁되었다. BTS는 2018년 브이티 코스메틱(VT Cosmetics)과 합작으로 'VT X BTS 에디션'을 출시했다. BTS는 또한 엘앤피코스메틱의 마스크팩 브랜드 '메디힐(Mediheal)'의 모델로 활동했다. 네이처 리퍼블릭은 엑소, 더페이스샵은 갓세븐, 더 샘(The Saem)은 세븐틴, 토니몰리는 몬스타 엑스, 싱크네이처(Thinknature)는 강 다니엘 등 아이돌 스타들을 모델로 기용했다.

이와 함께 아시아 시장의 성장에 따라 글로벌 브랜드에서 한류 스타를 광고 모델로 내세우고, 한국 브랜드는 중국 스타들을 기용하는 시너지 마케팅이 성행 중이다.

K-뷰티 돌풍의 주역 사총사 히트 메이커

한국산 화장품이 글로벌 마켓의 중추가 되는 데는 주역이 있었다. K-뷰티의 효자 상품은 BB크림, 쿠션 콤팩트, 달팽이 크림, 마스크팩 등이다.

BB크림/ 달팽이 크림/ 마스크팩/ 에어쿠션

BB크림

잡티를 가려주고, 피부톤을 정리해주는 BB크림(BB Cream)의 원조인 '블레미쉬밤(Blemish Balm, 잡티 제거 연고)'은 원래 1950년대 독일 피부과 의사 크리스틴 슈라멕(Dr. Christine Schrammek)이 발굴한 크림이다. 그의 이름을 딴 화장품 브랜드에서 블레미쉬밤도 판매한다. 한국에서는 보습+파운데이션+자외선 차단의 3가지 기능을 보유한 BB크림으로 출시되어 연예인들의 생얼굴, 자연스럽고 투명한 메이크업 비법으로 알려지게 된다. 2007년 한스킨(Hanskin)의 BB크림이 홈쇼핑에 데뷔한 후 히트하며 필수 화장품으로 등극했다.

한국에서의 열풍을 이어받아 클리니크, 디올, 에스티로더, 메이블린, 레블롱, 스매쉬박스 등도 BB크림을 출시했다. 샤넬이 BB크림에 컬러 코렉션(Color Coreection) 기능을 보완한 CC크림(CHANEL CC CREAM, Super Active Correction Complete Sunscreen SPF 50)을 출시한 후 너도나도 CC크림을 내놓았다. 한스킨의 슈퍼 3솔루션 BB크림은 주름 개선+미백+자외선 차단 효능이 있다.

쿠션 컴팩트(Cushion Compact)

2008년 3월 아모레퍼시픽이 아이오페 에어쿠션을 출시하며 여성의 화장 문화를 바꾸게 된다. 메이크업 베이스+파운데이션+선크림을 특수 스펀지(발포 우레탄폼)에 흡수시켜 팩트형 용기에 담은 제품으로 순식간 베스트셀러로 부상했다. BB크림의 효능에 퍼프로 도장 찍듯이 바를 수 있는 쿠션 콤팩트는 화장 시간을 줄이며, 휴대가 간편한 획기적인 제품이다. 아모레퍼시픽은 아이오페를 비롯해 라네즈(BB쿠션), 헤라(UV 미스트 쿠션), 아모레퍼시픽(트리트먼트 CC쿠션), 설화수(퍼팩팅쿠션)으로 산하 브랜드를 통해 출시하면서 전 세계에 쿠션 돌풍을 일으켰다.

아모레퍼시픽은 2008년 특허(제1257628호, 발명의 명칭: 화장료 조성물이 함침된 발포 우레탄폼을 포함하는 화장품)로 등록했다. 이후 LG생활건강이 숨37도 모이스처 쿠션 파운데이션, 오휘 미네랄 워터 BB 쿠션 등 유사 제품을 출시하면서 법정 공방전이 벌어졌다가 합의로 끝났다.

세계 굴지의 브랜드들은 너도나도 아이오페 쿠션 콤팩트를 베끼기 시작했다. 로레알 산하 랑콤(Lancôme Miracle Cushion Foundation)을 비롯해 바비브라운(Skin Foundation Cushion Compact), 조르조 아르마니(My Armani To Go Cushion), 디올(Capture Dreamskin Fresh & Perfect Cushion), 라메르(The Luminous Lifting Cushion Foundation SPF 20), 톰 포드(Soleil Glow Up Foundation SPF 45 Hydrating Cushion Compact), 라프레리(Skin Caviar Essence-in-foundation), 샤넬(Les Beiges Healthy Glow Gel Touch Foundation), 클리니크(Super City Block BB Cushion), 메이크업 포에버(Make Up Forever Uv Bright Cushion Spf35/pa+++), 그리고 일본의

시세이도(Synchro Skin Self-Refreshing Cushion Compact Foundation) 등 해외에서도 쿠션 콤팩트가 쏟아져 나왔다.

달팽이 크림(Snail Cream)

프랑스인은 달팽이 요리 에스카르고(Escargots)를 좋아한다. 파슬리, 버터, 양파, 마늘 등의 양념으로 구워낸 진미다. 화장품 달팽이 크림의 기원은 기원전 400년경 고대 그리스로 거슬러 올라간다. '의학의 아버지'로 불리는 히포크라테스(Hippocrates)가 피부 염증을 치료하기 위해 달팽이를 으깨서 우유와 섞은 연고를 처방했다고 전한다. 이탈리아 남부 시골에서는 오래전부터 달팽이 점액(mucin)을 사마귀, 굳은살, 여드름 치료에 사용해왔다.

한편, 1970년대 칠레의 한 농가에서 프랑스에 수출할 식용 달팽이를 양식하던 중 껍데기에 베인 상처가 금방 아물고 부드러워지자 달팽이 점액 성분에 피부 재활 효능이 있다는 것을 발견하게 된다. 칠레의 연구소는 달팽이 점액질에 함유된 알란토인(Allantoin)이 세포 증식을 자극하며, 글리콜릭산(Glycolic Acid)은 각질 제거, 주름 개선, 콜라겐과 엘라스틴(Collagen & Elastin)은 피부 탄력의 효능이 있다고 분석했다. 그리고 1974년 칠레에서 첫 달팽이 크림이 나왔다.

한국에선 피부과 의사가 처방하는 화장품을 콘셉트로 설립한 한국의 잇츠스킨(It's Skin)이 2008년 주름, 미백, 보습, 진정, 결 관리 효능을 내세운 '프리스티지 크렘 데스카르고(Prestige Crème D'Escargot)'로 중국과 일본 및 동남아 시장에서 성공을 거두면서 세계에 마법의 크림, 달팽이 크림 열풍을 주도했다.

마스크팩

세계의 여성들은 뮤지컬 「오페라의 유령(The Phantom of the Opera)」의 팬텀(에릭)처럼 마스크를 쓰고 SNS에 올리고 있다. 단 한 장으로 피부관리를 할 수 있는 한국산 마스크팩(Sheet Masks)은 이젠 '1일 1팩'의 일상이 되었다. 보습에서 미백, 진정, 영양, 탄력 강화, 주름 완화까지 여러 기능을 보유한 마스크팩은 즉각적인 효과로 폭발적인 인기를 끄는 중이다. 2016년 중국의 전자상거래업체 알리바바가 연 쇼핑 축제 광군제에서 한국산 마스크팩이 1천만 장 팔렸다. 같은 해 글로벌 화장품 백화점 세포라(Sephora)에 마스크팩 코너가 별도로 마련되었다.

봄과 여름엔 피부 진정용, 가을과 겨울엔 보습용으로 매끈 탄력, 생기 촉촉, 청정 생기 있는 피부를 약속하는 마술의 마스크다. 한국은 피부에 수분과 영양을 공급하는 시트와 화장액의 기술력으로 마스크팩의 원조국이 되었다. 더 페이스샵(LG생활건강), 셀더마(제닉), 설화수, 헤라, 이니스프리, 아이오페(아모레퍼시픽), 메디힐(L&P코스메틱), 미샤(에이블씨앤씨), 스킨푸드, 네이처 리퍼블릭, 토니몰리 등이 인기 마스크팩 제조업체다.

할리우드 스타 드루 배리무어는 2017년 제이준(Jayjun)의 3스텝 인텐시브 샤이닝 마스크(JAYJUN's 3 steps Intensive Shining Mask)에 찬사를 보냈으며, 엠마 스톤은 2017 골든 글로브상 시상식 전 KNC의 올 내추럴 콜라겐 인퓨즈드 립 마스크(All Natural Collagen Infused Lip Mask)를 하고 있는 모습을 인스타그램에 올렸으며, 제시카 알바는 토니몰리의 키스 키스 러블리 립 패치(Kiss Kiss Lovely Lip Patch)를 부착한 모습을 팬들에게 공개했다.

배우 골디 혼의 딸 케이트 허드슨은 2017년 5월 뉴욕의 메트로폴리탄 미술관 패션 갈라에 참석하기 전에 A.H.C.의 프리미엄 히드라 골드 포일 마스크(Premium Hydra Gold Foil Masks)로 광채 나는 피부를 준비했다. 재즈 뮤지션 존 레전드의 부인인 모델 크리시 타이겐은 비행기 안에서 귀에 걸어 턱을 올려주는 편리한 레젠 코스 V 필-업 마스크(Regen Cos's V Fill-Up Mask)에 찬사를 보냈다. 또한 가수 레이디 가가는 에뛰드하우스의 하니 젤리 립스 패치(Etude House's Honey Jelly Lips Patch)를 부착한 모습을 인스타그램에 올렸다.

한국인은 새 프랑스인

한국의 근대 화장품의 효시는 분가루였다. 1916년 일제강점기에 두산그룹의 모태인 박승직 상점에서 내놓은 50전짜리 '박가분(朴家粉)'이다. 1945년 광복을 즈음해 아모레퍼시픽의 전신인 태평양공업사를 창립한 서성환 대표는 1960년대 '아모레 아줌

마을 통한 가가호호 방문판매를 도입해 화장품 문화의 뿌리를 내렸다. 그 아모레퍼시픽(Amore Pacific)은 뉴욕 버그도프굿맨, 삭스5애비뉴 백화점, 세포라에 입성하는 글로벌 브랜드가 되었다.

아모레퍼시픽은 20017년 미국 패션업계지 〈WWD(Women's Wear Daily)〉의 글로벌 화장품 회사 톱 100에서 7위에 올랐다. 또한 같은 해 〈포브스〉지의 가장 혁신적인 회사 16위에 선정되었다. 아모레퍼시픽 산하의 라네즈는 2022년 7월 아마존닷컴의 프라임 데이(Prime Day, 프라임 멤버 쇼핑 이벤트) 'Beauty & Personal Care' 부문에서 판매 1위를 기록했다. 베스트셀러는 입술 각질을 제거하고 매끈하게 해주는 립 슬리핑 마스크(Lip Sleeping Mask)였다.

2015년 프랑스 럭셔리 브랜드 LVMH 계열의 글로벌 화장품 백화점 세포라 웹사이트엔 한국 화장품 페이지(K-Beauty)가 별도로 마련되어 있으며, 2023년 3월 현재 커뮤니티 페이지 K-뷰티의 회원은 4만 1200여 명에 이른다.

한국이 BB크림, 마스크팩, 쿠션 콤팩트, 달팽이

세포라 웹사이트의 K-뷰티 페이지

크림 등 블록버스터를 선보인 후 샤넬, 디올, 에스티로더, 시세이도 등이 카피 제품을 내놓았다. 이제 세계 여성들은 아모레퍼시픽과 LG 브랜드를 비롯해 미샤, 토니몰리, 더 페이스숍, 이니스프리, 네이처 리퍼블릭, 스킨푸드(Skinfood), 에뛰드하우스, 홀리카 홀리카(Holika Holika) 등 중저가 로드숍 화장품 브랜드까지 애용하는 K-뷰티 마니아가 되었다. K-뷰티는 이제 세계 화장품의 트렌드를 주도하고 있는 것이다.

화장품업계에서 한국인은 'New French'로 불릴 정도다. 품질은 좋고, 가격은 저렴한 K-뷰티 제품. 통계자료 웹사이트 Statista.com이 2021년 한국 화장품의 글로벌 인기도를 조사한 바에 따르면 35.8퍼센트가 한국 화장품의 인기가 높다고 응답했다. K-뷰티는 일반 대중에게도 널리 알려지고 인기를 얻었으며, 판매를 원하는 것으로 나타났다. 나라별로는 인도네시아와 UAE에서 한국 화장품이 최고의 인기를 누리는 것으로 조사되었다.

#32 K-사우나: 찜질방, '스파의 디즈니랜드'

🎴 워싱턴주 린우드의 올림푸스 스파(사진: Olympus Spa https://olympusspa.com)

오랜 역사 속에서 외세의 침입, 일제강점기, 전쟁과 분단, 빈곤 등 수많은 역경을 겪어왔으며, 오늘날 좁은 땅에서 치열한 경쟁으로 일상의 스트레스 지수가 높은 한국인. 그들은 스트레스를 푸는 방법을 잘 알고 있다.

맛집, 술집, 노래방 등을 즐기는 음주가무는 한민족의 DNA다. 밥은 배 터질 때까지 먹고, 술은 떡이 되도록 마시고, 노래방에 가면 목이 쉬도록 부르며, 춤은 쓰러질 때까지 추어야 직성이 풀리는 민족이다. 한국인은 독하게 마음먹고, 끝까지 가는 추진력과 지구력을 보유하고 있다. 불같은 화끈함과 얼음장 같은 시원함 사이, 극과 극을 거침없이 유영하는 민족성을 갖고 있다.

한국인이 스트레스를 푸는 방법의 하나인 찜질방(Jjimjilbang), 사우나(Sauna) 문화역시 독보적이다. 이태리타월로 때를 빡빡 밀고, 열탕과 냉탕을 오가며, 불가마에서지진 후 뜨거운 매운탕 식사를 하면 몸이 개운해지고 시원하게 스트레스가 풀린다. 한증막(汗蒸幕)과 열탕욕(熱湯浴)뿐만 아니라 뜨거운 탕(湯) 음식을 사랑하는 민족, 우리는 디톡스(detox)의 장인들이다.

오늘날 한국의 목욕 문화(Korean Spa)가 세계적인 인기를 끌고 있다. 서양인이 알몸으로 누워, 검은 브래지어와 팬티 차림에 양손에는 이태리타월 장갑을 낀 한국인 세신사에게 서비스를 받고, 비빔밥을 즐기는 모습도 이젠 낯설지 않다. 코리안 스파는

466

때밀이부터 사우나, 피부 관리, 안마, 휴식, 한식당, 때로는 컴퓨터방, 노래방, 미니 영화관 시설까지 갖춘 다목적의 레저문화, '스파의 디즈니랜드(Disneyland of Spa)'다. 문화적 충격을 넘어선 한국 찜질방의 매혹, 한국식 사우나는 지금 세계로 번지고 있다.

핀란드 사우나에서 한국 찜질방까지

사우나와 찜질방

사우나(sauna)의 원조국은 핀란드다. 헬싱키에 이은 제2의 도시 탐페레(Tampere)는 '세계 사우나의 수도'로 불린다. 사우나는 원래 핀란드어로 '땅(earth)'이나 '눈구덩이(snow pit)'를 뜻한다고 한다. 현대에 와서는 난로와 돌 더미가 있는 나

뉴욕 스파캐슬의 사우나밸리(사진: https://ny.spacastleusa.com/sauna-valley)

무집을 지칭한다. 사우나는 불을 때어 온도가 높은 방(건식/습식)에서 땀을 흘리는 목욕 형태다.

한국의 전통 사우나인 한증막은 조선시대 숯이나 도자기를 굽고 가마 속에 남은 열로 찜질했던 것이 원형이다. 목욕탕과 결합된 찜질방은 1994년 부산에 처음 생긴 후 전국으로 퍼졌으며, 대부분의 대중목욕탕이 숙박시설을 겸비한 찜질방으로 업그레이드했다. 찜질방에는 사우나(한증막)와 목욕시설이 기본이며, 수면실, 안마실, PC방, 노래방, 식당, 오락실, 볼링장, 헬스클럽 등까지 갖춘 곳도 있다. 24시간 영업하는 찜질방은 숙박시설로도 이용된다.

찜질방은 '코리안 스파'로 세계로 진출하며 한국식 때밀이(Korean Body Scrub) 서비스를 비롯해 다양한 효능의 사우나룸과 함께 스파 서비스, 풀장, 식당, 바, 헬스클럽 등을 갖추며 테마공원을 방불케 하는 레저 시설이 되었다.

뉴욕에선 2005년 퀸즈 칼리지포인트에 문을 연 스파 캐슬(Spa Castle)이 화제였다. 쇼핑몰처럼 거대한 5층 건물에 10만 제곱피트(약 9,290제곱미터) 규모로 2500만 달러가 투여된 스파 캐슬은 21개의 풀을 비롯해 골드 사우나방, 이글루방, 원적외선 사우나, 황토방, 히말라야 소금방, 옥 사우나방, 컬러 세러피방으로 이어지는 사우나 밸리(Sauna Valley) 등 디즈니랜드와 라스베이거스 호텔을 방불케 하는 시설을 갖추었다. 영화배우 존 트라볼타가 다녀갔으며, 연간 30여만 명이 찾는 것으로 알려졌다. 스파 캐슬 성공 후 2012년엔 텍사스, 2015년엔 맨해튼 중심부 57스트리트에 더 고급화한 스파 캐슬 프리미어 57(Spa Castle Premier 57)을 열었다. 맨해튼 32스트리트 한인타운엔 주베넥스 스파(Juvenex Spa)가 운영 중이다.

사우나 종류와 효능

사우나는 몸의 노폐물과 땀을 배출시켜 신진대사를 활성화하며, 혈액순환을 촉진한다. 피로감을 덜어주며, 피부미용에도 효능이 있다. 한국식 고급 찜질방은 대부분 다음의 세분화한 시설을 갖추고 있다.

- 히말라야 소금 사우나(Himalayan Salt Sauna): 알레르기와 천식 완화, 호흡계 정화, 혈액순환 촉진, 면역강화, 근육 이완, 노폐물과 독소 배출 혈당량과 호르몬 균형
- 황토 사우나(Loess Sil Sauna): 혈액순환 촉진, 림프계 자극, 중금속 해독, 스트레스 완화
- 옥 사우나(The Jade Sauna): 칼슘과 마그네슘으로 근육 이완, 관절염 치료, 혈압 강하, 체지방 감소, 호르몬 균형 유지, 스트레스 해소
- 아이스 사우나(The Ice Sauna): 피부세포 재생, 피부 탄력 강화, 혈액순환 개선, 통증 및 피로 감소
- 맥반암 룸(Elvan Stone Room): 피부 미용, 신장과 간 해독. 맥반석 달걀 구이
- 원적외선 사우나(Far Infrared Sauna): 혈액순환 촉진, 관절염 완화, 뇌에 산소 공급
- 적외선 사우나(Infrared Sauna): 통증 완화, 근육 이완, 피로 감소
- 골드 사우나(Gold Sauna): 에너지 증강, 노화 방지, 노폐물과 독소 배출

- 컬러 세러피 사우나(Color Therapy Sauna): 에너지 균형을 잡아주며, 감정과 기분에 영향을 주는 신진대사, 신체 에너지 증강
- 크리스털 룸(Crystal Room): 소화기, 혈맥, 남성병 예방, 피부 정화 효능
- 삼림 사우나(Forest Sauna): 산소, 평정, 면역 강화
- 불가마(The Bulgama): 근육 완화, 혈압 강하, 노폐물과 독소 배출

이태리타월과 때밀이 문화

한국의 목욕 문화에서 가장 중요한 것은 아마도 때수건, 이태리타월인 것이다. 사포 (sandpaper)처럼 까칠까칠한 직물의 때수건으로 몸을 박박 밀면 때가 주르륵 밀려 나온다. 몸의 각질 제거에 최고의 때수건이다.

이탈리아에는 이태리타월이 없다. 이태리타월은 1967년 부산에서 태어났다. 처음 만든 이에 대해서는 두 가지 설이 있다. 초읍동의 창곡시장 자리에 섬유회사 한일직물(대표 김원조)에서 개발했다는 주장과 부산의 김필곤 씨가 처음 만들었다는 설이다. 이태리산 비스코스 레이온 원단을 꼬아 마찰력이 강한 목욕용 때수건을 만들어 이 때문에 '이태리타월'로 불리게 됐다고 한다. 1962년 특허청에 등록되었지만, 1976년 권리가 소멸되어 이젠 누구나 만들 수 있다.

미국에서는 유사한 제품으로 목욕용 수세미 루파(bath loofah)와 각질 제거용 장갑 (exfoliating glove)이 있다. 아마존, 월마트, 타깃에서는 한국산 이태리타월이 'Korean Exfoliating Towel', 'Korean Exfoliating Bath Washcloth'라는 이름으로 팔리고 있다. 아마존에서는 이태리타월에 대해 이렇게 설명한다.

- 100퍼센트 비스코스 레이온 각질 제거 목욕 장갑
- 부드럽게 문지르면 죽은(그리고 건조한) 피부세포를 제거하고 모공을 깨끗이 하며, 여드름을 제거한다.
- 물에 담긴 후 수축하므로, 최고의 표면장력을 위해 사용자의 손에 꼭 맞도록 편 후 사용해야 하며, 각질 제거를 위해서는 거친 느낌이 좋다.

패션잡지 〈보그〉는 2016년 '한국산 각질 제거 장갑 없이 살 수 없는 이유(Why I Can't Live Without My Korean Exfoliating Mitt)'에서 이태리타월의 효능을 찬미했다. "한국인들은 BB크림, 쿠션 콤팩트와 10단계 피부관리 훨씬 전부터 각질 제거에 열정을 가졌다"면서 "1장에 80센트에 불과한 이태리타월이 각질을 제거하고, 피부를 부드럽게 해준다"고 추천했다.

한국의 목욕 문화

우리 민족은 옛날부터 목욕재계(沐浴齋戒)를 중요시했다. 의식 등 중요한 일을 하기 전 부정을 타지 않도록 몸과 마음을 깨끗이 하는 것으로 원래 불교의 계율이다. 즉, 육체적이며 정신적인 정화를 의미한다. 불교가 국교였던 삼국시대와 고려시대엔 목욕이 중시되었지만, 조선시대엔 숭유억불(崇儒抑佛) 정책으로 알몸 전신욕이나 이전처럼 남녀가 함께 목욕하는 것이 금지되었다. 집에서도 옷을 입고 목욕하는 것이 관습이 되었다. 단삼짇날(음력 3월 3일), 단오(음력 5월 5일), 유두(음력 6월 15일), 칠석(음력 7월 7일), 백중(음력 7월 15일)에는 전신욕이 허가되었으니, 전신욕은 1년에 다섯 번으로 제한되었다. 목욕은 설화나 풍속화에도 종종 등장한다.

신라 건국 설화와 「선녀와 나무꾼」
『삼국유사』의 신라 건국 설화에는 초대 국왕 박혁거세와 알영 왕후의 탄생에 목욕이 등장한다.

신라가 세워지기 전 경주 지역은 진한의 땅으로 촌장 6명이 나누어 다스리고 있었다. 어느 날 양산 기슭 우물가 나정(蘿井)에서 오색영롱한 빛이 비치고, 백마 한 마리가 크게 빛나는 보라색 알 앞에 무릎을 꿇고 울고 있었다. 말이 하늘로 날아간 후 촌장들이 알을 깨어 보니 잘생긴 사내아이가 나왔다. 아이를 동천에서 목욕시키니 몸에서 광채가 나고, 새와 짐승들이 어울려 춤추듯이 놀고, 천지가 진동하고 일월이 청명해졌다. 이름은 박처럼 큰 알에서 태어나서 박, 세상을 밝게 한다는 뜻에서 혁거세라 불렀다.

같은 날 사량리라는 마을의 우물가 알영정(閼英井)에서도 신기한 일이 일어났다. 닭머리를 한 용이 나타나 옆구리에서 여아를 낳았다. 아이는 아름답고 피부가 고왔지만, 입술이 닭부리처럼 흉측했다. 사람들이 아이를 냇물에 목욕시키자 부리가 감쪽같이 떨어져 나갔다. 아이는 우물의 이름을 따라 알영이라 지었다. 박혁거세가 13세가 되던 BC 57년 나라를 세우니 서라벌이며, 동갑의 알영은 왕후로 책봉되었다. 부부가 된 이들은 남해 차차웅과 아로공주를 낳았다.

「선녀와 나무꾼」 설화에도 목욕이 나온다. 옛날 어느 마을에서 나무꾼이 사냥꾼에게 쫓기던 사슴을 숨겨주자 사슴이 보은으로 선녀들이 목욕하고 있는 연못을 알려준다. 단, 선녀의 날개옷을 감추고, 아이를 셋 낳을 때까지 보여주지 말라고 당부했다. 나무꾼은 날개옷이 없어서 하늘로 돌아가지 못한 선녀를 아내로 삼고 아이 둘을 낳은 후 깃옷을 보여주고 만다. 그러자 선녀는 깃옷을 입고 아이들을 데리고 승천했다.

절망한 나무꾼 앞에 어느 날 사슴이 다시 나타났다. 사슴은 연못에 가면 하늘에서 두레박으로 물을 길어 올릴 터이니 그 두레박을 타고 하늘로 올라가 처자를 만나라고 일러준다. 나무꾼은 말대로 하늘에 올라가 처자와 행복하게 살았다. 그러던 어느 날 홀어머니가 그리워졌다. 아내는 용마를 타고 지상으로 내려가되 절대로 용마에서 내려 땅을 밟지 말라고 당부했다. 어머니와 재회한 나무꾼은 팥죽을 먹다가 뜨거운 죽을 말의 등에 흘리는 바람에 말에서 떨어지고, 용마는 하늘로 올라가 버렸다. 이제 지상에 남은 나무꾼은 그 자리에서 수탉이 되어 아침마다 하늘을 향해 울부짖고 있다는 이야기다.

조선시대 신윤복의 「단오풍정」

조선시대 여인들이 단오에 목욕하며 노는 모습을 묘사한 신윤복의 「단오풍정」은 왜 오늘날 한국의 찜질방이 세계적으로 인기 있는 사우나 문화가 되었는지를 예견하는 풍속화인 듯하다.

산속 계곡에서 저고리를 벗고 목욕하는 여인들(아마도 기녀들), 가체 머리에 노란 저고리와 빨간 치마를 입고 그네 타는 여인, (아마도 목욕 후) 땋은 머리카락을 다듬고 있는 파란 치마의 여인과 휴식을 취하는 여인, 그리고 저고리에 가슴을 삐죽 내놓은 채

신윤복, 「단오풍정(端午風情)」, 『혜원전신첩(蕙園傳神帖)』 중, 국보 제135호, 간송미술문화재단 소장

보따리를 이고 걸어오는 여인(술병이 삐져나온 것으로 보아 먹거리가 담겨 있을 것으로 상상해본다). 또한 동자승 두 명이 호기심 가득한 얼굴로 목욕하는 여인들을 훔쳐보고 있는 모습이 그려져 있다.

이처럼 신윤복은 조선 여인들이 단옷날 계곡에서 목욕, 그네 놀이, 단장, 휴식, 그리고 소풍까지 즐기는 모습을 묘사했다. 여기에 바위 틈새로 목욕하는 여인들을 훔쳐보는 동자승들의 모습에선 에로티시즘에 대한 인간의 욕망이 드러나 있다. 오늘날 한국의 찜질방이나 사우나는 목욕, 피부 미용, 휴식, 안마, 노래방, 식당까지 갖춘 레저 문화가 아닌가?

우리 조상들은 단옷날에 냇가에 모여 창포를 삶은 물에 머리를 감고, 얼굴도 씻으며 액을 물리치는 의식을 했다. 단옷날 정오에 목욕을 하면 무병장수한다고 믿었다. 또한 창포뿌리를 잘라 만든 비녀에 수복이라는 두 글자를 새기고, 연지로 붉게 칠하기도 했다. 단오 절식으로 수리취떡, 쑥떡, 망개떡, 약초떡, 밀가루 지짐 등을 먹었고, 그네뛰기, 씨름, 탈춤, 사자춤, 가면극 등을 즐긴 것으로 전한다. 황진이 머리로 잘 알려진 가체(加髢)는 사실 양반집 규수들까지 유행이 퍼졌다고 한다.

판소리 「심청가」 중 심 봉사 목욕하는 대목

딸 심청이가 아버지 심 봉사의 눈을 뜨게 하기 위해 공양미 3백 석에 몸을 바치는 슬픈 이야기, 판소리 「심청가(沈淸歌)」에서 심 봉사가 목욕하는 장면이 나온다.

심 봉사 좋아라. 심 봉사 좋아라고 물소리 듣고서
반길 제 상하 의복을 훨훨 벗어서.
시냇가에다 제쳐놓고, 물에 가 풍덩 들어서며.
에 시원허고 장이 좋다.

물 한 주먹 덜퍽 쥐어서 양치질도 퀼퀼 치고.

또 한 주먹을 덜퍽 쥐어 겨드랑이도 문지르며

에 시원하고 장이 좋다…….

등목

목욕탕과 에어컨이 없던 시
절 여름이면 우물가에서, 펌프
가에서, 수돗가에서 한국인 남
성은 몸을 씻고, 더위도 날리며
일석이조의 목욕/피서를 즐겼
다. 등목(또는 목물)은 윗도리를
벗고, 팔다리를 뻗고 엎드린 채
허리 위에서부터 목까지 물로

⬜ 인형작가 이승은, '엄마 어렸을 적엔' 시리즈 『엄마 손은 싫
어, 싫어』

씻어주는 간편 목욕법이다. 등목 역시 한국의 독특한 목욕 문화일 것이다.

미국 유명인사들 찜질방에 매료되다

코난 오브라이언, 조나스 브라더스 LA 한인 사우나 행차

인기 코미디언이자 TBS-TV 토크쇼 「코난(CONAN)」의 진행자 코난 오브라이언
은 2015년 2월 코리안아메리
칸 배우 스티븐 연(Steven Yeun)
과 LA의 한인 사우나 '위 스파
(Wi Spa)'를 찾았다. 코난 오브
라이언과 스티븐 연은 알몸으
로 냉탕과 열탕에 들어가고, 핫
사우나, 때밀이 서비스, 피자가

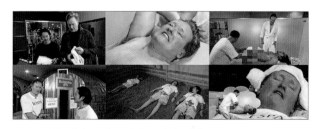

⬜ 스티븐 연과 코난 코리안 스파에 가다(Steven Yeun &
Conan Visit a Korean Spa – CONAN on TBS-TV, 유튜브 캡처)

구워 나올 듯한 213도 불가마, 217도의 황토방에 누웠다. 이후 수면방에서 오브라이언은 때 미는 고통의 악몽을 꾸었으며, 피날레로 트로트풍의 노래가 흘렀다.

스티븐 연(한국 이름 연상엽)은 1983년 서울에서 태어나 다섯 살 때 미국으로 이주, 미시간주 칼라마주대학교 심리학과를 졸업했다. AMC의 좀비 시리즈 「워킹 데드(The Walking Dead)」, 봉준호 감독의 「옥자(Okja)」, 이창동 감독의 「버닝(Burning)」, 리 아이작 정 감독의 「미나리(Minari)」 등에 출연했다. 그리고 「미나리」로 한국계 배우 최초로 아카데미상과 미국 배우조합(SAG)상 남우주연상 후보에 올랐다. 2023년 4월 넷플릭스 오리지널 시리즈 '성난 사람들(BEEF)'에서 도급업자 대니 조로 열연했다.

코난 오브라이언은 1963년 매사추세츠주 브루클린에서 태어나 하버드대학에서 역사와 문학을 전공했다. NBC-TV 「새터데이 나잇 라이브(SNL)」에 출연한 후 NBC에서 「레이트 나잇(Late Night)」(1993~2009), 「투나잇 쇼(The Tonight Show)」(2009~2010)에 이어 2010년부터 케이블 TV TBS의 토크쇼 「코난」을 진행해왔다.

2020년 1월 26일 제62회 그래미상 시상식(Grammy Awards)을 나흘 앞두고 미국 보이밴드 조나스 브라더스(Jonas Brothers)가 찾은 곳도 LA의 사우나 '위 스파'였다. 「CBS This Morning」의 진행자 게일 킹은 '그래미상 스페셜(Grammy Special)' 프로그램을 위해 조나스 브라더스 삼형제와 황토방에 누워서 인터뷰를 했다.

조(Joe) 조나스는 한국 사우나를 찾는 이유에 대해 "목소리를 따스하게 해준다", 닉(Nick) 조나스는 "2만여 명의 청중 앞에서 공연하기 때문에 미리 중심을 잡고 긴장을 푸는 것이 무척 중요하다"고 밝혔다. 이들은 2020 그래미상 최우수 팝 듀오/그룹 퍼

'조나스 브라더스 한국 찜질방에 가다.' 2020년 1월 미국 인기 보이밴드 조나스 브라더스가 그래미상 시상식을 앞두고 LA 위 스파에서 인터뷰를 했다.(사진: CBS This Morning 유튜브 캡처)

포먼스 후보에 올랐다.

뉴저지 와이코프 출신 삼형제 케빈, 조, 닉 조나스는 2005년 「It's About Time」으로 데뷔한 후 인기를 끌다가 2013년 해산했다. 2019년 2월 재결합, 「Happiness Begins」를 출반하며 활동을 재개했다. 2020 그래미상 시상식 공연 때 막내 닉 조나스의 치아 사이에 시금치가 끼어 소셜미디어에서 화제가 되기도 했다. 조나스 브라더스는 2009년 월드 투어에 K-팝 스타 원더걸스(Wonder Girls)를 오프닝 밴드로 초청해 2개월간 함께 투어했다.

키모라 리 시몬스, 베벌리힐스에 고급 한국식 사우나 오픈

〈할리우드 리포터〉지에 따르면, 이제 LA에서 알몸으로 때를 미는 것은 통과의례가 되었다. 한국계 모델이자 패션 사업가인 키모라 리 시몬스(Kimora Lee Simmons)는 한인 사우나의 인기가 치솟자 지난해 초 이를 벤치 모델로 파트너 안나 마르가랸(Anna Margaryan)과 함께 베벌리힐스에 고급 스파 '펠레퀴(Pellequr)'를 열었다.

할리우드 배우들을 대상으로 한 펠레퀴는 이탈리아산 대리석, 프랑스제 비시(Vichy) 샤워기(수직형)의 호화 인테리어와 장비를 갖추고 있으며, 이태리타월 한국식 때밀이 서비스도 물론 제공한다. 또한 불안감, 우울증, 여드름, 심장병, 통증 치료에 좋다는 CBD(Cannabidiol) 오일 세러피도 갖추었다. 이 스파에는 데미 무어, 안젤리카 휴스턴, 제시카 알바, 킴 카다시안이 즐겨 찾고 있는 것으로 알려졌다.

웹사이트에 따르면, 전신 때밀이(Full Body Scrub)는 테이블에 누워서 받을 수 있는 비시 샤워-한국 전통 전신 때밀이-마사지의 3단계를 서비스한다. "한국 전통의 전신 스크럽은 한국의 이태리타월을 사용해 테크니션이 당신의 죽은 피부세포와 불순물을 제거하며, 부드럽고, 활력있는 피부를 만들어준다. 효능: 피부결과 색감의 개선, 피부 보습, 흠집 제거, 스트레스 감소, 디톡스, 혈액순환, 림프 배수 피부"를 보장한다고 해설하고 있다. 가격은 75분에 215달러, 235달러다(2023년 5월 현재).

키모라 리 시몬스는 1975년 미조리주 세인트루이스에서 태어났다. 어머니는 한국계 일본인으로 알려졌다. 13세 때 샤넬의 모델로 활동을 시작했으며, 25세 때 패션 브랜드 베이비 팻(Baby Phat)을 설립, 사업가로 변신했다.

미국 언론 찜질방 대서특필

〈뉴욕타임스〉: 할러데이 디톡스, 찜질방의 매력

〈뉴욕타임스〉는 이미 2006년 12월 한국식 스파, 찜질방에 대해 대서특필했다. 〈뉴욕타임스〉는 「할러데이를 뜨겁게: 한국식 사우나의 매혹(Hot for the Holidays: The Lure of a Korean Sauna)」이라는 제목의 기사에서 뉴저지 팰리세이즈파크의 킹

꽃꽃 2006년 〈뉴욕타임스〉에 대서특필된 뉴저지의 킹 사우나

사우나(King Spa Sauna)를 소개했다. 킹 사우나 고객들은 뉴욕에서 코네티컷, 보스턴 그리고 멀리 토론토에서도 찾아오며, 한국인뿐 아니라 미국, 일본, 러시아계 등 다민족이라고 전했다.

남녀가 분리된 탕에서 모두가 알몸으로 연령대가 다른 여성들이 서로의 등을 비누로 닦아주는 광경은 고전 서양 회화에서 나오는 술 장면을 연상시킨다고 묘사했다. 특히 때밀이(Korean body scrub) 서비스에선 검은색 브래지어와 팬티 차림의 중년 여성('아줌마')이 온몸 구석구석의 각질을 제거해주는데, 델리의 닭고기 조각처럼 연약한 알몸 위에 브릴로(미국 수세미 브랜드) 같은 스크럽 패드(때장갑)를 휘두른다. 피부가 두루마리 종이처럼 벗겨지며 부드럽고 밝게 되지만, 민감한 사람을 위한 서비스는 아니라고 지적했다.

킹 사우나 내부는 남녀 공용 사우나와 여성 전용 사우나로 나누어져 있다면서 골드 피라미드 사우나(Gold Pyramid Sauna), 소금 사우나(Rock Salt Sauna), 쑥방(Mugwort room), 약초 사우나(Herbal Steam Sauna), 불한증막(Bul Hanzung Mak), 불가마(Bulgama Sauna) 등 각 테마별 사우나의 효능을 설명했다.

이와 함께 한국에서 열 치료법(thermotherapy), 세정, 피부 회춘의 효능이 있는 찜질방 요법의 전통은 오래전으로 거슬러 올라가며, 1600년경 의학서적 『동의보감(東醫寶鑑)』

에도 나온다고 설명했다.

〈뉴욕타임스〉는 2017년 다시 킹 사우나에 대해 보도했다. 「뉴저지의 한국 스파 사우나, 비빔밥, 고향의 맛 제공(A Korean Spa Offers Saunas, Bibimbap and a Taste of Home in New Jersey)」이라는 제목의 기사에서 한국엔 '도시에서의 미니 바캉스'로 불리는 찜질방이 1800여 개가 있다고 소개했다.

2003년 팰리세이즈파크에 문을 연 킹 사우나는 24시간 영업하며, 시카고와 댈러스에도 생겼다. 킹 스파는 올림픽 금메달리스트 마이클 펠프스(Michael Phelps)에 의해 잘 알려진 부항(cupping) 서비스도 있으며, 식당에서는 불고기, 비빔밥과 팥빙수 등 한식을 맛볼 수 있다고 전했다.

#〈보그〉, CNN, 〈뉴욕매거진〉 등 찜질방, 때밀이 찬사

패션 잡지 〈보그〉는 2015년 '전국 최고의 한국 스파 다섯 곳과 당신이 그곳으로 가야 하는 이유(The 5 Best Korean Spas Around the Country And Why You Should Go)'에서 미국 대도시의 베스트 한인 스파를 추천했다. LA의 위 스파(Wi Spa), 샌프란시스코의 임페리얼 스파(Imperial Spa), 뉴욕에선 플러싱의 뉴욕 스파 & 사우나(New York Spa & Sauna), 콜로라도주 덴버 인근 오로라의 하바나 헬스 스파(Havana Health Spa), 워싱턴주 린우드의 올림퍼스 스파(Olympus Spa)를 꼽았다.

또한 CNN은 2018년 '한국 때밀이 아줌마가 공개하는 비밀(Korean scrub mistress spills her secrets)'에서 외국인들도 중독되고 있는 때밀이 문화의 비밀을 소개했다. 이와 함께 CNN은 한국 사우나에서 명심해둘 것으로 #1. 샤워젤을 쓰지 말고, 비누를 사용하라. 때가 잘 벗겨진다, #2. 따뜻한 물에 때를 30분간 불려라, #3. 알몸이 되라, #4. 때를 밀 때 긴장하지 말 것, #5. 때 먼저 밀고, 나머지를 즐겨라, #6. 때는 일 주일에 한 번씩만 밀 것을 강조했다.

CNN, 〈보그〉, 〈뉴욕매거진〉 등의 한국 사우나와 이태리 타월 예찬 기사

한편, 〈뉴욕매거진(New York Magazine)〉은 2018년 '아기처럼 부드럽게 만들어주는 한국 스파의 때밀이 장갑(These Korean Spa Mitts Scrub Me to Baby Softness)'에서 새벽 3시에 LA 한인 스파/찜질방으로 간 체험을 전했다. 기자는 벌거벗고 탁자 위에 누워 머리 끝부터 발끝까지 전신 때밀이를 받았다면서, "잔인하며 단순한 녹색의 까슬까슬한 레이온 장갑을 사용하는 저렴한 세신 이후 죽은 피부의 조그마한 알약 같은 때가 주변에 떨어져 있지만, 피부가 부드러워지고, 유연한 천사처럼 된다. 이건 정말 역겨우면서도 영광스러운 체험"이라고 전했다.

평창 동계 올림픽을 앞두고 실린 한국 특집 기사에서는 이태리타월 외에도 기적적인 한국산(Made in Korea) 화장품(점토 마스크, 알로에 젤, 젤 클렌저, 폼 클렌저, 클린징 밤, 클린징 폼, 달팽이 크림, 비타민C 세럼, 애시드 세럼, 마스크팩, 달팽이 마스크팩, 오버나이트 마스크, 흑설탕 스크럽, 레몬 필링 젤, 여드름 파스)과 중독적인 스낵(초코파이, 자갈치, 바나나킥, 포도 봉봉, 허니버터 칩)도 소개했다.

한편, 온라인 매체 어니스틀리피트(Honestlyfit)는 2019년 "왜 한국 스파가 광채 나는 봄 피부의 비밀인가(Why Korean Spas Are The Secret to Glowing Spring Skin)"에서 #1. 때를 밀어라: 완벽한 봄 클리닝 의식으로 림프, 순환, 면역 강화 효능이 있다. #2. 항상 한국 스파로 갈 것. 소금 스크럽이나 기타 유럽 스파에 비하면 한국 스파의 때밀이는 달라도 정말 다르고, 훨씬 좋다고 소개했다. 그리고 뉴욕(Juvenex Spa), LA(Wi Spa/ Spa Palace), 샌프란시스코(Imperial Day Spa)의 한인 사우나를 추천했다.

#33 K-방역: 「기생충」, 「킹덤」과 코로나 팬데믹

우리는 봉준호의 디스토피아에 살고 있다 〈뉴욕타임스〉

"매사에 선을 딱 지켜. 내가 선을 넘는 사람들 제일 싫어하는데……."
「기생충」에서 박 사장(이선균 분)은 이렇게 선을 강조한다.

「기생충」은 한국의 빈부격차와 계급 갈등을 선과 계단으로 은유했다. 김씨(송강호 분) 가족은 박 사장 가족을 숙주(宿主, host: 기생충이나 균류 등이 기생하거나 공생하는 상대의 생물)로 살아가게 된다. 아들은 과외선생, 딸은 미술치료사, 아버지는 운전기사, 어머니는 가정부로 박 사장네 취직해서 기생한다. 기생충 가족 김씨 일가는 그 과정에서 역시 기생충족인 기존의 운전기사와 가정부에 누명을 씌워 쫓아낸다. 그리고 해고된 가정부가 김씨네 지하에 봉쇄된 남편의 기생을 요청하면서 파국을 맞는다.

바이러스는 증식할 생명체를 찾아 숙주의 몸에 침투, 번식, 전파하며, 돌연변이를 통해 진화, 전염력을 강화한다. 바이러스는 또한 숙주와 치열한 생존 게임을 벌인다. 〈뉴욕타임스〉의 영화비평가 A. O. 스콧은 코로나 팬데믹 전(2019년 10월 30일자) 「기생충」을 2019년 최고의 영화로 꼽으며 "우리는 봉준호의 디스토피아에 살고 있다(It's Bong Joon Ho's Dystopia. We Just Live in It.)"고 논평한 바 있다.

봉준호 감독의 「기생충」은 코로나 팬데믹을 예견한 것일까? 팬데믹 속에서 세계는 봉준호의 초현실주의적인 두뇌 속을 헤매고 있는 것 같다. '코로나19'라는 「괴물(The Host)」(2006)을 맞아 지구촌 사람들은 부르주아/프롤레타리아로 나뉘어 「설국열차(Snowpiercer)」(2013)에 실려 가고 있는 것처럼 느껴진다.

인도의 웹진 '와이어 사이언스(https://science.thewire.in)'는 「기생충」과 코로나 팬데믹의 관계를 탐구한 칼럼 「봉준호의 '기생충'은 코로나19 팬데믹의 전조(In Bong Joon-ho's 'Parasite', Premonitions of the COVID-19 Pandemic)」를 실었다. 이 칼럼은 자본주의 착취 구조와 뿌리 깊은 사회계층을 다룬 영화 「기생충」에서 엘리트 계급인 박 사장 가족과 프롤레타리아 계급인 김씨 가족의 공생적 관계가 폭우로 인해 상징적으로 해체된다고 분석했다. 자연재해인 폭우는 김씨 가족의 반지하방을 범람시키지만, 하늘에 더 가까이 사는 박 사장네에는 장난치며 놀 수 있는 기회다. 코로나 팬데믹은 대부분 국가의 사회구조에 돌이킬 수 없는 쐐기를 박았고, 건강과 사회경제적인 폐해는 수년간 우리를 괴롭힐 재앙을 촉발했다고 지적한다.

이 칼럼은 그뿐만 아니라 "팬데믹은 사회적 불의, 위선, 인종차별, 엘리트주의와 정부의 무능을 드러냈다"고 주장했다. 영화 「기생충」과 마찬가지로 팬데믹은 엘리트와 비엘리트층에 다른 체험을 가져다주었다. 봉쇄(lockdown)는 통근 필요가 없는 이들에게는 위안이었다. 하지만 빈곤층은 마스크 등 방역 장비를 살 수 없었고, 일터에 나갈 수도 없었고, 식품을 살 여유도 없었다. 봉쇄령 후 부유층은 방종하게 변한 반면, 재정 위기는 노숙자, 빈곤층 및 일용직 실업자들을 습격했다. "코로나 팬데믹과 「기생충」은 가진 자와 가지지 못한 자의 격차를 떠올리게 한다. 가지지 못한 자는 기생적 경제체제, 정치-관료적 이기심과 뿌리 깊은 계급 및 인종차별에 착취당하기 쉽다"고 강조했다.

「킹덤」은 오늘 코로나 팬데믹의 악몽 같다 _〈뉴욕매거진〉

코로나 팬데믹이 한창이던 2020년 7월 〈뉴욕매거진〉의 영화비평가 맷 졸러 자이츠(Matt Zoller Seitz)는 「킹덤'은 지금의 악몽처럼 느껴진다(Kingdom Feels Like a Nightmare of Now)」는 제목의 칼럼에서 넷플릭스의 한국산 사극 「킹덤(Kingdom)」(2019)과 코로나 팬데믹의 연관성을 지목했다. 2019년 1월 넷플릭스에서 방영된 「킹덤」(김은희 각본, 김성훈/박인제 연출)은 조선시대를 배경으로 죽었던 왕이 살아나자 반역자로 몰린 세자 이창(주지훈 분)과 의녀 서비(배두나)가 좀비 역병을 해결하기 위해 사투를 벌이는 좀비 미스터리 스릴러다.

자이츠는 "아주 새롭기 때문에 아무도 이해하지 못하고 있는 전염병에 감염된 나라, 정치적인 혼란에 휩싸여 있는 나라를 상상해보라. 그 통치자는 치매 걸린 노인이며, 그의 부하들은 자신들의 목표를 위해 지도자의 쇠락을 위장하고 있다. 시민들은 서로 등지며 살고 있고, 의학 전문가들은 그 전염병을 연구하려고 과학적 방법을 사용하고 있으며, 그 최신의 결과물은 정부의 모든 계층에 보고해야 한다. 그들은 무관심, 어리석음, 적나라한 이기심과 상류층에 대한 갈망에 맞춘다. 사태는 갈수록 악화되고 있다. 사체는 늘어나고, 끝이 보이지 않는다"며 이것이 16세기 조선을 배경으로 한 한국산 좀비 드라마 시리즈 「킹덤」의 세계라고 설명한다.

「킹덤」을 보는 것은 으스스한 경험이었다고 자이츠는 고백했다. 그는 "미래를 예견한 작품 같은 「킹덤」은 템포가 빠른 시대극이자 호러 서사극으로 2020년 코로나 팬데믹 대책에 실패한 (특히 미국을) 경멸스러운 아이러니와 잔혹한 유머로 반영하는 듯하며, 5분 전 읽은 기사 제목처럼 보인다"고 썼다. 그리고 "「킹덤」은 정치인들의 이기심과 뻔뻔함이 없었더라면 봉쇄될 수 있었던 팬데믹에 관한 이야기로 진짜 악당들은 국민을 보호하는 데 실패한 당국의 인물들"이라고 지목했다.

자이츠는 또한 "「킹덤」을 돋보이게 하는 것은 무시무시한 예견"이라고 밝혔다. 그는 이어 "모든 좀비 이야기처럼 질병으로 붕괴된 사회의 도덕성에 관한 것이다. 그리고 감염되지 않은 사람들이 사랑하는 사람들의 생존과 문명 전체, 또는 자신의 이익을 보호하기 위한 선택들에 관한 것이다. 하지만 표준적인 악귀 영화의 요소는 정치적 풍자와 인간 혐오적인 유머에 의해 짜이며, 우리는 전염병 이야기가 관리들의 부패, 무능함과 과학에 경청하기를 거부하는 것에 의해 악화된다는 것을 알게 된다"고 분석했다.

「킹덤」은 전염병에 반응하는 사람들의 이야기

2020년 4월 〈할리우드 리포터〉지는 「킹덤」의 김은희 작가, 「킹덤 2」의 연출가 박인제 연출가의 인터뷰 "한국 좀비 드라마 「킹덤」의 작가와 연출가 글로벌 대응과 코

Writer, Director of South Korean Zombie Drama 'Kingdom' on Global Response and Coronavirus Parallels

When season two of Netflix's South Korean zombie drama was released two days after the World Health Organization officially recognized the novel coronavirus as a pandemic, a series about a mysterious disease spreading rapidly through an unsuspecting populace as government officials hid the terrible truth became slightly less escapist.

〈뉴욕매거진〉과 〈할리우드 리포터〉지에 실린 「킹덤」

로나바이러스 병행에 관하여 (Writer, Director of South Korean Zombie Drama 'Kingdom' on Global Response and Coronavirus Parallels)"를 실었다.

김은희 작가는 「킹덤」이 현 상황과 비교되는 것은 좋든 나쁘든 간에 불가피하다고 생각한다. 「킹덤」 시리즈는 창작자의 와일드한 상상력의 결과이지만, 전염병이 이 시리즈처럼 통제되기를 바란다"고 밝혔다. 또한 "「킹덤」은 전염병 자체보다도 그것에 반응하는 사람들에게 좀 더 초점을 맞추려 했다. 어떤 이들은 전염병과 싸우고, 어떤 이들은 포기하고, 어떤 이들은 권력을 얻으려고 전염병을 이용한다. 시청자들이 등장인물들에 더 집중한다면, 전염병에 대한 두려움을 완화할 수 있을 것"이라고 말했다.

김 작가는 "「킹덤」의 대본을 집필하는 동안 사무실 화이트보드에 '정치란 무엇인가?'란 문구가 적혀 있었다. 그 질문에 대해 작가가 질문하고 싶었던 것은 '알 수 없는 질병으로 위기가 닥쳐왔을 때 국민을 진정으로 생각하는 올바른 지도자는 누구인가?'였다"면서 "개인적으로 한국 정부, 질병관리본부와 의료인들이 훌륭하게 대처했다고 생각한다"고 밝혔다.

세계 언론 K-방역 성공 찬사: 개방성, 투명성, 신속한 대응

〈뉴욕타임스〉는 2020년 4월 '한국이 (코로나바이러스 감염) 곡선을 편편하게 만든 방법(How South Korea Flattened the Curve)'에서 경제를 봉쇄하지 않고, 코로나바이러스를 억제한 비결을 해설하면서 교훈 네 가지를 거론했다. 교훈 #1은 위기가 닥치기 전에 개

〈뉴욕타임스〉, 〈월스트리트저널〉, 〈워싱턴포스트〉 등 미국 언론은 한국의 코로나19 조기 방역 성공에 일제히 찬사를 보냈다.

입하기, 교훈 #2는 조기, 자주, 안전한 테스트하기, 교훈 #3은 접촉자 추적, 격리 및 감시, 교훈 #4로는 대중의 협조를 꼽았다.

이와 함께 스콧 고틀립 전 미국 식품의약국(FDA) 국장은 트위터에 "한국은 코로나 19를 현명하고, 공격적인 공중보건책으로 이길 수 있다는 것을 보여주고 있다"고 올리면서 반복적으로 한국을 모범국으로 거론했다고 〈뉴욕타임스〉는 전했다. 그리고 한국인들은 유럽인들이나 미국인들과는 달리 2015년 중동호흡기증후군(Middle East Respiratory Syndrome, MERS)으로 38명이 사망한 후 코로나19를 국가 비상사태로 다룰 준비를 갖추고 있었다고 해설했다.

〈워싱턴포스트〉의 칼럼니스트 조시 로긴은 2020년 3월 오피니언 칼럼 「한국은 민주주의가 코로나바이러스에 대응해 성공할 수 있다는 것을 보여준다(South Korea shows that democracies can succeed against the coronavirus)」에서 일부 논평가들이 중국의 코로나19 대응이 권위적인 통치와 위기관리 경영의 우수성을 입증한다고 논쟁하지만, 실제로 민주주의가 공중보건을 보호하는 데 훨씬 적합하다고 밝혔다. 그 예로 한국을 들며, 중국의 권위적이며 폐쇄적인 대응책과는 달리 한국은 교육, 투명성 및 자발적인 시민 사회 참여로 성공했다고 강조했다.

로긴은 중국의 코로나바이러스 대응을 논할 때 두 가지 명백한 문제가 있다면서 첫째, 중국의 발표를 받아들이려면 거대한 맹신(盲信)이 필요하며, 둘째는 중국의 대응을 승리로 칭송하는 것은 수개월간의 부인, 은폐 및 실수를 무시하는 것이라고 주장했다. 이 모든 것이 바이러스가 세계로 퍼지는 데 중요한 역할을 했다고 지적했다. 반면, 한국은 바이러스에 대한 가장 효과적인 무기인 신속한 테스트를 확장했다. 한국의 시민사회는 자발적으로 참가해 주요 행사는 취소되고, 교회 예배는 온라인으로 이동했으며, 정부는 확진자 다발 도시 대구 전체를 감옥으로 만들지 않으면서 국민들에게 멀리 떨어지라고 설득했다고 설명했다.

또한 해외 코로나 확산을 예방하기 위해 인천국제공항에 출국자 3단계 방역망을 도입하는 등 한국은 왜곡과 혼란의 중국 방식이 아니라 투명성과 개방성에 초점을 맞추었다고 강조했다. 그리고 한국의 대응은 비판과 검토에 열려 있기 때문에 더 강력하며, 이 때문에 한국의 경제 상황은 공중보건책과 함께 신속하게 개선될 여지가 높다고 분석했다.

〈월스트리트저널〉은 그해 9월 「한국은 어떻게 코로나바이러스를 성공적으로 대응했나(How South Korea Successfully Managed Coronavirus)」에서 방역 비결을 조명했다. 그 해법은 "간단하고, 유연하며 상대적으로 따라하기 쉽다"고 해설했다. 한국은 팬데믹 초기에 어느 부유국보다도 훨씬 잘 바이러스 감염을 막아냈다. UN 보고서에 따르면, 미국과 영국보다 두 배 효율적으로 감염을 차단했으며, 한국의 2020년 경제성장률은 전년 대비 겨우 0.8퍼센트 하락할 것으로 전망되어 OECD(경제협력개발기구) 회원국 중 최고의 수치를 보여주고 있다고 전했다.

그리고 한국의 코로나 방역 성공의 비결은 기술과 검사의 조합, 중앙집중식 통제와 소통 방식 및 실패에 대한 지속적인 불안감이라고 분석했다. 코로나 발병 초기 한국의 검사진단키트의 신속한 승인, 상대적으로 여유로운 재력, 그리고 '초연결성(Hyper-connectivity, 네트워크로 사람, 데이터, 사물 등 모든 것이 유기적으로 연결됨)' 및 지역주민 감염자 알람 체계가 주효했으며, 초기 마스크 공급 위기 때는 정부가 마스크 생산을 주도했다고 설명했다.

또한 바이러스 전문가가 정부 정책 브리핑 연단에 서서 종종 재난을 경고했으며,

국민 거의 모두가 마스크를 착용했고, 확진자는 증세와 무관하게 병원이나 정부가 운영하는 기숙사 시설에 격리되었고, 모든 치료는 무료라고 전했다. 그 결과 한국은 한 번도 봉쇄를 강요하지 않았으며, 식당과 사업체들은 영업을 지속할 수 있었다는 것이다. 데일 피셔 세계보건기구(WHO) 글로벌 발병대응 의장은 "어떤 나라도 한국처럼 이 바이러스와 함께 살아가고, 억제하는 데 적응하지 못했다"고 밝혔다.

한편, 영국의 BBC 뉴스는 2020년 3월 「코비드-19: 위기에 무엇이 위대한 지도자를 만드나?(Covid-19: What makes a good leader during a crisis?)」라는 제목의 기사에서 문재인 대통령의 리더십을 윈스턴 처칠(Winston Churchill, 1874~1965) 영국 전 총리에 비유했다. BBC는 "한국의 신속한 대응이 뛰어난 위기관리 능력을 보여주는 본보기가 되었다"고 평가했다. 한국은 코로나19 발병 전부터 검사 도구를 비축, 발병 후 하루에 1만 명씩 테스트를 하고, 상황을 시민에게 긴급문자로 전송해 알렸다. 한국민은 발병 초기부터 전시 사태로 받아들였으며, 문재인 대통령은 투명하고, 일관된 메시지로 신뢰감을 보였다. 이 때문에 한국민은 공황 상태를 보이지 않았으며, 사재기도 거의 없었다고 전했다.

독일의 주간지 〈슈피겔(Der Spiegel)〉도 3월 「온 나라를 테스트하다(Ein Land wird getestet/ A Country is Being Tested)」라는 제목의 기사에서 "한국만큼 코로나 전염병에 잘 대비하는 나라가 없다. ……드라이브 스루 검사가 무료로 진행되고 있으며, 다른 나라보다 훨씬 빠른 속도로 검사가 진행된다"고 보도했다. 프랑스의 일간지 〈르 피가로(Le Figaro)〉도 연달아 한국의 대규모 코로나19 검사에 대해 분석하면서 "산업계 동원과 대규모 사회적 투자로 훌륭한 시스템을 구축한 결과 감염 위험이 있다고 판단된 모든 이에게 무료 검사가 진행된다"고 전했다. 또한 미국의 정치 전문지 〈더 네이션(The Nation)〉은 「어떻게 한국은 팬데믹에 승리했고, 미국은 허우적거렸나(How South Korea Triumphed, and the US Floundered, Over the Pandemic)」라는 제목에서 "한국은 검사, 국가 보건체계와 투명성으로 성공했다"고 분석했다.

한국인의 취미는 국난 극복

"국민 여러분! 민방위 본부에서 알려드립니다!"

한국은 1970~1980년대 매월 15일 '민방위의 날' 오후 2시 사이렌 소리에 맞추어 30분간 민방위 훈련을 했다. 학교에서는 수업 도중 책상 밑으로 숨는 훈련을 반복했다.

한국은 지형적으로 반도국이라는 운명으로 끊임없이 중국과 일본의 침략 공세에 시달려왔다. 한국 정부는 6·25전쟁이 발발한 이듬해 1월 민방공본부를 창설했으며, 1972년부터 매월 15일을 '방공 소방의 날'로 지정해 전쟁과 각종 재해에 대비, 대처하기 위한 민방공 훈련을 실시했다. 그리고 베트남의 공산화 후 1975년 민방위대가 창설되어 20~40세 일반 남성과 자원 여성들로 구성되어 훈련을 받았다. 늘 전쟁의 위협 속에서 살아온 우리 민족은 위기에 대처하는 DNA가 내재해 있다.

2020년 3월 코로나19 공조 방안 모색을 위한 G20 특별화상 정상회의(Video Conference)가 긴급으로 열렸을 때 〈워싱턴포스트〉를 비롯해 미국의 ABC 뉴스, 폭스 뉴스 등은 AP의 기사에 문재인 대통령이 청와대 집무실에서 세계 정상들의 화상을 보고 있는 사진을 선택했다. 한국이 코로나19 방역의 '롤 모델'로 부상한 것을 공인하는 보도였다. 그로부터 1주일 후 세계 121개국이 한국에 코로나19 검진 원조를 요청했다.

코로나19 창궐은 한국이 '위기'를 '기회'로 바뀌게 된 재해였다. 반전의 극적인 시나리오에 해피 엔딩으로 끝나는 재난 영화라고나 할까. 한국은 코로나 팬데믹을 K-방역(K-quarantine)의 3T(Test/검사, Trace/추적, Treat/치료)로 성공을 거두었다. 한국의 코로나19 방역은 국제사회의 모델이 되었다. 국제표준화기구(International Organization for Standardization, ISO)는 한국 주도로 감염

The G20 video call: In virus era, even summits are virtual

The face-to-face tension among foes was gone

By TAMER FAKAHANY Associated Press
March 26, 2020, 11:40 AM

abcNEWS

In this photo provided by South Korea Presidential Blue House via Yonhap News Agency, South Korean President Moon Jae-in attends G-20 virtual summit to discuss the coronavirus disease outbreak... **Show more**

The Associated Press

2020년 3월 26일 G20 화상회의에서 문재인 대통령(ABC-News)

병 대응 국제표준화를 전담할 조직을 신설했다.

코로나 팬데믹으로 한국은 K-방역뿐만 아니라 대통령의 리더십과 훌륭한 시민 의식을 세계만방에 입증하게 되었다. 누군가 말했다. "한국인의 취미는 국난 극복이다."

2020 '타임 100' 봉준호와 정은경 선정

봉준호 감독은 2020년 2월 9일 「기생충(Parasite)」으로 제92회 아카데미상 시상식에서 최우수 작품상, 감독상, 각본상 및 국제극영화상까지 4개 부문을 휩쓸었다. 미국인 시청자 1040여만 명이 한국 영화가 오스카 4관왕을 석권하는 장면을 지켜보았다. 그로부터 1개월 후, 3월 12일 코로나19 바이러스(COVID-19) 팬데믹으로 뉴욕의 문화공연기관이 일제히 봉쇄에 들어갔다. 브로드웨이, 링컨센터, 카네기

주간 〈타임〉의 2020 '세계에서 가장 영향력 있는 100인'에 선정된 정은경 질병관리청장과 봉준호 감독

홀, 메트로폴리탄 미술관, 뉴욕 현대미술관 등은 문을 닫았고, '세계의 심장부' 타임스퀘어는 관광객이 보이지 않는 황량한 광장으로 바뀌었다. 경제, 사회 그리고 일상생활까지 올스톱, 동결되었다. 사람들은 코로나19 바이러스와 싸우면서 '사회적 거리두기-6피트 선'을 넘지 않기 위해 안간힘을 썼다. 봉준호 감독이 코로나 팬데믹 전에 "사람과 사람 사이에 선을 넘지 말아야 한다"는 것을 이 세상 사람들에게 예고한 셈이 되었다.

코로나 팬데믹으로 지구촌이 휘청거리던 그해 9월 주간 〈타임〉지는 '세계에서 가장 영향력 있는 100인(The 100 Most Influential People of 2020)'에 봉준호 감독과 정은경 한국 질병관리청장을 선정했다. 정은경 청장이 앤서니 파우치(Anthony Fauci) 미국립알레르

기전염병 연구소장과 나란히 100인에 오른 것이다. 정은경 청장의 인물평은 문재인 대통령이 기고했다.

　문 대통령은 "코로나19 팬데믹에 대한 한국의 대응은 세계적인 본보기가 되었습니다. 한국 질병관리청장 정은경 박사는 개방성, 투명성, 민주주의 원칙을 바탕으로 국민과 진솔하게 소통함으로써 한국의 방역을 성공으로 이끌었습니다. ……한국에서 첫 코로나19 확진자가 나왔을 때 정 청장은 국민 앞에 섰습니다. 그 후로 그는 매일 개인적으로 브리핑을 열고 확진자 수치, 감염 경로, 검사, 검역 및 치료의 최신 수치 등 업데이트 정보를 투명하게 공개했습니다. 이에 국민들은 마스크 착용, 손 자주 씻기, 사회적 거리두기 등 개인적 위생 수칙을 자발적으로 준수함으로써 연대와 협력의 힘을 보여주었습니다"라고 평했다.

멋진 신세계,
한류 신드롬은 계속된다

지금은 맞고, 그때는 틀리다

7080세대인 필자는 10대에 가요보다 팝송을 더 자주 들었다. FM 라디오 김기덕의 「2시의 데이트」, 김광한의 「팝스 다이얼」, 김자영의 「세계의 유행 음악」 등의 애청자였다. 88 서울올림픽을 즈음해 연예/종합잡지에서 일하면서 「담다디」의 이상은 씨와 제주도에 영상집을 촬영하러 갔고, 이선희 씨와 소방차는 집으로 찾아가 인터뷰했다. 김완선, 박남정, 김창완, 이정선, 김현식, 신촌블루스, 봄여름가을겨울, 최민수, 김민종, 변우민, 이정재, 이규형 감독, 홍콩 스타 왕조현 등을 취재했다.

그즈음 LA 유학 후 귀국해 카페를 차린 가수 이수만 씨(현 SM엔터테인먼트 대표)를 송도 카페로 찾아가서 인터뷰했고, 뉴욕에서 귀국한 송승환 씨 결혼식을 취재할 기회가 있었다. 무명 시절의 고(故) 최진실 씨를 병원에서 만났고, 우리 편집장은 그녀를 표지 모델로 발탁했다. 곽재용 감독의 「비 오는 날 수채화」 촬영장에 취재 갔을 때 박찬욱 감독이 조감독으로 뛰고 있었다. 홍상수 감독이 TV PD(시네텔 서울-작가와 화제작)로 일할 때 만난 적이 있다. 병신춤의 공옥진(1931~2012) 님과 김동길 교수님 인터뷰도 기억이 난다.

서울올림픽을 계기로 국민적 자부심이 고양되면서 라디오 프로그램에 지각변동이 일어났다. 팝송 프로그램들이 하나둘씩 폐지되고, 가요 프로그램으로 대체되었다. 작곡가 이영훈과 가수 이문세의 명반 5집(「붉은 노을」, 「가로수 그늘 아래 서면」, 「광화문 연가」)이 한 시대를 풍미했다. 1989년 「달마가 동쪽으로 간 까닭은」의 배용균 감독(당시 대구 효성여대 서양화과 교수)이 제작, 각본, 촬영, 조명, 미술, 편집까지 맡아 로카르노 국제영화제 금표범상을 수상해 주눅 들어 있었던 충무로가 떠들썩했다. 지금은 칸영화제 수상에도 무심할 정도로 한인들의 국제영화제 수상에 상당히 익숙해졌지만……. 1990년 이어령 교수가 초대 문화부 장관으로 부임했고, 이듬해엔 '서태지와 아이들'이 「난 알아요」로 데뷔했다.

1996년엔 서태지와 아이들이 은퇴를 발표했고, 최초의 K-팝 그룹 H.O.T.가 데뷔했다. 한국 영화 사전심의(검열)가 폐지되었고, 제1회 부산국제영화제가 시작되었다. 홍상수 감독은 「돼지가 우물에 빠진 날」, 고 김기덕 감독이 「악어」로 데뷔한 해였다.

우디 앨런 영화 속의 뉴욕을 선망했던 필자는 1996년 1월, 1년간 살아보기로 마음 먹고 뉴욕에 왔다. 컬럼비아대학교 어학 코스(ESL)를 몇 개월 다녔지만 영어도 늘지 않았고, 나이 서른 넘어서 '철수와 영희' 수준의 내용을 배우는 것 같아 스스로 한심했다. 한국에서 영화를 공부했으니, 컬럼비아 대학원에서 '아랍-아프리카 영화' 수업을 청강해보았다. 뉴욕영화제의 집행위원장이었던 리처드 페냐 교수가 가르쳤다. 연예 잡지사에서 일했기에 미국의 연예 산업은 어떨까 궁금해졌다. 영어는 서툴렀지만, 버룩 칼리지(Baruch College)에서 '엔터테인먼트 비즈니스' 강의를 듣게 되었다. 뮤지션을 발굴하는 레코드 회사 A&R(Artists and Repertoire) 임원들의 비화를 알게 된 'Music Promotion', 저작권/트레이드마크 법률을 배운 'Entertainment Law', '시나리오 작법

미국자연사박물관 한국 진열장, 2021(사진: Sukie Park/NYCultureBeat)

490

(Scenario Writing)' 등 몇 과목을 수강했다.

'음악 비즈니스(Music Business)' 강의에서는 강사가 두껍지만, 쉽게 쓰인 책 『This Business of Music』과 〈빌보드(Billboard)〉 잡지를 교재로 썼다. 강사의 말 중에서 기억 나는 것은 "연간 출시되는 뮤지션들의 CD 중 5퍼센트만이 성공하고, 나머지는 버려 진다"는 놀라운 사실이었다. 그때는 한국 가요가 빌보드 차트에 오르리라고는 감히 상상조차 못 했다. 그후 싸이, BTS가 미국 TV 모닝쇼, 심야 토크쇼에 나오고, 타임 스퀘어에서 공연하는 모습을 보는 것은 초현실적인 광경이었다. 믿을 수 없어서 "꿈 이야, 생시냐!" 팔을 꼬집어보고 싶을 정도였다.

뉴욕에 온 첫해 어느 날 센트럴파크웨스트의 미국자연사박물관(American Museum of Natural History)을 둘러보았다. 초대형의 공룡 화석에서부터 호랑이, 곰 등 포유류의 디 오라마(diorama, 입체의 소형 모형으로 제작된 실경實景), 나비관, 조류관, 양서류관, 진화관, 운석관 등 인류의 기원과 경이로운 생물체, 광물체가 즐비했다. 다시 태어나면 생물 학을 공부해보고 싶게 만들 정도의 어마어마하고 멋진 박물관이었다. 미국이 부러웠 다. 과학 외에도 유럽홀은 없지만, 아시아, 아프리카, 아메리칸 인디언홀이 설치되어 있었다. 그중 아시아민족관(Hall of Asian Peoples)엔 한국 진열장도 보였다. 조선시대 사 랑방에서 책 읽는 양반과 바느질하는 부인을 묘사한 마네킹에 고가구, 장신구, 미술 품으로 꾸민 자그마한 진열장이었다.

당시 민속촌처럼 꾸며진 한국 진열장 앞은 관람객도 없이 한산하고, 처량했다. 서 울올림픽을 성공적으로 치르고 자부심이 치솟은 '코리아(KOREA)'가 조선시대 19세 기 양반과 부인의 일상 모습으로 대표되는 것에 거부감이 일었다. 미국/서양의 제국 주의 시각에서 바라본 타자(other)/식민지 격인 인디언 원주민/아시안/아프리칸의 전 시실은 문명보다는 자연/미개, 후진국으로 뭉뚱그려진 분류라는 생각에 불쾌해졌 다. 대한민국은 자동차 생산국이자 태권도의 나라이며 고려청자, 백남준, 정경화, 사 라 장도 있지 않던가? 그런데 '한국의 자부심'을 나열하기엔 열 손가락도 필요 없었 다. 한국은 여전히 분단국이었고, 힘없는 나라였다. 그즈음 뉴욕의 숍에서 종종 발견 한 'Made in Korea' 상품들은 지금의 'Made in China'만큼이나 조악해 보였다.

그로부터 4반세기가 흘렀다. 코로나 팬데믹으로 마스크 착용이 일상화한 2021년 가을, 오랜만에 자연사박물관으로 갔다. 다시 한국 진열장으로 향했다. 25년 전보다 여러 관람객이 한국관 앞에 멈춰 있었다. 한 젊은 남성은 오랫동안 한국 민속품들을 꼼꼼하게 살펴보았고, 젊은 여성 셋은 전시품을 보며 나직하게 속삭였다. BTS, 블랙핑크, 「기생충」, 「킹덤」, K-푸드, K-화장품 등으로 지구촌에 높은 파고를 몰고 온 한류 영향일 것이다.

필자도 다시 한국 진열장을 들여다보았다. 25년 전엔 민속촌풍의 전시물 같았는데, 2021년의 진열장은 새롭게 보였다. 세계 문화에 거대한 물결을 불러일으킨 한류의 기원, 잠재성과 한국인의 정체성을 생각하게 만들었다.

왼쪽의 정자관(程子冠)을 쓴 양반이 사랑방에 앉아서 『맹자(孟子, Mencius)』를 읽고 있다. 넷플릭스 사극 「킹덤」으로 소셜미디어에서 'Oh My Gat!' 선풍을 일으켰고, '조선은 모자의 나라'라고 칭송했다. 양반이 읽고 있는 『맹자』는 세종대왕의 '훈민정음' 창제 이후 한글로 번역된 본으로 한자와 함께 쓰여 있다. 위대한 언어 한글과 함께 한국인의 뿌리 깊은 교육열을 시사한다. 오늘날 「기생충」과 「오징어 게임」, 단색화 등 영화, 드라마, 미술 등에서도 사회의식이 담겨 있으며, 주제를 강조하는 것도 이 학구열에서 기인할 것이다.

약 2천 년 이상의 역사를 보유한 한국의 온돌문화(溫突文化, Ondol-Underfloor Heating, 2018년 국가무형문화재 제135호)는 뉴욕 구겐하임 미술관 건축가 프랭크 로이드 라이트(Frank Lloyd Wright, 1867~1959)에게 영향을 주었다고 한다. 고려대학교 건축과 김현섭 교수에 따르면, 라이트는 1936년 위스콘신주 매디슨의 제이콥스 하우스(Herbert and Katherine Jacobs First House)에 온돌방의 원리를 적용해 설계했다. 라이트는 1914년부터 임페리얼호텔 건축을 위해 도쿄를 방문했을 때 한국 온돌을 체험했으며, 이에 매료되어 제이콥스 하우스에 바닥 난방을 도입한 것으로 알려졌다. 『한국 온돌의 역사』(2019)를 집필한 서울대학교 사학과 송기호 교수는 한민족을 "백의민족 대신 온돌민족이라 불러야 한다"고 제안했다.

오른쪽의 양반 부인은 안방(규방閨房)에서 단아한 쪽머리에 한복 입고 앉아 방금 바느질을 마친 듯 옷을 다듬는 모습이다. 옆에는 인두 화로가 놓여 있고, 뒤의 이층 농 위엔 태극무늬 상자가 올려져 있다. 조선시대 양반집 여인들은 규방에서 자수, 매듭, 그리고 조각보 등 규방 문화를 발전시켰다. 쇠젓가락을 사용한 우리 조상의 솜씨와 매무새는 오늘날 기능올림픽, 네일살롱, K-뷰티, K-패션에서 골프 재패까지 이어지지 않았나?

그리고 미국 내 한인 이민자들은 세탁업에서 성공을 거두었으며, 장인정신이 담긴 농기구 호미는 아마존의 베스트셀러가 되었다. 또한 오방색(五方色, 파랑, 하양, 빨강, 검정, 노랑)의 한복과 상자는 우리 민족이 심미적 감각을 갖고 있을 뿐만 아니라 의미와 상징을 중시하는 것을 보여준다. 세계에서 태극기처럼 심오한 철학과 세련된 디자인의 국기(national flag)가 있을까? 한식에도 오방색이 조화를 이룬다.

이렇게 한류 열풍 속에서 다시 본 자연사박물관의 한국관은 단순한 문화인류학적 진열품에서 벗어나 한민족의 풍부한 문화유산의 진수를 소개한 것처럼 새로 보였다. 홍상수 감독 영화의 제목 「지금은맞고그때는틀리다(Right Now, Wrong Then)」처럼.

뉴욕 생활 초기의 어느 날, 록펠러센터 인근의 일본서점 기노쿠니아(Kinokuniya)에서 책 한 권이 눈에 띄었다. 탈, 금동불상, 짚신, 수저, 자수 베갯모가 담긴 표지에 『Things Korean(한국적인 사물들)』이라는 제목의 화보집이었다. 뉴욕 서점에서 한국적인 것이 귀했던 때라 반가웠다. 'O-Young Lee'라는 저자 이름이 누굴까 했는데, 이어령 교수였다. 대학 시절 국문과 수업을 청강할 때 자리가 없어서 문가에서 그분의 웅변 같은 강의를 들었다. 인기 교수님이셨고, 훗날 초대 문화부 장관을 지내셨다.

그날 『Things Korean』을 사가지고 왔다. 갓, 호미, 다듬이, 맷돌, 버선, 보자기, 비녀, 엽전, 옻, 장독대, 장승, 지게, 창호지, 태극, 한글, 항아리 등 한국 전통문화 소품을 해설한 책이다. 아직 한국에 대한 향수를 느낄 만큼 미국에 오래 살지는 않아서였을까. 그 책을 대충 본 후 조그만 스튜디오 구석에 두었

🎞 『Things Korean』 이어령 지음, 존 홀스타인 옮김(1994, Charles E. Tuttle Company, 왼쪽)/ 이어령, 『한국인 이야기: 넌 어디에서 왔니』, 2020, 파람북

다. 그리고 이사하면서 책을 브루클린 창고에 보관했다. 어느 날 그 창고가 물에 잠겼고, 『Thing Korean』은 빗물에 젖어 얼룩으로 번져 있었다. 책은 쓰레기통으로 들어갔다.

팬데믹이 시작된 후 한류 시리즈를 쓰면서 종종 『Things Korean』이 떠올랐다. 이어령 교수가 일상에서 찾아낸 우리의 보물들, 보자기와 젓가락 철학, 그의 통찰력이 새삼 놀라웠다. 문화부 장관 시절 한국예술종합학교를 구상했고, 오늘날 수많은 무용원, 음악원 인재들이 세계 무대에서 빛을 발하고 있지 않나? 이어령 교수야말로 한류의 토양을 닦으신 우리 시대의 지성이셨고, 현인이셨다.

이어령 교수는 「한류 33 코드 시리즈」를 계속 쓸 수 있도록 에너지를 주신 분이었다. 2022년 2월 이 교수가 세상을 떠나셨다. 그 후 잃어버린 『Things Korean』을 구하기 위해 아마존을 검색하니 딱 한 권 중고 책이 올라 있었다. 바로 주문했다. 그 책을 다시 갖게 되어 기뻤다. 누군가의 집에서 담배 냄새가 짙게 배어 있는 책이라 긴 시간 햇볕을 쬐었다. 이제 한 줄 한 줄 음미하면서 읽어봐야겠다고 다짐했다.

『Things Korean』은 오손 웰스 감독의 영화 「시민 케인(Citizen Kane)」(1941)에 나오는 '로즈버드(Rosebud)'처럼 느껴졌다. 로즈버드는 신문 왕 케인이 어릴 적 놀던 썰매 상표로, 잃어버린 어린 시절 어머니의 사랑을 상징한다. 1996년 뉴욕에 온 후 미국에 대한 부러움과 한국인으로서 낮은 자존감에 사로잡혔던 나날들에 한국과 미국의 문화를 비교하면서 한국적인 것을 비판하는 '빌어먹을 공자님' 시리즈를 쓰고 있었다. 그리고 한류의 파고가 거세게 밀려왔다. 그 책은 그 후로 오랫동안 잊혔다가 다시 찾은 보물이 되었다. 『Things Korean』은 이 교수 타계 직후인 3월 디자인하우스에서 한국어판 『우리 문화 박물지: 인문학과 미학을 넘나드는 이어령의 시선 63』으로 출간되었다.

천국보다 낯선…

사실 뉴욕에서 한류의 물결을 실제로 느낀 것은 한참 후였다. 1990년대 후반 K-팝으로 시작, 2004년 일본에서 「겨울연가」에서 「대장금」으로 이어진 K-드라마의 열풍은 아시아권에서 숙성해 중동, 유럽, 아프리카로 퍼져나갔다. 제1세대 한류 스타 배용준은 일본에서 상영된 「겨울연가」(KBS-TV)로 일본 중년 여성들의 마음을 사로잡으며 극존칭인 '사마(樣)'를 붙인 '욘사마'로 등극했다. 그 바통은 「미안하다, 사랑한다」(KBS-TV)의 소지섭으로 넘어갔다.

2009년 6월 〈뉴욕중앙일보〉에서 문화/레저 담당 기자로 일하던 중 맨해튼 기타노 호텔에서 열린 일본 여성들의 소지섭 환영 행사를 취재할 때였다. 한일문화교류재단 산하의 한국 드라마클럽, 배용준 팬클럽, 소지섭 팬클럽 회원들이 소지섭을 만나기 위해 당시 120달러(3코스 정식+팬 미팅) 행사에 30여 명이 모였다. 그중엔 전날 꽃다발을 들고 공항에 소지섭을 마중 나간 팬들, LA에서 날아온 열성 팬도 있었다. 영어로 "소지섭 씨 사랑해요!", "소지섭 씨 잘생겼어요!"라며 흥분한 팬들은 한국 드라마 하이라이트를 편집한 비디오를 감상했다. 한국어를 몇 년째 배우고 있다는 한 여성팬이 행사를 진행했다. 소지섭은 그해 뉴욕아시아영화제 신인 아시아스타상(Rising Asia Star) 수상자로 뉴욕을 방문했다가 뜻밖에 일본 여성팬들의 환대를 받은 것이다.

그해 뉴욕아시아영화제(New York Asian Film Festival, NYAFF)는 맨해튼 IFC 센터와 재팬소사이어티(Japan Society)에서 열렸으며, 한국 영화 「비몽(Dream)」, 「똥파리(Breathless)」, 「다찌마와 리(Dachimawa Lee)」, 「영화는 영화다(Rough Cut)」가 상영되었다. 2002년 이스트빌리지의 예술영화관 앤솔러지필름아카이브(Anthology Film Archives)에서 시작된 마이너 리그의 뉴욕아시아영화제는 2010년 뉴욕영화제를 주관하는 필름소사이어티의 링컨센터(Film Society of Lincoln Center)로 입성했다. 아시아영화제가 메이저 리그로 흡수되면서 한국 영화는 단연 최고의 인기를 누려왔다.

2022년 7월 20주년을 맞은 NYAFF에선 한국 영화 14편을 초대, '한국 영화 특별전'이 열렸다. 중국, 일본, 말레이지아, 몽골, 태국, 필리핀 등 아시아에서 제작된 70여 편도 상영되었다. 한국 영화가 독보적인 반면, 다른 아시안 영화는 미안할 정도로 엑스트라가 된 듯한 프로그램이었다. '한국 영화 특별전'은 1882년(고종 19) 인천 제물포에서 체결한 「조미수호통상조약」의 140주년을 기념하는 행사였다. NYAFF의 집행위원장은 도쿄대학, 파리고등사범학교 박사학위 출신으로 코리아소사이어티, 재팬소사이어티 프로그래머를 거친 입양 한인 사무엘 자미에(Samuel Jamier) 씨가 맡고 있다.

한류가 세계로 퍼져나가던 2010년대 봉준호, 박찬욱, 황동혁 감독은 이명박 – 박

근혜 정부(2008~2017)의 블랙리스트에 올랐던 인물들이다. 2017년 대한민국 국민의 촛불시위로 촉발되어 제18대 박근혜 대통령이 탄핵되었다. 세계 언론은 부패 정권을 밀어낸 한국 국민들에게 찬사를 보냈다. 우리 민족의 DNA-'비판과 저항 정신'의 승리였다.

그해 3월 10일, 탄핵 심판의 날, 한 유쾌한 비디오가 세계로 퍼져나갔다. 부산대학교 정치외교학과 로버트 켈리(Robert Kelly) 교수가 탄핵 심판을 주제로 BBC-뉴스와 가진 화상 인터뷰 중에서 벌어진 해프닝이다. 켈리 교수가 탄핵이 남북관계에 미칠 영향에 대해 답변하던 중 네 살배기 딸이 먹거리를 들고, 어깨춤을 추면서 서재로 들어왔다. 이어 보행기를 탄 유아까지 따라 들어왔고 한국인 부인이 재빠르게 미끄러져 들어와 황급히 두 아이를 데리고 나갔다. 단 43초에 걸친 켈리 가족의 해프닝은 유튜브에서 3일 만에 조회수 1천만 회를 넘기며 소셜미디어로 퍼져나갔다.

이 깜찍한 깜짝 사고는 미국 토크쇼 「엘렌 드제네레스 쇼(The Ellen DeGeneres Show)」와 「지미 팰런의 투나잇 쇼(Jimmy Fallon's Tonight Show)」에서도 다루어졌으며, 패러디 동영상도 쏟아졌다. 2023년 5월 현재 조회수는 5500만 회를 넘어섰다. 켈리 교수의 탄핵 심판 인터뷰엔 우리 국민의 저항 정신이, 소녀의 먹거리와 어깨춤에는 음주가무를 좋아하는 한민족의 핏줄이, 엄마의 신속한 대처에는 빨리빨리 정신이 발휘되었다. 한국인은 위기를 기회로 만들고, 한을 흥으로 푸는 민족이다.

K-팝을 세계 무대에 올린 3인방이 있었다. 이수만(SM 엔터테인먼트: H.O.T., 보아, 동방신기, 슈퍼주니어, 소녀시대, 샤이니, EXO, 레드벨벳, 에스파) 대표를 비롯해 양현석(YG 엔터테인먼트: 블랙핑크, 빅뱅, G드래곤, 태양), 박진영(JYP 엔터테인먼트: 원더걸스, 트와이스, 스트레이 키즈) 프로듀서가 한류 초기에 글로벌 K-팝 스타들을 발굴한 마이더스의 손 3인방이었다.

2021년 12월 미국 잡지 〈버라이어티(Variety)〉의 500인에 이수만 SM 엔터테인먼트

총괄 프로듀서, 방시혁 하이브 (HYBE, 구 빅히트 엔터테인먼트) 이사회 의장, 봉준호 감독, 이미경 CJ그룹 부회장, 배우 스티븐 연이 선정되었다. 세계 미디어 산업을 이끄는 영향력 있는 리더 500인에는 팀 쿡 애플 CEO, 제프 베이조스 아마존 회장, 순다르 피차이 구글 CEO 등과 함께 올랐다. H.O.T.를 비롯해

백악관에서 조 바이든 대통령과 BTS(사진: 백악관)

K-팝을 세계 무대에 올린 이수만 대표는 5년 연속 선정되었다. BTS를 글로벌 슈퍼스타덤에 올린 방시혁 HYBE 의장은 주간 〈타임〉의 '영향력 있는 100대 기업'에 2021년, 2022년 연속 선정되었고 표지를 장식했다. 이들은 무대 뒤, 스크린 뒤에서 한류를 지휘한 거물들이다.

여기서 잊지 말아야 할 점은 교육 수준이 높은 한인들의 예리한 비판 정신이다. 그들은 한국 대중문화에 대해 끊임없이 질책하고, 비판하고, 옹호하며 세계적인 수준으로 끌어올린 이름 없는 비평가들이다.

「기생충」의 책임 프로듀서 이미경 CJ그룹 부회장은 2019년 2월 아카데미상 작품상 수상 소감에서 "특히 나는 정말로, 정말로, 정말로 우리 영화를 성원해주시고, 영화에 대한 생각에 결코 직설적인 의견을 주저하지 않으신 우리 한인 영화 관객들에게 감사를 전하고 싶습니다. 그들의 의견은 우리에게 절대로 자기만족에 그치지 않고, 감독과 제작진으로 하여금 계속 한계를 초월하도록 만들었습니다. 우리 한인 영화 관객 여러분 없이 우리는 이 자리에 서 있지 않을 것입니다. 감사합니다"라고 말했다.

또한 「오징어 게임」의 황동혁 감독은 2022년 9월 에미상 감독상을 석권한 후 기자 간담회에서 "한국 관객들, 한국 시청자들이 굉장히 까다롭다. 조금 뭔가 안 좋으면 질책도 많이 하고 나무라고 취향이 까다롭기로 유명하다. 그런 곳에서 영화를 만들어온 세월이 조금이라도 발전하고 더 나은 작품을 만들 수 있는 데 도움이 된 것 같

다. 우리 국민부터 만족시켜야겠다는 마음으로 작품을 만들었고 좋은 결과로 이어진 것 같다"라고 밝혔다.

독일에서도 한류는 뜨거웠다. 게르하르트 슈뢰더 독일 전 총리의 부인 김소연 (Soyeon Schröder-Kim) 독일 NRW 글로벌무역투자진흥공사 한국 대표 독일연방스타트업협회 이사는 2022년 2월 페이스북에 다음의 글들을 올렸다.

"독일 유력 일간지 중 하나인 〈쥐트도이체 차이퉁(Süddeutsche Zeitung)〉 주말판 한국 기사의 일부를 페친 여러분과 공유합니다.

'케이팝, 「기생충」, 「오징어 게임」: 한국은 세계적인 창의 강국(a creative world power)이 되었다……. 불과 5천만 정도의 인구를 가진 한국의 이런 창의적인 힘은 어디서 오는가……. 한국은 히트작이 하나씩 나올 때마다 매력적으로 디자인된 명함을 전 세계로 돌리는 것과 같다……. 독특한 시나리오, 완벽한 연출과 우아한 이야기는 이 나라(한국)의 트레이드 마크가 되었다……'.

독일 유력 일간지가 이 정도의 칭찬 일색 기사를 내는 건 드문 일입니다. 그러니 어떤 국가 이미지 광고보다 강력하죠."

그리고 '옥스퍼드 영어사전(OED)'은 2021년 한류(Hallyu, Korean wave), 먹방(Mukbang), 대박(Daebak)을 비롯해 한국어 26개를 새로 등재했다. 애교(Aegyo), 반찬(Banchan), 불고기(Bulgogi), 치맥(Chimaek), 동치미(Dongchimi), 갈비(Galbi), 한복(Hanbok), 잡채(Japchae), K-(복합어, K-drama, K-beauty, K-style……), 김밥(Kimbap), 만화(Manhwa), 누나(Noona), 오빠(Oppa), 언니(Unni), PC방(PC bang), 삼겹살(Samgyeopsal), 당수도(Tang soo do), 트롯(Trot), 그리고 콩글리시(Konglish), 파이팅(Fighting), 스킨십(Skinship) 등이다. 1884년에 출간된 'OED'에 처음 우리말이 등재된 것은 1976년 김치(Kimchi), 막걸리(Makgeolli), 온돌(Ondol), 태권도(Taekwondo), 시조(Sijo), 재벌(Chaebol), 등 45년간 총 20개였다. 그런데 2021년엔 26개로 급증한 것이다. 이는 한류의 영향력을 보여준다.

한편, CNN은 2019년 6월 BTS의 성공 스토리 '한국 출신 보이밴드가 어떻게 세계 최고가 됐나(How a boy band from South Korea became the biggest in the world)'에서 K-팝

은어로 Maknae(막내), Golden Maknae(BTS 멤버 정국의 별명), Hyung(형), Visual(눈요깃감 멤버), Stan(광적인 팬) 등을 소개했다.

서울은 언론에서도 '아시아의 메카'로 부상했다. 〈뉴욕타임스〉는 2020년 아시아 디지털 허브(hub)를 홍콩에서 서울 종로구 신문로로 이전했다. 스티븐 던바 존슨 〈뉴욕타임스〉 국제부 사장은 2022년 4월 〈중앙일보〉 영문판(Korea JoongAng Daily)과의 인터뷰에서 "한국으로 이주한 핵심 이유는 우리가 여기서 두려움이나 치우치지 않고 보도할 수 있을 것이라고 느꼈기 때문이다"라고 밝혔다. 그는 "한국은 그 자체가 흥미로운 이야깃거리다. 한국 문화는 매우 풍요롭고, 음악계, 영화계, 요식업계, 사회경제 분야 등 매우 흥미진진하다"라면서 "한국은 젊고, 활기찬 자유민주국가이며, 이를 성공적으로 지속하려면 강력하고, 활기찬 언론이 필요하다. 서울에선 검열에 대한 두려움이 없다"고 덧붙였다.

멋진 신세계

코로나 팬데믹이 계속된 2022년에도 한류 신드롬은 이어졌다.

2022년 5월 빌보드 음악상 3개 부문(Top Duo/Group, Top Song Sales Artist, Top Selling Song)을 석권한 BTS는 백악관을 방문, 조 바이든 대통령을 만나 아시아계 증오범죄 대응 방안에 대한 의견을 나누었다. 2019년 9월에 UN 총회에서 연설했던 젊은 그들이다. 그리고 데뷔 9주년이 되는 6월, 잠정적 휴지기를 발표했다. 블랙핑크는 6월 미국 음악잡지 〈롤링스톤〉의 표지를 장식한 최초의 아시아 걸그룹으로 기록되었다.

7월 미국 언론은 싸이의 「강남 스타일」 데뷔 10주년을 '한류의 촉매제'로 평가하며 대대적으로 보도했고, 뉴욕한국문화원은 7월 센트럴파크 섬머스테이지에서 K-팝 콘서트 '코리아 가요제(Korea Gayoje)'를 열었다. 또한 4인조 걸그룹 에스파(SM엔터테인먼트 소속)는 미니 앨범 「걸스(Girls)」로 역대 K-팝 최대 음반 판매 신기록, '빌보드 200' 3위에 진입했다.

클래식 음악계에서도 한인들이 반짝였다. 한인 연주자가 다수인 뉴욕필하모닉은

♬♬ 2022년 7월 센트럴파크에서 열린 코리아 가요제(사진: 뉴욕한국문화원, 오기훈)

센트럴파크의 '콘서트 인 더 파크'에서 한인 바이올리니스트 김봄소리와 협연했으며, 피아니스트 임윤찬은 밴 클라이번 콩쿠르에서 최연소자로 우승한 후 록스타 같은 인기를 누리고 있다. 그리고 서울시립교향악단(Seoul Philharmonic Orchestra)은 뉴욕필의 음악감독 야프 판 즈베던을 음악감독으로 선임, 월드클래스 오케스트라로 비상을 꿈꾸고 있다. 야프 판 즈베던은 2024년부터 서울시향을 이끌게 된다.

홍상수 감독은 2월 베를린영화제에서 은곰상(심사위원대상. 소설가의 영화)을 3년 연속 수상하며 은곰상 3관왕이 되었다. 칸영화제에서는 「헤어질 결심」의 박찬욱 감독이 감독상 수상으로 칸 3관왕이 되었고, 송강호는 한국인 배우 최초로 남우주연상(「브로커」)을 거머쥐었다. 홍상수, 박찬욱 감독은 10월 제60회 뉴욕영화제에 나란히 초대되었다.

코리안아메리칸 작가 이민진 씨의 베스트셀러 『파친코』를 각색한 동명 드라마가 애플 TV를 통해 방영되었으며, 2019년 9월 회오리바람을 일으킨 「오징어 게임」은 비영어권 드라마 최초로 에미상 작품상 등 14개 부문 후보에 오르고, 감독상과 남우주연상 등 6개상을 거머쥐었다. 보수적인 에미상에 입성한 「오징어 게임」은 시즌 2로 다시 에미상에 초대될 것으로 기대한다.

여성 골프계는 여전히 한국인 천하다. 코로나 팬데믹 이후 재개한 2022년 벽두부터 미국여자프로골프(LPGA) 투어에 한인 선수들의 쾌거가 이어졌다. 1월 코리안아메리칸 대니엘 강(Danielle Kang, 힐튼 그랜드)과 리디아 고(게인브리지), 3월 고진영(HSBC), 4월 김효주(롯데), 5월 이민지(코그니전트), 지은희(뱅크오브호프), 6월 이민지(US 여자오픈)와 전인지(KPMG PGA)가 우승컵을 차지했다. 한편, 잉글랜드 토트넘 홋스퍼(Tottenham Hotspur Football Club)에서 활동하는 손흥민 선수는 프로축구 프리미어 리그 득점왕에 오른 최초의 아시아 선수가 되었다.

그런가 하면, 박정현 셰프의 뉴욕 레스토랑 아토믹스(Atomix)가 2022년 세계 최고 식당(World 50 Best) #33위에 선정되며 미국 최고의 식당에 등극했다. 학계에선 허준이 프린스턴대학교 교수가 한국인 최초로 '수학계의 노벨상'으로 불리는 '필즈상(Fields Medal)'을 수상했다.

그리고 서울은 이제 뉴욕, 파리, 베를린에 이어 미술의 메카로 부상 중이다. 최근 몇 년간 세계의 메이저 화랑들이 서울에 속속 지점을 열고 있으며, 9월 제1회 프리즈 서울(Frieze Seoul)로 몰려들었다. 〈뉴욕타임스〉는 프리즈 서울의 이불, 서도호 등 한인 작가들을 속속 소개했다. 바야흐로 서울은 글로벌 아트 딜러와 아트 컬렉터의 목적지가 된 것이다.

9월 24일엔 런던의 빅토리아앤앨버트 미술관(V&A, Victoria and Albert Museum)에서 한류를 체계적으로 조망한 특별전 「한류! 코리안 웨이브(Hallyu! The Korean Wave)」가 개막되었다. 이 전시에선 K-팝, 영화, 드라마, 미용, 패션, 팬덤까지 한국 대중문화를 탐구했다. 전시는 한국의 문화체육관광부가 2020년부터 5년간 165만 달러(한화 20억 원) 지원 협약으로 이루어졌다. V&A는 앞으로 한국 갤러리를 보수하고, 한국 문화 연구 및 조사를 확충할 예정이다.

2022년 10월엔 뮤지컬 「케이팝(KPOP)」이 브로드웨이 서클인더스퀘어 시어터에서 공연되었다. 한인 작곡가 헬렌 박/맥스 버논과 대본가 제이슨 김이 협업한 「케이팝」은 인기 뮤지컬 「렌트(Rent)」처럼 오프브로드웨이를 거쳐 브로드웨이에 입성했다. K-팝 스타 루나(Luna)와 한인 배우들이 대거 캐스팅된 뮤지컬 「케이팝」은 브로드웨이에 입성한 최초의 아시안 작곡가의 뮤지컬이다.

K-팝 영화도 제작 중이다. 「해운대」, 「국제시장」으로 각각 1천만 명 이상의 관객을 동원한 흥행사 윤제균 감독이 「K-Pop: Lost in America」를 연출할 예정이다. 이미 경 CJ그룹 부회장과 할리우드 프로듀서 린다 옵스트(「플래시댄스」, 「피셔 킹」, 「시애틀의 잠 못 이루는 밤」)가 공동으로 제작하는 이 영화는 뉴욕 매디슨스퀘어가든 데뷔 콘서트를 앞둔 K팝 보이밴드가 텍사스 시골에 불시착하면서 벌어지는 로드 무비(road movie)로 알려졌다. 11월엔 한국의 국립창극단이 브루클린 아카데미오브뮤직(Brooklyn Academy of Music)에서 창극 「트로이의 여인들(Trojan Women)」을 공연했다.

그런가 하면, CJ ENM은 경기도 고양시에 4만 2천 명을 수용할 수 있는 규모의 K-팝 공연장(아레나)을 포함한 K-컬처 밸리를 건축 중이다. 축구장 46개를 합한 총 9만 평 규모에 자리할 아레나는 음악-영화-드라마-예능 등 다양한 한류 콘텐츠를 경험할 수 있는 공간이다. K-컬처 밸리는 아레나를 비롯해 테마파크, 상업 시설, 호텔이 어우러져 조성된다. 2024년 6월 준공을 목표로 하고 있다.

소셜미디어 시대의 한류

오늘날 세계의 도로엔 현대, 기아 자동차가 달리고, 지구촌 사람들은 애플 아이폰이나 삼성 안드로이드폰을 쓰고 있다. 싸이와 BTS가 새해 전야제 무대에 올랐던 뉴욕의 심장부 타임스퀘어 대형 전광판엔 삼성, LG, 「오징어 게임」 광고가 돌아가고 있으며, 5애비뉴 티파니 본점엔 블랙핑크의 로제의 얼굴이 걸렸다. 브루클린 브리지파크에선 부르카를 쓴 아랍계 소녀들이 K-팝을 들으며 소풍을 한다. 우리 동네 브루클린 하이츠 헬스클럽에서도 리한나의 곡과 K-팝이 흘러나오며, 인도계 의사는 필자에게 활짝 웃으면서 "우리 가족은 코리안 드라마 팬이다"라며 진찰을 시작했다.

스마트폰과 소셜미디어는 데이비드 벌로(David Berlo)가 1960년에 주장한 정보 소통 모델 SMCR(S/송신자-M/메시지-C/채널-R/수신자)을 전복시켰다. 스마트폰으로 신문, 방송, 영화, 인터넷이 손안으로 들어가는 멀티미디어로 변형되었다. 콘텐츠의 생산과 유통의 패러다임이 바뀌어 수신자, 대중이 뉴스를 신속하게 소비할 뿐만 아니라 직접 생산하고, 전달하며, 능동적으로 콘텐츠를 전달하고 있다. 바야흐로 '참여'와 '공유'의 세상이다. 이처럼 공정한 플랫폼에서 K-컬처는 풍부한 콘텐츠, 우수한 콘텐츠로 빛을 발하고 있다.

최근 20여 년간 세계를 뒤흔든 한류의 배경에는 유튜브(YouTube), 페이스북(Facebook), 트위터(Twitter), 인스타그램(Instagram), 틱톡(TikTok) 등 소셜 네트워크 서비스 플랫폼이 있다. 누구나 콘텐츠를 올릴 수 있는 소셜미디어와 플랫폼은 미국, 백인, 서양과 기존 언론 중심의 문화 콘텐츠 독점시대를 종결시켰다. 그리고 민주적이며 쌍방 소통의 발판으로 팬덤을 조성했고, 한류를 세계로 확산시키는 데 지대한 공헌을 했다. 자메이카 출신 레게(Reggae) 가수 밥 말리(Bob Marley, 1945~1981)는 미국과 영국 주도의 팝 음악 역사에서 최초의 제3세계 출신 스타 뮤지션이었지만 36세로 요절했다. 오늘 한국이 길러낸 아이돌 군단이 하나의 음악 장르로 탄생시킨 K-팝은 전 세계적인 선풍을 일으키며, 대중음악의 유니버스를 재편성하고 있다.

유튜브 없는 싸이, BTS, 블랙핑크 등 K-팝 성공은 상상할 수 없듯이, 「오징어 게임」과 「킹덤」 성공의 배경에는 넷플릭스(Netflix)가 있다. 언제 어디서나 내 손안의 스마트폰으로 이 세상의 다양한 콘텐츠를 접할 수 있는 디지털 시대의 지구촌 사람들은 손바닥 극장에서 '더 재미있는' 한국산 드라마에 중독되어 갔다. 코로나 팬데믹으로 디지털 K-팝과 K-드라마 등 한류의 파고는 높이높이 치솟았다.

코리아넷(korea.net)은 2011년 국내외 거주 외국인 42명으로 시작한 다국어(영어/불어/중국어/일본어/아랍어/스페인어/러시아어/네덜란드어/베트남어/인도네시아어) 글로벌 한류 네트워크로 한국 문화 홍보 명예기자들이 활동하고 있다. 기자단의 수는 2022년 현재

2022 센트럴파크 코리아 가요제에서 K-팝 팬들(사진: 뉴욕한국문화원, 오기훈)

122개국 4834명에 달하며, K-인플루언서는 103개국 1856명에 이른다. 이들은 소셜미디어로 한국 문화를 홍보하는 임무를 띠고 움직인다. 여기에 소셜미디어로 소통하는 K-팝 팬들의 팬덤(fandom)이 한류를 달구고 있다.

코리아 파운데이션(Korea Foundation, 한국국제교류재단)이 외교부와 공동으로 발간한 『2022 지구촌 한류 현황』에 따르면, 2022년 12월 기준 세계 한류 팬은 세계 118개국에 1억 7800만 명에 달한다. 이는 2012년 926만 명 대비 약 19배 증가한 수치다. 전 세계 한류 팬클럽(동호회) 수는 1684개로 2012년 757개 대비 2.2배 증가했다.

"다 계획이 있었구나" 1990 문화발전 10개년 계획

—

오늘날 한류가 지구촌의 신드롬이 된 것에는 예술인들의 재능, 그들을 발굴하고 지원한 프로듀서, 소셜미디어 플랫폼뿐만 아니라 한국 정부의 전폭적인 지원으로 가능했을 것이다.

영화 「기생충」에서 김씨(송강호 분)의 대사처럼 한국 정부에는 계획이 있었다. 1990년 1월 노태우 정부는 문화행정을 전담할 독립부서로 문화부를 발족했으며, 이어령 교수가 초대 장관으로 취임했다. 문화부는 '모든 국민에게 문화를'이란 슬로건으로 '문화발전 10개년 계획'을 수립했다. 고급 예술 인력의 조기 양성, 문화행정 전문인 양성, 국산 영화의 국제경쟁력 강화, 소극장 시네마테크 운동 지원, 무형문화재 종합전수 시설 건립, 인간문화재 활동 지원, 원로예술인 활동 지원 등을 통해 문화복지국가를 실현한다는 정책이었다. 한류라는 거목의 씨앗 뿌리기는 여기서 시작되었을 것이다.

이어령 문화부 장관은 예술 영재들을 키우기 위해 특수예술학교 설립을 주도, 1993년 한국예술종합학교(Korea National University of Arts)를 설립했다. 음악원/ 연극원/ 영상원/ 무용원/ 미술원/ 전통예술원의 6개 단과대학에서 예술 실기를 전문적으로 교육하는 한예종은 피아니스트 임윤찬, 김선욱, 문지영, 손열음, 클라라 주미 강, 무용수 김기민, 박세은, 배우 이선균, 박소담 등 한류를 이끌어갈 걸출한 인재들을 배출했다. 이로써 한예종은 오늘날 줄리아드음악학교, 모스크바국립음악원, 파리고등음악원, 영국왕립연극원 등 명문 예술학교 부럽지 않은 인재의 산실로 자리매김했다.

이후로도 한국 정부는 문화중심 정책을 펼쳐왔고, 문화체육관광부 산하 해외문화홍보원(KOCIS)은 글로벌 한류의 베이스캠프가 되었다. 1971년 문화공보부 소속 해외공보관의 기능은 국가 시책과 국가 발전상의 해외홍보, 민족문화의 해외홍보, 국제기반의 확충이었다. 1979년 도쿄와 뉴욕 문화원으로 시작, 1998년 공보처 폐지에 따라 문화관광부 소속 해외문화홍보원으로 운영되었다.

2008년 12곳에 불과했던 재외 한국문화원(Korean Cultural Center)은 2023년 3월 현재 세계 28개국, 33개로 증가, 전시-공연-영화 상영-강연 등을 무료로 개방하며 한류의 저변 확산을 가속화했다. 특히 뉴욕한국문화원(Korean Cultural Center New York)은 세계 문화의 중심지 뉴욕에서 한류 확산의 전초기지가 되었다.

또한 1957년 한미 기업인들의 이해와 협력 증진을 위해 창설된 뉴욕의 코리아소사이어티(The Korea Society)도 전시회, 영화제, 토론회 등으로 한국 문화를 홍보해왔다. 뉴욕의 재팬소사이어티(Japan Society)와 차이나인스티튜트(China Institute)는 대부분의 행사가 유료이고, 독일문화원 괴테인스티튜트(Goethe-Institut), 프랑스문화원 알리앙스 프랑세즈(French Institute Alliance Française)는 자국어 강습에 치중해온 것과 차별되는 점이다.

그리고 1973년 뉴욕한국학교(Korean School of New York)를 설립, 한인 2,3세대에게 한

🎞 2017년 3월 뉴욕한국문화원에서 열린 정영양 자수 박사 특별전
「The Movement of Herstory: Korean Embroidery」 개막전 리셉션
(사진:Sukie Park/ NYCultureBeat)

글뿐만 아니라 한국 문화 교육으로 코리안의 정체성을 확립하는 데 기여한 허병렬 교장, 미국에서 한국 자수의 아름다움을 알린 정영양 박사/설원재단(Seol Won Foundation) 이사장/스미소니언 국립아시아미술관 이사, 강콜렉션(Kang Collection)을 설립해 미국과 영국의 메이저 미술관에 한국 미술을 판매해온 강금자 대표, 신인 한인아티스트를 발굴 육성해온 이숙녀 알재단(AHL Foundation) 대표, 2001년부터 브루클린 덤보 페스티벌을 주최해온 화이트웨이브무용단(White Wave Dance Company)의 김영순 대표, 국악과 전통춤을 미국 곳곳에 알려온 뉴욕한국공연예술센터(Korean Traditional Performing Arts Association)의 박수연 원장, 뉴욕한국국악원(Korean Traditional Music and Dance Center of New York)의 박윤숙 회장, 뉴저지 우리가락 한국문화예술원(Woorigarak Korean Cultural Art Center)의 강은주 회장 등등 수많은 문화예술인과 단체를 기억해야 할 것이다.

백범 김구의 소원과 마틴 루터 킹의 꿈

뉴욕에 살면서 한류의 파도가 밀려올 때마다 늘 떠올랐던 인물은 대한민국의 독립을 위해 투쟁했던 백범 김구(白凡 金九, 1876~1949) 선생이다. 또 인종차별에 비폭력으로 저항했던 마틴 루터 킹(Martin Luther King Jr., 1929~1968) 목사도 떠올랐다. 어려운 시대 상황 속에서 소원과 꿈을 품고 연설했던 두 인물이다. 백범 선생은 1949년 6월 서울에서 암살되었으며, 킹 목사는 1968년 4월 멤피스에서 암살되었다.

문화민족주의자이며 사해동포(四海同胞)주의자였던 백범 선생의 '내가 원하는 우리나라'는 오늘의 한류를 예견한 듯하다.

> "……나는 우리나라가 세계에서 가장 아름다운 나라가 되기를 원한다. 가장 부강한 나라가 되기를 원하는 것은 아니다. 내가 남의 침략에 가슴이 아팠으니, 내 나라가 남을 침략하는 것을 원치 아니한다. 우리의 부력은 우리의 생활을 풍족히 할 만하고, 우리의 강력은 남의 침략을 막을 만하면 족하다. 오직 한없이 가지고 싶은 것은 높은 문화의 힘이다. 문화의 힘은 우리 자신을 행복되게 하고, 나아가서 남에게 행복을 주겠기 때문이다……."
>
> _김구, 『백범일지(白凡逸志)』(1947), 「나의 소원」 중 '내가 원하는 우리나라, 돌베개'

한편, 흑인 인권을 위해 투쟁했던 마틴 루터 킹의 꿈은 #BlackLivesMatter(흑인의 생명도 소중하다: 미국 흑인에 대한 폭력과 인종차별에 반대하는 사회운동을 의미하는 꼬리표) 시대, 한류 신드롬을 다시 생각해보게 한다. 오늘날 한국인은 피부색을 넘어서 재능으로 평가되며 자민족 우월주의에 기초한 미국 문화제국주의의 지도를 바꾸고 있지 않은가? 그것은 한류가 지구촌에 가져온 선물이기도 하다. 한류는 '아메리칸 드림'이 아니라 '글로벌 드림'을 꿈꾼다.

> "……친구들이여, 오늘 그대들에게 말하노니 절망의 골짜기에서 몸부림치지 맙시다. 우리가 오늘과 내일 역경에 직면할지라도 저에겐 여전히 꿈이 있습니다. 아메리칸 드림에 뿌리 깊은 꿈입니다. 언젠가 이 나라가 일어나서 '우리는 모든 사람이 평등하게 태어났다는 자명한 진실을 지지한다'는 신조의 진실한 의미를 실현하며 살게 될 것이라는 꿈이 있습니다……. 저의 네 어린아이들이 피부색이 아니라 인격으로 평가받게 되는 날이 오는 꿈이 있습니다……."
>
> _마틴 루터 킹 주니어, 『I Have a Dream』, 1963

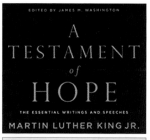

 김구, 『백범일지』, 1997, 돌베개(왼쪽)/ Martin Luther King Jr., 『A Testament of Hope: The Essential Writings and Speeches』, 2003, HarperOne

　반도국이지만, 분단되어 북으로 갈 수 없는 자그마한 섬 같은 나라, 한때 전쟁의 상흔에서 고전했던 한민족이 오늘 지구촌 사람들로부터 부러움을 사고 있다. 세계인은 한국인의 노래와 춤, 영화와 드라마에 흠뻑 빠졌고, 한국산 화장품과 패션, 한식과 사우나에 열광한다. BTS, 「기생충」과 「오징어 게임」을 넘어서 K-팝, 영화, 드라마, 게임, 웹툰, 클래식, 발레, 오페라, 골프, 음식……. 한국인들이 국제무대에서 찬사를 받고 있다.

　K-컬처가 활화산처럼 용솟음치는 한국은 문화강국(Cultural Powerhouse, Cultural Superpower)으로 자리매김했다. 서울이 과거 이탈리아 르네상스의 피렌체, 19세기 파리, 제2차 세계대전 후 뉴욕처럼 세계 문화의 메카가 될까? 유럽과 북미 중심의 문화제국주의를 전복시키고 있는 한류, 오늘의 역동적인 한류 신드롬을 목격하는 것은 종종 어질어질하지만, 참으로 신나는 일이다.

| 참고한 자료 |

도서

김은성, 『더 센스(THE SENSE): 네가 힘든 건 눈치가 없어서야』, 어나더북스, 2019

김홍신, 『인간시장』, 해냄, 1981

미셸 자우너 지음, 정혜윤 옮김, 『H마트에서 울다』, 문학동네, 2022

빅근영, 『왜 나는 늘 눈치를 보는 걸까』, 소울메이트, 2013

박영수, 『지금 해도 재밌는 한국 풍속놀이 33가지』, 풀과바람, 2019

빙허각 이씨 지음, 윤숙자 옮김, 『규합총서』, 질시루, 2003

스튜어트 컬린 지음, 윤광봉 옮김, 『한국의 놀이 : 유사한 중국 일본의 놀이와 비교하여』, 열화당, 2003

시부야 쇼조 지음, 정은지 옮김, 『눈치코치 심리학−상대의 진심을 빨리 알아차리는 나만의 노하우』, 바이북스, 2006

앨빈 토플러·하이디 토플러 지음, 김중웅 옮김, 『부의 미래』, 청림출판, 2007

엘리자베스 키스·엘스펫 K. 로버트슨 스콧 지음, 송영달 옮김, 『영국 화가 엘리자베스 키스의 코리아 1920~1940』, 책과함께, 2006

요한 하위징아 지음, 이종인 옮김, 『호모 루덴스−놀이하는 인간』, 연암서가, 2018

이어령, 『이어령의 보자기 인문학』, 마로니에북스, 2015

_____, 『젓가락의 문화 유전자』, 도서출판 박하, 2016

이윤옥, 『여성 독립운동가 300인 인물사전』, 얼레빗, 2018

이청승, 『두개의 르네상스』, 베세토, 2010

장민수, 『바이올리니스트 장영주의 아름다운 질주』, 예종, 2007

전경일, 『세종의 코드를 읽어라』, 한국경제신문사, 2003

조 메노스키 지음, 정윤희·정다솜·Stella Cho 외 옮김, 『킹 세종 더 그레이트』, 핏북, 2020

진 시노다 볼린 지음, 조주현·조명덕 옮김, 『우리 속에 있는 여신들(Goddesses in Everywoman)』, 또하나의문화, 1984

허은아, 『눈치코치 직장 매너』, 지식공작소, 2007

Anthony Bourdain and Laurie Woolever, *Appetites−A Cookbook*, Harper Collins, 2016

Bobbi Owen, *The Designs of Willa Kim*, United States Institute for Theatre Technology, Inc., 2005

Elizabeth Keith, Elspet Keoth Robertson Scott, *OLD KOREA: The Land Of Morning Calm*, Hutchinson & Co., 1946

Euny Hong, *The Power of Nunchi: The Korean Secret to Happiness and Success*, Penguin Life, 2019

Horace Newton Allen, *Korean Tales*, Independent, 2017

Jhoon Rhee, *Bruce Lee and I*, CreateSpace, 2011

Percival Lowell, *Chosön, the land of the morning calm; a sketch of Korea*, Ticknor and company, 1886

Pyong Gap Min(민병갑), *Caught in the Middle: Korean Communities in New York and Los Angeles*(중간에 끼어서: 뉴욕과 한국의 한인사회), University of California Press, 1996

Raoul−Charles Villetard de Laguérie, *La Corée, Indépendante, Libre, Russe, ou Japonaise*, Librairies Hachette et Cie, 1898

Stewart Culin, *Korean Games: With Notes on the Corresponding Games of China and Japan*, University of Pennsylvania, 1895

논문

강주선, 「K팝 댄스를 활용한 초등학생 무용프로그램 개발 연구: 라반의 BESS 움직임 이론을 중심으로」, 성균관
　　대학교, 2018
김희선, 「한류 K-패션 활성화를 위한 전략 분석 연구」, 한국의상디자인학회, 2017
박진수, 「K‑POP 댄스의 변신공간에 관한 연구」, 이화여자대학교, 2015
조기숙·정겨울, 「아이돌 춤에 관한 연구: 소녀시대 춤 〈Gee〉를 중심으로」, 이화여자대학교, 2015
홍유선·임대근, 「용어 한류(韓流)의 유래 연구(A Study on the Derivation of Hallyu as a Term)」, 한국외국어대학교, 2018

방송, 신문, 잡지

뉴욕중앙일보, 「메트오페라의 한인 1호-소프라노 홍혜경」, 2011. 12. 2.
　　　　, 「이스라엘 여인, 제주에 빠지다… '해녀 다큐' 제작한 거스텐하버」, 2009. 1. 5.
뉴욕한국일보, 「차 한잔의 초대: 이전구 뉴욕골프센터 회장」, 2014. 2. 20.
대한경제, 황경식, 「마음의 창: 삼치를 부탁해」, 2016. 5. 26.
대한뉴스, 「제 992호-이 영광을 조국에」, 1974. 7. 20.
매일경제, 전지현, 「'클래식 강국' 한국의 5가지 비밀」, 2012. 7. 20.
백남준, 「전자와 예술과 비빔밥(Electronics, Arts and Bibimbap)」, 〈신동아〉, 1967
뷰티경제, 「주권 원장 "성형기술, 한국 따라올 곳 없다"」, 2009. 11. 24.
연합뉴스, 「코로나 영향 속 작년 입양아 492명 '최저'… 국내 입양 여아 선호」, 2021. 5. 11.
조선일보, 강수진, 「발레의 여왕이 피겨 여왕에게… 발레리나 강수진이 본 김연아」, 2014. 2. 19.
한국경제신문, 「유럽 르네상스는 알면서 '세종 르네상스'를 모르는 게 현실」, 2010. 6. 18.
헬스조선, 김현성, 「세계 최고인 한국 의사의 수술 기술… 쇠젓가락 문화 덕봤다」, 2017. 12. 14
ABS, "Asian American representation and the changing face of comedy", May 11, 2022
Avec Eric, "Korea-Temple Food: Feed the Soul", Mar. 4, 2015
BBC, "Children interrupt BBC News interview", Mar. 14, 2017 https://youtu.be/Mh4f9AYRCZY
　　, "Covid-19: What makes a good leader during a crisis?", Mar. 27, 2020
　　, "Kimchi ferments cultural feud between South Korea and China", Nov. 30, 2020
　　, "South Korea's unstoppable taste for haste", July 8, 2018
Billboard, "Margaret Cho Gets Deep About Past Sexual Abuse: 'All I Have Is Ownership of My Own Suffering'",
　　Sept. 2, 2015
Bon Apptit, "The Best Store-Bought Kimchi", Feb. 2, 2016
CNN, "How BTS became the world's biggest boy band", June 8, 2019
　　, "Korean scrub mistress spills her secrets", Feb. 28, 2018
　　, "South Korea brought K-pop and K-dramas to the world. The Korean language could be next", Jan. 17, 2023
Dartmouth Alumni Magazine, "The Chosŏn One, The influence of Homer Hulbert, class of 1884, lives on in a
　　country far from his home", 2015
Der Spiegel, "Ein Land wird getestet/ A Country is Being Tested", Mar. 4, 2020
Drink International, "The Spirit Ranking", 2022
ESPN, "Junior year: Faker's achievements vs. LeBron, Messi and more", May 23, 2016
Financial Times, "South Korea's democracy shines through in a crisis」, Mar. 12, 2017
Gagosian, "NAM JUNE PAIK-Art in Process: Part One May", 2022
Honestly Fit, "Why Korean Spas Are The Secret to Glowing Spring Skin", Dec. 2, 2021
Hyon-Sob Kim, "The First Adoption of the Korean Ondol Principle in Usonian Houses: Jacobs House I,

designed by Frank Lloyd Wright", *SPACE*, June 29, 2020

Los Angeles Times, "Long a path to success for Korean immigrants, dry cleaners struggle in the pandemic", July, 31, 2021

Marie Claire, "Here's why K-Beauty is killing it", June 9, 2016

MYSA, "French and Korean Beauty, According to Erborian's Katalin Berenyi", *FOREO*, Jan 3, 2018

New York Magazine, "Bong Joon-ho's Dystopia Is Already Here", Oct. 7, 2019

____, "Kingdom Feels Like a Nightmare of Now", July 9, 2020

____, "MADE IN KOREA: These Korean Spa Mitts Scrub Me to Baby Softness", Feb. 12, 2018

New York Post, "Diet secrets from the world's healthiest countries", Mar. 7, 2017

New York Times, "A Korean Spa Offers Saunas, Bibimbap and a Taste of Home in New Jersey", Jan. 2, 2017

____, "A Year of Highs and Corrections in the Art Market", Jan. 1, 2016

____, "Diner's Journal: Veggies With Grace", Jan. 27, 1995

____, "Exploring the World of Kimchi, the Spicy Korean Staple", Apr. 10, 1996

____, "Food Is Identity. For Korean Chefs Who Were Adopted, It's Complicated", July 31, 2022

____, "GOLF: Raised To Be A Champion; Father's Firm Push Sent Pak To the Top of Women's Golf ", July, 28, 1998

____, "How South Korea Flattened the Curve", Mar. 23, 2020

____, "If You Can Make a Salad, You Can Make Kimchi", Aug. 24, 2022

____, "If You Have Kimchi, You're Steps Away From This Soup", Apr. 14, 2020

____, "Is China Laying Claim to Kimchi, Too? Some South Koreans Think So", Dec. 1, 2020

____, "It's Bong Joon Ho's Dystopia. We Just Live in It", Oct. 30, 2019

____, "Jeong Kwan, the Philosopher Chef ", Oct. 16, 2015

____, "Korean Pianist, 23, Is Winner Of 24th Leventritt Competition; Tong Il Han of Juilliard School Chosen From 40 Entrants by a 14-Member Panel", Oct. 27, 1965

____, "Nam June Paik, 73, Dies; Pioneer of Video Art Whose Work Broke Cultural Barriers", Jan. 31, 2006

____, "Overlooked No More: Yu Gwan-sun, a Korean Independence Activist Who Defied Japanese Rule", March 28, 2018

____, "Overlooked No More:Theresa Hak Kyung Cha, Artist and Author Who Explored Identity", Jan. 10, 2022

____, "Protest Against South Korean President Estimated to Be Largest Yet", Nov. 26, 2016

____, "Review: In Her Met Debut, a Conductor Leads a Fresh 'La Boheme' ", Nov. 10, 2021

____, "Rule of Thumbs: Koreans Reign in Texting World", Jan. 28, 2010

____, "South Korea Exports Its Glow", Oct. 29, 2014

____, "Tell of Japanese Cruelty to Koreans", Mar. 18, 1919

____, "This Ancient Brew Has Retro Appeal in South Korea", Jan. 20, 2022

____, "Why the Popularity of 'Squid Game' Terrifies Me", Oct. 21, 2021

____, "Hot for the Holidays: The Lure of a Korean Sauna", Dec. 28, 2006

Ocula, "Sara Sejin Chang(Sara van der Heide): Healing Colonial Adoption Narratives", Oct. 22, 2020

Reuters, "Archery: Chopsticks, kimchi fingers the key to success?", July 30, 2012

Rolling Stone, "BTS Are Shut Out of 2020 Grammy Nominations", Nov. 20, 2019

____, "BTS: The Rolling Stone Interview", Nov 09, 2020

____, "The Triumph of BTS: How seven young superstars rewrote music-biz rules and became the biggest band in the world", May 13, 2021

Science The Wire, "In Bong Joon-ho's 'Parasite', Premonitions of the COVID-19 Pandemic", May 24, 2021

The Hollywood Reporter, "Kimora Lee Simmons' New Beverly Hills Korean Spa Offers CBD Infusions", June 25, 2019

_____, "Writer, Director of South Korean Zombie Drama 'Kingdom' on Global Response and Coronavirus Parallels", Apr. 17, 2020

The New Yorker, "The Koreans at the Top of the Art World", Sept. 30, 2015

The Telegraph, Boris Johnson, "How Gangnam Style and Fifty Shades gave culture a spanking", Dec. 23, 2012

TIME, "The 100 Most Influential People of 2020", Sept. 22, 2020

USA Today, "With or without a Grammy nomination, BTS have made a global impact with their music", Nov. 20, 2019

Vogue, "The 5 Best Korean Spas Around the Country-And Why You Should Go", Sept. 2, 2015

_____, "Why I Can't Live Without My Korean Exfoliating Mitt", April 18, 2016

Wall Street Journal, "How South Korea Successfully Managed Coronavirus", Sept. 25, 2020

Washington Post, "How Korean food philosophy can help us reconnect", June 1, 2021

_____, "Jhoon Rhee, who helped popularize taekwondo in the United States, dies at 86", May 1, 2018

_____, "South Korea shows that democracies can succeed against the coronavirus", Mar. 11, 2020

_____, "South Koreans to Americans: We'll teach you how to impeach a president", May 19, 2017

Women's Golf, "Secrets to South Korea's Dominance of Women's Golf", Jan. 28, 2019

기타

김준근, 「기산풍속도」, 한국민족문화대백과사전, https://encykorea.aks.ac.kr

나운규, 「삼천리 인터뷰」, 1937, 아리랑 아카이브Arirang Archive, https://arirang.iha.go.kr

노르베르트 베버 총아빠스(Archabbot Norbert Weber. OSB), "Im Lande der Morgenstille (고요한 아침의 나라에서)"(해설본), Waegwan Abbey (재)왜관성베네딕도수도원, https://youtu.be/hSRcqbKzRUY

뉴욕컬처비트, 유현수, 「한국 남자들이 요리를 잘하는 이유」, 2014. 3. 22., https://www.nyculturebeat. com/?mid=Salon2&document_srl=3025461

_____, 「한국발레의 마이다스 손' 한예종 무용원 김선희 교수」, 2018. 10. 15., https://www.nyculturebeat. com/?mid=Stage2&document_srl=3748740

음식디미방(곰 발바닥 요리법), https://terms.naver.com/entry.naver?docId=1526816&cid=48180&category Id=48246

Giorgio Vasari, Life of Leonardo da Vinci, Lives of the Most Eminent Italian Architects, Painters, and Sculptors, 1550. https://sourcebooks.fordham.edu/source/vasari1.asp

Graceland-The Home of Elvis Presley, "Remembering Kang Rhee", Aug. 17, 2019

hohoho hohohoho, 「105 musical genres used in k pop」, Jan 2, 2018, https://youtu.be/8VcffdYDjG0

KOREAN BROS, "Talking about Korean 'Fast culture'", Sept. 23, 2019, https://youtu.be/SIRuGaoU2eE

Marja Vongerichten, "The Kimchi Chronicles", http://www.kimchichronicles.tv

Our Founder: Grandmaster Jhoon Rhee, Jhoon Rhee Tae Kwon Do., https://arlingtonkicks.com

Soyeon Schröder-Kim (하소연) Facebook, https://www.facebook.com/profile.php?id=100024029680606

TATE, "Minjung Art", https://www.tate.org.uk/art/art-terms/m/minjung-art

Thierry Loreau, "Le Mystère Musical Coréen", 2012

US State Department, "Annual Report on Intercountry Adoption 2019"

Windham-Campbell Prize, 「Young Jean Lee」, 2019, https://windhamcampbell.org/festival/2019/recipients/lee-young-jean

Yongmook Kim, "James McCawley's Interview About Hangul", Sep. 7, 2010, https://youtu.be/AUr9t0bqmc0